Richard van Dülmen

Kultur und Alltag in der Frühen Neuzeit

Zweiter Band

Richard van Dülmen

Kultur und Alltag in der Frühen Neuzeit

Zweiter Band
Dorf und Stadt
16.–18. Jahrhundert

Verlag C. H. Beck München

Mit 68 Abbildungen im Text

Die Deutschen Bibliothek – CIP-Einheitsaufnahme

Dülmen, Richard van:
Kultur und Alltag in der Frühen Neuzeit / Richard van Dülmen. – München : Beck.
Bd. 2. Dorf und Stadt 16.–18. Jahrhundert. – 2. Aufl. 1999
ISBN 3 406 45016 4

ISBN 3 406 45016 4

Zweite Auflage, 1999

Umschlaggestaltung: Bruno Schachtner, Dachau
Umschlagabbildung: Aus dem Gebetbuch des Simon Bening
(Bayer. Staatsbibliothek, Cod. lat. 23 638, 2ᵛ)
Gesamtherstellung: Kösel, Kempten
Printed in Germany

Inhalt

Einleitung 7

I. Das Leben im Dorf 11

1. Das Dorf und seine Bauern 12
2. Arbeitswelt: Ackerbau, Viehzucht 30
3. Selbstverwaltung in Untertänigkeit 45

II. Die Welt des Bürgers 61

1. Die Stadt und ihre Einwohner 62
2. Handelsleben und Gewerbefleiß 85
3. Politische Selbstbestimmung – politische Kultur 107

III. Geselligkeit und Fest 125

1. Brauchtum und Geselligkeit 126
2. Jahrmarkt und Karneval 146
3. Das höfische Fest 157

IV. Stand und Ehre 175

1. Soziale Rangordnung 176
2. Macht der Ehre: Solidarität und Ausgrenzung 194
3. Von der Ständeordnung zur bürgerlichen Gesellschaft 214

V. Öffentliche Ordnung und soziale Konflikte 221

1. Ständische Autonomie und staatliche Reglementierung 222
2. Verbrechen und Strafen 246
3. Der Prozeß der Zivilisation: Disziplin und Eigensinn 274

Schlußbetrachtung 285

Anmerkungen 289
Literaturverzeichnis 344
Abbildungsnachweis 359
Namen-, Orts-, Sachregister 360

Einleitung

Die meisten Hausgemeinschaften der frühen Neuzeit waren sowohl auf dem Land wie in der Stadt in eine ständische Lebensordnung eingebunden. Darunter ist freilich keine starre Welt zu verstehen, in der jeder Mensch eine festgeschriebene Stellung innehatte; sie bildete vielmehr eine durchaus lebendige und dynamische Einheit. Auch ist bekannt, daß die Ständeordnung schon im 18. Jahrhundert beträchtliche Auflösungserscheinungen zeigte; wie überhaupt sich die Gesellschaft in einem ‚Übergang' befand, wenngleich die meisten Menschen bis ins 19. Jahrhundert hinein noch dieser Ordnungswelt mindestens mental verhaftet blieben. Überdies war die Ständeordnung jene Sozialform, die staatliche und kirchliche Kräfte als ihr Ideal betrachteten, sie also eher Postulat als Wirklichkeit war. Dennoch begriffen auch die einfachen Leute, wenn auch mit einem anderen Verständnis, ihre Lebensordnung in ständischen Kategorien.

Drei zentrale Merkmale der ständischen Lebensordnung machen es schwierig, sie mit modernen ökonomischen, rechtlichen und politischen Begriffen zu fassen, da es eine Trennung von Öffentlichkeit und Privatleben nicht gegeben hat.

Zwar machte die Arbeit, die Tätigkeit, der der einzelne gemäß der Familientradition nachging, seinen jeweiligen sozialen Status aus, nicht etwa seine individuelle Begabung oder sein persönlicher Reichtum: so unterscheiden wir nach Bauern und Handwerkern, nach Taglöhnern und Krämern, Kaufleuten und adligen Grundherren. Ein ‚Arbeitsloser' stand außerhalb der Gesellschaft. Aber so unabdingbar die ‚berufliche' Tätigkeit war, bildete sie doch nur die eine Seite der ständischen Ordnung. Die Sozialität, durch die die Gesellschaft ebenso konstituiert wurde, bestimmte die andere Seite. Denn man lebte nicht um zu arbeiten, sondern arbeitete nur um zu leben. Die Tätigkeit steckte zwar den sozialen Rahmen ab, innerhalb dessen man aktiv war, aber erst was man daraus machte und wie man sich öffentlich darstellte, begründete die ständische Ehre. Ein ehrenvolles Leben zu führen war wichtiger, als Vermögen zu besitzen. Arbeit und Geselligkeit sind in der ständischen Lebensordnung nicht voneinander zu trennen.

Die Ständeordnung bildete keine harmonische Lebenswelt; so religiös auch immer sie begründet wurde, war sie – wie das ‚ganze Haus' – eine Ordnungswelt, die zwar zur Sicherung des ökonomischen Überlebens ein Regelsystem schuf und alle Menschen auf bestimmte Normen und Werte verpflichtete, individuelle Entfaltungsmöglichkeiten einschränkte, zugleich aber so großen Handlungsspielraum ließ, daß ‚jeder' sich darin bewegen konnte, ohne daß die unvermeidlichen Konflikte zwischen den Häusern und den Ständen, mit der Kirche und mit der Obrigkeit die Ordnung selbst in Frage stellten. Die bloße Wahrnehmung der durch die Geburt vermittelten Rechte reichte nicht aus, jeder mußte sich im Kräftespiel behaupten und seine Lebensstellung mühsam erkämpfen. Eine einmal erworbene Position konnte schnell wieder verlorengehen. Die Ständeordnung war keine Institution der feudalen Ökonomie, aber eine Lebensordnung, die den meisten Menschen unter den Bedingungen der Existenzsicherung eine ehrenvolle Lebenschance vermitteln wollte. In Frage gestellt wurde sie weniger durch die Ausweitung der Märkte und die Verdichtung herrschaftlicher Systeme als durch die Aufklärung und das Programm der Gleichheit aller Menschen.

So war die ständische Lebensordnung nicht die abstrakte Ordnung einer staatlich strukturierten Gesellschaft, sie kann nicht außerhalb konkreter Lebensbezüge rekonstruiert werden; weil sie diese entscheidend mitgestaltet hat und stets nur im Konkreten greifbar ist – eine Verfassung z. B. gab es nicht –, kann nicht unmittelbar nach den Lebensformen, dem Rechtsstatus und dem politischen Bewußtsein von Bauern, Bürgern und Adligen gefragt werden. Das ständische Leben ist eingebunden in so unterschiedliche Sozialformen wie das Dorf oder die Stadt, die ständische Lebensstile in eigener Weise adaptierten und repräsentierten. Gerade Freiheitsspielräume und gesellschaftliche Zwänge differieren je nach der Komplexität sozialer Lebensverhältnisse. Das kulturelle und soziale Leben in der dörflichen Welt unterschied sich deutlich von der Welt des Stadtbürgers, diese wiederum erheblich vom hier allerdings weniger thematisierten höfischen Leben. Die verschiedenen ständischen Kulturen entfalteten sich in unterschiedlichen sozialen Zusammenhängen und setzten nicht nur den Rahmen, sondern wurden zur Grundlage des Lebens überhaupt.

Vorrangiges Ziel ist es, den Zusammenhang der ständischen Lebensordnung und ihrer öffentlichen Ausdrucksformen in Stadt und Land darzustellen: die Zusammenhänge von Arbeit und Stand, von ständischem Leben und Geselligkeit, von Stand und Ehre sowie von ständischer Lebensordnung und öffentlich herrschaftlichen Kräften unter den Bedingungen einer spätfeudalen Ökonomie, die nur knapp alle Menschen versorgen konnte, und einer Systematisierung von Herrschaft, die die einzelnen Gruppen nach und nach in die staatliche Ordnung einzubinden suchte. Überdies soll allerdings auch der im 18. Jahrhundert zutage tretende Wandel der Sozialkultur aufgezeigt werden. Die ständische Lebensordnung wandelte sich nämlich vom 16. zum 18. Jahrhundert beträchtlich. Sie verlor erst an Bedeutung, als die Industrialisierung und Bürokratisierung der Gesellschaft im 19. Jahrhundert traditionelle Bindungen zerstörte[1].

Über die ständischen Lebensformen, die Ordnung des öffentlichen Lebens außerhalb des Hauses in der frühen Neuzeit ist bisher in einem großen

Zusammenhang nicht gearbeitet worden, es gibt weder eine zusammenfassende Untersuchung über das Leben im Dorf noch über die Welt des Bürgers. Dafür liegt aber eine Fülle z.T. sehr qualifizierter Detailstudien vor zu den Problemen der bäuerlichen Lebensgemeinschaft, der Agrar- und Ernährungsgeschichte, der Geschichte des frühneuzeitlichen Stadtbürgertums, vor allem des Handwerks, dann auch über bäuerliche wie höfische Fest- und Geselligkeitsformen sowie über die Volks- und Elitekultur. Es waren allerdings nicht nur Historiker bzw. Historikerinnen, die wegweisende Studien vorlegten (Blickle, Wunder, Schilling, Schulze etc.). Als nicht weniger fruchtbar erwies sich die volkskundliche Forschung (Kramer, Jacobeit, Korff, Kaschuba). Ein kaum überschaubares Material liegt vor, ohne daß unsere Fragestellung allerdings unmittelbar berührt wurde. Unsere spezifische Problemstellung verdankt einerseits Foucault und Bourdieu, andererseits Weber und Elias entscheidende Anregungen.

Die vorliegende Untersuchung gründet auf diesen Einzeluntersuchungen, sie versteht sich aber mehr als eine Zusammenfassung von Forschungsergebnissen, sondern sucht eigene Wege: es geht im Rahmen einer Geschichte von Kultur und Alltag in der frühen Neuzeit um die Darstellung der ständischen Lebensordnung auf dem Lande wie in der Stadt.

Dabei sollen auch in diesem Band nicht alle regionalen Unterschiede und zeitlichen Differenzen aufgezeigt, sondern die wesentlichen Zusammenhänge und das Besondere der Zeit hervorgehoben werden. Die Untersuchung konzentriert sich vor allem auf das einfache Volk; selbstverständlich sollen die städtisch-bürgerlichen Verhältnisse ebenso berücksichtigt werden wie die adlig-patrizische Welt, aber im Mittelpunkt steht die Kulturwelt derjenigen, die in der frühen Neuzeit quantitativ dominierten. Schließlich ist die Darstellung zwar einer aktuellen Problemstellung verpflichtet, möchte aber moderne Kategorien vermeiden; der Wunsch ist, so unmittelbar wie möglich von den damaligen Menschen auszugehen. Jedenfalls steht die Rekonstruktion des ständischen Lebens zwischen 1500 und 1800 unter den ihm eigenen Bedingungen im Vordergrund gegenüber der Darstellung von Strukturen, die die ‚Moderne' mitbegründet haben, die nur eine wenngleich starke Dimension in der frühneuzeitlichen Gesellschaft ausmachen. Die ständische Lebensordnung zeigt ebenso wenig wie das Leben in den zahlreichen Dörfern und Städten der frühen Neuzeit eine idyllisch-konfliktfreie Welt; das öffentliche Leben war in der frühen Neuzeit so eingerichtet, daß es – berücksichtigt man die Bedingungen vorindustrieller Wirtschaft –, eine ‚optimal' gesicherte Existenz garantierte. Den eigenständigen Wert hervorzuheben, setzt sich die Darstellung zum besonderen Ziel.

I. Das Leben im Dorf

1. Dorf im 17. Jahrhundert ('Terweiler). Radierung von Matthäus Merian.

1. Das Dorf und seine Bauern

Die meisten Menschen der frühen Neuzeit lebten auf dem Lande, 70–80% der Bevölkerung; das änderte sich zum 18. Jahrhundert hin nur wenig. Zwar gab es Einzelhöfe und kleine Ansiedlungen, aber die für das Land typische Siedlungsform war das Dorf, die Dorfgemeinde. Als ein genossenschaftliches Gemeinwesen war sie im Beziehungsfeld von patriarchalischer Hausgemeinschaft und adliger bzw. geistlicher Herrschaft verortet.[1]

‚Das' Dorf gab es ebensowenig wie ‚das' Haus. Die Dörfer unterschieden sich beträchtlich voneinander durch ihre Siedlungsgröße. Sie konnten 5, aber auch 50 Anwesen umfassen. Sie konnten planmäßig, als Straßendörfer, auf einer Anhöhe oder an einem Fluß oder See angelegt, oder als Haufendörfer entstanden sein. Ihre räumliche Ordnung ist in jedem Fall das Ergebnis eines langen Wachstumsprozesses. Auch lebten in einer Dorfgemeinschaft nicht nur Bauern mit ihren Frauen und Kindern, sondern Taglöhner, Dorfhandwerker, Mägde und Knechte. In dem einen Dorf wurde vor allem Ackerbau, in anderen Gegenden Viehzucht oder Weinbau betrieben, hier war es das Heimgewerbe, dort der Bergbau, die die Physiognomie des Landes prägten. Weiterhin unterschieden die Dörfer sich in ihrer politischen Stellung zur Ortsherrschaft. Es gab beispielsweise von grundherrschaftlicher Bevormundung mehr oder weniger freie Dorfgemeinden – dies war die Minderheit –, oder aber solche, die einen Grundherrn hatten, und solche, in denen die Bauern unterschiedlichen Grundherren unterworfen waren. Schließlich existierten vor allem im Osten des Reiches Ortschaften, die Teile einer großen Gutsherrschaft ohne eigene Rechte waren. Weiterhin unterschied sich ein Dorf zwar dem Rechtsstatus nach von der Stadt, aber es gab nicht wenige kleine Städte, deren Aussehen und Bevölkerungsstruktur denen eines Dorfes entsprachen. „Es wird aber zu den wesentlichen Stücken eines Dorffs eben nicht absolut erfordert, daß dasselbe wenig Häuser in sich habe, indem es bekannt ist, daß man in Teutschland Dörffer antreffe, welche 2. 3. bis 400 Feuerstätten in sich begreiffen, da hergegen Städte zu finden, welche auch aus nicht mehr als 50 oder 60 Häusern bestehen."[2] Die Grenzen zwischen Dorf und Kleinstadt waren fließend. Nicht wenige Menschen lebten in sog. Ackerbürgerstädten, in denen sich die unterschiedlichsten Lebensformen mischten. Endlich gab es Dörfer, die weit von jeder anderen Siedlung entfernt lagen, und Ortschaften, die von einer nahegelegenen Großstadt geprägt waren; sie konnten ökonomisch weitgehend selbständig oder auch abhängig sein. Dorfschaften in Oberbayern oder im Münsterland unterschieden sich augenscheinlich von solchen in Franken oder im Elsaß.

Schon die äußere Erscheinung vermittelt wichtige Einblicke in den dörflichen Lebenszusammenhang. Ein Dorf konnte man nur auf befestigten Wegen erreichen. Es wurde mehr oder weniger umgrenzt durch einen Zaun, eine Mauer oder Hecke und konnte nur durch ein Tor betreten werden. Diese Begrenzung signalisierte den besonderen Friedens- und Rechtscharakter eines Dorfes, war aber zugleich von praktischer Bedeutung: sie diente dazu, das Kleinvieh beisammen zu halten, damit es nicht die Felder und Fluren beschädigte. An zentraler Stelle, in der Dorfmitte oder auf einer Anhöhe, lagen zumeist Kirche mit Kirchturm und Pfarrhaus[3]. Die Befestigung um den Kirchhof diente als zusätzlicher Schutzwall für die Dorfeinwohner. An besonderer Stelle lag auch das Wirtshaus, das zumeist ein vermögender Bauer führte, und das einen wichtigen Dorfmittelpunkt darstellte, da hier beim gemeinsamen Trunk alltägliche ‚Geschäfte' abgewickelt und wichtige Dorfgespräche geführt wurden. Es war ein weitgehend von Männern beherrschter Raum. In seiner Nähe stand das Rathaus bzw. das Amtshaus der herrschaftlichen Amtsleiter. Es zählte neben der Kirche zu den repräsentativen Gebäuden der Gemeinde. Hier wurde u. a. Gericht gehalten, hier versammelte sich die Gemeinde, nicht selten diente es auch als Tanz-, Schul- und Gerätehaus. Lange fand die Rechtsprechung in manchen Regionen unter freiem Himmel statt, vielfach unter der Gerichtslinde. Von öffentlicher Bedeutung waren auch der Brunnen und das Waschhaus, die zwar unter männlicher Aufsicht standen – einen Brunnen reinzuhalten, zählte zu den wichtigsten Aufgaben im Dorf –, gleichwohl aber vor allem Treffpunkte von Frauen waren. Eine gemeindliche Einrichtung war des weiteren das Backhaus, wohingegen in der Regel das Brauhaus und die vor dem Dorf gelegene Mühle einer Grundherrschaft gehörten, zumindest von ihr kontrolliert wurden. Gelegentlich wurde auch eine Badstube unterhalten. Am Dorfrand oder auf dem Anger befanden sich ein Armenhaus und das Hirtenhaus.

Die am besten gelegenen Grundstücke im Dorf waren meist im Besitz der reichen Bauern. Die armen Bauern und Taglöhner mußten sich mit schlechten Böden und Randlagen begnügen. Zum engeren Grundstück zählten das Bauernhaus, die Stallungen und umzäunte Gärten. Wir finden Häuser unterschiedlichsten Alters und unterschiedlichster Qualität nebeneinander. Keines war dem anderen gleich. Neu gebaut wurde in der Regel nach einem Brand, dabei richtete man sich nach vorgegebenen traditionellen Mustern. Wenn mehr Raum benötigt wurde, baute man zumeist an. Eine bewußte Planung kennen wir nur bei Herrenhäusern und Schlössern, gelegentlich auch bei Großbauern, die auf Repräsentation Wert legten. Jede Region besaß für ihre Häuser ihren eigenen Stil. Bis weit ins 16. Jahrhundert wurden sie aus Holz gebaut; zum Steinbau ging man verstärkt seit dem 17. Jahrhundert über.

Zwar bildete jedes Haus im Dorf eine relativ selbständige Einheit und war so autonom, wie es das Prinzip der Selbstversorgung verlangte, aber kein Hof war völlig abgeschlossen, im Gegenteil: was auf einem Hof geschah,

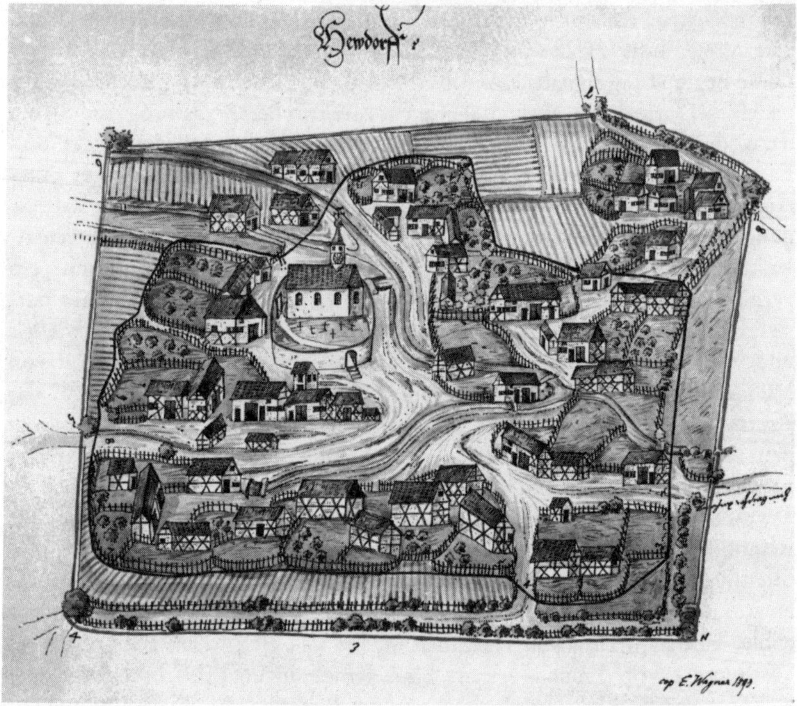

2. Dorfansicht im 16. Jahrhundert.

wie gearbeitet und gefeiert wurde, konnte jeder Nachbar sehen, vor allem blieb auch das Vermögen vor anderen nicht verborgen. Geheimnisse voreinander gab es kaum. Was man darstellte und darstellen wollte, war oft an der besonderen Gestaltung der Fassaden erkennbar. Hier unterschieden sich Stadt und Dorf nur graduell. Die einzelnen Höfe und Häuser waren zwar durch Wege und Stege miteinander verbunden, diese waren aber nicht gepflastert, im Sommer staubig und in Regenzeiten matschig. Sie wurden nicht nur von Fußgängern und Wagen benutzt. Auf ihnen tummelte sich auch das Kleinvieh, Herden wurden über die Wege getrieben. Der Misthaufen vor dem Haus war eine Selbstverständlichkeit und der Stolz des Hofes. An der Diskrepanz von schmucken Fassaden und dreckigen Wegen und Plätzen störte sich niemand, weder die Bauern noch der Pfarrer oder Amtsherr, lediglich städtische Durchreisende.

So wenig geordnet wie die Dorfsiedlung war auch die dazugehörige Flur. Sie bestand aus verschiedenen Nutzflächen – Äckern, Wiesen, Weiden und Waldungen. Betrieb man vor allem Dreifelderwirtschaft, dann waren auch die Felder, Wiesen, die Wälder und offenen Gründe – wie die Allmende –

durch Zäune eingehegt. Da die gehegten Felder alljährlich gewechselt wurden, war die Instandhaltung der Zäune eine aufwendige Arbeit. Sie war aber unumgänglich, denn nur dadurch konnte die für die Dreifelderwirtschaft bezeichnende Abstimmung von Getreide- und Viehwirtschaft gesichert werden. Auch das Dorfvieh wurde aus diesem Grunde gemeinschaftlich gehütet. Auf diese Weise konnten die verschiedenen Weidegründe besser genutzt und das Vieh unter ständige Aufsicht gebracht werden. Es war damit vor Diebstahl oder reißenden Tieren geschützt.

Da die Anteile der einzelnen Bauern an den gehegten Feldern und Wiesen ‚im Gemenge' lagen und nicht an Wegen, also nur durch das Überqueren von benachbarten Grundstücken zu erreichen waren, mußten Feldbestellung und Wiesennutzung gemeinschaftlich abgestimmt werden. „Dann wenn jeder bauen durfte wie er wollte, und was er wollte, so würde das Eigenthum eines andern nothwendig darunter nothleiden, in dem z. B. der eine der früher einzuheimsenden Producte seines Akers über seines Nachbars noch nicht reife Früchte wegführen würde und dergleichen mehr".[4]

Da es zu einer Zersplitterung der Güter sowohl in Gebieten des Anerbenwesens wie in solchen der Realteilung kam, besaßen nur reichere Bauern die Möglichkeit, ihre Grundstücke zu arrondieren. Der Beginn der Feldarbeiten, der Ernte und die Freigabe für die Hoppelweide wurden daher gemeindlich geregelt und die Überfahrtrechte genau festgelegt. Die Ortsobrigkeit griff zwar nicht unmittelbar in die Arbeitsprozesse ein, mußte gleichwohl aber diese Ordnung garantieren. „Daß keiner seine Wiese abmähen oder seinen Weinberg ablesen lassen darf, ehe die allgemeine Erlaubniß von der Ortsobrigkeit dazu gegeben ist, (ist) nicht so hart und despotisch als sie scheinen möchte. Zwar ist da mancher selbst über sein Eigenthum nicht souveräner Herr, aber im ganzen wird doch das allgemeine und auch jedes einzelnen Besten dardurch gesichert".[5] Nicht nur die verschiedenen Nutzflächen mußten abgegrenzt werden, sondern auch die Anteile der einzelnen Bauern an den gehegten Feldern. Das geschah durch Feldzäune. Außerdem wurden die Gemarkungsgrenzen gegen benachbarte Gemeinden abgesichert. Eine alljährliche feierliche Grenzbegehung besiegelte den Rechtsbestand.

Zweifellos war das soziale Leben im frühneuzeitlichen Dorf von der landwirtschaftlichen Arbeit geprägt, erst zu Ende des 18. Jahrhunderts wandelten sich manche Landschaften zu Gewerberegionen. Ebenso erweckte das dörfliche Erscheinungsbild einen bäuerlichen Eindruck, aber ein Blick auf die Sozialstruktur des Dorfes in der frühen Neuzeit zeigt andere Tatsachen.[6] Neben dem eigentlichen Vollbauern, der durch ausschließliche landwirtschaftliche Nutzung seines Grundbesitzes seinen gesamten Lebensunterhalt bestritt, lebten im Dorf noch viele andere Menschen mit ihren Familien, die zwar ein kleines Haus und ein kleines Grundstück besaßen, aber sich bei einem Bauern gegen Lohn verdingen mußten oder in der Heimindustrie tätig waren bzw. einem Handwerk nachgingen oder auch nur als Taglöhner arbeiteten. Hinzu kommen das Gesinde, das auf den Höfen diente und über kein ‚Eigentum' verfügte, und die Armen, die vom Bettel und gelegentlicher Lohnarbeit leben mußten. Außerdem wohnten in jedem größeren Dorf ein Pfarrer und ein Amtmann. Wenn man die ganze Bevölkerung eines Dorfes berücksichtigt, dann machten die Bauern schon im 16. Jahrhundert nur einen Teil der Dorfbevölkerung aus, im 18. Jahrhundert war ihr Anteil oft auf ein Drittel zusammengeschrumpft.

Zum anderen bildete die Bauernschaft keine geschlossene Schicht. Zwischen einem Großbauern und einem Kleinbauern gab es beträchtliche Unterschiede im Hinblick auf Vermögen, Besitz und soziales Ansehen. Beispielsweise waren im Reichsstift Ellwangen 1746 14,5% aller Besitzer Inhaber von Höfen, d.h. ganze Bauern, 15,3% Inhaber von Huben, d.h. halbe Bauern, weiterhin 29,4% Lehner, d.h. Inhaber von Lehen, schließlich 38,7% Seldner und 2,1% Häusler.[7] Tonangebend war die kleine Schicht der Großbauern.[8] Genaue Zahlenangaben zu vermitteln ist schwierig, weil die Vermögenslage nicht immer identisch war mit der Größe der Höfe, und wir nicht wissen, was das Prestige des Großbauern eigentlich ausmachte: die Qualität seiner Äcker, die Zahl der Pferde und Kühe oder die Anzahl seiner Wagen. Außerdem läßt sich schwer ermitteln, wie gut ein Bauer von seinem jeweiligen Hof lebte, was wiederum von der Größe seiner Familie abhängig war. Mit dem ungleichen Besitz war eine ungleiche Rechtslage der Grundstücke verbunden. Seldner, also die größte Gruppe unter den ‚Bauern', waren häufig ehemalige Taglöhner und Handwerker, die im Laufe der Zeit Land erwerben konnten und Anteil an der Gemeindenutzung gewannen. Beide Gruppen, die Seldner und die Häusler, bildeten im Dorf die unterste soziale Schicht derer, die überhaupt Besitz hatten.

Während im schwäbischen Raum weitgehend Realteilung herrschte, war in Bayern das System des Anerbes weit verbreitet; hier ging der Hof immer in die Hände eines Erben über, dort wurde er stets aufgeteilt. Überraschenderweise stellen sich dennoch die Verhältnisse im bayerischen Landgericht Rosenheim um 1760 beispielsweise kaum anders dar als im schwäbischen Ellwangen.[9] Nur 12,9% aller Anwesen gehörten den vermögenden Bauern und nur drei von ihnen galten als wirklich reich, 38,1% der Höfe gehörten dem bäuerlichen Mittelstand, aber 25,8% der Anwesen besaßen die Söldner, die weitgehend so unvermögend waren, daß sie sich als Taglöhner verdingen mußten, und ganze 23,2% zählten zur Dorfarmut. Auch sie besaßen zwar ein Haus, zu dem aber nur ein karges Grundstück gehörte, das kaum etwas abwarf, so daß diese Familien ausschließlich auf Lohnarbeit angewiesen waren. Im 16. Jahrhundert waren die Verhältnisse allerdings noch anders gewesen, da es zu dieser Zeit mehr vermögende und mittlere Bauern gegeben hatte.

3. Mitteldeutsches Bauernhaus, Kupferstich aus dem „Sächsischen Haus- und Wirtschaftsbuch" (Leipzig) 1704.

Schließlich änderte sich die Zusammensetzung der Dörfer vom 16. zum 18. Jahrhundert auch dadurch, daß die nichtbäuerliche Schicht beträchtlich zunahm. Zu Ende des 18. Jahrhunderts gab es nicht wenige Dorfgemeinden, in denen die Vollbauern in der Minderheit waren und das Dorfleben von derjenigen Gruppe geprägt wurde, die sich durch verschiedenste Erwerbstätigkeiten am Leben hielt. Im Herzogtum Braunschweig fiel der Anteil der Vollbauernstellen von 89% 1685 auf 68% 1760, entsprechend stieg der der

Nebenerwerbsstellen von 11% auf 32%.[10] Nicht nur der Anstieg selbst ist hier aufschlußreich, sondern die Zunahme der Leineweber unter diesen Nahrungsstellen. Dies ist ein Hinweis darauf, daß die ärmeren Schichten der Dörfer in den Sog der Protoindustrialisierung gerieten, die zwar stets neue Überlebensmöglichkeiten bot, zugleich aber die Arbeiter dem traditionellen Dorfleben entfremdete. Zugleich erhalten wir hier in dieser Statistik einen Einblick in die Zahl der ländlichen Handwerker: 1760 gab es unter 975 Hofinhabern 311 Handwerker. Neben den Leinewebern (134 = 43,1%) sind in dieser Region 36 Hirten, 28 Schneider, 25 Schäfer, 19 Müller, 17 Taglöhner, 16 Schmiede, 11 Stellmacher, 10 Schuster und 6 Krüger genannt.[11] Ähnlich aufschlußreich sind die Angaben aus dem bayerischen Dachau, weil hier sogar zwischen Behausten und Unbehausten unterschieden werden kann.[12] 1675 betrug der Anteil der Unbehausten, d. h. der Dienstboten, Inleute, Fremden und Bettler 36%. Innerhalb der Gruppe der Behausten lassen sich beträchtliche Verschiebungen feststellen.

	Bauern	Söldner	Nichtbauern
1675	35%	15%	50,0%
1800	33%	22,6%	44,4%

In diesem gewöhnlich für rein bäuerlich gehaltenen bayerischen Gebiet gab es unter den Anwesenbesitzern nur rund ein Drittel Bauern[13]. Die Hauptgruppe bildeten die Nicht- oder Teilbauern, worunter vor allem Handwerker und Tagwerker zu rechnen sind. Zwar nahm diese Schicht zu Ende des 18. Jahrhunderts wieder ab, dafür aber stieg der Anteil der kleinbäuerlichen Betriebe.

Über den Lebensstil eines Dorfes sagen neben der beschriebenen Sozialstruktur Angaben über die Größe der Höfe und ihre Vermögenslage etwas aus, wobei wir aufgrund der dürftigen Quellenlage Genaueres freilich nur über die steuerliche Einschätzung, die Ackergröße und den Viehbestand wissen. Aufschlußreich ist wieder ein Vergleich des 16. Jahrhunderts mit dem 18. Jahrhundert. Dank einer Türkensteuerschätzung von 1544 kennen wir das geschätzte Vermögen auf dem Lande im Württemberg des 16. Jahrhunderts:[14]

Gesinde	0–20 fl.	21–50 fl.	51–150	151–300	301–500	501–1000	über 1000 fl.
13,7%	17,9%	17,9%	26,2%	14,7%	6,2%	3,3%	0,7%

Das Gesinde, die Knechte und Mägde, bildeten die unterste Schicht des Dorfes. Ihr Lohn betrug 1–15 fl. jährlich. Das war ihr ganzes Einkommen. Sie standen zwar wirtschaftlich oft besser da als die besitzlosen Taglöhner, weil sie beim Bauern wohnten und selten Hunger leiden mußten, dafür hatten sie allerdings eine unsichere Zukunft. Praktisch ebenso arm wie das Gesinde waren die Taglöhner, obwohl sie über einen kleinen Besitz bis zum Wert von 20 fl. verfügten. Dazu zählten ein kleines Söldnerhaus und ein kleiner Garten, vielleicht auch eine Wiese. Bei Krankheit, Unfällen, Teuerungen und Mißernten waren sie hart betroffen. Diese Schicht von Taglöhnern schwankte zwischen 13 und 23%. Darüber erhebt sich eine Gruppe kleiner Eigentümer mit einem Besitz von 21–50 fl. Wie gut sie damit zurechtkamen, hing oft ab von der Bodenqualität, der Höhenlage, der Niederschlagsmenge. In der Regel besaßen sie ein Haus mit verstreut liegenden minderwertigen Acker- und Wiesenstücken oder einem Weingarten bis zu einem Morgen. Auch sie mußten nebenher als Taglöhner, Fuhrleute oder Holzfäller arbeiten. Deutlich abgehoben von diesen Taglöhnern war die Schicht der kleinen selbständigen Bauern und der Dorfbewohner mit einem Vermögen von 51–150 fl. Diese bildeten die größte Gruppe im Dorf. Sie besaßen Ackerland und Wiesen von je ein bis drei Morgen und Weingärten bis zu einem Morgen. Auch ihr Besitz lag nicht geschlossen beisammen. Obwohl diese Bauern selbständig waren, war ihre Existenz in Krisenzeiten keinesfalls gesichert. Das traf erst für die begüterte Mittelschicht mit Besitzungen von 151–300 fl. zu. Hier handelte es sich um Hofgüter mit jeweils 3 bis 10 Morgen Äcker und Wiesen und bis zu zwei Morgen Weingärten. Besonderer Stolz der Mittelschicht war es, nicht mehr nur Rinder, sondern auch Pferde zu besitzen. Die zahlenmäßig viel geringere Schicht der wohlhabenden Bauern mit einem Vermögen von 301–500 fl. und die der reichen Bauern mit einem Vermögen von über 500 fl. machten insgesamt nur 9,5% der Dorfbewohner aus. Sie hatten ausreichenden Grund und Boden von mindestens 15 bis 20 Morgen und stellten entsprechend ihrer wirtschaftlichen Potenz mehrheitlich die dörflichen Amtsträger und Schultheißen. Ganz klein war schließlich die Schicht derjenigen mit einem Vermögen von über 1000 fl. Ein Bauer aus der Nähe von Cannstatt besaß 1589 ein Vermögen von 3392 fl.[15] An Eigengütern werden 7½ Morgen Äcker, 1½ Morgen Weingärten, ½ Morgen Gras- und Krautgärten und ½ Achtelkrautgarten genannt. Hinzu kamen an Hofgütern ein halbes Haus, Scheune, 40½ Morgen Äcker, 8 Morgen Wiesen und ½ Morgen Garten. Besonders wertvoll waren auch seine Fahrnis, sein Vieh, seine Geräte und seine Hauseinrichtung. Seine Frau besaß viele Kleider und Schleier. Weiterhin werden ein reicher Bestand an Bettwäsche, Leinen, Tischtüchern, zahlreiche Betten und Truhen aufgeführt, vor allem große Mengen von Messing-, Zinn- und Kupfergeschirr.

Differenzierte Angaben über die Vermögenslage einzelner Höfe gibt es besonders für das 18. Jahrhundert. Werfen wir einen Blick auf drei höchst unterschiedliche Landschaften: die Verhältnisse im Amt Neuhaus bei Paderborn, auf 11 Dörfer um Schöningen im Braunschweigischen und auf die Hofmark Söllhuben in der Herrschaft Hohenaschau in Bayern.

In Neuhaus hatten die meisten Höfe (25) nur 2–5 ha Grund und Boden und besaßen zusammen 15% des Gesamtbodens: Diese Höfe mußten durchschnittlich 7,2 Personen ernähren. Ihre Armut wird offenkundig, wenn man ihren geringen Pferde- und Viehbestand betrachtet. Sie besaßen zwar im Durchschnitt 1,67 Pferde, aber nicht mehr als 2,9 Kühe, 0,8 Schafe und 1,3 Schweine. Vergleichen wir diese Gruppe mit der Schicht, die den größten Anteil an der Gesamtfläche (24) besaß und pro Hof über 5–10 ha verfügte. Auf solchen Anwesen lebten bereits viel mehr Menschen (11,3), doch der Viehbestand war nicht erheblich größer. Auskömmlich konnten im Durchschnitt erst die Bauern leben, die zumindest 15 ha besaßen. Weit über die Hälfte der Dorfeinwohner war also auf Nebenerwerbstätigkeiten angewiesen. Nur eine verschwindend kleine Zahl von Bauern hatte mehr als 20 bzw. 25 ha mit 4 (3) Pferden, 7,5 (9) Kühen und 9,5 (12) Schweinen; auf diesen Höfen lebten allerdings durchschnittlich auch 17 Personen.[16]

Entschieden günstiger war die Lebenslage in den 11 Dörfern um Schöningen. Zwar waren auch hier die meisten Höfe Kothöfe (155) mit einer Gesamt-Feldgröße von 26 ha, die allesamt auf Nebenerwerbsmöglichkeiten angewiesen waren. Daneben gab es aber immerhin 45 Ackerhöfe, die Vollbauern innehatten. Sie besaßen die größten Felder (145), hatten im Durchschnitt die meisten Pferde, Kühe, Schafe und Schweine, auch Wagen, Pflüge und Eggen. Die Unterschiede zwischen den Besitzern von Ackerhöfen, Halbspännerhöfen und Kathöfen können statistisch erfaßt werden:

11 Dörfer um Schöningen (Braunschweig) 1752/68; () = 1602[17]

	Bauernhöfe	Feldgröße	Pferde je Hof	Kühe	Rinder (1792)	Schafe	Schweine	Wagen	Pflüge	Eggen
Ackerhöfe	45 (56)	145 (147)	6 (10)	4,4 (5,5)	1,8 (5,5)	30,2 (6,4)	4,4	2	2	5
Halbspännerhöfe	50 (31)	89 (87)	4,2 (7,6)	2,8 (4,1)	1,3 (4,7)	17,5 (4,5)	2,4	1	1	3
Kothöfe	155 (224)	26 (25)	2,2 (2,2)	–	–	8,7 (8,6)	1,5	–	–	–
Brinksitzerstellen	83 (21)	–	–	–	–	–	–	–	–	–

Schließen wir das Bild ab mit einem Einblick in die Vermögensstruktur einer bayerischen Hofmark.[18] Söllhuben bestand 1796 aus einem Dorf mit 9 Einöden. Es gab 45 Anwesen mit 51 Herdstätten. In ihnen wohnten 229 Personen, darunter 26 Mägde und Knechte. Nur ein Hof galt als mittelgroß (½), die meisten Anwesen (20) hatten die Größe eines ¼ Hofes, von dem der Bauer mit seiner Familie gerade noch leben konnte. Immerhin 24 Anwesen (⅛ Höfe = 12; 1/16 Höfe = 12) verfügten nur über das Existenzminimum, denn auf jedem bäuerlichen Anwesen wohnten im Durchschnitt 5 Leute. Jedes dieser Anwesen hatte im Durchschnitt 2,5 Pferde, 4,6 Kühe, 4 Rinder, 4,2 Schafe und 3,8 Schweine. Aber auch Söllhuben war keine reine Bauerngemeinde, fast die Hälfte aller Einwohner lebte vom Handwerk oder von der Lohnarbeit. Am vermögendsten war der Wirt, er allein besaß noch einen vollen bäuerlichen Betrieb mit 2 Pferden, 6 Kühen, einem Rind, 6 Schafen und 10 Schweinen, als ganz vermögenslos zählte der Spielmann. Allerdings besaß er noch eine Kuh, während die beiden aufgeführten Taglöhner über gar keine Haustiere verfügten.

Die Bauerngemeinde war also kein homogenes soziales Gebilde, sondern geprägt von starken sozialen Gegensätzen. Zwar gab es reiche Bauern, die einen repräsentativen Hof, fruchtbare Äcker und zahlreiches Vieh besaßen und in ihren Schränken und Truhen wertvolle Tuche und Geschirr bargen, aber die breite Schicht der Bauern konnte froh sein, krisenhafte Zeiten gerade noch zu überstehen; es gab sogar nicht wenige Gruppen, die am Rande des Existenzminimums lebten und sich zusehends von der Heimindustrie ernähren mußten, um das tägliche Brot zu haben. Eine zweite wichtige Beobachtung schließt sich an: Nicht einmal in den eigentlichen Agrargebieten wie Oberbayern oder den niederdeutschen Küstengebieten herrschten die Bauern im sozialen Erscheinungsbild vor, schon immer gab es eher ärmliche Dorfhandwerker, deren Zahl zum 18. Jahrhundert hin so gleichmäßig zunahm, daß die nicht – oder genauer teilbäuerliche Schicht sogar dominant wurde. Unabhängig davon, daß diese Gruppen von kleinen Handwerkern und Heimarbeitern niemals den sozialen Status eines Bauern, selbst eines Kleinbauern erlangen konnten, versuchten sie, sich von der eigentlichen Dorfarmut abzuheben, ohne daß das immer gelang. Konjunkturschwankungen, Mißernten und Seuchen konnten die meisten sehr rasch an den Bettelstab bringen. Über besondere Landarmut berichtet nicht erst das späte 18. Jahrhundert. Bereits aus dem ausgehenden 16. Jahrhundert sind deprimierende Berichte erhalten. Der Augsburger P. H. Mair schrieb beispielsweise 1570/71, daß es im Allgäu und im Schwabenland eine solche Teuerung gegeben habe, „daß oben im Land an etlichen Orten die armen Leut haben – mit Ehren zu melden – von dem Abdecker das Roß und ander Vieh, so am Schelmen ist gestorben, ihnen abkaufen und dasselbig gekocht und mit ihren Kindern gegessen haben, damit sie nur dem Hunger wehren oder sich damit ersättigen. ... Ist auch das arme Volk dermaßen verschmacht worden, daß vor Hunger und Schwäche nit mehr haben gehn können und auch viel Personen im Land und in der Stadt allhie sind Hungers halben gestorben und die armen Leut oben im Land, so heimlich herein sind kommen und um das Almosen gebeten und gesammelt haben, hat man etliche Personen morgens vor den Häusern und in den Schregen und auf den Gassen tot gefunden und Hungers halben sind gestorben“.[19]

Einer Darstellung der Lebensweise und des Sozialprofils frühneuzeitlicher Bauern, die nicht nur den aufrührerischen oder untertänigen Bauern im Blick hat, sind enge Grenzen gesetzt.[20] Aufgrund des verbreiteten Analphabetismus gibt es nämlich kaum Selbstzeugnisse oder Beschreibungen ihrer Lebenslage; selbst diejenigen, die aus dem Bauernstand aufgestiegen waren und schreiben gelernt hatten, haben später keine qualifizierten Notizen über ihre Herkunft hinterlassen. So gibt es nur zwei Möglichkeiten, sich der bäuerlichen Kultur zu nähern: zum einen bäuerliches Handeln und bäuerliche Selbsteinschätzung aus den zahlreichen vor Gericht gebrachten Auseinandersetzungen mit Nachbarn, Grundherren und Obrigkeiten zu rekonstruieren, zum anderen die zerstreuten Notizen nichtbäuerlicher Schichten über Bauern zusammenzutragen, obwohl wir wissen, daß Konfliktakten nur bedingt das Alltagsleben wiedergeben und Bauern in der frühen Neuzeit nie objektiv und unvoreingenommen betrachtet wurden.

Die frühneuzeitliche Gesellschaft ist reich an hochnäsigen und diffamierenden Äußerungen über den Bauernstand, die gleiche Tendenz zeigen auch die vielen ikonographischen Zeugnisse vor allem des 16. Jahrhunderts.[21] Sie stammen sowohl aus städtischen wie höfischen Kreisen, zur Charakterisierung der Lebensweise der Bauern geben sie wenig her. Aufschlußreicher sind im Vergleich dazu die den Bauernstand verteidigenden Äußerungen;

4. Nürnberger Bauer und Bäuerin im 18. Jahrhundert, Kupferstich von M. Engelbrecht.

auch sie schildern nicht objektiv die Lage der Bauern, aber ihr Informationswert ist höher. Einige Beschreibungen seien hier wiedergegeben. Sie zeigen zugleich den Wandel in der Einstellung vom 16. zum 18. Jahrhundert. Eine erste Darstellung des Bauernstandes überhaupt stammt von Johannes Bohemus (1520):

„Der letzte Stand ist derer, die auf dem Lande in Dörfern und Gehöften wohnen und dasselbe bebauen und deshalb Landleute oder Ländliche genannt werden. Ihre Lage ist ziemlich bedauernswerth und hart; sie wohnen abgesondert voneinander, demüthig, mit ihren Angehörigen und ihrem Viehstand. Die Hütten bestehen aus Lehm und Holz, ragen wenig über die Erde empor, sind mit Stroh gedeckt: das sind ihre Häuser. Geringes Brot, Haferbrei, gekochtes Gemüse ist ihre Speise, Wasser und Molken ihr Getränk. Ein leinener Rock, ein paar Stiefeln, ein verräucherter Hut (fucatus) ist ihre Kleidung. Das Volk ist jederzeit ohne Ruhe, arbeitsam, unsauber. In die nahen Städte bringt es zum Verkaufe, was es vom Acker, vom Vieh gewinnt, und kauft sich wiederum hier ein, was es bedarf, denn Handwerker wohnen keine oder nur wenige unter ihnen. In der Kirche, von denen für die einzelnen Gehöfte gewöhnlich eine vorhanden ist, kommen sie an Festtagen vormittags alle zusammen und hören von ihrem Priester Gottes Wort und die Messe, nachmittags verhandeln sie unter der Linde oder an einem andern öffentlichen Orte ihre Angelegenheiten; die Jüngeren tanzen darauf nach der Musik des Pfeifers, die Alten gehen in die Schenke und trinken Wein. Ohne Waffen geht kein Mann aus; sie sind für alle Fälle mit dem Schwerte umgürtet. Die einzelnen Dörfer wählen aus sich zwei oder vier Männer, die sie Bauernmeister nennen, das sind die Vermittler bei Streitigkeiten und Verträgen, die Rechnungsführer der Gemeinde; die Verwaltung aber haben nicht sie, sondern die Herren oder die Schulzen, die von jenen bestellt werden. Den Herren frohnen sie oftmals im Jahre, bauen das Feld, besäen es, ernten die Früchte, bringen sie in die Scheunen, hauen Holz, bauen Häuser, graben Gräben. Es gibt nichts, was dieses sclavische und elende Volk ihnen nicht schuldig sein soll, nichts, was es, sobald es befohlen wird, ohne Gefahr zu thun verweigert: der Schuldige wird streng bestraft. Aber am härtesten ist es für die Leute, daß der größere Theil der Landgüter, die sie besitzen, nicht ihnen, sondern jenen gehört, und daß sie sich durch einen bestimmten Theil der Ernte jedes Jahr von ihnen loskaufen müssen."[22]

Dieser frühe ‚ethnologische' Bericht gibt einen Einblick in die ‚armselige' Lebensweise des Bauernstandes. Das Leben mit den Tieren in dürftigen Hütten wird ebenso geschildert wie das Essen, Kleiden und die mühseligen Arbeiten, die allerdings weniger dem Bauern selbst zugute kommen als dem Herrn, so daß es deshalb zum Aufruhr kommen mußte. Daß es allerdings auch reiche Bauern gab, wird nicht erwähnt.

Ein zweiter Bericht stammt aus der ‚Baurenstands-Lasterprob' von 1684. Im Mittelpunkt steht hier nicht die Unterdrückung der Bauern, sondern die bäuerlichen Sitten, die im Spiegel höfischer Zivilisation als grob und derb geschildert werden:

„Bauren sind zwar Menschen, aber etwas ungehobelter und gröber als die andern. Betrachtet man ihre Sitten und Gebärden, so ist unschwer einen höflichen Menschen vor einem Bauren zu unterscheiden. Einem Bauren gehöret der Flegel in die Hand und ein Pengel in die Seiten, ein Karst auf die Achsel und eine Mistgabel an die Tür. Ihre häßliche Sitten seind jedermann bekannt, sowohl im Reden als Gebärden. Im Reden gilt's ihm allerdings gleich, was er vor Leute vor sich hat. In Gebärden wird er selten an seinen Hut gedenken, denselben abzuziehen. ... Wann sie essen, so brauchen sie keine Gabel, sondern greifen mit allen fünfen in die Schüssel und drucken dem Salat, sauren Kraut etc. den Saft aus, daß er wieder zurück da hinein oder ihnen wohl gar über das Maul hinunter läuft, da sie dann solchen samt dem Rotz und abhangenden Tropfen an der Nasen mit dem Ärmel abwischen, auch lassen sie sich an dem, was ihnen bei Gastereien vorgelegt wird, nicht genügen. Über das ist einem Bauren nicht wohl möglich, daß er frei stehen kann, er muß ein Ort suchen, wo er sich widerlehne; stehet er aber frei, so steuret er sich mit gebogenem Rücken auf seinen Stock."[23]

Mit radikaler Kritik am höfischen Leben verbunden ist der Bericht des aufklärerischen Schriftstellers Joh. Michael von Loen 1771. Er malt ein extrem düsteres Bild des Bauern: Er werde unentwegt durch die Beamten ausgebeutet, und wenn seine barbarischen Züge unverkennbar seien, dann gründe dies in der den Bauern vorenthaltenen Bildung. Nicht der eigenwillige und selbstbewußte Bauer steht im Vordergrund dieser Betrachtung[24], sondern der gequälte:

„Heute zu Tage ist der Landmann die armseligste unter allen Kreaturen: die Bauern sind Sklaven und ihre Knechte sind von dem Vieh, das sie hüten, kaum noch zu unterscheiden. Man kommt auf Dörfer, wo die Kinder halb nackend laufen und die Durchreisenden um ein Almosen anschreien. Die Eltern haben kaum noch einige Lumpen auf dem Leib, ihre Blöße zu decken. Ein paar magere Kühe müssen ihnen das Feld bauen und auch Milch geben. Ihre Scheuern sind leer, und ihre Hütten drohen alle Augenblick über einen Haufen zu fallen. Sie selbst sehen verkahmt (= kümmerlich) und elend aus. Man würde noch mehr Mitleiden mit ihnen haben, wenn nicht ein wildes und viehisches Ansehen ein so hartes Schicksal an ihnen zu rechtfertigen schiene: Der Bauer wird wie das dumme Vieh in aller Unwissenheit erzogen. Er wird unaufhörlich mit Frondiensten, Botenlaufen, Treibjagen, Schanzen, Graben und dergleichen geängstiget. Er muß vom Morgen bis zum Abend die Äcker durchwühlen, es mag ihn die Hitze brennen oder die Kälte starr machen. Des Nachts liegt er im Felde und wird schier zum Wild, um das Wild zu scheuen, daß es nicht die Saat plündere. Was dem Wildzahn entrissen wird, nimmt hernach ein rauher Beamter auf Abtrag der noch rückständigen Schoß- und Steuergelder hinweg. Wenn nun hier der nicht minder boshafte als gequälte Bauersmann seinem Herrn etwas unterschlagen und mit List entwenden kann, so tut er solches mit dem besten Herzen von der Welt und bildet sich ein, die Gerechtigkeit sei nur ein ausgedachter Vorteil der Großen, damit sie alles sich zueignen können (...).“[25]

Einige sachlichere und unparteiischere Darstellungen über Bauern stammen aus dem letzten Drittel des 18. Jahrhunderts. Zwar herrschen moralisch-erzieherische Töne vor, nicht zuletzt will man eine Steigerung des Landes-Wohlstandes durch die Reform des Bauernstandes erreichen, aber dahinter verbirgt sich erstmals eine bessere Kenntnis des bäuerlichen Lebens. 1786 schrieb Christian Garve in seiner bekannten Schrift ‚Über den Charakter des Bauern‘:

„Unter den eigentlichen Bauern herrschen diejenigen Fehler vorzüglich, welche dem Stande und der Beschäftigung ankleben; als Grobheit, Anhänglichkeit an alte Vorurteile, und Eigensinn: ... da sie von ihrem Herrn mehr abgesondert leben, können (sie) auch weniger durch ihn gebessert werden; da ihr Interesse weniger an den Vorteil ihrer Herrn gebunden ist, und ihre Dienste nicht durch den Anteil, den sie an seinem Erndten haben, vergütet werden, so tun sie Dienste unwilliger; sie sind schwerer im Gehorsam zu erhalten, und wenn sie einmal aufsätzig geworden sind, schwerer zur Ruhe zu bringen. Dahingegen haben sie oft alle übrige Tugenden des Menschen und des Hausvaters, in dem Maaße und nach den Verschiedenheiten, als man solche bei jedem andern Stande findet. Wenigstens sind gewiß die vernünftigsten, die edelsten des Bauernstandes unter denjenigen zu finden, die ihren väterlichen Acker selbst pflügen. ...

Unter den Bauern, welche Eigentümer, und wohlhabend sind, besonders wenn ihr Wohlstand durch einige Generationen fortgedauert hat, entsteht ein gewisser Familienstolz, der sich von dem persönlichen sehr deutlich unterscheidet, und der als charakteristisch in dieser Classe und unter solchen Umständen angesehen werden kan. ... Ein Bauer dieser Art tut sich etwas darauf zu Gute, aus diesem und diesem Geschlechte herzustammen, zu den Kunzen und Heinzen zu gehören, die in der Gegend, wo er lebt, die angesehensten sind. Dieser Stolz, der dem Adelsstolze ähnlich ist, wird dadurch vergrößert, wenn sich mehrere solche Familien oft untereinander, und nur untereinander verheiratet haben. Kömmt irgend noch ein andrer Unterschied in Herkunft, Sitten, Tracht hinzu: so wird dieses System vom bäurischen Adel noch vollständiger ausgebildet.“[26]

Trotz unterschiedlicher Einstellung zum Bauernstand heben alle Autoren einige interessante Charakteristika hervor. Das bäuerliche Leben gilt als sehr mühselig, die Bauern leisten fast unmenschliche Arbeiten und werden von den Herren ausgebeutet. Dieser Lebenslage entspricht ein Lebensstil, den die ‚zivilisierten‘ Schriftsteller bzw. Beobachter als wüst und barbarisch bezeichnen; die Bauern leben nicht nur elend, sondern haben wilde Sitten. Einen Blick für eine ‚standesspezifische‘ Kultur der Bauern haben nicht

5. Bauern beim Frondienst im 16. Jahrhundert. Monatsbild v. H. Wertinger.

einmal die bauernfreundlichen Aufklärer: der Bauer gilt, aus welchen Gründen auch immer, als kulturlos.

Das Bild des Bauern in der frühen Neuzeit ist sehr uneinheitlich und spiegelt die Standpunkte der verschiedenen Gruppen wieder, die mit den Bauern zu tun hatten. Einmal wird seine Dummheit und Einfältigkeit hervorgehoben. Dieser Meinung waren insbesondere die standesbewußten Städter und Gelehrten, die sich in allem den Bauern überlegen wußten. Zum anderen werden seine Aufsässigkeit und sein Eigensinn betont. Vor allem Herrschaftsträger und Pfarrer machten diese Erfahrung und wünschten sich gehorsamere Untertanen. Aufgeklärte Weltliche und Geistliche sehen im Bauernstand einen armen geknechteten Stand, der ganz und gar den Herren ausgeliefert ist und kein eigenes Leben führen kann. Sicherlich wurden die Bauern unterdrückt und ausgebeutet, aber ihr Untertanensein bestimmte keineswegs ausschließlich ihr Leben, sie lebten in dem herrschaftlichen Rahmen ein viel ‚selbstbestimmteres' Leben als man vielleicht annimmt. Jedenfalls blieb die Regelung ihres Alltagslebens außerhalb des Einflußbereichs der Grund- und anderen Herren. Auch waren die Bauern rasch aufsässig, was sich mit der angeblich untertänigen Haltung kaum vertrug. Übergriffe der Herren und ihrer Beamten haben sie stets zu vereiteln versucht, selbst wenn sie sich zugleich als treue Untertanen verstanden, die auch bereit waren, eine angemessene Abgabe zu leisten. Aufmüpfigkeit und Untertänigkeit schlossen sich nicht aus. Einfältig mochten die Bauern durchaus sein gegenüber gewieften städtischen Kaufleuten und höfischen Beamten, weil sie deren Regeln nicht kannten, aber gleicherweise erwiesen auch sie sich als trickreich und eigensinnig. Wenn sie wirklich so einfältig gewesen wären, wie sie oft beschrieben wurden, hätten die höfischen Beamten und aufklärerischen Pädagogen sich leichter getan, sie für ihre Pläne zu gewinnen. Die Konzentration der Forschung auf die Belastung und Unterdrückung der Bauern wie auf ihre Aufmüpfigkeit und Protesthaltung sollte durch eine realistische Einschätzung der ganzen bäuerlichen Lebensweise ergänzt werden.

Bei den neben den Bauern in der Dorfgemeinde lebenden Schichten lassen sich vier Gruppen unterscheiden: das Gesinde, die Taglöhner, die Dorfhandwerker und die Heimarbeiter. Diese Gruppen waren alle politisch und sozial von der Dorfehrbarkeit ausgeschlossen. Eine gewisse Ausnahme bildete das Dorfhandwerk, vor allem der Schmied hatte ein besonders hohes Prestige. Obwohl der Bauernstand das Leben im Dorf beherrschte und auch die Unterschichten durch ihren kleinen Grundbesitz gleicherweise dem landwirtschaftlichen Rhythmus unterworfen waren, unterschied sich deren Lebensweise doch z. T. beträchtlich von der der Bauern.

Doch zunächst zum Gesinde, jener Gruppe, die am stärksten mit der bäuerlichen Welt verbunden war.[27] Knechte wie Mägde lebten unverheiratet in der Hausgemeinschaft der Bauern. Sie partizipierten am Hausleben und unterschieden sich in ihrem Status wenig von dem der Kinder des Bauern. Zumeist kamen sie von außerhalb, hatten sich auf ein Jahr verdingt, oft blieben sie auch länger, und erhielten einen abgemachten Lohn für ihre Arbeit, den der Hausherr allerdings erst beim Weggang auszahlte. Als nichterbberechtigte Kinder von Bauern strebten sie danach, sich durch Ersparnisse ein kleines Stück Land zu erwerben, um als Taglöhner zu heiraten und unabhängig vom bäuerlichen Haushalt zu leben. Ihre Arbeit unterschied sich nicht wesentlich von der des Bauern, die Knechte halfen ihm bei der Landwirtschaft, die Mägde der Bäuerin im Haus. So konnte sich ein Vertrauensverhältnis herausbilden, nicht selten aber gab es auch Spannungen, die aus schlechter Behandlung entstanden. In seiner sozialen Stellung war der Knecht zwar dem Hausherrn unterstellt, bestimmte aber immer seinen Ruf mit. Strenge Gesindeordnungen versuchten, das enge Miteinander genau zu regeln. Da dem Grundherrn an einem reibungslosen Ablauf der bäuerlichen Arbeit gelegen war, unterstützte die Obrigkeit im

Streitfall zumeist den Bauern. Doch in anderer Hinsicht war der Knecht der Hausherrngewalt seines Bauern nicht gänzlich ausgeliefert. Zusammen mit anderen Ledigen seines Dorfes war er Mitglied einer Burschenschaft, die eine strenge sittliche Kontrolle ausübte, nicht zuletzt, um den Heiratsmarkt im Sinne der dörflichen Ökonomie zu lenken; indem sie die vielen dörflichen Feste organisierte, und somit die Tradition mitbewahren half, bildet sie in gewisser Weise ein Pendant zur Versammlung der bäuerlichen Ehrbarkeit, die ihrerseits alle politischen Rechte monopolisiert hatte. Das eigenständige Leben der Knechte und Mägde ist aus der dörflichen Welt nicht wegzudenken.

Eine weitere Gruppe bildeten die Taglöhner,[28] die außerhalb der bäuerlichen Hausgemeinschaft lebten. Sie besaßen zumeist kleine Häuser mit einem Streifen Land am Rande des Dorfes und konnten einen eigenen Hausstand gründen. Sie kamen weitgehend aus der kleinbäuerlichen Schicht. Auch waren es die nachgeborenen Kinder der Bauern, soweit diese sich nicht anderswo als Knechte und Mägde verdingen mußten, und natürlich kamen sie auch aus dem Gesindestand selbst, wenn sie lange gedient hatten und sich nach der Heirat ein eigenes Häuschen erwerben konnten. Sie lebten zum einen von ihrem kleinen landwirtschaftlichen Betrieb, der ihnen selbst in guten Zeiten nur das Notwendigste einbrachte, zum anderen aus dem Zuerwerb durch Arbeit auf den großen Bauernhöfen. Sie konnten dort dauernd beschäftigt sein, zumeist waren sie es aber nur zu den Hauptarbeitszeiten wie z. B. bei der Ernte. Ihr Stand glich dem eines Lohnarbeiters. Wenn ihr Einkommen nicht ausreichte, übernahmen sie Heimarbeit, vor allem ihre Frauen und Kinder, die insgesamt nicht weniger in die alltägliche Arbeit eingebunden waren wie auf dem Bauernhof. Oder sie verdingten sich als Holzarbeiter, Fuhrleute oder Schiffer. Sie waren auf jeden Fall vielseitig beschäftigt. Weit mehr als das Gesinde konnten sie ihr Leben selbst bestimmen, sogar eine Familie gründen, doch ihr Leben war recht dürftig, eine politische Rolle spielten sie im Dorf nicht. Ihre Familien waren ziemlich klein; da der Besitz keine große Bedeutung hatte, waren auch die Familienbande locker; die Kinder von Taglöhnern verdingten sich oft früh als Gesinde bei Bauern oder zogen fort.

Recht schwierig zu fassen ist die Schicht der Dorfhandwerker, die es wohl nur in größeren Ortschaften gab, jedenfalls dort, wo die Höfe weniger autark waren und die Bauern nicht mehr alle Handwerksarbeiten selbst übernahmen.[29] Obwohl von den Aufträgen der Bauern lebend, bildeten die Dorfhandwerker eine unabhängige Lebensweise aus. Sie lebten außerhalb der Zunftordnung und waren allein auf ihre Tüchtigkeit angewiesen. Sie wohnten mit ihren Familien in eigenen Häusern, zu denen kleine Gärten und Ländereien gehörten. Die Zahl der Dorfhandwerker war in der Regel klein, sie bildeten zwar eine eigene Gruppe, unterschieden sich aber durch ihre Tätigkeit wieder stark voneinander. An oberster Stelle stand der

Schmied. Er beschlug die Pferde, stellte Pflüge, Waffen und Messer, aber auch Nägel und Töpfe her; nicht selten gab es verschiedene Schmieden, Kessel- bzw. Hammerschmieden. An zweiter Stelle rangierte der Müller. Weit unter diesen beiden Berufen standen die Schuster, Gerber und Weber; die Gerber und die Abdecker zählten bereits zu den unehrlichen Berufen. Über den Werdegang der Dorfhandwerker wissen wir wenig; sie hatten sicherlich eine Lehrausbildung und ließen sich auf dem Lande nieder, weil es für sie in der Stadt zu wenig Arbeitsmöglichkeiten gab. Die Dorfhandwerker standen zwar in der sozialen Hierarchie höher als die Taglöhner, zählten aber ebenfalls nur bedingt zur politischen Gemeinde. Da auch in ihrem Leben der Besitz keine große Rolle spielte, gab es keine strengen Erbregeln und damit keine strenge Hausordnung. Die Kinder halfen mit, verließen aber, sobald sie mündig waren, das Haus, um sich selbständig zu machen oder anderswo in Dienst zu gehen. Weil sie zumeist nicht zünftisch organisiert waren und keine allzu große Konkurrenz hatten, war ihr Ehrbewußtsein schwächer ausgebildet als das der Zunfthandwerker. Sie versuchten sich weder als gesonderte Gruppe zu konsolidieren noch stark vom bäuerlichen Umfeld abzusetzen.

Die letzte Gruppe bildete die Schicht der Heimarbeiter.[30] Auch sie existierten ohne Zweifel seit dem 16. Jahrhundert, ihre Zahl nahm jedoch seit dem 18. Jahrhundert im Zuge der Ausbreitung der Heimindustrie auf dem Lande zu. Ursprünglich war die Heimarbeit nur ein Zuerwerb für die Taglöhner, die zusammen mit ihren Frauen und Kindern in der ‚arbeitslosen' Zeit webten oder spannen. In dem Maße allerdings, wie die unterschichtische Bevölkerung auf dem Lande zunahm und sich von der bäuerlichen Arbeit nicht mehr ernähren konnte, und überdies die Verlagsindustrie der städtischen Kaufleute systematisch ausgebaut wurde, entwickelte sich die Heimarbeit zu einer ausschließlichen Berufsarbeit, die sich ganz aus der bäuerlichen Umwelt löste. Die Heimarbeiter produzierten zwar auch in Familienverbänden, d. h. die ganze Familie war einbezogen. Besonders an ihrer Lebensweise war aber, daß es im Arbeitsprozeß keine spezifische Rollenteilung zwischen Mann und Frau, zwischen Eltern und Kindern gab. Da auch in diesen Familien ererbter Besitz keine Rolle spielte, sondern es allein darauf ankam, was der einzelne mit seinen Händen und seiner Geschicklichkeit erarbeiten konnte – was eine völlig neue Situation war –, galt das Muster der späten Heirat hier nicht. Jeder konnte heiraten und vor allem früher als andere im Dorf, denn Heirat war hier nicht mit der Übernahme eines Hauses verbunden. Darin lag einer der Gründe, warum die Schicht der professionellen Heimarbeiter stärker zunahm als die der Bauern. Im Unterschied zur Tätigkeit der anderen Dorfeinwohner war die Arbeit der Heimarbeiter zwar leicht zu erlernen, aber außerordentlich eintönig. Sie unterlag weder dem Rhythmus der Jahreszeiten noch dem Gebot der Nachfrage bzw. des Bedarfs wie beim Handwerk. In der Heimindustrie wurde ausschließlich nach Lohn und Leistung gezahlt, der Tüchtigste erhielt das meiste Geld, wobei allerdings nicht die dörfliche Ökonomie den Rahmen der Entfaltung absteckte, sondern ein abstrakter Markt, mit dem die Heimarbeiter nur indirekt durch die Verleger in Verbindung standen. Sie konnten durchaus rasch Geld verdienen; da sie aber keine landwirtschaftlichen Reserven hatten, konnte das gute Auskommen auch leicht umschlagen in bittere Armut. Denn anstelle der alten Abhängigkeit von der Dorfökonomie trat die Abhängigkeit von den Marktschwankungen, die dem Heimarbeiter unerklärlich bleiben mußten, ihn aber oft ebenso hart treffen konnten wie schlechte Ernten. Insofern hatte ein Taglöhner oft bessere Existenzmöglichkeiten als der Heimarbeiter.

Als landlose Lohnarbeiter standen die Heimarbeiter vom Sozialprestige her am Rande der bäuerlichen Gesellschaft, obwohl sie sich manchmal besser ernähren oder kleiden konnten, also keinesfalls als Arme auftraten; sie hatten keine politischen Rechte in der Gemeindeversammlung und wurden von der bäuerlichen Gesellschaft als minder angesehen. Ihre Unabhängigkeit von den Normen der bäuerlichen Welt hatte allerdings nicht nur negative Folgen; die Heimarbeiter standen zwar durch ihre Tätigkeit in Abhängigkeit vom Markt mit all seinen Konjunkturschwankungen, doch gab es in der traditionalen Gesellschaft keine Schicht, die so stark auf die eigene Leistung verwiesen war und neue Aufstiegschancen besaß.

2. Arbeitswelt: Ackerbau, Viehzucht

Die Lebenswelt der Bauern und die der Bäuerinnen war maßgeblich durch die Arbeit geprägt. Arbeitswelt und Lebensweise sind in der bäuerlichen Welt nicht voneinander zu trennen.[1] Dabei spielten die unterschiedlichen Besitz- und Rechtsverhältnisse keine Rolle. So intensiv die Herren die Bauern mit Abgaben belasteten und für ihre Dienste einspannten, vollzog sich doch die bäuerliche Arbeit wie überhaupt die Arbeit im Dorf weitgehend unabhängig vom Anspruch der Grundherrschaft. Diese bestimmte nicht, was angebaut noch wie die Arbeit ausgeführt wurde. So konnten bei den durchaus unterschiedlichen politischen und ökonomischen Zwängen die Bauern ihre Arbeit ganz und gar selbständig ausführen und ihr Alltagsleben selbst gestalten. Um so stärker war aber der einzelne Bauer mit seinem Hof eingebunden in die Nachbarschafts- und Dorfgemeinschaft, die die verschiedenen Arbeitsprozesse stets aufeinander abstimmen mußte.[2] Keiner konnte so walten, wie er wollte. Strenge Regeln bestimmten die Arbeitswelt. Weil sie im häuslichen und dörflichen Verbund ausgeführt und abgesichert wurde, hatte die Arbeit großen Einfluß auf die jeweils spezifische Gestaltung des Gemeinschafslebens. Das kollektive Brauchtum des Dorfes war durch und durch Arbeitsbrauchtum.[3] Die Arbeit im Dorf war sehr komplex und vielseitig, sie war abhängig von der Größe des Hofes und der Qualität des Bodens, sie mußte abgestimmt werden auf den Bedarf des Hauses und die Interessen der Nachbarn, so gering der Spielraum auch war. Es herrschte selten oder kaum eine einzige Tätigkeit vor, Monokulturen sind moderne Erscheinungen. Die bäuerliche Arbeit umfaßte in der Regel sowohl Ackerbau/Bodennutzung wie Viehzucht/Viehhaltung und die verschiedenen Haus- und Heimarbeiten.

Mit der Bevölkerungszunahme im 16. Jahrhundert hatte sich der Ackerbau erheblich erweitert.[4] Sein Höhepunkt lag unmittelbar vor dem Dreißigjährigen Krieg, durch den so große Landstriche verwüstet wurden, daß der Vorkriegsstand erst zu Ende des 17. Jahrhunderts, wenn nicht gar erst im 18. Jahrhundert wieder erreicht wurde. Eine optimale Ausnutzung der landwirtschaftlichen Flächen stieß dann aber bald aufgrund der traditionellen Mittel auf natürliche Grenzen. Es wäre sicherlich zu erheblichen Ernährungskrisen gekommen, wenn nicht gleichzeitig mit der Bevölkerungszunahme auch auf dem Lande die Grundlagen des Ernährungswesens revolutioniert worden wären.

Je nach Landschaft gab es unterschiedliche Formen, die vorherrschende war vor der Einführung der Fruchtwechselwirtschaft die Dreifelderwirtschaft, nach der alle drei Jahre für jeden Acker ein Brachjahr erfolgte.[5] Dieses Brachjahr mußte sein, weil Getreidebau als Monokultur eine ganz bestimmte Unkrautflora förderte, die früher nur zwischen Ernte und Aussaat bekämpft werden konnte. Auch waren Ruhepausen wegen der geringen Düngung nötig, zumal die Brache als Futterlieferant diente. Denn gerade weil Wiesen und Weideflächen durch die verstärkte Ausdehnung des Akkerbaus verkleinert worden waren, kam es zu empfindlichem Futtermangel. Schließlich sparte die Brache auch Arbeitskraft und Inventar. Die Dreifelderwirtschaft beschränkte die Ausweitung der Produktion nicht unerheblich. Allerdings wurde sie im 18. Jahrhundert verbessert, auch kam es zur weiteren Einführung der Mehrfelderwirtschaft. Aber die Gemengelage der Äcker, der Flurzwang, die Bodenzersplitterung, nicht zuletzt die Abgaben und Dienste der Bauern und das herrschende Besitzrecht setzten Grenzen für eine Neuordnung der Landwirtschaft. So konnte etwa der vermehrte Anbau von Klee nicht erfolgen, so hoch seine Vorzüge auch gerühmt wurden. „Durch die Menge des vortrefflichsten Kleefutters wird der Viehbestand erweitert, der Acker wird reicher gedüngt, der Getreidebau nimmt zu, mit ihm wächst die Bevölkerung der Staaten, Fabriken und Manufakturen bestehen, der Absatz der Waren wird durch ihn wohlfeiler und erweitert, der Regent und der Untertan beglückter".[6] Obwohl überall propagiert, wurde zu Ende des 18. Jahrhunderts nur auf 6% der Anbaufläche Klee angebaut. Hinzu trat das Mißtrauen der Bauern gegen jede Neuerung, die ja, wie die Erfahrung gezeigt hatte, zumeist zu ihren Ungunsten ausschlug. Um 1800 wurde ein Drittel aller Gebietsflächen ackerbaulich bewirtschaftet.

Davon entfielen auf Getreide rund 61%, auf Brachfrüchte 14% und auf Brache 25%.

Angebaut wurden Getreide, Gartengewächse und ‚Handels- und Manufakturpflanzen'.[7] Jede Art verlangte eine besondere Pflege, die große Kenntnis im Ackerbau voraussetzte. Das Wissen der Zeit ist in zahlreichen landwirtschaftlichen Schriften des 17. und 18. Jahrhunderts überliefert.[8] Sie bezogen sich in der Regel auf die größeren adligen Güter, reflektieren aber auch die Praxis kleinbäuerlicher Höfe. Roggen war in Deutschland die Getreideart, die am meisten angebaut wurde, sie versprach bei der geringsten Anforderung an Nährstoffe, Bodenbearbeitung und Pflege den höchsten Ertrag. Dann folgten Gerste, Hafer, Weizen, hier und da auch Hirse, Buchweizen und sogar Mais. Aus ihnen wurde das Brot gebacken und Brei gekocht. Während das Getreide auf offenem Feld angebaut wurde, das dem Flurzwang und der Brachweide unterlag, wurden die sog. Gartengewächse außerhalb der Felder zumeist in eigenen Gärten angebaut.[9]

Bestellung von Schmatzfeld[10] (in v. H. der Ackerfläche)

Jahr	Weizen	Roggen	Gerste	Hafer	Brache	Sonstiges*
1592	4	19	15	24	37	1
1657	6	16	21	32	24	1
1676	9	16	24	23	25	3
1686	12	17	15	27	28	1
1702	11	11	19	24	30	5
1740	1	16	25	23	21	14
1753	15	15	21	19	19	11
1760	9	21	14	17	21	18
1780	15	15	18	18	16	18
1800	17	17	20	13	8	25
1810	18	15	17	16	1	33
1830	17	14	16	14	1	38

* enthält Leguminosen, Hackfrüchte, Ölfrüchte, Feldfutter. Den größten Anteil hatten Erbsen, Rotklee und Raps.

Zu den Gartengewächsen gehörten vor allem der Kohl, angebaut wurden daneben Spinat, Salate, Möhren, Rüben wie Bohnen, Erbsen und Linsen. Im 18. Jahrhundert kam die Kartoffel hinzu. Auch Obst wurde immer geschätzt. In der Nähe von Städten kam es zu regen Austauschbeziehungen mit den Bürgern, die zwar auch selbst einen Garten halten konnten, aber stets auf Zulieferung vom Land angewiesen waren. Ausdrücklich für den Markt arbeitete freilich kaum ein Bauer, erst im 18. Jahrhundert nahm dies zu; verkauft wurden immer nur Überschüsse. Der Eigenverbrauch stand stets im Vordergrund.

Eine besondere Rolle spielte der Weinanbau, der im 16. Jahrhundert

6. Herbstsaat, Holzschnitt aus P. de Crescentiis ‚Von Feld- und Ackerbau', 16. Jahrhundert.

selbst noch in Gegenden wie Ostpreußen oder Bayern versucht wurde. Der Wein wurde hier aber bald vom Bier zurückgedrängt. Für den Eigenbedarf und zunehmend für den Markt wurden in verkehrsgünstigen Gebieten ‚Handels- und Manufakturpflanzen' angebaut, zu ihnen zählten Flachs und Hanf, aber auch Raps, Hopfen und später Tabak sowie Farbpflanzen. Aus Flachs wurde Leinen hergestellt und aus Raps Öl gewonnen, das zur Beleuchtung verwandt wurde und den armen Leuten als Speiseöl diente. Dieser Anbau bedeutete oft eine wichtige Einnahmequelle, verlangte aber auch besondere Aufmerksamkeit, die nicht selten die Kapazität eines traditionellen Haushalts überstieg.

Das Pflügen galt allgemein als eine schwere Arbeit.[11] Es diente nicht nur dazu, eine Saatfurche zu ziehen, sondern vor allem das Unkraut zu entfernen; deshalb wurde zumeist mehrmals gepflügt. Die Effektivität des Pflügens hing von der – jeweils unterschiedlichen – Qualität und Schwere des Bodens ab und von der Qualität des Pfluges. Viele plädierten für den Haken, weil er weniger Zugkraft beanspruchte und schneller gezogen werden konnte als der Pflug, andere befürworteten große, von mehreren Pferden gezogene Pflüge. Gezogen wurde der Pflug im Norden zumeist von ein oder zwei Pferden, im Süden von einem Ochsen. Reichere Bauern bevorzugten immer das Pferd. Auch die Pflugtiefe war unterschiedlich, sie variierte zwischen 5 und 15 bzw. 20 cm. Der Ernteertrag war nicht nur der Ertrag natürlichen Wachstums, sondern Produkt bäuerlicher Anstrengung und Pflege des Bodens. In sie gingen vielfältige Erfahrungen ein, aber während der frühen Neuzeit erfolgte nur eine langsame Steigerung, bis zu Ende des 18. Jahrhunderts der Staat, die ökonomischen Societäten und die entste-

7. Schnittermahl, Holzschnitt aus P. de Crescentiis ‚Von Feld- und Ackerbau', 16. Jahrhundert.

hende Agrarwissenschaft eine breite Diskussion in Gang setzten, die schließlich im 19. Jahrhundert beträchtliche Erfolge zeitigte.

Dem Pflügen folgte das Düngen. Verwendet wurden Schafmist, Abtrittsdünger, Schweine- Pferde- und Rinderdung; das setzte allerdings eine breite und intensive Viehzucht voraus. Fehlte diese Voraussetzung – denn auch die Ausweitung der Viehwirtschaft stieß wegen der beschränkten Futtermittel an Grenzen –, dann sank auch die Produktivität der Äcker. Vor der Einführung des künstlichen Düngers im 19. Jahrhundert können wir den Faktor des Düngens nicht allzuhoch ansetzen. Die Zeiten des Pflügens und Düngens waren genossenschaftlich festgelegt; dasselbe gilt für das Säen und Ernten. Vor oder unmittelbar nach dem Säen wurde der Acker geeggt. Die Egge, das nach dem Pflug wichtigste Gerät eines Bauernhofs, sollte den Boden eben und mürbe machen und die Unkrautwurzeln entfernen. Besondere Fertigkeit verlangte das Säen, denn die Breite und Länge des Wurfs mußte eine gleiche Streuung garantieren. Geerntet schließlich wurde mit der Sichel oder der Sense. Beide hatten Vor- und Nachteile. Während bei der Sichel die Arbeitsleistung gering, der Ernteertrag aber groß war, weil das Korn nicht so leicht aus der Hülse herausfiel, war dies bei der Sense umgekehrt. Größere Höfe kannten nur die Sense, die sich wegen der größeren Effektivität im Laufe der Zeit auch bei kleineren Bauern durchsetzte. Während das Pflügen, Düngen und Säen der Bauer noch allein bzw. mit seinen Knechten selbst in die Hand nehmen konnte, wurden bei der Ernte alle verfügbaren Kräfte eines Hauses eingesetzt, oft zudem auch Taglöhner angestellt. Nach dem Dreschen mit dem Flegel in der Scheune oder auf der Tenne und der Hortung des geernteten Korns endete der wichtigste Arbeitsprozeß der bäuerlichen Wirtschaft zumeist mit einem aufwendigen Fest.

Wie der Ackerbau, verlangten die Wiesen und Weiden eine besondere Pflege, denn von ihrer Qualität hing es ab, wie das Vieh ernährt wurde bzw. wie hoch der Heuertrag für den Winter war.[12] Nach Aussagen von Kameralisten des 18. Jahrhunderts wurden die Weiden nur allzuoft vernachlässigt.

Zwar gab es in der frühen Neuzeit durchaus schon Spezialisierungen beim Anbau bestimmter Getreidearten oder Gewächse, vor allem in der Nähe von Städten, doch im großen Ganzen mußte der Bauer den Boden mit unterschiedlichen Getreidesorten und Pflanzen bebauen, um den Hof, seine Bewohner und das Vieh zu ernähren, darüber hinaus auch noch seine Abgaben für die Grundherrschaft zu erwirtschaften, denn die Produktivität war letztlich sehr gering. Die Ernte war abhängig von der Güte des Bodens, vom Wetter sowie der Pflege des Ackers; die Düngung war in der Regel schwach, manches Saatgut ging nicht auf, und hohe Verluste gab es bei der Ernte. Eine besondere Züchtung von Getreide gab es nicht. Es finden sich schon im 16. Jahrhundert gelegentlich hohe Erträge in besonderen Sommern und bestimmten fruchtbaren Gegenden, aber in der Regel erntete ein Bauer nur das 4- bis 6fache der Aussaat, und dies änderte sich vom 16. bis 18. Jahrhundert nicht wesentlich. Ein Beispiel aus Lohmen mag den Fruchtbestand dokumentieren:

Ernteerträge in Lohmen[13] (nach dem Vielfachen der Aussaat)

Jahr	Weizen	Roggen	Gerste	Hafer
1631/33	4,3	4,7	3,8	3,9
1642/47	3,4	5,8	5,4	3,3
1680	9,0	5,0	3,7	3,2
1777/79	4,5	4,2	3,1	2,4
1789	1,9	3,2	3,3	3,9
1820	5,3	6,4	9,7	6,5
1839	8,0	4,6	7,8	5,0
1850	11,3	10,0	10,0	9,4

Alle Aufgaben verlangten vom Bauern Geschicklichkeit und hohen Arbeitseinsatz. Bei günstiger Witterung konnte er die ‚Nahrung' sichern und vielleicht auch einen kleinen Gewinn zur Seite legen; starke Regenfälle, Hagel oder ein zu langer Winter – und von denen gab es viele –, vernichteten indes schnell die Arbeit der Bauern. Relativ unbesorgt konnte im frühneuzeitlichen Dorf nur die kleine Schicht der vermögenden Bauern leben.

Zwar gab es Regionen mit vorherrschendem Ackerbau und Gegenden mit überwiegender Viehhaltung;[14] aber die meisten Bauern betrieben beides, da der Hof auf beides angewiesen war. Viehhaltung war letztlich eine kostspielige Angelegenheit, denn sie verlangte ausreichende Fütterung im Sommer und Winter, daher eine qualifizierte Weidewirtschaft. Umgekehrt war der Hof allein schon wegen der Getreideproduktion auf Vieh angewiesen, für die ausreichende Düngung und Zugkraft benötigt wurde. Diese Funktionen der Viehwirtschaft waren oft entscheidender als die Versorgung der bäuerlichen Haushalte und die Belieferung des Marktes, d. h. auch der Städte, mit Fleisch.

Die Größe des Viehbestandes korrespondierte mit der Größe der Höfe, sie konnte nicht beliebig erweitert werden und war deswegen außerhalb von Gutshöfen, die sich regelrechte Viehzucht leisten konnten, nicht groß. Denn wie beim Ackerbau hing das Gedeihen der Viehhaltung von der Pflege ab. „Alles kömmt auf das Futter und die Pflege an. Je kräftiger und besser in einer Gegend das Futter wächst, desto edler und größer wird bei einer guten Pflege die Viehzucht sein“, so dozierten die Kameralisten zu Ende des 18. Jahrhunderts.[15] Meistens änderte sich in diesem Bereich nichts wesentlich. Die Agrarreformen konzentrierten sich zumeist auf die staatlichen und adligen Großgüter, die oft zu Musterbetrieben ausgebaut wurden.

Besonders bedeutend für einen Hof war das Pferd; es diente als Zug- und Reittier, war aber im Unterhalt sehr teuer. Wer sich dennoch eine Pferdezucht leistete, konnte auf dem Pferdemarkt mit beträchtlichen Gewinnen rechnen. Große Gestüte unterhielten nur die Landesherren. Für die Ernährung wichtiger war die Rinderhaltung, wobei nicht allein die Fleischerzeugnisse eine Rolle spielten, sondern vor allem die Milch- und Käseproduktion, ohne die kein Haushalt auskam. In Gebirgen mit fruchtbaren Weiden gab es Almenwirtschaft, die aber einen differenzierten Betrieb voraussetzte. Milchprodukte stellten die Bauern selbst her, vor allem Käse konnte immer gewinnbringend verkauft werden. Fast jeder Bauer hielt auch Schweine. Weil sie aber „in Anrechnung ihres Fleisches und Schmalzes an sich sehr nutzbare, in Absicht ihres Unterhalts aber ungemein kostbare Tiere“ sind,[16] war ihre Zahl stets klein. In der freien Natur (Wald) war zwar ausreichend Nahrung zu finden, aber Schweine verursachten beträchtliche Flurschäden. Rinder- und Schweinezucht verlangten eigene Hirten. Jeder Hof besaß Federvieh, Gänse, Enten, Hühner, neben der Eierproduktion vor allem zum Fleischverzehr. Sie „geben einen guten Braten, schönes Fett, wenn sie gemästet werden, und gute Federn zum Schreiben und zu Betten, aber zum Verkaufe wenig oder gar keinen Verdienst“.[17] Die ‚Kuh‘ der armen Leute im Dorf war die Ziege. Sie galt als „ein nützliches Haushaltungsvieh, weil sie nicht allein zwei und drei Junge tragen, sondern auch öfters so viel Milch geben, daß man zwei Ziegen statt einer Kuh rechnen kann“.[18] Hier und da hielten Bauern Bienenstöcke, denn der Honig galt als wichtigstes Süßmittel und hatte einen hohen Marktwert. Bienenwachs ließ sich gut verkaufen, da die frühneuzeitliche Gesellschaft stets hohen Bedarf an Kerzen hatte. Zur

8. Viehwirtschaft im 17. Jahrhundert, aus F. Ph. Florinus, Oeconomus prudens (1702).

dörflichen Ökonomie zählten schließlich Schafherden, die – weniger von einzelnen Höfen als von der Gemeinde bzw. der Grundherrschaft gehalten – zumeist außerhalb der Ortschaften Nahrung fanden und von eigens angestellten Schafhirten betreut wurden. Schafhaltung war im Blick auf Häute und Fleisch, vor allem aber die Wolle, für das ländliche Gewerbe besonders wichtig.[19]

Die Viehhaltung galt aus verschiedenen Gründen als nötig. Sie war aufwendig. Denn ein ausgesprochener Feldfutterbau wurde nicht betrieben, er setzte erst seit dem späten 18. Jahrhundert ein. An Futter für das Vieh standen in der Regel nur die Erträge des Dauergrünlandes, einschließlich der Waldweiden, des zeitweiligen Grünlandes, d. h. der Brache, sowie die Abfälle des Ackerbaues und der Nebengewerbe zur Verfügung. War das Futter schon über das ganze Jahr knapp bemessen, kam es zumeist im Frühjahr, wenn der Sommer auf sich warten ließ, zu beträchtlichen Engpässen. Es wird berichtet, wie Kühe und Rinder vor Mattigkeit umfielen oder starben. So ließ im Winter 1739/40 die Kälte erst im Mai nach. „Es gab draußen nichts zu fressen. Gleichwohl mußten die Tiere ausgetrieben werden, weil zu Hause auch nichts vorhanden war, und sie vielleicht im Felde hin und wieder einen Knospen von einem Busch abbeißen konnten … Am 17. Mai schneite es vom Morgen bis in den Abend, und das mehrste Vieh mußte zu

Hause gefahren werden. Ich (schätze), daß an diesem einzigen Tage in Mecklenburg der vierte Teil von milchenden Kühen, so wie das ganze Frühjahr durch bis Johannis, als erst das Grass hervorzusprossen begonnte, die Hälfte derselben vor Hunger und Kälte umgekommen ist."[20] Es gab nichts auf einem Hof, was nicht verwendet wurde, ob als Futter oder Dünger. Da der Rahmen stets begrenzt und im Vergleich zur heutigen ‚verschwenderischen' Fülle enorm dürftig war, blieb der Viehbestand bäuerlicher Wirtschaften bis ins 19. Jahrhundert hinein relativ gering, wenngleich für das 18. Jahrhundert eine Steigerung zu verzeichnen ist[21].

Viehbestand bäuerlicher Wirtschaften im 18. Jahrhundert
(Anzahl der Tiere je Hof):[22]

Gebiet	Betriebsgröße in ha Acker	Zugvieh		Nutzvieh				
		Pferde	Ochsen	Kühe	Rinder	Schweine	Schafe
Ostdeutschland	24,0	6,5	1,9	3,2	3,9	6,9	8,7
Nordwestdeutschland	15,5	3,1	0,1	3,0	2,4	2,6	18,0
Hessen	9,0	0,9	1,1	2,2	0,6	0,5	11,4

Die bäuerliche Wirtschaft war in der frühen Neuzeit eine Subsistenzwirtschaft. Zwar gab es in Gewerberegionen und in der Nähe der großen Städte Höfe, die schon früh überwiegend für den Markt produzierten, aber für die Mehrzahl der Höfe ging es darum, mit der Produktion die eigene Nahrung zu sichern. Da ein Teil von den Herrschaften abgeschöpft wurde, blieb zumeist nur ein geringer Teil an Getreide und Vieh, der ausgetauscht wurde für Waren, die die Bauern benötigten und selbst nicht mehr anfertigten. Dieser Rest-Anteil schwankte pro Jahr je nach Ernte und Ertrag aus der Viehhaltung.

Wie der Ackerbau unter Unwetter und hier und da auch unter Mäuse- und Heuschreckenplagen zu leiden hatte, konnte auch die Viehhaltung durch Futterknappheit und Seuchen beeinträchtigt werden.[23] Allein im 18. Jahrhundert soll es fünf Seuchenumzüge gegeben haben. Über die Wirkung einer solchen Seuche berichtet 1745 ein Schleswiger Bauer: „In diesem Jahr war das Land voll Vieh, sintemal Handel und Wandel aus Furcht vor der Viehseuche, die sich täglich mehr dem Norden näherte, gehemmt waren. Als man das Korn geerntet hatte, begann sie hier im Dorfe, und von den 300 Stück Hornvieh sind nur 15 am Leben geblieben, 6 Kühe und 9 Stück Jungvieh".[24] In der Oldenburger Wesermarsch starben 1745/6 von 57761 Rindern 44079, und das Kurfürstentum Bayern verlor in den Jahren 1795/8 85000 Stück Hornvieh.[25]

Über die Ursache dieser Vieherkrankungen wußte man lange nichts. Noch 1716 kannte man als die Ursache „eine mit giftigen, scharfen, faulen Dämpfen angefüllte Luft, welche sich absonderlich des Nachts im Taue coanguliret und sich alsdann auf Gras und Weide setzet, von welchen das Vieh frisset".[26] Es waren verschiedene Schutzmittel im Gebrauch, die der Bauer selbst oder der Bader, der Schmied oder der Schafhirt verabreichten; das einfachste Mittel, sich vor einer Seuche zu schützen, waren schärfste Absperrmaßnahmen, aber erst mit der Entstehung der Veterinärmedizin gegen Ende des 18. Jahrhunderts begann man der Seuchen allmählich Herr zu werden. Erste Impfungen von Tieren gab es seit der Mitte des 18. Jahrhunderts, bald darauf entstanden die ersten Tierarzneischulen.

Der Bauer hatte ein sehr enges Verhältnis zu seinem Boden und zu seinem Vieh, nicht nur, weil es sein ‚eigen' war, sondern weil er mit seiner Familie davon lebte und die alltägliche Nahrung mühsam erkämpft werden mußte. Zwar scheint es oft so, daß der Bauer auf Gedeih und Verderb der Natur ausgeliefert war, doch sein Verhältnis zum Acker und zum Vieh wie überhaupt zur Natur war keinesfalls passiv. So geduldig er warten mußte, bis das Getreide reifte und das Vieh gedieh – große und rasche Erfolge kannte er nicht, stand ihnen deshalb auch grundsätzlich skeptisch gegenüber –, so erstaunlich flexibel konnte er auf die Schwankungen des Wetters, die Fruchtbarkeit des Bodens wie auf Unbilden bei der Viehhaltung reagieren. Wenn sein persönlicher Einsatz nicht ausreichte, sprang die Nachbarschaft des Dorfes ein, die ihm Rückhalt im Kampf mit der Natur bot und seinen Willen stärkte, seine Existenzsicherung aktiv zum Vorteil aller zu betreiben. Zuweilen konnte er durchaus rasch und intensiv bei guter Wetterlage in den ‚Naturprozeß' eingreifen. Deswegen wechselten in seinem Leben geruhsame mit höchst arbeitsamen Tagen, an denen er bis zur Erschöpfung arbeiten mußte. Zwar stand dem Bauern nur selten das in den vielen landwirtschaftlichen Büchern seit der Antike überlieferte gelehrte Wissen über Ackerbau und Viehzucht zur Verfügung, aber seine Erfahrung und der alltägliche Umgang mit Äckern und Vieh lehrten ihn, daß die Natur nichts umsonst hergab. Er wußte, daß, wenn er Schweiß und Arbeit investierte, mit der Natur vorsichtig umging und seine Zeit flexibel handhabte, ein auskömmliches Leben durchaus möglich war. In diesem Zusammenhang kamen sein ‚voraufklärerisches' Naturwissen und sein ‚magisches Denken' zu ihrem Recht. So waren die Riten der Abwehr und des Schutzes vor Unbilden der Natur sowie die Beschwörung beim Pflügen und Säen eine spezifische Form der Auseinandersetzung mit der Natur, die der Lebenssituation der Bauern entsprach.

Bäuerliche Arbeit war nicht nur mit Ackerbau und Viehzucht gleichzusetzen, vor allem war sie nicht identisch mit der im ganzen Dorf geleisteten landwirtschaftlichen Arbeit.

9. Flachshechseln im 17. Jahrhundert, Kupferstich aus F. Ph. Florinus, Oeconomus prudens (1702).

Einen ganz beträchtlichen Aufwand erforderten zum einen die verschiedenen Arbeiten im Haus, die nur z. T. zum gewöhnlichen Tätigkeitsbereich der Bäuerin zählten.[27] Von Heimarbeit sprechen wir zumeist nur im Zusammenhang mit der Heimindustrie, vergessen wird aber die große Zahl von Aufgaben, die erledigt werden mußten und nicht immer vom Gesinde abgenommen werden konnten, das im übrigen nur auf größeren Höfen ausreichend vorhanden war. Vor allem die Hausfrau war stark belastet. Hier sind weniger das alltägliche Kochen, das Reinigen und Waschen zu nennen als die Verarbeitung und Aufbereitung der anfallenden Lebensmittel und Feldfrüchte. So mußten das Brot gebacken, die Milch verarbeitet und das Fleisch gepökelt werden. Aus dem Flachs wurde in mehreren Arbeitsgängen Leinen hergestellt. Die Wolle mußte gereinigt und zu Stoffen verwebt werden. Denn Kleidungsstücke wurden noch lange im eigenen Haus hergestellt – und das nicht nur von den Armen der ländlichen Gesellschaft.

Spezifische Arbeit der Männer im Haus war es hingegen, all das aufzuarbeiten, was im Sommer, solange die landwirtschaftliche Tätigkeit vorherrschte, liegengeblieben war bzw. nur mit großem Aufwand besorgt werden konnte. Hierzu zählten allgemein die Holzbeschaffung, dann Ausbesserungen und eventuelle Erweiterungen am Haus sowie die Herstellung und Reparatur der Arbeits- und Hausgeräte, etwa der Pflüge und der Eggen. Das Herstellen und Flicken der Schuhe und das Weben fiel den Bauern zu. 1773 schildert ein Pfarrer aus Württemberg: „Ein jeder Bauer hat seinen Webstuhl in dieser seiner Stube; denn fast jeder Bauer ist auch sein eigener Weber. Unterdessen, daß er den Winter hindurch Tagsein drischt, spinnen sein Weib, die Magd und die Kinder, und er wickelt Nachts Garn, strickt Bänder auf die Erndte, schnitzelt seine Bauernwerkzeuge, Sensenwürfe, Rechen und die kleinen Stücke, die zum Pfluge, zum Wagen gehören, und dergleichen selbst zusammen; und wenn das Ausdreschen im Januarius vorbey ist, setzt er sich hinter seinen Webstuhl und webt, wodurch er von da an bis zur Frühlingszeit, wo er am wenigsten zu arbeiten vorfindet, was sehr nützliches schaffet, und mehrere Gulden erhält und gewinnet".[28] Zwar gab es im frühneuzeitlichen Dorf ein Dorfhandwerk, doch alles, was im Haus unmittelbar gebraucht wurde, wurde lange selbst hergestellt. Das galt auch für das nötige Handwerkszeug.[29] Das Schnitzen, auch das von Holzschuhen, war eine besondere Tätigkeit der Männer.

Die Aufteilung der Arbeit unterlag dem Hausherrn oder auch der Hausfrau, sie war aber oft, wenn nachbarschaftliche Belange berührt wurden, mit der ganzen Dorfgemeinde abgestimmt und natürlich jahreszeitlich bedingt. Bäuerliche Arbeit war Handarbeit; es gab nur wenige arbeitserleichternde Hilfsmittel und Geräte wie Wagen, Pflug, Egge, Sensen etc. Diese waren nicht selbst hergestellt und besaßen nach erhaltenen Inventarverzeichnissen einen hohen Wert. Rationalisierungsmöglichkeiten gab es nur wenige, sosehr die aufklärerischen Kameralisten sich immer wieder bemühten, eine größere Effizienz der bäuerlichen Arbeit zu erreichen; der durchschnittliche Bauernhof im 18. Jahrhundert unterschied sich noch nicht wesentlich von dem des 16./17. Jahrhunderts. Änderungen traten erst ein, als sich zum einen marktwirtschaftliche Gesichtspunkte bei Großbetrieben durchsetzten und zum anderen der Klee- und Kartoffelanbau intensiviert wurde.

Zur dörflichen Arbeitswelt gehörte auch das Handwerk.[30] Hier muß allerdings unterschieden werden zwischen dem Landhandwerk, das allein für das Dorf und die nächste Umgebung arbeitete, und jenem, das für den interregionalen Handel bzw. für den städtischen Markt produzierte, sich also auf dem Lande niedergelassen hatte, um dem städtischen Zunftzwang zu entgehen bzw. weil es von den ordentlichen Zünften ausgeschlossen war. Auf jeden Fall waren diese dörflichen Handwerker vom Zunfthandwerk nicht geschätzt und hatten auch im Dorf nicht den besten Status. Die Vollbauern setzten sich von ihnen stark ab, obwohl sie auf ihre Arbeit nicht verzichten konnten. Außerdem ist zu unterscheiden zwischen den handwerklichen Aktivitäten, die die Bauern, Kleinbauern und Häusler nebenher betrieben, und dem eigentlichen Handwerk, das die Handwerker ‚hauptbe-

10. Ausbesserungsarbeiten, Kupferstich aus F. Ph. Florinus, Oeconomus prudens (1702).

ruflich' ausübten, was nicht ausschloß, daß sie zugleich nebenher eine kleine Bauernstelle innehatten. Die Grenzen zwischen beiden Berufs- und Erwerbsformen waren fließend.

Zum eigentlichen Dorfhandwerk gehört der Müller; seine Mühle war zumeist grundherrschaftliches oder gemeindliches Eigentum. Dann folgt der Schmied, der zum Teil auch die Aufgaben eines Schlossers erledigte. Einen Zimmermann gab es nur in größeren Dörfern, bei entwickelteren Wohnverhältnissen arbeitete er auch als Maurer oder Tischler. Je nach der Größe der Dörfer wurden also verschiedene Handwerke miteinander verbunden. Schließlich gab es in der Regel noch den Schneider, der, wenn seine Tätigkeit ihn nicht voll auslastete, oft nebenher als Dorfschullehrer wirkte. Zwar wurden auch die Leineweber zum Dorfhandwerk gezählt, aber zumeist waren sie in der ‚Heimindustrie' tätig, die nicht für das Dorf, sondern für den Markt produzierte. Sicherlich gab es je nach Region noch andere Handwerker im Dorf, so etwa Schuster, Böttcher, Bäcker, Stellmacher etc., aber in einem gewöhnlichen Dorf gab es nur ein beschränktes und nicht sehr stark differenziertes Handwerk. Meist handelte es sich um Familienbetriebe ohne Gesellen und Lehrlinge.

Zur dörflichen Arbeitswelt zählt ebenso die sich im 18. Jahrhundert verstärkende ländliche Heimindustrie.[31] Die Bauern und Bäuerinnen hatten in Nebentätigkeiten immer gesponnen und Wollstoffe und Leinwand gewebt, vor allem für den Eigenbedarf, gelegentlich auch für den regionalen Markt. Denn „die Leinenwaren“, schrieb der Kameralist Bergius 1767, „haben einen sehr starken Gebrauch. Hauptsächlich aber ist die Leinwand von einem so starken Consume, daß man behaupten kann, daß keine einzige andere Ware zu benennen ist, welche einen so unermeßlich großen Verbrauch findet. Alle anderen Waren werden nicht so allgemein von allen Menschen in den gesitteten Ländern, ohne Unterschied des Alters, Standes und Geschlechtes, und zu so vielerlei Endzwecken gebrauchet als die Leinwand. Es ist eine Ware, die die Motten nicht fressen, die dem Verderben nicht ausgesetzt ist, und welche auch der Gesundheit des menschlichen Körpers weit angemessener und zuträglicher ist als die wollenen Zeuge. Es kann also der Debit der allergangbarsten Ware niemals auf die Hälfte des Absatzes hinan steigen, welchen die Leinwand findet, und der Absatz von dieser hänget überdies nicht von dem Eigensinne der Mode ab“.[32]

Aber was mit der Leinen- und Baumwollproduktion im Rahmen des ländlichen Verlagssystems sich im 18. Jahrhundert entwickelte, hatte ganz andere Dimensionen. Diese Heimarbeiter und Heimarbeiterinnen produzierten nicht für den Eigenbedarf, auch nicht für den regionalen, sondern für den interregionalen Markt, womit ein strukturfremdes Element in die Dorfgemeinde kam. Dasselbe gilt übrigens auch für die Spielzeugindustrie und z. T. für den Bergbau, der sich allerdings zumeist in herrschaftlichen Händen befand und genossenschaftlich organisiert war.

Voraussetzungen für eine protoindustrielle Entwicklung vor allem in der Tuch- und Leinwandindustrie waren einerseits die Öffnung der dörflichen Gemeinden und andererseits die Unterbeschäftigung größerer, sich vermehrender Bevölkerungsschichten, d. h. die Existenz einer Dorfarmut, die gezwungenermaßen jede Arbeit übernehmen und zur Existenzsicherung sich ‚hauptberuflich‘ der kleingewerblichen industriellen Produktion widmen mußte. Dies schloß nicht aus, daß diese Menschen noch einen kleinen landwirtschaftlichen Betrieb hatten bzw. sich zumindest im Sommer beim Bauern verdingten. Einen unmittelbaren Einblick in diese Welt ländlicher Lohnarbeiter und ihre Armut vermittelt der ‚Arme Mann im Tockenburg‘ von Ulrich Bräker, der sich selbst als ‚Landarbeiter‘ durchschlagen mußte. Über sein Leben im Hungerjahr 1770 berichtet er: „Der Schnee lag auf der Saat bis im Mayen, so daß gar viel darunter erstickte. Indessen tröstete man sich doch noch den ganzen Sommer auf eine leidentliche Erndte – dann auf das Ausdreschen; aber leider alles umsonst. Ich hatte eine gute Portion Erdapfel im Boden; es wurden mir aber leider viel davon gestohlen. Den Sommer über hatte ich zwo Kühe auf fremder Weide, und ein Paar Geißen, welche mein erstgeborner Junge hütete; im Herbst aber mußt’ ich aus

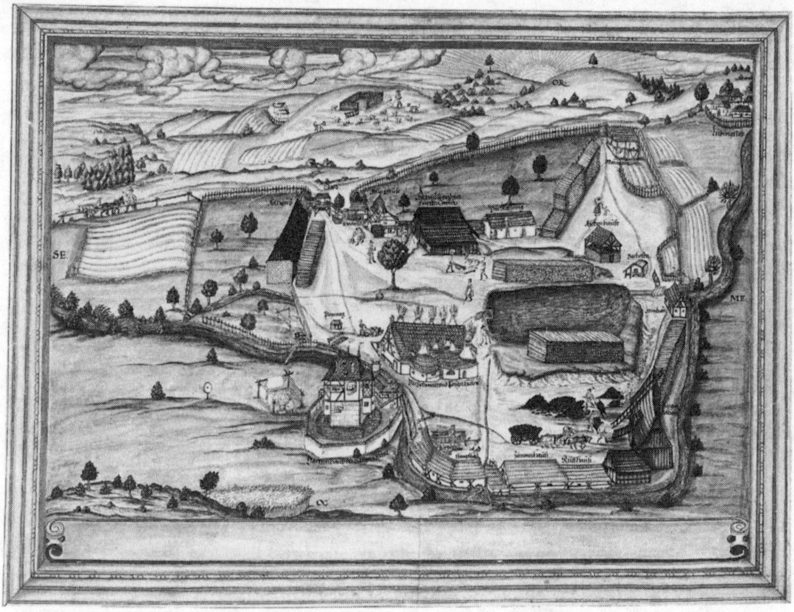

11. Saigerhütte im Thüringer Wald, Aquarell a. d. Atlas von Paul Pfinzing 1588.

Mangel Gelds und Futter alle diese Schwänze verkaufen. Denn der Handel nahm ab, so wie die Fruchtpreise stiegen; und bey den armen Spinnern und Webern war nichts als Borgen und Borgen."[33] Diese unsichere Lebenssituation teilten viele.

Die ländliche Verlagsindustrie basierte wie die bäuerliche Wirtschaft auf der Familienorganisation, in der alle Haushaltsmitglieder mitarbeiten mußten. Im Unterschied zur bäuerlichen Familienwirtschaft wurden diesen Heimarbeitern die Produktionsmittel von einem ‚fernen' bürgerlichen Kaufmann zur Verfügung gestellt und für eine bestimmte Menge hergestellter Leinwand oder Baumwollstücke Lohn bezahlt. Wenngleich damit die Dorfarmut nicht verschwand und die Konjunkturlage auf das Dorfleben zurückschlug, sicherten viele durch die heimindustrielle Arbeit ihr Leben. Manche machten sogar beträchtliche Gewinne, was wiederum dem Absatz von bäuerlichen Produkten zugute kam.

3. Selbstverwaltung in Untertänigkeit

Der einzelne Bauer lebte in der Regel nicht mit seiner Frau und Hausgemeinschaft für sich allein, wenn man von den Einödhöfen absieht, die es durchaus gab, sondern war eingebunden in eine mehr oder weniger enge Nachbarschaft, Freundschaft und Dorfgemeinde.[1] Unter Nachbarschaft versteht man die Gemeinschaft aller Nachbarn um einen Hof herum, die unmittelbar aufeinander angewiesen war, bei der aber verwandtschaftliche Beziehungen nicht ausschlaggebend waren. Manchmal umfaßte die Nachbarschaft das ganze Dorf. Freundschaft bezeichnet die Gemeinschaft von Verwandten eines Bauern, denen er verpflichtet war und von denen er Hilfe erwarten konnte, unabhängig davon, ob sie sich verstanden oder nicht, wohingegen die Dorfgemeinde einen sozial-politischen Verband aller Hausväter einer Ortschaft darstellte.

Bei aller häuslichen freien Entscheidungsmöglichkeit und Autonomie in der Bewirtschaftung wie in der Besitz- und Heiratspolitik waren der Bauer und die Bäuerin eingegliedert in eine Gemeinschaft, in der nicht individuelle, sondern kollektive Interessen vorherrschten, die sich am Leben und Überleben einer ganzen Dorfgesellschaft orientierten und dem gemeinsamen Nutzen verpflichtet waren. Aus diesem Verbund herauszutreten hätte die Existenz des Bauern gefährdet. Die Existenz vieler gemeinsamer Einrichtungen machte Absprachen zur Koordinierung der Arbeitsprozesse zwingend notwendig. Der Brunnen, das Waschhaus, das Backhaus und die Allmende der Gemeinde standen allen gleicherweise zur Benutzung frei, so daß es notwendig bestimmte Ordnungen und Absprachen geben mußte. Dann mußten der Schutz gegen Brand gemeinsam geregelt werden, Friede und Ruhe gewahrt, Wege in Ordnung gebracht und Sorge für die Armen getroffen werden. Schließlich und vor allem aber mußte eine Nachbarschaft bzw. die ganze Dorfgemeinde die Ökonomie regeln.[2] Der Flurordnung z.B. mußten sich alle fügen, so wenig ‚vernünftig' die Ackeraufteilung auch jeweils sein mochte, Traditionen aber sollten und konnten kaum geändert werden. Dies hätte das ganze ‚Gleichgewicht' gestört. Nicht zuletzt mußte ein Bauer bzw. eine Bäuerin sich immer mit seinen bzw. ihren Nachbarn arrangieren, denn in allen Fällen außergewöhnlicher Belastung waren sie auf sie angewiesen, ob es dabei um Ausleihe von Geräten oder Tieren oder um Hilfe bei Geburt, Krankheit und Unglücksfällen ging. Die vielen hausübergreifenden Feste stärkten dieses Band gegenseitiger Abhängigkeiten und stabilisierten Zusammenhänge über Konflikte hinweg.

Die Vorteile dieser Eingebundenheit und Abhängigkeit leuchteten jedem Bauern ein, sowenig willkommen sie ihm manchmal waren, wußte er doch, daß ohne ein Minimum an Solidarität das Überleben stets gefährdet war. Die Nachteile der starken Integration wurden dann besonders bewußt, wenn die

Existenz relativ gesichert erschien. Sie traten dann besonders im 18. Jahrhundert hervor, als das traditionelle Verständnis der Dorfgemeinschaft im Blick auf den sozialen Wandlungsprozeß sich aufzulösen begann. Obwohl der einzelne Bauer für seinen Hof und die Hausgemeinschaft verantwortlich war, konnte er nicht so frei über seine Arbeit verfügen, um etwa zur Steigerung der Erträge rationale Bebauungsmethoden einzuführen. Einer ‚Modernisierung' setzte sich die Tradition entgegen.

Bei aller festen Regelung und Bejahung dörflichen Zusammenlebens, das zumeist auch obrigkeitlich überwacht wurde, war das Verhältnis des einzelnen Bauernhaushalts zu seinen Nachbarn keineswegs immer konfliktlos. Es gab freundschaftliche Verknüpfungen, aber auch Feindseligkeiten, die das ganze Leben andauerten, ohne daß sie durch die Vermittlung anderer, durch Feste etc. geschlichtet werden konnten. Verschärft wurde ein Streit oft durch die im Dorf bestehenden sozialen Differenzen. Nur ein Bruchteil dieser Konflikte kam vor die Gerichte, so daß wir über die einzelnen Streitigkeiten wenig Informationen besitzen.

Wenn lautstark von Außenstehenden, vor allem vom Pfarrer, über Geiz, Neid und Habsucht in der dörflichen Gesellschaft geklagt wurde, dann gründete dies zumeist in der Knappheit der Ressourcen; großzügig konnte nur ein reicher Bauer sein, und auch der war es selten. Das heißt allerdings nicht, daß die bäuerliche Gesellschaft keine Freundschaften und Geschenke kannte. Die verschwenderischen Feste bei Taufe, Hochzeit und Beerdigung beispielsweise bezeugen dies. Freizügig war man allerdings nur denen gegenüber, von denen man später Gegengaben oder Hilfe erwarten konnte. In der Nachbarschaft wie überhaupt im ganzen Dorf existierten letztlich dieselben Spannungen und Konflikte wie im Hause selbst,[3] die freilich hier wie dort immer wieder durch den Zwang zur Zusammenarbeit neutralisiert wurden. Jedenfalls handelte ein Dorf immer und sofort solidarisch, wenn eine Gefahr von außen drohte, sei es durch Unwetter, Räuber oder durch den Grundherrn, und diese gemeinsame Erfahrung stabilisierte die Dorfgemeinde stets aufs neue.

Diese aufgezeigten Lebenszusammenhänge legen die Frage nahe, wie weit der Bauer und mit ihm die Bäuerin in der frühen Neuzeit ihr Leben selbst bestimmen konnten. Die ältere Literatur beantwortete diese Frage weitgehend mit dem Hinweis auf die Unterdrückung und Machtlosigkeit der Bauern.[4] Der Wandlungsprozeß von der „Herrschaft mit Bauern zur Herrschaft über Bauern" kennzeichnet jedoch einen gewissen Wandel.[5] Trotz Aufmüpfigkeit wurde Bauer und Bäuerin als Untertanen in den frühmodernen Staat integriert und zum Objekt staatlicher Politik. Sicherlich waren sie, wie übrigens auch die anderen Dorfbewohner, von der Herrschaft ausgeschlossen – wenn man von der Partizipation an der Macht in einigen wenigen Ländern (Tirol und Ostfriesland) absieht –, auch war er eingebunden in eine Ortsherrschaft, die von ihm Abgaben verlangte, die seine Rechte immer mehr schmälerte und die über ihn zu Gericht saß.[6] Aber es bleibt fraglich, ob die bäuerliche Lebenswelt, was ihr autonomes Handeln betrifft, treffend vor dem Hintergrund der direkten Partizipation am frühmodernen Staat mit einem modernen Politikverständnis beschrieben ist. Auf jeden Fall müssen wir hier erheblich differenzieren, und zwar strukturell.[7]

Die relative Selbständigkeit, in der die Dorfbewohner ihre unmittelbaren Lebensverhältnisse gestalteten, war aus ihrer Sicht nicht unpolitisch, selbst wenn ihre Selbstverwaltung und ‚politische Artikulation' beschränkt war. Allerdings müssen wir auch im Fall der frühneuzeitlichen Verwaltung der Dörfer unterscheiden. Es gab mehr oder weniger ‚freie' Gemeinden, die ihr politisches Leben durch eine eigene Ordnung selbst bestimmten, so vor allem in Franken und Schwaben, in Ländern also, die wesentlich durch den Bauernkrieg geprägt waren.[8] Dann gab es Dorfgemeinden, die, obschon völlig in die Landesherrschaft integriert, ihre Verwaltung unter den Bedingungen herrschaftlicher Normen selbst ausübten. Die Landesherrschaft verordnete Regeln, die rasch vom Dorf mit Leben erfüllt und bald als eigene Ordnung begriffen wurden. Schließlich gab es Dörfer, in denen alles von den Herrschaften reguliert war, so etwa in den ostdeutschen Gutsherrschaften. Hier gab es keinerlei Selbstbestimmung, sosehr sich die Dörfer auch in diesem Raum als eigene Gemeinden begriffen.[9]

In den meisten Fällen war die Obrigkeit auf die Mithilfe der Bauern und Dörfer zur Aufrechterhaltung der dörflichen Ordnung angewiesen. Das Interesse der Grundherren an regelmäßigen Abgaben, an Frieden und Ordnung, schuf einen beträchtlichen Freiraum für das ökonomische Handeln, zumal die Bauern mittlerweile ihre Höfe wie Eigen betrachten konnten. Unter dieser Rücksicht begriffen die Bauern staatliche Eingriffe zur Regelung des gesellschaftlichen Lebens im Dorf als Schutz vor Übergriffen der Grundherrschaft. Grundherrschaft und Staat waren im Interesse ökonomischer Stabilität auf das ‚eigenständige' Handeln der Bauern angewiesen, wobei es auf die Dorfehrbarkeit, die das soziale und kulturelle Leben im Dorf dominierte, besonders ankam.[10]

So genossenschaftlich das Dorf seine Angelegenheiten regelte und so geschlossen es der Obrigkeit gegenübertrat, war doch die Dorfgemeinschaft alles andere als eine ‚Demokratie', in der jeder und jede das gleiche Recht gehabt hätte.[11]

Während die unteren Schichten genauso wie die Frauen, nichts zu sagen hatten, trafen sich auf den Dorfversammlungen nur die Hausbesitzer, unter denen die Vermögenden zumeist auch alle dörfliche Macht in Händen hatten. Im Lebensstil und in der Heiratspolitik setzten sie sich ebenso stark von den unteren dörflichen Schichten ab wie in den Städten das Patriziat vom Handwerk. Die soziale Differenzierung der Dorfgemeinde, die im 16. Jahrhundert sich auszubilden begann und im 18. Jahrhundert einen Höhepunkt erreichte, war zweifellos bedingt durch das Anwachsen der zwar hausbesitzenden, aber mit geringerem Grund ausgestatteten Schicht.[12] Die Herrschaften begünstigten im allgemeinen nur selbsterhaltende Existenzen, weder die Anhäufung großer Besitzkomplexe noch die Vermehrung vermögensloser Familien. Gerade dadurch verloren die Gemeinden im 18. Jahrhundert an Konsens aller Dorfmitglieder, sowenig diese die Sturktur verändern wollten und konnten.

Je enger die Arbeits- und Lebenszusammenhänge im Dorf und je komplizierter die Sicherung der Nahrung wie die Handhabung der Dorfökonomie wurden, desto weniger reichten alte informelle Regelungen aus. Notwendig wurden bald schriftlich festgelegte Ordnungen, auf die jeder im Ort verpflichtet wurde und nach deren Maßgabe jede Normabweichung streng geahndet werden konnte. Diese Ordnungen unterschieden sich in der frühen Neuzeit je nach der Komplexität der Dorfgemeinde wie nach ihrer rechtlichen Stellung und ihrer herrschaftlichen Integration. Gegeben hat es sie aber überall; sie sind uns unter verschiedensten Bezeichnungen wie Weistum, Ehehafttaiding oder Dorfordnung bekannt.[13] Obwohl dies keine genuin bäuerlichen Rechte und Satzungen sind, sondern sie unter herrschaftlichem Einfluß aufgesetzt waren, lassen sie gleichwohl noch dörfliche Ordnungsvorstellungen erkennen. Ebenso wie städtische und landesherrliche Ordnungen der Zeit stellen sie freilich keine fixierten Gesetzestexte im modernen Sinn dar, vermitteln aber weitläufig Einblicke in die Problem- und Normenwelt der Dörfer.

Daß die Bauern ihre Arbeit selbst organisierten – weitgehend ohne Einfluß der Obrigkeit und der Grundherrschaft –, haben wir schon hervorgehoben. Daß die Dörfer auch ihr politisch-soziales Leben im Prinzip selbst organisierten, ist indes weniger bekannt. Die These von der politischen Unmündigkeit hat diesen Tatbestand verdeckt, wenn auch nicht geleugnet werden kann, daß aus dem Bauern nach dem Willen der Obrigkeit ein unmündiger Untertan werden sollte. Zwar bedurfte die bäuerliche Selbstverwaltung der herrschaftlichen Absicherung und Zustimmung, diese wurde aber zumeist auch gewährt, weil die Herrschaft mit ihrem Verwaltungsapparat kaum alle Funktionen erfüllen konnte. Sie blieb stets auf Mithilfe angewiesen und nahm dafür Eigenmächtigkeiten der Bauern in Kauf.[14]

Zentrales politisches Organ der bäuerlichen Selbstverwaltung war in der Regel die Gemeindeversammlung, die zumindest einmal im Jahr zusammentrat und an der teilzunehmen alle vollberechtigten Gemeindemitglieder, d.h. die Hausväter, verpflichtet waren.[15] Die Gemeindeversammlung kontrollierte das ‚Rechnungswesen', setzte die Anbauordnung fest, verkündete das Dorfrecht bzw. beschwor es und wählte verschiedene gemeindliche ‚Amtleute'. Zunächst und vor allem wurden die ‚Vierer' (oder Dreier, Fünfer etc.) ernannt. Vier Personen bildeten einen die Gemeinde repräsentierenden Ausschuß, der alle öffentlichen Aufgaben wahrnahm: sie sicherten die Grundstücks- und Gemarkungsgrenzen, überwachten die feuerpolizeilichen Bestimmungen, kontrollierten Maße und Gewichte, beaufsichtigten alle gewerblichen Betriebe in der Gemeinde: Mühlen, Wirtshäuser, Schmieden und Badstuben. Als Aufsichtsorgan der Gemeinde nahmen sie polizeiliche Aufgaben wahr. Einzelne Aufgaben konnten in größeren Dorfgemeinden auch von besonders Beauftragten ausgeführt werden, wie dem Baumwart, dem Forstwart, dem Feuerschauer oder dem Nachtwächter. Alle diese Ämter wurden von der Gemeinde vergeben. Dazu gab es Hirten, einen Büttel, der Botendienste für die Gemeinde übernahm, sowie den Wässerer, der für die Bewässerung der Wiesen zuständig war. Über allem stand in einigen Gegenden der Schultheiß bzw. Dorfmeister, Amtmann oder Vogt, der stets aus dem Dorf kam, meist vom Landesherrn oder der Ortsobrigkeit eingesetzt war, zumindest behielt sich die Herrschaft seine Bestätigung vor. Er hatte eine doppelte Funktion: Er mußte die Interessen der Dorfgemeinde gegenüber der Herrschaft vertreten, zugleich fungierte er als Vertreter der Herrschaft in der Gemeinde. Genossenschaftliche und herrschaftliche Interessen berührten sich in seinem Amt, was aber dem Dorf nicht immer zum Nachteil gereichen mußte.

Ein wichtiges Instrument zur Aufrechterhaltung der Dorfordnung war das Dorfgericht, an dem die Gemeinde zumindest mit eigenen Schöffen partizipierte. Es übernahm zivil- und strafrechtliche Aufgaben. Es besiegelte Erbverträge und Besitzübertragungen und kontrollierte Herrschaftsrechte, zugleich ahndete es Verletzungen der Grundstücksgrenzen, Störungen des dörflichen Friedens durch Beleidigungen und Schlägereien, sittliche Delikte und kleine Eigentumsverletzungen. Die peinliche Gerichtsbarkeit über Vergehen wie Mord, Diebstahl, Brandstiftung etc. lag allerdings ausschließlich in den Händen der Obrigkeit.

Zwischen 1610 und 1800 traten in der bayerischen Gemeinde Gauting Dorfbewohner wegen folgender Angelegenheiten vor Gericht: Nichtbefolgung von Verordnungen, Arbeit zu verbotener Zeit, Scharwerksverweigerung, Steuerhinterziehung, Verstoß gegen das Tabaksverbot, rückständige Zahlungen, Bankrotterklärungen, Erbschaftsansprüchen, Schadenersatzklagen, Brotneid, Verleumdung und Beleidigung, groben Unfug, Fluchen, Raufhändel, Diebstahl, Raub, Leichtfertigkeit und Kammerfensterln, Angelegenheit von Weiden und Wässerung, Wald und Feld und herrenlosem Vieh.[16] Wie konfliktträchtig das Alltagsleben auf dem Lande und wie nötig eine Gerichtsinstanz war, zeigt die Untersuchung von Konfliktfällen in der bayerischen Hofmark Amerang. In dieser Hofmark mit rund 150 Anwesen standen in einem Zeitraum von nur 30 Jahren 900 Personen wegen folgender Delikte vor Gericht:[17]

	Polizei- und Verwaltungssachen	Schuldsachen und Geldangelegenheiten	Real- und Verbalinjurien/ Raufhändel	Probleme zwischen Untertanen und Herrschaft	Leichtfertigkeitsdelikte	Flur-, Nachbarschafts- und Gemeindesachen	Delikte gegen die „gute Sitte“	Unlesbare Protokolle	Summe
1670	48	13	14	25	6	11	3	–	120
1671	44	12	12	13	5	1	10	–	97
1672	35	20	13	13	8	2	5	1	107
1673	48	34	6	1	12	–	3	–	104
1674	25	18	17	4	10	5	–	–	79
1675	33	46	8	3	5	6	–	–	101
1678	31	21	2	–	7	1	3	–	65
1681	13	7	3	1	1	–	1	–	26
1682	7	8	8	3	1	–	8	–	35
1683	20	14	6	2	2	1	3	–	48
1684	6	6	1	1	1	1	1	–	17
1685	5	3	3	–	4	–	2	–	17
1686	9	5	7	–	5	3	2	–	31
1687	8	4	3	1	3	–	–	–	19
1688	6	5	7	6	3	–	3	–	32
1689	18	5	13	1	2	–	–	–	39
1690	6	3	6	3	2	2	–	–	22
1691	7	3	3	4	1	2	–	–	20
1692	–	2	6	1	2	1	–	–	12
1693	2	11	5	1	–	6	–	1	26
1694	9	4	3	6	1	1	–	–	24
1695	3	1	1	–	1	1	–	–	7
1696	8	2	10	5	1	5	1	–	32
1697	12	4	9	9	1	1	–	–	36
1698	1	16	12	4	2	3	3	–	41
1699	10	2	9	4	2	2	2	–	31
1700	3	4	11	1	5	3	1	–	28
Summe	417	273	196	114	93	68	51	2	1216
%	34,29	22,45	16,28	9,37	7,65	5,59	4,19	0,16	100,00

Alle das Dorf unmittelbar betreffenden Angelegenheiten regelte in rechtlich-sozialer Hinsicht die Dorfgemeinde. Arbeits- und Sozialordnung waren nur schwer trennbar. Mit der Gerichtsgewalt war eine Strafgewalt verbunden. Übertraten Dorfmitglieder bestimmte Verbote, die in den Dorfordnungen festgeschrieben waren und in den Bereich der niederen Gerichtsbarkeit fielen, verhängte das Gericht auch Strafen, kurze Gefängnisstrafen ebenso wie Ehrenstrafen, vor allem aber Geldstrafen.

Beispiele aus Gerichtsprotokollen bezeugen, daß es nicht bei Androhungen blieb, sondern daß die Strafen wirklich vollstreckt wurden:

Peter Metz aus Gauting „hat 1611 ainen Pachoffen ubl versorgt, also zu besorgen gewest ein feuer aufkhommen mechte, deswegen gestraft per 4 βϑ". Balthasar Blahusch, ein Lederer zu Gauting, hatte 1721 im Gasthaus „in die spate Nacht gezöchet und sich zimblich berauschet", Strafe ½ ϑ. 1658 hat Stefan Clas an einem Sonntag vor 12 Uhr Stroh geschnitten, ist „also ein armer Tropf, mit der Fußschellen 4 Täg abgepußt worden".

Die Dienstdirn Maria Zimmermannin ist 1755 ohne Ursach aus dem Dienst getreten. Sie wird zu 1 Stunde in der Geige verurteilt und hat sofort den Dienst wieder anzutreten.

1679 hat Maria Schmidtin die Eva Vötterlin eine „Hure" genannt und, obwohl ihr dieses „aus Hitze des Zorns" entfahren und das Wort ihr „treulich leid thut", wird sie, „damit sie ihr Maul hinfüro besser im Zaum hält, um 34 xr 2h gebüßt".

Weil Georg Kagenhuber sich 1761 „jüngstin berauschterweise in die Kirche begeben" hat, ist er bestraft worden mit 1½ Stunden im Stock.

Antoni Vötterl hatte 1750 auf dem Feld „tausend Sacramenter" gescholten und mußte dafür 1 Stunde in den Stock.

Gregori Pölzl und Franz Hölzl haben ihre Ochsen entgegen dem Gemeindebeschluß nicht gesondert, sondern mit dem Gemeinvieh zusammen weiden lassen. 1724 zahlten sie beide je 2βϑ Strafe.[18]

Die Dorfordnung gab es in ihrer vollen Gestalt nicht überall, aber wesentliche Elemente finden wir in allen Dorfverfassungen. Immer sicherten diese die öffentliche Ordnung der Gemeinde ab, und immer wurden die dörflichen Aufgaben von Mitgliedern der Dorfgemeinde wahrgenommen. Herrschaftliche Interessen kamen nur indirekt ins Spiel und gefährdeten lange die ‚Autonomie' der Dorfgemeinde kaum.

Das heißt allerdings nicht, daß die landesherrliche Obrigkeit durch polizeiliche Regelungen keinen normierenden Einfluß ausübte und die ursprünglich relativ selbständige Dorfgemeinde nicht zu integrieren versuchte. Dabei beschnitt sie vor allem die Rechte an der Allmende wie an den Dorfwaldungen, was zu lautstarken Protesten und zu schweren Auseinandersetzungen mit der Obrigkeit führte. Aber sosehr die dörfliche Kultur kontrolliert und ihr Anteil an der Selbstregulierung ihrer Interessen zunehmend gemindert wurde, blieb die Struktur der Dorfgemeinde bis zum Ende des 18. Jahrhunderts zumindest formal erhalten. Dies gilt allerdings weniger für Ostelbien, wo die Bauern relativ früh entmündigt wurden, als für den Westen des Reiches, wo nur geringe Interessen bestanden, die dörflichen

Institutionen abzuschaffen und durch obrigkeitliche zu ersetzen, so daß es deshalb meist zu Kompromissen bzw. zu Mischformen genossenschaftlich-herrschaftlicher Art kam.[19]

Schwieriger als das Verhältnis zur Nachbarschaft, zur Dorfgemeinschaft, ist das Verhältnis der Bauern zur Kirche und zur Obrigkeit bzw. Grundherrschaft zu bestimmen. Ein Hauptgrund liegt darin, daß der Pfarrer nicht nur Seelsorger und Prediger war, sondern auch Grundherr, dem gegenüber der Bauer zu Abgaben verpflichtet war.[20] Es gibt keine Hinweise, daß die Bauern oder die armen Leute im Dorf unkirchlich waren. Alle gingen an Festtagen in die Kirche, die ja zugleich ein gesellschaftlicher Treffpunkt war, obwohl man nicht unbedingt alles wortwörtlich glaubte, was die Pfarrer predigten und lehrten. Wichtig für den Bauern und die Bäuerin waren vor allem die angebotenen Heilsgüter, die gerne angenommen wurden; da man nicht nur auf das Heil seiner Seele, sondern auch auf Gottes Hilfe in materieller Not hoffte. Man ließ die Kinder taufen, sich bei der Eheschließung kirchlich einsegnen und kirchlich beerdigen. Der Bauer erbat Hilfe bei Krankheit in der Familie, selbst für die Fruchtbarkeit seiner Äcker hoffte er auf den Segen des Pfarrers. Da der katholische Pfarrer eine Weihe erhalten hatte und über ein dem Bauern fremdes Wissen verfügte, konnte sein Ansehen durchaus dem eines Magiers ähneln. Doch niemals ging die Kirchengläubigkeit so weit, daß die Landbevölkerung ihre Interessen außer Acht gelassen oder sich den rigiden sittlichen Anforderungen gebeugt hätte. Soweit er ihnen nützte – und unter dieser Rücksicht nahm er auch einmal Kritik hin –, konnte der Pfarrer auch mit den Bauern rechnen; setzte er sich aber über ihre Probleme hinweg, konnten sich die Bauern und das ganze Dorf quer legen. Hinzu kommt, daß der Pfarrer als Grundherr oder Pfarrherr Abgaben verlangte, die an die materielle Existenz der Bauern rührten; in dieser Hinsicht wurde er nicht anders behandelt als ein adliger Grundherr. Genoß er in einer Situation ein hohes Ansehen, konnte er in einer anderen Situation als Gegner behandelt werden. Kein Wunder, daß die Kirche ihre Pfarrer in besonderer Weise schützte; einen katholischen Geistlichen anzugreifen, war schwere Sünde. Zu Feindseligkeiten kam es meist nur, wenn der Pfarrer die dörflichen Normen verletzte, den Frauen nachstieg, die Bauern betrog oder zu luxuriös lebte. Ansonsten akzeptierte man die Abgaben an den Pfarrer und die Tatsache, daß man die von ihm begehrten Heilsmittel nicht umsonst bekam. Die vielen kleinen Geschenke der gläubigen Bauern und Häusler, vor allem bei Wallfahrten, sind ein Zeichen dafür, daß die Dorfeinwohner durchaus ‚materiell' dachten, nicht anders als die Kirche selbst, die gegen materielle Gaben geistliche Güter vergab. Das galt als reelles Geschäft und widersprach nicht der Frömmigkeit. Diese Bemerkungen sind vor allem auf die katholische Kirche bzw. den katholischen Pfarrer bezogen. In evangelischen Regionen stand der Bauer zwar in einem ähnlichen Verhältnis zum Pfarrer, aber wegen des abstrakteren Angebots der evangelischen Kirche und der höheren Bildung ihrer Geistlichen war die Distanz zwischen Bauer und Pfarrer größer als in katholischen Gegenden.

Von ganz anderer Art war das Verhältnis der Dörfer zum Grundherrn bzw. zur Obrigkeit.[21] Zwar gab es noch in der frühen Neuzeit einige wenige Bauern, die ‚frei' waren und keinen unmittelbaren Herrn hatten. Aber die meisten, ob sie reich oder arm waren, unterstanden der Grundherrschaft eines Adligen oder eines Klosters, auch gab es Bauern, die einer Stadtgemeinde untertänig waren. Zumeist hatte ein Bauer nur einen Grundherrn, wohingegen ein Dorf sich auf verschiedene Grundherrn aufteilte, was die Rechtslage oft sehr komplizierte.[22] Es entsprach den Interessen der Grundherrn an festen Bindungen und sicheren Einnahmen, einen Hof in die völlige Verantwortung eines Bauern und seiner Familie zu übergeben. Während dieser Zustand weitgehend im ganzen Westen des Reiches zu beobachten ist, vollzog sich im Osten unter den Bedingungen der Gutsherrschaft ein umgekehrter Prozeß. ‚Freie' Bauern wurden ‚gelegt', d. h. einer ‚zweiten' Leibeigenschaft unterworfen, sosehr da im einzelnen differenziert werden muß. Denn auch hier ging die freie Verfügung über die eigene Arbeit nicht völlig verloren. Nur war sie weit weniger gesichert als im Westen.

Wenn man von bestimmten Phasen im Bauernkrieg und von der großen Faszination des Schweizer Modells absieht, so akzeptierten die Bauern die Grundherrschaft.[23] Ausgesprochen antiobrigkeitlich und antiherrschaftlich handelten sie offen nur in Ausnahmesituationen. Sie erkannten in der Regel die Herrschaftsrechte des Adels und der Klöster an und nahmen ihren Herrschaftsstil, wenn auch nur in begrenztem Maße, gewöhnlich hin. Auch die geforderten Abgaben bzw. ihre Fronarbeit leisteten sie, solange diese im Rahmen blieben, die bäuerlichen Rechte und Traditionen nicht verletzten und ihnen selbst ein auskömmliches Leben garantierten.[24] Da die Grundherren seit dem 16. Jahrhundert auch zunehmend außerhalb der Dorfansiedlungen ansässig waren, gab es im Alltagsleben kaum unmittelbare Berührungspunkte, was nicht ausschloß, daß der Grundherr als Pate begehrt oder als Gast auf einer Hochzeitsfeier gerne begrüßt wurde. Aber wenn ein Grundherr bzw. die Obrigkeit die Rechte und Traditionen nicht respektierte, was allzuhäufig geschah, dann blieb der Bauer entgegen landläufiger Meinung keineswegs passiv, sondern scheute im Rahmen seiner Möglichkeiten keine Mittel, entweder Klage zu erheben, sogar Abgaben zu verweigern, in Fronstreik zu treten oder aktiv Widerstand zu leisten. Dies betrachteten die Bauern durchweg als legale Mittel, um zu ihrem Recht zu gelangen, wohingegen der Adel jede Widersetzlichkeit als Rebellion und als Einschränkung seines Herrschaftsrechts begriff.

Wie grundsätzlich halsstarrig und widersetzlich die Bauern von seiten der Herrschaft gesehen wurden, wird aus dem Zitat einer anonymen Schrift von

1711 deutlich: „Ein Bauer hat neun Heute, wie ein Hase: wer ihn streiffen soll, muß starcke Arme haben. Denn ehe er etwas nachgäbe, liesse er sich eher alles nehmen. Auch ein einzelner Bauer ist so hartnäckig, und heimtükkisch, daß, wenn er von seiner Herrschaft gefragt wird, wie es vormahls in diesem und jenem gehalten worden, nichts aus ihm zu bringen ist, sondern verschweiget alles aus Eigennutz, und meinet, wenn er es sagte, würde er die Gemeinde verrathen ... Weil aber ein einzelner nicht viel aus richten kan, so hängen sie sich aneinander, wie Krötengeröcke, oder wie die Schweine wieder den Wolff, richten ein so genanntes Syndicat auf, denn sie dencken, sie müsten in allen ungerechten Sachen vor die Gemeine reden. So mögen sie denn so schlimme Händel anfangen, als sie wollen, so müssen die armen und unschuldigen es wieder ihren willen mit ihnen halten, auch dazu contribuiren, sonst verbieten sie ihnen die Scheune, und geben ihnen keine Arbeit, wollen auch nicht mit ihnen aus der Kanne sauffen. Sind denn diese auch wiederspänstig, so theilet sich die Gemeine in zwo Partheyen, und erhebt sich unter ihnen ein Aufruhr, Mord, und Todschlag. Da trauen sie ihre Briefschafften oder Archiv nicht in ihren Häusern, sondern legens bey der Fürstlichen Regierung verwahrlich bey, verlassen sich auf ihr Leugnen und Spendiren, haben auch wohl ehe wieder Grafen und Herren ihr Recht erhalten, z. e. wegen der Fröhnen und Bitt-Fuhren, da der Herr, wenn er nicht erschienen, in der Regierung contumaciret worden, und die Bauren recht behalten. Worauf sie sich, als wie der Bock auf die Hörner verlassen, meinen, es werde ihnen allezeit so glücken. Wenn sie nun ein Proceß wieder ihre Obrigkeit haben, lassen sie sich lieber dreymal durch eingelegte Musquetirer exequiren, ob sie schon vogelfrey seyn, oder etliche Wochen in Thurm stecken, als daß sie dem Befehl pariren sollten. Ja es kommt öfters dahin, daß sie gar die Hand an die Herrschafft ihre Bedienten legen, und dieselbe mit Schlägen tractiren, ja der Herrschafft selbst mit geladenen Gewehr ausspannen, und nach ihnen schiessen. Wenn denn die Herren nach ihnen schnappen, und sie in Arrest nehmen wollen, machen sie sich bey Zeiten aus dem Staube, entweichen in die Stadt oder in ein ander Gerichte, dreschen dieweile bey einem Bekanten, bis der Sturm vorbey ist, und lassen indessen die Weiber haußhalten. Nehmen keine gütliche Vorschläge noch Verträge an, biß sie schon verspielet haben, oder ihnen mit der hohen Obrigkeit gedrohet wird. Über dem alten Herkommen, es mag recht oder unrecht seyn, viel oder wenig anbetreffen, halten sie steiffer, als über Glaubens-Artickeln".[25]

Dreierlei Aussagen bedürfen einer besonderen Hervorhebung. Einmal agierte ein Bauer selten allein; wenn er Erfolg haben wollte, mußte die Gemeinde hinter ihm stehen, und dies wiederum setzte eine funktionierende Gemeinde voraus. In der Tat bildete in allen bekannten Bauernrevolten und -aufständen die Gemeinde die organisatorische Basis. Des weiteren scheute die Bauernschaft keine Mittel, zu ihrem Recht zu kommen. Wo immer es ging, wurde die hohe Obrigkeit, d.h. die Landesherrschaft oder der Kaiser gegen die Ausbeutung durch den adligen oder geistlichen Grundherrn oder Ortsherrn mobilisiert. Die Landesregierung ihrerseits war nicht nur daran interessiert, den Adel zu integrieren, sondern auch eine unmittelbare Beziehung zu den Bauern als ihren Untertanen aufzubauen – was sie freilich vor bäuerlichen Protesten gegen die Praxis steuerlicher Abschöpfung nicht immer schützte. Schließlich beriefen sich die Bauern meist auf das alte Herkommen, auf alte Rechte und Verträge, die allein ihnen ihre Nahrung sichern sollten. Aus Erfahrung mußten die Bauern gegen jede Neuerung, auch auf dem Gebiet der Steuern, sein, denn zumeist, auch wenn mit dem Allgemeinwohl operiert wurde, zogen sie dabei den kürzeren.

Bauern wurden zweifellos häufig gedemütigt und waren immer an den Boden gebunden, dem die notwendige Nahrung abzuringen, ein schwieriges Geschäft war. Trotzdem brachten sie notfalls viel Energie und Zeit auf, um langfristige Konflikte durchzustehen. Ihr Widerstandsgeist ist von einem anhaltenden Freiheitstraum durchwirkt, der zwar nicht auf gänzliche Abschaffung von Steuern und Fron[26] zielte, doch immer wieder stückweise in ihren Forderungen sichtbar wurde. Wenn auch die Lebenssituation die Bauern stets zu realistischem Handeln zwang, kapitulierten sie lange nicht und waren auch nicht völlig erfolglos.

Zwar wissen wir nicht, wie die frühneuzeitliche Gesellschaft ohne bäuerliche Proteste ausgesehen hätte, doch bremste die Erfahrung des Bauernkriegs manche herrschaftliche Aktion gegen die Untertanen.[27] Den geschlossenen Obrigkeitsstaat mit gehorsamen, untertänigen Bauern, die jeden Übergriff der Herrschaft hinnahmen, gab es zumindest im Westen des Reiches nicht. Und daran hatten die Bauern einen beträchtlichen Anteil, auch wenn sie von der unmittelbaren Herrschaft ausgeschlossen waren. Aufgrund der völlig anderen Gegebenheiten im Osten gab es dort allerdings nicht die Tradition von Aufmüpfigkeit und Protest. Schon die Möglichkeit einer Organisation auf der Basis der Gemeinden war hier schwieriger. Nur dort, wo Bauern Selbstbestimmungsrechte besaßen bzw. sie zäh bewahrt hatten und über ihre Arbeitskraft frei verfügen konnten, entwickelte sich so etwas wie ein selbstbewußtes Bauerntum. Kurz und bündig charakterisiert Joh. Jacob Moser den Unterschied zwischen West- und Ostdeutschland dahingehend, „daß die gemeine Landleute, oder unterste Claß der Unterthanen, viler Orten im Reich. z.E. in Francken, Schwaben, am Rhein, in Sachsen etc. ziemlich wohl gehalten, und regulariter freye Leute seynd: Anderer Orten aber, z.E. in Oesterreich, Mähren, Böhmen, Lausiz, Pommern etc. leben die gemeine Landleute in einer Art von Sclaverey".[28]

Sosehr die Obrigkeit und Landesherrschaft immer wieder die Autonomie der Bauerngemeinde unterminierten bzw. ihren eigenen Einflußbereich erweitern wollten, so blieb doch die ökonomische, und damit die entscheidende Verantwortlichkeit im einzelnen Hause und in der Nachbarschaft größtenteils beim Bauern selbst. Trotz starker steuerlicher Belastung und reglementierender Eingriffe vor allem durch die Landesordnungen, bewahrte die Bauernschaft insgesamt im Ökonomischen und Kulturellen eine hohe Eigenständigkeit. Bis weit ins 19. Jahrhundert behielt das bäuerliche Leben seine bestimmende Kraft.

Gehen wir von den drei Räumen aus, in denen der Bauer, wie jeder andere Dorfeinwohner lebte, vom Haus, der Dorfgemeinde und der Grundherrschaft, so ergibt sich insgesamt eine bemerkenswerte sozial-politische Konstellation: als relativ autonomer Herr eines Hauses unterstand der Bauer zwar politisch der Dorfobrigkeit, soziokulturell aber war er eingebunden in einen genossenschaftlichen Dorfverband, wenn man die wenigen Fälle außer Acht läßt, wo die Dorfgemeinde auch politisch noch relativ selbständig war, oder der Bauer ganz in die Grund- bzw. Gutsherrschaft integriert war.

Bei aller Konstanz der Lebensverhältnisse im Dorf der frühen Neuzeit, die sich durch die wenig veränderte Arbeitssituation und politisch-soziale Verfassung ergab, zeichnete sich über die Jahrhunderte ein beträchtlicher Wandel im sozialen Beziehungssystem ab, der die Stellung des einzelnen stark beeinflußte. Auf drei entscheidende Prozesse sei abschließend nochmals hingewiesen: Einmal differenzierte sich die Sozialstruktur im frühneuzeitlichen Dorf dahingehend, daß die Vollbauern durch die Zunahme von Taglöhnern, Häuslern und Lohnarbeitern zur zahlenmäßig schwächsten Gruppe wurden. Dadurch kam es zu einer Konfrontation der wenigen Wohlhabenden mit der großen Menge der Vermögenslosen, die es so im 16. Jahrhundert nicht gegeben hatte und zu Auseinandersetzungen um die gemeinsam genutzten Fluren und um das Sagen in der Gemeinde. Waren die einzelnen Grenzen zwischen Bürger, Bauern und Söldnern ursprünglich noch fließend, so schotteten sich diese Gruppen im 18. Jahrhundert vollkommen ab. Außerdem nahm die Macht der Dorfgesellschaft, aber auch die der Grundherrschaft ständig ab zugunsten der Übermächtigkeit der Landesherrschaft, die begann, sich ihrer Schutzpflicht gegen die Bauernschaft bewußt zu werden, um sie mehr und mehr als Untertanen in den Staatsverband zu integrieren. Der Bauer hatte nun zwar politisch noch weniger Mitsprachemöglichkeit, er erhielt aber rechtlich eine bessere Position, was seiner Selbständigkeit im Kulturellen und Ökonomischen förderlich war. Schließlich wird der Bauer mit dem Verstaatungsprozeß angepaßter und verliert an Eigenständigkeit im Sinne ständischer Kultur.[29] Die stärkste Position hatte der Bauernstand im 16. Jahrhundert.

Die bäuerliche Lebensweise war wesentlich geprägt von vier Faktoren: Die Bauern und die Bäuerinnen lebten (1) in einer Solidargemeinschaft, nur ein solidarisches Verhalten innerhalb der Hausgemeinschaft, der Nachbarschaft und Dorfgemeinschaft garantierte das materielle und kulturelle Überleben. Das Handeln des einzelnen Bauern war eingebunden in einen größeren

12. *Leben auf der Dorfstraße, Holzschnitt aus: P. Vergilius, Von d. Erfindern der Dynge (1537).*

Lebenszusammenhang, in dem bei aller sozialen Differenz zwischen Vollbauern und Kleinbauern, Bauern und Taglöhnern sowie Bauern und Dorfhandwerkern Solidarität an erster Stelle stand gegen alle möglichen Gefahren wie Unwetter und Brand, Ausbeutung und Überfälle. Keiner konnte sich in sein Haus zurückziehen, jeder war in irgendeiner Weise auf den anderen angewiesen. Deshalb war jedoch die bäuerliche Gesellschaft keineswegs eine ländliche Idylle ohne Konflikte, im Gegenteil: über den Auseinandersetzungen mit den Herren werden allzuleicht die vielen Streitigkeiten in den Dörfern, unter den Nachbarn, zwischen Bauern und Taglöhnern vergessen. Die das Gemeinschaftsleben regelnden Normen und Ordnungen sind Ausdruck eines Solidaritätsbewußtseins, das sich die Bauern weitgehend zu eigen machten, um nicht ihr ohnedies meist dürftiges Leben zu gefährden. Nur gemeinsam konnten sie überleben.

Zum anderen (2) war das bäuerliche Leben von harter Handarbeit geprägt. Kein Mitglied der Dorfgesellschaft war davon befreit, weder Kinder noch alte Menschen, weder Frauen noch Männer. Bettler und Müßiggänger konnte sich kein Dorf leisten. Es war kein leichtes Geschäft, die Äcker zu bestellen und die Ernte einzubringen. Nur die einfachsten Geräte standen bis ins frühe 19. Jahrhundert hierfür zur Verfügung. Auch die Viehwirtschaft machte unendliche Mühe. Milch, Fleisch, Käse und Eier waren notwendiger Bestandteil der Ernährung und erforderten für ihre Produktion beträchtlichen Aufwand. Und im Garten wuchsen Gemüse und Obst nicht ohne Pflege. War die Hauptarbeit auf dem Acker getan, mußten Zäune ausgebessert, die Gerätschaften und Werkzeuge repariert sowie die Häuser immer wieder gegen Sturm und Unwetter geschützt werden. Während sich die Männer vornehmlich diesen Aufgaben zuwandten, hatten die Frauen andere Pflichten, es mußte Holz herbeigeschafft werden, denn der Herd durfte nie ausgehen; Mahlzeiten mußten vorbereitet und Kleidungsstücke hergestellt werden. Es war ein Leben voller Arbeit, das die meisten Menschen schon früh altern ließ. Damit soll nicht behauptet werden, daß die Arbeit das ganze Leben bestimmte, Bauern feierten nicht weniger als andere, aber allein die alltägliche Arbeit ihrer Hände sicherte ihr Leben. Verlangt waren dabei weniger Ausbildung und Geschicklichkeit als äußerste Kraftanstrengung und Ausdauer.

Das bäuerliche Leben war drittens (3) unmittelbar den Gewalten der Natur unterworfen. So wie die Natur die Voraussetzung für ihr Leben schuf, konnte sie auch existenzgefährend werden, das wußten die Bauern. Einmal diktierte die Natur bereits den äußeren Tagesablauf, man arbeitete von Sonnenaufgang bis Sonnenuntergang, im Sommer unter großer Hitze und im Winter bei bitterer Kälte. Bestimmte Arbeiten konnten nur zu bestimmten Zeiten ausgeführt werden. In hartem Kampf mußte dem Boden das tägliche Brot abgerungen werden, wobei Unwetter, Unkraut, Mäuseplagen usw. nicht selten ganze Ernten vernichteten. Mißernten kamen immer wieder vor und konnten existenzgefährdend sein, wenn es keine Vorratswirtschaft gab. Nicht minder gefährdet war die Viehhaltung durch Seuchen, Krankheiten und Raubtiere. Schließlich konnte ein Bauernhof bedroht werden durch Überschwemmungen, am Meer durch Deichbrüche und in den Bergen durch starke Schneefälle und Lawinen. Zwar versuchten die Bauern mit allen Mitteln, der bedrohlichen Seite der Natur vor allem durch religiöse oder abergläubische Praktiken entgegenzuwirken, doch jeder Bauer wußte, wie abhängig er war und begegnete deshalb den Naturgewalten mit einem gewissen Stoizismus.[30]

Schließlich (4) war der Bauer bodenständig, so trivial dies klingen mag, diese Verwurzelung bestimmte maßgebend sein Denken und Handeln. Er kannte zumeist zeit seines Lebens nur seinen Hof, sein Dorf und die nächstliegenden Märkte. Seine Beweglichkeit war gering, andere Gegenden waren ihm im Unterschied zum Handwerker fremd; was er wissen mußte, bezog sich auf seinen Hof, der seine Familie ernähren mußte und mit dem Dorf verknüpft war. Zwar kannte er seinen Grundherrn und die Städter, aber ihnen gegenüber ging er stets auf Distanz. Der Bauer ‚verkehrte' nur mit Bauern. Ebenso abgeschottet lebten die Bäuerinnen. Mit der Konzentration auf den Boden eng verbunden war sein Besitzdenken. Den Besitz zu erhalten und womöglich zu vermehren, darin sah er seine Lebensaufgabe, dafür übervorteilte er auch einmal den Nachbarn oder den Pfarrer. Dieses Besitzdenken wirkte sich nicht nur auf seinen ökonomischen Habitus aus, auf seine Vorsicht gegenüber Neuerungen, sondern vor allem auch auf seine ‚Familienpolitik'. Die Sorge um einen tüchtigen Nachfolger verließ ihn nie, und dem Wunsch, den Besitz zu wahren oder zu vergrößern, kam bei der Verheiratung seiner Kinder entscheidenderes Gewicht zu als dem Willen der Kinder. Aus dieser Bodenständigkeit resultierte schließlich das traditionsgebundene Verhalten des Bauern. Die Tradition, die Eingebundenheit in die bestehende Ordnung, galten mehr als Reformen und Neuerungen jeder Art, worüber die aufklärerischen ‚Bauern'reformer des späten 18. Jahrhunderts stets zu klagen hatten. An den alten Sitten und Gebräuchen durfte niemand rütteln. Hier zeigte sich der Bauer durchaus engstirnig und unflexibel, aber ohne diese Eigenschaften hätte er sich gegenüber den Härten der Natur und der Herrschaft kaum behaupten können.

Wer fest eingebunden war in eine ihn schützende Ordnung, wer alltäglich schwere körperliche Arbeit leisten mußte, wer allenthalben den Naturgewalten ausgesetzt war, sich ihnen anpassen mußte, und wem schließlich der Boden die Existenz sicherte, neigte dazu, traditionalistisch zu denken, auf sein Recht zu pochen und Besitzdenken zu verinnerlichen, mindestens solange die Existenzvoraussetzungen nicht grundsätzlich geändert wurden. Die Vorurteile, die Städter und Adlige gegenüber den Bauern hegten, fanden in diesen Verhaltensweisen ihre Bestätigung. Aber vor dem Hintergrund der täglichen Erfahrungen erklärt sich das „bäuerische Wesen".

II. Die Welt des Bürgers

13. Hamburger Straßenleben am Meßberg. Ausschnitt a. d. Gemälde von Elias Galli, 1663.

1. Die Stadt und ihre Einwohner

Vom äußeren Erscheinungsbild her sind die Übergänge vom Dorf zur Stadt fließend. Das Dorf konnte groß und vom Gewerbe geprägt sein und eine Stadt weitgehend einen ländlichen Charakter tragen.[1] Der Typ der Ackerstadt war weit verbreitet. Aber von der inneren Struktur her unterschied sich die Stadt wesentlich vom Dorf: Sie stellte zumeist ein Häuserkonglomerat dar, in dem viele Menschen relativ eng zusammenwohnten und höchst unterschiedlichen Beschäftigungen nachgingen, woraus sich soziale Probleme besonderer Art ergaben. Dann bildeten die meisten Städte eine relativ autonome politisch-soziale Einheit mit einer differenzierten Selbstverwaltung, die sich deutlich abhob von der Grundherrschaftsverfassung der Zeit. Vor allem war die Stadt ein Handels- und Gewerbezentrum auch für die Landbevölkerung. Nur hier gab es ein breit gefächertes organisiertes Handwerk, von hier aus knüpfte der Handel überregionale Kontakte und akkumulierte größeres Kapital. Ein Stadtbürger konnte sein Leben mehr bestimmen als ein Bauer. Den Städter kennzeichnet ein eigenes ständisches Bewußtsein, das sich deutlich von dem der ländlichen Bevölkerung, aber auch von dem des Adels abhob. Wenn sich auch der durchschnittliche ‚Ackerbürger' seinem Vermögen nach nicht unwesentlich von einem mittleren Bauern unterschied – ein großer Bauer konnte reicher sein als ein Handwerksmeister –, so war er doch geprägt durch das völlig andere Stadtleben; es bot erweiterte, neue Lebenschancen, die das Land nicht kannte.

Bereits rund ein Viertel der Bevölkerung wohnte in der frühen Neuzeit in Städten bzw. stadtähnlichen Siedlungen. Entscheidende Änderungen hatte es im Laufe der Jahrhunderte nicht gegeben. Die meisten Städte existierten bereits im Mittelalter, und sie hielten ihre Größe bis weit in die frühe Neuzeit im wesentlichen unverändert. Nur der Dreißigjährige Krieg brachte einen beträchtlichen Einschnitt, der im 18. Jahrhundert wieder ausgeglichen wurde. Im Alten Reich gab es ungefähr 3500–5000 Städte. 60–70 zählten zu den Großstädten mit mehr als 10000 Einwohnern, 400–450 gehörten zu den Mittelstädten mit 4000– 10000 Einwohnern. Die meisten Städte waren nach unseren Maßstäben mit 1000–3000 Einwohnern relativ klein. Um 1500 war Köln mit 30000–40000 die wohl größte Stadt. Es folgten Nürnberg, Danzig, Lübeck, Prag, Hamburg, Straßburg, Ulm, Augsburg, Braunschweig, Rostock, Breslau, Bremen, Erfurt, Königsberg, Stralsund. Diese Verhältnisse entsprachen weitgehend den europäischen Maßstäben. Um 1800 hatte sich dies allerdings grundlegend geändert. Während London bereits eine Million Einwohner zählte und Paris eine halbe Million, blieb die Entwicklung der deutschen Städte deutlich dahinter zurück: Nur Wien, Berlin und

Hamburg hatten über 100000 Einwohner (Wien 247000, Berlin 172000–180000 und Hamburg 105000–130000).[2]

Die Städte lagen in der Regel an Flüssen, in der frühen Neuzeit noch die bevorzugtesten Verkehrswege. Es gab allerdings auch Städte in der Nähe größerer Burgen, deren Schutzmöglichkeit gegen Feinde und unwillkommene Gäste geschätzt wurde. Die Grenze zwischen Land und Stadt wurde in der Regel durch eine Mauer kenntlich gemacht.[3] An den Toren, die nachts geschlossen waren, gab es entsprechende Kontrollen. Wie wichtig die Städte ihren Schutz nahmen, zeigt die Einstellung von Torwächtern und Soldaten, aber auch der ungeheure Aufwand, den man mit der Sicherung, Ausbesserung und dem Neubau eines festen Mauerwerks betrieb. Als mit der steigenden Militärmacht des aufstrebenden Territorialstaats die Bedrohung der Städte wuchs, leisteten sich einige sogar besondere Festungsanlagen.[4] Ohne diese wären viele den feindlichen Truppen vor allem im Dreißigjährigen Krieg völlig ausgeliefert gewesen. Seit dem Mittelalter war die Stadtmauer zu einem urbanen Kennzeichen schlechthin geworden, das Macht und Größe demonstrierte. Erst als Städte in Residenzstädte umgewandelt bzw. Residenzen erbaut wurden, die städtischen Strukturen aufbrachen, und eine Abgrenzung zum offenen Land mit der Ausbildung großer Flächenstaaten überflüssig wurde, wurden Mauern und Mauerringe funktionslos.

Die allgemein scharfe Grenzziehung zwischen Land und Stadt schloß allerdings nicht aus, daß Städte beträchtliche Ländereien vor ihren Mauern besaßen. Zu manchen Städten, vor allem den großen Reichsstädten, gehörte sogar ein ganzes Territorium. Die Reichsstadt Nürnberg besaß sechs Städte (Lauf, Hersbruck, Altdorf, Velden, Betzenstein und Gräfenberg), sieben Märkte und über 70 Dörfer.[5] Das war allerdings eine Ausnahme. Vor den Stadtmauern befanden sich in der Regel viele städtische Gärten und Handwerkersiedlungen, aus denen sich sogenannte Vorstädte bildeten. Außerhalb der Stadtmauer lagen später auch Friedhöfe, Manufakturen sowie die patrizischen Häuser und Residenzen. Aus den lautstarken Protesten des zünftischen Handwerks gegenüber dem unzünftischen Gewerbe außerhalb der Städte erfahren wir, wie ausgedehnt dies vorstädtische Leben oft war, das vom Stadtmagistrat durchaus gefördert wurde, um die Macht der Zünfte einzudämmen. In dem Maße, wie die Städte wuchsen, wurden die Vorstädte zuweilen in den Rechtsbereich der Stadt einbezogen, ohne deshalb aber gleichberechtigt zu werden.[6]

Besonders markant war vom Erscheinungsbild her die dichte Ansammlung von Türmen und mehrstöckigen Häusern in den vielen engen, unüberschaubaren und verwinkelten Gassen. Kennzeichen dieses Häusergewirrs waren die Mehrstöckigkeit und Kleinheit der Bebauungsfläche. Da eine Expansion über die Stadtgrenzen hinaus kaum möglich war, mußte man, wobei die einzelnen Stockwerke vorgerückt wurden, hoch bauen, was die engen Gassen noch mehr verdunkelte.[7] Wegen der Brandgefahr war man seit dem 17. Jahrhundert sukzessive zum Steinbau übergegangen. Auffallend ist die individuelle Gestaltung der einzelnen Häuser, die alle nur möglichen Höhen und Breiten aufwiesen. Besonderer Aufwand wurde mit den Fassaden getrieben, deren Prunk oft im Mißverhältnis stand zur Enge der Häuser und ihrer dürftigen Einrichtung. Hier spiegelte sich das ständische Bewußtsein der Städter wider, die keine Kosten scheuten und selbst bedeutende Künstler anstellten. Später, im 18. Jahrhundert, erkannte man in der „Wunderlichkeit der Malereien" nur eine „Entstellung" des Äußeren der Häuser.[8] Weiterhin fallen das Fehlen größerer Plätze und die engen, krummen Straßen auf. Viele Handwerker benutzten die Straße als Arbeitsplatz. Da man allen Unrat und Abfall auf die Straße warf und hier auch die Schweine laufen ließ, war das Gedränge groß, zumal der unsägliche Schmutz und Gestank an ein ‚Promenieren' nicht denken ließ.[9] Selbst in Berlin gab es zu Ende des 18. Jahrhunderts noch Straßen, wo große „Kloaken aufgetürmt liegen, faule Sümpfe in beständiger Gärung fließen und schädliches Ungeziefer sich generieret; selbst am königlichen Schloß sind Exkremente von Menschen und Tieren zu finden".[10] Die Straßen wurden seit dem 16. Jahrhundert zusehends gepflastert, eine Beleuchtung gab es erst im 18. Jahrhundert. Planerisches Eingreifen mit geraden Straßen und Plätzen gab es erst, als Territorialstädte in Residenzstädte umgewandelt wurden.

Doch auch die frühneuzeitliche Stadt kannte bei aller ‚Planlosigkeit' eine klare Sozialordnung. Nicht jeder konnte überall wohnen oder bauen, wie er wollte. Die Stadttopographie reflektierte die Sozialordnung.[11] Die reichen und angesehenen Bürger wohnten in der Stadtmitte um den Marktplatz herum und in den Seitengassen. Weniger angesehene und arme Stadteinwohner lebten nahe der Stadtmauer. Bestimmten Gewerben waren außerdem bestimmte Straßen vorbehalten; auch die Juden lebten in einer Gasse beisammen, und unehrliche Leute, wie die Gerber und Bader, wohnten direkt an der Mauer in der Nähe von Wasser, wenn nicht gar außerhalb der Stadtmauern.

Trotz der Enge und des Schmutzes machten die Städte in der frühen Neuzeit in Deutschland offenbar keinen unattraktiven Eindruck. Als Montaigne 1580 durch Süddeutschland fuhr, schrieb er: „Die deutschen Häuser sind zwar meist aus Holz, aber doch sehr schön und anmutig und im Innern nicht unbequem. Fast überall haben sie reichverzierte Erker, bald mit zwei, bald mit drei Seiten, zwecks bequemer Beobachtung der Straße. Sie sind manchmal ganz bemalt und mit Ziegeln bedeckt, auf die man Wappen und schöne Heiligenfiguren draufgemalt hat. Die Haustüren, insbesondere die Hauptportale nach den Straßen zu, sind entweder ganz aus Eisen oder, wenn aus Holz, mit Eisen stark beschlagen, und bald rot, bald grün, bald blau, bald gelb angestrichen".[12] Der auf seine Heimatstadt stolze Christoph v. Schmid schildert Dinkelsbühl zu Ende des 18. Jahrhunderts: „Die Stadt ist nach ehemaliger, alter Art befestigt, mit doppelten Mauern und mehr als zwanzig hohen Türmen aufgemauert, mit Gräben und gewaltigen Wällen umgeben. Die Wälle sind aber jetzt meistens abgetragen und zu Gärten umgeschaffen. In der Stadt befinden sich viele wohlgebaute Bürgerhäuser und Gasthöfe. Von andern Gebäuden finde ich nennenswerth das Rathaus wegen seiner alterthümlichen Bauart, zwei Klöster, ein Karmeliten- und ein Kapuziner-Kloster, und das deutsche Haus, von einem Comandeur des deutschen Ordens palastartig erbaut. Das merkwürdigste Gebäude aber ist die große Pfarr- und Hauptkirche nach altdeutscher, gothisch genannter Bauart aufgeführt. Schon auf das Gemüth des Knaben ... machte dieser majestätische Bau mit seinen vier und zwanzig hohen Säulen, von denen die drei gleich hohen Gewölbe des Mittelschiffes und der zwei Seitengänge getragen werden, einen tiefen Eindruck ... Die Polizei war sehr lobenswerth. Vor allem wurde auf gute und wohlfeile Lebensmittel, richtiges Maaß und Gewicht gesehen. Brod, Fleisch und Bier hätten kaum besser seyn können. Die Straßen wurden sehr reinlich und das Pflaster in gutem Zustand erhalten".[13]

Den Mittelpunkt des sozial-politischen Lebens einer Stadt bildete der Marktplatz.[14] Er war der größte Platz der Stadt und hatte vielerlei Funktionen. Hier fanden die Wochen- und Jahrmärkte statt, auf denen Einheimische und Fremde zusammenfanden, kauften und verkauften. Zugleich diente der Platz kirchlichen und weltlichen Feierlichkeiten; Prozessionen fanden hier statt, ebenso Zunftumzüge und der Karneval. Nicht zuletzt war der Marktplatz Schauplatz öffentlicher Strafen und Hinrichtungen. Mitten auf dem Marktplatz stand zumeist ein reich geschmückter Brunnen, oft ein Wahrzeichen der Stadt.

Schon die äußere Fassadengestaltung kennzeichnete am Marktplatz das repräsentative Rathaus eindeutig als wichtigstes Haus der Stadt.[15] Im Rathaus fanden die Ratsversammlungen statt, hier versammelten sich die Bürger zu gemeinsamen kommunalen Beschlüssen. Das Rathaus war auch Sitz des Gerichts. Je nach politischem Rang der Stadt beherbergte es die städtische Verwaltung oder das Amtshaus der Stadtherren. Gleichzeitig wurde das Rathaus für öffentliche Feierlichkeiten benutzt. Große Festessen, Tanzveranstaltungen oder Hochzeitsfeierlichkeiten konnten hier stattfinden. Außer dem Rathaus standen am Marktplatz zudem die großen Gast- oder Wirtshäuser der Stadt, die die Fremden beherbergten. Je nach der Größe des Marktplatzes finden wir dort auch die Gesellschaftshäuser der Gilden und Zünfte bzw. die Patrizierhäuser. In ihrer Größe und durch die prunkvolle Fassadengestaltung bildeten sie gewisserweise einen Gegenpol zum Rathaus, traten teilweise sogar in Konkurrenz zu ihm. Jedem sollte sichtbar gemacht werden, wer hier in der Stadt den Ton angab und die eigentliche Macht ausübte. Größte Bewunderung fand das Haus der Fugger in Augsburg: „Es ist mit bunten Marmorsteinen verziert, die Straßenfront der Fassade zeigt Bilder aus der Geschichte, mit viel Gold und vortrefflichen Farben gemalt. Das Dach ist ganz von Kupfer"[16].

14. Augsburg im 17. Jahrhundert, Kupferstich von Matthäus Merian.

Schließlich stand nicht selten auch die Haupt- und Pfarrkirche der Stadt am Markt, ein romanischer oder gotischer Bau; eine Barockkirche gab es weitgehend nur in geistlichen Residenzstädten. Die Kirche am Markt war oft so groß, daß sie die ganze Stadtgemeinde aufnehmen konnte. Sie war mit Bildern und Kunstgegenständen reich versehen und wurde nicht nur zu festlichen und feierlichen Anlässen besucht.[17] Tagsüber stand sie offen. Was die öffentliche Bedeutung betraf, unterschieden sich katholische und evangelische Kirchen kaum voneinander. Jedenfalls bildete die Hauptkirche (Dom, Münster) neben dem Rathaus einen zweiten Mittelpunkt des öffentlichen Lebens einer Stadt. Doch die meisten Städte besaßen mehrere Kirchen. Dazu kam eine große Zahl von Klosterkirchen und Kapellen. Sie alle prägten das Erscheinungsbild der Stadt auch in der nachreformatorischen Zeit entscheidend. Beispielsweise besaß Köln um 1600 acht Stiftskirchen, 19 Pfarrkirchen, 14 Männerklöster, 24 Frauenklöster, 30 Kleinkirchen und Kapellen, zwei Pilgerspitäler, acht Spitäler für alte Männer, ein Findelhaus, 60 Konvente und acht Beginenhäuser. Und dies bei einer Bevölkerung von rund 37000 Einwohnern.[18] Diese ‚kirchlichen' Einrichtungen gehörten zwar der Kirche, erbaut waren sie aber zumeist vom Geld der Bürger, wofür sie sich auch dort verewigen konnten. Kirchenfenster oder Kirchengestühl trugen ihre Namen; manche hatten auch ihr Familiengrab in den Kirchen.

Eine Stadt besaß aber noch weitere öffentliche Gebäude: Kornhäuser, die die Versorgung der Stadt sicherten, Spitäler für Kranke und Alte sowie Schulen, kleine Elementarschulen, die von Handwerkern oft nebenher betrieben wurden, Bürgerschulen, die die Stadt finanzierte oder sogar Gymnasien mit ausgebildeten Lehrern und auswärtigen Schülern, die den Städten einen besonderen Stempel aufdrückten; es gab sogar Städte mit eigenen Universitäten (Köln, Nürnberg, Straßburg).[19] Jedenfalls weist, wenn wir die Zahl der öffentlichen Häuser betrachten, ihre Existenz bereits auf ein sehr differenziertes soziales Leben in der Stadt hin, das wir aus der ländlichen Gesellschaft nicht kennen.

Ein viertes Merkmal der frühneuzeitlichen Stadt war schließlich ihr intensives Gewerbe- und Handelsleben, das nicht nur auf dem Marktplatz sichtbar wurde, sondern auch in den Straßen, nicht nur zu Jahrmarktszeiten, sondern alltäglich. Fast jede Stadt besaß ein höchst differenziertes Handwerk, das seine Ware in Familienbetrieben produzierte, öffentlich unter zünftischen Bedingungen verkaufte, entweder unmittelbar aus der Werkstatt heraus oder in einem Laden auf dem Markt.[20] Soweit nicht bereits Schilder den Einzelbetrieb kennzeichneten, konnte man rasch feststellen, was hier und dort produziert wurde, da die Betriebe zur Straße hin offen waren. Das Handwerk bildete die eine ökonomische Stütze der Stadtwirtschaft, der Handel die zweite: ihre Bedeutung und Chancen hingen jedoch wesentlich davon ab, ob zentrale Verkehrswege durch die Stadt führten.[21] Der gewinnträchtigste Handel war der Fernhandel. Da die meisten Städte das Stapelrecht besaßen, mußte jede Ware, die durch eine Stadt kam, auch hier angeboten werden, was zumeist den Ausbau eines Hafens bedingte. Die Ware wurde in großen Hallen oder Kellern gelagert. Zu einem florierenden städtischen Wirtschaftsleben gehörten die Wechselstuben, später Banken und Börsen. Zwischen die Handwerker, die ihre Ware verkauften, und die Großhändler und Kaufherrn schob sich in den meisten Städten eine große Schicht von Krämern, die ein vielfältiges Angebot hatten und ihre Ware auf Straßen und Märkten feilboten. Zwar gab es schon früh regelrechte Einkaufsläden, Schaufenster allerdings tauchten erst im 18. Jahrhundert auf. Ähnlich dem offenen Handwerksbetrieb boten die Kaufleute ihre Ware vor ihrem Hause an, so daß in einer größeren Stadt jeder alle erreichbare und gewünschte Ware leicht erhalten konnte. Für die Qualität verbürgte sich die Zunft oder die Gilde bzw. eine städtische Oberaufsicht, die ihrer Aufgabe strengstens nachkam.

Zwar haben wir kaum Berichte von Bürgern über ihre Städte, doch liegt eine umfängliche Reiseliteratur der frühen Neuzeit vor, die mit ihren ausführlichen Angaben über die Menschen, die Sehenswürdigkeiten und das äußere Erscheinungsbild der Städte bei aller Parteilichkeit schon modernen Reiseführern gleicht.[22] Ausgewählt aus der Fülle möglicher Beispiele sei dank der vielen vorliegenden Berichte die Reichsstadt Frankfurt in vier Bildern, die zugleich die Veränderung des sozialen Blicks vom 16. zum 18. Jahrhundert klar verdeutlichen. Standen im 16. Jahrhundert die Merkwürdigkeiten im Vordergrund, interessierten im 18. Jahrhundert die sozialen Einrichtungen und der Menschenschlag.[23] Frankfurt galt durch seine Messe, durch die Kaiserwahl und das Judenghetto zwar als ein besonderer Anziehungspunkt, gleichzeitig aber war es doch eine typisch deutsche Stadt.

Anläßlich eines Reichstags 1442 berichtete der gute Kenner Deutschlands, italienische Humanist und spätere Papst Enea Silvio Piccolomini, über Frankfurt: „Frankfurt, an dem Main gelegen, ist durch häufige Messen und

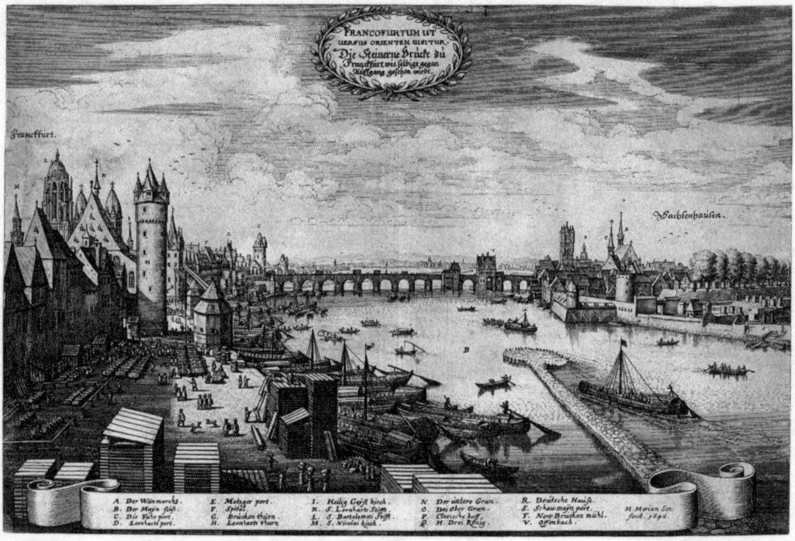

15. Blick vom Uferkai auf Frankfurt am Main. Stich von Matthäus Merian 1646.

durch die Kaiserwahl berühmt. ... Die Kirchen, die der Gottheit geweiht sind, sind hier sehr prächtig und die Häuser der Bürger ansehnlich, obgleich sie zum größten Teil aus Lehm bestehen. Alle sind bedeckt mit einem sehr dünnen Schiefer von der Farbe des Bleies, der bei uns abbacus heißt. Kleine Stücke sind so zusammengesetzt, daß sie wie Fischschuppen angeordnet erscheinen und im Sonnenschein einen wunderbaren Glanz erhalten. ... (Der Main) ist sehr reich an Fischen und Aalen; in der Gegend von Mainz fließt er in den Rhein. Jeden Tag fährt ein Schiff, das 300 Menschen faßt und von Pferden gezogen wird, von Mainz nach Frankfurt und ein anderes von Frankfurt nach Mainz; so groß ist die Menge der Waren, die zu befördern sind".[24] So nüchtern und einfach sind nicht alle Berichte. Die ausführlichste Schilderung der Messestadt Frankfurt im 16. Jahrhundert stammt von dem Franzosen Henri Estienne. Er war 1551 zur Messezeit in Frankfurt und erhielt für seinen Lobpreis eine beträchtliche Gabe von seiten der Stadt. Er geht auf ihre vorzügliche Lage ein, lobt die Gastfreundschaft; vor allem ist er fasziniert von dem Marktleben. Dessen Reichtum ist so groß, daß es „alle übrigen Märkte gleichsam in sich zusammenfaßt und daß diese übrigen gleichwie die Wasserrinne einer Quelle ihm ihr Dasein verdanken". Über Frankfurt wird der ganze Waffenhandel abgewickelt, Pferde und Lebensmittel für Kriege eingekauft. „Will jemand eine Stadt mit allen für Friedenszeiten geeigneten Waren aufs reichste und vollständigste ausstatten, so braucht er nur nach Frankfurt zu gehen; er wird dort nicht nur die Waren ausgestellt finden, die er sucht, sondern dazu noch sehr viele, an die er überhaupt nicht gedacht, ja solche, die er ebenso wie viele andere, noch nicht einmal vom Hörensagen kennen gelernt hat ...". Besonders anerkennend äußert er sich abschließend über den ganz anderen Bereich von Kunsthandwerk und Buchhandel.[25]

Unter den Berichten des 17. Jahrhunderts seien die 1699 publizierten Reisebriefe von Du Mont hervorgehoben, in denen er Frankfurt ganze 27 Seiten widmet.[26] Nach einer Schilderung der Verfassung der Stadt, der kirchlichen Zustände und der Stellung der Juden schreibt auch er ausführlich über die Messe. „Ich habe niemals so viele Läden gesehen wie in dieser Stadt. Es gibt kaum ein Haus, das keine aufzuweisen hat ... Der gewöhnliche Handel von Frankfurt ist nicht so bedeutend, daß man all dieser Magazine bedürfe, aber während der Messe kann man gar nicht genug davon haben, um die Waren unterzubringen, die von auswärts hereinkommen. Es spielt sich da ein reger Handelsverkehr zwischen den Kaufleuten ab, aber meistens ist mehr Tausch als Verkauf. Übrigens darf man sich die Messe nicht etwa so vorstellen, wie die von S. Germain in Paris, deren Haupthandeltreibende die Großen des Hofes sind und wo der Handel nur zum Vorwand oder zur Verkleidung von Vergnügungen und galanten Abenteuern dient. Hier denkt man nur daran, Geld zu verdienen und wenig oder gar nicht, es auszugeben. Es kommen auch nicht so viele Schauspieler und Gaukler hierher, wie sie sonst bei so großen Menschenansammlungen gewöhnlich anzutreffen sind. Es gibt auch keinen besonderen Platz zum Auslegen der Waren, weil deren eine zu große Menge vorhanden ist. Die ganze Stadt ist der Markt, und der Markt ist in der ganzen Stadt. Einige Schmuckwarenhändler, Goldschmiede und Krämer sowie solche, die an den Adel zu verkaufen wünschen, haben ihre Stände indessen in einem Gebäude, das der Stadt gehört, mit Namen „der Römer" unter Galerien, die den Hof umgeben wie eine Börse oder ein Mönchskloster, aber das ist der einzige Ort, den man als besonders für die Messe bezeichnen könnte. Hier versammelt sich des Morgens der Adel und besonders auch die schöne Welt, um Neuigkeiten zu erfahren, denn um Meßgeschenke zu machen, tut man es nicht, das ist nicht der Brauch. Es gibt auch noch einige andere Meßbuden, am Flußufer, die aber so wenig bemerkenswert sind, daß es nicht verlohnt, sie zu besuchen". Besonders ausführlich geht Du Mont auf die städtischen Bräuche bei Hochzeit, Taufe und Begräbnis ein, wobei er seine Beobachtungen mit anderen Städten in Deutschland und Frankreich vergleicht. Auffallend ist ihm die ständische Prunksucht in Frankfurt. Die hohen Kosten bei Begräbnissen, Taufen und Hochzeiten „erklären sich aus dem Geist der Nation, die sehr zur Prachtentfaltung neigt. Die Deutschen tun bei solchen Gelegenheiten immer mehr, als sie eigentlich können, und sehen viel weniger auf ihre Kräfte und Mittel als auf ihren Stand, dem sie ein solches Auftreten schuldig zu sein glauben, koste was es wolle".[27] Du Mont schließt mit einem Bericht über die vielfältigen Formen des Aberglaubens in Frankfurt. „Man hört hier von nichts anderem als von Erscheinungen, von Zauberern und Verhexten, und in den ehrbarsten Gesellschaften verkauft man Amuletts und Geheimmittel gegen das Behextwerden mit dem gleichen Ernst, als ob es sich um Mittel gegen die herrschenden Krankheiten handeln würde".[28]

Wie anders lautet im Vergleich dazu der Bericht eines anonymen aufgeklärten Patrioten vom Ende des 18. Jahrhunderts.[29] Sein Blick richtet sich erstmals auf Stimmungsbilder, er vermittelt subjektive Eindrücke, erlebt Landschaften und möchte zugleich einen Beitrag zur ‚Menschenkunde' leisten. Auch er besichtigt die wichtigsten Sehenswürdigkeiten, läßt sich aber auch auf städtisches Leben ein und spürt wichtige Veränderungen auf. „Der Baugeist, der jetzt so viele wohlhabende Städte in Teutschland verschönert, fängt auch hier an, die altfränkische Gestalt des Ortes umzuschaffen. So war der Roßplatz ehedessen größtentheils Morast; jetzt ist er einer der besten öffentlichen Plätze. Nicht weit davon gewährt die Esplanade in den Sommerabenden einen Spaziergang, der um so angenehmer ist, weil man ihn in der Stadt genießen kann ...". Besonders erwähnt werden die gute Beleuchtung der Stadt und die Numerierung der Häuser. „Bei alle dem Eifer, mit welchem man die Stadt zu verschönern sucht, sind aber dennoch die meisten Gassen winklicht und eng. Die Häuser haben über der vorderen Front hohe Giebel, und die Dächer laufen zu beyden Seiten ab, ein Geschoß ragt über das andere hervor, so daß es nicht anders aussieht, als wenn die Häuser einstürzen wollten. Dies macht die Straßen düster. Es ist noch nicht lange, daß sogar die Dachrinnen auf die Straße hinausgingen. Die Häuser sind meistentheils buntschäckigt angestrichen. Dieser üble Geschmack herrscht fast im ganzen Reiche. Man sieht die Wände sehr häufig mit Laubwerk, ja sogar mit Geschichten u. dergl. bekleckst. ... Die Thore und Kirchen sind auch keine Zierde von Frankfurt. Jene werden durch häßliche alte Thürme entstellt und diese sehen eher alten Magazinen als Tempeln ähnlich".[30] Was lange den Charakter und die ‚Schönheit' der Stadt ausmachte, stößt seit der Mitte des 18. Jahrhunderts zusehends auf harte Kritik. Die barocke Baukunst verdrängte den altfränkisch-gotischen Stil.

Für drei Komplexe interessiert sich dieser Reisende besonders. Einmal hebt er die Frankfurter Gasthöfe hervor.[31] „Frankfurt ist das Eldorado der Gastwirthe. Die Menge von Fremden, welche theils der Gegenden, theils der nahen Bäder wegen durchreisen, die Messen, die Krönung, das ausschließliche Recht, außer der Messe und Krönungszeit Fremde beherbergen zu dürfen, der Überfluß und die Wohlfeile der Nahrungsmittel, die geringen Abgaben ... dies alles macht ihnen ihr Gewerbe zu einer sicheren Goldgrube".[32] Konzentrieren sich die frühen Frankfurt-Reisenden auf Sehenswürdigkeiten wie Kirchen, Plätze und die Messe, tritt nun der Besuch sozialer Institutionen und Stiftungen in den Vordergrund. Da wird das Hl. Geist-Spital mit seinen geräumigen, hohen und reinlichen Räumen genannt, dann das Waisenhaus, dessen Verbindung mit dem Armen-, Zucht- und Arbeitshaus allerdings getadelt wird, weiterhin die „musterhafte Anstalt" der Senckenbergischen Stiftung, die Bibliotheken, das Irrenhaus, schließlich das Gymnasium und die Volksschulen, deren Zustand noch nicht beweist, „daß man höheren Orts überzeugt ist, der gut unterrichtete und wohlerzogene Bürger sey der beste".[33] Besonders ausführlich geht der anonyme Reisende schließlich auf die Lebensweise der Frankfurter ein. Er registriert Veränderungen in der Mode und beschreibt die Eß- und Trinksitten. „Mit einem Worte, der Luxus der hiesigen Bürger erbaute mich, weil ich in ihm mehr den Charakter des Wohlstandes als des Sittenverderbnisses fand".[34] „Bey dem Mittelstande sieht man den reichsstädtischen Spießbürger noch in allen Ecken hervorgucken, und unter dem gemeinen Mann äußert sich ein republikanischer Stolz, der nicht selten in Ungeschliffenheit und Grobheit ausartet".[35] Das Interesse an der „Menschenkunde" äußert sich vor allem bei der Schilderung des Judenghettos, das immer wieder aufgesucht und beschrieben wurde. Aufklärerisch-antijüdische Akzente sind im ethnologischen Interesse des 18. Jahrhunderts aber unüberhörbar. „Ich konnte es meiner Neugierde nicht versagen, eine Reihe von Menschen näher kennen zu lernen, auf die mich mehrere Reisebeschreiber aufmerksam gemacht hatten. ... Als ich vollends das Thor (der Judengasse) erblickte, aus welchem sie, gleich den Ameisen eines aufgestörten Haufens, heraus wimmelten, als mir beym Eintritt ein Quell von Gestank entgegen brudelte, der meinen Geruchswerkzeugen vorher noch ein ganz unbekanntes Phänomen war: so bedurfte es keiner weiteren Überzeugung, daß ich mich in der Judengasse befand."[36]

Die Städtelandschaft war im Deutschland der frühen Neuzeit höchst heterogen; sie war allerdings im Westen, vor allem im Südwesten, ausgeprägter als im Norden bzw. im Nordosten mit seiner geringeren Bevölkerungsdichte. Keine Stadt war mit der anderen unmittelbar vergleichbar, sowohl von der Größe und vom Erscheinungsbild wie von den politischen Rechten der Bürger und von ihrem kulturellen Selbstbewußtsein her. Erst mit der eigentlichen Urbanisierung im 19. Jahrhundert setzten sich gleiche Normen durch, die Vergleichbarkeit möglich machten.

Den Charakter einer Stadt bestimmten nicht allein die Größe oder die Einwohnerzahl, sosehr diese die Komplexität der Sozialstruktur bedingten; eine große Stadt benötigte vielfältigere Einrichtungen als eine kleine zur Verwaltung und Friedenssicherung. Eine nicht geringere Rolle spielte auch ihr Rechtsstatus und ihr Wirtschaftsleben für die Gestaltung des Stadtlebens. Hier sind besondere Unterschiede zu machen: Von ihrer politisch-rechtlichen Stellung her unterscheiden wir die Reichsstadt von der landesfürstlichen Stadt und der Residenzstadt.[37] Die Reichsstädte, sie konnten so klein sein wie Dinkelsbühl oder so groß wie Augsburg, waren Städte, die außer

16. Reichsstadt Reutlingen in Brand, 1726.

dem Kaiser keinen Herrn über sich hatten und dementsprechend ihr politisch-soziales Leben weitgehend selbst zu bestimmen vermochten: sie konnten selbst Steuern erheben, eine eigene Verwaltung errichten, Gesetze erlassen, Recht sprechen und die Wehrhoheit ausüben.[38] Damit traten die Reichsstädte staatsrechtlich wie reichsständische Territorialstaaten auf, oft beherrschten sie auch ein großes Umland. Alle Städte hingegen, die keine Reichsunmittelbarkeit besaßen, sondern als Teil eines Herrschaftsverbandes in den frühneuzeitlichen Territorialstaat eingebunden waren, waren landesfürstliche Städte.[39] Sie hatten zwar auch eine eigene Verwaltung und besaßen ein Gericht, unterstanden aber in allen wichtigen Entscheidungen den Landesfürsten. Im äußeren Erscheinungsbild unterschieden sie sich kaum von den kleinen und mittleren Reichsstädten. Hervorgehoben waren jene landesfürstlichen Städte, in denen ein Fürst residierte, der die Landstadt sukzessive zu einer Residenzstadt, wenn nicht zur Hauptstadt seines Territoriums umwandelte.[40] Auch hier besaßen die Städter ein gewisses Mitspracherecht bei der Gestaltung des öffentlichen Lebens, aber sie waren nicht nur dem Fürsten unmittelbar untertänig, sondern sein Hof überformte die Stadt zu einer großen Kulisse des Hofstaates. Jedes der vielen Territorien des alten Reichs besaß zumindest eine Residenzstadt, darunter waren kleine wie Weimar und Durlach, große wie Berlin und Wien.

Für das Selbstverständnis eines Bürgers und Einwohners war es von Bedeutung, in welchem politischen Verband er lebte; der Stolz der reichsstädtischen Bürger ist bekannt, aber für das alltägliche Leben war es sicher bedeutsamer, welche wirtschaftliche Struktur und Macht die Stadt prägte. In der Regel besaßen die Städte das Handels- und Gewerbemonopol. Unterscheiden wir die Städte nach ihrer wirtschaftlichen Struktur, so können wir wieder drei Haupttypen hervorheben.[41] Besonders verbreitet war zunächst die sogenannte Ackerbürgerstadt. Sie besaß zwar ein eigenständiges Handwerk, auch eine städtische Gemeindeverfassung, doch die Wirtschaft der Stadt sowie ihr Erscheinungsbild wurden durch die Landwirtschaft mit ihrem eigenen Arbeitsrhythmus und Besitzdenken bestimmt. Von ihr unterscheiden sich die etwas größeren Marktstädte. Es sind Städte, die im Mittelpunkt ausgedehnten agrarischen Umlandes lagen, Etappenorte an bedeutenden Handelsstraßen oder Flüssen waren und durch ihre Jahr- und Wochenmärkte vermögend und anziehend. Hier lebten Handwerker, Ackerbürger sowie städtische Lohnarbeiter, vor allem im Transportgewerbe. Den dritten Typus bildeten die großen Gewerbe- und Handelsstädte; zumeist waren dies die großen Reichs- und Seehandelsstädte, die über ein spezialisiertes Handwerk verfügten und einen bedeutenden Fernhandel trieben, der zu Börsen- und Bankgründungen Anlaß gab. Die Sozialstruktur war stark aufgefächert, neben einer kleinen reichen Oberschicht gab es eine breite, teils vermögende Mittelklasse von Kaufleuten und Handwerkern, aber auch eine starke arme Unterschicht. Diese Städte hatten einen ausgedehnten Dienstleistungsbereich, besaßen Schulen und Druckereien, später auch Zeitungen und Theater, und bildeten ein Bildungsbürgertum aus, das sich gegen die Hofkultur zu profilieren wußte. Hamburg, Köln, Leipzig und Frankfurt repräsentierten Stadttypen entwickelter urbaner Kultur, die sich allein gegen die aufstrebenden Residenzstädte wie München, Wien, Berlin und Dresden behaupten konnten.

Schließlich sei noch auf Sonderformen hingewiesen, neue Stadttypen, die erst aus der frühneuzeitlichen Gesellschaft entstanden. Eine derartige Sonderrolle spielten schon lange die Universitätsstädte wie Tübingen, Jena und Helmstedt, in denen Professoren und Studenten das Stadtbild bestimmten.[42] Dann sind die vielen kleinen Bergwerksstädte zu nennen, die ebenfalls ein Sonderleben führten, weil sie von einem Gewerbe dominiert wurden und herrschaftliche Sonderrechte genossen.[43] Typische Produkte des frühmodernen Staates waren die zumeist nach einem geometrischen Plan errichteten Festungs- und Exulantenstädte. Sie dienten entweder zur Verteidigung (Breisach, Glückstadt), dann war ihr Stadtbild vor allem von Soldaten beherrscht, oder sie wurden für Glaubensflüchtlinge, vor allem für Hugenotten, erbaut und entwickelten sich – wie im Falle Hanaus und Freudenstadts – zu wichtigen Gewerbezentren.[44] Zur Gattung der neu geplanten und errichteten Städte zählen schließlich auch und vor allem jene Residenzstädte, die nicht aus alten Landstädten erwachsen waren, sondern nach einem großräumigen Plan auf dem flachen Land erbaut wurden wie Mannheim oder Karlsruhe.[45] Sie lebten von der soziokulturellen Attraktivität des Hoflebens, das nicht nur Adlige, Beamte und Militär in die Stadt zog, sondern bald auch Kaufleute und Manufakturarbeiter. Als Hauptstädte traten sie in Konkurrenz zu den alten Residenzstädten.

Die Stadtlandschaft hatte sich in der frühen Neuzeit im Vergleich zu den Umwälzungen im 19. Jahrhundert nicht stark geändert; die Zahl der Reichsstädte nahm etwas ab und die der Residenzstädte zu – entscheidender aber ist, daß die im 16. Jahrhundert entwickelte Dynamik vor allem des reichsstädtischen Lebens spätestens mit dem Dreißigjährigen Krieg beträchtlich nachließ. Nicht die alten Reichsstädte wurden Zentren der Aufklärung und des modernen Denkens im 18. Jahrhundert, sondern die Residenzstädte, wenn man von der Sonderrolle Hamburgs einmal absieht.[46] Berlin, Wien, München lösten in der Attraktivität städtischen Lebens Nürnberg, Augsburg und Köln ab. Alle diese Unterschiede müssen wir beachten, wenn wir die Sozialstruktur der frühneuzeitlichen Städtelandschaft erfassen wollen. Es gab nicht den Bürger oder Städter, sondern je nach dem Charakter seiner Stadt unterschieden sich auch seine Rechte, seine Arbeit und seine Lebenswelt.

Nicht jeder, der in einer Stadt lebte, war Bürger mit allen Rechten und Pflichten. Neben den Stadteinwohnern, die das volle oder zumindest bestimmte Bürgerrechte besaßen, gab es zahlreiche Nicht-Bürger, die ihr Leben lang in einer Stadt lebten, aber nicht unbedingt zur Unterschicht zählten. Selbst die eigentliche Bürgerschaft bildete keine geschlossene homogene Gesellschaft, sie war nicht nur stark hierarchisiert, sondern in Gruppen und Stände mit eigenen Rechten aufgesplittert; zwischen einem Patrizier und einem Handwerker gab es kaum Entsprechungen. Die frühneuzeitliche Stadtgesellschaft setzte sich aus den verschiedensten Gruppen mit höchst unterschiedlichen Erwartungen und Interessen zusammen. Sicherlich spielte der Besitz eine entscheidende Rolle bei der Machtverteilung in der Stadt, ohne ausreichendes Vermögen konnte niemand Bürger sein oder sich offiziell in einer Stadt niederlassen bzw. seinen Handels- und gewerblichen Geschäften nachgehen. Doch über den Grad der politischen Machtstellung entschieden weniger das Vermögen als Herkunft, Geschlecht und Tradition; die soziale Ehre eines Stadtbürgers war nicht einfach eine Funktion des Vermögens. So starr und festgefügt die Sozialstruktur der frühneuzeitlichen Städte erscheint, so gab es doch in der Stadt vom 16. bis zum 18. Jahrhundert beträchtliche Verschiebungen und Änderungen. Erwähnt sei einmal die Zunahme der Nicht-Bürger, vor allem aus der Unterschicht. Ein immer kleinerer Kreis hatte die Möglichkeit, das Stadtrecht zu erwerben. Die Führungsschicht, die im Vollbesitz aller Rechte und Privile-

17. Stadt Augsburg im 16. Jahrhundert. Gemälde a.d. Werkstatt v. Jörg Breu d.Ä.

gien war, kapselte sich immer stärker von der ‚Gemeinde' und der gewöhnlichen Bürgerschaft ab, ein Grund für die Verknöcherung der Stadtverfassungen zu Ende des 18. Jahrhunderts. Nicht zuletzt verlor das städtische Handwerk, dessen Zunftgeist das Gewerbeleben der Städte maßgeblich prägte, an Dynamik. Auch hier liegt ein Grund für den ‚Niedergang' der Reichsstädte und den Aufstieg der Residenzstädte, in denen das Verharren auf Privilegien und Traditionen früher beseitigt werden konnte. Die Erosion der altständischen Ordnung ging dementsprechend nicht vom ‚bürgerlichen' Geist der Städte aus, sondern vom Anspruch des frühmodernen Staates, das Wirtschaftsleben aus traditionellen Fesseln zu befreien.[47]

Aus welchen Berufsgruppen eine Stadtgesellschaft sich zusammensetzte und welche politisch-soziale Position sie innehatte, vermitteln uns der Häuserbestand sowie die Bevölkerungslisten: In Innsbruck gehörten 1605 dem Handwerk 28,9%, 16,6% der Häuser dem Adel, höheren Beamten und Akademikern, die als Oberschicht galten, mit 13,4% folgen die mittleren Beamten, höheren Hofbediensteten, Herren und freien Berufe; Handel, Verkehr und Gastgewerbe besaßen 10,5% der Häuser, mit 4,7% folgen die niederen Beamten und Bediensteten; zum Schluß werden mit 1,2% die Taglöhner genannt.[48] Die stärkste Gruppe unter den Hausbesitzern stellte das Handwerk und die zumeist adlige bzw. akademische Oberschicht. Diese Liste freilich macht über 24,7% des Grundbesitzes keine näheren Angaben und sagt nichts über die Nicht-Hauseigentümer. In Wien, der größten Residenzstadt des Reiches, waren 1664 4,8% aller Häuser in öffentlicher Hand, 39,2% besaßen der Adel, Klerus und Beamte; das eigentliche städtische Bürgertum nannte 56% der Häuser sein eigen. Auch in diesem Fall wird der Hausbesitz nicht danach differenziert, ob es sich um große oder kleine Häuser handelte. Typisch für die Entwicklung einer Residenzstadt bis zum Ende des 18. Jahrhunderts war die konstante Abnahme des bürgerlichen Bestandes bzw. die zunehmende Zahl der Häuser, die sich in öffentlichem Besitz (10,5%) bzw. in Händen des Adels, der Geistlichkeit und der Beamten befanden (44,3%).[49] Dichter sind die Angaben um 1800 in München. Von den aufgeführten 48745 Einwohnern zählten 214 zum Adel, 655 zur Geistlichkeit; 1763 waren Soldaten in den Kasernen, 6873 werden als Beamte oder kurfürstliche Besoldete genannt, freilich mit den Familienangehörigen. Die Gruppe der eigentlichen Bürger und Bürgerinnen wird mit 14734 angegeben; sie stellt also weniger als die Hälfte aller Einwohner. Außerdem gab es noch 10313 Domestiken und Handwerksgesellen sowie 254 Juden und 971 Fremde. Zur Gesamtsumme kommen schließlich die Soldaten außerhalb der Kasernen, die mit 4700 angegeben werden, sowie 8295 Einwohner in den Vorstädten.[50] Vergleichbare Verhältnisse lassen sich in den größeren Residenzstädten zu Ende des 18. Jahrhunderts überall wiederfinden. Wie in Wien zählt nur die Hälfte der Einwohner zur weiteren Bürgerschaft, selbst wenn man die vielen Domestiken und Handwerksgesellen dazuzählt, die ja auch in gewissen Beziehungen zum Hof standen. Daß nur ein Teil der Stadtbevölkerung das volle bzw. überhaupt das Bürgerrecht besaß, zeigt etwa die adelsfreie Hansestadt Hamburg, in der zu Ende des 18. Jahrhunderts 130000 Einwohner lebten. Nur rund 9000 Bürgersfamilien besaßen das große oder kleine Bürgerrecht.[51] 4000 zählten zu den Schutzverwandten und 3300 hatten überhaupt keine Rechte. Diese Auflistung der Bevölkerung vor allem nach Hausbesitz gibt nur einen groben Einblick in die Sozialstruktur, über die Vermögenslosen sagt sie wenig aus; immerhin zeigt sie den beschränkten Zugang der Bevölkerung zu dem vollen Bürgerrecht.

Da die rechtlich-politische Stellung des einzelnen wie die Zugehörigkeit zu einer Berufsgruppe nur bedingt Aufschluß über die ökonomische Machtposition geben, muß die Frage nach der sozialen Stellung ergänzt werden durch die nach dem Besitz und Vermögen, wie es konkret in der Besteuerungsgröße sichtbar wird. Denn besteuert wurde jeder unabhängig von seinem Rechtsstatus. In jeder Stadt gab es, nicht anders als auf dem Land, gravierende Unterschiede zwischen Armen und Reichen; je größer allerdings die Stadt war, um so stärker waren die Klassenunterschiede. In Salzburg machte 1608 die Gruppe, die über 1000 fl. versteuern mußte, 9,2% der Bevölkerung aus, darunter zählen auch jene 2,3%, die über 5000 fl. versteuerbares Vermögen besaßen. Die Mittelschicht von immerhin 27,9% der

Bevölkerung zahlte für 100–1000 fl. Die größte Gruppe aber bildet mit 62,9% die Unterschicht, Leute, die bis zu 100 fl. Vermögen besaßen. Als ganz vermögenslos werden zuletzt unter dieser noch 23,7% der Bevölkerung bezeichnet. Nicht die Mittelschicht bildete hier die stärkste Gruppe, sondern die Unterschichten, die Armen und Vermögenslosen.[52] Die größten Vermögen konzentrierten sich in der kleinen Oberschicht. Nicht ganz so extrem war die Situation in Trier 1624. Die Oberschicht macht hier 14,3% der Bevölkerung aus, unter ihr gelten 3,7% als reich. Die größte Gruppe stellt die Mittelschicht mit 62,4%, wobei allerdings ihre schwächsten Glieder auch zur Unterschicht gezählt werden könnten. Die eigentliche Unterschicht wird schließlich von 23% der steuerbaren Bevölkerung gebildet.[53] Als reich galten hier die Familien, die ein Vermögen von durchschnittlich 6300 fl. besaßen, demgegenüber war die Gruppe, die durchschnittlich 36–250 fl. besaß, 52% stark. Die Vermögenslosen und Bettler sind noch nicht erwähnt. In den Reichsstädten war die Lage nicht viel anders. In Schweinfurt, das im 17. Jahrhundert 4000 Einwohner hatte, zählten 8% der Haushaltungen zur Oberschicht, 38% bildeten die Mittelschicht und 54% die Unterschicht. Mit 45% des Vermögens der Stadt hatte die Mittelschicht zwar eine starke Position, aber 30% besaß allein die kleine Oberschicht, während sich die breite Unterschicht mit dem Rest von 25% des städtischen Vermögens zufrieden geben mußte.[54] Auch in Nördlingen machte im 18. Jahrhundert die Oberschicht nur 3% der Einwohnerschaft aus, sie besaß aber 26% des ganzen Vermögens. Ein Drittel der Einwohner verfügte nur über 3%. Allein 60% lebten letztlich an der Grenze zur Armut.[55] Zwar sind die Verhältnisse in den größeren Reichsstädten nicht wesentlich anders, aber die finanziellen und sozialen Unterschiede sind oft noch beträchtlich größer. Ein Einblick in die Steuerliste von Augsburg aus dem Jahre 1540 zeigt, wie reich Patrizier sein konnten und wie groß die arme Unterschicht in einer der wirtschaftlichen Metropolen des frühneuzeitlichen Deutschlands war.[56] Von den 6780 Steuerzahlern besaßen allein fünf Familien ein Vermögen bis zu 1–3 Millionen, 37 mußten noch 300000–1 Million versteuern; die größte Gruppe mit 6492 Steuerzahlern wurde hingegen als „Habnits" mit Minimalvermögen eingestuft.[57]

Wir können die Stadtgesellschaft nach dem Grad ihrer Partizipation an der Macht in der Stadt hierarchisieren oder auch nach ihrem Vermögen, aber über die in einer Stadt gültige Prestigeordnung sagt beides nur wenig aus. Ein armer Adliger oder vermögensloser Geselle zählte ebenso wenig zur ‚Unterschicht' wie ein reicher Handwerker oder Krämer sich zur ‚Oberschicht' rechnen konnte. Das Bild einer Stadt läßt sich ergänzen durch die soziale Positionsbeschreibung, die die Stadt im Zusammenhang von Kleider- und Prozessionsordnungen erließ. Diese Ordnungen betreffen alle Einwohner und geben Aufschluß über die soziale Ehre einer Familie, die auf Amt und Tradition beruhte. Je nach dem, ob es sich um eine Residenzstadt oder um eine Reichsstadt handelte, wurde auch die offizielle Gesellschaftsordnung unterschiedlich festgelegt. In einer Residenzstadt gingen der Adel und das ‚höhere' Beamtentum des Hofes selbstverständlich den bürgerlichen Ratsherren voraus, auch wenn sie kein Bürgerrecht besaßen; die größere Nähe zum Hof privilegierte die Hofangehörigen.

In Bamberg und Würzburg gab es beispielsweise 1652 folgende Rangordnung:[58]

1. Gelehrte Räte, Professoren, Kammerräte und Leibmedici
2. Hofofficianten, Kanzlei- und Kammerofficianten, andere graduierte Personen, Bürgermeister, Stadträte und Assessoren
3. Vermögende Bürger, die nicht mit eigener Hand bauen, sondern von ihren Gütern leben
4. Alle übrigen Handwerksleute, Bürger, Händler und Einwohner.

Die Gesellschaftsordnung in den Reichsstädten, die ja ihr Leben selbst organisieren konnten und in denen außerdem selten Adlige und Beamte wohnten, sah entsprechend anders aus. So erließ 1618 der Rat der Stadt Nürnberg folgende Ordnung nach 6 Ständen:

1. Angehörige der alten Geschlechter
2. Kaufleute, die ihr Geschäft mit eigenem Vermögen betreiben und sich im „Genannten Stand des Großen Rates" befinden
3. Kaufleute mit nicht ganz so großen Geschäften, die ebenfalls Genannte des Großen Rates sind, sowie die Handwerker des kleinen Rates
4. Kaufleute, die ihr Geschäft erst seit ein paar Jahren betreiben, sowie Handwerker und Kaufleute, die sich nicht im „Genannten Stand" befinden.
5. Einfache Krämer und Handwerker
6. Handwerksgesellen, Dienstmägde und Dienstknechte.[59]

Es ist schwer, die unterschiedlichen Städte zu vergleichen und eine gemeinsame Sozialstruktur anzugeben. Im einzelnen hing diese nicht unwesentlich ab vom Rechtsstatus der Stadt, von der Vielfalt des Handels und Gewerbes, vor allem aber von der Größe. Doch generell gilt, daß in der Stadt das Patriziat, eine Art Stadtadel, ganz oben stand. Zu ihm zählten die ‚Alten Geschlechter'.[60] Wo es ein geschlossenes Patriziat nicht gab, trat an seine Stelle die nicht minder selbstbewußte Honoratiorenschicht der alten Familien, die sehr exklusiv lebte, die wichtigsten städtischen Ämter besetzte und meist politische und ökonomische Macht in Händen hielt. Zu dieser sogenannten Ehrbarkeit gehörten die Kaufmannschaft, hohe Beamte und Akademiker, Mitglieder des Rats und des Gerichts: In der Regel zählten auch die hohen Kleriker dazu, wenngleich die Kirchen in jeder Stadt einen Sonderstatus besaßen. Das gilt freilich nicht für alle Konfessionen in gleicher Weise. Im katholischen Regensburg besaßen die Protestanten so wenig Rechte wie die Katholiken und Calvinisten im lutherischen Frankfurt. Die Handwerker

Der Kauffmann.

Ich aber bin ein Handelsmann/
Hab mancherley Wahr bey mir stan/
Würtz/Arlas/Thuch/Wolln vñ Flachß.
Sammat/Seiden/Honig vnd Wachß/
Vnd ander Wahr hie vngenannt/
Die führ ich eyn vnd auß dem Land/
Mit grosser sorg vnd gfehrlichkeit
Wann mich auch offt das vnglück reit.
J Der

18. Der Kaufmann, Holzschnitt Jost Ammans Beschreibung aller Stände (1568).

bildeten weitgehend die Mittelschicht.[61] Diese ist ebenso wie die Oberschicht höchst differenziert und setzt sich nach unten stark ab. Ihre Zunftorganisationen stellten einen wichtigen politischen und ökonomischen Faktor dar. Zwar gab es je nach Stadtstruktur unterschiedliche Schwerpunkte, aber in jeder größeren Stadt existierte ein breitgefächertes Handwerk vom Goldschmied bis zum Müller. Die Mittelschicht hatte wie die Ehrbarkeit bevorzugte Wohngegenden, die aber niemals so abgeschlossen waren, daß man sich nicht begegnen konnte. Zur Mittelschicht zählten auch die kleineren Kaufleute, mittlere Beamte und Angestellte der Stadt, wie etwa der Lehrer und Gerichtsdiener. Konnte sich die kaufmännische und patrizische Oberschicht ein repräsentatives luxuriöses Leben leisten, besaß die Mittelschicht in der Regel nur so viel, daß ein ehrbares Leben möglich war. Selbstverständlich gab es auch reiche Handwerksmeister, aber die Auskömmlichkeit galt als Maxime. Die Mittelschicht war weitgehend von der eigentlichen politischen und sozialen Herrschaft ausgeschlossen, nur in den mittelgroßen Städten behauptete sie ihre innerstädtische Machtstellung. Die Unterschicht setzte sich aus Lohnarbeitern, Fuhrleuten, Winzern, unehrlichen Handwerkern, alleinlebenden Witwen und Gesellen, Transportarbeitern und Dienstboten zusammen.[62] Die Grenze zur Stadtarmut und zu den Bettlern war fließend. Diese Leute waren von jeder politischen und sozialen Macht ausgeschlossen, hatten oft kein Haus, sondern wohnten zur Miete und besaßen nur das Notwendigste. Unter ihnen gab es zudem eine große Mobilität. Die meisten wohnten am Stadtrand und nahmen jede Arbeit und jeden Dienst an, tätigten Erntearbeiten, Botendienste, löschten Schiffe oder reinigten die Stadt. Obwohl jede Stadt mit verschiedenen sozialen Einrichtungen die Armut begrenzen wollte, gab es bis zum Ende des Alten Reiches eine sehr vielfältige Stadtarmut, die eher zu- als abnahm.[63]

So wie die Geistlichen und die Studenten jeweils einer eigenen Gerichtsbarkeit unterstanden, unterlagen auch die Juden Sonderrechten. Zwar waren sie von jeder politischen und sozialen Macht ausgeschlossen, genossen aber dank bestimmter Privilegien Niederlassungs- und Handelsrechte.[64]

Es ist sicher unzulässig, mit einem modernen Schichtenmodell die frühneuzeitliche Stadtgesellschaft zu beschreiben. Aber für eine grobe Aufhellung ist darauf in einem ersten Schritt der Analyse nicht zu verzichten. Tatsächlich lag gerade darin das Besondere der Stadtgesellschaft in der frühen Neuzeit, daß hier niemand als einzelner mit Individualrechten lebte, sondern jeder eingebunden war in verschiedenste Gruppen, deren Rechte und Privilegien sehr unterschiedlich waren. Diese Gruppen und Stände hatten ihr Eigenleben, das ihnen von allen anderen zugebilligt wurde. Um die vielen verschiedenen Kulturen einzeln zu erfassen, reicht die ökonomische Fixierung nicht aus. Besitz, Vermögen und Einnahmen erhielten nämlich erst soziales und kulturelles Gewicht durch Alter und Tradition einerseits und das Einbringen eigener Interessen in den Gesamtzusammenhang städtischen Lebens andererseits. Zwar wurde die vertikale Struktur der Hierarchie, das Oben und Unten allen immer wieder vor Augen geführt, aber es existierte eine nicht minder starke Horizontale der gleichberechtigten Gruppenkulturen, auf die keine Stadt verzichten konnte. Mit modernen Kategorien ist dies schwer zu fassen. Trotz der Zunahme rational-herrschaftlicher Strukturen blieb die ständische bis zum Ende des 18. Jahrhunderts weitgehend ungebrochen erhalten.

19. Bettlerfamilie auf freiem Platz, Holzschnitt aus Cicero, Officia (1532).

Die heutigen Vorstellungen von der Bürgerlichkeit waren der frühneuzeitlichen Gesellschaft unbekannt.[65] Was unter Bürgertum verstanden wurde, war weitgehend identisch mit dem Stadtbürgertum, das freilich nicht synonym mit dem Stadteinwohner war. In scharfer Abgrenzung gegenüber der Landbevölkerung und den nichtbürgerlichen Gruppen der Städte konstituierte sich die Stadtbürgerschaft als eigener Stand mit eigenen unverwechselbaren Merkmalen. Konstitutiv für das Bürgersein war das Bürgerrecht, das man entweder durch die Geburt bzw. Familie oder durch Verleihung, bei ausreichendem Vermögen und tadelloser Lebensführung erhalten konnte.

Daneben implizierte das Bürgersein eine Reihe von Rechten und Pflichten.[66] Voraussetzung war der zunächst selbständige Erwerb des Lebensunterhalts, womit Abhängige wie Vermögenslose ausgeschlossen waren. Die Bürger partizipierten an der politischen Selbstverwaltung und mußten die Interessen der Stadt nach innen und außen vertreten. Sie hatten politisches Mitspracherecht, mußten aber auch für die Politik der Stadt geradestehen. Schon deshalb mußten sie ökonomisch unabhängig sein. Außerdem wurden die meisten Ämter als Ehrenämter, also ohne Entgelt verwaltet. Die Stadtbürger unterstanden einer eigenen Gerichtsbarkeit als Zeichen ihrer Eigenständigkeit. Das war allerdings für Reichsstädte anders geregelt als für die Bürger einer Landstadt. Vor allem schloß das Bürgerrecht eine bürgerliche

Lebensweise und Lebensführung ein, die der Familie, dem Stand und der Stadt zur Ehre gereichen mußte. Fehlverhalten wurde strengstens bestraft: es konnte sogar zur Aufhebung des Bürgerrechts, d. h. zum Ausschluß aus der Bürgerschaft führen. Wer beispielsweise aus eigener Schuld sein Geschäft in den Bankrott führte, eine nicht angesehene Frau gegen den Einspruch des Rats heiratete oder ein uneheliches Kind zeugte, konnte sein Bürgerrecht verlieren.[67] Bürger zu sein war also nicht nur ein politischer Begriff, es war auch ein moralischer Anspruch, der eine bestimmte Lebensführung verlangte und der nach außen als solcher erkennbar sein mußte.

Nach zwei Seiten hin erfuhr der alte ständische Bürgerbegriff bereits vor der Auflösung der ständischen Ordnung eine Ausweitung bzw. einen besonderen Akzent. Da vor allem die Kaufmannschaft und das Handwerk den Inbegriff der Stadtgemeinde ausmachten, sie einerseits als Gruppe selbständiger Hausväter die Bürgerschaft darstellten, andererseits ihr Handel und Gewerbe Grundlage und Monopol der Städte waren, galten sowohl Kaufmann wie Handwerker im Unterschied zu Adligen und Bauern als die Prototypen des Stadtbürgers.[68] Diesen Bedeutungsinhalt der Bezeichnung ‚Bürger' gab es stets neben dem rechtlichen und kulturellen Begriff. Für die innerstädtische Auseinandersetzung und das Selbstverständnis der Handwerker und Kaufleute war dies nicht ohne Belang. Die andere Ausweitung des Begriffs entwickelte sich aus dem traditionellen Gegensatz von Land und Stadt. Im Unterschied zur Landgesellschaft wurden gelegentlich alle Einwohner einer Stadt auch als Bürger bezeichnet, d. h. auch diejenigen, die über keine Bürgerrechte verfügten und weder Kaufmann noch Handwerker waren. Vor allem in Reichsstädten hatte sich auf Grund der Besteuerung, des Einsatzes für städtische Institutionen und der ‚emotionalen' Zugehörigkeit ein Bewußtsein entwickelt, demzufolge die Einwohner als Bürger bezeichnet werden konnten, auch wenn sie nicht zur privilegierten Gruppe zählten.[69] Oft beinhaltete diese Benennung nur die Herkunft, gelegentlich auch die Tätigkeit, und schließlich spielte sie auch auf einen bestimmten Habitus an.

Die frühneuzeitliche Stadt bot einen höheren Entfaltungsspielraum als das Land; in ihr konnten sich neue Produktionsformen entwickeln und geistige Flexibilität entstehen, schließlich schufen vor allem die großen Städte mit ihren verschiedenen Kulturen die Voraussetzungen für ein kapitalistisches Handeln. Dennoch war das Stadtbürgertum keine revolutionäre Klasse, selbst im 16. Jahrhundert nicht, als vom Stadtbürgertum eine größere Dynamik ausging als im 18. Jahrhundert und es für die traditionelle Gesellschaft eine Herausforderung darstellte.[70] Der Stadtbürger blieb wie der Bauer und der Adlige weitgehend an die Tradition gebunden und orientierte sich in seinem Handeln vor allem am Erhalt und an der Vermehrung seiner Nahrung und seiner Ehre. Dasselbe gilt für ihre Frauen. Nicht materielles Profitstreben bestimmte ihre Welt, sondern die kulturelle Optimierung ihrer

Lebensmöglichkeit im Rahmen der vorgegebenen Ordnung. Der Stadtbürger schottete sich von Neuerungen ab und war keineswegs Vorreiter einer ‚bürgerlichen' Reformbewegung.[71] Auch handelt er nicht allein als Person mit subjektiven Interessen und Fähigkeiten, sondern überdies stets als Mitglied einer Gruppe, die seine Lebensmaximen gestaltete und der traditionellen Absicherung des städtisch-bürgerlichen Lebens Vorrang vor allen Privatinteressen gab.

Dieses ständische Bürgertum bestand bis Ende des 18. Jahrhunderts, sein Selbstverständnis wirkte sich sogar noch ins 19. Jahrhundert hinein aus. Seit der Mitte des 18. Jahrhunderts jedoch beginnt die ständische Lebensordnung sich aufzulösen, und es entstehen zwei neue Varianten bürgerlichen Selbstverständnisses, die nun auch publizistische Verbreitung finden und sozial virulent werden:[72] gemeint sind der Begriff des Staatsbürgers und der des Bürgertums als des ‚neuen' bürgerlichen Mittelstandes. Beide Vorstellungen prägen noch unsere Welt.

Der Aufklärer Joachim Heinrich Campe schrieb 1807 im ‚Wörterbuch für deutsche Sprache' über die verschiedenen Bedeutungen des Wortes ‚Bürger'. „In weitester Bedeutung bezeichnet man mit Bürger teils den dritten Stand unter den Gliedern eines Staats, wo dann der Bauer miteingeschlossen ist, in Gegensatz des Adels und der Geistlichkeit, teils alle und jede Glieder der Gesellschaft, welche den Staat bilden, die Staatsbürger. Sind Bürger oder Staatsbürger nach Kant diejenigen, ‚welche das Stimmrecht in der Gesetzgebung für den Staat haben', so können sie eigentlich nur in Freistaaten stattfinden. Doch wird dieser Begriff so streng nicht genommen, und man nennt z. B. jeden einen guten Bürger, der die Pflichten des gesellschaftlichen Vereins erfüllt. Uneigentlich und in noch weiterer Bedeutung wird jedes Mitglied der menschlichen Gesellschaft, jeder Mensch ein Bürger dieser Welt, ein Bürger der Erde, oder Erdenbürger, Weltbürger genannt."[73]

Galten unbeschadet der sozialen Ständeordnung in der frühen Neuzeit die Einwohner eines Territorialstaates, zu dem ja auch die Reichsstädte zählten, als Untertanen einer Obrigkeit oder eines Fürsten, so begann die Aufklärung, sie als Staatsbürger zu definieren. Verstand man unter den Untertanen all diejenigen, die einer Herrschaft oder einem Staate unterworfen und ohne politische Partizipationsrechte zu striktem Gehorsam verpflichtet waren, so bezeichnet der Begriff ‚Staatsbürger' die Mitglieder einer Staatsgesellschaft, die, mit bestimmten Rechten und Pflichten begabt, aktiv am öffentlichen Leben mitwirken. Die Idee des Staatsbürgers, wie sie die Aufklärer propagierten, ist auf die Realisierung einer bürgerlichen Gesellschaft angelegt, in der Bürger frei von absolutistischer und kirchlicher Bevormundung sowie von geburtsständischen Privilegien auf der Basis von Vernunft in Gleichheit und Freiheit zusammenleben. Staatsbürger waren damit nicht nur die Stadtbürger oder das ‚neue' Bürgertum, sondern auch die Bauern und selbst die Adligen, ausgenommen waren allerdings die Vermögenslosen und Frauen.

Zwar schloß die Idee der Staatsbürgerschaft anfangs nicht unbedingt die Eingebundenheit in eine soziale Ständeordnung aus, doch langfristig mußte die Idee der gleichen Rechte für alle, die Idee der bürgerlichen Freiheit und der Mitsprache am öffentlichen Geschehen zur Errichtung einer bürgerlichen Rechtsordnung führen, die keine ständischen Zuordnungen mehr kannte.[74]

Während diese Idee des Staatsbürgertums lange weitgehend eine Fiktion blieb, entwickelte sich in dem Maße, wie der Staatsbildungsprozeß voranschritt und die wissenschaftlich-akademische Bildung und Ausbildung für den sozialen Aufstieg immer wichtiger wurden, eine neue bürgerliche Klasse. Sie mußte sich gegen die Übermacht des ständischen Adels in der spätabsolutistischen Gesellschaft durchsetzen und hatte inhaltlich und vom Selbstverständnis her nichts mehr gemein mit dem Stadtbürgertum und seiner Kultur. Es war vielmehr dem Allgemeinwohl des Landes verpflichtet und propagierte über alle ständischen, konfessionellen und regionalen Grenzen hinweg Rechtsgleichheit, Gedankenfreiheit und vernunftgeleitetes Handeln. Die zunehmende Schicht von akademisch Gebildeten, Beamten, Professoren, Juristen, Geistlichen, Ärzten, Militärs und Kaufleuten formierte sich zu einer Gruppe, in der nicht mehr Herkunft und Tradition, ständische Verankerung und höfische Verpflichtung den Ausschlag gaben. Das Bekenntnis zur Individualität, zur Bildung, zum Leistungsdenken, zu Vernunft, Toleranz und Weltoffenheit prägte Ideologie und Kultur des neuen Bürgertums.[75] Zwar gab es Bezüge zum Stadtbürgertum, zumal viele der neuen bürgerlichen Schichten Städter waren, ebenso zur höfischen Gesellschaft, aber obwohl auch manche Adligen sich zur bürgerlichen Klasse bekannten, distanzierten sich diese radikal vom traditionellen ständischen Lebensstil und traten als moderne Reformelite auf. Obwohl es dem absolutistischen Staat kritisch gegenüberstand, der es gängeln und in seiner Meinungsfreiheit beschränken wollte, entwickelte sich auch das ‚neue Bürgertum' nicht zu einer revolutionären Gruppe, spielte jedoch als der Mittelstand eine maßgebende Rolle bei der Umwandlung des absolutistischen Staates in einen bürgerlichen Rechtsstaat.

Wenngleich auch das alte Stadtbürgertum und der neue bürgerliche Mittelstand sowohl nach der sozialen Zusammensetzung wie nach ihren Wertvorstellungen nichts gemein hatten, gab es doch in einem entscheidenden Punkt Verbindendes. Beide sozialen Formationen lassen sich nicht allein auf ökonomische Gruppeninteressen, auf berufliche und soziale Stellung zurückführen, beide Selbstverständnisse gründen auch auf einem kulturellen Habitus; seine Kultur machte den Stadtbürger wie den neuen Bürger zum Bürger bzw. Staatsbürger.

2. Handelsleben und Gewerbefleiß

In der Stadt konzentrierten sich der frühneuzeitliche Handel und das Gewerbe. Zwar gab es in den Ackerbürgerstädten noch vielfältige landwirtschaftliche Betriebe sowie in den Residenzstädten einen stark ausgebauten Dienstleistungsbereich, doch verstanden sich die meisten Städte im wesentlichen als Handels- und Gewerbezentren, aus denen sie auch ihr Vermögen, ihr Ansehen und ihr Selbstbewußtsein bezogen. Nicht jeder in einer Stadt Geborene oder gar von auswärts Kommende konnte beliebig Handel treiben oder einem Gewerbe nachgehen; kaufmännische wie handwerkliche Tätigkeiten waren an Privilegien und Familien gebunden, insofern ist jede städtische Wirtschafts- und Sozialgeschichte eingebunden in die Geschichte städtischer Familien. Doch war das Wirtschaftsleben einer Stadt keineswegs starr und festgelegt. Es gab sowohl Karrieren von Außenseitern wie Verlagerungen von Wirtschaftsschwerpunkten; trotz strenger Zunftordnung und Kaufmannstradition existierte – allerdings im 16. Jahrhundert mehr als im 18. Jahrhundert – eine beträchtliche Flexibilität.[1]

Zwar kennzeichnet ein bestimmter Handel jede größere Stadt; ein ausgeprägtes und differenziertes Handelsleben allerdings kannten nur die großen Handelsmetropolen wie Hamburg und Leipzig, Frankfurt und Regensburg, Nürnberg und Lübeck. Überall gab es die unterschiedlichsten Gruppen, die mit dem Handel ihren Lebensunterhalt verdienten: kleine Hausierer und Hökerinnen, die vor allem das flache Land mit der nötigen Ware versorgten, Krämer, die sogar zünftisch organisiert sein konnten, sowie kleinere Kaufleute, die zwar nicht das größte Ansehen genossen, aber einen wesentlichen Teil des städtischen Handels in Händen hatten. Die Fern- und Großkaufleute machten die großen Städte zu Handelszentren.[2] An diese, die große Vermögen ansammelten, in der Stadt die Macht monopolisiert hatten und ein patrizisches Leben führten, denken wir vor allem im Zusammenhang der Hanse- und Reichsstädte. „Kaufleute“, heißt es bei Zedler, „werden zwar insgemein diejenigen genennet, die das Recht zu kauffen und zu verkauffen besitzen; doch aber sind sie nicht so überhaupt zu beschreiben, sondern man muß auch hiebey auf eines jeden Orts Herkommen und Gewohnheit Achtung geben. Denn in großen und vornehmen Handels-Städten werden die Kramer, Marckt-Höcker und andere geringe Handthierer nicht mit vor Kauffleute gerechnet. In kleinen Städten aber wird es so genau nicht genommen. Will nun einer ein Kauffmann seyn und heißen, so wird nicht allein erfordert, daß er der Matricul derer Kauffleuthe einverleibet sey, sondern auch, daß er würcklich Handlung treibe, und Vermögen und Geschicklichkeit besitze dieselbige unter Göttlichen Seegen fortzuführen“.[3]

Die etablierte Kaufmannschaft schottete sich nach unten ab, aber auch gegenüber den von auswärts zugezogenen kaufmännischen Nicht-Stadtbür-

20. Allegorie auf den Handel, Kupferstich von Jost Amman, 1622.

gern, selbst wenn sie das Niederlassungsrecht besaßen und ähnlich vermögend waren; es waren dies etwa in rheinländischen Städten die italienischen und französischen Kaufleute.[4] Im Unterschied zu den Juden gelang diesen meist nach einer Generation der soziale Aufstieg. Sichtbarer Ausdruck der Machtstellung der Kaufleute war ihr repräsentatives Haus, das zumeist in der Stadt stand.

Die Kaufmannshäuser waren in der Regel Familienbetriebe, in denen die ganze Familie mit eingespannt war, d. h. die Ehefrau sowie die erwachsenen Kinder arbeiteten hier, nachdem sie zumeist eine vorzügliche Ausbildung in fremden Häusern erhalten hatten.[5] Das Kontor und Warenlager waren mit dem Wohnhaus verbunden. Je nach Größe seiner Geschäfte unterhielt der Kaufmann eine Anzahl von ausgebildeten Handlungsdienern, die in der Lage waren, die Konten zu führen, Waren in Empfang zu nehmen und zu verkaufen. Ihre Verantwortlichkeit war hoch, vor allem mußten sie rechnen und schreiben können und mit dem Geschäftsgebaren vertraut sein. Über ähnliche Fertigkeiten verfügten in der frühneuzeitlichen Gesellschaft nur noch die herrschaftlichen bzw. obrigkeitlichen Beamten. Eine Art Buchführung hatte es in der Kaufmannschaft schon im Mittelalter gegeben, aber erst die im 16. Jahrhundert aufkommende doppelte Buchführung ermöglichte es, Gewinne und Verluste zu berechnen und bestimmte Risiken einzuschätzen.

Allgemein drang mit dem Rechnen und Schreiben ein erster rationaler Zug in das Wirtschaftsleben, von dem das Handwerk noch lange freiblieb. Auch in der Marktlage mußte der Kaufmann sich auskennen, um kein Risiko einzugehen. „Es wird also erfordert, daß er im Rechnen und Schreiben geübt sey, die unter denen Kauffleuten übliche Kunst-Wörter und Redens-Arten wohl inne habe und verstehe, in denen nöthigsten ausländischen Sprachen erfahren sey, die unterschiedlichen einheimischen und ausländischen Müntzen wie nicht weniger die unterschiedliche Beschaffenheit des Maßes und Gewichtes wohl unterscheide und sich eine gute Wirtschaft im Buchhalten erworben habe".[6]

Grundsätzlich handelte ein Großkaufmann mit den verschiedensten Waren, die er aus dem Fern- oder Nahhandel bezog. Vor allem waren es Tuche und Stoffe, auch Metalle, Silber und Gold, oft verbunden mit Waffen, schließlich Lebensmittel; Fisch- und Weinhandel brachten reichliche Gewinne, vor allem die Gewürze und neuen Genußmittel wie Kaffee, Tee und Tabak. Nicht selten waren die Kaufleute auch im Geldhandel tätig. Bezahlt wurde oft ebenfalls mit Waren, zunehmend aber mit Geld. Durch die Ausweitung des Bankwesens kam es rasch zu bargeldlosem Verkehr, der schon deshalb notwendig war, weil der Geldtransport zu unsicher war. Auch der Warenverkehr war vielerlei Gefahren ausgesetzt, zahlreiche Schiffe gingen verloren, und die Fernkaufleute waren von Raubüberfällen bedroht.[7]

Über die Abwicklung der Geschäfte wissen wir wenig. In der Regel kauften die Kaufleute auf Bestellung oder aufgrund einer allgemeinen Nachfrage. Den Transport organisierten sie schon im 16. Jahrhundert nicht mehr selbst; ihn übernahmen eigene Transportfirmen. Die Waren wurden von den Kaufleuten auf den großen Messen und Märkten in Frankfurt, Braunschweig, Leipzig usw. verkauft, ansonsten in den eigenen Häusern oder in sogenannten Kaufhöfen, die die Kaufmannschaft einer Stadt unterhielt, um die Kosten und Risiken zu teilen. Zwar trat der einzelne Kaufmann bzw. das einzelne Handelshaus allein auf dem Markt auf, besaß in eigener Regie weitverstreute Zweigstellen, die sogenannten Faktoreien, die den Anschluß an den internationalen Markt sicherten, doch gleichzeitig gab es zur Minderung der Risiken auch Absprachen und Zusammenschlüsse der Großkaufleute untereinander. Diese in Gilden vereinten Kaufleute achteten einerseits darauf, daß kein ‚Fremder' sich in ihr Geschäft eindrängte, andererseits gründeten sie für bestimmte Handelsaktionen Handelsgesellschaften, die Gewinne und Verluste entsprechend dem Einsatz gleichmäßig verteilten. Im 17. Jahrhundert kam es auch zur Gründung von Aktiengesellschaften.[8] Obwohl auch der Kaufmannstand an bestimmte Traditionen und Normen gebunden war und ein rücksichtsloser Konkurrenzkampf kaum stattfand, war der individuelle Handel lange nicht so stark reglementiert wie etwa die Tätigkeit und das Leben der Handwerker. Der Handel beschränkte sich nicht nur auf das Erwirtschaften des Lebensnotwendigen und die Absicherung eines ehrenvollen Lebens, sondern war klar auf den möglichst hohen Gewinn orientiert, war dafür aber auch allen Risiken des Geschäftslebens ausgesetzt. Verluste und Bankrotte waren nicht selten.

Doch trotz aller Risiken machten die frühneuzeitlichen Kaufleute im allgemeinen beträchtliche Gewinne. Zwar ‚verdienten' nicht alle so viel wie die Fugger und Welser, aber in jeder Stadt zählten die Kaufleute zu den vermögendsten Bürgern, im 16. Jahrhundert waren sie nicht selten reicher als der Adel.[9] Die Großkaufleute investierten Teile ihres Gewinnes wieder im Handel und in den Ausbau ihrer Geschäftsbeziehungen, so engagierten sie sich im 16. Jahrhundert im Bergbau, später im Verlagssystem und beim Aufbau von Manufakturen, aber ein modernes kapitalistisches Gebaren kennen wir kaum vor dem 18. Jahrhundert. Denn die großen Gewinne legten die Großkaufleute wie andere rasch reich Gewordene vor allem im Land- und Hausbesitz an. Es ist problematisch, dies ausschließlich unter der Perspektive einer Refeudalisierung des Bürgertums zu bewerten. Gewiß erstrebten reiche Kaufleute ein dem Adel angeglichenes patrizisches Leben und sogar den Adelstitel, sie gaben viel Geld aus für die repräsentative Ausstattung ihrer Häuser, feierten und kleideten sich kostspielig, aber dies war weniger ein Akt der Verschwendung, als Ausdruck sozialen Prestiges. Auch nicht das Vermögen als solches, der bloße Besitz materieller Güter, machte das soziale Ansehen eines Kaufmanns aus, sondern wie er sein kaufmännisches Leben führte, wie er es zur Steigerung seiner sozialen Ehre

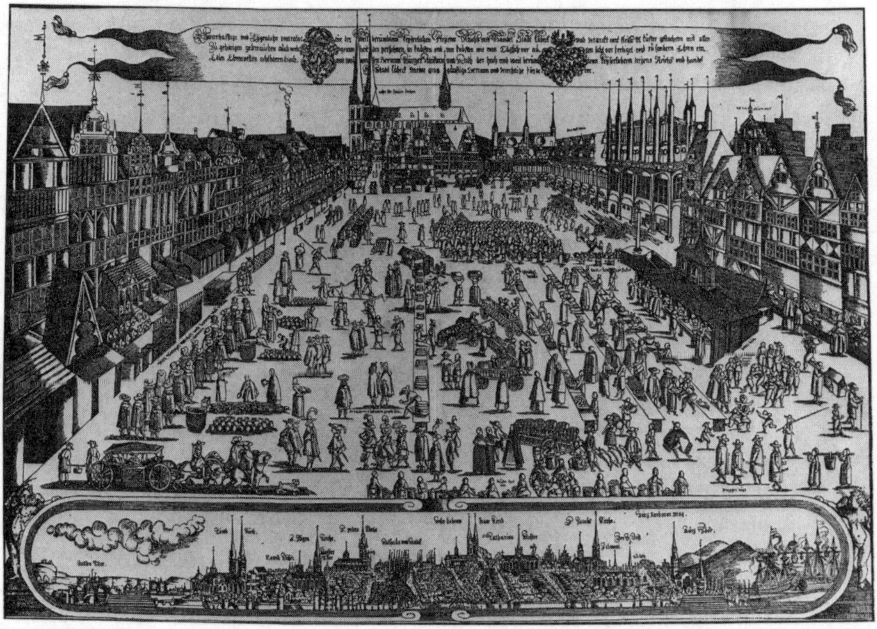

21. Marktplatz zu Lübeck, Kupferstich von 1580.

einsetzte. Seine Kreditwürdigkeit gründete nicht nur auf seinem kaufmännischen Geschick und seinem Geldkonto, sondern ebenso darin, wie er seinen Stand und seine Solidität nach außen repräsentierte: ein prächtiges Haus, die gute Versorgung der Kinder, eventuell auch öffentliche Stiftungen. So kapitalistisch manches Geschäftsgebaren in der frühen Neuzeit aussah – einen ‚kapitalistischen' Lebensstil gab es kaum.[10] Überall trat der Kaufmann mit einem hohen ständischen Selbstbewußtsein auf.

Die zeitgenössische Kritik am Kaufmann richtete sich nicht gegen diesen Habitus, sondern beruht eher auf der Tatsache, daß er nicht durch seiner Hände Arbeit seinen Lebensunterhalt verdiente und daß die Undurchsichtigkeit seiner Geschäfte den Verdacht von Betrug und Wucher begünstigte. Am schärfsten hat Erasmus von Rotterdam die Praktiken der Kaufleute kritisiert: „Die Kaufleute sind die thörichteste und schmutzigste Menschenklasse: sie treiben das verächtlichste aller Gewerbe und noch dazu auf die niederträchtigste Weise von der Welt: ob sie schon lügen, falsch schwören, stehlen, betrügen und beständig Andere zu beluchsen suchen, so wollen sie doch überall die Ersten sein, was ihnen durch ihr Geld gelingt".[11] Diese moralische Kritik, die während der Reformationszeit von vielen geteilt wurde, verhinderte nicht, daß das soziale Ansehen der Kaufleute in der

Ständegesellschaft stieg und Herrschaften wie Kirchen nicht auf ihre Hilfe verzichten wollten und konnten. Auch wenn der Kaufmann raffgierig erschien, so konnte sich sein eigentlicher kapitalistischer Lebensstil erst unter den Bedingungen des späten Absolutismus, als private und öffentliche Geschäftsinteressen auseinandertraten, entwickeln. Aber selbst im 18. Jahrhundert wurde unter dem ‚idealen Kaufmann' noch nicht ein nur an Kapitalakkumulation interessierter Handelsmann verstanden, sondern jemand, der einen bestimmten, nun zunehmend aufklärerischen Lebensstil hatte. Ludovici bezeichnet 1741 den Kaufmann als eine „Person, welche eines ehrlichen und untadeligen Wandels, freundlicher und höflicher Sitten und Gebärden, wohl beredt und scharf von Judicio, geschwinder Resolution, guten Vermögens, unverdrossenen Fleisses, gesunder Leibes-Disposition, sonderlich aber großer Erfahrenheit in Commercien Sachen sein muß, welche Erfahrenheit er sich dadurch zuwege bringen kann, wenn er in der Jugend ... jedoch zur Rechen-, Schreib- und Buchhalterschule gehalten worden, daneben das Lesen eines guten deutschen Autoris, der etwan von Commerciis, Welt- und Zeit-Geschichten, oder von Geographie geschrieben, wie auch das Lesen der wöchentlichen Avisen oder Zeitungen sich angewöhnet."[12]

Bei aller gleichbleibenden Grundstruktur des Handelswesens vom 16. bis zum 18. Jahrhundert hat sich dennoch Entscheidendes geändert, verursacht wurde dies nicht nur durch die Verlagerung des Weltmarktes von Mitteleuropa nach Nordwesteuropa, sondern auch durch die Expansion der Landesherrschaften. Nach der Handelsexpansion im 16. Jahrhundert, durch die die angehäuften Kapitalien in die alten Städte flossen und deren Machtstellung stärkten, orientierte sich der Handel (1) im Alten Reich nach dem Dreißigjährigen Krieg zusehends an den Bedürfnissen des Territorialstaates; nicht mehr die Warenbedürfnisse der Stadtbürger, sondern die des Hofes dirigierten den Handel und ließen andere Waren den Markt beherrschen.[13] Hatten sich im 16. Jahrhundert (2) die großen Gewinne noch auf wenige Familien konzentriert, so begann sich nach dem großen Krieg das Kapital auf viele Kaufleute zu verteilen. Den großen Reichtum findet man im Alten Reich nicht mehr unter den Kaufleuten, sondern bei einer Vielzahl vermögender Familien, die ihren Einfluß bis zum Ende des 18. Jahrhunderts zu erhalten verstanden. Auch bei den Handelsgütern trat nun zusehends eine Spezialisierung ein, die verschiedensten Branchen bildeten sich heraus. Während sich die eine Familie auf den Tuchhandel konzentrierte, wurde die andere allein durch Bankgeschäfte reich. Diese Ausdifferenzierung verlief (3) parallel zur ‚Bürokratisierung' des Kaufmannswesens. Während die großen Kaufleute des 16. Jahrhunderts noch alles selbst zusammen mit ihren Frauen in die Hand genommen hatten, auf Reisen gingen und die Buchführung machten, wurden nun ausgebildete Leute in Dienst genommen, die mit großer Gewissenhaftigkeit den Bestand eines Hauses sicherstellen sollten. Dafür

22. Augsburg mit einem eintreffenden Kaufmannswagen, Kupferstich 17. Jahrhundert.

gewann der Kaufmann mehr Zeit für andere Aufgaben. Nur so war es möglich, daß etwa in Hamburg die Kaufleute öffentlich und politisch vor allem im Aufklärungszeitalter sich engagieren konnten.[14]

Im Vergleich zur landwirtschaftlichen Produktion war in der frühen Neuzeit die Anzahl der in der gewerblichen Produktion Tätigen noch verhältnismäßig klein, doch mit zunehmender Differenzierung der Gesellschaft stieg ihr Anteil und ihre Bedeutung für die Gesamtökonomie. In den Städten bildeten die Gewerbetreibenden die größte Gruppe.

Erfurt 1569[15]

im Gewerbe	85,0%
im Handel und Verkehr	4,0%
in der Landwirtschaft	0,7%
im öffentlichen Dienst	2,0%
als Lohnarbeiter	5,6%
anderweitig tätig	2,7%

Salzburg 1692 (Bürgerschaft)[16]

im Gewerbe, Handwerk	74,6%
im Handel, Verkehr (und Gastgewerbe)	19,2%
im öffentlichen Dienst (Beamte und Bedienstete)	1,0%
als Taglöhner	1,3%
ohne Bezeichnung	3,4%

Koblenz 1794/5 (Gesamtbevölkerung)[17]

Adel, Geistlichkeit, höhere Beamte (pol. u. administr. Oberschicht)	12,2%
Kaufleute, Unternehmer (wirtsch. Oberschicht)	10,3%
Beamte, Angestellte	9,1%
Handwerker	33,2%
Fuhrleute, Taglöhner u. a.	20,5%
Gärtner, Witwen, Dienstboten u. a.	14,6%

Wenn wir uns im wesentlichen auf das zünftische Handwerk konzentrieren, so heißt dies nicht, daß alle gewerbliche Produktion ausschließlich in Händen des Zunfthandwerks lag. Im Gegenteil, einmal gab es ja selbst auf dem Lande eine reiche gewerbliche Produktion bei den Dorfhandwerkern sowie den Heimarbeitern. Aber auch in den Städten war nicht alle Produktion im zünftischen Handwerk monopolisiert, sosehr dieses jede außerzünftische Tätigkeit zu unterbinden suchte; es gab eine breite Schicht von ‚Bönhasen', vor allem in Residenzstädten, die speziell von höfischen Aufträgen lebten, sowie von Manufakturarbeitern, die erstmals größere Mengen von Waren außerhalb der Zunftordnung quasi industriell herstellten. Das zünftische Handwerk spielte bis zum Ende des 18. Jahrhunderts eine dominante Rolle, und die gewerbliche Produktion blieb im wesentlichen in den Städten und um sie herum konzentriert.[18]

Obwohl das Leben in einer Stadt für unsere Vorstellungen bescheiden war, waren doch der Lebensstandard und die Lebensansprüche der Städter im Vergleich zu denen der Bauern entschieden höher. Diese Ansprüche variierten allerdings je nach Größe der Stadt und dem Vermögen der einzelnen. Das Gewerbe reagierte auf sie nicht durch zunehmende Arbeitsteilung, sondern, weil die Betriebe klein waren und bleiben mußten, um jedem Handwerker sein Auskommen sicherzustellen, durch Differenzierung und Spezialisierung der Tätigkeiten.[19] Dies hieß einmal (1), daß beispielsweise eine Schmiede nicht dazu übergehen konnte, alle Sorten von begehrten Eisenwaren herzustellen, sondern daß jede Stadt nur spezielle Schmieden zuließ. In Nürnberg gab es 1621 elf verschiedene Schmiedebetriebe: für Waffen, Ketten, Klingen, Kupfer, Löffel, Messer, Nägel, Pfannen, Zirkel; Goldschmiede nahmen eine gesonderte Stellung ein.[20] Dann (2) waren die einzelnen Branchen unterschiedlich stark vertreten, so daß man aus ihrer Anzahl geradezu die Bedürfnisstruktur einer Stadt ableiten kann. Nürnberg besaß z.B. 233 Messerschmiede.[21] Schließlich (3) konzentrierte sich das Handwerk insgesamt nicht nur auf die Herstellung lebenswichtiger Produkte, sondern auch auf Luxusgüter, und dies nicht nur für die höfische Welt. In jeder Stadt gab es eine zwar dünne, aber reiche Oberschicht, die sich derartige Güter leisten konnte. Gerade in diesem Bereich hatte das

23. Schuhmacherwerkstatt, Holzschnitt aus d. Ende des 16. Jahrhunderts.

Handwerk beispielsweise in Nürnberg und Augsburg eine beachtliche Leistung aufzuweisen.[22]

Die Hauptarbeit konzentrierte sich aber auf die Herstellung und Verarbeitung von Lebensmitteln, weswegen die Zahl der Bäcker und Metzger besonders groß war. Höchst vielfältig war auch das Weberei-, Spinnerei- und Bekleidungsgewerbe. In Nürnberg werden allein 152 Schneider genannt.[23] Weiterhin gab es ein sehr breit gefächertes Metallgewerbe zur Herstellung von Waffen und Haushaltsgeräten. Jede Stadt hatte darüber hinaus eine Vielzahl von Badern und Barbieren. Schließlich erscheint als eigene Gruppe das Baugewerbe: Zimmerleute wie Tischler, Steinmetze wie Glaser. Eine gesonderte Stellung vor allem in den großen Städten besaßen die Erzgießer, da sie Waffen herstellten; die Rotschmiede, weil deren Grabmäler oft künstlerischen Wert besaßen, und die Schlosser, von denen die berühmten Türschlösser stammten, sowie die Uhrmacher.[24] Zu erwähnen ist auch das Töpfer- und Malerhandwerk. Weiterhin gab es Lauten- und Geigenbauer, nicht zuletzt Buchdrucker und Buchbinder, die recht gut verdienen konnten. An der Spitze aller Handwerker stand das Goldschmiedehandwerk.[25]

Jedes dieser mehr oder weniger spezialisierten Handwerke durfte nur seine ‚Kunst' ausüben. Durch strenge Verbote suchte man zu verhindern, daß einer dem andern ins Handwerk pfuschte, was aber nicht immer leicht eingehalten werden konnte. Zwischen Zimmerleuten und Schreinern beispielsweise gab es immer wieder Streitigkeiten. So entschied man 1593 in Lindau, daß die Zimmerleute Fenstersimse, Stiegen, Krautgartenzäune, gefälzte Böden und Lattenverschläge fertigen konnten, wohingegen den Schreinern alles vorbehalten blieb, was mit Leim gemacht wurde: Stubentäfelung mit geleimten Tafeln, Fensterrahmen, Bänke, Tröglein, Bettstätten,

Tische, Läden. Auch die Glaser durften zwar einfache Rahmen bauen, die kunstvolleren aber waren ausschließlich Sache der Schreiner.[26]

Nicht nur die großen, sondern auch die kleineren Städte besaßen ein sehr differenziertes Gewerbe. Ein Beispiel mag dies verdeutlichen: Innsbruck hatte 1605 rund 5200 Einwohner, unter denen 464 Berufstätige, d.h. Haushaltsvorstände gezählt werden.[27] Die größte Gruppe bildeten die Handwerker. Von den rund 110 verschiedenen Branchen stand das Handwerk der Schneider mit 24 Betrieben an der Spitze, dann folgten die Bäcker (22), Wirte (21), Tischler (18), Schuster (17), Metzger (13), Weber (12), Maurer (8), Sattler (8), Kürschner (8), Zimmerleute (7), Schlosser (7), Goldschmiede (7), Säckler (7), Weißgerber (7), Rotgerber (6), Barbiere (5), Schweinemetzger (5), Hafner (5). Mit jeweils einem Betrieb sind vertreten die Bildhauer, Steinschneider, Ofenmacher, Hafenbinder, Raucharbeiter, Brunnenmacher, Spengler, Panzermacher, Glockengießer, Orgel-, Lauten-, Geigenmacher, Bürsten- und Besenbinder, Gerber, Strumpfstricker, Teppich- und Deckenmacher, Buchdrucker, Buchbinder.[28]

Sowohl die Berufe, die häufig in einer Stadt vertreten waren, wie diejenigen, die es nur einmal gab, geben Aufschluß über die Interessen- und Bedürfnislage der Stadt, die in beiden Fällen einerseits auf die Befriedigung elementarer Lebensbedürfnisse abgestimmt war, andererseits auf eine Hofhaltung mit ihren besonderen Wünschen.

Sosehr alle Handwerker auf ihre handwerkliche Tugend und Ehre eingeschworen waren und ihr Selbstbewußtsein als geschlossene Gruppe gegenüber den Patriziern dokumentierten, war der Handwerkerstand dennoch keine homogene Klasse. Die sozialen Unterschiede waren beträchtlich: während manche zur Oberschicht gerechnet werden konnten, mußte man andere zu den Unterschichten zählen, wobei die Hierarchie der Handwerker je nach Stadt unterschiedlich ausfiel. In der Regel zählten die Goldschmiede beispielsweise zu den oberen Handwerkerständen, bei öffentlichen Aufzügen hatten sie eine exponierte Stellung, wohingegen Schneider und Schuster eher auf der unteren Skala anzusiedeln sind. Für die soziale Stellung maßgebend war sicherlich das Alter des Handwerks bzw. der Zunft, dann auch das Vermögen, aber vor allem die Qualität der Arbeit; je billiger das Arbeitsmaterial und je schmutziger der Arbeitsprozeß war, desto geringer galt der Stand. An der Grenze zur Unehrlichkeit standen die Gerber, Weber, Bader und Töpfer, die zum Teil deswegen auch nicht zunftfähig waren.[29]

Im Durchschnitt war der Handwerksbetrieb klein; in der Regel bestand er aus dem Meister, einem oder zwei Gesellen und einem Lehrling. Zwar gab es im Spätmittelalter noch viele Betriebe, denen eine Meisterin vorstand bzw. in denen Frauen arbeiteten, aber seit dem 16. Jahrhundert wird der Handwerksbetrieb zusehends eine reine Männerdomäne.[30] Die Größe wurde von seiten der Zünfte bzw. der Stadt festgeschrieben, um Konkurrenz auszuschalten und keine einseitigen Vor- und Nachteile aufkommen zu lassen. Jeder Handwerker hatte Anspruch auf standesgemäße Lebensführung. Um die Zahl und damit die Existenz der bestehenden Betriebe sicherzustellen, wurde es zeitweise sogar untersagt, einen Lehrling aufzunehmen. Als Lehrling konnte nur ein Anwärter von ehelicher und ehrbarer Herkunft angenommen werden, womit der Zugang zum Handwerk beschränkt werden sollte.[31] Die Lehrzeit war unterschiedlich lang. Zumeist lebte der Lehrling im Handwerkerhaus und war der Hausordnung des Meisters unterworfen. Hier und da erhielt er eine Entlohnung, in der Regel aber mußte ein Lehrgeld gezahlt werden. Nach seiner Lehrzeit wurde der Lehrling in den Stand der Gesellen aufgenommen, worüber nicht der jeweilige Meister, sondern immer die ganze Zunft zu entscheiden hatte. Mit der Annahme zum Gesellen war die Wanderpflicht verbunden, um weiteren Lehrlingen bzw. Gesellen Platz zu machen und um die Handwerkskunst zu vervollkommnen und Erfahrungen zu sammeln. Organisiert war der Geselle in einer Gesellenvereinigung, die ihm sowohl bei der Arbeitsplatzsuche behilflich war als auch einen gewissen Schutz bot gegen die Übermacht der von den Meistern beherrschten Zünfte. Solange die Gesellen nach einer Reihe von Wanderjahren noch ohne Schwierigkeiten mit der Ablegung der Meisterprüfung in das Meisteramt aufrücken konnten, bildeten die Gesellenvereinigungen lediglich soziale Ergänzungen zur Hausgemeinschaft der Meister, der auch der Geselle unterworfen blieb. Als aber seit dem 17. Jahrhundert den Gesellen dieser selbstverständliche Aufstieg zusehends verschlossen blieb, konnten sich ihre Vereinigungen zu Herden der Unzufriedenheit ausweiten. Vor allem im 18. Jahrhundert gingen verschiedene Gesellenaufstände von den Gesellenvereinigungen aus.[32] Eine Bevorzugung genossen nur die Meistersöhne. Während eines Vertragsverhältnisses war der Geselle zwar dem Hausherrn unterworfen, tat aber seine Arbeit selbständig nach Maßgabe des Meisters. Die Zeit als Geselle war nicht zeitlich befristet, Meister konnte er erst werden, wenn eine Stelle frei wurde: Erst dann konnte er heiraten, eine Familie gründen und politische Rechte ausüben. Wie die Aufnahme eines Lehrlings in den Gesellenstand mit einer Reihe von Ritualen verbunden war, so bildete das Meisterwerden einen besonderen Höhepunkt im Leben der Handwerker, der groß gefeiert wurde. Voraussetzungen waren die Erstellung eines nicht selten mit hohen Unkosten verbundenen Meisterstücks sowie die Zustimmung von Stadt und Zunft.

Anders als der Bauer, dessen Arbeitsverlauf vor allem von der Jahreszeit abhängig war, hatten die Handwerker einen regelmäßigen, 12–14stündigen Arbeitstag, gleich ob im Sommer oder im Winter. Ihre Arbeit unterlag nicht den Naturgegebenheiten, sondern der Auftragslage. Für die Gesellen wurden die Zeiten in eigenen Gesellenordnungen festgelegt.[33] Unregelmäßiges Arbeiten wurde streng gerügt. Da die Gesellen trotz ihrer Zugehörigkeit zu den Gesellenvereinigungen strenger als das ländliche Gesinde in die Sozialordnung des Hauses bzw. der Zunft eingebunden waren, konnte eine unzureichende Pflichterfüllung für sie verhängnisvolle Folgen haben. Trotz der offiziell großen Arbeitsbelastung dürfen wir aber nicht vergessen, daß die Arbeit in den Handwerksbetrieben nicht nach dem Rhythmus einer Fabrik organisiert war, sondern letztlich recht gemächlich vor sich ging, unterbrochen von Feier- und Festtagen, wenn auch die alltäglichen Feierabende kurz waren. Bezahlt wurde in der Regel wöchentlich nach einer vertraglichen Vereinbarung. Die Entlohnung war zumeist sehr gering, vom Lohn abgezogen wurden oft auch die Unterkunft und Verpflegung bei der Handwerkersfrau. Das wenige verdiente Geld wurde gespart bzw. auf der Wanderschaft verbraucht, es reichte nur knapp zum Leben, war auf jeden Fall nicht so reichlich, daß eine Altersversorgung gesichert werden konnte. Dies galt allerdings nicht selten auch für die Meister.

Der Handwerksbetrieb war spezialisiert auf die Herstellung bestimmter gewerblicher Produkte.[34] Innerhalb eines Betriebs gab es kaum eine Arbeitsteilung. Jeder Handwerker war verantwortlich für den ganzen Arbeitsgang bis zur Fertigstellung der Ware. Beispielsweise arbeitete ein Schreiner allein an einer Kommode, von den Sägearbeiten bis zur Politur. Daneben mußte der Handwerker auch für die Beschaffung der Rohstoffe selbst sorgen und die Ware vor seiner Werkstatt oder an einem öffentlichen Stand auf dem Markt verkaufen. Zumindest bei kostbaren Gegenständen arbeitete man nicht für einen Markt, sondern nach Auftrag; so konnten individuelle Wünsche leicht berücksichtigt werden. Es gab sicherlich schon früh bestimmte Standardmöbel, aber der uns heute noch beeindruckende Variantenreichtum blieb bestehen.

Die Handwerksbetriebe lagen zumeist im Zentrum einer Stadt bzw. in den Nebenstraßen des Marktplatzes, so daß sie jedermann leicht erreichen konnte. Häufig wurde das ganze Erdgeschoß als Werkstatt verwandt. In den Werkraum einbezogen wurde oft der Hof bzw. die Straße selbst, so daß jeder Einblick nehmen konnte in das handwerkliche Arbeiten. Die Arbeitsgeräte einer Werkstatt stellte der Meister zur Verfügung, entweder hatte er sie gekauft oder selbst angefertigt.

Die Produktivität eines Handwerksbetriebs zu berechnen ist äußerst schwierig. Die Stundenlöhne für die Gesellen waren zumeist festgelegt. Aber der Betrieb lebte nicht allein von dem Verkauf seiner Waren. In der Regel besaßen die Handwerker zusätzlich am Stadtrand einen Garten, oft hielten die Hausfrauen Kleinvieh, so daß ein Teil des Lebensunterhalts sicherlich selbst erzeugt und nur Fehlendes auf dem Markt gekauft wurde. Vieles vollzog sich noch im ‚unökonomischen' Tausch. Wir kennen weder die Preise der Handwerkerwaren noch wissen wir, wie sie berechnet wurden. Bekannt ist nur, daß es für die einfache Güterproduktion klare Vorschriften gab, Wucher und Betrug streng bestraft wurden.[35] Wie ein Handwerker stets und primär auf ausreichende Versorgung seines Hauses bedacht sein und eine standesgemäße Lebensführung seiner Familie anstreben

24. Der Knopfmacher, Kupferstich aus Ch. Weigel, Der gemein-nützlichen Hauptstände (1698).

mußte, bestand er auch auf dem ‚gerechten Preis', der freilich eine relative Größe blieb. Während es beim Goldschmied – hohe Selbstkosten, hohe Kunstfertigkeit – eine große Gewinnspanne gab, mußte sich etwa der Schneider mit einem sehr viel kleineren Gewinn zufriedengeben. Das schloß nicht aus, daß das individuelle Können, Beziehungen zu vermögenden Schichten und die gute Konjunkturlage bewußt eingesetzt werden konnten, um zu beträchtlichen Gewinnen zu kommen. Die Handwerker waren zumeist weniger vermögend als die Kaufleute, geschweige die Patrizier einer Stadt, doch gab es auch Ausnahmen. Aufgrund seiner ökonomischen Potenz konnte mancher Handwerker auch politische Ansprüche anmelden. Es gab sogar Klagen über den Luxus mancher Handwerker. 1592 klagte man in Stettin über die Knochenhauer: „Die Herren pflegen sich allhie guete Tage, saufen im Stadt- und Weinkeller, sein frölich und gueter Dinge, kleiden ihre Weib und Kind einem vornemen Stand gleich, lassen sich nichts mangeln und legen auf das Handwerk so viel, daß es das Einkommen nicht ertragen kann".[36] Handwerker, die Luxusgüter produzierten, waren besonders gut dran, denn für derartige Artikel waren die Preise nicht normiert, sie richteten sich nach der Nachfrage und nach dem Vermögen und Stand des Käufers. Derartige Handwerksprodukte waren ja nicht nur in der Stadt begehrt, sondern vor allem am adligen Hof, wo Möbel, Geräte, Gläser, Uhren etc. zugleich Mittel der Herrschaftsrepräsentation waren.[37] Allerdings unterhielten die Höfe bald ihre eigenen Handwerker, so daß die Aufträge dann nur noch zum Teil den Städten zugute kamen. Insgesamt dürfen neben den wenigen reichen Handwerkern die vielen armen nicht vergessen werden, die sich nur mühselig durchschlugen und zusätzlich von steuerlichen Abgaben gedrückt waren, auch wenn diese mehr nach dem Vermögen berechnet wurden als nach dem Verdienst bzw. dem Gewinn eines Betriebes.

Das Handwerk arbeitete zwar auf der Basis eines relativ autonomen Familienbetriebs, dem ein Meister vorstand, eingebunden war es aber in eine Zunft,[39] die jeweils das Handwerk einer Branche zusammenschloß. Die Zünfte umfaßten allerdings nicht alle Handwerker, jede Stadt kannte auch ein nichtzünftisches Handwerk, zumal es bestimmten (unehrlichen) Handwerkern sogar nicht erlaubt war, eine Zunft zu bilden oder sich einer Zunft anzuschließen. Aber das zünftische Handwerk war der Inbegriff des ehrbaren Handwerks in der frühen Neuzeit.

Ursprünglich hatten sich die Handwerker selbst ihre Zunft geschaffen, deren Ordnungen waren autonome Satzungen der Handwerker und spiegelten ihre Interessen wider.[39] In dem Maße, wie sich das Zunftsystem bewährt und etabliert hatte, wurde es von der Stadtobrigkeit kontrolliert und als Ordnungsmuster für alle Handwerker vorgeschrieben. Später kamen die Zunftordnungen städtischen Verordnungen gleich, nach denen sich die Handwerker der jeweiligen Stadt zu richten hatten. Insofern konzentrierten sich in der Zunftwelt bald nicht nur die Interessen der Handwerker, sondern auch die der Stadtobrigkeit. Im Prinzip konnte jedes Handwerk eine Zunft bilden, in der Regel aber schlossen sich oft mehrere Handwerke ähnlicher Branchen zusammen, um gemeinsam ihre Interessen in der Stadt wahrzunehmen. Deswegen deckt sich die Zahl der Handwerke nicht mit der Zahl der Zünfte. In Worms gab es 1689 beispielsweise ein sehr ausdifferenziertes Handwerk mit über 70 Einzelhandwerken, aber nur 17 Zünfte. Die Bäckerzunft umfaßte Bäcker, Müller, Mehlhändler und Pastetenbäcker, und die Schilderzunft Buchbinder, Knopfmacher, Perückenmacher, Barbiere, Kammmacher, Nadler, Dreher, Glaser, Musikanten, Siebmacher, Bürstenbinder,

Schornsteinfeger, Maler, Bildhauer, Seiler, Sattler, Seifensieder, Buchdrukker, Orgelbauer und Hutmacher.[40]

Die Zünfte waren keine Institutionen zur Interessenvertretung der Handwerker, vergleichbar den modernen Vereinen oder Gewerkschaften, sondern Gebilde, die in besonderer Weise das Strukturprinzip der ständischen Gesellschaft verdeutlichen. Sie übten verschiedene Funktionen aus, die das ganze Leben der Handwerker, ihre beruflichen, sozialen wie privaten Interessen betrafen. In wirtschaftlicher Hinsicht vermittelten die Zünfte die einzelnen Aufträge, sorgten für die gerechte Verteilung von Rohstoffen, setzten sich für gleiche Chancen der einzelnen Handwerksbetriebe ein, so daß keine Konkurrenzsituation entstand und jeder eine ausreichende Existenzgrundlage hatte. Zugleich aber überprüften sie die Qualität der Ware, das Herstellungs- und Verkaufsgebaren der Meister. Sie fühlten sich sowohl für die wirtschaftliche Absicherung des einzelnen Handwerks verantwortlich wie für die ausreichende materielle Versorgung der Stadtbevölkerung. Daneben waren sie für das soziale Leben der Handwerker zuständig. Sie kontrollierten sowohl die qualifizierte Ausbildung wie das sittlich-moralische Leben ihrer Mitglieder. Nur ein ‚ehrbares' Handwerk, d.h. wenn moralisch einwandfreie Handwerker gute Ware zu einem gerechten Preis herstellten, garantierte für die Zünfte Auskommen wie soziales Ansehen. Zugleich schufen sie durch gemeinsame Feste und Feiern eine starke Solidarität. Überdies sorgten sie für die einzelnen Handwerkerfamilien, wenn der Meister krank war bzw. verstarb.

Die Zünfte nahmen auch politische Funktionen wahr, wobei diese freilich von der politischen Struktur der jeweiligen Städte abhingen; während in den kleineren Städten die Zünfte oft die Stadtobrigkeit stellten, mußten sie diese Positionen in den größeren Städten mit den Kaufleuten bzw. dem Patriziat teilen.[41] In mühsamen Kämpfen – vor allem im 15. und 16. Jahrhundert – hatten Handwerkerzünfte für sich politische ‚Mandate' errungen, und auch als seit dem 17. Jahrhundert eine Abschottung unter den Handwerkern einsetzte, partizipierten die Zünfte stets am politischen Geschehen einer Stadt. Genauso wie im Patriziat und in der Kaufmannschaft übten auch im Handwerk nicht Einzelpersonen politische Macht aus, sondern die Zunft bzw. bestimmte Familien.

Schließlich hatte die Zunft noch eine religiöse Dimension. Die einzelnen Zünfte bildeten oft eigene Bruderschaften, organisierten eigene religiöse Feste und hatten im katholischen Raum ihre besonderen Schutzpatrone. Die kirchliche Trauung eines Meisters war ein zünftisches Ereignis. Vor allem verpflichteten die Zünfte ihre Handwerker, verstorbene Mitglieder gemeinsam zu beerdigen. In der Zunftordnung der Bielitzer Schuhmacher von 1547 heißt es etwa „Wenn auch Gott der Herr über irgendeinen Meister oder sein Gesind aus derselben Zechen den Tod verhängen wird, als solln die zwen jüngsten Meister desselben Handwerks dem Toten ein Grab graben, darnach andere vier junge Meister den toten Körper zu Grab tragen, ihn auch ins Grab legen, also daß die Begräbnis ordentlicherweis begangen würden".[42] Gerade diese Begräbnispflicht verdeutlicht, daß die Zünfte keine reinen Interessenvertretungen der Handwerker waren, sondern Lebensgemeinschaften, die das ganze Leben des Handwerkers betrafen, ihm einen würdigen Lebensraum schufen und garantierten, zugleich aber auch Normen vorschrieben, deren Verletzung einen Ausstoß bzw. die Schließung des Geschäftes zur Folge haben konnte. Das zünftische Leben war keine Idylle. Wer sich aber anpaßte und im Rahmen zünftischer Vorgaben lebte und arbeitete, konnte sein Leben halbwegs absichern. Der Welt der Zünfte wird man nur gerecht, wenn man sich die ökonomischen Bedingungen der Stadtwirtschaft der frühen Neuzeit vergegenwärtigt, in der Freizügigkeit Chaos bewirkt hätte. Zwar haben die Zünfte nicht alle sozialen, wirtschaftlichen, politischen und kulturellen Wünsche der Handwerker befriedigen können, aber es gab keine andere Organisationsform des Gewerbes, die die Probleme besser hätte lösen können. Das ist auch ein Grund, warum das zünftische Handwerk bis ins 19. Jahrhundert hinein existieren konnte, obwohl es bald auch nichtzünftische Handwerke gab und speziell die Heimindustrie ein Muster protoindustrieller Produktion bot, das aber nicht an die Stelle des zünftischen Handwerks treten konnte.

Vielfach wird das Zunftwesen als das Hemmnis einer dynamischen Entwicklung der Städte bewertet bzw. wird in seiner Politik der Grund der ständischen Stagnation gesehen. Eine solche Erklärung indes geht von einem zu statischen Verständnis aus. Zwar gab es vom Spätmittelalter bis zum Ende des 18. Jahrhunderts ein mehr oder weniger festgefügtes Zunftsystem, doch weist seine Geschichte durchaus einen Wandel auf. Bis zum Ende des 16. Jahrhunderts stellte das Zunfthandwerk in den Städten einen bedeutsamen dynamischen Faktor dar. Mit den Verheerungen des Dreißigjährigen Krieges, der Verlagerung des Weltmarktes von Mitteleuropa nach West- bzw. Nordeuropa und der ‚Verherrschaftlichung' der Gesellschaft, die eine rigide Festschreibung der Ständegesellschaft bewirkte, wurde der Handlungsraum des Handwerks eingeschränkt. Damit wurde das Zunftsystem zwar noch nicht disfunktional, aber es konnte nur noch bedingt sowohl die Handwerker wie die Stadtgesellschaft befriedigen. Die verständliche Sperrung gegenüber Neuerungen, sowohl in der Ausbildung, der Produktionsweise wie der gewerblichen Organisation, tat ein übriges, um das Zunftwesen zusehends ein Hindernis für absolutistische und aufklärerische Reformen werden zu lassen.[43]

Die Lebensverhältnisse der Handwerker waren im Unterschied zum bäuerlichen Haushalt durch die engen Wohnverhältnisse und die strenge Hausordnung geprägt. So repräsentativ die Wohnhäuser der Handwerker, soweit sie ihnen selbst gehörten, auch nach außen hin waren, so waren sie doch im Innern nicht selten ärmlich. Die Familie wohnte mit den Lehrlingen und

Gesellen zusammen. Eine Trennung von Wohnung und Werkstatt war nur hie und da verwirklicht, so daß auch hier die Arbeit den Alltag prägte. Aber stärker als der Bauer versuchte der Handwerker sein ständisches Bewußtsein nach außen zu tragen. Dazu diente ihm einmal die Kleidung, mit der er auf die Straße oder in die Kirche ging und in der er bei Umzügen auftrat. Hier präsentierte er sich als zünftischer Handwerker, dessen Ehrbarkeit bereits von außen erkennbar war. Kleider machten nicht nur in der höfischen Welt Leute, sondern in besonderem Maße auch bei den Handwerkern.[44] Trotz der hohen Arbeitsbelastung spielten auch in der Handwerkerwelt die Feste und Geselligkeiten eine besondere Rolle. Im Unterschied zur ländlichen Gesellschaft waren ihre Feste nicht mit Fruchtbarkeit und bestimmten Jahreszeiten verbunden, sondern an ihren besonderen Heiligen orientiert. Großes Gewicht hatten die städtischen Umzüge, bei denen die einzelnen Zünfte Gelegenheit hatten, sich in der Stadtöffentlichkeit zu präsentieren. Zwar kannte das Handwerk auch ein geselliges Brauchtum wie etwa das Richtfest zum Abschluß einer Bauarbeit,[45] doch allgemein war das bekannte handwerkliche Brauchtum weniger mit den eigentlichen Arbeitsprozessen verbunden als mit der Lebensweise der Gesellen.

Sprichwörtlich war die strenge Moral der Handwerker, die nicht allein ihrer religiösen Einstellung entsprang, sondern Element ihrer Arbeitsweise wie auch ihres Standesbewußtseins war.[46] So fremd dies uns heute erscheinen mag, so hatte die Moral doch in der Ständegesellschaft einen vernünftigen Kern: sie diente der Abgrenzung von anderen Gewerbetreibenden und zur Ausschaltung schädlicher Konkurrenz. Von Handwerkern wurde nicht nur ein standesgemäßes Verhalten verlangt, sondern auch die eheliche Geburt als Zeichen ordentlicher Herkunft, die gegebenenfalls durch eine ‚Geburtsurkunde' nachgewiesen werden mußte. Der Handwerksmeister selbst mußte in strenger Sittlichkeit leben, er war auch für die sexuelle Enthaltsamkeit seiner Gesellen und Dienstboten verantwortlich. In ihrem sozialen Verhalten mußten sich die zünftischen Handwerker besonders in acht nehmen und sich streng von unehrlichen Gewerben, vor allem von Abdeckern und Henkern, fernhalten. Immer unterstand der Handwerker einer rigiden Moral und sozialen Kontrolle.

Diese ‚Tugendhaftigkeit' des einzelnen Handwerkers bestand unabhängig von der persönlichen Frömmigkeit und Kirchlichkeit.[47] Sicherlich wurde genau auf seinen Kirchgang geachtet, sein Ausbleiben hätte dem Geschäft geschadet. An kirchlichen Festen nahmen die Handwerker wohl ebenso teil, um sich sehen zu lassen. Sie waren getauft, vor allem kirchlich getraut und ließen sich christlich beerdigen. Sie hatten eigene Altäre und spendeten der Kirche, wofür sie sich gerne namentlich ehren ließen. Viele Altäre und Kirchenfenster belegen die Stiftungen von Handwerkern. Erst im 18. Jahrhundert hörte dieser Brauch auf. Insofern unterscheidet sich die Frömmigkeit der Handwerker nicht wesentlich von der der Bauern. Aber in einer

Perspektive entwickelten sie eigenständige Bewußtseinsformen: Die Handwerker hingen, aus ihrem Lebenskontext heraus, weniger an magischen Vorstellungen; dafür partizipierten sie mehr an spiritualistischen Frömmigkeitsbewegungen. Bibelkenntnisse vor allem in protestantischen Kreisen sind bei Handwerkern allenthalben festzustellen. Der Anteil der Handwerker an religiösen Laienbewegungen war stets hoch. Auch gab es vereinzelt ‚gelehrte' Handwerker mit breitem philosophischen und technischen Wissen. Weit mehr als die bäuerliche Arbeit verlangte das handwerkliche Können jedenfalls geistige Flexibilität.

Der Handwerker lebte in einer städtischen Herrschaftsordnung. Zwar konnte er sein Leben so gestalten, wie es die Hausgemeinschaft und die Zunft vorschrieben, aber den Rahmen sanktionierte die städtische Obrigkeit. Diese hatte ihrerseits ein Interesse an dem standesmäßigen Leben der Handwerker sowie an der ausreichenden Versorgung der städtischen Bedürfnisse. Deswegen konnte ohne Zustimmung der Obrigkeit nichts geändert werden; trotz aller Autonomie der Zünfte und der Gesellenverbände. Allerdings waren die Handwerker nicht lediglich Untertanen der Obrigkeit, sondern Mitträger der politischen Entscheidungen in der Stadt, wobei ihr Anspruch nicht immer vom Stadtmagistrat geteilt wurde. Ihnen ging es ja wesentlich darum, ihr Handwerksmonopol zu sichern und Konkurrenz auszuschalten und überhaupt eine handwerkerfreundliche Politik abzusichern. Das scharfe Abschotten gegenüber dem ländlichen Handwerk und das Verbot handwerklicher Tätigkeit für Juden waren z.B. Ziele der ihr Gewerbemonopol verteidigenden städtischen Handwerker.[48]

Obwohl die Handwerker und ihre Zünfte ein das städtische Wirtschaftsleben stabilisierendes Element waren, bildeten sie in der frühen Neuzeit gleichzeitig einen Unruheherd in der städtischen Gesellschaft. Bekannt sind die vielen Zunftaufstände des 16. Jahrhunderts, bei denen es um entsprechende politische Partizipation am Stadtregiment ging.[49] Während im Laufe des 17. Jahrhunderts ein Ausgleich der Interessen zwischen Rat und Zunft zustandekam, erwuchs aus der Verknappung der Meisterstellen einerseits und unter der zunehmenden Einflußnahme der Stadtobrigkeit auf die Gesellenvereinigungen andererseits unter den Gesellen ein starkes Protestpotential. Vor allem im 18. Jahrhundert kam es zu zahlreichen Gesellenunruhen. Jedesmal ging es hier mehr oder weniger um die Sicherung alter Rechte und nicht um die Aufhebung der Zunftverfassungen. Im Gegenteil, je prekärer die Situation der Gesellen seit der zweiten Hälfte des 18. Jahrhunderts wurde, nicht zuletzt, weil das außerzünftische Gewerbe mächtig aufblühte, desto stärker beharrten sie auf ihrer alten Handwerkerehre.[50]

Städte der frühen Neuzeit bildeten komplexe Wirtschaftseinheiten. Neben Handwerk, Fern- und Großhandel gab es eine Fülle verschiedener Tätigkeiten, mit denen die Stadteinwohner ihren Lebensunterhalt zu bestreiten

25. Rangstreit zwischen Schmied und Becherer, Kupferstich von Jost Amman, 16. Jahrhundert.

suchten, dabei meist aber auf einen organisierten Zusammenhalt verzichten mußten. Es gibt so viele ‚Berufs'- bzw. Standesbezeichnungen, daß sie gar nicht alle genannt werden können.

Zunächst ist das sogenannte unehrliche Handwerk zu nennen, das von der Ehrbarkeit des zünftischen Handwerks ausgeschlossen war, ja aus dem kein ehrlicher Handwerker abstammen durfte.[51] Hierzu zählen sowohl Spielleute, Schausteller, Dirnen und Gebrandmarkte wie auch Gassenkehrer, Gerichtsdiener, Gerber, Leineweber und Bader. Diese Gruppen anrüchiger oder unehrlicher Leute bildeten allerdings insgesamt keine allzugroße Gruppe in den Städten.

Von größerer Bedeutung war das Transportgewebe, das nur selten einheitlich organisiert war und das jede Stadt in unterschiedlicher Zahl kannte, da es für den Klein- und Großhandel unentbehrlich war. Seit dem 16. Jahrhundert entstanden rasch große Unternehmen, daneben gab es eine Vielzahl von Fuhrleuten mit unterschiedlich vielen Knechten, die unter großen Anstrengungen und Gefahren einfache bis ganz kostbare Waren im Auftrag von Händlern und Kaufleuten auf dem Landwege an die gewünschten Orte brachten. Wo die Städte an Flüssen lagen, konkurrierten Schiffstransporte, die ihrerseits eine Vielzahl von Schiffen voraussetzten, dazu Sackträger und Hafenarbeiter. Zumeist handelte es sich um ungelernte Arbeitskräfte, die je nach Auftrag angeheuert wurden. Zum allgemeinen Transportgewerbe gehörte schließlich der Boten- und Postdienst.[52] Die frühneuzeitlichen Städte und Länder waren bereits durch ein geregeltes Informationsnetz verbunden. Korrespondenzen wirtschaftlichen, politischen und gelehrten Inhalts verdichteten sich so rasch, daß ein organisiertes Postwesen mit hohen Gewinnen rechnen konnte. Jedenfalls beschäftigte der wachsende Austausch von Waren und Informationen eine steigende Anzahl von Lastenträgern, Fuhrleuten, Schiffern und Boten. Der Dreißigjährige Krieg brachte auf diesem Gebiet kaum einen Einschnitt.

Ähnlich stark expandierte in der frühen Neuzeit das Baugewerbe. Die Errichtung von großen Festungsanlagen um die alten Städte herum, der Ausbau von Stadtresidenzen wie die Neugründung von Stadtsiedlungen zogen eine so große Zahl von Lohnarbeitern an, daß die zünftischen Organisationen regelrecht gesprengt wurden. Zumeist handelte es sich nicht mehr allein um städtische bzw. innerstädtische Unternehmungen.[53] Dasselbe gilt für den neuen Gewerbezweig des Manufakturwesens im 18. Jahrhundert, den ebenfalls die fürstlichen Höfe forcierten.[54] Es ging um die serielle Produktion von Massenwaren, die ebenfalls von ungelernten Kräften hergestellt werden konnten. Zwar hat das Manufakturwesen nicht die Bedeutung erlangt, die man von ihm erhoffte, auch hat es das Zunftwesen nicht verdrängt. Aber auch hier wurden Lohnarbeiter angestellt, die als freie Arbeitskräfte nicht unter den Bedingungen eines zünftisch geregelten Handwerkerlebens arbeiteten. Das Aufkommen einer breiten Lohnarbeiterschaft vor dem 18. Jahrhundert ist in allen Städten zu verzeichnen.

Vor allem in den vielen Ackerbürgerstädten gab es weiterhin neben den Handwerkern eine breite Schicht von städtischen Bauern, die ihren Hauptverdienst aus der Landwirtschaft zogen. Dann sind Hirten und Gärtner zu nennen, deren Produkte den Markt bereicherten und zur Selbstversorgung der Städte erheblich beitrugen. Dasselbe gilt von den Fischern, die den Fischreichtum der Flüsse nützten und nicht nur in katholischen Städten einen guten Verdienst haben konnten. Eine lange Tradition hatte auch der Weinanbau.[55] Die Winzer vor allem an Rhein, Mosel und Main bildeten mit ihren Frauen in den Städten eine eigene Gruppe, die den Markt mit den begehrten Weinen versorgten.

Unterschiedlich groß war die Gruppe, die für die Stadtbevölkerung bestimmte öffentliche Dienstleistungen anbot. Gemeint sind vor allem die kleinen Angestellten und Beamten der Stadt, die verschiedene Ämter zu verwalten hatten. Einerseits waren dies Schreiber, Amtleute und Gerichtsdiener, andererseits Lehrer, Ärzte, Apotheker und nicht zuletzt Nachtwächter, Stadtreiniger und Musikanten. Es war eine heterogene Gruppe, die Angehörigen konnten z. T. zünftisch organisiert sein, zumeist aber nahmen sie ihre Aufgaben im eigenen Interesse wahr. Zeitweise besonders wichtig waren angestellte Söldner. Zwar sollten die Stadtbürger ihre Stadt im Kriegsfall selbst verteidigen, aber meist bezahlten sie Söldner, die an ihrer Stelle den Kriegsdienst versehen mußten und dann wieder entlassen wurden. In

26. Zwei Hausierer mit Käse und Gebäck sowie ein Scherenschleifer, Kupferstich 17. Jahrhundert.

den Residenzstädten kamen das Militär dazu, verschiedene Hofhandwerker und höfische Beamte. Diese hatten unmittelbar mit der Stadt nichts zu tun, sie unterstanden dem Hof und sollten auch primär den Landesinteressen dienen. Einen besonderen wirtschaftlichen Faktor stellten die Kirchen und Klöster dar, die nicht nur durch Predigt, Unterricht und vor allem Krankenpflege wirkten, sondern auch mit handwerklicher Tätigkeit, mit Gärtnereien und Obstanbau am Wirtschaftsleben der Stadt so stark partizipierten, daß es z. T. zu Konflikten mit dem Zunfthandwerk kam, das in der kleinen handwerklichen Produktion von Nonnen und Mönchen eine Konkurrenz sah.

Auf zwei Gruppen sei abschließend eingegangen, die ebenfalls Arbeiten leisteten, die für das Stadtleben unverzichtbar waren, auch wenn sie oft keine Erwähnung finden. Viele Städte der frühen Neuzeit beherbergten eine mehr oder weniger große Gruppe von Juden, die abgesondert, aber nur selten in einem eigentlichen Ghetto lebten.[56] Trotz ihrer Ausgrenzung entwickelten gerade die Juden ein Wirtschaftsleben, das mächtig expandieren konnte und der Stadt Nutzen brachte. Zwar blieben sie vom städtischen Handwerk ausgeschlossen, um so stärker aber waren sie im Kleinhandel und Geldgeschäft aktiv und versorgten die christliche Bevölkerung mit Waren,

27. Wäscherei um 1770, Radierung von J. F. Schuster (nach Chodowiecki).

die sonst nicht zu bekommen waren. Neben den bekannten großen Geldgeschäften und Bankhäusern, die teilweise ins Hoffaktorentum eingingen, darf man den ausgedehnten Altkleider-, Hausier- und Kleinwarenhandel nicht vergessen; dank seiner Mobilität konnte er von den Städten aus die entlegensten Dörfer mit notwendigen und selbst exotischen Waren versorgen.

Ganz vergessen wird in der Regel der Anteil der Frauenarbeit im städtischen Wirtschaftshaushalt.[57] Zwar hatten Frauen keine offiziellen Ämter inne und übten in der Regel keinen Beruf professionell aus, Mädchen wurden weder in eine Kaufmannslehre geschickt, noch erhielten sie eine Handwerksausbildung, wenngleich es im 15. und frühen 16. Jahrhundert noch Frauenzünfte gab. Aber in dem Maße, wie sich die ständische Gesellschaft festigte, wurden die Frauen aus dem Handwerk ganz und gar verdrängt. Einzig das Hebammenamt blieb ihnen offiziell erhalten.[58] Dennoch waren sie aus dem öffentlichen wie wirtschaftlichen Leben nicht wegzudenken. Es gab wohl kaum ein Handelshaus oder einen Handwerksbetrieb, in dem die Hausfrau, womöglich auch die Töchter, nicht kräftig mithelfen mußten. Eine völlige Absonderung der Frauenwelt von der Arbeitswelt der Männer begann sich erst zu Ende des 18. Jahrhunderts durchzusetzen. Zwar waren die Frauen nur selten im Kontor oder im Lagerhaus, in der Werkstatt oder Manufaktur tätig, aktiv waren sie aber vor allem beim Verkauf der Ware, wie sie auch ‚gleichberechtigt' den Markt bestimmten; auf dem Markt Waren verkaufen durften nicht nur die selbständigen Witwen, sondern ebenso die verheirateten Frauen. Kaufverträge und ähnliches durften sie allerdings nicht selbst abschließen. Frauen spielten ferner als Dienstmägde eine wichtige Rolle, nicht nur in den ‚privaten' Haushalten. Allerdings bildete die Arbeit als Dienstmagd nur eine Phase im Leben einer Frau, sobald sie ausreichend gespart hatte, strebte sie die Heirat und einen eigenen Hausstand an. Daneben gab es immer zahlreiche alleinstehende Frauen, unverheiratete Dienstboten, Witwen mit oder ohne Kinder, alte Frauen, die außerhalb von Hausgemeinschaften vor allem durch Waschen, Nähen, Spinnen und Botengänge ihr Brot verdienen mußten; sie erhielten nur bedingt eine Unterstützung durch die Kirche, die städtische Obrigkeit oder die Zunft. Hauptsächlich waren sie auf sich selbst angewiesen. Zwar galten all diese Arbeiten offiziell als untergeordnet, kein Stand außer dem der Hausfrau oder Witwe war gesellschaftlich anerkannt, aber auf ihre Arbeit konnte man nicht verzichten. Dies galt im übrigen ebenso auf dem Lande, wo ihre Arbeit oft für das unmittelbare Überleben der Gesellschaft sogar wichtiger war als die der Männer.

3. Politische Selbstbestimmung – politische Kultur

Die frühneuzeitliche Gesellschaft war kein geschlossener Untertanenverband. Zweifellos wollten die Obrigkeiten eine Gesellschaft von Untertanen schaffen, behandelten ihre ‚Bürger' als Untertanen und trieben so den Entmündigungsprozeß vom 16. bis 18. Jahrhundert beträchtlich voran, aber ihre Idee der Untertanengesellschaft entsprach keineswegs der sozialen Realität der frühen Neuzeit.[1] Gerade den Stadteinwohnern, die ja verfassungsrechtlich immer einen Sonderstatus in der Landesherrschaft hatten und behielten, gelang es mehr noch als den Bauern auf dem Land, ihr Leben selbst in die Hand zu nehmen und mitzubestimmen.

Um das Maß der ‚bürgerlichen' Selbstbestimmung und politischen Mitsprache richtig abzuschätzen und im Kontext der Zeit und der gesellschaftlichen Interessen zu würdigen, dürfen wir nicht von unserem heutigen Politikverständnis ausgehen. In einer Gesellschaft, in der es keine klare Trennung zwischen Hausherrschaft und öffentlichem Leben, zwischen Politik und Verwaltung, zwischen individuellen und kollektiven Rechten gab, herrschten andere Politikvorstellungen. Sicherlich beobachten wir vom 17. Jahrhundert an mit der Etablierung des Obrigkeitsstaates eine zunehmende ‚Entpolitisierung' der Gesellschaft, aber einen politikfreien Raum gab es nicht. Um die Gestaltung bzw. politische Mitgestaltung des eigenen Lebens haben alle Menschen und Gruppen stets, wenn auch unterschiedlich intensiv, gekämpft, und das nicht ohne Erfolg. Dabei erstreckte sich die politische Mitsprache auf die Absicherung der eigenen Lebenswelt, ähnlich wie die Herrschenden noch lange ihre Politik nach ihren Hausmacht- und Familieninteressen ausrichteten, so verstanden die einzelnen sozialen Gruppen und Stände unter Politik die soziale Selbstbehauptung, die Mitsprache bei der Gestaltung ihres Lebens.[2]

Weit stärker als die Dorfbewohner und die Landbevölkerung kannten die Städter, vor allem die Stadtbürger, eine Selbstverwaltung, die ihnen auch niemand streitig machte und machen wollte, und artikulierten ein politisches Bewußtsein, das dem des Adels in nichts nachstand. Darüber hinaus partizipierten sie auf unterschiedliche Weise an Macht und Herrschaft. Hier müssen wir allerdings den Anteil der Stadtbürger an der Politik des Stadtregiments unterscheiden von der Teilhabe der Stadt bzw. des Stadtmagistrats an der Landespolitik der Territorialherren durch ihre Landstandschaft, die ihnen einen gewissen Einfluß auf die Steuerpolitik und Gesetzgebung garantierte bzw. von der Möglichkeit einer ‚souveränen' Ausübung ihrer politischen Rechte in den Reichsstädten, die kraft Reichsrecht über Bündnisrecht, eigene Gesetzgebung, Steuerrecht und eigene Verwaltung verfügten.[3]

Die frühneuzeitliche Stadtverfassung in den Land- wie vor allem in den Reichsstädten war, unabhängig davon, ob sich der Rat oder der Landesherr als Obrigkeit ausgab, bestimmt von einem Dualismus von Rat und Gemeinde.[4] Der Rat bildete in der Regel die oberste politische und administrative Institution der Stadt und besetzte das Gericht. Sein Wunsch nach einer Repräsentation der ganzen Bürgerschaft drückte sich oft in der Unterscheidung von engerem bzw. innerem Rat und äußerem bzw. weiterem Rat aus. Während im inneren Rat, dessen Mitgliederzahl meist sehr niedrig festgelegt war, das Patriziat, wo immer es ein solches gab, und reiche Kaufleute saßen, rekrutierte sich der äußere Rat aus den Zünften und Stadtquartieren, d. h. aus Handwerkern und Kaufleuten. Wo es eine derartige Trennung gab, war alle städtische Macht im inneren Rat konzentriert, weswegen er sich auch bald als die eigentliche städtische Obrigkeit gerierte. Er stellte den Bürgermeister bzw. das engere Gremium des Stadtregiments, das beraten wurde durch einen studierten Syndikus. Aufgabe des äußeren Rats war die Kontrolle der Rechnungslegung und die Aufrechterhaltung der zünftischen Ordnung.

Entsprechend der Komplexität städtischer Verwaltung im allgemeinen und der Größe der Städte im besonderen, gab es eine Vielzahl von Aufgaben, denen die Räte nachkommen mußten.[5] In der Regel hatten sie jeweils mehrere Ämter inne, die sie ehrenamtlich versahen. Sie erhielten nur eine gewisse Aufwandsentschädigung und Ehrengeschenke, was ihren Kreis notgedrungen auf die vermögenden Bürger beschränkte. Erst spät setzte sich eine festgelegte Besoldung durch. Ihnen zur Seite stand ein vielfältiges

Hilfspersonal, obenan der Stadtsyndikus, dann ein Heer von Schreibern und ganz unten die Gerichtsdiener. Diese waren in der Regel besoldet, auch wurden bestimmte Dienste durch erhobene Gebühren vergütet.

Aufgabe der städtischen Obrigkeit und Verwaltung war einmal die Wahrnehmung der Gesetzgebung und Verordnungen, soweit sie nicht dem Landesherrn vorbehalten waren, dann vor allem die äußere Politik und das Recht der Bürgerrechtsvergabe, ferner die Handhabung des Rechts, die Verwaltung von Schul- und Kirchenaufgaben, die Steuererhebung und die Aufsicht über die innere Ordnung sowie die Wahrung der ‚guten Policey'.[6] Die Einnahmen der Städte setzten sich zusammen aus den direkten und indirekten Steuern, aus Gebühren, aus Einnahmen aus städtischem Besitz und aus den Kapitalaufnahmen.[7] Obwohl in den Städten das rechnerische Kalkül erfunden wurde, arbeitete die Verwaltung einer Stadt nicht effektiv. Es mußte zu vielen Interessen entsprochen werden, dem Patriziat bzw. der Honoratiorenschicht, den Zünften, den Kirchen und dem Landesherrn bei den Landstädten, als daß eine rationale Bürokratie sich durchsetzen konnte. Die Ämter blieben meist über lange Zeit in der Hand einer Familie oder Zunft, ihre Verwalter wurden nicht nach ihrer Befähigung ausgesucht, sondern entsprechend dem Ansehen und Herkommen der Familien bzw. Zünfte. Die hohe Verschuldung der Städte in der frühen Neuzeit ist bekannt, sie gab oft Anlaß zu städtischen Unruhen, wobei die Zünfte den Rat verklagten, gab aber auch dem Landesherrn einen Vorwand, in die Stadtverwaltung einzugreifen. Die als Mißwirtschaft angeprangerten Zustände waren zumeist strukturbedingt, konnten aber auch nicht behoben werden, als im 18. Jahrhundert eine stärkere Bürokratisierung einsetzte.[8]

Obwohl sich die meisten Städte, vor allem die Reichsstädte, als Republiken verstanden, weil in ihnen im Unterschied zum Land kein Adel herrschte, waren sie alles andere als Demokratien. Diejenigen, die in einer Stadt wohnten und kein Bürgerrecht besaßen, hatten keinen Anspruch auf irgendeine Partizipation an der städtischen Verwaltung oder Politik.[9] Dies galt für die breite Schicht der kleineren Kaufleute bis zu den unehrlichen Handwerkern. Auch die Angehörigen der eigentlichen Bürgerschaft besaßen kein gleiches Recht, nur selten erreichten die Zünfte die Zulassung zum inneren Rat. Die politische Macht in der Stadt hatte entweder seit alters her und aufgrund bestimmter Privilegien das Patriziat und die ökonomisch mächtige Honoratiorenschicht inne.[10] Sie besetzten den inneren Rat und stellten die Bürgermeister bzw. das Stadtregiment. Zwar blieb dieses Vorrecht nicht unangefochten, immer wieder rebellierten die Bürgergemeinden gegen den Anspruch der Räte, die Bürger und Zünfte als Untertanen zu behandeln, da doch „die gantze Verfassung des Stadt-Regiments dieser guten Stadt nicht dero gestalt beschaffen, daß solches nicht eine oligarchia, oder si mollius loqui liceat, Aristocratia, sondern ein Status Mixtus sey, welches jedoch weit mehr auff einen Statum popularem, als Oligarchicum oder Aristocraticum incliniret".[11] Dennoch setzte sich letztendlich seit dem Dreißigjährigen Krieg mit Unterstützung des Kaisers bzw. der Landesherren eine oligarchische Struktur der Ratsverfassung durch, in der jedoch ständische Partizipationsrechte nicht abgeschafft wurden. Jede soziale Gruppe nahm allerdings am Stadtregiment nur entsprechend ihren Privilegien und ihrem Stand teil. Auch wenn in Hamburg eine optimale Mitsprache aller Stadtbürger garantiert war, ist es wohl mehr als eine Übertreibung, wenn ein Neubürger 1803 schreibt „Wir haben keinen Adel, keine Patrizier, keine Sklaven, ja selbst nicht einmal Untertanen. Alle wirklichen Hamburger kennen und haben nur einen einzigen Stand, den Stand eines Bürgers. Bürger sind wir alle, nicht mehr und nicht weniger".[12]

Aber auch wenn alle Nichtbürger aus dem politischen Leben einer Stadt ausgeschlossen waren, selbst die Stadtbürger nur nach ständischer Rangordnung an der Stadtpolitik partizipierten und schließlich nicht einzelne Individuen, sondern stets Vertreter bestimmter Familien oder Zünfte bzw. Handwerker politische Ämter und Rechte besaßen, verteilte sich die politische Gewalt in einer Stadt auf eine breite Schicht der Stadtbevölkerung. Mit den gängigen Begriffen wie oligarchische, obrigkeitliche oder demokratische Verfassung ist die Wirklichkeit der Stadt kaum zu fassen.

Verdeutlichen wir uns die Entwicklung politischer Strukturen an drei repräsentativen Beispielen, an einer Reichsstadt, an einer Residenzstadt und an einer Stadt, die ursprünglich reichsstadtähnliche Freiheiten besaß, dann aber in eine Landesherrschaft integriert wurde.

Frankfurt war eine große, zu Beginn des 18. Jahrhunderts rund 30000 Einwohner zählende Reichsstadt, deren Bedeutung vor allem im internationalen Handel und ihren alljährlichen Messen lag.[13] Ihrer politischen Stellung und den sozialen und wirtschaftlichen Verhältnissen entsprechend war das politische Leben durch eine komplexe Verfassungsentwicklung geprägt. Als Reichsstadt besaß Frankfurt zwar alle Hoheitsrechte: unabhängige Gesetzgebung und Rechtsprechung, eine eigenständige Verwaltung, das Recht, mit auswärtigen Mächten Verträge zu schließen, Zölle, Steuern und Abgaben zu erheben sowie Münzen zu schlagen. Aber die Verteilung der Macht unterlag einem Wandel, sie war geprägt vom Kräftespiel zwischen Patriziat und Handwerkern / Bürgerschaft und Kaiser; zweimal griff dieser sogar zur Erhaltung städtischer Ruhe und Ordnung ein.

Oberstes Gremium war der Rat, der aus 43 Ratsherren, verteilt auf drei Bänken, bestand. In der ersten, der Schöffenbank, und der zweiten, der Senatorenbank, saßen das Patriziat, Junker und wenige der Kaufleute. In der dritten Bank saßen sogenannte Ratsverwandte, d. h. ratsfähige Zünfte und Vertreter der Bürgerschaft. Als Vertreter des Kaisers fungierte ein Stadtschultheiß, der aus der Schöffenbank gewählt wurde und zusammen mit vier Syndici im Auftrag des Rats die Stadtpolitik und -geschäfte regelte. Es gab auch Bürgermeister, sie hatten aber untergeordnete Funktionen. Die alten

28. Das Rathaus von Danzig, Kupferstich 17. Jahrhundert.

Patiziergeschlechter gaben von jeher den Ton an, mußten aber seit der Zunftrevolution von 1525 ihre Vorherrschaft mit den Zünften der Handwerker bis zum Fettmilch-Aufstand teilen. Als dann mit dessen Niederschlagung auf Intervention des Kaisers hin die Zünfte aufgehoben wurden, konzentrierte sich von neuem die Macht in den oberen Bänken, und nicht nur das: während der Rat bisher als Repräsentant der Bürgerschaft aufgetreten war, agierte der Patrizierrat von nun an als von der Bürgerschaft unabhängige Obrigkeit und regierte selbstherrlich. Zwar konnte nach wie vor jeder Bürger in den Rat gewählt werden, aber die Auswahl lag ausschließlich in Händen des Patriziats, so daß kritische Stimmen von vornherein ausgeschaltet blieben. Als jedoch die Mißstände und Mißwirtschaft zu Anfang des 18. Jahrhunderts immer größer wurden, und die ‚Bürgerschaft' Frankfurts sich beschwerte, kam es auf Intervention des Kaisers zu einer zweiten Verfassungskorrektur, diesmal zugunsten der Bürgerschaft. 1732 wurde bürgerlichen Ausschüssen das Recht zugesprochen, nicht nur die städtischen Finanzen zu kontrollieren, sondern alle Magistratshandlungen zu überwachen. Zwar blieb die aristokratische Struktur der Stadtverfassung vorherrschend, aber der Rat konnte von nun an nicht mehr über die Köpfe der Bürger hinweg entscheiden. Das alte Recht der unmittelbaren politischen Mitsprache wurde allerdings damit nicht wiederhergestellt.

Aber nicht nur dieses Spannungsverhältnis zwischen dem patrizischen Rat und der vom Handwerkertum beherrschten Bürgerschaft bildete eine Signatur der Stadtentwicklung und politischen Kultur Frankfurts in der frühen Neuzeit, ebenso bedeutsam war die zunehmende Bürokratisierung. Anstelle ‚ungebildeter' Ratsherren und Handwerker übernahmen nach und nach gebildete Kräfte, allen voran Juristen, die Stadtverwaltung.

Ganz anders strukturiert waren die Land- bzw. Residenzstädte, die unmittelbar der Herrschaft eines Landesherrn unterstanden. Beispielhaft ist hier die Entwicklung der Residenzstadt Ansbach.[14] Sie hatte 1734 9500 Einwohner, von denen 3100 unmittelbar dem Hof unterstanden. Bis in die Mitte des 18. Jahrhunderts wurde das Stadtregiment von einem Miteinander von landesfürstlicher Herrschaft und bürgerlicher Gemeinde bestimmt. Wenngleich die eigentliche politische Entscheidungs- und Kontrollgewalt stets in Händen des Fürsten bzw. seiner Beamten lag, war doch die bürgerliche Gemeinde keineswegs machtlos. Die herrschaftlichen Interessen wurden vom Obervogt und Stadtvogt vertreten. Sie teilten sich ihre Aufgaben. Während der adlige Obervogt eine mehr oder weniger allgemeine Kontroll- und Repräsentationsfunktion ausübte, ohne selbst direkt auf das Stadtregiment einzuwirken, unterstanden dem beamteten Stadtvogt das Gerichtswesen und die direkte Kontrolle des Polizei- und Finanzwesens, womit sich in seinen Händen die entscheidende Macht bündelte. Die stadtbürgerlichen Interessen wurden auf der anderen Seite von Bürgermeister und Rat der Stadt vertreten. Es gab vier Bürgermeister, acht Mitglieder des inneren und

12 Mitglieder des äußeren Rats, die alljährlich aus der Bürgerschaft gewählt wurden. Hierbei war allerdings der Einfluß des Fürsten maßgebend, was die Herausbildung einer regierungsfreundlichen, eng verknüpften Honoratiorenschicht begünstigte. Selbstverständlich konnten die Bürger nicht eigenmächtig Stadtpolitik betreiben. Sie traten aber in wichtigen Angelegenheiten als Berater des Stadtvogts auf. Eigenständig wirkten sie nur in verschiedenen städtischen Ämtern (Viehbeschau – Marktaufsicht), und vor allem in der Verwaltung des Stadthaushaltes. Sosehr hier ihre eigentliche Machtposition begündet war, war doch gerade diese Rechnungsführung der Punkt, der den Rat und die Bürgermeister später in Mißkredit brachte. Sicherlich machten die Bürgermeister und der Stadtrat bis Mitte des 18. Jahrhunderts keine selbständige Politik, sie konnten ihre Lebensverhältnisse jedoch wesentlich mitbestimmen. Dies hörte nach und nach auf, als der Landesfürst seine Herrschaft reorganisierte und die Steuerverwaltung strenger unter seine Kontrolle brachte. Als im Ansbacher Rat Mißstände aufgedeckt wurden, einerseits eine Schuldenwirtschaft offenkundig, andererseits festgestellt wurde, daß die Ratsherrn die Ratssitzungen nur unregelmäßig besuchten, die Schweigepflicht nicht ernst nahmen sowie Ruhe und Ordnung nicht einhielten, entmachtete der Fürst die Stadtverwaltung vollends und unterstellte sie seiner Beamtenschaft. Wie in anderen Städten war es nicht nur der obrigkeitliche Druck, der die bürgerliche Selbstverwaltung aufhob, sondern sie selbst hatte mitverschuldet, daß an die Stelle des ehrenamtlichen Rats schließlich besoldete Beamten traten. In der zweiten Hälfte des 18. Jahrhunderts war die Stadt Ansbach dann nur noch eine Verwaltungseinheit der Markgrafschaft Ansbach-Bayreuth. War ihr damit auch alle Eigenständigkeit genommen, so blieb doch die Errichtung einer effektiven Verwaltung nach wie vor auf Mithilfe der Bürgermeister und der Räte angewiesen. Nur als Befehle entgegennehmende Untertanen verstanden sich selbst die Bürger einer Residenzstadt nicht.

Eine dritte Entwicklungsmöglichkeit verdeutlicht die Stadt Göttingen.[15] Als eine ehemals reichsunmittelbare Stadt verlor sie im Zuge der Herrschaftsausweitung des Herzogtums Braunschweig–Wolfenbüttel ihre Selbständigkeit. Auch hier war im 15./16. Jahrhundert die politische Kultur geprägt von den Auseinandersetzungen zwischen Rat und den Zünften bzw. Gilden. Die Macht der Handwerkergilden erreichte um die Mitte des 16. Jahrhunderts mit dem Wahlrecht für den Rat einen Höhepunkt. Dies änderte sich zu Anfang des 18. Jahrhunderts in zwei Schritten. Einmal stärkte der Landesfürst im Interesse einer Integration der Stadt in seinen Herrschaftsverband die Macht des Rats in der Weise, daß er einen dauernden Rat schuf, den Räten ihr Selbstergänzungsrecht zurückgab, aber sich die Ernennung der vorgeschlagenen Räte vorbehielt, so daß der Rat dem Einfluß der Zünfte entzogen und langfristig zu einem Instrument der zentralen Verwaltung wurde. Aber auch die Gilden entmachtete der Landesherr nicht völlig,

29. Sitzung des Inneren Rats in Regensburg, Miniatur von Hans Mielich 1536.

er billigte ihnen das Kontrollrecht über die Stadtfinanzen zu, erwartete dafür von ihnen, Pflichtverletzungen des Rats ihm anzuzeigen, womit die Selbstverwaltung des Rates sehr beschnitten wurde. Unter diesem Druck etablierte sich eine herrschende Honoratiorenschicht, diese geriet aber immer stärker unter den Einfluß juristisch gebildeter Beamter der landesherrlichen Bürokratie. Während der Schultheiß als Inhaber der hochgerichtlichen Gewalt im Interesse der fürstlichen Herrschaft die Kontrolle über alle politischen Angelegenheiten erhielt, wurde der Bürgermeister zum Vorsitzenden des Rats, dem alle Verwaltungsaufgaben übertragen wurden. Zwar wurde der Stadtrat zu einem Exekutivorgan der landesherrlichen Verwaltung, doch trotz dieser Übermacht blieb den Bürgern insofern ein Rest von Selbstbestimmung, als die Gilden ihr Kontrollrecht behielten und ohne die Ratsherren eine Durchsetzung herrschaftlichen Willens unmöglich war.

Zweifellos erlebten die Städte, nicht nur die Reichsstädte, im 16. Jahrhundert ihre höchste politische Entfaltung, an der nicht nur der Rat bzw. das Patriziat partizipierten, sondern auch die Zünfte bzw. Gilden, und das galt sowohl nach innen wie nach außen auf Reichs- und Landtagen. In der Folgezeit wurden einerseits die Zünfte aus der unmittelbaren politischen Mitverantwortung gedrängt, während sich die Honoratiorenschicht zu einem Herrschaftsstand entwickelte, andererseits ist eine innerstädtische Bürokratisierung und eine Einflußzunahme gebildeter Beamter festzustellen, die entweder im Auftrag des Patriziats oder des Landesfürsten eine effektivere Verwaltung durchsetzten. Dennoch verschwand damit nicht jeder Einfluß der Ratsherren und der Handwerkerzünfte bzw. der Bürgerschaft, unabhängig davon, daß die Grenzen zwischen dem altstädtischen Bürgertum und der neuen städtischen Beamtenschaft fließend waren: ihren Alltag und ihre Arbeit betreffende Angelegenheiten regelten sie nach wie vor eigenständig. Und wie wenig die Bürger sich als Untertanen einer städtischen Obrigkeit oder der Landesherrschaft verstanden, zeigt ihr Selbstbehauptungswille bis in die Zeit der französischen Revolution.[16]

Die Stadt war im Unterschied zum Dorf eine komplexe soziale Einheit, die zur Aufrechterhaltung der bürgerlichen Ordnung, zur Absicherung der Arbeitswelt und zur Sicherung von Auskommen und Nahrung strenger Regeln und Kontrollen bedurfte. Um diese zu erfassen und zu analysieren, können wir uns nicht auf eine einheitliche oder geschlossene Stadt- und Polizeiordnung beziehen.[17] Das geltende Stadtrecht über Rechte und Pflichten der Bürger war weder im 16. noch im 18. Jahrhundert kodifiziert. Dies gilt für die Reichsstädte wie für die Landstädte, für die jedoch zumeist die Landes- und Polizeiordnungen der einzelnen Territorialstaaten maßgebend waren.[18] Jede Stadt erließ allerdings im Laufe ihrer Geschichte zur Regelung ihrer öffentlichen Angelegenheiten zahlreiche Mandate und Verordnungen. Daß die Städte keine das ganze gesellschaftliche Leben umfassende und regelnde Ordnung kodifizierten, wundert nicht, wenn man bedenkt, daß die Städte in ihrem sozialen und wirtschaftlichen Leben ein Konglomerat unterschiedlicher Gruppenkulturen umfaßten, die sich nur locker berührten, weitgehend aber ihr eigenes Gesicht hatten. Jede Gruppe gehorchte eigenen Regeln und Gesetzen und prägte eigenständige Lebensformen aus.

Trotz dieses scheinbaren äußeren Durcheinanders in den Städten war in Wirklichkeit alles in ihnen strengstens geordnet, nur war diese Ordnung nicht nach uns vertrauten Mustern organisiert, noch ging die ordnende Kraft primär von der Obrigkeit aus, sosehr sie dies Monopol anstrebte, sondern von allen sozialen Gruppen. Auch wenn diese jeweils ein unterschiedliches Recht auf städtische Repräsentation besaßen, so verband sie alle der Wunsch nach sozialer Ruhe und Ordnung, nach Absicherung der Rechte und des Lebensunterhalts jeder Gruppe bzw. jedes Standes.

Alle diese Gruppen hatten wenig miteinander gemein – im Unterschied dazu war die Landgesellschaft viel homogener –, jede besaß unterschiedliche Rechte und soziale Positionen und entwickelte aus ihrer sozioökonomischen Position heraus einen eigenen Lebensstil.[19] Die frühneuzeitlichen Städte bildeten gewissermaßen eine erste ‚multikulturelle' Gesellschaft. Zwar versuchten die Stadtobrigkeiten immer wieder, die heterogene Stadtbevölkerung in eine einheitliche Untertanengesellschaft umzuwandeln, dennoch blieben die innerstädtischen sozialen Schranken bestehen und waren geradezu konstitutive Elemente der altständischen Stadtordnung. Immerhin wurden immer auch einzelne Ordnungen erlassen, die das gesamte Stadtleben betrafen. So gab es beispielsweise eine schriftlich festgelegte Verwaltungs- und Ämterordnung, die zumeist nach Aufdeckung von Mißständen entweder unter dem Druck der Handwerker oder sogar auf Verlangen des Territorialherrn erlassen wurde.[20] Außerdem kannte jede Stadt eine mehr oder weniger umfassende Handels- und Marktordnung, durch die das Abhalten von Jahrmärkten geordnet sowie Preise und Qualität der Waren im Interesse der Allgemeinheit festgelegt wurden.[21] Sie regelten das soziale Leben der Handwerker wie ihre Arbeitswelt in umfassender Weise, hatten allerdings selten gesamtstädtische Bezüge.[22] Weiterhin sind die Kleider- und Luxusordnungen, die den sozialen Status jeder Gruppe festlegten, zu nennen, zugleich aber auch die Vorherrschaft der ehrbaren Stände kulturell absicherten.[23] Gesamtstädtische Belange berührten alle Verordnungen zur Feuerverhütung, zur Straßenreinigung und -erhaltung, zum Gesundheits- wie zum Schulwesen.[24]

Eine Trennung von privaten und öffentlichen Bereichen gab es nicht. Wie alle öffentlichen Belange private Auswirkungen hatten, so besaßen für uns heute private Bereiche öffentliche Relevanz, dies betrifft vor allem die ‚private' Moral. Viele Städte stellten auch eigene Kirchenordnungen auf, in denen das für die Stadt gültige Bekenntnis sowie der Aufbau der Kirchengemeinde festgelegt wurden. Viele Städte benötigten klare Regeln für den Umgang mit unterschiedlichen Konfessionen. Oft standen diese städtischen Kirchenordnungen in Verbindung mit den Stadtreformationen des 16. Jahrhunderts.[25]

Bei all diesen Einzelordnungen, die nie umfassend angelegt waren, handelte es sich nicht um geltendes Recht bzw. um Gesetze, nach denen alles gemessen wurde, sondern ‚nur' um Anordnungen, die immer wieder neu eingeschärft werden mußten, sonst ließe sich ihre häufige Publikation nicht verstehen. Sie bildeten zweifellos ein entscheidendes Moment des städtischen Lebens, spiegeln es allerdings nur bedingt wider. Ob eine Ordnung Gültigkeit hatte oder nicht, hing von der Konstellation der innerstädtischen Kräfte ab, die sie entsprechend ihren eigenen Gruppeninteressen interpretieren konnten. Aber trotz ihrer beschränkten sozialgeschichtlichen Aussagekraft thematisieren die Ordnungen die anhaltenden Probleme einer Stadt.

Die konkrete städtische Ordnung, die, wie gesagt, nicht identisch ist mit der Ordnung, wie sie die vielen Mandate verkünden, beruhte auf Absprachen zwischen den verschiedenen sozialen Gruppen und wurde durch das strenge Regiment der Obrigkeit aufrechterhalten. Sie mußte zwei Interessen der Bürger entsprechen: der Existenzsicherung der einzelnen Gruppen sowie der Absicherung eines ehrbaren standesgemäßen Lebens, so unterschiedlich die Ansprüche, Bedürfnisse und Interessen der Bürger waren. Da die Menschen in der Stadt nicht nur enger zusammenlebten als auf dem Lande, sondern überdies der soziale Frieden aufgrund der unterschiedlichen Ansprüche und Interessen gefährdeter war, wurde die Ordnungspolitik in der Stadt entschieden rigider gehandhabt als auf dem Land. Kleinste Verfehlungen konnten streng geahndet werden, wobei harte Ausgrenzungen zumeist aufgrund von kriminellen Handlungen, von moralischem Vergehen oder von Verstößen gegen die geltenden Normen der Stadtgesellschaft erfolgten.[26] Wer allerdings fest in einer städtischen und ständischen Gruppe eingebunden war, lebte sicherer als andere, mußte dafür aber auf individuelle Lebensgestaltung verzichten. Ein armer Handwerker, der in eine städtische Zunft integriert war, lebte gesicherter und unter stärkerem Schutz als der reiche Kaufmann, der als Fremder außerhalb des Bürgerrechts stand.

Trotz eines gewissen, streng geregelten Interessenausgleichs war die Stadt alles andere als konfliktfrei. Genaueres wissen wir freilich nur über die schweren Vergehen, vor allem über Mord und Totschlag sowie über sittliche und religiöse Verstöße, kaum etwas hingegen über die für das städtische Alltagsleben aufschlußreicheren kleinen Delikte, die in die niedere Gerichtsbarkeit fielen und von den Landstädten selbst abgestraft wurden. Die peinliche Gerichtsbarkeit besaßen nur die Reichsstädte und Territorialstaaten. Einige Informationen liegen über Augsburg vor: 1590 standen beispielsweise 75 Personen wegen ihres verbotenen Stadtaufenthalts vor Gericht, 45 wegen Ehebruch bzw. Unzucht, 25 wegen ihres Übelhausens, 3 wegen Tötung, 4 wegen Körperverletzung, 54 wegen Diebstahls, 30 wegen Schulden, 67 wegen Verstößen gegen die Handwerkerordnung.[27]

Wie sich diese alltäglichen Konflikte mit dem Wandel der Stadtgesellschaft geändert haben, wissen wir nicht. Als gesichert gilt nur, daß die Gewalttaten vom 16. bis 18. Jahrhundert abnahmen, sittliche Delikte milder beurteilt und religiöse Vergehen immer weniger registriert wurden, dafür aber prozentual Betrug und Diebstahl zunahmen.

Das Ordnungsinteresse in den frühneuzeitlichen Städten unterlag zum 18. Jahrhundert hin einem beträchtlichen, wenn auch schwer greifbaren Wandel. War die städtische Ordnung im 15.–16. Jahrhundert Ausdruck der

Augsburg 1585–1648[28]
Häufigkeit von Delikten (nach den Strafbüchern)

	Diebstahl	Verbotener Aufenthalt	Verstöße gegen die Handwerkerordnung	Ehebruch/ Unzucht	„Schulden“	Übelhausen	Körperverletzung	Tötung	Summe
1585/89	197	287	93	172	87	135	52	13	1036
1590/94	203	239	321	175	124	107	44	17	1230
1595/99	217	280	124	158	129	86	54	9	1057
1600/04	225	295	232	169	88	103	69	15	1196
1605/09*	125	83	53	84	40	46	18	12	461
1610/14	385	290	179	192	181	96	88	15	1426
1615/19	198	290	81	115	126	65	58	14	947
1620/24	170	138	220	63	67	28	58	20	764
1625/29	150	86	114	28	88	17	21	4	508
1630/34	103	15	38	37	30	8	24	10	265
1635/39	34	–	15	13	4	3	20	2	91
1640/44	9	1	5	2	7	2	7	2	35
1645/48	7	–	1	4	23	–	1	5	41
Summe	2023	2004	1476	1212	994	696	514	138	9057

* Jahr 1606–08 ohne Angaben

Dynamik der Stadtentwicklung, insofern sie den Rahmen der neuen Sozial- und Arbeitswelt absicherte und den divergierenden Kräften einen Zusammenhalt gab, wurde sie seit dem 17. Jahrhundert zusehends zum Instrument einer Verfestigung der Ständegesellschaft und erschwerte die Anpassung an gesellschaftliche Änderungen. So gingen seit dem späten 17. Jahrhundert die starken gesellschaftlichen Impulse nicht mehr von den ‚alten‘ Städten, sondern von der ‚modernen‘ höfischen Gesellschaft in den Landeshauptstädten aus, wohingegen die Reichsstädte von entscheidenden Entwicklungen unberührt blieben. Wie weit die „drei großen Belastungen“ die deutsche Städtelandschaft maßgeblich beeinflußt haben, bedarf noch der Klärung: Die erste große Herausforderung war die Reformation mit ihren sozialen Wirkungen auf die innerstädtische Struktur.[30] Eine besonders starke Kraft war der Reformation aus den Städten zugewachsen, die die reformatorische Macht allerdings mehr zur Stabilisierung der neuen Moralverständnisse einsetzten als zur Liberalisierung der städtischen Lebensverhältnisse. Eine zweite Krisenzeit bildete der Dreißigjährige Krieg, gegen den sich die Städte besser abschirmen konnten als die Dörfer des flachen Landes.[31] Zwar blieben ihnen

Nürnberg 1503–1743[29]
Häufigkeit von schweren Verbrechen

	Diebstahl/ Raub	Tötung	Unzucht/ Ehebruch	Hochverrat	Zauberei/ Hexerei	Gottes- lästerung	Summe
1503/20	29	8	–	3	–	–	40
1521/40	42	27	2	7	–	3	81
1541/60	27	43	1	6	–	1	78
1561/80	116	50	13	4	–	–	183
1581/1600	119	37	7	1	2	–	166
1601/20	72	31	11	–	1	–	115
1621/40	50	8	2	–	1	–	61
1641/60	5	15	3	–	3	–	26
1661/80	7	19	1	–	–	–	27
1681/1700	18	10	–	–	1	–	29
1701/20	15	8	1	–	–	–	24
1721/43	34	10	1	–	–	–	45
Insgesamt	534	266	42	21	8	4	

vergleichbare Nöte und Leiden erspart, doch verloren sie auf dem europäischen Markt ihre potente Machtstellung. Der territoriale Absolutismus stellte schließlich die dritte Herausforderung dar, als er mit allen Mitteln versuchte, die Autonomie der Städte zu brechen und sich ihre Geldmittel nutzbar zu machen.[32] Es setzten sich unter diesem Druck gleichwohl obrigkeitliche Kräfte durch, und die Städte begannen, sich wie Territorialstaaten zu strukturieren, doch bewahrten sie sich eine Eigenständigkeit – sicherlich auf Kosten früherer Dynamik –, die einen fruchtbaren Boden schuf für die Ausbreitung aufklärerischen Gedankengutes. Zur reinen Verwaltungseinheit verkümmerten nur die Städte im Osten, aber nicht die im Westen des Reiches.

Wie die ländliche Gesellschaft in der frühen Neuzeit nach dem Bauernkrieg sich keineswegs untertänig gebärdete, kennen wir aus der städtischen Gesellschaft auch nach den großen spätmittelalterlichen ‚Zunftrevolutionen' eine Fülle von Protesten, Tumulten und Revolten mit sozial-politischem Hintergrund, die auf einen ebenso komplexen wie letztlich nie abgeschlossenen Befriedungsprozeß hinweisen. Die ‚Bürgerschaft' wußte sich nicht nur zu wehren, sondern erhob auch den Anspruch, ihre Lebenswelt wesentlich mitzubestimmen.[33] Dabei ging es bei den frühneuzeitlichen Stadtrevolten, das sei zur richtigen Einschätzung vorweg gesagt, weder um sozial-revolutionäre Ziele im eigentlichen Sinn, noch um die Verwirklichung einer bürgerlichen Demokratie mit gleichen Rechten für alle. Zwar spielten in den Protesten soziale Belange eine Rolle, aber Aufstände von arm gegen reich gab es nicht, obwohl dies bei den krassen ökonomischen Unterschieden und der zahlenmäßigen Stärke der Armen nicht verwunderlich gewesen wäre. In den Kämpfen artikulierten sich weitgehend nur bürgerliche ‚Eliten', die um die Herrschaft, Vorherrschaft oder politische Macht konkurrierten.[34] Nicht die Aufhebung der Ständeordnung noch die Abschaffung eines aus Honoratioren zusammengesetzten Rates waren also das Ziel. Die Proteste und Unruhen unterschieden sich je nach Stadt, wobei die jeweilige Sozialstruktur ebenso eine Rolle spielte wie das sozial-politische Umfeld. Proteste kennen wir aus Territorial- und Reichsstädten, wobei allerdings der nordwest- und ostdeutsche Raum weitgehend ausgespart bleibt.

Bemerkenswert ist die Entwicklungs- bzw. Verlaufsgeschichte der Unruhen, aus der einmal ersichtlich wird, wie schwer auch Stadtbürger sich unterwerfen ließen, zum anderen, wie die protestierenden Bürger sich nicht an starren politischen Leitbildern orientierten, sondern höchst flexibel auf veränderte Situationen reagierten, um ihren politischen Gestaltungsraum zu verteidigen. Ob ein Protest ‚erfolgreich' war oder nicht, ist ebenso schwer zu bestimmen wie die Trennung von ‚progressiven' und ‚konservativen' Zielsetzungen. In jedem Fall behielten die Bürger den Willen, ihre Handlungsräume zu erhalten.

Die frühneuzeitliche Protestwelle erlebte vier Höhepunkte. Während der Reformationszeit kam es, nicht selten auch im Zusammenhang mit der Durchsetzung der Reformation, zu Volksbewegungen, wobei sich eine zu wenig am Stadtregiment partizipierende Honoratiorenschicht gegen einen oligarchischen Rat erhob. Diese Proteste waren oft erfolgreich.[35] Einen zweiten Höhepunkt gab es um 1600 (Aachen 1598–1612, Frankfurt 1612–16), als erstmals ein zunehmend die Rolle der Obrigkeit beanspruchender Rat sich von einer sich in neuen Repräsentationsorganen organisierenden Bürgerschaft herausgefordert sah. Der Anspruch der neuen Eliten wie der Nicht-Bürger richtete sich gegen Patrizier, diesmal aber ohne großen Erfolg.[36] Einen dritten Höhepunkt erreichte die Protestbewegung nach dem Dreißigjährigen Krieg, als die Städte so hoch verschuldet waren, daß Stadtbürger gegen den mißwirtschaftenden Rat, wie etwa in Braunschweig 1661, sogar die Territorialherren zum Eingreifen drängten, woraufhin ihnen die Kontrollgewalt der Finanzverwaltung zugesprochen wurde.[37] Während früher nicht selten auswärtige Kräfte zur Stärkung der obrigkeitlichen Struktur und der Ansprüche des Rats zu Hilfe gerufen wurden, geschah es nun aus umgekehrten Interessen. Der Kaiser wie die Landesfürsten begünstigten bürgerliche Oppositionsbewegungen zur wirtschaftlichen Sanierung und Integration der städtischen Gesellschaften. Die neuen bürgerlichen Ausschüsse sind in ihrer Struktur nicht mehr identisch mit den bürgerlichen

Gremien der Reformationszeit, die auf genossenschaftlicher Basis gegründet waren.[38] Mittel der Verfassungsänderung waren Gravamina und Prozesse. Die letzte Phase der frühneuzeitlichen Aufstandsbewegung zu Ende des 18. Jahrhunderts (Breslau 1793, Augsburg 1794) war erstmals nicht mehr geprägt vom Konflikt konkurrierender Eliten. Jetzt protestierten Handwerker gegen die rigide Einschränkung ihrer Lebensräume, die ein ehrbares Leben nicht mehr möglich machte.[39] In den Gesellenaufständen artikulierte sich zugleich auch sozialer Protest.

Die ununterbrochene Reihe von städtischen Tumulten und Aufständen signalisierte nicht nur eine konstante Protestbereitschaft der Bürger, die um ihre ‚alten' Rechte auch langfristig zu kämpfen bereit waren, sondern zugleich einen Wandel der Konfliktfelder in den Städten. Anstelle der ‚großen' Auseinandersetzung zwischen Patriziat und Handwerkern um stärkere politische Partizipation am Stadtregiment trat der Protest gegen eine Eingrenzung autonomer Handwerkskultur. Selbst im Zuge der Entpolitisierung der Zünfte und des Handwerkertums blieb der Anspruch auf Selbstbestimmung in den Köpfen der Gesellen erhalten. Zwar gelten in der Regel gerade die Handwerker als stabilisierendes Element der städtischen Ordnung, aber in dem Augenblick, wo man ihre Rechte und ihre Selbständigkeit beschneiden wollte, besannen sie sich auf ihr ‚Bürgerrecht'.

Sicherlich unterschieden sich die frühneuzeitlichen Städte in ihrer Größe, Wirtschaftsstruktur und sozialen Schichtung beträchtlich voneinander, aber dennoch bildeten sie eine mehr oder weniger eigenständige Kultur aus, die sich eindeutig von der der Dörfer, aber auch der späteren bürgerlichen Gesellschaft unterscheiden läßt.

Ohne Zweifel wurde die urbane Kultur entscheidend vom ständischen Bürgertum und seinen Normen und Werten geprägt, es sind aber überdies noch andere, nicht-bürgerliche Kräfte zu nennen. Dies waren einmal die zahlreichen Kleriker, Mönche und Nonnen, zum anderen obrigkeitliche Beamte und Lohnarbeiter sowie außerzünftische Handwerker und Juden, die zwar keine politische Mitsprache besaßen, aber durch ihren Lebensstil das öffentliche Leben mitbestimmten. Das Nebeneinander unterschiedlichster Lebensweisen charakterisierte die Stadtkultur von Anfang an. Außerdem war sie wie die Kultur der ländlichen Gesellschaft nicht von individualistischen, sondern von ständischen Interessen und Lebensansprüchen geprägt. Weiterhin gründete die städtische Kultur nicht auf freier Wettbewerbswirtschaft, sondern auf dem Prinzip der Auskömmlichkeit und ausreichenden Nahrung für alle anerkannten sozialen Gruppen einer Stadt. Die Sicherung der Nahrung und eines ehrbaren Lebens erzwang deshalb eine scharfe Regulierung ökonomischen Verhaltens.

Die urbane Kultur war eine Kultur von weitgehend noch körperlich arbeitenden Menschen, die von früh morgens bis spät in den Abend aktiv waren. Alle arbeiteten in letztlich kleinen Einheiten, in Familienbetrieben mit wenigen Menschen. Jede Stadt war geprägt von einer relativ autonomen Arbeitswelt ohne besondere Spezialisierung, in der alles produziert wurde, was die Einwohner und das städtische Umland benötigten. Zumeist waren alle handwerklichen Gewerbe, Handelsgeschäfte sowie Dienstleistungsbetriebe vertreten. Was und wieviel produziert wurde, war zwar abhängig vom Bedarf und vom Auftrag, aber auch vom individuellen Fleiß. Insofern hatte man die Gestaltung mehr in der Hand als auf dem Lande. Aber neben der Arbeit, die weitgehend ohne Hast ausgeführt wurde, gab es ebenso wie auf dem Lande viel Zeit für Geselligkeit und Feste. Zeit war hier noch kein Geldfaktor, auch arbeitete man nicht um des Profits willen, sondern um sein Auskommen zu haben und ein standesgemäßes Leben zu verwirklichen.

Die städtische Kultur in der frühen Neuzeit war des weiteren entscheidend geprägt durch eine sonderbare Mischung von Freizügigkeit und puritanischer Moral.[40] Dies berührte allerdings nicht alle sozialen Gruppen gleicherweise. Das Patriziat wie die große Unterschicht kannten freizügigere Umgangsformen als das Handwerk; das Handwerk jedoch bestimmte maßgeblich die öffentliche Moral. Der seit dem späten 16. Jahrhundert einsetzende Moralisierungsdruck hatte den größten Erfolg vor allem in den protestantischen Städten, in denen bald Sittengerichte das öffentliche Leben kontrollierten. Auch wenn nicht alle freizügigen und liberalen Lebensformen unterdrückt werden konnten, dokumentieren doch die zahlreichen Mandate gegen allzu ausgedehnte Tauf-, Hochzeits- und Beerdigungsfeierlichkeiten einen moralischen Anspruch, der durch die Lebenspraxis vor allem der Handwerker in einem Maße verwirklicht wurde, das dem Lande unbekannt war. Das änderte sich auch mit der Aufklärung nicht. Die städtische Kultur war alles andere als freizügig, sondern im Gegenteil durchwirkt von moralischer Strenge.

Grundprinzipien der städtischen Kultur der frühen Neuzeit gründeten nicht auf Leistung und Nutzen, sosehr diese im Gewerbe bereits eine Rolle spielten, sondern wesentlich auf dem System der Ehre. Zwar wurde den meisten Menschen eine bestimmte Ehre zugestanden, aber im Unterschied zu heute, wo die individuelle Ehre jedes einzelnen Menschen durch die Menschenrechte begründet wird, besaßen die Menschen in der frühen Neuzeit nicht alle das gleiche Maß an Ehre. Diese war vielmehr abhängig von ihrer Standeszugehörigkeit, Familienherkunft, der ‚Berufstätigkeit', den politischen Rechten sowie von einem moralischen Leben. Dabei war die Ehre keine festgeschriebene Größe, sondern sie mußte stets ‚neu' erworben werden in den alltäglichen Auseinandersetzungen des Lebens. Die urbane Kultur basierte wesentlich auf dem Kampf um soziale Positionen, um die Ehre des einzelnen Standes, das galt auch für die Frauen.

Nicht zuletzt war die urbane Kultur keine säkularisierte, sondern bis weit ins 18. Jahrhundert hinein eine stark von Kirchlichkeit und Frömmigkeit geprägte Kultur. Der alltägliche bzw. sonntägliche Gottesdienst, die kirchlichen Feste und Feiern gestalteten das städtische Leben mit, war doch die Reformation selbst dominant ein städtisches Phänomen. Eine klare Trennung zwischen weltlicher und religiös-kirchlicher Kultur gab es nicht, sosehr die Kirche immer eine abgehobene Institution blieb. Zweifellos nahm man die kirchlichen Angebote an, die bekannte städtische Kirchenkritik war selten eine Kirchenfeindlichkeit; jeder wurde getauft, verehelicht mit kirchlichem Segen und ließ sich christlich beerdigen. Der Städter war ein durchaus eifriger Kirchgänger (vor allem in katholischen Ländern), d.h. allerdings noch lange nicht, daß er in jeder Weise fromm war oder gar kirchlich dachte. Zwischen dem Glauben der offiziellen Kirche und beispielsweise dem Glauben eines Handwerkers oder der Frauen gab es beträchtliche Unterschiede.

Trotz all ihrer Traditionsverbundenheit erwuchs aus der urbanen Kultur ein bedeutender Anstoß zu einer aufklärerischen Öffentlichkeit. Städte waren seit dem Humanismus von früh an Kulturzentren.[41] Die Alphabetisierung schritt in der Stadt entschieden rascher voran als auf dem Lande. Denn die Städte bildeten bereits seit dem Mittelalter und verstärkt in der frühen Neuzeit nach der Reformation Schulzentren aus, selbst die kleinsten Städte errichteten Elementarschulen, manche große sogar Universitäten. In den Städten versammelten sich gelehrte Bürger, Geistliche, Drucker oder städtische Beamte in gelehrten oder literarischen Zirkeln. Die Zeitungen des 18. Jahrhunderts sind ein typisches Produkt der Städte. All dies schuf Voraussetzungen für die Entfaltung der Aufklärung, die wie der Humanismus und die Reformation vor allem eine städtische Erscheinung war.[42]

Mit dem Aufstieg rationaler Kommunikation, einer aufklärerischen Kultur, hat sich das öffentliche Leben in den Städten im Grunde allerdings noch lange nicht geändert. Der traditionelle Zuschnitt und Charakter blieb weitgehend bis zum Ende des 18. Jahrhunderts erhalten. Die urbane Kultur in der frühen Neuzeit unterscheidet sich wesentlich von der Kultur moderner Städte.

III. Geselligkeit und Fest

30. Die Bauernkirchweih. Kupferstich von Daniel Hopfer, 16. Jahrhundert.

1. Brauchtum und Geselligkeit

Auch die Menschen der frühen Neuzeit verbrachten ihr Leben nicht nur mit Arbeit, sosehr sie von ihr geprägt und zum Überleben von ihr abhängig waren. Sie kannten neben der Welt der Arbeit ein vielfältiges Brauchtum und eine ausgeprägte Festkultur, die uns unbekannt ist. Es gab die verschiedensten Anlässe zum Feiern, und es gab kaum eine alltägliche Handlung, die nicht auch von Bräuchen bestimmt war. Diese Welt des Brauchtums und der Geselligkeit, ihre Bedeutung für die Gesellschaft der frühen Neuzeit kann uns heute zeigen, daß die verschiedenen sozialen Bereiche von Arbeit und Brauchtum, Alltag und Fest nicht voneinander zu trennen sind; Brauchtum, Geselligkeit und Feiern haben die soziale Ordnung nicht minder mitbegründet als die Arbeit selbst. Durch sie wurden wichtige Beziehungen zwischen einzelnen Menschen und ganzen Gruppen geknüpft, durch sie erst gewann der Alltag eine Gestalt und einen Sinn, den ihm die Arbeit allein nicht geben konnte.[1]

Unter diesem Blickwinkel wird erkennbar, daß die Beziehungen zwischen Arbeit, Brauchtum und Geselligkeit anders als heute waren. Dasselbe gilt für das Verhältnis zwischen Alltag und Fest und übrigens auch zwischen profanem Fest und sakralem Kult.

Jede Arbeit wurde durch Bräuche gestaltet und durch gesellige Aktionen und Feiern unterbrochen. Brauchtum und Geselligkeit entfalteten sich nicht in einem arbeitsfreien Raum, sosehr immer zwischen Arbeit und Feierabend, zwischen Arbeitstag und Feiertag unterschieden wurde und sosehr gerade diese Spannung den Alltag bestimmte. So wenig wie die Arbeitswelt rationalisiert war oder einem abstrakten Zeitrhythmus unterlag, so wenig beschränkten sich auch Geselligkeit und Feste auf eine bestimmte Zeit, so daß die Arbeit beliebig unterbrochen wurde. Zwar gab es arbeitsfreie Zeiten, so vor allem die Sonn- und Feiertage, und deren Zahl war im Jahr recht hoch, dafür aber keine zeitlich festgelegte Freizeit zur individuellen Erholung und freien Gestaltung. Es wurde stets gemeinsam gefeiert, wobei die häuslichen und öffentlichen Feiern vorgegebenen Normen unterworfen waren, denen jeder entsprechen mußte. Galt die Arbeit nicht nur der Existenzsicherung, so war auch das Feiern nicht allein Sache der Entspannung: Das Fest war eine wesentliche Dimension des gesellschaftlichen Lebens.

Es gab keine einheitliche Festkultur, vor allem keine alle Stände und Gruppen gleichermaßen umfassenden und von ihnen gemeinsam getragenen, die Gegensätze aufhebenden Feste. Und doch entwickelten sie sich in starker Abhängigkeit zueinander und beziehen sich aufeinander.[2] Nicht einmal das höfische Fest war Ausfluß einer autonomen Gruppenkultur. Populäres Brauchtum unterliegt ebenso patrizisch-adligen Einflüssen wie umgekehrt patrizische Feste an das städtische Leben gekoppelt sind. Die Festkultur drückt Gegensätze aus und verstärkt zugleich Solidaritäten. Es gibt ein Brauchtum, das vorwiegend profan bestimmt ist, und religiös-kirchliche Feste, aber die Grenzen sind schwer zu ziehen. Die kirchlichen Hochfeste können in weltliche Feierlichkeiten münden, wie etwa das Pfingstfest oder Wallfahrten, und weltliche Feiern wurden religiös so überhöht wie etwa Beerdigungsfeiern oder das Johannisfest, daß ihr profaner Hintergrund verschwand. Ohne Zweifel gab es auch Bräuche und Feiern, deren Kern in eine vorchristliche Zeit verweist, aber die Suche nach den Spuren einer archaischen Religiosität ist ebenso wenig fruchtbar wie eine Unterscheidung nach profanen und religiösen Feiern.[3] Im sozialen Kontext der Zeit begründen die Feste eine öffentliche Kultur; durch sie entsteht mit die vorbürgerliche Öffentlichkeit, ja ein wesentlicher Teil der sozialen Ordnung.

Die frühe Neuzeit kannte eine breite und ausgeprägte Unterhaltungskultur, an der Alt und Jung, Männer wie Frauen teilnahmen, wenn auch die Frauen zurücktraten, je öffentlicher und ritualisierter die Feiern gestaltet wurden.

Wo immer Menschen außerhalb ihrer Arbeit zusammenkamen, wurde gespielt.[4] Man brauchte dazu keinen besonderen Anlaß, und Lohnarbeiter partizipierten ebenso an der ‚Spielwut' wie Handwerker und Adlige. Selbst die Geistlichkeit nahm daran teil. Man spielte zu Hause, auf der Straße, vor allem in Gasthäusern, in Spinnstuben und Zunfthäusern und am Hofe. Jede soziale Gruppe hatte ihre besonderen Spiele, so etwa bevorzugte die adligpatrizische Welt das Schachspiel und das Federballspiel.[5] Am weitesten verbreitet waren Kegel-, Karten-, Brett- und Würfelspiele. Unzählige Abbildungen vor allem des 16. Jahrhunderts belegen dies. Zwar versuchte die Obrigkeit immer wieder, den ‚Spielteufel' zu bekämpfen, vor allem das Spielen um Geld einzudämmen sowie die lärmende Ausgelassenheit zu bestrafen, aber die Spielkultur war kaum zu disziplinieren.[6] Hinzu kamen Ballspiele und öffentliche Wettkämpfe aus den verschiedensten Anlässen sowie schließlich Glücksspiele und Wetten, die alle hohen Unterhaltungswert besaßen. Die Grenze zu ausgesprochenen Sportveranstaltungen und Schützenfesten ist kaum zu ziehen. Wegen dieser Spielfreude expandierte nicht nur das Gasthauswesen, sondern man richtete bereits im 16. Jahrhundert öffentliche Spielplätze und Ballhäuser ein, an deren Stelle später dann öffentliche Schauspiel- und Opernhäuser gebaut wurden.[7]

Auch das Trinken trug wesentlich zur Unterhaltung bei. Es begleitete nicht nur die verschiedenen Spiele, sondern wurde selbst zum Spiel und Wettkampf. Vor allem war es das Zutrinken, das immer wieder Anlaß zur Kritik gab, weil es zumeist zur Volltrunkenheit führte. Beim Zutrinken mußte so viel nachgetrunken werden, wie einem vorgetrunken wurde, eine

Übung, die ebenso unter Bauern weit verbreitet war, wie in der adligen Welt.[8] So unbegreiflich diese Sauffeiern erscheinen mögen, sie zählen als Ausdruck freundschaftlichen Umgangs zur Festkultur vor allem des 16. Jahrhunderts.

„Ich weiß nicht", schrieb der englische Reisende Moryson 1617, „was den Deutschen die Gesellschaft der Trunkenbolde so anziehend macht, da niemand sich durch andere Eigenschaften so viel Freunde machen kann als gerade damit, so daß, wenn jemand gern gesehen sein will oder ihre Sprache zu erlernen wünscht, er sich bis zu einem gewissen Grade im Trinken üben muß. Wann sie beim Trunk sitzen und es kommt jemand ins Zimmer ... so begrüßt jeder am Tisch ihn mit einem Becher, die er alle bis auf die Neige leeren muß, bevor er zu ihrer Gesellschaft zugelassen wird, so daß einem besser ist, unter seine Feinde mit Fechten als unter seine Freunde mit Trinken zu geraten. Sie sind am Zechtische selten sehr lustig und redselig, sondern rufen nur zuweilen einander zu: ‚Seid fröhlich, trinkt aus', und wie jeder Psalm mit einem Gloria, so endet jedes ihrer Gespräche mit einem: ‚Ich bring's euch, ich trinke euch zu'. In Sachsen trinken immer zwei aus einem Glase, und wenn einer es erhält oder seinem Mittrinker reicht, geben sie genaue Obacht auf gewisse Stiftchen oder andere Markzeichen, die inwendig angebracht sind, damit von dem Getränk der eine genau so viel bekommt wie der andere. Manchmal nehmen sie drei Gläser auf einmal,

31. „New erbauter Ballnhaus zue Coburgk", Kupferstich von Wolfgang Birchner, 17. Jahrhundert.

setzen jedes auf einen Finger und trinken sie zu gleicher Zeit aus. Sie nennen das die Krönung des Kaisers".[9]

Auch außerhalb des Brauches des Zutrinkens wurde viel getrunken, auf allen Festen, nicht nur von Männern, sondern auch von Frauen. Zwar änderten sich unter dem moralischen Druck der Obrigkeit und der Kirche im Laufe der Zeit die Trinkgewohnheiten, die Gründung von Mäßigungsbruderschaften war ein deutliches Zeichen dafür, daß die offizielle Einstellung zum Besäufnis sich geändert hatte, aber das Trinken blieb eine beliebte Unterhaltung, gegen die selbst pietistische Pfarrer wenig ausrichten konnten.

Beliebteste Kurzweil in der frühen Neuzeit war der Tanz.[10] Es gab keine festgelegten Zeiten des Tanzes. Getanzt wurde zu Hause, bei öffentlichen Festen, im Gasthaus, auf der Straße sowie auch in der Kirche, wenngleich der ‚offene' Tanz bereits früh verdrängt wurde. „Das hinfuro niemands", wurde 1542 in Würzburg verordnet, „er sey, were der woll, ainichen offen tantz halten, noch pfeiffen, und trumen uf der gassen oder (in) heusern, es sey tage oder nacht, brauchen lassen soll, alles bey vermeidung straf des thurns und zehen gulden. Welcher aber hochzeit halten will, der mage in seiner behausung mit seinen guten freunden und gelaßen gesten mit lauten oder geigen zimlich frolichkeit uben und tantzen".[11] Es gab eine Vielzahl von Tänzen, die in Reihen oder paarweise getanzt wurden, bekannt sind auch kunstvolle Einzeltänze. Getanzt wurde von Jung und Alt, Männern wie Frauen, Armen wie Reichen. Bauern unterbrachen ihre Arbeit zum Tanzen, ebenso Ratsherren ihre Sitzungen. Bei jeder öffentlichen Repräsentation sozialer Gruppen gab es Tänze. Die ratsfähigen Geschlechter, der hoffähige Adel und das städtische Handwerk führten zu bestimmten Anlässen Tänze auf. Dabei existierten wilde und ‚zahme' Tänze nebeneinander. Im gemeinen Volk war vor allem die Volte mit ihren Verdrehungen, mit Hupfen und Springen beliebt.[12] Wie es bei den Tänzen herging, schilderte 1634 Simplicius: Er sah „im Saal Männer, Weiber und ledige Personen so schnell untereinander herumhaspeln, daß es wimmelte; diese vollführten ein solches Getrippel und Gepöhl, daß ich meinte, sie wären Alle rasend geworden; ich konnte es nicht ersinnen, was sie mit diesem Wüthen und Toben vorhaben möchten? Ja ihr Anblick kam mir so grausam, fürchterlich und schrecklich vor, daß mir alle Haare zu Berge standen, und konnte nichts anderes glauben, als daß Alle ihrer Vernunft beraubt sein müßten. Am Schweiß, der ihnen über die Gesichter floß, und an ihrem Geschnäuff konnte ich abnehmen, daß sie sich stark zerarbeitet hatten; aber ihre frölichen Angesichter gaben zu verstehen, daß ihnen solche Bemühungen nicht sauer ankommen".[13] Kein Wunder, daß bürgerliche Literaten und puritanische Obrigkeit und Geistlichkeit im wilden „Herumschwingen und Verdrehen" ein Teufelswerk erblickten und es einzudämmen oder sogar zu verbieten suchten.[14]

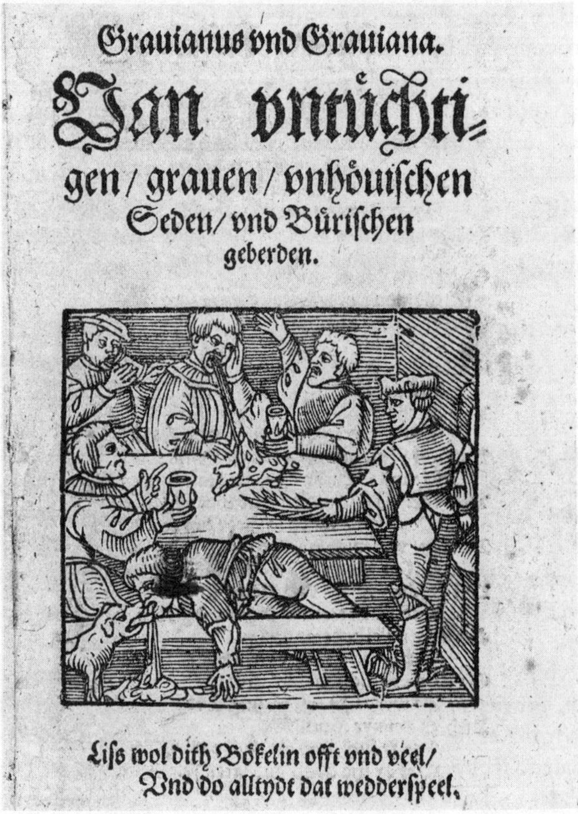

Grauianus vnd Grauiana.

Van vntüchti=
gen / grauen / vnhöuischen
Seden / vnd Bürischen
geberden.

Liss wol dith Bökelin offt vnd veel /
Vnd do alltydt dat wedderspeel.

32. „Grobianus Tischzucht" (Titelblatt, 1538) (1583).

Während die wilden Volkstänze nach und nach eingedämmt oder verändert wurden, ohne daß man sie allerdings je aufgegeben hat, entwickelte die höfisch-patrizische Welt eine eigene Tanzform, mit der vor allem ‚zivilisiertes' Verhalten eingeübt wurde. Streng getrennt von der Welt des einfachen und rohen Volkes wurde beim Adel der Tanz nicht nur Erziehungsmittel, sondern die Selbstdarstellungsform, in der sich der dezente Stil des Hofes ankündigt.[15] Gegen die ‚wohlanständigen, züchtigen und ehrbaren' Tänze hatte selbst die puritanische Gesellschaft wenig einzuwenden, auch wenn für die Kirche gerade der Tanz stets ein Zeichen der Welthaftigkeit blieb, die es zu überwinden galt.

Der Tanz war nicht nur Unterhaltung und Kurzweil zur Entspannung und Belustigung, er war zugleich kultureller Ausdruck einer spezifischen Gruppensolidarität. In ihm spiegelte sich die Ordnung des Lebens wider,

der Tanz vereinte die Hochzeitsgesellschaft, der Geschlechtertanz das Patriziat und das Ballett die Hofgesellschaft.

Zum Tanz gehörte selbstverständlich die Musik. Musik gab es überhaupt zu allen festlichen Veranstaltungen in der Kirche, auf dem Jahrmarkt, auf dem Hof; bei Festessen, bei Hochzeiten und bei großen Um- und Aufzügen. Dazu ‚heuerte' die ländliche Gesellschaft wandernde Spielleute an, die Städte unterhielten eigene Musikanten wie den Stadtpfeifer, der zu allen öffentlichen Festen aufwarten mußte. Richtige Musikkapellen gab es allerdings nur an größeren Höfen, auf deren Musikpflege sich die Musikgeschichte zumeist konzentriert.[16] Wie und was bei den Tänzen oder auf den Hochzeiten gespielt wurde, wissen wir nicht genau. Jedenfalls besaß die frühneuzeitliche Gesellschaft eine überaus reiche Musikkultur. Verbreitete Musikinstrumente waren die Pfeife, der Dudelsack, die Geige, Hörner und die Trommel. Schon im 17. Jahrhundert gab es in adligen Häusern erste Ansätze einer Hausmusik, einer Musik also, der nur zugehört wurde. Die ‚bürgerliche' Hausmusik entwickelte sich allerdings erst im letzten Drittel des 18. Jahrhunderts. Sie setzte sich entschieden ab sowohl von der volkstümlichen wie von der höfischen Musik und wurde neben der Lektüre zur bevorzugten Unterhaltung des entstehenden Bürgertums. Sie war Ausdruck einer auf sich bezogenen Geselligkeit.[17] Musiziert wurde für sich oder ein kleines privates Publikum.

Gesellig-öffentlicher Mittelpunkt in der frühen Neuzeit waren die Gast- bzw. Wirtshäuser, von denen es in den frühneuzeitlichen Dörfern und Städten viele gab.[18] Als Versammlungsort des gemeinen Volkes bildeten sie gewissermaßen ein Pendant zum herrschaftlich besetzten Rathaus und zu den vom Klerus beherrschten Kirchen. Hier weilten Jung und Alt, Männer und Frauen verschiedenster Stände unkontrolliert unter sich. Die Gasthäuser konnten unterschiedlich groß sein, einige wurden von der besseren Gesellschaft geschätzt, andere von den kleinen Leuten bevorzugt. In manchen konnte man nur trinken, in anderen auch essen und übernachten. Nur wenige allerdings entsprachen dem Standard, den weitgereiste vornehme Gäste erwarteten: meist waren sie dürftig eingerichtet, oft feucht, unsauber, laut und im Winter stark überheizt und verqualmt. Die Reisenden schliefen entweder in gesonderten Zimmern, meist mit Fremden zusammen, oft aber auch auf Stroh in der Stube.

In diesen Gasthäusern, die nicht nur abends und feiertags geöffnet waren, tranken, aßen, spielten und tanzten die unterschiedlichsten sozialen Gruppen. Meist ging es hoch her, so daß vor allem die Kirchen hier Lasterhöhlen sahen, in denen die Menschen einem unchristlichen Treiben verfielen, fluchten und stritten. In den Gasthäusern fanden auch die großen Hochzeitsfeierlichkeiten statt sowie Festlichkeiten jeder Art, wenn viele Gäste geladen waren. Die Privathäuser waren hierfür meist zu klein. Ein Wirtshaus führen konnte nicht jeder; es bedurfte einer obrigkeitlichen Erlaubnis, die eine

33. Bauerntanz, Radierung von Matth. Merian, 17. Jahrhundert.

gewisse Preiskontrolle einschloß und die Wirte verpflichtete, die Gäste nicht zu betrügen, Gesindel nicht zu bewirten und jeden Unfug zu verbieten.[19] Diesen Anforderungen konnten die Wirte allerdings nur bedingt entsprechen; damit ihre Wirtschaft blühte, mußte wohl mancher Kompromiß gemacht werden.

Die Gasthauskultur änderte sich im Laufe vor allem des 18. Jahrhunderts sehr. Während noch im 16. und 17. Jahrhundert Herrschaften abstiegen, um in Gasthäusern zu essen oder zu übernachten, entstanden jetzt für die feinere Gesellschaft Kaffeehäuser, die frei von üblen Gerüchen und lautem Volkslärm waren, und neu errichtete Hotels wurden zur eigentlichen Übernachtungsstätte vornehmer Reisender und Adliger. Von einem großen Kaffeehaus in Frankfurt heißt es: „Alles, was man da genießt, kann man gut und prompt erhalten, ohne von Billardspielern und Tabaksrauchern, wie auf ähnlichen Häusern, Unbequemlichkeiten ausstehen zu müssen. Die Billards haben ihre besonderen Zimmer, so wie die Tabaksraucher.“[20] Das Wirtshaus, das im 16. Jahrhundert noch von Adligen aufgesucht wurde, war im 18. Jahrhundert nur noch der gesellige Ort des gemeinen Volkes.

Die Festkultur der frühen Neuzeit war vielfältig. Es gab Feste zu bestimmten Anlässen und Terminen, vor allem Feste, die der Jahresablauf festlegte.

Hier spielte zwar der christlich-kirchliche Kalender eine maßgebende Rolle, aber nur bedingt handelte es sich um spezifisch kirchliche Feste; in die meisten Feste waren ein so stark regionales Brauchtum und nichtchristliche Traditionen eingegangen, daß dasselbe Fest in verschiedenen Gegenden ganz unterschiedliche Formen annehmen konnte. Trotz aller Bemühungen der Kirchen, mit Unterstützung der Obrigkeit den Festkalender nach christlichen Regeln zu gestalten, vor allem die christlichen Feste von weltlichem Brauchtum zu reinigen, blieben die meisten Feste doch zugleich auch weltliche Fest. Es entwickelte sich zwar die Festkultur seit der Reformation in katholischen Ländern anders als in protestantischen, aber was die Hauptfeste betraf, gab es noch lange überraschende Entsprechungen.[21]

Weihnachten war seit je ein Fest mit besonders reichem Brauchtum.[22] Zugleich hat sich aber kaum ein traditionelles Fest im Laufe der Zeit so gewandelt wie das Christfest. Zwar gab es den Weihnachtsbaum als zentrales Symbol schon seit dem 17. Jahrhundert. „Auf Weihnachten richtet man (1605) Dannenbaum zu Straßburg in den Stuben auf, daran henket man Rosen an, vielfarbigen Papiergeschnitte, Äpfel, Oblaten, Zischgold, Zucker usw. Man pflegt darum einen viereckent Rahmen zu machen...“.[23] Aber eine stärkere Verbreitung findet der Christbaum erst, von protestantischen Territorien ausgehend, im 19. Jahrhundert als Mittelpunkt einer häuslich-familiären Feier. In der frühen Neuzeit war Weihnachten wie die anderen Feiern stets ein öffentliches Fest. Als Feier der Geburt Christi war Weihnachten eines der christlichen Hauptfeste, aber in sein Festbrauchtum gingen zugleich in Verbindung mit der Wintersonnenwende so viele andere Traditionen ein, daß man es auch als ein weltliches Fest der Gemeinden betrachten kann. Die Gestaltung ist überaus reichhaltig – wir können hier nur auf die wesentlichen Elemente eingehen –, in der sowohl Nikolaus- wie auch Neujahrs- und Dreikönigsbräuche zusammenflossen, wie überhaupt die Weihnachtsfeier immer im Kontext der adventlichen und nachweihnachtlichen Feste zu sehen ist. Im Mittelpunkt stand die nächtliche Christmette, auch wenn selbst gegen sie sich Bedenken erhoben, weil die Jugend lärmend und betrunken erschien. Besonders beliebt waren ferner die Weihnachtsspiele.

„Die andere Mißbräuche dieses Heil. Festes sind das sogenannte Kindleins-Spiel, oder die comoediantische Fürstellung der Geschicht der Erscheinung des Herrn Jesu, da sich, wie ohnedem zur Gnüge bewust ist, Leute als Engel, als Hirten, ja als das Kind Jesus selbst auskleiden und einer zu diesem Ende wol von den Eltern selbst versammleten Menge Kinder erscheinen, auch viel alberes, und der Majestät des Kindes Jesu schimpffliches Gezeug dabey fürbringen, und ausüben, welche Narrheit nichtsdestominder das Absehen haben soll, den Kindern einen willigen Gehorsam gegen die Eltern, Fleiß und Ehrfurcht einzubringen, zu welchem Ende sich noch ein seltsamer Mann, der Knecht Ruprecht genannt, mit einfindet, der aber nur allein so viele Schand-Possen macht, daß bloß dadurch die gantze Aefferey, wann ja zufälliger Weise was erbauliches daran seyn solte, mißrathen muß". So heißt es 1730 aus dem protestantischen Nürnberg.[24]

Eine regelrechte Bescherung, vor allem für die Kinder, gab es erst im 19. Jahrhundert, aber wie zu jedem Fest gab es auch hier vielfältige Mahlzeiten mit reichlichem Essen und Trinken sowie eigenes Weihnachtsgebäck für Kinder und Dienstboten, besonders in Zusammenhang mit den Umsingbräuchen. Vor allem Kinder und Jugendliche zogen von Weihnachten bis Dreikönig von Haus zu Haus, um gegen eine Gabe zu singen. Später organisierten die Schulmeister der Dörfer und Städte mit ihren Schülern das Weihnachtssingen. Auch dieses Brauchtum fand nicht immer das Wohlwollen der Obrigkeit.[25]

Besonders gefeiert wurde überdies der Neujahrstag bzw. die Nacht von Sylvester auf den 1. Januar.[26] Dabei dauerte es noch lange, bis der Jahresanfang allgemein auf dieses Datum festgelegt wurde, der Kirchenkalender hatte einen anderen Rhythmus, ebenso der Arbeitskalender der Lohnarbeiter beispielsweise. Während Weihnachten ein kirchliches Fest war und blieb, war das Neujahrsfest ein weltliches Fest, wobei die Feier des Jahresendes von der des neuen Jahres kaum zu trennen war. Viele abergläubische Praktiken sollten diesen Übergang absichern. Mit Feuer und Licht, mit Peitschenknallen, Schreien, Läuten und Schießen, mit Mummereien und Umzügen wehrte die Bevölkerung dämonische Einflüsse ab und feierte mit Segnungen und Wünschen sowie mit Essen und Trinken das neue Jahr. Zentral sind wieder die Umsingbräuche, beste Neujahrswünsche und das Einholen von Gaben.[27] Weil es zumeist ausgelassen zuging, sollten auch diese „beschwerliche Mißbräuch" eingestellt werden. So heißt es in einer Verordnung von 1662 aus Bayreuth, „daß fast Jedermann, bevorab am neuen Jahrs-Tag, oder bald hernach, den Haus-Wirthen vor und in die Häuser gelaufen, auch mit Singen und sonsten, neue Jahre und Verehrungen begeret." Damit aber niemand dem andern „in solchen heilgen Zeiten verdrüs- und belästiglich seyn möge; so wollten wir hiermit dergleichen Umgehen und Austheilung des neuen Jahres (darunter insonderheit auch die Stern-Singer und nächtliches Geplärre auf den Gassen von den Mägden und anderm solchen Gesinde zu verstehen) gänzlich verboten haben..." Ausgenommen sollten allein Lehrer mit ihren Schülern sein. „Ingleichen (wollen wir) die Musicanten und Stadt-Pfeifer, die bey Kirchen und Schulen aufwarten, ... es an Statt einer Beyhülfe ihrer Besoldung vergönnet, dabey aber alles Ernstes anbefohlen haben, daß, wann die Schüler den Heiligen Christ präsentieren, sie sich in den Schranken der Ehrbarkeit halten, und weder auf den Gassen noch in den Häusern Jemande Ungelegenheit durch abscheuliche Kleidung oder sonsten zufügen, noch das Gesindlich ihnen nachlaufen ... sollen."[28] Die Obrigkeiten wollten damit nicht unbedingt die Umsingbräuche abschaffen, aber sie in geordnete Bahnen lenken und dabei Nützliches mit Erbaulichem verbinden.

Festlich begangen wurden zu Anfang des Jahres auch Dreikönigsfest und Maria Lichtmeß.[29] Das nächste Hauptfest war Ostern, ein ebenso kirchliches wie profanes Fest.[30] Das Fest der Auferstehung Christi mit der vorausgehenden Karwoche war das bedeutendste Fest der Christen. Im Mittelpunkt stand die kirchliche Feier der Osternacht, die von einer Reihe weltlicher Bräuche überlagert wurde, die für das einfache Volk von größter Bedeutung waren. Besondere Aufmerksamkeit fand die Weihe des Taufwassers, die Aufrichtung der Osterkerze mit den hl. Kreuznägeln, die heilende Wirkungen besaßen, und die eigentliche Osterfeier. Zur Versinnbildlichung der Auferstehung wurden auch an Ostern Spiele aufgeführt.

S. Franck berichtet 1534: „Am Ostertag weihet man den Tauf, geht mit viel Kerzen, Fahnen und Öl um den Tauffstein ringsum, verdreht sich also neunmal, darnach steht man still und segnet die Taufe mit seltsamer Zeremonie, wirft kreuzweis Spachtel mit Öl oder Crisam hinein, auch hebt man dreimal eine große Kerze drein. Den Tauf holt nachmals das Volk mit viel Geschirr und trägt ihn für mancherlei Unglück heim zuhaus. Auch segnet man im Vorhof des Tempels das Feuer, das ans Feuer gelegt, vor allen Wettern und Ungestüm hilft. Alsdann werden die Glocken wieder lebendig und läuten die Fasten wieder gen Himmel. Hernach in der Osternacht, bald nach Mitternacht, steht jedermann zur Mette. Da nimmt man das hölzerne Bild Christi aus dem Grab, erhebt es und trägt es vor jedermann her, und singen alle einhellig ‚Christ ist erstanden‘. Folgt morgens der Ostertag, da weiht man Kram, Fladen, Käse, Gebäck auf dem Altar, und die Freunde schicken einander des Geweihten oder Fladens“.[31] Den Osterhasen und das Eiersuchen gab es noch nicht, aber das Schenken einzelner Ostereier ist bekannt.[32]

Der 1. Mai war vor allem für die Jugend ein wichtiger Feiertag. Verschiedenste Traditionen kamen auch hier zusammen, so daß jede Region unterschiedliche Bräuche und Festformen kannte; einmal lag der Schwerpunkt auf der vorausgehenden Walpurgisnacht, einmal mehr auf dem 1. Mai selbst, der zugleich der Todestag der Hl. Walpurga war.[33] In der Nacht zum 1. Mai suchten Jugendliche mit „abscheulicher Musik“ und Peitschengeklatsche Hexen und böse Geister zu vertreiben, um einen fruchtbaren Sommer ohne Ungeziefer und Krankheit zu sichern. Oft wurde auch der Winter in Form einer Strohpuppe öffentlich verbrannt. Der 1. Mai selbst galt als Tag der Freude, an dem Bauern ihren Bäuerinnen, ledige Burschen ihren Dirnen einen Maibusch brachten oder gar einen hohen Maibaum setzten, wofür sie mit Kuchen belohnt wurden. Als besondere Ehre galt es, den höchsten und schönsten Baum zu besitzen. „In unserm Teutschland“, heißt es in einer bayerischen Predigt 1721, „ist schier an allen Orten der Brauch, daß man am ersten Tag May, May-Bäume für die Häuser setzt, diese seyn schön frisch, voll der grünen Lauber, werden offt auch mit Krantzen, schönen Bändern und Bildern gezieret, weil sie aber keine Wurzeln in der Erden, seyn sie nur todte Bäum zu nennen".[34] Wegen der entstehenden Waldschäden versuchte die Obrigkeit – allerdings zumeist vergeblich –, diesen Brauch einzudämmen, was nicht unverständlich ist, weil auch zu Pfingsten, zu Fronleichnam und an Kirchweih Bäume geschlagen und aufgestellt wurden. Ein dritter Maibrauch ist noch zu nennen. In manchen Gegenden gab es das Brauchtum der sogenannten Mailehen. Ledigen Burschen wurden am 1. Mai Mädchen zugesprochen, mit denen sie ein Jahr öffentlich gehen konnten und mußten, es gab sogar Formen der Versteigerung. Dies war eine Form öffentlicher Eheanbahnung, bei der Jugendliche selbst den Heiratsmarkt bestimmten. Zu intimen Beziehungen durfte es allerdings nicht kommen.

Während der 1. Mai außerhalb des kirchlichen Rahmens gefeiert wurde, bildeten Fronleichnam und Christi Himmelfahrt spezifisch katholische Feste. Das dritte Hochfest der christlichen Kirchen war das Pfingstfest, das Fest des Hl. Geistes.[35] Wie andere Feste bestand auch dies aus einem kirchlich geprägten und einem rein weltlichen Teil. Zur Veranschaulichung des Pfingstgeschehens schwebte der Hl. Geist in Gestalt einer lebenden oder einer hölzernen Taube an einem Seil vom Chor oder der Kirchendecke nieder. „Am pfingstag lies man den heiligen geist oben vom gewelb durch dasselbe rund loch herab fahren, zuvor aber, wann das junge gesind die meuler aufsperreten und den heiligen geist sehen wollten, warf man angezundet werk, flachs, stuppeln oder pulver brennend gemacht, herab, die Kinder damit zu schrecken und ihnen die alte pfingsten, so sich mit donner und plitz gewaltig ereignet, damit vorzubilden. Man goße auch etliche stutzen mit wasser herab, das brennende werk, wann es imand uf die kleider oder kopf gefallen, widerumb auszuleschen, daß also die leut am h. pfingstag mit fewer und wasser vom himmel herab getaufet wurden.".[36] Der weltliche Teil des Festes wurde geprägt von verschiedenen Frühlingsbräuchen, die wir zum Teil auch vom 1. Mai kennen. In der Nacht vor Pfingsten gab es Geister- und Spukbeschwörungen, und am Sonntag die Aufstellung von Maienschmuck in und außerhalb der Kirche. Da Pfingsten zugleich der Tag des 1. Auftriebs war, trieben die Hirten ihr Vieh auf die Weiden. Außerdem wurde in manchen Gegenden der Pfingstochse bekränzt durch die Straßen zum Schlachten geführt, worauf später ein großes Essen folgte. Schließlich gab es am Pfingsttag besonders viele Orts- und Grenzumgehungen und Flurumzüge, „umb die liebe Feldfrüchten in ihrem Wachsthumb vor Wetter und Hagel zu bewahren".[37] Das Zeremoniell endete oft mit einem Trunk, mit Vogelschießen und Tänzen. Gelegentlich gab es auch Wettläufe zu Fuß oder zu Pferde, an denen sich alle Burschen der Gemeinde beteiligten. Der Sieger wurde mit einem Kranz oder einem Maibusch geehrt.

Der Johannistag war der Tag der Geburt des Hl. Johannes des Täufers.[38] Ob diese Heiligenverehrung überhaupt eine Rolle gespielt hatte, wissen wir indes nicht. Denn nach den frühesten Belegen fand am Johannistag die Sonnwendfeier statt, eine rein weltliche Angelegenheit, die bald nach der

Reformation dementsprechend als „Gaukelspiel“ und „babstisches werk“ denunziert wurde. Sie entwickelte sich aus dem städtischen Lebenskreis, an dem auch der Rat und die Obrigkeit teilnahmen, verbreitete sich dann auch in der ländlichen Gesellschaft. Abergläubisch-magische Elemente traten bei diesen Feiern wohl am stärksten hervor. Im Zentrum stand das Johannisfeuer, das ursprünglich sogar mitten in der Stadt oder im Dorf entzündet wurde, dann aber wegen der Feuergefahr auf einen Platz vor dem Dorf, auf das freie Feld oder auf einen Berg verlegt wurde. Es sollte ein helles Feuer mit starker Rauchentwicklung sein, die die Luft von bösen Gewalten reinigen und eine gute Ernte sichern sollte. Dazu wurde mit Böllern geschossen und mit Peitschen geknallt. Musik unterstützte die ausgelassene Stimmung. Es wurde getanzt und paarweise über das Feuer gesprungen. Die Höhe des Sprungs sollte das Wachsen des Flachses beeinflussen, aber auch eine Liebesverbindung festigen. Als ungünstiges Zeichen galt es, wenn der Sprung mißlang. Bekannt sind das „Scheibenschlagen“ und das Radrollen, wobei man nachts brennende Räder vom Berg hinunterrollte. Die ausgelassenen und gefährlichen Sonnwendfeiern wurden von der nachreformatorischen Obrigkeit verboten. 1622 hatte Nürnberg untersagt, „das die jungen Buben uf den morgenden Sanct Johannestag uf den gaßen nach Holtz und alten Besen umbsingen, keine Symmet Fewr anschuren, darubер nicht springen, darbey nicht pfeiffen noch Jauchzen oder tantzen. Auch vor die Heuser, und in die gassen nicht grüne maien stecken, und in Summa bey diesem schweren gefehrlichen theuren Zeiten keine uppig und leichtfertigkeit treiben. Auch die Alten des Zechens in meth und wein in den Wirthsheussern sich enthalten solten“.[39] Diese und ähnliche Verbote zeigten meist wenig Wirkung. Lange erhielten sich im Umkreis dieses Festes der Gesundheit und Fruchtbarkeit zahlreiche Wahrsage- und andere magische Bräuche. Diese bezogen sich auf das Sammeln von Heilkräutern, den sogenannten Johanniskräutern, auf Baden und Besprengen mit heilsamem Wasser oder das Winden von Kränzen, mit denen man Häuser, Ställe und Straßen gegen Unheil zu schützen glaubte.

Bei allen unterschiedlichen Formen der Johannisfeiern spielten Feuer, Musik und Tanz immer eine zentrale Rolle. Gelegentlich gab es wie bei anderen Festen auch öffentliche Umzüge, Scheibenschießen und Kampfspiele. Vieles, was wir an Mai- und Pfingstbräuchen kennen, finden wir auch am Johannistag.

Der jährliche Festkalender endet mit der Kirchweih, der Kirmes.[40] Ursprünglich erinnerte sie an die Kircheneinweihung und war immer mit dem Festtag des Patroziniums, des Schutzpatrons der jeweiligen Kirche, identisch, ihr Datum dementsprechend bei jeder Kirche anders. Mit der Zeit entwickelte sich die Kirchweih zum zentralen Herbst- und Erntefest der Städte wie der Dörfer und verlor zusehends ihren kirchlichen Charakter. Als „schrei-, freß-, sauf-, tanz- und spielfest“ des Volkes fand sie zwar nicht das

Wohlwollen der Kirche, stand aber unter dem Schutz der Obrigkeiten. Ein besonderes Brauchtum wurde an diesem Tag nicht praktiziert, dafür begegnen uns hier letztlich die ganzen Festbräuche der frühneuzeitlichen Gesellschaft. Die Jugend einer Gemeinde errichtete zumeist einen Festplatz, auf dem sich nach dem Gottesdienst alle trafen um zu essen, zu trinken und zu tanzen. Umzüge gab es selbstverständlich, auch Spiele und Wettkämpfe, manchmal war mit der Kirmes das Schützenfest oder der Jahrmarkt verbunden, wodurch die Kirchweih neben dem Fasching zum größten Volksfest des Jahres wurde und viele Fremde, Bettler und Gaukler anzog. Hier und da endete das Fest mit einem allgemeinen Tanz um den Maibaum.

Die Vielfalt der Belustigungen war groß. Aus Bayreuth wird beispielsweise 1749 berichtet, daß bei einem Festzug 30 Bauernburschen zu Pferd mit hölzernen Lanzen mitzogen sowie 24 Paar Tänzer und Tänzerinnen.[41] Nachdem auf dem Festplatz ein Maibaum umtanzt worden war, folgte das Maibaumklettern, dessen Sieger die an der Spitze befestigten Dinge gewann: einen Geldbeutel, seidene Schnupftücher sowie Bänder. Die berittenen Bauernburschen veranstalteten dann ein Ringelstechen und ein Reiten ohne Sattel nach einer Gans, „um selbiger den mit Öl eingeschmierten Kopf abzureißen". Anschließend mußten sie absitzen, „um allezeit ihrer zwölf gegeneinander nach einer aufgehangenen Gans zu laufen". Dann rannten 24 Bauernmädchen um die Wette „nach einer angekleideten hölzernen Jungfrau, und suchten sowohl den Kranz als auch von den angenagelten Kleidern etwas ... zu erlangen; unter welcher Arbeit sie aber von dem unter dem hölzernen Bild befindlichen Druckwerk, woraus mehr als 60 Röhren gingen, auf allen Seiten vom Wasser besprützet wurden." Das Ganze endete mit einer Gewinnverteilung und mit der Bewirtung mit Bier und Brot sowie einem allgemeinen Tanz.[42]

Es gab nicht nur diese durch den kirchlichen Kalender und den Jahreslauf bedingten Feste, sondern auch zahlreiche Feiern zu bestimmten Anlässen. Hier sind vor allem die Feste zu nennen, die die wichtigsten Stationen des menschlichen Lebens begleiteten: Taufe, Hochzeit und Beerdigung.[43] Geburtstagsfeiern wie heute gab es nur in höfisch-bürgerlichen Kreisen. Auch hier sind religiös-kirchliche Elemente nur schwer von profanen und öffentlichen zu trennen. Das regionale Brauchtum setzt zudem unterschiedliche Akzente. Auch diese Feste waren nicht vorwiegend Familienfeste, zumindest bis ins 18. Jahrhundert hinein, sondern Festakte eines ganzen Dorfes, einer Nachbarschaft oder einer Zunft. Geradezu wie große Staatsakte wurden Taufe, Hochzeit und Beerdigung in den Fürstenhäusern gefeiert.[44]

Getauft wurde in der Regel jeder, die Taufe galt als Eintritt in die kirchliche wie soziale Gemeinde, in der jeder mit seinem individuellen unverwechselbaren Namen leben sollte. Zwar verwaltete die Kirche das Amt der Taufe, sie kam aber auch den familiär-gemeindlichen Interessen entge-

34. Die Familie Bruch im Stiefel, Gemälde von Joh. Fr. Dryander 1798.

gen. Vor allem aber die Hochzeiten wurden zu großen Festveranstaltungen; die Zusammenfügung von Besitztümern, die Gründung eines neuen Haushaltes und die Hoffnung auf Fruchtbarkeit der Ehe waren Gründe einer Feier, bei der die Kirche nur eine absegnende Funktion ausübte. Die lokalen Besitzverschiebungen durch Heiraten wurden durch öffentliche Festlichkeiten sanktioniert und abgesegnet.[45] Alle Statusveränderungen durch Geburt, Heirat und Tod bedurften der öffentlichen Teilnahme und Akzeptanz. Deswegen war gerade auch die Beerdigung ein öffentlicher Akt, an dem jeder teilnahm, der den Toten zu Lebzeiten gekannt hatte, um Frieden mit ihm zu schließen und durch die Totenfeier den Gemeinschaftsgeist zu stärken. Trotz der Häufigkeit von Geburten, Hochzeiten und Begräbnissen wurden sie im kleinsten Dorf immer festlich begangen, und zwar von allen, im Fall der Hochzeiten sogar oft über mehrere Tage lang. Der kulturelle und materielle Aufwand versteht sich aus der Bedeutung von Taufe, Hochzeit und Beerdigung in der vorindustriellen Zeit. Sicherlich fiel jede Feier unterschiedlich aufwendig aus – entsprechend den finanziellen Verhältnissen –, aber da gerade diese Feiern das Selbstwertgefühl und das Standesbewußtsein der einzelnen Familien berührten und zum Ausdruck brachten, wollte niemand auf derartige Feste verzichten. Obwohl auch in diesem Zusammenhang Kirchen wie Obrigkeiten über die Verschwendungssucht und Ausgelassenheit klagten, änderte sich in der Praxis nur wenig.

Außer der Reihe gab es über diese familienbedingten Feste hinaus reichliche Veranstaltungen, Feierlichkeiten und öffentliche Feste, die speziellen Anlässen galten. So veranstalteten alle Gruppen, Zünfte wie Gilden, Schulen und Bruderschaften ihre Jahresfeste, und auch diese waren öffentlich und blieben nicht in der Abgeschlossenheit der Zunfthäuser oder Gaststätten.[46] Diese Feiern fanden alljährlich an bestimmten Tagen statt oder in Abständen von mehreren Jahren, sie dienten zur Selbstdarstellung und mentalen Absicherung der Gruppe in der ständischen Gesellschaft. Außerdem gab es in den Städten noch weitere Feste, die die ganze Bevölkerung betrafen, neben Kirmes und Karneval konnten sich etwa öffentliche Hinrichtungen zu großen Festen ausweiten oder fürstliche Besuche Anlaß zu städtischen Festveranstaltungen geben.[47] Schließlich wurden in den Städten noch ganz besondere Ereignisse gefeiert, so etwa Friedensschlüsse oder Kaiserkrönungen zu Frankfurt, an denen die gesamte Bevölkerung teilnahm.[48] Aus der Fülle öffentlich-weltlicher Feste seien drei typische Beispiele gewählt: Ein Fest der Handwerker, ein Schützenfest und die Kaiserkrönungsfeste in Frankfurt.

Kein Handwerk verzichtete darauf, sich gelegentlich öffentlich und feierlich darzustellen. Die Handwerkerfeste mußten in der Regel vom Rat bewilligt werden und fanden nicht selten an Fastnacht statt. Umzüge und Tänze, die ihre Künste dokumentierten, standen im Vordergrund der Volksbelustigung. Die Schäffler- und Schwerttänzer sind aus allen Städten vielfältig belegt. In Basel beispielsweise gab es den Küfertanz seit dem 16. Jahrhundert. Nach einer Zuschauerschilderung von 1754 gestalteten sich Umzug und Tanz folgendermaßen: Den Anfang des Umzugs bildeten fünf Musikanten und zwei Büchsenknechte. Dann folgte ein Reifenschwinger, gekleidet mit weißem Hemd, roten Hosen mit gelben Knöpfen, mit weißen Strümpfen, samtledernen Schuhen und einem rosenfarbenen Käpplein. In der rechten Hand trug er einen kleinen Reif, in den er drei Gläser Wein gestellt hatte. Ihm folgten dreizehn Gesellen, die wie der Vorgänger gekleidet waren, mit hochgehaltenen großen Reifen. Sie blieben vor den Häusern ‚vornehmer Leute' und ihrer Meister stehen, hielten einen Tanz, „der besser und lustiger zu sehen als zu beschreiben ist". „Bald machten sie einen Kreis, schwangen ihre Reifen in gleicher Zeit gegen den Boden und sprangen darüber. Bald kehrten sie sich wieder, richteten die Reifen in die Höhe und tanzten darunter durch, als ob sie Fahnen schwängen. Dann stellten sie sich reihenweise einander gegenüber und trennten sich wieder von einander. Bald wieder schlossen sie einen engen Kreis, indem sie mit ihren Reifen eine hohle Halbkugel bildeten und damit ihren Reifschwinger, der sich darein gestellt hatte, dreimal auflüpften. Hierauf wickelten sie sich nach dem Takte der Musik wieder auseinander, hoben ihre Reifen in die Höhe und legten sie so übereinander, daß sie eine erhabene Halbkugel machten. Endlich tanzten die Gesellen schlangenweise durch einander durch, bis sie einen weiten Kreis

Friedliebender Fischer-Kampff/

den zwölfften Brachmonds deß 1671sten Jahrs auf der Pegnitz angestellt/ und gehalten.

1.

Es mögen sich Ritter in Schrancken/ und Schantzen/
umbjagen und schlagen/ mit rennenden Lanzen:
Wir stechen und brechen einander den Muth/
die Pferde sind Schiffe/ der Rennplatz die Flut.

2.

Was dorten/ der Orten/ im Friede geschehen/
das Rennen/ das können wir wiederum sehen:
Ihr Fischer seyt frischer/ der Friede der blüht/
wir fischen/ erwischen ein Zeichen vom Fried.

3.

Ein anders ist Stechen der blitzenden Degen/
wir stechen mit Stangen/ die keinen erlegen.
Und wann wir/ für Bluten/ von Fluten/ sind naß/
so netzet/ ergötzet/ uns endlich ein Glaß.

4.

Die Hechte die stechen nach Karpffen und Kressen/
wir stechen nach Fischen/ und Menschen vermessen:
Nach langem Benetzen/ ergötzen am Tisch/
uns Karpffen und Kressen/ und andere Fisch.

5.

Das Nürnberg muß noch ein Friedeberg heissen/
die weil sich die Zeichen des Friedens noch weisen:
Ihr Gönner! Uns Renner ermahnet/ durch Lob/
noch weiter zu treiben die tapfere Prob.

6.

Belobet die Güte der hohen Regenten/
erstattet die Gnade mit danckbaren Händen:
Bedancket/ und dencket: Es lasse sich nicht/
gar alles verdammen/ was weltlich geschicht.

Noch eines/ zwar kleines/ doch feines zu lachen;
Viel Weiber besahen die kämpffenden Nachen/
Die Brücke zerstückte/ sie fielen hinein:
Das Beltzwerck schwam umbher/ man lachte ja fein!

35. Fischerstechen auf der Pegnitz bei Nürnberg, Holzschnitt 1671.

36. Das Schützenfest der „Großen Stahl", Kupferstich von Peter Opel 1586.

bildeten. In dessen Mitte stellte sich der Reifschwinger auf, schwang seinen Reifen mit den Gläsern rechts und links um den Kopf, um den Leib und unter den Beinen durch. Dies tat er mit einer solchen Fertigkeit, daß ihm selten ein Glas abfiel". Aus einem Glas trank er auf das Wohl des Herrn, dem der Tanz galt. Ein Harlekin äffte unter allerlei Possen die Bewegungen der Tänzer nach. Diesem Zug folgte ein Wagen mit drei neuen Fässern, auf denen zwei Küferknechte lustig drauflos hämmerten und ein Bacchus den geschenkten Wein versuchte. Der Umzug wurde eine Woche lang alltäglich aufgeführt und endete „auf ihrer Zunft" mit einer Mahlzeit. Die Kosten bestritten die Küfergesellen mit den 500 Gulden, die sie beim Umzug einnahmen.[49]

Fast jede Stadt veranstaltete alljährlich ein Schützenfest, das in Händen der Schützengesellschaft lag und aus den Wehrübungen der Städte im Mittelalter hervorgegangen war.[50] Es fand oft in Verbindung mit einem bestimmten Jahresfest statt, es gab aber auch unabhängige Schützenfeste, die sich über Tage erstrecken konnten. Freiwillige Schützen der Stadt – es handelte sich aber stets um ehrbare Leute – veranstalteten mit Bögen, Armbrüsten oder gar Büchsen ein öffentliches Wettschießen entweder auf eine Scheibe oder einen Vogel. Der beste wurde Schützenkönig und mit Geschenk und

Trunk besonders geehrt. Seit dem 16. Jahrhundert dienten diese Wettkämpfe kaum noch der ‚militärischen' Ausbildung, sondern waren öffentliche Vergnügungen für die ganze Stadt. Schützenfeste gab es in allen kleinen und großen Städten, die großen Städte weiteten ihre Feste und Wettschießen seit dem 16. Jahrhundert zu aufwendigen Volksveranstaltungen aus, an denen nicht nur die Ratsherren teilnahmen, sondern auch der Adel. Selbst Landesfürsten veranstalteten Schützenfeste, eine soziale Ausgrenzung gab es kaum, hier zählten nur die besten Schützen. Zum Freischießen in Prag 1565 kamen mehrere hundert Schützen, hohe Adlige und Bürger aus Prag, aus den böhmischen, süddeutschen, österreichischen und sächsischen Städten.[51] Wertvolle Preise wurden vergeben. Auf dem Freischießen in Straßburg 1576 trafen sich 342 Bogenschützen aus 70 Orten. Diese vorwiegend auch den Höfen bekannten Feste dauerten zumeist mehrere Tage. Es gab Fahnenumzüge, große Eß- und Trinkgelage, die den Städten zumeist teuer zu stehen kamen, sie rechneten es sich aber zur Ehre an, so viele fremde und vornehme Gäste zu beherbergen.[52]

Ein zwar seltenes, aber höchst aufwendiges Fest, das lange im Gedächtnis haften blieb, feierte Frankfurt mit der Kaiserwahl und -krönung.[53] Seit 1562 war Frankfurt Krönungsstadt des Reiches. Im 18. Jahrhundert fanden Krönungsfeiern 1742, 1745, 1764, 1790 und zuletzt 1792 statt. Die Reichskleinodien wurden eigens aus Aachen und Nürnberg gebracht. Über diese Feiern wissen wir gut Bescheid; die Kaiserwahl Josephs II. hat der junge Goethe erlebt und später in ‚Dichtung und Wahrheit' beschrieben. Wie jedes offizielle förmliche Fest hatte dieses seinen populären Teil. Zwar blieb die eigentliche Krönungsfeier eine Angelegenheit der Reichsfürsten, aber die Stadt war nicht nur zuständig als Gastgeberin und mußte die äußere Sicherheit garantieren, sondern sie partizipierte auch als ‚Zuschauer' an der Reichsfeier vom Empfang der Reichsfürsten über die Krönung im Dom bis zum Krönungsessen im Römer. Es gab viel Prunk zu sehen und beeindrukkende Umzüge mit aufwendigen Zeremonien, die die Stadt dem Kaiser bzw. Reich präsentierte. Goethe, der ein aufmerksamer Beobachter der Festlichkeiten war, schrieb: „Hätte man alle diese öffentlichen Feierlichkeiten von Anfang bis hierher als ein überlegtes Kunstwerk angesehen, so würde man nicht viel daran auszusetzen gefunden haben. Alles war gut vorbereitet; sachte fingen die öffentlichen Auftritte an und wurden immer bedeutender: Die Menschen wuchsen an Zahl, die Personen an Würde, ihre Umgebungen wie sie selbst an Pracht, und so stieg es mit jedem Tage, so daß zuletzt auch ein vorbereitetes gefaßtes Auge in Verwirrung geriet."[54] Am Abend nach der Krönungsfeier veranstaltete die Stadt ein großes Feuerwerk, und zwischen den Feierlichkeiten präsentierte sie sich mit Aufzügen und Handwerkertänzen. Besonders eindrucksvoll muß das Fischstechen von 1742 auf dem Main gewesen sein. Für das Volk selbst waren nicht diese Spektakel der Höhepunkt der Kaiserkrönung, sondern das Volksfest auf dem Römer, wobei aus einem Brunnen weißer und roter Wein floß und ein großer Ochse am Spieß gebraten wurde. Nachdem man für den Kaiser und die Fürsten Wein zum Römer gebracht sowie die besten Stücke vom Ochsen geholt hatte, wurde unter großer Rauferei der übrige Ochse ebenso wie der Wein für das Volk freigegeben sowie Geld unter die Menge geworfen. Kaum hatte der Reichs-Erbtruchseß sein Tafelstück von dem gebratenen Ochsen in Sicherheit gebracht, da stürmten die Fleischer und Weinschröder „wie losgelassene Wilde" in die hochgebaute hölzerne Küche. „Jene hatten sich auf Leben und Tod verschworen, sich kein Stück von dem Ochsen entreißen zu lassen. Da sich die Schröter zur Eroberung des Kopfes verbunden hatten, so entstund ein förmliches Scharmützel im Gevierte der Küche. Endlich brachten die Fleischer den ganzen Ochsen samt Kopf und Hörnern heraus; einer von ihnen stund hoch in der Mitte, schwang die Mütze und siegjauchzte seinen Kameraden voran."[55] Ganz so wild, wie es von der Treppe der Fürsten aussehen mochte, verlief die Plünderung des Ochsen nicht. Zumeist gab es Absprachen unter den Handwerkern; daß gewöhnlich die Metzger den Ochsen eroberten, war eine Ehrensache, da sie ihn auch gestiftet hatten.

Die Festfreude der frühneuzeitlichen Gesellschaft wurde weitgehend von allen Gruppen und Ständen geteilt, wenn auch mit unterschiedlichen Interessen und Engagement. Alle genannten Festformen lassen sich bis Ende des 18. Jahrhunderts nachweisen, dennoch hat sich der Festkalender im Laufe der Zeit vom 16. Jahrhundert an beträchtlich gewandelt. Zwei Prozesse lassen sich dabei unterscheiden. Während im 16. Jahrhundert viele Feste gemeinsam von Patriziat und gemeinem Volk, sogar zusammen mit dem Adel gefeiert wurden, auch wenn jeder Stand wiederum seit je sein eigenes ‚exklusives' Fest hatte, zogen sich die ständischen Oberschichten mit der Differenzierung der Gesellschaft seit dem 17. Jahrhundert zusehends von den allgemeinen Volksbelustigungen und -feierlichkeiten zurück.[56] Umzüge, Schützenfeste und Jahrmarktveranstaltungen waren im 18. Jahrhundert nicht länger gemeinsame Veranstaltungen aller Stände. Zum anderen nimmt die „Wildheit" und Ausgelassenheit auf Festen und Feiern ab, die wir aus dem 16. Jahrhundert sowohl von kirchlich-religiösen wie weltlich-öffentlichen Festen her kennen. Da ein beträchtlicher Teil der Feste einer Genehmigung durch den Rat und die Kirche bedurfte, konnten diese Einfluß auf die jeweiligen Festgestaltungen nehmen. Insgesamt zeigt sich ohne Zweifel ein beträchtlicher ‚Zivilisierungs'prozeß gerade bei Festveranstaltungen; damit ist nicht gesagt, daß das Volk sich den ‚neuen' Vorstellungen der Obrigkeit oder der Kirchen in jeder Hinsicht gefügt hätte. Aber die Reformation hat ebenso wie die katholische Reformbewegung im 16. Jahrhundert im Kampf um die Durchsetzung einer ‚neuen' christlichen Weltordnung seit dem Ende des 16. Jahrhunderts doch beträchtliche Spuren hinterlassen. Zwar wurden nur gelegentlich Feste verboten, man tolerierte Geselligkeit und Festveranstaltungen unterschiedlichster Art, aber alles sollte ‚sittlich' und gemäßigt im Rahmen der neuen christlich-obrigkeitlichen Ordnungsvorstellungen ablaufen, ohne daß jemand Schaden litt.[57] Einen nicht minder starken Kampf gegen die traditionelle Festkultur entfachte die Aufklärung sowohl im katholischen wie im protestantischen Bereich[58] mit ihrem universellen Wunsch nach Zivilisierung und Aufklärung des gemeinen Volks. Was die reformatorischen Bewegungen nicht unterdrücken bzw. ändern konnten, gelang der Aufklärung; zwar war auch sie nicht generell gegen Geselligkeit und Feste, aber sie sollten dem Zivilisationsprozeß dienen und nicht nur zum mündigen, sondern auch zum sittsamen Bürger erziehen.

Über die Kritik der Kirchen und Obrigkeiten und ihre Strategien gegen die frühneuzeitliche Festkultur sind wir überaus gut unterrichtet, von der Existenz vieler Bräuche, Festriten und Festveranstaltungen wissen wir überhaupt aus ihrer Kritik. Unsere Kenntnis von der Festkultur der frühen Neuzeit entstammt also wesentlich der Konfrontation von populärer Verschwendung und obrigkeitlichen Disziplinierungswünschen. Dieser Gegensatz erlaubte allerdings durchaus, daß obrigkeitliche Ansprüche berücksichtigt wurden, wie auch daß Vertreter der Obrigkeit an diesen Festen teilnahmen, auch wenn sie diese offiziell kritisierten. Unter der Rücksicht, daß zumindest auf jedem großen Fest reichlich getrunken und gegessen, lautstark gespielt und getanzt wurde, daß vielfältige Umzüge und Mummereien stattfanden, gab es die unterschiedlichsten Anlässe zu Kritik und Verboten. Dabei stehen weniger sittlich-religiöse Argumente im Vordergrund, wie man meinen sollte – weltliche Freuden waren bei der Geistlichkeit sowieso schnell als unchristliches Gebaren verpönt –, vielmehr zum einen die nicht ganz unberechtigte Kritik an der ungeheuren materiellen Verschwendung auf Festen, die manche Familien tatsächlich in den Ruin führte; zum andern die Klage über den großen Lärm, vor allem in der Nacht, der das ordentliche Bürgerleben störte, und schließlich befürchtete die Obrigkeit aufgrund des großen Wein- oder Bierkonsums Gewalttätigkeiten. Dazu kam es auch nicht selten, obwohl das offizielle Zeremoniell eines Festes diese Gefahr immer zu bannen suchte.[59] Revolten entstanden allerdings kaum aus Festveranstaltungen.[60] In der Aufklärungszeit kam als letztes und neues Moment die Klage über die Schäden hinzu, die die großen Feste für die Landesökonomie verursachten. Deshalb wurden gerade im 18. Jahrhundert die Dauer der Feste verkürzt und manche Bräuche und Feste ganz verboten. Der Arbeitsprozeß sollte nicht gestört bzw. das Steueraufkommen eines Staates gesteigert werden.[61] Alles, was der neuen Ökonomie oder Moral schadete, sollte unterbunden werden. Zwar erreichte der christliche bzw. der aufklärerische Staat sein selbstgestecktes Ziel nicht, die Umwandlung der Gesellschaft gelang nur partiell. Aber der Einschnitt in die traditionelle Festkultur war beträchtlich. Große Wallfahrten, prächtige Schützenfeste und ausgelassene Karnevalsveranstaltungen gab es seither kaum noch.

Mit dieser Beschneidung traditioneller Feste brach allerdings noch kein ungeselliges, festloses Zeitalter an, selbst die Aufklärung propagierte neue Formen, ohne daß diese allerdings eine breite Akzeptanz erfahren oder gar die verbliebene alte Festkultur vollends verdrängt hätten. Ende des 18. Jahrhunderts gab es sogar Aufklärer, die gegen die starke Reduzierung von Festtagen waren: „Und diese zwey oder drey Tage, die man Kirchweihe nennet, will man ihm mißgönnen? Ihm, dem die unausgesetzten sauern Arbeiten des ganzen Jahres nicht verstatten, das süße Vergnügen zu genießen, seine Kinder und Enkel zu umarmen, als an einem solchen Tag, den, nicht mürrische und menschenfeindliche Theologen, sondern weise Gesetzgeber bestimmt haben, damit der geplagte Landmann doch auch einmahl von seiner Arbeit ausruhen, und im Zirkel seiner Familie sich seines Gottes erfreuen, und dabey sein hartes Schicksal auf einige Augenblicke vergessen möge".[62]

Den allgemeinen pädagogischen, moralischen und disziplinierenden Interessen entsprachen beispielsweise die vielen neuen Schulfeste mit öffentlichen Preisverleihungen, die den Fleiß der Schüler anstacheln sollten; neu inszeniert wurden auch öffentliche Feiern zum Geburtstag des Fürsten, um die Bande zwischen Untertanen und Fürsten zu stärken; vor allem traten die vielen Militäraufmärsche und -paraden in den Vordergrund, die den Staat und den Glanz eines Fürsten dokumentierten. Neben diesen neuen öffentlichen Festen entwickelte sich eine Vielzahl privater, häuslicher Feste sowie ‚sinnvoller' Sonntags- und Feiertagsvergnügungen mit Freunden oder im engsten Familienkreis.[63]

2. Jahrmarkt und Karneval

Der sichtbarste Platz weltlichen Treibens war neben dem Gasthaus der Jahrmarkt, er konnte zeitlich zusammenfallen mit der Kirchweih, zumeist fand er aber unabhängig von einem kirchlichen Festtag statt. Bedürfnisse und Interessen unterschiedlichster sozialer Schichten trafen und berührten sich hier. Auf dem Jahrmarkt fanden nicht nur die großen und kleinen Warengeschäfte statt, sondern hier wurden regionale und überregionale Nachrichten ausgetauscht und die verschiedensten Volksbelustigungen geboten. Hier trafen sowohl Patrizier wie Gaukler, Kaufleute wie Handwerker, Reiche wie Bettler, Männer und Frauen zusammen. Der stets mehrere Tage währende Jahrmarkt zog eine große Volksmenge und Schaulustige aus der ganzen Region an, die den Marktplatz von morgens bis abends bevölkerten.[1]

Vor allem erfüllte der Jahrmarkt wirtschaftliche Funktionen. Jede kleinere Stadt hatte ihre Wochenmärkte, aber einen oder mehrere Jahrmärkte im Jahr zu halten, bedurfte einer besonderen herrschaftlichen Genehmigung, was nur wichtigen Städten gelang. Während die Städte Interesse hatten, durch Jahrmärkte ihre ökonomische Stellung zu stärken, suchten Kaufleute und Handwerker, ihre Ware zu verkaufen bzw. Waren von Auswärtigen zu kaufen, die auf dem städtischen Markt nicht zu haben waren. Da die Städte an einem Handel ohne Betrügereien interessiert waren und die Händler ihrerseits vor Raub und Diebstahl geschützt werden mußten, unterlag der Jahrmarkt offiziell einer strengen Ordnung.[2] Die Zusammensetzung des Marktes in einer kleinen Stadt veranschaulicht ein Verzeichnis aus Franken aus dem Jahre 1730: 4 Büttner, 9 Hafner, 4 Drechsler, 7 Weißgerber, 9 Rotgerber, 3 Seiler, 6 Riemer, 3 Sieber, 5 Nagelschmiede, 2 Kupferschmiede, 10 Eisenkrämer, 3 Blechner, 7 Welsch- und 4 Florwelschkrämer, 9 Tuchmacher, 10 Zeugmacher, 12 Spitzenkrämer, 8 Lebkuchner, 50 Bäkker, 4 Karrenbäcker, 6 Kürschner, 60 Schuster, 7 Hüter, 6 Sattler, 12 Strumpfmacher, 6 Säckler, 5 Messerschmiede, 5 Buchbinder, 2 Korbmacher, 22 Krämer mit kurzer Ware, 3 Lodenmacher, 4 Zuckerkrämer, 20 Leinenweber, 1 Kammacher, 2 Nußkrämer, 1 Knopfmacher, 3 Krämer mit Dotenware, 35 Weintrauben- und Obst-Feilhaber, 1 Spieltisch. Diese 39 verschiedenen Handwerker und Händler boten ihre Waren auf 370 Ständen

37. Bärenführerin. Augsburger Flugblatt a. d. 16. Jahrhundert.

an. Kaufleute und Fernhändler wurden hier nicht genannt.[3] Wer auf einem reichsstädtischen Jahrmarkt bzw. auf einer der großen Messen zusammenkam, wissen wir nicht im einzelnen, die Zahl der Besucher konnte nicht mit Sicherheit aufgezählt werden. Aber einen ungefähren Eindruck vermitteln Reiseberichte.[4]

Der Jahrmarkt war natürlich nicht nur Treffpunkt der Kaufleute und Handwerker sowie der Stadtbevölkerung vom reichen Patrizier bis zum armen Lohnarbeiter; er zog auch Gruppen an, die ihre ‚dunklen' Geschäfte treiben oder die Gelegenheit nutzen wollten, ihre Künste anzubieten, um so ebenfalls von den großen Umsätzen zu profitieren. Gerade dieses Schillernde, das vielfältige Treiben der Menschen machte das Besondere des Jahrmarkts der frühen Neuzeit aus; eine Faszination für ‚weltliche' Menschen, ein Dorn im Auge aber der puritanischen Geistlichkeit. Obwohl Stadtobrigkeit und Landesfürsten „keinen herumziehenden musicanten, bärenführern, vorzeigern fremder tiere, taschenspielern, seiltänzern, zahnärzten, beden comoedianten und andere in diese classe gehörigen leute den eintritt in die hiesige Lande" und damit auch zu den Märkten offiziell gestatteten, war dieses Verbot praktisch kaum durchzuführen.[5] Im Gegenteil, zum Erscheinungsbild jedes Jahrmarktes wie überhaupt aller großen Volksveranstaltungen gehörten die Gaukler und Schausteller, die Bettler und auch die Zigeuner. Solange durch sie den Kaufleuten und Händlern kein unmittelbarer Schaden erwuchs, dachte letztlich auch niemand daran, sie vom Jahrmarkt zu vertreiben, wenngleich die Toleranz gelegentlich ihre Grenzen hatte. Gegen Schausteller und Komödianten, die oft um Aufführungserlaubnis baten, hatte man weniger als gegen Falschspieler und „Leute, die verbotene, ärgerliche und verdächtige Dinge vor Geld sehen lassen, als Mißgeburten, schändliche Leibs-Gestalten, künstliche Pferde und dergleichen, von welchen letzern handgreifflich und offenbar ist, daß, indem man solchen unvernünfftigen Bestien durch des Teufels Zuziehung übernatürliche Dinge thun läst, welche nicht einmahl eines vernünfftigen Menschens Sinnen und Sympathische oder Antipathische Regungen assequieren und penetrieren solten, solches nicht anders, als durch Zauberey-Künste, teufflische illusiones und einen Spiritum familiarem ... zugehen könne".[6] Unterschiedlichstes boten diese vagierenden Gruppen an. Sie verkauften Salben zur Heilung und Zauberei, auch Elefantenschmalz oder Planetensteine, sie stellten Curiosa vor, wie etwa seltsame Maschinen oder Tiere wie Krokodile, Löwen, Elefanten, Stachelschweine, gerne auch Mißgeburten, wilde Menschen (Hottentotten) und „Ungeheuer". Eine wichtige Gruppe bildeten die Zahnbrecher, Bruchschneider, Quacksalber, Theriaks-Krämer, die als „marktschreyerische Urinpropheten oder medizinische Menschenfresser" ein breites Publikum fanden, und von den Aufklärern heftig verfemt wurden.[7] Die vielleicht größte Gruppe bildeten die Gaukler, d. h. Luftspringer, Seiltänzer, Akrobaten, Jongleure und Kunstreiter, die gegen Geld ihre Kün-

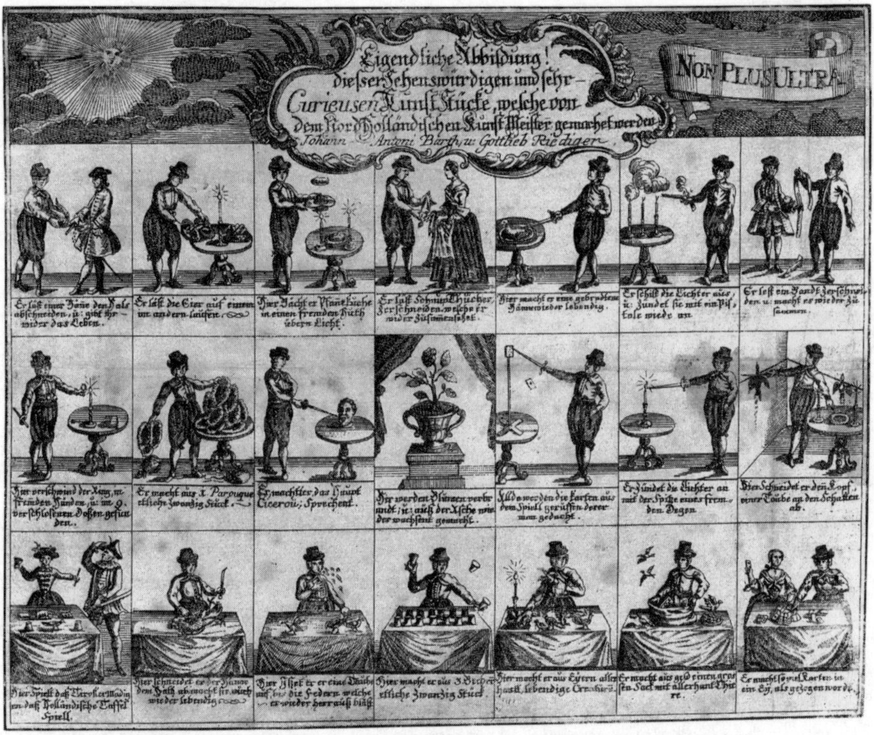

38. Ankündigung der Taschenspieler Joh. Anton Barth und Gottlieb Riediger, Kupferstich 1757.

ste zeigten. Ein besonderes Interesse fanden vor allem die vielen Feuerkünstler, die wie alle Genannten nicht nur auf Jahrmärkten, sondern auch außerhalb dieser Zeiten mit Genehmigung der Obrigkeiten auftraten. 1737 rühmte ein Feuerkünstler in Ansbach seine

„Wundernswürdige feuerkünste, welche in dem römisch reich bey vielen hohen potentaten seynd präsentirt und gesehen worden.

Erstens nehme ich ein stück glühend eisen von zwey spannen lang in den mund und trage es ganz glühend und feuerrot mit dem Mund herumb.

Zweitens nehme ich das glühend eisen in den mund und streich darauf ganzen schweffel, daß das ganze gesicht in voller feuer steht, welches wundernswürdig anzusehen ist.

Drittens nehme ich schweffel, zünde ihn an mit feuer und laß ihn also brennend auf die finger tropfen.

Viertens nehme ich schweffel, pech, siegellack und gelbes wachs und koche es über dem feuer und esse es in vollem feuer mit dem löffel aus.

Fünftens nehme ich ganz glühend und feuerrote kohlen in den mund und verschlicke sie.

Sechstens gehe ich mit bloßen füßen auf den glühenden stabeisen von 2 bis 3 eln lang zwey bis 3 mal hin und wider, welches wundernswürdig anzusehen ist.

Siebendens. Caret.

Achtens nehme ich ein faß von 2 eymer groß, lege es auf ein haufen sand und füll es voll hobelspän, zünde es mit feuer an und springe mit voller positur in vollen feuer und flamm als ein vogel in der Luft dadurch.

PS. Es werden auch noch andere veränderungen mehr dabey zu sehen seyn. Michael Hönig von Fürth".[8]

Schließlich gab es die vielen Bänkelsänger und Wanderkomödianten, die gegen geringes Entgelt Lieder sangen oder Komödien bzw. Possen vorspielten. Die Schauspieler bildeten noch keine professionelle Gruppe. Feste Theater gab es nur an wenigen Höfen. Theater wurde zwar überall gespielt, so in den Kirchen und in den Schulen, es lag aber ausschließlich in Händen von ‚Laien'. Die Wanderkomödianten waren die einzigen Schauspieler, die allein mit dem Schauspiel ihren Lebensunterhalt verdienten und von Stadt zu Stadt, von Hof zu Hof zogen. Aufgrund ihrer Lebensweise waren sie von den vielen Gauklern schwer zu unterscheiden. Die Schauspieler traten zumeist in kleinen Gruppen auf, aber es gab auch große Wandertruppen. So taucht beispielsweise 1724 in Memmingen ein Arzt mit fünf Kutschen und 50 Personen auf, unter ihnen Frauen und Kinder, eine Zwergin, zwei Heiducken, zwei Trompeter und verschiedene Musikanten, die Waldhörner „sehr wohl" blasen konnten. Hinzu kamen 18 Pferde und zwei Kamele. Errichtet wurde ein großes Theater und gegen Eintrittsgebühr Komödien gespielt. Die Truppe galt als „höflich" und „gut gekleidet".[9]

Seine große Zeit hatte der Jahrmarkt im 16. Jahrhundert; danach nahm das Interesse an überregionalem Warenaustauch zwar ebensowenig ab wie das Interesse an Volksbelustigungen, aber das enge Miteinander, die Ungeschiedenheit von Handelsgeschäften und Vergnügen löste sich auf; der Handel der Kaufleute spielte sich außerhalb der Volksveranstaltungen ab; diese verlagerten sich immer mehr auf die Kirmes. Gleichwohl kam es nie zu einer völligen Trennung. Eine zweite Beobachtung genereller Art schließt sich an: die meisten Veranstaltungen, vor allem Großveranstaltungen, waren ritualisiert bzw. durch bestimmte Zeremonien geordnet, das galt für Schülerfeste ebenso wie für öffentliche Hinrichtungen. Obwohl auch der Jahrmarkt bestimmten Ordnungen unterlag, vollzog sich hier der für die frühe Neuzeit wohl freieste Austausch von Waren, aber auch von Meinungen und Interessen, wie überhaupt der Jahrmarkt die Stätte war, wo der Einfluß der Prediger und Kirchenmänner am geringsten war. Jeder konnte hier relativ ungezwungen seinen Bedürfnissen und Interessen nachgehen, wobei keine soziale Gruppe ausgeschlossen war.[10] Kaum ein Ereignis spiegelte wie der Jahrmarkt das weltliche Treiben der Stände, des Menschen in seiner Mannigfaltigkeit: den Ernst und Spaß, den zur Schau gestellten Reichtum und die sichtbare Armut der Bettler, die Zeugnisse ehrlicher Arbeit und billigen Tand, ehrlichen Handel neben betrügerischen Glücksgeschäften. Wie der Karneval wurde der Jahrmarkt zum Sinnbild weltlichen Lebens. „Die Comoedianten, Lein-Täntzer, Lufft-Springer, und die, welche wilde Thiere herum führen, seynd ja auch unvergleiche moralische Vorbilder des grossen Jahr-Marckts der Welt, auf welchem mancher so vielen Tragoedien und Comoedien beywohnet, allerhand Politische Lufft- und Fechter-Sprünge, ungewisses Seil-Tantzen ... vielerhand grimmige Löwen, starke Bären, reissende Wölffe, listige Füchse, politische Affen, bunte Papageyen, und dergleichen mit ansehen muß, daß er sich des Jahr-Marckts Zeit seines Lebens erinnern kann".[11]

Das Fest aller Feste, „der gottlosen welt gröbstes und höchstes fest", war der Karneval oder die Fasnacht, wie es im Deutschen zumeist hieß.[12]. Jede Stadt und jeder Landstrich hatte zwar eine eigene Tradition. Die Fastnacht war im Süden weiter verbreitet als im Norden, und kein Karneval glich dem anderen, aber dennoch gab es eine Reihe bestimmter Formen, die überall zu finden sind und die dieses Fest von allen anderen unterscheiden. Der Karneval war nicht das Fest einer Gruppe, zu dem andere eingeladen wurden; er war ein Volksfest, das sich Arme und Reiche, Junge wie Alte, Männer wie Frauen selbst gaben, auf dem sie Zuschauer wie Schauspieler zugleich waren. Initiiert und organisiert wurde die Fastnacht oft von der Jugend oder dem Handwerk, aber rasch nahm das ‚Volk' selbst die Gestaltung und Ordnung des Festes in die Hand. Dementsprechend gingen Aktivitäten des Karnevals nicht von der Kirche oder dem Rathaus bzw. einem Zunfthaus aus, sondern vom Marktplatz, dem Treffpunkt des gemeinen Volkes, wobei alle Straßen und öffentlichen Gebäude einbezogen und ‚erobert' wurden. Bei diesem Fest der ganzen Stadt ergriff das ‚Volk' die Macht für die Narrentage und veranstaltete außerhalb der offiziellen Ordnung ein Fest der „verkehrten Welt". Der Karneval besaß kein spezifisches Brauchtum, hier finden wir alle Elemente der Festkultur der frühen Neuzeit in extensiver Weise wieder: Essen und Trinken, Tanz und Umzüge, Spiel und Mummereien. Die Fastnacht bildete den Höhepunkt volkstümlicher Festveranstaltungen, weil hier das Karnevaleske, das wir auch in anderen Festen als Grundzug erkennen, im Schauspiel einer alle Zwänge hinter sich lassenden Sinnlichkeit kulminierte.[13]

Der Karneval war kein einheitliches Ganzes. Verschiedenste Handlungen und Ereignisse verknüpften sich zu einem wilden und bunten Treiben, das nach und nach die ganze Stadt ergriff. Auf drei Merkmale sei besonders hingewiesen: Einmal wurde in diesen Tagen ungewöhnlich viel gegessen, getrunken, getanzt und gelärmt. Wir kennen dies von allen anderen Festen auch, aber hier überschritten die Freß- und Tanzorgien das übliche Maß.

„Was die knappen mit ihrem lodentantz, wollenbögen, stroern mann, latern- und schwertdantz vor alters fur kurtzweil getrieben", wird 1527 aus Hof berichtet, „ist ohne das wissend. Oftmals hingen ihr zwene einen häring an ein grosse dicke stangen und trugen sie uf der achsel in der stadt herumb, weil die strenge fasten alsbald uf den guten muth folgete. Dazu sunge man: ach jammer, immer wurst, nun kombt der häringsfurst, der macht, daß uns sehr durst etc. Was sonsten fur kurtzweil oder auch zum theil leichtfertigkeit und uppigkeit furgenommen worden, ist unnöthig zu erzehlen. Es war in summa vor alters gar ein glücklicher tag, daß, wann die narren des morgens blueten, sie doch denselben tag reif wurden und gantz heufig abfielen, daß in allen gassen der stadt derselben ein grosser vorrath zu befinden war. Uf den abend schlemmete und demmete idermann, und wollten die leut ihre leibe uf die kunftige fastenzeit zuvor wol vollfaßen".[14]

Üblich war des weiteren die Verkleidung; entweder trug man Masken oder man verkleidete sich ganz, Männer als Frauen und Frauen als Männer, aber auch als Geistliche, Narren oder Teufel. Besonders bekannt waren die wilden Männer und Harlekine, die in dieser ‚Vermummung' allerlei Schabernack trieben: sie stießen die Zuschauer, bewarfen sie mit Mehl oder Eiern oder hielten sie mit obszönen Gesten zum Narren. Bemerkenswert ist die Schilderung von Sebastian Franck aus dem Jahre 1534:

„An (Fastnacht) pflegt man viel Kurzweil, Spektakel, Spiel zu halten mit Stechen, Turnieren, Tanzen, Rockenfahrt, Fastnachtspiel. Da verkleiden sich die Leut, laufen wie Narren und Unsinnige in der Stadt, mit mancherlei Abenteuer und Phantasei, was sie erdenken mögen: wer etwas närrisch erdenkt, der ist Meister. Da siehet man in seltsamer Rüstung, seltsamer Mummerei die Frauen in Mannskleidern, und die Männer in weiblicher ‚waat' und ist fürwahr Scham, Zucht, Ehrbarkeit, Frumbheit an diesem christlichen Fest teuer, und geschicht viel Buberei, doch verrichts Gelt alles in der Beicht, alle Unzucht und Bosheit ist ziemlich an diesem Feste, ja ein Wohlstand. Die Herren haben ihr Fastnacht an einem Sonntage, danach auf den Aftermontag die ‚Leigen'. In Summa man fachet daran allen Mutwillen und Kurzweil an. Etliche laufen ohne alle Scham aller Dinge nackend umher, etliche kriechen auf allen Vieren wie die Tiere, etliche brüllen Narren aus, etliche sind Mönche, Könige usw. auf diesem Fest, das wohl Lachens wert ist; etliche gehen auf hohen Stelzen, und Flügeln und langen Schnäbeln, sind Störche, etliche Bären, etliche wilde Holzleute, etliche Teufel, etliche sind Affen, etliche in Narrenkleidern verbutzt, und zwar diese gehen in ihrer rechten Mummerei und sind in Wahrheit das, das sie anzeigen. Wenn sie ein anderer einen Narren schilt und Eselsohren zeigt, so wollen sie zürnen, hauen und stechen, und hie beichten sie, willig und offentlich vor jedermann selbst, wer sie sind".[15]

39. Nürnberger Schembartlauf, Federzeichnung, 16. Jahrhundert.

In diesem wilden Treiben wurde die Welt tatsächlich auf den Kopf gestellt: alle Grenzen zwischen Männern und Frauen, zwischen Tag und Nacht, Ruhe und Lärm, Ernst und Spott sowie zwischen profan und sakral wurden aufgehoben. Jeder verbarg sich hinter einer Maske und Gestik. Alles, was im normalen Leben verboten war, war hier erlaubt.

Bei jeder Fastnacht gab es überdies inszenierte Dar- und Schaustellungen, die zumeist einer speziellen Erlaubnis des Rats bedurften. Besonders beliebt waren Wettkämpfe, die ja auch bei anderen Festen stattfanden und vorwiegend von Handwerkern veranstaltet wurden. Lanzenstechen und Turniere aller Art zu Lande und zu Wasser standen dabei im Vordergrund. Es fanden vielerlei Schauspiele statt, bei denen allerdings die Grenzen zwischen Schauspieler und Zuschauer schwer zu ziehen waren, da alle mitspielten, lachten und lärmten. Bekannt sind Parodien auf Gerichtsverhandlungen mit tagespolitischen Anspielungen, Scherzhochzeiten und der besonders beliebte Kampf zwischen Karneval und Fastenzeit.[16] Der Karneval wurde in der Regel dargestellt als dicker Mann mit rotem Gesicht, lustig und über und über mit Würsten behängt. Es gab auch charivari-hafte Aufläufe, wie das bekannte Pflug- und Blochziehen.[17] Bei dieser Rügesitte wurden junge und ledige Frauen und Mädchen, denen es nicht gelungen war, sich im zurückliegenden Jahr zu verheiraten, von ledigen Burschen ihres Dorfes bzw. Stadtviertels vor einen Pflug oder einen Baumstamm gespannt, die sie unter dem Gespött der Zuschauer hinter sich herziehen mußten. Sexuelle Anspielungen auf den noch ‚zu pflügenden Acker' sind unverkennbar. Ernst und Spott sind hier ebenso wie bei anderen Veranstaltungen schwer zu trennen. Nicht zuletzt wurden auch von regelrechten Theaterunternehmen Komödien aufgeführt, für die ein Eintrittsgeld erhoben wurde. Leider haben wir für das 16. und 17. Jahrhundert nur wenige Kenntnisse von den Stoffen, die dargestellt wurden. Biblische Themen wurden bevorzugt, besonders beliebt waren auch die Fastnachtsspiele von Hans Sachs.[18]

Am bekanntesten sind die großen Festzüge, die ebenfalls oft von Handwerkern veranstaltet wurden. Auf mitgeführten Wagen standen etwa als Riesen oder Teufel Maskierte und unterhielten das Volk mit schalkhafen Possen. Nicht selten wurden dabei Mißstände in der Stadt aufs Korn genommen. Gut überliefert sind die sogenannten Schembartläufe in Nürnberg, die in jedem Jahr eine andere Gestalt annehmen konnten.[19] Besonders aufwendig war die Verkleidung. 1507 hielten die Söhne der Kaufleute und mehrerer reicher Wallonen ein Schembartlaufen. Auf einer „herrlichen Gasterey" wurde ein Teilnehmer als türkischer König verkleidet und geschmückt, der mit seinen Bedienten und 60 Türken, die goldene Säbel, lange Spieße und kostbare Fahnen trugen, sowie zahlreichen Pferden mit wertvollen Schätzen durch die Stadt zum Rathaus zog, um die Ratsherren reich zu beschenken.[20] Nicht immer ging es allerdings so ehrerbietig zu. 1539 gab es beim Schembartlaufen vor dem Rathaus zunächst ein Gesellenstechen und einen Tanz mit „gröster Pracht". 135 Vertreter der ehrbaren Geschlechter waren ganz in Atlas gekleidet. Auf ihren weißen Hüten trugen sie goldene Flügel. 49 Teilnehmer aus vornehmen Familien liefen in Teufelsmasken und -kleidern. Auf mitgeführten Schlitten veranstaltete die bedeutende Zunft der Plattner ein Gesellenstechen. Alles fand größte Aufmerksamkeit; ebenso der zu einem Schiff gestaltete Wagen, der die Hölle darstellte und auf dem Zug mitgeführt wurde. Die Ähnlichkeit eines in der Hölle bratenden Priesters mit dem stadtbekannten Prediger Andreas Osiander allerdings führte zu einem Skandal und endgültigen Verbot der Schembartläufe. Spott auf angesehene Personen, zumal auf Geistliche, wurde in der nachreformatorischen Zeit inopportun.[21]

Einen besonders großen und eindrucksvollen Fastnachtszug veranstalteten nach einer mehr als 40jährigen kriegsbedingten Pause 1659 die Schreinergesellen und -söhne in Frankfurt. Voraus tanzte ein Harlekin, der die Zuschauer durch Schläge mit seiner Holzpritsche zurückdrängte. Ihm folgte ein Geselle mit einem Spieß als Anführer und drei als Türken verkleidete Gestalten mit Pfeilen und krummen Säbeln, die von zwei Gesellen mit riesigen Zweihandschwertern bewacht wurden. Nach einer Gruppe von Offizieren, Spielleuten und Spießträgern folgten die Schreinergesellen, jeder mit seinem Werkzeug, von Bewaffneten begleitet. Sie waren „schön" gekleidet mit Bändern, Feldzeichen und Federn auf den Hüten, die aus Hobelspänen gemacht waren. Nach drei Fanfarenbläsern erschien der Fahnenschwinger. Auf dieser rot-weißen Fahne war das Wappen der Schreiner, eine Arche Noah, ebenfalls aus Holzspänen hergestellt. Gesellen mit Flammbergen,

40. Weiberfastnacht. Nürnberger Flugblatt 1584.

Spießen und Musketen umrahmten drei wilde Männer, von denen der mittlere einen Baumstamm trug, während seine Begleiter Keulen schwenkten. Es folgten die Meistersöhne ebenfalls mit ihren Werkzeugen, umgeben von drei Gestalten. Während der mittlere eine Kapuze und ein Buch trug, haute der andere mit einer Axt den dritten ungefügen Gesellen glatt. Den Abschluß bildeten weitere Meistersöhne, begleitet von vier tanzenden Bauern. Der Zug ging zunächst auf den Römerberg, hielt vor jedem Schreinermeisterhaus und endete nach viertägiger Wiederholung auf der Brücke über dem Main, in den alle ihre mitgebrachten brennenden Lichter warfen, „damit anzuzeigen, daß sie nunmehr nicht mehr bey Licht arbeiten" mußten.[27] Die Fastnacht endete oft mit der symbolischen Hinrichtung des Karnevals, dennoch bedeutete trotz aller Bemühungen der Kirche der Aschermittwoch noch nicht das Ende der tollen Tage.

So unterschiedlich die Fastnacht je nach Region und Stadt gefeiert wurde, immer befreiten sich die Teilnehmer während der Karnevalszeit von allen Zwängen des Alltags. Es herrschten Ausgelassenheit, Verschwendung und Ekstase, alles Verhaltensweisen, die im Alltagsleben nicht stattfanden. Die Welt wurde in diesen Tagen nicht nur auf den Kopf gestellt, die „verkehrte Welt" war das Thema des Karnevals schlechthin. Deutlich wird dies nicht nur durch den Kleider- und Rollentausch. Drei Themen standen real wie symbolisch im Zentrum: Einmal spielte das Essen eine Hauptrolle, d.h. nicht nur, daß ungewöhnliche Mengen verspeist wurden, sondern die Freßsucht und Völlerei wurden auch symbolisch dargestellt. Die Kleidung war mit Würsten, Hühnern und Hasen behängt. Neunzig Metzger trugen im fränkischen Königsberg 1583 eine Riesenwurst von 440 Pfund durch den Ort. Zum anderen war der Karneval ein Fest der Fleischeslust.[23] Das Fastnachtsbrauchtum ist voll von sexuellen Anspielungen, dasselbe gilt von den

Fastnachtsspielen. Hierzu paßt, daß viele Hochzeiten in den Karnevalstagen stattfanden wie überhaupt der Februar einen Höhepunkt in der jahreszeitlichen Empfängnisstatistik darstellt. Zweideutige Lieder wurden im Karneval gesungen und sexuelle Symbole herumgetragen. Schließlich wurden – nicht immer nur – symbolisch Gewalt und Zerstörung gefeiert. Man beschimpfte sich gegenseitig und griff die Obrigkeit heftig an. Unliebsame Nachbarn wurden geneckt und öffentliche Ärgernisse angeprangert. Nicht zuletzt gab es viele Wettkämpfe und Quälereien von Hühnern, Hunden und Katzen, die leicht auch auf Menschen übergehen konnten. Dann wurden Leute naß gespritzt, nicht mehr mit Eiern, sondern mit Steinen beworfen und öffentliche Häuser beschädigt. Auch wenn es selten zu größeren Ausschreitungen kam, so wurden an diesen Tagen real und symbolisch doch viele Aggressionen freigesetzt.

Zweifellos lebte die Fastnacht vom Gegensatz zur kirchlichen Fastenzeit, der großen Zeit der Enthaltsamkeit, und war so eingebunden in den christlichen Jahreszyklus. Dennoch handelt es sich nicht um ein christliches Fest, sosehr vor allem nach der Reformation die Kirchen bemüht waren, den Karneval zu verchristlichen und mit dem Aschermittwoch enden zu lassen.[24] Die Fastnacht enthielt noch andere Elemente als nur die Ausgelassenheit vor der Fastenzeit; man feierte das Winterende, reinigte sich von allen Widerwärtigkeiten, beschwor die Fruchtbarkeit der Ehen, des Bodens und des Gemeinwesens. So gehört der Karneval der frühen Neuzeit weit mehr zur Lebenswelt der vormodernen Bauern und Bürger mit ihrer unmittelbaren Einbindung in den Jahreszyklus. Schließlich erfüllte die Fastnacht auch eine wichtige soziale Aufgabe, besaß eine gewisse Ventilfunktion; einmal im Jahr konnte hier das Volk symbolisch aufbegehren, die sozialen Rollen tauschen und verschwenderisch leben, um sich dann wieder umso besser in die Ordnung des dürftigen Alltagslebens fügen zu können; insofern besaß die öffentliche Kritik und Umkehrung der Werte keine sozialrevolutionäre Dimension, und die großen Bauern- und Bürgeraufstände begannen nicht mit den Fastnachtsfeierlichkeiten. Niemand dachte wirklich an eine Realität der verkehrten Welt, aber dennoch wird im Karneval der Traum vom Schlaraffenland, von Freiheit und Genuß erfahrbar, der zwar die Gegenwart transzendierte, aber zugleich ein Stück des Alltagslebens war und blieb. Das Fest diente nicht nur zur Erholung von der Arbeit, es besaß neben der Arbeit einen eigenen Wert, der voll ausgekostet wurde; selbstverständlich stabilisierte es die soziale Ordnung, zugleich war es ein Stück ‚Himmel' auf Erden, so wenig dies vor allem die Kirchen und ihre Priester wahrhaben wollten und deswegen im Narrentreiben ein Teufelswerk sahen, was sie nicht daran hinderte, selbst Fastnacht zu feiern.

Der Karneval als das orgiastische Fest des Jahres konnte wohl selten mit voller Unterstützung durch die weltliche Obrigkeit und die Kirchen rechnen, aber erst im 16. Jahrhundert begann eine Kampagne, die schließlich im

18. Jahrhundert dem wilden Faschingstreiben ein Ende setzte.[25] Zwar wurde die Fastnacht nur in streng protestantischen Gegenden gänzlich verboten, aber überall änderte sie sich aus den verschiedensten Gründen, überall wurde aus ihr ein gezähmtes Fest. Für diese Eingriffe spielte die Rebellionsgefahr kaum eine Rolle, ebenso wenig das Übermaß an Völlerei. Größtes Unbehagen verursachten den oberen Herren vor allem die gewalttätigen Ausschreitungen, die durch die Mummereien besonders erleichtert wurden, da die Täter allzu leicht entkommen konnten. Ebenso empfindlich reagierten die Obrigkeiten auf Kritik an ihren Vertretern oder an den öffentlichen Zuständen und sie behielten sich deswegen die Genehmigung aller Schaustellungen und Umzüge ausdrücklich vor. Etwas anders gelagert war die Kritik der Kirchen, wobei vor allem die protestantischen am rigidesten vorgingen. Sie bekämpften das ‚heidnische' Brauchtum sowie die Vermengung des Sakralen mit dem Profanen. Leider besitzen wir keine ‚neutrale' Beschreibung einer Fastnacht des 16. oder des 18. Jahrhunderts, die meisten Berichte entstammen Verbotsmandaten und Ratsprotokollen, die nur Teilaspekte wiedergeben. Dennoch läßt sich feststellen, daß die ‚wilde' Fastnacht sukzessive gemäßigt wurde, d.h. der Reformierungsdruck von oben durchaus Erfolg hatte; wie allerdings das ‚gemeine Volk' darauf reagierte, wissen wir nicht. Auch wurde die Fastnacht immer weniger eine gemeinsame Veranstaltung aller Stände. Feierten noch im 16. Jahrhundert alle Stände bunt gemischt auf den Straßen, so begannen nach und nach die verschiedenen sozialen Gruppen getrennt zu feiern. Als die Kirchen fürs Faschingstreiben geschlossen wurden und auch die Klöster die Fastnacht aufgaben, zog sich vor allem der Adel auf seine Schlösser zurück, wo er unter sich feierte.

3. Das höfische Fest

Das höfische Fest unterscheidet sich wesentlich von den anderen Festen der frühen Neuzeit; es stellt etwas Besonderes dar.[1] Einmal war es das Fest einer besonderen, sozial abgeschlossenen Gruppe, nämlich des Adels, der herrschenden Klasse der vorindustriellen Gesellschaft, die abgeschieden von anderen ständischen Gruppen in Land und Stadt ein eigenes Leben führte. Dann war das höfische Fest kein Fest der fürstlichen Familie, das zur Verschönerung des Lebens so häufig wie möglich stattfinden sollte, sondern es war wesentlicher Bestandteil eines neuen Herrscherkultes, durch den der seiner politischen Macht entsetzte Adel der Region in eine geschlossene Gesellschaft integriert, diszipliniert und den Fürsten unterstellt wurde; zugleich sollte das Fest Macht und Glanz des Fürsten dem ganzen Volk sinnfällig machen. Da Fürstenmacht und Staatsmacht kaum zu trennen waren, symbolisiert das Fest insofern auch die neue Qualität des Staates. Das höfische Fest war ein fester Bestandteil der Herrschaftspraxis in der frühen Neuzeit. Zwar verstand sich die Adelsgesellschaft als überregionale Herrschaftsgruppe, aber seinen konkreten Bezugspunkt fand der Adel zunehmend in den regionalen Fürstenhöfen, was in den höfischen Festen besonders deutlich wird. Weiterhin war das höfische Fest bei aller Orientierung auf den Fürsten zugleich Ausdruck der Lebensweise einer gesellschaftlichen Gruppe, die entlastet von unmittelbaren Herrschaftsaufgaben – denn diese übernahmen mehr und mehr die Beamten –, einen Lebensstil ausprägte, der für die ganze höfische Welt verbindlich wurde. Er betraf die Umgangsformen, die Kleidung, den Sprachgestus und die Eßsitten.

Das höfische Fest war das Fest des gesamten Adels zur öffentlichen Präsentation seiner Kultur und herausgehobenen herrschaftlichen Stellung. Daß dafür die Straße oder die Kirche, die Rathäuser und alten Burgen, die seit dem 16. Jahrhundert aufgegeben wurden, nicht genügten, versteht sich. Der ideale Ort zur Selbstdarstellung wurden die neu errichteten Schlösser, in denen sich die festliche Hofkultur blendend inszenieren ließ. Schließlich unterlag das höfische Fest einem strengen Zeremoniell, das bis ins einzelne geplant war und genauestens eingehalten werden mußte. Nichts war dem Zufall überlassen, jedes wirre Durcheinander verboten, jede Unordnung verpönt und Ungezügeltheit beim Tanz, beim Essen oder Spielen wurde unterbunden. Der Auftritt des Fürsten, die Stellung seiner Familienmitglieder und des Hofadels waren festgelegt, ihre Rolle im Fest genau umrissen; ebenso klar war der höfische Festkalender. Aus Wien hieß es 1730: „Der Hof ist sehr ordentlich eingerichtet, man kann ein ganzes Jahr vorhersagen, was diesen oder jenen Tag bei Hofe vor eine Solemnität, Lustbarkeit oder Andacht passieren werde".[2] Die höfische Selbstdarstellung erzwang ein einheitliches höfisches Verhalten, das sich deutlich vom groben Junkerstil unterschied. Weil die großen Feste publik gemacht, gerne auch auswärtige Gäste dazu geladen wurden, wußte bald der ganze Adel, wo die größten und pompösesten Feste stattfanden, was eine gewisse Konkurrenz nicht ausschloß, im Gegenteil: das Fehlen von militärischer Macht versuchten manche Fürsten durch höfische Festgestaltung wettzumachen.

Das höfische Fest ist nicht eine Erscheinung erst des Barock; solange der Adel politische Ansprüche stellte, gab es dieses Fest.[3] Und obwohl es in den hochgelegenen Burgen stattfand, waren die Grenzen zur bäuerlichen und patrizischen Festkultur fließend. Das Neue der höfischen Feste seit dem 17. Jahrhundert war einmal ihre Abgehobenheit von der Gesellschaft des gemeinen Volkes, das höchstens noch ‚Zuschauer' sein durfte, zum anderen ihre Distinguiertheit; alle Derbheit und Ausgelassenheit war dem Zeremoniell gewichen. Der Adlige durfte nicht mehr mit dem Bauern streiten oder lachen. Und wenn er sich auf seinen Festen gerne als Bauer oder Schäfer kleidete, so war dies Teil einer künstlichen Idylle und nur in der Abgeschiedenheit des Hofes möglich.

Die höfische Festkultur erreichte nach dem 30jährigen Krieg einen Höhepunkt. Friedrich I. von Preußen, Max Emanuel von Bayern und August der Starke von Sachsen (Polen) errichteten nicht nur pompöse Schloßanlagen, sondern waren Gastgeber üppiger Hoffeste. Nicht ihre staatsmännische Klugheit oder Kriegskunst, sondern ihre Festveranstaltungen machten ihre Residenzen so anziehend. „Dresden scheinet ein bezaubertes Land“, schrieb von Loen 1723, „welches sogar die Träume der alten Poeten noch übertrifft. Man konnte hier nicht wohl ernsthaft sein, man wurde mit in die Lustbarkeiten und Schauspiele hineingezogen. Der König scheinet recht geboren zu sein, den Menschen Lust und Freude zu machen.“[4] Und aus München wird berichtet: „Kein Zweifel, der Münchener Hof ist einer der glänzendsten in Europa, die Vergnügungen überstürzen sich förmlich. Glückseliges Bayern, einst hat der zornige Mars blutige Greuel über dich verhängt, in Zukunft wirst du nun ein glückliches Los genießen“.[5] Zweifellos haben auch die Feste der Bauern und Handwerker, der Dörfer wie Städte viel Geld gekostet, es waren Feste der Verschwendung, in deren Verlauf in kurzer Zeit Güter verbraucht wurden, von denen die vielen Armen hätten lang leben können; aber was der Adel und die fürstlichen Höfe in ihre Feste investierten, überstieg alles Maß; während die Untertanen immer wieder zu einem maßvollen Leben angehalten wurden, war die höfische Verschwendung offensichtlich selbstverständlich und wurde kaum – höchstens von pietistischen Pfarrern – kritisiert. Das galt nicht nur für den Schloßbau und die Unterhaltung eines großen Hofstaates, sondern vor allem für die Festkultur und das müßiggängerische Leben des Adels, das den größten Teil der ‚Staats‘einnahmen verschlang, ein heute undenkbarer Zustand.

Daß es überhaupt zu diesem Selbstdarstellungszwang kam, der manchen Adligen und Fürsten in erhebliche finanzielle Nöte trieb, hat verschiedene Gründe. Einmal zwang der absolutistische Herrschaftsanspruch der Fürsten zu einer glanzvollen Selbstdarstellung gegenüber Volk und Adel. Bewunderung und Untertänigkeit waren konstitutiv für die fürstliche Macht. Der Glanz sollte blenden und neue Distanzen schaffen. Zum anderen suchte auch der politisch entmachtete Adel im Schein der Fürstenhöfe neues ‚kulturelles‘ Ansehen, wodurch erstmals eine mehr oder weniger homogene Adelsgesellschaft mit gleichem Lebensstil, gleichem Standesbewußtsein und sozialer Orientierung entstand, die auch Bürgerliche, insofern sie nobilitiert wurden, aufnehmen konnte. Schließlich benötigte der frühmoderne Staat identitätsstiftende Akte, die nicht nur auf Gewalt gründeten. Die aufsehenerregenden Festlichkeiten eines Hofes stärkten den Staatsgedanken auch in der Bevölkerung. So entsprang die höfische Festkultur zwar unterschiedlichen Interessen, diente aber vor allem der Absicherung fürstlicher Herrschaftsansprüche und Stärkung der Landesidentität über die Person des Fürsten.

Sicherlich spielte bei der Ausweitung der höfischen Festkultur das französische Vorbild eine Rolle, doch geht sie im Reich nicht nur auf französische Wurzeln zurück.[6] Es waren die politischen, kulturellen und wirtschaftlichen

Gegebenheiten der einzelnen Länder, die die höfische Kultur möglich machten und ihr die jeweils unterschiedliche Gestalt gaben. Das perfekte Ritual des französischen Hofes wurde selten übernommen, überall entstanden eigene höfische Traditionen. Die Unterschiede zwischen den Höfen in Weimar, Gotha, Oldenburg und Bamberg und den großen Höfen in München, Wien, Dresden und Berlin waren so beträchtlich, daß sie kaum mit den gleichen Kategorien erfaßt werden können. Dies gilt nicht nur für die Pompösität, sondern auch für das Verhältnis zur Tradition.

Geselligkeit, Feiern und Festveranstaltungen hatten für alle Menschen in der frühneuzeitlichen Gesellschaft einen hohen Stellenwert. Sie beschränkten sich nicht nur auf den Feierabend und die Festtage, sondern waren Bestandteil des alltäglichen Lebens, sie definierten sich als eine Gegenwelt zur Welt der Arbeit. Für den Adel war die Bedeutung von Geselligkeit, Feiern und Festveranstaltungen weit höher als für die anderen Gruppen: sie bildeten einen Mittelpunkt des Lebens, ja sie waren seine Art und Weise zu leben und zu herrschen. Sicherlich waren die meisten Adligen und Fürsten mit komplizierten Herrschafts- und Verwaltungsaufgaben betraut, auch beteiligten sie sich aktiv an den Feldzügen der frühen Neuzeit, aber in der höfischen Gesellschaft stand das Fest als Element des Herrscherkultes im Mittelpunkt.[7]

Diese Festkultur unterlag im Laufe der Zeit einem bedeutsamen Wandel; standen im 16. Jahrhundert noch pompöse und laute Feste im Vordergrund, so hatten die Feste im 18. Jahrhundert einen schlichteren und privateren Charakter. Immer aber war das Schloß mit den Parkanlagen eine Stätte des Vergnügens und der Feste. Selbst der Aufklärer Knigge ging davon aus und differenzierte nach der Qualität der Geselligkeit. Über den kleinen Saarbrücker Hof schrieb er noch 1792: „Die herrschaftliche Tafel ist vortrefflich; es fehlt am Hofe an keiner Art von Vergnügung, nach den verschiedenen Jahreszeiten, als: Jagd aller Gattung, Fischfang, Schauspiele, Concerte, Tanz, Spiel, Mascaraden, Schlittenfahrten, Land-Partien, nützlicher Unterhaltung und Lectüre. Dabey herrscht in diesen Cirkeln ein freyer Ton, mit Würde und Anstand verbunden. Der Fürst liebt frölichen Scherz und gute Laune."[8]

Auch am Hofe fanden alltäglich Feste statt, es vergingen kaum Tage ohne Spiele, Ausritte und große Essen. Für die gehobene Gesellschaft war der Hof das, was für die dörfliche Bevölkerung das Gasthaus war; man traf sich, um neueste Nachrichten auszutauschen, gemeinsam zu essen, zu trinken und vor allem zu spielen. Im Unterschied zur dörflichen Gaststätte ging es am Hof natürlich höchst gesittet zu, auch waren die Damen zugegen. Wie es am preußischen Hof alltäglich zuging, können wir aus den Tagebüchern der Oberhofmeisterin von Voss von 1760 entnehmen: „Wie alle Tage um acht Uhr aufgestanden. Thee getrunken und zu den Kindern gegangen, dann meine Gebete gelesen und dann mit Schaffroth musizirt. Um ein Uhr aß ich

41. Scharfrennen zwischen Herzog August und Hans v. Schönfeldt 1544 zu Merseburg, Gemälde auf Holz um 1590.

mit der Knesebeck und der Kraut bei der Prinzessin in Rothensee, wo nur ihre Damen und Herren waren. Nach Tisch wurde vorgelesen, dann Kegel und später Picket und Triset gespielt. Gegen sieben Uhr fuhren wir zur Stadt zurück; man plauderte ein bischen, setzte sich wieder zur Parthie und dann zum Souper, das bis elf Uhr dauerte".[9] Die großen und aufwendigen Feste richteten sich nach dem Kalender der höfischen Gesellschaft, der sich nicht mit dem Festkalender der Bauern oder der Handwerker deckte, sosehr es Entsprechungen gab; gefeiert wurde immer zu besonderen Staatsanlässen: sei es die Geburt eines Kindes, die Hochzeit eines Fürsten oder ein fürstlicher Besuch, eine Landeshuldigung und ein Friedensschluß. Je nach Bedeutung des Hofs gab es mehr oder weniger oft einen Anlaß zu Feiern. Nirgendwo war die Festkultur so sehr ‚weltlichen' Interessen unterworfen wie in der adligen Welt. Zwar gab es höfische Karnevalsveranstaltungen, aber keine besonderen Feste zu Ostern oder zum Erntedank. Dementsprechend spielten weniger höfisch-rituelle Aktionen eine Rolle als allegorische Spiele und Musiktheater. So unterschiedlich die großen Feste auch gestaltet werden konnten, kann man doch eine besondere Vorliebe für die Jagd und allerlei Wettkämpfe feststellen, sodann für Maskeraden von den sogenannten ‚Wirtschaften' bis zu Maskenbällen sowie für Bälle und Theater- oder Opernaufführungen.

Die großen Turniere gab es seit dem 15. Jahrhundert kaum noch, vor allem, nachdem bedeutende Fürsten dabei zu Tode gekommen waren; anstelle des Kampfes mit schweren Waffen (Scharfstechen) traten Kampfspiele zu Pferd oder zu Fuß, bei denen die Lanzen vorne gepolstert waren, so daß die Gegner nur umgeworfen, aber nicht verletzt werden konnten. Diese Scherzturniere bildeten bald auch einen Bestandteil vieler Volksfeste bis weit ins 18. Jahrhundert hinein, aber auch an Höfen fand man noch im 16. Jahrhundert Spaß an derartigen Turnieren.[10] Anläßlich der Vermählung des Markgrafen Casimir von Ansbach mit Susanne, der Tochter des Herzogs Albrecht IV. von Bayern, gab es in Ansbach 1518 ein großes Schauspiel: In der Nähe der Stadt wurde auf offenem Feld ein großes Lager errichtet, das einem mächtigen Heer- und Feldlager glich, zu dem viele Männer und Frauen zu Roß und in Wagen zogen. Drei bunt gekleidete Reiterpaare lieferten sich eindrucksvolle Kämpfe. Die ersten Reiter hatten an ihren Schilden mit Rotwein gefüllte Blechflaschen befestigt. Als sie nun aufeinanderstießen, floß der Rotwein in Strömen. Nachdem der Geschlagene auch noch vom Pferd fiel, dachten viele, „sonderlich die Frawen, die solichs nit wißen hetten", die Reiter „hetten ainander in leib gerent, das daz plut heraus flüße". Das zweite Paar schoß in schwerer Rüstung mit Armbrüsten aufeinander. Sie „buten an einander die schüß, schlugen ainander umb die oren und scharmitzelten mit ainander ain lange Zeit". Das dritte Paar trat ebenfalls in Rüstungen auf und rannte mit langen Spießen aufeinander, „als man pflegt in freyem feld veindtschafft weise auff ainander zu rennen und traffen baid wol in die schilt und zu Roß baid sitzend". Nach diesen Turnieren wurde ein Hirsch von Hunden an einem Wassergraben gehetzt, „bis das er ertranck im angesicht der Frauwengezymerns". Dieses „fröliche Wesen" endete schließlich mit einem Zug unter „großem schall und triumpf Pfeiffen und Trompeten" zurück nach Ansbach, wo es ein großes Essen gab und ein fürstlicher Tanz abgehalten wurde.[11]

Ebenso beliebt waren Tierhatzen; harmloses Spiel mischte sich hier mit Tierquälerei. „Unter allen macht keiner solche Vergnügung als ein Bär, wenn er von den kleinen Bärenbeißern hin und her gezwackt wird, so daß er sich in ein Faß mit Wasser retirieren muß. So sitzt er darinnen und teilt aus demselben mit vieler angenehmen Lust Ohrfeigen unter die Hunde aus, wehret sich dermaßen, daß er mit den Hunden überall naß wird, oftmals nach demselben heraus und wiederum hineinfährt, dabei es viele Lustbarkeiten gibt. Es pfleget die Herrschaft auch den Bären mit Schwärmern und Sternpolzen zu vexieren und mit einem rot-ausgestopften Männchen zornig zu machen". In Berlin wurde 1693 sogar ein Amphitheater für Tierhatzen gebaut, in dem Auerochsen, Löwen, Bären untereinander oder mit Hunden kämpften.[12] In Dresden fanden 1719, 1721, 1739, 1740 große Kampfspiele statt, bei denen Löwen, Tiger, Bären, Eber, Auerochsen, Büffel auftraten und sich zerfleischten.[13] In Frankfurt gab es 1723 sogar eine Hatz von Bären und Eseln. Besonders groß waren die Tierhatzen in Wien. Das Hatztheater kündigte 1772 an, daß ein hungriger wütender Bär einen jungen Ochsen lebendig fressen werde. Als der Berliner Aufklärer Nicolai 1773 in Wien weilte, wurden Hunde auf Stiere, Bären, Schweine, Hirsche und Wölfe losgelassen. Über die Programmnummer „Die Raubwölfe werden auf eine lächerliche Art ihren Raub nehmen", heißt es beim aufklärerischen Reise-

42. Amphitheater in Wien.

schriftsteller Nicolai: „Dieses wehrlose Tier (ein lebendiges zahmes Schwein) wurde unter kreischendem Geschrei von einem Wolfe bedächtig und ohne Mühe am Halse befressen, während der andere ebenso ruhig den Bauch aufgebissen hatte, mit der Schnauze im Leib wühlte und die Eingeweide verschluckte".[14] Sicherlich waren die öffentlichen Tierhatzen nicht nur ein Schauspiel für den Hof, da auch das breite Volk teilnahm; aber bemerkenswert ist das Interesse von Hofleuten an diesen makabren ‚Veranstaltungen'.

Etwas weniger wild verlief ein anderes Tierspiel: Die Gäste des Prinzen Joseph Friedrich von Sachsen-Hildburghausen ergötzten sich 1754 an einem Wasserkarussell im Schloßhof. In einem Weiher hatte man Postamente errichtet, auf denen verschiedene Tiere angekettet waren: Zwei Bären waren als Pantalons angezogen, zwei Wildschweine als Kolombinen, zwei große Ziegenböcke als Harlekins, dazu gab es noch zwei Bullenbeißer. Diese Tiere wurden mit Wasser bespritzt, erschreckt und gereizt. Als schließlich andere Postamente voller Enten, Gänse und Schwänen sich öffneten, erhob sich ein ungeheures Schnattern, Kreischen, Brummen, Grunzen, Meckern, Bellen und Heulen, was den Höhepunkt des Hofvergnügens bildete.[15]

Ein Gegenstück zu derart aufregenden Schaustellungen bildete oft ein heiteres Kostümfest bei Hoffesten; es handelt sich um die sogenannten Wirtschaften und Bauernhochzeiten, die seit dem 17. Jahrhundert Verbreitung fanden. Der Hof wurde entweder in eine Bauernwirtschaft oder in einen Jahrmarkt umgewandelt. Von der ‚Wirtschaft', die am Geburtstag des brandenburgischen Kurfürsten 1700 in Charlottenburg stattfand, berichtet Leibniz ausführlich: Man stellte einen Dorfjahrmarkt mit zahlreichen Buden auf, in denen die Gäste kostenlos Schinken, Wurst, Ochsenzungen, Wein, Limonade, Tee, Kaffee, Chocolade und ähnliche Dinge erhalten konnten. Alle Festteilnehmer übernahmen ein Amt. Der Bruder des Kurfürsten verkaufte zusammen mit ausländischen Gesandten in diesen Buden. Herr von Osten trat zusammen mit Harlekins und Seiltänzern als Marktschreier auf. Der Kurprinz mimte einen Taschenspieler, die Kurfürstin eine Doktorin, die Wundertränke verkaufte, Herr Desailleurs den Zahnarzt.

„Bei der Eröffnung erschien der Doktor in feierlichem Aufzug auf einer Art Elefanten und die Frau Doktorin ließ sich in ihrer Portechaise von Türken hereintragen. Dann kamen der Taschenspieler, die Springer und der Zahnbrecher, und als dies ganze Gefolge des Doktors vorüber war, führten Zigeunerinnen einen Tanz aus, ihre Anführerin war die Fürstin von Hohenzollern. Man sah auch einen Astrologen mit einem Fernrohr in der Hand. Eigentlich hatte ich ihn spielen sollen, aber Graf Wittgenstein war so freundlich, mir die Rolle abzunehmen. ... Er prophezeite dem Kurfürsten, der aus einer Loge zusah, viel Erfreuliches. Die erste Zigeunerin, Fürstin Hohenzollern, wahrsagte aus der Hand, wozu sie sich der hübschen deutschen Verse des Herrn von Besser bediente. ... Eine Dame der Fürstin Hohenzollern hatte Zahnweh, und der Zahnbrecher mit der Zange eines Hufschmiedes zog ihr einen Zahn, so lang wie der Arm, er gehörte auch einem Wallroß an. Der Doktor lobte seine Geschicklichkeit, indem er der Versammlung vorstellte, wie geschickt der Mann sein müsse, um einen solchen Zahn auszuziehen, ohne Schmerzen zu verursachen. ... Schließlich ging es zu wie beim Turmbau zu Babel, denn jeder redete in seiner Sprache, und Herr von Obdam, um der Doktorin zu gefallen, sang das Lied vom Amor als Arzt. ... Am Schluß kam Herr von Reisewitz als Störer des Festes, indem er den Stadtphysikus vorstellte, der den Marktschreier angriff. Es gab ein sehr lustiges Wortgefecht. Der Wunderdoktor zeigte seine Papiere, Privilegien und Atteste von Kaiser, Königen und Prinzen, der Stadtphysikus lachte ihn aus und wies auf die goldenen Medaillen, die er und seine Frau um den Hals trugen, die habe er durch seine Geschicklichkeit verdient, und sie sprächen mehr für sein Können als zusammengesuchte Papiere".[16]

Ebenso beliebt waren die Bauernhochzeiten, auf denen sich Hofleute als Landleute verkleideten, aber auch echte Bauern als 'Schauspieler' auftraten und eine Hochzeit in ländlicher Idylle feierten. In Ansbach wurde anläßlich eines Staatsbesuchs zur Belustigung und zum Vergnügen der hohen Anwesenden eine Bauernhochzeit vorgeschlagen, „wozu dann der sämtliche Adel invitiret wurde, nachmittag in förmlichem Bauer-Habit, teils en robe sans masque bey Hof zu erscheinen“.[17] Während Bauern im alltäglichen Leben von Hofleuten herablassend behandelt wurden, umgab sie auf dem höfischen Jahrmarkt und den Bauernhochzeiten ein idyllischer Glanz. Ein Widerspruch wurde nicht gesehen, so fern war die Hofgesellschaft von der bäuerlichen Welt entrückt.

Schließlich gab es auch Maskeraden und allegorische Spiele.[18] In Berlin erschien bei einem Affenfest die ganze Gesellschaft in grauem Samt als Affen gekleidet, bei anderen Soupers mußten sich alle Herren als Damen und alle Damen als Herren verkleiden. Besonders in Erinnerung blieb eine Vorstellung „der Insel des Vergnügens“ in Berlin im Jahre 1753. Jeder bekam dazu seine Rolle und sein vorgeschriebenes Kostüm. Prinz August Wilhelm hatte auf einer breiten Galerie ein Amphitheater für die Zuschauer errichten und in einem anstoßenden Saal eine Bühne aufführen lassen, die eine mit Blumenkränzen und Wasser umgebene Insel vorstellte. Die handelnden Personen figurierten teils als Gottheiten, teils als Künste und Wissenschaften. Erst „spielten Hofkavaliere und Damen einen Akt aus einer Tragödie, dann wurde ein Lustspiel von anderen aufgeführt, an deren Stelle zuletzt eine sehr hübsche, von Pagen vorgestellte Pantomime trat. Ehe man sich zur Tafel setzte, wurde an verschiedenen Tischchen gespielt. Um zehn Uhr rief der Hofmarschall zum Abendessen auf die Lustinsel. Jeder Kavalier hatte eine Dame erhalten. Mein Los war beneidenswert, ich bekam Fräulein Sophia von Danckelmann, welche die Minerva vorstellte. Als wir in den Saal traten, erblickten wir die Tafel mitten auf der Insel, die sich über dem Wasser zu erheben schien. Die Bogen, die die Insel umgaben, waren erleuchtet, und ein köstliches Mahl stand bereit. Das Gespräch war lebhaft und wurde von jedem im Geiste seiner Rolle geführt. Beim Nachtische ertönte aus der Ferne eine sanfte Symphonie. Wir saßen lange an der Tafel, bis ein Ball den Beschluß des reizenden Festes machte“.[19]

Zu jedem Hoffest gehörten schließlich Tanz, das Musik- und Schauspiel bzw. die Oper sowie ein pompöses Feuerwerk.

Es wurde in allen sozialen Ständen viel getanzt, zu Hause, auf dem Markt, in Gasthäusern und in den Zunftstuben, obwohl die Kirchen oft und heftig gegen diese Tanzwut predigten. Auch der Adel wie die fürstliche Gesellschaft tanzte seit je, lange sogar relativ ungeschieden vom Volk und ebenso wild. Seit dem 16. Jahrhundert jedoch, als der Adel sich zurückzog in die neuerrichteten Schlösser, vollzog sich ein Wandel. Einmal begann er nur unter seinesgleichen in exklusiver Gesellschaft zu tanzen, zum anderen änderte sich die Art des Tanzes. Das wilde Springen und die volkstümlichen Tänze, die es auch am Hof gab, wurden durch zierliche Tänze verdrängt. Es gab Einzel- und Paartänze, Kunst- und Schautänze; Höhepunkte bildeten einmal die abendlichen Hofbälle, zum anderen das Ballett.[20] Dem höfischen

Ideal entsprach zumeist das Menuett, der kunstvollste Tanz des Barock bzw. des Rokoko. Die neue Tanzkunst hatte sich an strengen geometrischen Normen auszurichten, die die geordnete Welt des Schlosses widerspiegelten. Der Tanz war für die höfische Gesellschaft bald kein spontaner Akt des Vergnügens und der Geselligkeit mehr, sondern wurde in ein strenges Zeremoniell eingebunden und zu einem Akt höfischer Distinguiertheit und körperlicher Selbstkontrolle.[21]

Selbst vom Fürsten erwartete man, daß er neben seinen Regierungsgeschäften auch ein meisterhafter Tänzer war. So nimmt es nicht wunder, daß der Tanzunterricht einen wesentlichen Bestandteil der Erziehung jedes Adligen bildete. Der Tanz wurde zum Inbegriff höfischer Lebensgestaltung. Tanzschulen verbreiteten sich und Tanzbücher erlebten hohe Auflagen. Die Tanzkunst war dem bekannten Danziger Tanzmeister Gottfried Taubert „die erste unter den ritterlichen Exercitiis, welche den übrigen die Thüre auf- und zuschließt, und durch deren wohlgeordnete Ausübung der menschliche Leib zu allen Verrichtungen agil und geschickt gemacht, das Gemüth recreiret und gestärcket, die Lebens-Geister ermuntert, und zu allen wichtigen Geschäfften gleichsam auf das neue beseelet werden".[22]

Als der Tanz in das Zentrum der höfisch-festlichen Unterhaltung rückte, war dies zugleich die Zeit einer Neuorganisation des höfischen Musiklebens.[23] Musiziert wurde seit je an den Höfen, die Musik spielte überhaupt in der höfischen und ständischen Gesellschaft eine große Rolle, seit dem 16. Jahrhundert wurden aber die Höfe zu den profanen Zentren der europäischen Musikpflege. Soweit es ging, leisteten sich die Fürsten eigene Hofkapellen. Italienische Vorbilder spielten dabei eine große Rolle. Die vom Hof bestallten Musiker mußten nicht nur zum Tanz aufspielen, sondern sie begleiteten gewissermaßen das ganze höfische Leben mit musikalischen Zwischenspielen, wobei es eine Trennung von ernster Musik und Unterhaltungsmusik nicht gab. Zugleich waren die Musiker oft zuständig für die Gestaltung der Hoffeste, übernahmen also etwa die Aufgaben eines Zeremonienmeisters. Viele deutsche Höfe des 17. und 18. Jahrhunderts förderten so das Musikleben des Barock.

Die Pflege der Musik entsprach durchaus auch dem Wunsch nach Unterhaltung, wesentlicher aber war ihre Funktion im Hofzeremoniell, sie verlieh dem Hofleben einen besonderen Glanz. Intensive Musikpflege ging dabei Hand in Hand mit hoher Musikalität und echtem Interesse und Verständnis, wie etwa bei Friedrich II. und Wilhelmine von Ansbach-Bayreuth.

Zum höfischen Fest gehörten ferner Theateraufführungen und an großen Höfen Opern, für die später eigene Hoftheater bzw. Opernhäuser errichtet wurden.[24] In ihrer Architektur spiegelten sie die höfische Ordnung wider. Die Ränge waren höfischem Adel vorbehalten, dem Fürsten die zentrale Loge. Eigene Schauspieltruppen konnte sich allerdings kaum ein Hof leisten, deswegen lud man herumziehende Schauspieltruppen ein. Dies wie-

43. Feuerwerk für Kaiser Maximilian II. in Nürnberg 1570, Kupferstich von Jost Amman.

derum ist der Grund, daß es lange keine strikte Trennung von volkstümlichen und höfischen Theaterstücken gab. Selbstverständlich liebte man Lustspiele, aber typischer waren die großen Aufführungen mythologisch-allegorischer Stücke und Heldendramen, die nicht zuletzt der Selbstdarstellung und Verherrlichung des Adels und der Fürsten dienten. Wichtig war der große Abwechslungsreichtum an Stücken, die Vielzahl der Schauspieler und die Buntheit der Ausstattung. Bühnenarchitekten und Bühnenbildner konnten ihrer Phantasie freien Lauf lassen. Die Grenzen des Schauspiels einerseits zu Opernaufführungen und andererseits zu Freilichtaufführungen waren fließend.

Die größten Kosten bereitete das Feuerwerk, mit dem die größeren höfischen Feste in der Regel abschlossen.[25] Es faszinierte nicht nur die höfische Gesellschaft, sondern blendete auch das gemeine Volk. „Der Mörsel schickt Ballonen, wirft Kugeln Wolken = an, das alles knickt und kracht. Der helle Funken Tag verjagt die schwarze Nacht".[26] Die Feuerwerkskunst entwickelte sich parallel zum Ausbau der modernen Waffentechnik (Artillerie) seit dem späten 16. Jahrhundert und erreichte in der zweiten Hälfte des 17. Jahrhunderts ihre größte Perfektion, als durch den Druck und die Verbreitung der pyrotechnischen Literatur die Herstellung von Schwärmern, Kanonenschlägen, Lichtröhren, Sternputzern, Feuerrädern und vor allem von Raketen an allen Höfen möglich wurde. Techniker und Künstler wirkten hier zusammen. Zwar gab es auch in größeren Städten Feuerwerke, aber wegen der hohen Kosten blieben sie meist den Höfen vorbehalten; schließlich konnten sie ideal zur Verherrlichung herrschaftlicher Macht eingesetzt werden. Über die Feuerwerke in der frühen Neuzeit wissen wir vor allem aus der pyrotechnischen Fachliteratur, darüber hinaus haben sich viele Beschreibungen und Abbildungen erhalten.[27]

Beim höfischen Feuerwerk wurden Feuerwerkskörper nicht nur einfach in den Himmel geschossen, wobei sich das Publikum an der Vielfarbigkeit erfreute, sondern es kam zur figürlichen Gestaltung verschiedenster, zumeist heroischer Themen. Beliebt waren Kampfszenen von Christen mit Türken, für die große Bauten errichtet wurden, auch Drachenkämpfe und gigantische Seeschlachten. Biblische und mythologische Themen wurden verwendet, wobei sich die Grenzen zum klassischen Schauspiel verwischten. „Es werden die Fewerwerck ins gemein den hohen Potentaten, Fürsten und Herren, nicht allein das Gesicht und sinnligkeit damit zuergetzen und zuerfrewen, sonder auch zu nützlicher lehr, geheimnuß und sonderer bedeutnuß zugericht, wie dann bey den Alten die Comedien, Tragedien, als kurtzweilige Lehrspil den grossen Herrn und gemeinen hauffen vorgetragen worden".[28] Besonders eindrucksvoll waren das Feuerwerk anläßlich des Kaiserbesuchs in Nürnberg 1541, das Schiffeuerwerk auf dem Rhein in Düsseldorf 1585, das Feuerwerk zur Kaiserwahl 1612 in Frankfurt sowie das Herkulesfeuerwerk in Dresden 1678. Alle diese Feuerwerke dienten zur Selbstdarstellung fürstlicher Macht und präsentierten vor einem großen Publikum die neue christlich-absolutistische Ständeordnung.

Bevor die großen Feuerwerke seit der Mitte des 18. Jahrhunderts an Beliebtheit verloren, kam es noch zu einem bemerkenswerten Bedeutungswandel. Präsentierten die Hofkünstler zunächst allegorisch gedeutete Mythen und Kämpfe vor einem höfischen Publikum, so diente das Feuerwerk später nur noch zur Illumination des höfischen Lebens selbst inmitten der neuen Schloß- und Gartenarchitektur. Es verlor an sinnbildlicher Bedeutung, gewann aber an optischer Wirkung, indem es den Rahmen des gesamten zeremoniell geplanten Festverlaufs absteckte. Deutlich sichtbar wird diese neue Funktion des Feuerwerks beim großen Wasserfeuerwerk in Dresden 1719.[29]

Es gab, wie gesagt, viele Anlässe für Festveranstaltungen an den Höfen; die meisten hielten sich, was den Aufwand betraf, in finanziell erträglichen Grenzen. Aber es gab auch große Veranstaltungen, die sich über mehrere Tage erstreckten und sogar in mehreren Schlössern gleichzeitig stattfanden. Alle künstlerischen und technischen Kräfte wurden eingesetzt, um den fürstlichen Gastgeber ins beste Licht zu rücken. Nichts überließ man dabei dem Zufall. Es gab ein genaues, festgeschriebenes Programm, das gedruckt und verschickt wurde. Die Festtage waren angefüllt mit einer Folge von Bällen, Maskeraden, Soupers, Jagden in allen Formen, Schlittenfahrten, Reiterspielen, Feuerwerken und allabendlichen Opern- oder Theateraufführungen.

Eines der imposantesten und größten Feste veranstaltete August der Starke von Sachsen anläßlich der Hochzeit seines Sohnes mit der Erzherzogin Maria Josepha 1719 in Dresden.[30] Als Festveranstalter wollte der König seine Macht dokumentieren und seinen politischen Anspruch im Reich anmelden. Die Feierlichkeiten dauerten 28 Tage.

Der Kurfürst und König hatte am 2. September mit 15 holländischen Jachten die Braut in Prina an der Elbe abgeholt. Die Erzherzogin bestieg ein venezianisches Staatsschiff, das August der Starke eigens für diesen Zweck nachgebaut hatte und das von 100 Gondeln begleitet wurde. Weit vor der Stadt Dresden formierte sich dann ein Festzug aus rund 100 Karossen, in denen die von auswärts kommenden Gäste saßen, 7 Fürsten, 100 Grafen, 200 Barone und 500 Edelleute. Die Braut erschien in spanischer Hoftracht in einer achtspännigen Karosse, die von schwarzen neapolitanischen Rappen gezogen wurde. Vor ihr ritt ein Leibmohr mitsamt 24 anderen Schwarzen in weißem Atlas gekleidet und mit roten Turbanen. Hinter der Karosse folgte der Kurprinz zu Pferde. Der ganze Zug wurde von Läufern mit langen Stöcken begleitet. Dazu kamen noch 24 Generäle in Scharlachuniformen sowie 9 Escadrons Reiter. August der Starke empfing die Braut in seinem polnischen Königsornat in einem gelben Samtzelt vor der Stadt.

Es folgten Tage großer Festgelage, aufwendiger Bälle und Theateraufführungen, die ein großes Hofpublikum in Atem hielten. Höhepunkte waren die Reiterspiele oder Karussells im Zwinger. An einem Abend erstrahlte in besonderem Glanz der Stolz Dresdens, das Meißener Porzellan im Japanischen Palais. Gleichzeitig wurde von sieben Kastraten ein Wettbewerb der sieben Planeten um die Gunst der Braut ausgetragen. Anschließend servierte man das Souper auf Porzellan an zehn Tafeln. Zum Abschluß gab es ein Feuerwerk, das die Eroberung des Goldenen Vlieses durch Jason darstellen sollte. Viermal wurde eine neue Oper, dreimal eine französische Komödie gespielt und einmal ein deutsches Bauernstück gegeben. Weitere Höhepunkte des Dresdner Festes waren die sogenannten Götterfeste, ein Jupiterfest im Zwinger, ein Dianafest an der Elbbrücke, wobei 400 Hirsche in die Elbe getrieben wurden, um sie dort zu erlegen. Ein Merkurfest fand auf dem alten Markt in Dresden statt. Hier boten die verschiedensten Nationen maskiert ihre Waren an, worauf man dann in den hell erleuchteten Zwinger zog. Das Venusfest begann mit einem Wagenrennen von Damen, die als Amazonen verkleidet waren. Dem folgte die Aufführung eines Singspiels ‚Die vier Jahreszeiten', das von Hofdamen und Kavalieren aufgeführt wurde. Weiterhin gab es ein Souper, die Illumination des Gartens mit Wachsfackeln und Öllampen und schließlich einen Ball auf einem Bretterpodium am Teich des ‚Großen Gartens'. Das letzte der Götterfeste war dem Saturn gewidmet. Als Schauplatz diente ein entfernteres Felsgelände, zu Beginn wurden lebende Hirsche und Bären von den Felsen herabgestürzt, dann überreichten 1500 Bergleute aus dem Erzgebirge mit Grubenlichtern und Fackeln dem Brautpaar Erz und Silber, aus dem ein Cupido vor aller Augen Münzen schlug. Um den Saturntempel aus Holz hatte man feuerspeiende Berge aufgeschüttet. Das Tagesfest endete mit einer Opernaufführung.

Sicherlich gab es nicht viele derart aufwendigen Feste, die die Finanzkraft des Landes erheblich schwächten, aber in der Zeit zwischen 1580 und 1740/50 reihte sich ein Hoffest an das andere, es war die Zeit der sich herausbildenden absolutistischen Herrschaft. Zwar kennen wir auch später noch Hoffeste, aber die pompöse Prachtentfaltung nahm ab, die aufgeklärten Fürsten konzentrierten sich auf andere herrschaftliche Aktivitäten, und ihre Hoffeste nahmen immer mehr ‚privaten' Charakter an. Anstelle alltäglicher Zerstreuung und kostspieliger Vergnügungen im großen Kreise trat das bescheidenere Interesse an unkomplizierten, aber ‚echten' Unterhaltungen, an Musikabenden mit bekannen Künstlern und an Spaziergängen und -fahrten durch die Natur; aus den Festhöfen wurden Musenhöfe.

Ein frühes Vorbild war der Hof Friedrichs II. in Rheinsberg: „Jeder denkt, liest, zeichnet, schreibt, spielt ein Instrument, ergötzt oder beschäftigt sich in seinem Zimmer bis zur Tafel. Alsdann kleidet man sich sauber, doch ohne Pracht und Verschwendung, und begibt sich in den Speisesaal. Nach der Mittagstafel gehen die Herren in das Zimmer der Dame, an der die Reihe ist, die Honneurs des Kaffee zu machen. Der ganze Hof versammelt sich um den Kaffeetisch, man spricht, man scherzt, man macht ein Spiel, man geht umher, und diese Stunde ist eine der angenehmsten des Tages. Der Prinz und die Prinzessin trinken Kaffee in ihrem Zimmer. Die Abende sind der Musik gewidmet. Der Prinz hält in seinem Salon Konzert, wozu man eingeladen sein muß. Eine solche Einladung ist immer eine besondere Gnadenbezeugung. ... Wir hatten kürzlich einen allerliebsten Ball. Ich verlebe hier wahrhaft entzückende Tage. Eine königliche Tafel, ein Götterwein, eine himmlische Musik, köstliche Spaziergänge, sowohl im Garten als im Walde, Wasserfahrten, Zauber der Künste und Wissenschaften, angenehme Unterhaltung, alles vereinigt sich in diesem feenhaften Palaste, um das Leben zu verschönen."[31]

Kaum eine Zeit in der europäischen Geschichte kannte so viele große und verschwenderische Feste wie die frühe Neuzeit. Das Spektrum war groß, wobei die Grenzen zwischen profanen und kirchlichen Handlungen und Festen ebenso fließend waren wie die Grenzen zwischen geselligen Zusammenkünften und öffentlichen Feiern. Sicherlich hielten sich die meisten in einem bescheidenen und schlichten Rahmen, typischer waren aber die vielen pompösen und streng geordneten Feste. Ein beträchtlicher Teil war durch den kirchlichen Kalender festgelegt und kehrte alljährlich wieder, ohne in jedem Fall als kirchliches Fest gefeiert zu werden. Ein anderer, nicht weniger bedeutender Teil der Feste und Feiern fand aufgrund bestimmter Anlässe statt, denn jedes wichtige Ereignis wurde mit einem Fest begangen.

Sicherlich lebte jede Feier und jedes Fest aus dem Gegensatz zur alltäglichen Welt, nicht zuletzt auch, weil hier die Gesetze und Normen des Alltags wie der Arbeit außer Kraft gesetzt wurden, aber grundsätzlich äußerte und entwickelte sich die Festkultur nicht außerhalb der Welt des Alltags und der Arbeit. Sie war nicht Teil einer Freizeitgestaltung, sie diente nicht zur Erholung, sondern bildete die andere Seite des sozialen Lebens, die wie die Arbeit die Wirklichkeit konstituierte und strukturell nicht aus der ständischen Lebenswelt wegzudenken ist. Das schloß nicht aus, daß manche Feiern und Feste in unmittelbarem Bezug zur Arbeit standen, während andere sich ohne direkten Bezug zu ihr entfalteten.

Sicherlich gab es Feiern und Feste, deren Gestaltung einzelnen Familien und Gruppen überlassen war und die daher vielfältige Ausdrucksformen fanden, auch beinhaltete nicht jedes Fest alle Elemente wie Essen und Trinken, Spiel, Tanz und Maskerade, Umzüge und Schauspiele, aber die meisten, vor allem die großen Feste, entsprachen einem festgelegten Ritual; sie waren nicht der Willkür des Augenblicks überlassen, auch konnte sich niemand ausschließen. Die Feste fügten sich in eine vorgegebene Tradition, die nur beschränkt Änderungen zuließ. Nur eingebunden in ein festes Zeremoniell konnten die Feiern und Feste die Interessen der ständischen Ordnung befördern und öffentlich zur Geltung bringen. War doch das Fest der stärkste Ausdruck ständischer Kultur.

Die Feste der frühen Neuzeit waren Feste der Verschwendung, in denen sich die Veranstalter materiell und symbolisch verausgabten. Daran änderten auch die Luxusverbote nichts, die die Wirklichkeit der Verschwendung durchaus realistisch wiedergeben. Jedes lebenswichtige Ereignis wurde mit riesigen Schmausereien begangen, wobei man vor allem im Zutrinken einander stets zu überbieten suchte. Die Kleider, die man zu großen Festen trug, waren auffallend und teuer, nicht nur beim Adel und am Hof. Als Erklärung für die Verschwendung reicht nicht die fehlende Investitionsmöglichkeit für Vollbauern, Patrizier und Adlige aus. Die Verschwendung war man seiner Familie, seinem Stand und seiner Gemeinde schuldig. Erfüllung suchten die Menschen nicht in der erdrückenden Arbeit, sondern im den Alltag transzendierenden üppigen Fest. Außerdem machten die Feste die ständische Ordnung stets sinnfällig und festigten sie dadurch.

Die Riten, die geselligen Akte, Feste und Feiern hatten keinesfalls immer die gleiche Funktion, je nach ihren Trägern und der sozialen Zusammensetzung ihrer Teilnehmer differierte diese beträchtlich. Sicherlich dienten Feste zur Entspannung und Entlastung von der alltäglichen Arbeit, den alltäglichen Sorgen und Ängsten, aber darüber hinaus beschworen sie in der bäuerlichen Welt die Fruchtbarkeit und beschwichtigten die bedrohliche Natur; in der Handwerkerwelt stärkten sie die Solidarität unter den Gesellen und ihre politisch-kulturelle Macht in der Stadt. In der Adelswelt war die Festkultur ein Mittel der Herrschaft und diente zur Disziplinierung des Adels. Die Feste drückten durchaus auch die Spannung in der Gesellschaft aus, zugleich aber schufen sie Frieden und Ausgleich in einer sowohl von außen wie von innen stets bedrohten Ordnung. Damit sicherten sie das soziale Leben ebenso wie die Arbeit.

Sosehr alle Bevölkerungskreise und sozialen Stände, damit auch Vertreter der Kirchen und Obrigkeiten, an der verschwenderischen Festkultur partizipierten, stieß die weltliche Festfreude schon früh auf die Kritik der Kirchen und Obrigkeiten, die mit ihren Luxusgesetzgebungen die ‚Wildheit' in zivilisierte Bahnen zu lenken versuchten. Moralische und disziplinierende Interessen kamen hier zusammen und wurden seit dem späten 16. Jahrhundert immer lauter. Drei Kritikpunkte wurden dabei vorgebracht: einmal verurteilte man den übertriebenen Luxus und die Verschwendungssucht; dann diskriminierte man jedes ‚unordentliche' Fest als Angriff auf die guten und christlichen Sitten. Schließlich bekämpfte man die Feste, weil sie nicht selten Anlaß zu Unruhen, Tumulten und Gewaltakten gaben. Insgesamt waren es aber weniger religiös-politische Gründe, als das Streben nach einer öffentlichen und sittlichen Ordnung, das zur Eindämmung der Festkultur Anlaß gab.

Obwohl Obrigkeiten und Kirchen nur beschränkt Erfolg hatten und die alte Festkultur lange ungebrochen weitergepflegt wurde, gab es doch nicht geringe Änderungen, die allerdings nicht nur Folge des disziplinierenden Drucks von oben, sondern vor allem Resultat sozialhistorischer Veränderungen im Zusammenhang mit der Entstehung des frühmodernen Staates waren. Einmal läßt sich seit dem 16. Jahrhundert ein allmählicher Rückzug des Adels von der populären Festkultur feststellen. Dann kam es zu einer folgenreichen Trennung der profanen Festkultur vom sakralen Hintergrund.

Im Zuge der Verchristlichung der Kirchen zogen diese immer schärfere Grenzen zu weltlichen Riten und Geselligkeitsformen. Schließlich disziplinierten Obrigkeit und Kirche die Festkultur in der Weise, daß ‚wilde' Feste zusehends verboten bzw. eingeschränkt, geordnete Feste dafür gefördert wurden.

Die Festgeschichte der frühen Neuzeit läßt sich nicht nur als Unterdrükkungsgeschichte der alten wilden populären Feste beschreiben: Es entstehen unter den Bedingungen der sozialpolitischen Änderungen vor allem im 18. Jahrhundert eine Reihe neuer Geselligkeits- und Festformen, die sich alle von den alten ‚rohen' Festen deutlich abhoben. Einmal sind die großen Hoffeste und Militärparaden zu nennen, die einen neuen herrschaftlichen Ordnungsgeist vermittelten. Zum anderen entstanden in den neuen bürgerlichen Kreisen neue Familienfeiern und häusliche Feste, die abgeschirmt von der Öffentlichkeit Ausdruck bürgerlicher Gesinnung wurden. Es wurde moderne Musik gespielt und Literatur gelesen. Die Entstehung von formellen und informellen Gesellschaften und Zirkeln ist Ausdruck eines beginnenden bürgerlichen Bewußtseins, das statt die traditionelle Ordnung zu stützen neue soziale Lebensformen propagierte.

IV. Stand und Ehre

44. Die Stadt Augsburg im 16. Jahrhundert. Vier Jahreszeiten-Bilder (Frühjahr), Gemälde von Jörg Breu d. Ä. (Werkstatt).

1. Soziale Rangordnung

Die frühneuzeitliche Gesellschaft begriff sich als eine Ständegesellschaft, als eine Gesellschaft, die nach Ständen gegliedert und hierarchisiert war.[1] Sie hatte sich im Mittelalter herausgebildet und differenzierte sich mit der Entwicklung und Ausweitung des frühmodernen Staates und des Marktes, bis sie gegen Ende des 18. Jahrhunderts durch die bürgerliche Gesellschaft abgelöst wurde. Eine geschlossene Ständetheorie hat allerdings die frühe Neuzeit nicht hinterlassen, und auch die überlieferten Ständevorstellungen ihrer Theologen, Juristen und Literaten differieren beträchtlich. Grundsätzlich aber sahen alle in den Ständen das Ordnungsprinzip ihrer Gesellschaft.

Mittelalterlicher Überlieferung entstammt die bekannte Vorstellung von den drei Hauptständen: dem Wehr-, Lehr- und Nährstand;[2] der Wehrstand war der Adel, der den Schutz der Menschen sicherstellte. Die Geistlichkeit war der Stand für die ‚offizielle Lehre'. Zum Nährstand zählten die Bauern und Bürger, zu deren Aufgaben die Sicherstellung der Existenz gehörte. Diese Vorstellung blieb in der ganzen frühen Neuzeit virulent, besonders die Reformatoren nahmen immer wieder darauf Bezug. Daneben entwickel-

45. Ständetreppe, Augsburger Radierung 1616.

ten sich seit dem 16. Jahrhundert andere Ständevorstellungen, die alle Ämter, Berufe, Tätigkeiten und Stellungen unter einen Standesbegriff faßten. Dieses neue Verständnis wird vor allem von Hans Sachs und Jost Ammann in ihrer „Eygentliche(n) Beschreibung Aller Stände auff Erden" (1567) dargestellt.[3] Es umfaßte die gesamte soziale Hierarchie von Papst und Kaiser bis zum Juden und Stocknarren, umfaßte also auch jene sozialen Gruppen, die zu den unehrlichen und später zu den unterständischen Gruppen zählten. Am differenziertesten wurden die Handwerker beschrieben. Die zahlreichen, ähnliche Interessen verfolgenden Ständetraktate illustrieren viele Holzschnitte und Kupferstiche. Ein Kupferstich aus dem 16. Jahrhundert, der alle Stände vom vornehmsten bis zum niedrigsten zeigen will, nennt ganz oben den Papst mitsamt dem Kaiser und König, dann folgen auf der einen Seite der Kardinal, der Kurfürst und der Bischof, auf der anderen Seite

	2. H. 15. Jh.	1526	1578	1604	1626	1683	1697	1730	1737 (Luxusgebühr)
1.	Bauern	Bauern	Bauern Dienstmägde	Bauern	Bauern	Bauern	Bauern	Bauern	Bauern u. Ehalten
2.	Bürger	gemeine Bediente	Bürger	Bürger	Bürger	geringe Bürger	Bürger	Bürger	Livréebediente, Subalterne Hofbeamte, Bediente
3.	Geschlechter	Reisige, Gesellen	Kaufleute	Kaufleute	Kaufleute	mittlere Bürger u. Beamte	Kaufleute	Patrizier	Oberbeamte u. Unterbeamte bei Hof, Städten u. Märkten
4.	niederer Adel	Bürger	Geschlechter	Landadel, Geschlechter	Geschlechter, Adel	Bediente d. Adels	Patrizier	Ritter u. Geschlechter	wirkliche Räte, Titularräte
5.	Ritterschaft	Kaufleute	Ritter Adel	Grafen, Hochadel	Ritter	Kaufleute	Ritter u. Geschlechter	Grafen	nicht hoffähiger Adel, Patrizier, Geschlechter, Diplomierte
6.		Geschlechter	Grafen		Grafen	Geschlechter, niederer Adel	Grafen		Hofadel, Livréebediente
7.		Adel				Ritter			
8.		Ritter				Grafen			

der Herzog, Graf und Freiherr. Ganz unten stehen links der Edelmann, Bauer und das Kind, rechts der Bürger, Soldat und Narr.[4]

Konkreter auf eine Territorialgesellschaft bezogen sind die Rangordnungen, wie sie die Kleiderordnungen festschreiben. In Bayern galt vom 15.–18. Jahrhundert diese Rangfolge der ständischen Klassifizierung.[5] (Siehe Tabelle auf Seite 177).

Der Begriff des Standes wurde aber auch angewandt auf Unterteilung nach Geschlecht, Alter und sozialer Stellung im Hause; so sprach man von Ehe- und Elternstand, vom Stand der Frauen und Männer, der Jungfrauen und Gesellen, der Kinder und Alten. Jeder Mensch war aufgrund seiner Geburt, seiner Tätigkeit und sozialen Stellung einem Stand zugeordnet, der je spezifische Aufgaben im Dienste des Ganzen zu erfüllen hatte.

Wenngleich nicht zur ehrbaren Welt gehörig, wurden ursprünglich auch die Bettler und Vaganten zur Ständegesellschaft gezählt. Wer alles unter diese Bezeichnung fiel, beschreibt beispielsweise das Württembergische Generalreskript von 1747: „fremde und einheimische Vaganten und Bettler, Landstreicher, Deserteurs, Leirer, Hackbrettler, Sackpfeifer und dergleichen herumziehende Spielleute, Freileute, fahrende Schüler, unprivilegierte Hausierer, Scheuren-Krämer, welche sonderlich mit allerhand geringen Sachen, z. E. Zahnstierer, Zahnpulver, Arzneien, Haar-Poudre, Blumensträußen, Schuhschwärze, gedruckten Liedern, die sie auch wohl absingen, und dergleichen herumgehen, Glückshafen- und Raritätenträger, Scholderer, Taschenspieler, Gaukler, Tierführer, Quacksalber, Brand- und andere dergleichen mit keiner Fürstl. Konzession versehenen Kollektanten, Riemenstecher, unbekannte Fremde, im Land nicht ansässige Bürstenbinder, Kessler, Pfannen- und Zäunenflicker".[6] Weil diese Gruppen allerdings zusehends ausgegrenzt und kriminalisiert wurden, dürften sie im Ständeverständnis des 18. Jahrhunderts kaum noch als Stände begriffen worden sein. Für diese Zeit müssen wir von unter- oder gar außerständischen Gruppen sprechen.

Den verschiedenen Ständen wurden zwar jeweils eigene Rechte, Zuständigkeiten und Werte zugesprochen, aber niemals wurden sie als untereinander gleichrangig und gleichberechtigt begriffen, im Gegenteil: die Ständeordnung war eine streng hierarchische Rangordnung, deren Prinzip die Ungleichheit war.

Diese Ordnung wurde von allen Ständen als von Gott gegeben betrachtet. Jeder hatte das ihm von Gott gegebene Amt, so unterschiedlich und ungleichgewichtig es war, zur Erhaltung der göttlichen Ordnung wahrzunehmen. Sosehr diese Sicht den Interessen der herrschenden Stände entgegenkam, da diese Ständeordnung gleichsam die Ungleichheit aller Stände rechtfertigte, und stets mit der Soziallehre der Kirchen konform ging, war es im Prinzip keine oktroyierte Sozialordnung, sondern entsprach durchaus dem Selbstverständnis der einzelnen Stände. „Derhalben sol ein jeglicher in seinem

Stand, Beruff oder Handwerck dareyn in Gott gesetzt, wol zu frieden seyn, und trewlich darinnen fortfahren in betrachtung, daß auch die geringste und ärmeste Mensch, er sey was Wesens, Wird oder Standts er wölle, bey der Göttlichen Maiestät nicht vergessen sey".[7] Zu einer festgefügten Herrschaftsordnung wurde die Ständeordnung erst mit dem 17. Jahrhundert, als die Herrschaften entdeckten, daß die sozialen Unterschiede für sie die Grundlage der „politischen Harmonie" der Gemeinwesen abgaben, wenn es darum ging, ihre vermehrten Privilegien sicherzustellen und zu bewahren in einer Gesellschaft, in der die Mobilität stieg und neue Stände neue soziale Ansprüche anmeldeten.[8] Der bayerische Barockprediger Selhamer schrieb 1703:

„Gott hats schon recht ausgetheilt. Er hat einem jeden Menschen sein gewisse Stell und Handthierung verordnet, die ein jeder fleissig behaupten soll. Großen Herrschafften hat er Sinn und Verstand, Gewalt und Oberhand, Schwerdt und Scepter geben, daß sie Land und Leuth weißlich und vorsichtig regieren sollen. Denen Geistlichen hat er Fried und Lieb, Andacht und Gottesfurcht, nüchteren und keuschen Lebens-Wandel, Seeleifer und inbrünstiges Gebett aufgetragen, so sie für alle andere ingesambt ordentlich verrichten sollen. Den Soldaten hat er Muth und Hertz, langwierige Gesundheit und starcke Kräfften, Gehorsam und Gedult ertheilt, daß sie im Feld mit dem Feind keck herumschlagen, alle ihre Landsleuth von allen feindseeligen Einfall beschützen, den lieben fried ins Land bringen und darin erhalten sollen. Den Bauren aber am Gaj herum hat er frisch und gesunds Leben, Muth und Krafft zur steten Arbeit verschafft, daß sie durch ihren Feldbau und Viehzucht sich und alle andere ernähren und erhalten sollen. Also laut der gemeine Weid-Spruch: Tu rege, tuque protege, tuque labora. Du regier, und du bleib beym Brevier, Du streit, und der bleib bey der Arbeit. Eben darum seyd ihr Bauern höchlich zu rühmen, und in hohen Werth zu halten, weil ihr alle andere mit dem liebseeligen Brot versehen solt".[9]

Im ‚Stand' erkennen wir die zentrale soziale Ordnungskategorie der frühen Neuzeit, die zwischen dem ‚ganzen' Haus und der Obrigkeit vermittelt und gerade das verhindert, was der absolutistische Staat von Anfang an erstrebte; den geschlossenen Untertanenstaat. Zwar umfaßte der Begriff der Ständegesellschaft nicht alle gesellschaftlichen Kräfte, aber er ist besser als andere Vorstellungen in der Lage, der sozio-kulturellen Gegebenheit der frühen Neuzeit Rechnung zu tragen.[10] Unter Ständegesellschaft, wie sie sich in der frühen Neuzeit zeigt und entwickelt, verstehen wir allerdings weder eine von der Obrigkeit oktroyierte Verfassung noch ein soziales Gebilde, das keiner Veränderung unterliegt.

Es gab Entsprechungen mit staatlichen Interessen, auch wissen wir, daß der Staat in die Ständeordnung eingriff. Aber die hier thematisierte soziale

Ständeordnung war nicht identisch mit dem sozialpolitischen Ideal des Staates. Sowenig die Ständeordnung eine soziale Organisationsform des absolutistischen Staates war, sowenig war die ständische Gesellschaft Produkt der feudalen Wirtschaftsordnung. Zwar gab es auch hier insofern Entsprechungen, als das wirtschaftliche Leben sich in ständischen Gruppen vollzog, ständische Interessen das Marktgeschehen kontrollierten und steuerten und ständische Institutionen die ökonomische Absicherung des Lebens garantierten. Aber die Ständeordnung leitete sich nicht ab aus Interessen der feudalen Ökonomie, sie war keine politische und ökonomische Organisation, sondern umfaßte und steuerte, wie übrigens auf anderer Ebene das ‚ganze' Haus, das ganze Leben der frühneuzeitlichen Gesellschaft, der es nicht nur um materielle Absicherung des Lebens ging, sondern

46. Ständebaum, Holzschnitt vom Petrarcameister von 1532.

ebenso und vor allem um ein ehrenvolles Leben. Ohne die kulturelle Dimension ist die Ständegesellschaft nicht zu verstehen: Wahrung der Existenzsicherung und sozialer Ehre sind nicht zu trennen, sie bedingen einander.

Die frühneuzeitliche Ständegesellschaft mit ihrer zunehmenden Hierarchisierung und Abgrenzung entwickelte sich aus einem verschärften Ressourcenkampf der verschiedenen sozialen Gruppen, an deren Spitze sich der Adel stellte; die Absicherung des materiellen Lebens drückte sich zusehends in einem Kampf um den sozialen Status aus.[11] Die Ständeordnung läßt sich weder auf politische noch auf ökonomische Interessenvertretung reduzieren. Die soziale Organisation des Standes hat auch nichts gemein mit der modernen Vorstellung der Klasse oder des Vereins, in denen Individuen ihre subjektiven Interessen kollektiv vertreten und verwirklichen wollen.

Der ‚Stand' bildete ein Kollektiv, ja eine Lebensgemeinschaft, die sich nicht aus einzelnen Individuen mit gleichen Rechten zusammensetzte, sondern eine Gruppe war von gleichen Tätigkeiten und Interessen verfolgenden Hausvätern. Politische wie soziale Rechte besaß der einzelne nicht als Untertan und Bürger eines Staates, sondern als Mitglied eines Standes. Und diesen Stand konnte er sich nicht auswählen, in ihn wurde er hineingeboren; er war mit seiner Herkunft verbunden und mit den Chancen, die ihm sein Haus bzw. seine Familie boten. Sicherlich gab es soziale Karrieren und auch Abstiege, insofern war die Ständegesellschaft nicht starr, aber die meisten Menschen verblieben in dem Stand, in den sie hineingeboren waren.[12] Ein Adliger konnte ebenso wenig ein Bauer werden wie dieser ein Handwerker. Die jeweilige eigene Standeswelt bot die optimale Überlebenschance, gab Sicherheit und Auskommen. Den sozialen Wert und Status des einzelnen bestimmten dementsprechend auch nicht sein individuelles Können, seine Fähigkeiten, sosehr diese innerhalb seines Standes durchaus zählten, sondern seine Standeszugehörigkeit als Adliger, Bürger oder Bauer. Seine soziale Ehre war die seines Standes.

Der soziale Status des einzelnen war abhängig von einer Vielzahl von Faktoren; er kann nicht auf eine Dimension reduziert werden:

Zweifellos spielten (1) Besitz und Vermögen eine bedeutende Rolle, und an ihrer Vermehrung war man durchaus interessiert. Wenn wir die Besitzhierarchie in Stadt und Land mit dem sozialen Status der städtischen und ländlichen Bewohner, wie er in den Sozialordnungen greifbar ist, vergleichen, entdecken wir auffallende Entsprechungen. Aber Gewinn und Besitz wurden nicht primär als solche erstrebt, sondern waren notwendig zur Durchführung und Aufrechterhaltung eines bestimmten Lebensstils. Ein Großbauer, der sein Haus nicht repräsentativ ausgestalten, keine großen Feste geben und sich kein Pferd leisten konnte, galt eben nicht als Großbauer. Ein Adliger, der kein Schloß besaß, weder mit einem großen Gespann ausfahren noch kostbare Kleider tragen konnte, hatte Schwierigkeiten, sich als Adliger auszuweisen. Und ein Handwerker, der keinen eigenen Betrieb hatte, seine Tochter nicht gut ausstatten und seine Waren nicht auf dem Markt ausstellen konnte, galt nicht viel unter den Handwerkern. Das den höheren Ständen besonders zugebilligte, aber auch abverlangte Leben war kostspielig. Ehre war ohne bestimmte materielle Ressourcen nicht zu gewinnen. Andererseits begründete der Besitz als solcher noch keinen ehrenvollen Ruf oder die Möglichkeit zum sozialen Aufstieg. Es gab nicht wenige reiche Kaufleute, die nie das Bürgerrecht erhielten. Die soziale Ehre konnte nicht erkauft werden.[13]

Der soziale Status war (2) ebenso, wenn nicht noch stärker abhängig von der Art der Tätigkeit, von der Arbeit und dem Beruf. Den jeweiligen Tätigkeiten waren natürlich entsprechende Vermögens- und Lohnverhältnisse zugeordnet. Die soziale Hierarchie spiegelt sich selbstverständlich in den Einkommensverhältnissen. Aber wesentlicher für die jeweilige Position in der Ständegesellschaft war es, ob jemand herrschte, richtete, lehrte, Waren verkaufte, den Acker bestellte oder die Straße fegte. Dabei galten einmal körperliche Tätigkeiten weniger als geistige: der soziale Status stieg, je weniger jemand mit körperlicher Arbeit zu tun hatte. Ein städtischer Beamter konnte sozial ‚höher' stehen als ein Handwerker, ein Geistlicher stand jedenfalls höher als ein Kaufmann. Zum anderen galten dreckige Arbeiten als weniger ehrenvoll als ‚saubere' Berufe. Das Handwerk grenzte weitgehend die Schmutzarbeiten als unehrliches Handwerk aus. Obwohl der Henker oft mehr verdiente als ein gehobener Handwerker, stand er in der sozialen Hierarchie ganz unten. Schwierig ist der Grad der abhängigen Tätigkeiten einzuschätzen. Einerseits galt eine Tätigkeit als Geselle weniger als die eines Handwerksmeisters, und ein Knecht teilte nicht den Status eines Vollbauern; andererseits stand ein abhängiger höfischer Beamte sozial höher als ein Vollbauer oder Unternehmer, wie auch der städtische Syndikus eine höhere Position einnahm als ein selbständiger Kaufmann.[14]

Der Status eines einzelnen bzw. eines Standes war weiterhin (3) abhängig vom Maß der politischen Einflußnahme. Sicherlich bekam einer nur ein politisches ‚Mandat', wenn er Besitz und Vermögen besaß, um sein Ehrenamt redlich ausführen zu können, denn eine Besoldung gab es kaum; aber von der Größe des Besitzes auf politische Macht zu schließen, verfehlt den Charakter der ständischen Struktur der Gemeinden. Es gab viele reiche Kaufleute in einer Stadt, die aufgrund des fehlenden Bürgerrechts politisch machtlos waren. Wenn wir nach der politischen Einflußnahme fragen, so müssen wir die Mitsprache auf einem Landtag unterscheiden von der politischen Partizipation der Stände in der Dorf- und Stadtehrbarkeit. Während auf der überregionalen Ebene weitgehend der Adel und einige größere Städte mit ihren Magistraten das Land politisch vertraten, war die Situation in den politischen Kommunen mit ihrer oligarchisch-aristokratischen Verfassung anders. Hier besaß keine Gruppe gleiche politische Rechte; drei scharfe

Grenzen wurden gezogen. Einerseits unterscheiden wir die Hausväter bzw. die Hausbesitzer von den Eigentums- und Besitzlosen; sowenig ein besitzloser Geselle allerdings rechtlos und ein vermögender Jude völlig schutzlos waren, sosehr war der politische Anspruch auf Hausbesitzer beschränkt. Zum anderen unterscheiden wir Personen mit und ohne Bürgerrecht. Aber auch diejenigen, die das Bürgerrecht besaßen, verfügten nicht über volle Partizipation an der städtischen Macht. Diese stand nur den alteingesessenen Familien zu.

Entscheidend für den sozialen Status des einzelnen war (4) natürlich und vor allem die Herkunft, seine Familienzugehörigkeit. Er blieb nämlich nicht nur Zeit seines Lebens allgemein der Familientradition und der Familienehre verpflichtet, sondern seine berufliche Karriere und Tätigkeit verdankte er so gut wie immer der eigenen Familie. Die meisten Ämter waren vererbbar und ‚Eigentum' der Familien. Zwar gab es immer wieder einzelne, die durch besondere Umstände den Beruf des Vaters nicht übernahmen; bekannt ist der Aufstieg in den fürstlichen Dienst oder Klerikerstand, die Nobilitierung von Kaufleuten, die auch den Wechsel der Lebensverhältnisse bedeuteten. Vor allem haben viele ihren sozialen Aufstieg einem Studium verdankt, wobei die finanziellen Anreize weniger entscheidend waren als der neue soziale Status. In der Regel aber behielt, wer als Adliger geboren wurde, den Adelstitel und die damit verbundenen Privilegien; wer als Handwerkersohn auf die Welt kam, blieb Handwerker; die Kinder eines Henkers oder eines Juden blieben zeitlebens ausgegrenzt. Neben dieser Herkunft von Adel und Patriziat, von Handwerk oder Kaufmannschaft, war die jeweilige Familientradition ausschlaggebend. Besonders rühmliche Taten gingen dabei ebenso in die Tradition ein wie unrühmliche. Unehrenhaftes Verhalten, Unehelichkeit und Bankrotte konnten zum Ausschluß aus dem eigenen Stand führen, zumindest die Familienehre mindern.[15]

Nicht zuletzt spielte (5) das öffentliche Verhalten eine bedeutsame Rolle für den sozialen Status. Die eigene Familie, der eigene Stand sowie die allgemeine Öffentlichkeit erwarteten ein standesgemäßes Verhalten. Zwar wurde dies mit unterschiedlicher Strenge gesehen, Handwerk und Adel legten wohl den stärksten Wert darauf, aber an einen ständischen Verhaltenskodex war gleichwohl jeder gebunden. Entsprechend diesen Standesaufgaben mußten Ehrenämter wahrgenommen werden, auch wenn sie keinen finanziellen Gewinn brachten. Keiner durfte die öffentliche Ordnung kritisieren oder stören und den Ruf der Gemeinde schädigen. Kein Handwerker durfte ohne Schaden des Handwerkerstandes betrügerische Geschäfte machen, kein Kaufmann sein Geschäft in den Bankrott führen. Zugleich verlangte man standesgemäße Kleidung, durch die jeder Stand als solcher erkennbar sein mußte. Keine Feste zu feiern, hieß, sich der öffentlichen Selbstdarstellung und Kontrolle entziehen. Und eine entsprechende Distanz zu unteren Ständen nicht einzuhalten, hieß, die eigene Standesehre verletzen. Das abverlangte ehrbare Verhalten ist schwer auf einen Begriff zu bringen; es umfaßte moralische Ansprüche, ökonomisches Gebaren wie politische Einstellung. Je mehr jemand den ständischen Ansprüchen genügte, um so größer war seine Ehre. Da Adlige und Kaufleute mehr zu verlieren hatten als Taglöhner und Fuhrleute, war die Selbstkontrolle ständischen Verhaltens in oberen Ständen stärker ausgeprägt als in unteren Schichten.[16]

Jedenfalls war der soziale Status nicht nur abhängig von der sozialen Herkunft, der ökonomischen Absicherung, der politischen Macht sowie der Ehrenhaftigkeit der Tätigkeit, sondern auch von der subjektiven Einstellung und dem alltäglichen Verhalten. Dem ‚objektiven' Stand sollte man subjektiv entsprechen. Regelverletzungen wurden nicht selten streng geahndet. So war es durchaus anstrengend, seinen Stand zu bewahren.

Seinen Lebensunterhalt sichern zu können, genügte in der Ständegesellschaft allein nicht, es wurde überdies von jedem erwartet, daß er das, was er darstellte, auch öffentlich zeigte. Erst die Öffentlichkeit konstituierte seinen Status. Nichts besaß einen Wert an und für sich, die Anerkennung durch die Öffentlichkeit war nötig. Ein Adliger, der nach außen nicht als Adliger zu erkennen war, war keiner, und ein Handwerker, der als solcher nicht wahrgenommen wurde, konnte kaum seine Ware verkaufen. Ein Geistlicher, der nicht sein Habit trug, hatte es schwer, sich Gehör zu verschaffen. Seinen Stand zu verbergen, galt nicht als Bescheidenheit, sondern als Betrug.[17] Auch Juden etwa waren verpflichtet, stets als solche erkennbar zu bleiben. Die Verpflichtung, daß jeder das, was er tat, wovon er lebte und zu welchem Stand er gehörte, auch öffentlich zeigte, entsprach allerdings nicht nur ständischem Selbstdarstellungsdrang, sondern war ebenso ein Mittel der sozialen Kontrolle. Ohne derartige Kennzeichen waren Ausgrenzungen schwer möglich.

Die Ständeordnung verstand die Zeit als eine Ordnung der Gleichwertigkeit aller Stände vor Gott und der Allgemeinheit. In Wirklichkeit aber bildete die Ständegesellschaft ein System sozialer Ungleichheit, in der jeder Stand höchst unterschiedliche Rechte und Chancen hatte. Jede Person und jeder Stand waren eingebunden in eine mehr oder weniger festgefügte Hierarchie. Diese existierte nicht nur auf dem Papier und in den Köpfen von Literaten, Juristen und Theologen, sondern war alltäglich sichtbar und erfahrbar für alle Mitglieder der Gesellschaft. Der Rang war keine Äußerlichkeit, sondern Ausdruck und Teil des Selbstwertgefühls.

Wir haben nur eingeschränkte Möglichkeiten, die wirklichen Ständeverhältnisse auch aus der Sicht des gemeinen Volkes zu rekonstruieren. Beschreibungen aus den unteren Ständen fehlen, dafür aber reflektieren die vielen sozialen Ordnungen der frühen Neuzeit für Dörfer, Städte und Territorien zumindest indirekt das konkrete Ordnungsgefüge. Diese Ordnungen wur-

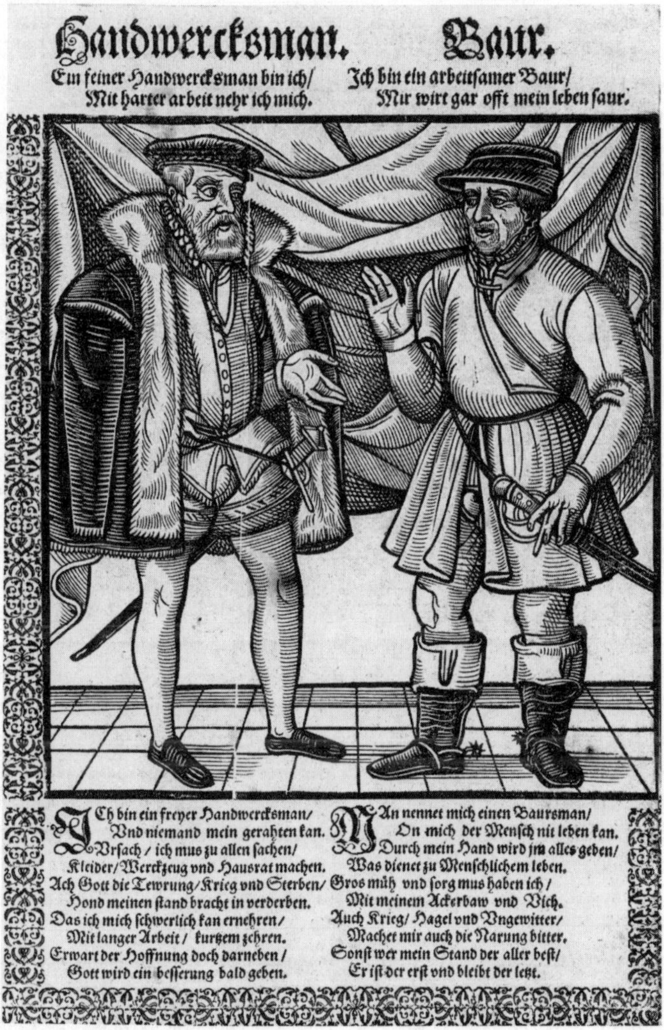

47. Handwerker und Bauer, Holzschnitt um 1600.

den zwar weitgehend von oben erlassen, vermitteln aber durchaus auch Selbsteinschätzungen der Nichtherrschenden, insofern sie diese Ordnungen akzeptierten bzw. in einem Kleinkrieg um Verbesserung ihrer sozialen Position kämpften.

Konkret sichtbar wurde die soziale Ordnung der Stände in allen offiziös-öffentlichen Aktionen. Hervorgehoben seien hier drei soziale Darstellungsweisen. Die konkrete, erlebte und sich auch verändernde Ständeordnung wird greifbar in den Kleider- und Luxusordnungen, die generell für alle Städter und Landleute erlassen wurden, dann in den Ordnungen der öffentlichen Aufzüge sowie in den Sitzordnungen in den Kirchen. Obwohl vor Gott alle gleich waren, offenbart sich gerade in der kirchlichen Praxis ein besonders starkes Ständebewußtsein. Schließlich werden die konkreten Rangordnungen besonders deutlich in der Handhabung des Titelwesens sowie der Anrede in allen öffentlichen Schreiben.

Am besten unterrichten die Kleiderordnungen über die Unterschiede zwischen den Ständen.[18] In einer oberbayerischen Verordnung von 1599 heißt es eingangs: „Solchem Ubel, Verderben und unnötiger verschwendung unsers theils zubegegnen, und in deme unsere Unterthanen schaden nach mögligkeit zu verhüten. So ist unser ernstlicher Befehl, daß in gemein alle und jeder unserer Unterthanen, Diener, Angehörige und Verwanten, ein jede Person sich ihrem Stand gemäß, ziemlich und nicht überflüssig noch unordentlich, sondern Ehrbarlich, wie solchs unsers Chur: und Fürstenthumb Landsart von Alters herkommen und gebräuchlich, und also bekleiden sollen, darmit der Edle vor dem Unedlen, der Geistliche vor dem Layen, der burger vor dem Bawern, der Herr vor dem Knecht, Also auch Frawen und Jungfrawen vor den Mägden etc. underschieden und erkant mögen werden".[19] Gleichen Zielen dienten auch die Hochzeits-, Beerdigungs- und Trauerordnungen, die festzuschreiben suchten, wer wie üppig tafeln, mit wie vielen Kutschen vorfahren und welche Trauerkleider wie lange tragen durfte.[20]

Die Kleiderordnungen entstanden mit der Ausdifferenzierung der städtischen Kultur im Spätmittelalter. Sie sind aus fast allen Städten und Landesherrschaften überliefert. Die größte Anzahl ist aus dem 16. und 17. Jahrhundert bekannt. Die letzten Kleiderordnungen wurden um die Mitte des 18. Jahrhunderts publiziert. Zweifellos wurden sie ebensowenig wie die anderen Luxusordnungen eingehalten und mußten deswegen immer wieder erlassen werden. Dennoch sind sie von besonderem sozialhistorischem Aussagewert. Denn ohne die offizielle Festschreibung der Kleidung und des zulässigen Schmucks für jeden Stand wäre die Überschreitung der Verbote nicht sinnvoll. Die ‚Verletzer' der Ständeordnung waren nicht Gegner, sondern Vertreter der Ständegesellschaft, die für ihre Ordnungswidrigkeit auffallend bereitwillig die angedrohten Geldstrafen auf sich nahmen. Sich als mehr auszugeben, als man war, und anderen zu zeigen, daß man potent war,

48. Kleidertrachten aus Kirchberg, Zeichnung a. d. ersten Hälfte des 18. Jahrhunderts.

sich auch wie höhere Stände darzustellen, gehörte zum ‚Ständespiel', zum Kampf um die soziale Position, die man sich selbst zuschrieb. Spöttisch beschreiben dies auch die Ständesatiren.

Daß die Obrigkeiten nicht nur eine Strafe bei Verletzung der Kleider- und anderen Ordnungen androhten, sondern sie auch durchsetzten, zeigen die Strafregister der Städte.[21] Die Geldstrafen waren zum Teil beachtlich. Sie richteten sich naturgemäß vor allem gegen die unteren Stände. So konnte eine arme Dienstmagd, die von ihrer Herrschaft alte Kleidungsstücke geschenkt bekam, um sie aufzutragen, bestraft werden, auch Schneider und Schuster, die Kleider oder Schuhe an Personen lieferten, die sie ihrem Stand nach nicht tragen durften. Gelegentlich kam es aber auch zum Feilschen zwischen der Obrigkeit und dem, der die Ordnung verletzt hatte. In den Strafprotokollen der Stadt Frankfurt heißt es 1602:

„Peter Gerhart, Burgermeisterknecht ward beschickt und ihm vorgehalten, daß sein Tochter bei ihrem Weinkauf mit Kleidung, Haarhauben und Ringen die Polizeiordnung sehr ubertreten und ihm derwegen die Straf abgefordert. Er entschuldigt sich, die Kleider seien nit übermäßig, die Haarhaub anlangende, hette sein Tochter vor diesem die Hauptkränk gehabt, derwegen sie eine Hauben tragen müsse, zudem were sein Gelegenheit nicht, zwenzig oder dreißig Gülden umb ein Bendgen zu geben. Wie viel Ring sie angehabt, sagt er, wisse nichts darvon, wurden im 16 fl. zur Straf abgefordert, er bat heftig darvor, versprach, solch Ubermaß abzustellen; wurde also solches bei einem erb. Rat zu suchen verwiesen".[22] 1603 wird notiert: „Philips Mohrn Frau erschiene wegen ihrer Straf, risse die sammate Haub vom Kopf, warf dieselb sampt denen hiebevor getragenen güldinen Spitzen uf den Tisch, zeigte die silberne Scheid und wolt derwegen nicht schuldig sein, gab viel bose unnütze Wort, sagt, die Herren hetten sie nit Macht inzusetzen und beriefe sich vielmal uff die kasierliche Recht und ihre weibliche Freiheiten".[23] Schließlich heißt es 1621: „Des jungen Breidensteins Frau, so übermäßige große Spitzen getragen, (ist) beschickt worden, derentwegen ihr Hauswirt erschienen welcher nit allein excipirt, sondern auch mit trotzigen Worten gesaget, er deuchte sich so gut, als ein Geschlechter sein, und solt seine Bestallung besehen, darin geschrieben stünde, daß er beneben andern vom Adel ufwarten solte, ergo sei auch er einer vom Adel. Dessen man ihme widersprochen, daß er, seine Frau oder die Seinige keine Geschlechter, sondern nur in 2. Stand gehörig sein, derhalben er uf Bitt bei 2 Königstaler gelassen worden".[24]

In den Kleiderordnungen wurde bis ins einzelne jedem der angeführten Stände die erlaubte Tuchsorte nach Farbe, Qualität und Wert vorgeschrieben, ebenso die Größe der Verbrämung, die Art der Kopfbedeckung, die Anzahl der Ringe und der Wert von Schmucksachen, welche getragen werden durften. Diese Abgrenzung der Stände voneinander war den Zeitgenossen wichtig, weil sie das gesellschaftliche Ansehen der einzelnen Berufs- und Geburtsstände widerspiegeln. Wie die Kleidung den Stand an sozialer Ehre und Achtung wiedergab, konnte sie auch zur Ausgrenzung und Ächtung dienen. Frauen und Mädchen, die sich „in Unehren betreten ließen", mußten in Frankfurt weiße Hauben tragen, „damit sie vor den anderen mögen erkannt werden".[25] Betrüger durften sich nicht dem Stand gemäß kleiden, dem sie eigentlich angehörten, sondern mußten sich geringer kleiden als die gemeine Bürgerschaft, und Juden waren zur Unterscheidung von den Christen verpflichtet, eine bestimmte Kopfbedeckung zu tragen.

Zwar blieben die Kleiderordnungen offiziell bis zum Ende des 18. Jahrhunderts gültig, ihre sozialdisziplinierende und ständeabgrenzende Bedeutung nahm aber spätestens seit der Mitte des 18. Jahrhunderts ab. Der Hauptgrund dafür, daß sich die meisten Stände nicht mehr an diese Ordnungen hielten und auch nicht mehr bestraft wurden, lag einmal darin, daß die soziale Ordnung immer weniger der schriftlich fixierten ständischen Gliederung entsprach, wie sie in den Kleider- und Luxusordnungen sichtbar war, zum anderen darin, daß die Kleidung so sehr der wechselnden Mode unterlag, daß die Ordnungen rasch veralteten. Die meisten Bestimmungen paßten nicht mehr auf die neuen Farben, Formen und Stoffe. Die Kleidung wurde immer weniger Ausdruck ständischer Gesinnung, sowohl in ehrenhafter wie unehrenhafter Hinsicht.

Die Ständeordnung war in der frühen Neuzeit nicht nur auf den Straßen und bei den öffentlichen Festveranstaltungen eben durch die Kleidung der

Menschen sichtbar; nicht minder deutlich erkennbar war sie in den Kirchen, den Kommunikationszentren der Zeit sowohl in der Stadt wie im Dorf, wo beim sonntäglichen Gottesdienst alle Einwohner zusammenströmten;[26] auch hier geben nicht religiöse, sondern soziale Gründe den Ausschlag. Hier hatte ebenso jeder Stand seinen ihm zugewiesenen bestimmten Platz.

Im Mittelalter besaß in den Kirchen nur die Geistlichkeit ein Chorgestühl, während die Laien entweder standen oder knieten bzw. bei der Predigt wohl auf dem Boden saßen. Ein Gestühl als fester Bestandteil der Kircheneinrichtung entstand erst mit der Reformation bzw. Gegenreformation, als die Predigt in den Mittelpunkt des Gottesdienstes rückte. Dabei gab es anfangs nur für die Herrschaften und Obrigkeiten Sitzmöglichkeiten, zumeist an erhöhter oder abgesonderter Stelle, um überall sichtbar zu sein bzw. den ganzen Kirchenraum überblicken zu können. Daß die Kirchen mit Bänken bzw. Stühlen ganz ausgefüllt waren, datiert wohl erst aus dem 17. Jahrhundert. Aufgrund des traditionellen Chaos in den Kirchen war es lange kein leichtes Unterfangen, auch hier wie an anderen Stätten eine Ordnung zu schaffen. Daß dabei nach ständischen Prinzipien hierarchisiert wurde, entsprach den Interessen der Kirchenleitung und ihres Pfarrers ebenso wie dem Wunsch der Gemeindemitglieder. Wenn auch letztlich die Kirchen-Ordnung nie so verwirklicht werden konnte, wie es die herrschenden Stände wünschten, schuf doch die Durchführung einer Stuhlordnung nach hierarchischen Prinzipien ein gewisses Maß an sozialer Struktur. Die Vergabe des Gestühls hatte sich anfangs die Kirchenleitung vorbehalten, später ging man dazu über, das Gestühl zu vermieten oder gar zu verkaufen, so daß ein beträchtlicher Bestand der Plätze in den Besitz bestimmter Familien überging und sich vererbte.

Während der Mittelgang die Männer von den Frauen trennte, herrschte vom Altar bis hinten unter die Empore eine mehr oder weniger klare ständische Ordnung. Sie war zwar im Dorf einfacher als in der Stadt, dafür wurde sie hier aber strenger gehandhabt als in den Städten, in denen eine starke Kontrolle kaum durchzusetzen war. Die Nähe bzw. Ferne zum Altar bestimmte der Rang der einzelnen sozialen Gruppen. Zwar gestaltete sich die Kirchen-Ordnung je nach Größe der Kirche und Sozialstruktur der Gemeinde anders, aber im Prinzip hatten die Herrschaften und in den protestantischen Kirchen der Kirchenvorstand die bevorzugten Plätze unmittelbar vor dem Altar oder der Kanzel. Ihr Gestühl war meist reichlich ausgestattet, bequem, beheizt, mit Polstern versehen und abschließbar. Der eingravierte Name bescheinigte den Besitzanspruch. Dasselbe galt für andere gehobene Stände. Oft besaßen die Herrschaften sogar einen eigenen Eingang. In der Rangordnung folgten – nach Männern und Frauen getrennt – in den Dörfern die großen und mittleren Bauern. Mit dem hinteren Teil des Kirchenraums mußten sich die Häusler, Taglöhner und das Gesinde begnügen; hier und da saß das Gesinde allerdings auch neben seiner Herrschaft. Dies stärkte das Ansehen der großen und mächtigen Familien. Regelrechtes und oft reich verziertes Gestühl besaßen natürlich nur die vermögenden Oberschichten, die niederen Stände, die kein Gestühl kaufen konnten, mußten sich mit einfachen Stühlen oder Klappstühlen begnügen, falls es diese überhaupt gab. In den größeren Stadtkirchen war die Sitzstruktur entsprechend. Privilegierte Sitzplätze besaßen nur das Patriziat, Kaufleute und reiche Handwerker. Jedenfalls erkannte jeder Gottesdienstbesucher in der Sitzordnung die ständische Struktur der Gemeinde wieder. Auffällig wurde sie noch unterstrichen durch die Kleidung, durch Schmuck und Kopfputz. Da der Kirchenraum zugleich ein Ort sozialer Kontrolle war, hatte die besondere Hervorhebung einer Familie ebenso ihre Wirkung wie die Ausgrenzung unliebsamer Personen. Leichtfertige Mädchen oder Ehebrecher mußten separat sitzen. Dies war Teil einer Kirchenstrafe.[27]

Sosehr die Pfarrer immer wieder versuchten, einen sozialen Ausgleich zu finden zwischen den Ansprüchen der Herrschaft, der Oberschicht eines Dorfes oder einer Stadtgemeinde und den Besitzlosen auf einen ihrem Status entsprechenden Platz in der Kirche, gab es kein Ende „des verdrießlichen Praecendentz Streits und Obersitzens".[28] Es kam nicht nur zu Streit in den Oberschichten, sondern ebenso unter den Vermögenslosen und Armen. Irgend jemand fühlte sich immer bei der Vergabe von Stühlen zu Unrecht zurückgesetzt oder lehnte es ab, neben bestimmten Personen zu sitzen, was er dann als ehrenrührig betrachtete. Die Pfarrarchive sind voll von derartigen Klagen. Wenn kein Ausgleich erreicht werden konnte, kam es nicht selten sogar zum Abbruch oder zur Zerstörung des Gestühls oder zu Handgreiflichkeiten, wenn jemand gehindert wurde, seinen Platz einzunehmen. Drei Beispiele mögen dies beleuchten:

1. 1683 kam es in Oldenburg (Holstein) zu einem bezeichnenden Streit. Hans Flugge, ein Bürger, klagte zusammen mit den Brüdern seiner Frau gegen den Bürgerdeputierten Johan Gauß, daß dieser sich eines „fraulichen Kirchenstandes eigentätlich angemaßet", der zum Haus der Frau des Klägers gehörte. Er wurde in der Kirche darauf aufmerksam gemacht, daß seine Frau kein Recht habe, den Stand zu benützen; da hätte er „Johan Gauß, unterm Gottesdienst aus denen Bürgerstühlen, worin er gestanden, überall zu ruffen angefangen, und solte seiner Frauwen Raum geben, oder er wolte kommen und Raum machen, und was der schimpflichen Drauworte wehrenden Gottesdienste mehr gewesen". Als er vor Gericht zitiert wurde und seinen Anspruch beweisen sollte, antwortete er „unverschempt", „er achte sein Verbot nicht, wolte sehen, wer ihme den Stuel nehmen sollte; drauf auch des Stuels sich wirklich bedienet und durch seine Frau betreten lassen, weswegen wir ein Schloß dafür machen und den Stuel verschließen laßen". Der Angeklagte hatte daraufhin das Schloß wieder „eigentätlich" abgeschlagen „und des Stuels gewaldsamer Weise sich angemaßet". Dafür wurde er empfindlich bestraft.[29]

49. Dreieinigkeitskirche zu Regensburg, Kupferstich von Matth. Merian 1631.

2. 1722 kam es in Barth in Mecklenburg zu einer großen „perturbatio cultus divini publici", bei der „des Alter-Mans Jacob Vicken Ehefrau wieder nach ihrer Gewohnheit durchgehen will, daß Caspar Schulten Ehefrau sie nicht durchlaßen will, der Vickschen unnütze Worte gibet, und also ein Wortwechsel wird unterm singen". Die Frau des Schulte wurde vors Konsistorium geladen. Sie verteidigte sich mit einer Klage gegen die Tochter Altermanns, die verlangt haben sollte: „Weichet oder ich steige Euch über den Leib", worauf die Altermannsfrau antwortete: „Wie die Weiber da liegen als Sauen". Der Wortwechsel endete mit einer drastischen Gebärde, indem die „Vicksche versetzet, Weib! ich wil dir sonst was thun', und hätte ihr den hintern leib mit aufhebung des Rocks zugewendet".[30]

3. 1756 klagten je ein Kämmerer, Kantor und Kaufmann in Barth, weil der Pastor und der Vorsteher ihre Bank „ohne Scheidung" hatten verlängern lassen, so daß „diese und jene" nun die Bank mit ihnen teilen würden. Über dieser „turbatio possessionis" konnten sie sich nicht „beruhigen". Der Pastor rechtfertigte sich vor dem Konsistorium: „Auf diese neuen Plätze haben wir keine Personen als vom ersten Stande genommen, um niemandem zu einiger Beschwerde oder zu Unordnungen Anlaß zu geben". Wegen Platzmangel sei es nicht möglich gewesen, daß „der Stuhl durchschauert" würde. Der Rangstreit sei von dem Kämmerer ausgegangen, „welcher für seine Frau Liebste den obersten Platz an die Thüre und daß alle andern ihr vorbey treten solten, praetendirte". Andere gleichen Standes könnten dies ebensogut verlangen, seien aber viel zu bescheiden, um wegen „einem Sitz in dem Gottes-Hause, welches sie aus andächtigem Eifer nach göttlichem Worte betreten, Streit zu erregen".[31]

Wenn die Geistlichkeit aufgrund dieser Händel ihren Zuhörern immer wieder Hoffahrt, Eifersucht und Rangstreitigkeiten vorwarf, so entspringt dies zweifellos der christlichen Perspektive. Dem Selbstverständnis der Zeit, das sie auch zugleich unterstützten, taten sie damit Unrecht. Denn wer nicht auf seine Kleidung und seinen Rang und Status Wert legte und darum auch in der Kirche kämpfte, der konnte nicht auf gesellschaftliche Anerkennung hoffen.

Schließlich fand die Ständeordnung einen deutlichen Niederschlag im Titelwesen.[32] „Gott hat die Stände auch selbst geordnet, und einen Unterschied unter den Menschen gemacht, welcher aus den Titeln erkannt wird".[33] Titulaturen hat es schon im Mittelalter gegeben, aber ein den jeweiligen Rang und Stand genau bezeichnendes Titelwesen bildete sich erst im Laufe des 16. Jahrhunderts aus, als sich die Ständegesellschaft ausdifferenzierte und eine klare Struktur und Abgrenzung der sozialen Gruppen verdeutlichen wollte. Einen Höhepunkt erreichte die Entwicklung im späten 17. bzw. 18. Jahrhundert. Über die Verwendung von Titeln geben die Briefwechsel und Titularbücher Auskunft. „Der deutsche Secretarius d.i. Titular- und Formularbuch, enthaltend Ehrentitel, Freundschafts-, Klag-, Liebesbriefe" (1656) war das verbreitetste.[34]

Von 1590 bis 1790 wurden Adlige mit Edler, Wohledler, Hochwohledler, Hochedler, Wohledelgeborner, Hochwohledelgeborner, Wohlgeborner, Hochedelgeborner angesprochen und die Geistlichen mit Würdiger, Ehrwürdiger, Wohlehrwürdiger, Hochwohlehrwürdiger, Hochehrwürdiger, Hochwürdiger.[35]

Wie intensiv das Titelwesen vom 16. Jahrhundert an zunahm, zeigt eine Untersuchung der Anreden in den Kirchenmatrikeln beispielsweise von Frankfurt: Während um die Mitte des 16. Jahrhunderts ein Schöffe der Stadt nur mit „ehrenhaft" angesprochen wurde, nannte er sich zu Ende des 17. Jahrhunderts „hochedelgeboren"; bezeichnete sich der Rat um die Mitte des 16. Jahrhunderts noch als „ehrsam", so ließen sich die Ratsherren zu Ende des 17. Jahrhunderts mit „ehrenvest" und „wohlweise" anreden. Fehlte dem Prediger um die Mitte des 16. Jahrhunderts noch jeder Titel, so nannte der Theologe sich zu Ende des 17. Jahrhunderts „weise und ehrwürdig, gestreng und hochgelehrt".[36]

Während die unteren Stände auf Anreden verzichten mußten, kam es im Laufe der Zeit zu einer beträchtlichen Ausweitung der Titulaturen, die zum Gespött mancher kritischer Zeitgenossen wurde, auch wenn sie keineswegs grundsätzlich gegen ehrende Anreden waren. Stieler schrieb 1673: „Es wird noch endlich der Bauer auch Edel genennet werden müssen, weil man sich nicht entblödet, ihren Söhnen, Nachbarn und Handwerkern, den Titel Wohledel mitzuteilen. Fürsten und Herren machen Kleider- und Speiseordnungen, die Titel-Ordnung wäre ja so nöhtig, als jene eine nimmermehr: Denn, wenn ein Narr und Schmeichler dem andern mit Edel und Vest streichelt, so recket er den Swanz seiner Einbildung in die Höhe und vermeynet, er sey schon was großes worden".[37] Jeder, nicht nur der Adlige, sondern auch der Handwerker, versuchte den Unterschied zum anderen auch mit Anreden und Titeln deutlich zu machen und mehr zu scheinen, als er war, weil dieses ‚Scheinen' auch mehr bedeutete als das ‚Sein'. Wenngleich erstmals die Aufklärung zu Ende des 18. Jahrhunderts diese ‚ständischen' Eitelkeiten angriff, und es zusehends Mode wurde, darauf zu verzichten, hatte sich in der höfischen Welt, vor allem in den Reichsstädten, noch lange dieser ständische Distinktionswille erhalten.

Der Berliner Aufklärer Nicolai schrieb über Ulm: „Der Unterschied zwischen Patriziern und Bürgern, zwischen Ratsherrn und Bürgern ist, bei allen Vorfällen des Lebens, in dieser Republik sehr schneidend. Jeder wird in Gesellschaft nach seinem Rang gesetzt und wird auch, wenigstens schriftlich, genau nach seinem Rang unterschieden und genannt. Die drei Bürgermeister und zwei Alterherrn werden Wohlgeborne Herrlichkeiten betitelt, die Ratsherren Wohl und Wohlweise. Ein Bürger, der ein Handwerker ist, ist ein Ehrbarer, ein Kaufmann ein Edler und Fester. Nimmt aber der Sohn eines Ehrbaren oder eines Ehrbaren und Festen einen akademischen Grad an, so wird er augenblicklich Hochedelgeboren tituliert, als ob der akademische Grad etwas an seiner Geburt geändert hätte. Wohlgeboren, ein Prädikat, das im nördlichen Deutschland nunmehr fast jeder Mensch bekommt, der Manschetten trägt, gebührt in Ulm bloß den Patriziern, und wehe dem Unpatrizier, der es sich auch nur auf ein Billette wollte geben lassen.

Dazu kommt, daß der Bürger in dieser Republik so gar nichts und der Patrizier alles ist. Die Söhne der Patrizier sehen, wenn sie wollen, den verdientesten Mann ganz über die Achsel an. Wenn ich mit wackern Leuten auf der Straße ging und uns Söhne von Patriziern begegneten, so wurden die jungen Leute, die noch als Menschen gar nichts waren, mit einer tiefen Reverenz und mit einem Ew. Gnaden angeredet; und einige der Knäblein dankten den Männern, vor deren Verdienst und Alter sie billig Respekt hätten haben sollen, mit einem gnädigen Kopfnicken, und hätten gern einen gravitätischen Blick dazu gemacht, wenn sie schon gekonnt hätten."[38]

2. Macht der Ehre: Solidarität und Ausgrenzung

In kaum einer Gesellschaft spielte die Ehre eine so große Rolle wie in der frühneuzeitlichen Ständegesellschaft.[1] Auch im Alltagsleben und -handeln der Menschen und der verschiedenen sozialen Gruppen ging es nie um das reine Überleben, um Anhäufung von Vermögen und Besitz, um politische Macht und soziale Positionen allein; Ziel allen Handelns war ein ehrbares und ehrenvolles Leben, wie es die ständische Wertordnung vorschrieb, der alles untergeordnet war. Zwar war das alltägliche Leben von christlichen Normen mitgeprägt, aber das ehrbare Leben war kein spezifisch christliches Ideal.

Das Ehrverständnis und das Ehrgefühl der Ständegesellschaft und ihrer Mitglieder zu rekonstruieren und zu definieren, ist nicht leicht, und der Gelehrtendisput um die Ehre vor allem im 18. Jahrhundert macht nur Teilbereiche sichtbar. Die Ehre ist zwar in allen Alltagshandlungen gegenwärtig; explizit wird sie aber nur im Konfliktfalle, wenn die Ehre eines einzelnen oder einer Gruppe bedroht oder angegriffen wurde. Dem müssen wir in unserer Darstellung Rechnung tragen. Bevor wir näher auf die Ehrenhändel der Zeit, ebenso auf das Phänomen der Unehrlichkeit eingehen, worüber wir allein ausreichend informiert sind, sei der Rahmen des Ehrverständnisses und Ehrgefühls in der frühen Neuzeit in sechs Punkten umrissen:

1. Die Ehre variiert inhaltlich und von der sozialen sowie subjektiven Bedeutung her je nach ständischem Recht und Ethos. Jeder Stand hatte seine Ehre, doch gab es keine, allen gleicherweise zugestandene Ehre in der frühneuzeitlichen Gesellschaft, trotz bestimmter allgemeiner Normen. Es gab nicht nur die Ehre des Standes, sondern auch eine der Stadt.[2]

2. Die soziale Ehre war stets an Stand und Recht gebunden, die dem einzelnen Menschen seine ständische Identität verbürgten und ihn gegen Angriffe schützten, insofern gab es außerhalb eines Standes kein Recht und

keine Ehre. Aber neben dieser Ehre, die eine Gruppe dem einzelnen vermittelte, gab es eine ganz persönliche Ehre, die allein vom Sein und Handeln des Betreffenden abhing, und die zu erhalten, zu sichern und zu vermehren seine Pflicht war. Nicht in jedem Fall fiel die persönliche Ehre mit der des Standes zusammen.[3]

3. Zwar ging es bei der Ehre um existenzielle, die ‚persönliche' Identität absichernde Werte, aber es gab außerhalb der nachbarschaftlichen, dörflichen oder ständischen Öffentlichkeit keine Ehre: die Öffentlichkeit bestimmte und bewertete den Rang und den Status jedes einzelnen. Subjektiv-individuelle und objektiv-kollektive Normen und Ansprüche trafen sich in der ‚persönlichen' Ehre. Galt es doch vor allem, sich den öffentlichen Normen und Erwartungen entsprechend zu verhalten. Nie ging es um die ‚innere', sondern stets um die ‚äußere' Ehre, die soziale Anerkennung einschloß.[4] Gerade da setzte die aufklärerische Kritik später an.

4. Alle Stände pochten auf ihre Ehre, die ihnen aufgrund ihrer Rechte oder ihrer Machtstellung auch zugesprochen wurde. Besonders ausgeprägt waren Ehrvorstellung und Ehrgefühl beim Adel und beim Handwerk, die adlige Ehre und die Ehrbarkeit des Handwerkers waren sprichwörtlich. In dem Maße, wie bürgerliche Kräfte in der fürstlichen Verwaltung aufstiegen und die Handwerker sich vom ‚Modernisierungsprozeß' abschotteten, wurden Ehre und Ehrbarkeit geradezu zu einer Standesideologie, für die Aufklärer später ein Zeichen von Standesdünkel bzw. bornierter Rückständigkeit.[5] Beider Normenwelt reglementierte so das adlige bzw. Handwerkerleben derartig, daß jeder seine ständische Reputation in der eigenen Gesellschaft verlor, wenn er sich der Wertewelt nicht völlig unterwarf. Ehre wurde hier ein Mittel rigider sozialer Abschottung und Exklusivität.

5. Die soziale Ehre jedes einzelnen und seines Standes war anfangs Ausfluß einer ökonomischen, politischen und sozialen Potenz, ohne daß sie in ihr aufging bzw. eine Funktion bestimmter Potenzen war. Einen Widerspruch zwischen materiellen und kulturellen Interessen gab es kaum, die äußeren Erscheinungsformen eines Standes entsprachen weitgehend der öffentlichen Machtstellung. Aber mit dem durch die Ausweitung des Marktes entstehenden Konkurrenzdenken und der durch die Verstaatlichung gesellschaftlicher Beziehungen bedingten Hierarchisierung verschoben sich die Akzente und Interessen. Die Ehre spiegelte immer weniger die gesellschaftliche Wirklichkeit, dafür aber den sozialen Anspruch wider, der nicht mehr aus eigener Kraft, sondern nur mit staatlicher Hilfe aufrechterhalten werden konnte. Die Welt der Ehre wurde eine Scheinwelt, in der Abschottung nach unten und Solidarität von Gleichgestellten weit stärker war als die Anpassung an die sich verändernden gesellschaftlichen Verhältnisse. Ehrenhaftes Verhalten war im 18. Jahrhundert zu einer restaurativen Tugend geworden.[6]

6. Trotz der frühen Erosion der Ständegesellschaft prägte das Muster der ständischen Ehre das Denken und Handeln der meisten Menschen bis weit

ins 18. Jahrhundert hinein. Bevor allerdings mit der bürgerlichen Ehre ein völlig neues Muster Gültigkeit erlangte, gab es im 17. bzw. 18. Jahrhundert zwei entscheidende Schritte, die die ständische Ehre erstmals in Frage stellten. Einmal wurde für die höfische Ehre nicht mehr die Standestradition, sondern die Stellung des einzelnen Adligen zum Hof maßgebend, womit zwar ein aristokratischer Ehrenkodex konserviert, zugleich aber die Ehre überständisch begründet wurde. Dem ‚honnête homme' ging es um die Präsentation eines neuen Lebensstils jenseits der verschiedenen Standesehren.[7] Zum anderen kommt mit der Aufklärung das Konzept der ‚inneren' Ehre ins Spiel. Der eigentlich ehrbare und ehrliche Mann ist der tugendhafte, von allen Äußerlichkeiten unabhängige Mann.

Jeder Mann und jede Frau legten in der frühen Neuzeit großen Wert auf ihre persönliche Ehre. Sie begründete den sozialen Status jedes einzelnen in Dorf und Stadt. Sosehr jemand unter dem Schutz der Dorfgemeinde oder der Stadtverwaltung stand, war er doch verpflichtet, seine Ehre zu erhalten und zu sichern. Denn sie war trotz aller Bindung an die Familie und den Stand kein angeborenes oder einmal erworbenes Gut, sondern eines, das alle Wachsamkeit verlangte und gegen jede Bedrohung bewahrt werden mußte. Jederzeit konnte sie in Gefahr geraten oder sogar direkt oder indirekt verlorengehen. Zwar war eine eigenmächtige gewaltsame Verteidigung der Ehre schon im 16. Jahrhundert verboten und wurde strafrechtlich verfolgt, aber nicht selten führte eine öffentliche Ehrabschneidung zu Raufhandel oder Duell. Die zahlreichen Raufhändel in der frühen Neuzeit waren aufs engste verbunden mit einem Kampf um die Erhaltung oder Wiedererlangung der persönlichen Ehre.[9]

Von welcher Bedeutung der Kampf um die Ehre in der frühen Neuzeit war und wie oft er belegt ist, offenbaren die vielen Urteilsbücher und Gerichtsprotokolle der ländlichen und städtischen Kommunen. Der Streit um die Ehre zählte zu den häufigsten Delikten der städtischen wie ländlichen Gesellschaft.[10] Besonders empfindlich reagierten die städtischen Handwerker. Der kleinste Schaden an der persönlichen Ehre konnte die Reinheit des Handwerks beflecken. Aber auch die Bauern und Dienstboten stritten heftig um ihre Ehre. Allerdings galt das Ehrenspiel nur unter Gleichen, d. h. eine Beleidigung konnte nur Personen aus demselben Stand treffen. Ein Handwerker konnte weder einen Patrizier noch einen Lohnarbeiter, ein Bauer weder seinen Grundherrn noch seinen Knecht geschweige seine Magd herausfordern. Auf eine Herausforderung Untergebener konnte ein sozial höher Stehender nicht reagieren, das wäre wieder mit seiner Ehre unvereinbar gewesen. Insofern zerrütteten die vielen Ehrenhändel und Duelle keineswegs die ständische Gesellschaft, sondern im Gegenteil: trotz aller Verbote stabilisierten sie die Ständeordnung insofern, als Ehrenhändel stets auch Ausdruck der Verteidigung des eigenen Standes und damit der gesamten Ordnung waren.

50. Rangstreit zwischen Schneider und Kürschner, Kupferstich von Jost Amman 1588.

Wir kennen die Ehr- und Raufhändel seit dem 16. Jahrhundert, seit es herrschaftliche Gerichte gab, und anstelle innerparteilicher Regelungen obrigkeitliche Richterinstanzen sich um die Wahrung des innerdörflichen und innerstädtischen Friedens bemühten. Zwar blieb das äußere Muster der Austragung eines Rauf- und Ehrenhandels vom 16. zum 18. Jahrhundert hin erstaunlich gleich; doch hatte sich seine inhaltliche und soziale Bedeutung in der Gesellschaft geändert. Vergleichen wir die Händel des 18. Jahrhunderts mit denen des 16. Jahrhunderts, so fällt für das 16. Jahrhundert die Schwere der verübten Gewalt und der hohe Anteil der Frauen auf. Aus dem 18. Jahrhundert kennen wir nur mehr fein abgestufte Aggressionsdelikte, in die zudem nur noch wenige Frauen verwickelt waren.[11] Vor allem hatte sich die Einstellung der Obrigkeit zu den Ehrenhändeln beträchtlich gewandelt; während sie im 16. Jahrhundert lediglich als Schiedsrichter auftrat, versuchte sie die Gesellschaft seit dem 17. Jahrhundert mit einem Bündel von Strafen zu disziplinieren. Der Staat und nicht mehr der Beleidigte trat als Kläger auf.

Wenngleich zahlreiche Ehrenbeleidigungen in einen Raufhandel mündeten, gab es auch viele Beleidigungen und Ehrabschneidungen ohne damit verbundene Gewaltanwendung. Über die konkreten Anlässe zu einem Ehrenstreit wissen wir wenig. Vielfach spielen lange zurückliegende Zwistigkeiten eine Rolle, die plötzlich wieder auflebten. Auch galt es einfach als Spaß, einen ‚Schwächeren' ohne besonderen Grund herauszufordern. Die meisten Ehren- und Raufhändel geschahen unter Alkoholeinfluß im Wirtshaus oder auf der Straße. Es wird oft berichtet, daß Beleidiger und Beleidigter lange friedlich zusammensaßen, bis plötzlich ein Streit entbrannte, der in Beschimpfungen oder Raufen mündete. Ehrverletzend konnten dabei nicht nur verbale Beleidigungen wirken, sondern ebenso Gebärden und Handlungen. Ungewöhnlich breit war das Arsenal von Schimpfworten.[12] Sie waren zwar nicht alle entehrend, aber zumeist stellten sie eine Herausforderung dar, die keiner in einer entsprechenden Situation unbeantwortet lassen konnte, obwohl offiziell jede Beleidigung strafbar war. Selten verhielt sich ein Angegriffener so passiv, wie es die Gerichte wünschten, meist antwortete er mit einer nicht minder beleidigenden Beschimpfung. Sprachgewandte setzten ihr ganzes – beim Publikum durchaus respektheischendes – Können ein.

Der Streit eines Küchenmeisters des Klosters Heilsbronn mit dem Klosterprediger dürfte als Muster für viele derartigen Beschimpfungen stehen. Nach einem vorausgegangenen Streit – so berichtet der Küchenmeister – sei ihm der Herr Prediger „seitwerts unterwegs begegnet, und da (er) in die 20 Schritt noch von mir gewesen, ich ihme sogleich allerdings nicht gekannt, jedoch, daß es etwas Geistliches seye, wohl vermutet, aber umb jetzt gedachter seiner gegen mir verübter Ungebühr noch nicht Willens gewesen, ihme, wie vorhin jederzeit beschehen, mit Huet abzihen also zu verehren, da er dann … uff mich geschrien: Er darf seine Hauben wohl abzihen, ich geantwortet: Der Herr auch. Folgendes hat er geschrien: Ein grober Bernheuter, sagte ich drauf: Er auch. Er wiederumb: Loser Vogel, ich abermahl: Er auch, dabey meines Tritts immer fortgangen, hingegen er noch immer geschändet, so ich nicht mehr verstehen können, jedoch zurückgeschrien: Alles was er mich heiße, er auch seye."[13]

Ähnlich wird von einem anderen Streitfall berichtet: Ein Mann hatte eine Frau geschlagen und „Schelmendiebsgesind" geheißen, worauf sie ihm „den Dieb wider in Buesen geworfen". Unter Männern mußte eine Herausforderung angenommen werden, auf den Angriff einer Frau aber durfte ein Mann nicht eingehen, es sei denn, daß es sich wie hier um einen schwerwiegenden Vorwurf handelte.[14] Ein Mann verteidigte einen Angriff einmal: „Ey der Donner, soll ich mich so scheren, zerhundsfüttern, zergänshenken und zerflegeln lassen?"[15]

Die Zahl der Schimpfwörter, die der ländlichen und städtischen Bevölkerung in der frühen Neuzeit zur Herabsetzung eines Gegners zur Verfügung stand, war überaus groß und je nach Region und Zeit unterschiedlich. Eine nähere Untersuchung wäre lohnenswert. Das Schimpfen entsprach ganz der zeittypischen ‚Grobheit' der Umgangsformen, sollte den Gegner ins Herz treffen und herausfordern. Am meisten wurden die Gegner als Dieb und Schelm, Frauen als Hure beschimpft, dies waren zugleich die Beleidigungen mit der schandbarsten Wirkung. Denn sie rücken den Angegriffenen in die Nähe der Unehrlichkeit hochgerichtlicher Strafen, damit außerhalb der ehrbaren christlichen Gesellschaft. Verdeutlicht wird dies mit Adjektiven wie ausgestaupte, ausgestrichene, gebrandmarkte Hure oder Brandmarks- und Kackhure. Die einzelnen Schimpfwörter stehen für einen eingebildeten oder tatsächlichen Vorgang, der eine bestimmte Tat, ein bestimmtes Verhalten charakterisiert, das die gesellschaftlichen christlichen Normen verwarf. So bezeichnet beispielsweise „Fuchsschwänzer" den der Obrigkeit gegenüber schmeichlerisch Ergebenen, „Schinder" den mit unehrlicher Hantierung Befaßten, „Hanrei" den durch Ehebruch gehörnten Ehemann usw. Zum Schimpf wurden viele Worte auch dann gebraucht, wenn sie nicht der Wahrheit entsprachen, aber ein entsprechendes Verhalten treffen sollten; gerade dies verschärfte dann die Auseinandersetzung. Die Quellen berichten von ganzen Schimpfkanonaden, so etwa 1751 aus Plön: Einer „bringt klagend an, wie sein Nachbar immer Unruh anfange und schimpfte, und zwar für Schelmen und Diebs-Bagage, so ein Ding, so ein Proppe, Schit-Ding, hätte ich dich buten in der Twiete, so wollte ich dich schneiden, die Därme sollten dir um die Beine herum bummeln, und die Seele soll auf dem Gras hüpfen, ich will dich voneinander reißen, daß kein Mensch wissen soll, wo ein Stück bei dem andern gesessen, ein Stück soll auf diesem, das andere auf einem anderen Ort liegen. Er (selbst) stürbe doch keines guten Todes, er wäre doch des Teufels, und wäre ihm gleich viel was für einen Tod er sterbe, sie kochten oder braten ihn, sie räderten ihn oder brächten ihn an den Galgen."[16] Zu den Schimpfworten kamen oft Verwünschungen und Drohungen. Wortkanonaden folgten auch beleidigende Gebärden, so das Rock-Aufheben oder den Hinweis auf das Hinterteil. In einem Protokoll heißt es von einer Frau, sie „hätte sich rundumb aufgehoben und ihn angeredet: du alter Schelm, schieß doch in alle Löcher, sieh auch hier herein".[17] Schließlich fehlte es auch nicht an Spottliedern: „Höret ihr Herren und laßt euch sagen, Deine mutter hat einen Schelm zur Welt getragen".[18] Schandbriefe kennen wir allerdings vornehmlich aus der adligen Welt.[19]

Öffentlich ausgesprochene Beleidigungen konnte keiner in der frühen Neuzeit auf sich beruhen lassen; er mußte auf die Wiederherstellung seiner Ehre pochen. Ursprünglich regelten die Betroffenen unter Zeugen die Angelegenheit, wenn nicht gleich eine Rauferei oder andere Gewalttätigkeiten folgten, zumeist klagte der Beschuldigte vor Gericht als der Instanz, die vor der Öffentlichkeit den Angreifer schuldig sprechen und dem Beleidigten seine Ehre wiedergeben konnte. Hier wurde der ganze Vorgang geschildert, nicht selten kam es vor Gericht zu einer Fortsetzung des Ehrenhandels. Zwar war das Gericht daran interessiert, daß der Friede wiederhergestellt und der Schuldige bestraft wurde, aber da im 16. Jahrhundert in diesen Fällen der Richter bzw. die Obrigkeit nicht als Ankläger auftrat, ging es nur um eine Wiederherstellung der Ehre ohne weitere disziplinierende Maßnahmen. Diese gab es erst seit dem 17. Jahrhundert. Hatte jemand sein Recht erhalten bzw. mußte der Beklagte die Beleidigung zurücknehmen, so galt dies als ehrenwerter Triumph des Beleidigten. Zumeist entschuldigte sich der Angeklagte, oft mit dem Hinweis auf seine Trunkenheit, zahlte eine Geldstrafe und mußte öffentlich einen Widerruf leisten, indem er bestätigte, daß er vom Beleidigten „nichts anders zu sagen weiß, als was der Ehre belangen tut".[20] Die Geldstrafe wurde je nach Stand und je nach der schädigenden Wirkung eines Schimpfwortes festgelegt. Eine Analyse der Höhe der Beträge könnte Aufschluß geben über die Bedeutung der einzelnen Schimpfwörter. Gelegentlich, vor allem im 16. Jahrhundert, war es noch üblich, den Widerruf mit einem „aufs Maul schlagen" zu verbinden. Dazu wurde dann auch der Satz gesprochen: „Maul als du das gesprochen, hastu gelogen".[21] Dadurch sollte das Schimpfwort in die Brust des Beleidigers zurückgestoßen werden, so als wenn es nie ausgesprochen worden wäre.

Wir wissen, wie existentiell die Wiederherstellung der Ehre vor allem für die Handwerker war, da die Zünfte nur unbescholtene Handwerker tolerierten und ein Betrieb sogar mit materiellen Schäden rechnen mußte. Aber auch die anderen Einwohner einer Stadt oder eines Dorfes konnten es sich nicht leisten, wenn ein Schatten auf ihrem ehrlichen Namen blieb. Insofern lag es nicht im freien Ermessen, vor Gericht zu klagen oder das Schimpfwort hinzunehmen. Das Selbstwertgefühl war wesentlich abhängig von der öffentlichen Geltung. Diese Ehre war überdies davon abhängig, wie intensiv jemand sich für sie einsetzte und wie gekonnt er alle Angriffe abwehrte. War der Beleidigte durch den Widerruf von der Unehre gereinigt, so löschte die Entschuldigung und die Geldbuße die Untat des Beleidigers. Mit dieser Rücknahme sah er sich nicht unbedingt als Verlierer; die mutige Herausforderung, seine Fähigkeit dazu, gereichte ihm auf einer anderen Ebene geradezu zur Ehre. Dorfgemeinde und Gericht bewerteten die Ehrenhändel oft unterschiedlich. Obwohl Beleidigungen verboten waren, war jeder Beleidigte gezwungen, in gleicher Art zu antworten, dieses Recht wurde jedem von der Öffentlichkeit zugestanden. Das Gericht bekräftigte damit nur das Gleichgewicht der Kräfte und sicherte die Unterschiede in der ständischen Gesellschaft ab. Vor Gericht konnten allerdings nur diejenigen auf Wiederherstellung ihrer Ehre pochen, die zur Gemeinde zählten. Fremde und aufgrund bestimmter Umstände unehrenhafte und unehrliche Leute waren von diesem Recht ausgeschlossen.

Eine besondere Form des Ehrenhandels war der Raufhandel. Auch hier ging es um den Angriff auf die Ehre einer Person, die aber nicht nur verbal, sondern mit Gewalttätigkeiten antwortete. Er war ebensowenig nur Ausdruck der allgemeinen Rauflust vor allem junger Leute in Stadt und Land, wie die Beleidigungen nur Ausdruck einer Schimpflust waren, sondern es ging um eine Form gewaltsamer Wiederherstellung der Ehre. Zwar wurde bereits im 16. Jahrhundert jede Selbstjustiz und Gewalttätigkeit strafrechtlich geahndet, aber noch lange wurde die gewaltsame Antwort auf eine Beleidigung in der Gesellschaft als Akt der Wiederherstellung der Ehre begriffen. Eine Weiterführung des Streits vor Gericht und öffentliche Genugtuung waren dadurch nicht ausgeschlossen. In einem allerdings unterscheidet sich der Raufhandel vom Ehrenhandel: So schwer die Grenzen zwischen Ehren- und Raufhändeln zu ziehen waren, waren starke körperliche Verletzungen und vor allem der Totschlag doch eindeutige Delikte, die die richterliche Obrigkeit ahnden mußte. Sie verhängte hier scharfe Strafen, bei Totschlag erfolgte nicht selten die Landesverweisung, nicht zuletzt um den durch die verfeindeten Familien bedrohten Dorf- oder Stadtfrieden zu sichern.[22]

Eine zweite Form des Ehrenhandels mit potentiell gewaltsamem Ausgang war das „Herausfordern aus dem Haus“, das ebenso wie der Raufhandel unter Strafe stand, aber bis ins 17. Jahrhundert hinein praktiziert wurde.[23] In einer Quelle von 1579 heißt es: „Wolff Schelhamer clagt wider Jeörgen Schmidt ambtman daselbs, wie er ime gegen der nacht ab ainer hochzeit geriten, ime furs hauß und in hof geriten, ine Schelhamer diebt und geschelmt, ainen castenbrecher gescholten“.[24] Aufgrund eines bestimmten Streits lief der Herausforderer vor das Haus seines Gegners und forderte ihn unter Angriffen auf seine Ehre auf die Straße, um mit ihm einen Zweikampf zu führen. Die Verurteilung eines Herausforderers erfolgte in einem solchen Fall nicht nur wegen der Beleidigungen, sondern auch wegen Hausfriedensbruchs, vor allem, wenn noch Fenster oder Türen beschädigt worden waren. Es sind zahlreiche Fälle der Herausforderung aus dem Haus überliefert, aber die Hausbesitzer scheinen nur selten auf dieses Ansinnen eingegangen zu sein.

Abschließend muß bei den Ehrenhändeln der Zweikampf, besser gesagt, das Duell genannt werden.[25] Während der Ehrenhandel weitgehend dem einfachen Volk zugeordnet werden kann, kennen wir den hochritualisierten Zweikampf nur aus der Oberschicht. Im Unterschied zu Frankreich und England gab es ihn allerdings in Deutschland nicht allzu häufig, vor allem aus der frühen Neuzeit ist er weitgehend unbekannt. Zu nennen sind hier nur einige Antiduellmandate einzelner Städte und Territorien aus dem 16. und 17. Jahrhundert, die sich vor allem auf das Duellieren von Studenten und Soldaten beziehen. Obwohl alle Adligen das Fechten gelernt hatten, das besonders im 17. Jahrhundert in Mode kam, spielte das Duell in ihrer Welt keine Rolle. Dementsprechend richteten sich die Mandate weniger auf das Duell selbst als auf alle Formen von Tumulten. Im Brandenburgischen Mandat von 1652 werden „alle eigenthätliche Ein- und Ueberfälle, Rumor und Rauff-Händel, Balgereyen und Schlägereyen, alle Ausforderung, Duella, Zuschickung der Cartelle, und in gemein allen Frevel und Gewalt, daraus nicht allein gefährliche Leibes-Verwundung und Beschädigung, sondern auch offtmals, inmassen solche die tägliche Erfahrung mit sich bringet, fürsätzliche Todtschläge, mit Verlust der ewigen Seligkeit erfolgen“, bei Leibes- und Lebensstrafe verboten.[26] Alle gewaltsamen Auseinandersetzungen wurden demnach kriminalisiert, auch wenn sie der Wiedererlangung der

Ehre dienten; allein die staatliche Obrigkeit hatte das Recht, Gewalt zu üben. Die Pazifizierung der Gesellschaft war aber ein langwieriger Prozeß, und das staatliche Eingreifen ersetzte noch lange nicht die persönliche Genugtuung, den Angreifer selbst zurückzuweisen.

Die Macht der Ehre schuf in der frühneuzeitlichen Gesellschaft ein soziales Phänomen besonderer Art: die Unehrlichkeit, die einer besonderen Erklärung bedarf.[27] Die Stigmatisierung und Infamierung einzelner ‚Stände', Tätgkeiten und ‚Berufe' erfolgte allgemein aus dem Bestreben ‚ehrbarer' Handwerker, ihr Handwerk von unredlichen, unsauberen und unehrlichen Elementen rein zu halten. Diese Abgrenzung war Bestandteil der eigenen Ehrbarkeit. Sie wurde von allen sich als ehrlich verstehenden Handwerkern und Handwerkszünften betrieben. In der Regel bedeutete die Ausgrenzung nicht Rechtlosigkeit, minderte aber erheblich die Chance, Bürgerrechte zu erwerben und an der ständisch-bürgerlichen Ehre einer Stadt zu partizipieren. Zwar hatten die Zunfthandwerker nicht alle das gleiche Prestige und den gleichen sozialen Status, zwischen der Zunft der Goldschmiede und der der Schuster beispielsweise gab es beträchtliche Unterschiede, aber alle waren sich einig im Ausschluß der ‚Unehrlichen'.

Das Problem der ‚Unehrlichkeit' läßt sich nicht begrenzen auf das bekannte Phänomen der sogenannten ‚unehrlichen Leute', die von der ständischen Gesellschaft ausgeschlossen waren und als mehr oder weniger infame Menschen gemieden wurden. Ausgeschlossen waren einmal weitgehend alle Menschen unehelicher Geburt.[28] Die Unehelichkeit galt stets als ausreichender Grund, Menschen von der städtischen und ländlichen Ehrbarkeit auszuschließen, was nicht heißt, daß unehelich Geborene ganz ohne Rechte waren und prinzipiell nicht legitimiert werden konnten. Ferner grenzte die ständische Gesellschaft alle aus, die von Wenden, Juden und Zigeunern abstammten, unabhängig davon, wie vermögend sie waren und ob sie etwa der gleichen Konfession wie man selbst angehörten.[29] Eine ‚Berührung' mit ihnen konnte das Handwerk ‚beflecken'. Weiterhin zählte zu den Unehrlichen die große Zahl der Gestrandeten und Gebrandmarkten; vor allem wer mit dem Hochgericht – schuldig oder auch unschuldig – zu tun gehabt hatte und öffentlich bloßgestellt worden war, war für die ehrbare Gesellschaft nicht mehr annehmbar. Schließlich gab es noch Menschen, die durch unehrenhaftes Verhalten, durch Verruf oder Schimpf andere geschädigt hatten und deshalb ausgegrenzt wurden, es sei denn, daß sie durch besondere ‚Wiedergutmachung' in die ständische Gesellschaft wiederaufgenommen worden waren.[30]

Konzentrieren wir uns auf die Ausgrenzung der ‚unehrlichen Leute'. In unehrlichem Ruf standen als erste Großgruppe die ‚fahrenden Leute'. Zwar werden sie als einheitliche Gruppe beschrieben, in Wirklichkeit unterschieden sie sich indes erheblich. In der Regel handelte es sich um Bettler und

Vaganten, Spielleute und Schausteller, um Kleinhändler und Hausierer.[31] Heimatlosigkeit kennzeichnete sie alle, vielleicht noch der allgemeine Verdacht auf Betrügerei. Allesamt wurden sie mit ihren Nachkommen von den Zünften, Gilden und Innungen gemieden, ja ausgeschlossen. Während die seßhaften unehrlichen Handwerker zumeist von seiten der Obrigkeit gegen die Ausgrenzung durch die Zünfte Schutz erhielten, wurden die Unseßhaften von den Herrschaftsträgern nicht nur nicht toleriert, sondern oft als Kriminelle und Müßiggänger für rechtlos erklärt. Wollten die Zünfte das fahrende Volk lediglich vom Handwerk fernhalten, diskriminierte die Obrigkeit es insgesamt als leichtsinniges, böses und herrenloses Gesindel, das keinen Schutz und kein Recht genießen könne.

Das fahrende Bettelvolk, das aus der ehrbaren Welt ausgeschlossen war, rekrutierte sich aus verschiedenen Gruppen und Ständen, aus der ländlichen und städtischen Armut, aus dem Söldnerstand und der großen Schicht gescheiterter Existenzen, Invaliden etc. Abgesehen von Gelegenheitsarbeiten lebten diese Menschen weitgehend vom Bettel und zogen als Vaganten von Stadt zu Stadt, von Dorf zu Dorf. Ihre Zahl war im Spätmittelalter beträchtlich, stieg seit dem 16. Jahrhundert noch an und umfaßte Männer wie Frauen, Kinder wie Greise. Weil sie hier und da als Hausierer auftraten oder als Spielleute, ist die Grenze zu diesen Gruppen ebenso schwer zu ziehen wie eine Grenze zu den eigentlichen, hart verfolgten Diebesbanden, denn ohne kleine Betrügereien konnte auch ein Bettler wohl kaum überleben. Es wundert nicht, daß der Handwerkerstand, der auf seine Ehre und Herkunft achtete, Nachkommen von Vaganten nicht aufnahm, und daß die Obrigkeit sie immer wieder kriminalisierte.

Auch die Spielleute und Schausteller galten schon seit dem Mittelalter als unehrlich, eine schärfere Ausgrenzung erfolgte aber erst in der frühen Neuzeit, als sich ihre Gruppe mit der Ausweitung von Jahrmärkten und Kirchweihen differenzierte.[32] Es handelte sich um vagierende Leute, die durch Volksbelustigungen, Musik, Schauspiel oder akrobatische Künste ihren Unterhalt verdienten. Zu ihnen werden die Gaukler, Taschenspieler, Seiltänzer, Kunstreiter, Tierbändiger, Klopffechter, Bärenführer, Possenreißer, Ringkämpfer, Athleten, Akrobaten, Gleichgewichtskünstler, Zauberer, Marktschreier, Bänkelsänger, Wunderdoktoren, Feuerfresser, Tierstimmenimitatoren, Musikanten, Komödianten, Sackpfeifer, Hackbretter, Wahrsager und Schwertkünstler gezählt. Manche übten diese Tätigkeiten nur zeitweise aus, manche machten sie zur echten Profession. Sie waren zwar gern gesehene Gäste, aber vollkommen rechtlos den Obrigkeiten ausgeliefert. Folgenschwer war die Unehrlichkeit besonders für Schauspieler und Spielleute bzw. Musikanten, die ihren ‚Verruf' selbst dann nicht verloren, wenn sie am Hofe spielten, außer sie wurden vom Adel, von der Kirche oder den Städten angestellt und privilegiert. Weil sie keine spezielle Ausbildung hatten, ein vagierendes Leben führten und ihren Lebensunterhalt mit dem Verdienst aus

51. Gaukler, Holzschnitt vom Petrarcameister 1532.

Belustigungen bestritten, schieden sie als Anwärter für ein Handwerk aus, standen aber auch darüber hinaus in Verruf.

Zu den Unehrlichen zählten ferner fahrende Leute, die ihr Leben mit Kleinhandel fristeten. Es handelt sich um Wanderhändler und Hausierer, die vom Verkauf vielerlei kleiner Gegenstände lebten, von Eisen- und Kurzwaren, von Gewürzen und Früchten, von Heilmitteln und Werkzeugen. Hinzu kommen diejenigen, die mit Diensten und Handfertigkeiten für den alltäglichen Lebensbedarf herumzogen: Kesselflicker, Scherenschleifer, Quacksalber. Ihre Herkunft war unbekannt, sie wechselten ihre Tätigkeiten; die Grenzen zu den Schaustellern sind nur schwer zu ziehen, es gab unter ihnen gestrauchelte Einheimische und Ausländer, Juden und Zigeuner. Auch ihre Nachkommen waren selbstverständlich vom Handwerk ausgeschlossen, und ihre Tätigkeit stand in Verruf, so wenig gerade die ländliche Gesellschaft auf ihre Waren und ihre Dienste verzichten konnte. Während im Spätmittelalter die Toleranzgrenze relativ hoch war, wurden sie seit dem 16. Jahrhundert zusehends ausgegrenzt. Auch diese Gruppe erschien den Obrigkeiten als herrenloses Gesindel. Weil ein Ratsherr aus dem Fränkischen 1697 als Scherenschleifer beschimpft wurde, mußte er sich zur Wiederherstellung seiner Ehre vor dem Rat rechtfertigen. Es „hete ihne verdrossen“, sagte er, „daß Gehrheuser ine einen scherschleifer nominiret, dann ein scherschleifer seye ein liederlich fahrender mensch, so im land umbziehe, er aber seye ein ehrlicher burger und kein scherschleifer“.[33]

Während das fahrende Volk nicht nur vom Handwerk als unehrlich ausgegrenzt wurde, sondern zudem von der weltlichen Obrigkeit als böses Gesindel schnell kriminalisiert wurde, wurde das unehrliche Handwerk zwar auch durch das ehrbare Handwerk diffamiert, erhielt aber in den meisten Fällen von seiten der Herrschaftsträger Schutz gegen den Verruf. Seine Unehrlichkeit wurde nicht von der gesamten Gesellschaft akzeptiert.

In einem unehrenhaften Ruf standen schon früh die Leineweber.[34] Seit dem 14. Jahrhundert häufen sich Verbote, Kinder von Leinewebern in die Zünfte aufzunehmen. Allgemein verbreitet war der Verruf allerdings nicht. Außerdem griff die Obrigkeit schon im 16. Jahrhundert zu ihren Gunsten ein. Der Grund des Verrufs lag einmal in der Tatsache, daß sie früher beim Bau eines Galgens mitgewirkt haben sollen. Jedenfalls wurde dieses Gerücht allenthalben verbreitet, was in der Tat entehrend wirken konnte. Zum anderen geht der Verruf wohl auf die Zeit zurück, als die Leineweber, die im 15. Jahrhundert vermehrt vom Land in die Stadt zogen, in Konkurrenz zu dem städtischen Weberhandwerk traten, das durch sie in den Verdacht der Unehrlichkeit kam.

Die Schäfer werden erstmals seit der Mitte des 14. Jahrhunderts als unehrliche Leute bezeichnet. Ihre Diffamierung wird mit ihrer Schindertätigkeit begründet und breitete sich trotz der Reichsordnungen selbst außerhalb des Handwerks aus. Die ‚Ordnung und Reformation guter Policey' des Reichs von 1548 befiehlt: „Setzen, ordnen und wollen demnach, daß die Leinweber, Barbierer, Schäfer, Müller, Zöllner, Pfeiffer, Trummeter, Bader und die, deren Eltern, davon sie geboren sind, und ihre Kinder, so sie sich ehrlich und wol gehalten haben, hinfüro in Zünfften, Gaffeln, Amten und Gilden keines Wegs außgeschlossen, sondern wie andere redliche Handwercker auffgenommen und darzu gezogen werden sollen."[35] Dank dieser Erlasse konnten die Schäfer sich gegen den Verruf wehren.

Aus dem handwerklichen bzw. niederen öffentlichen Dienstleistungsbereich standen in unehrlichem Ruf teilweise auch die Bader und Bartscherer, die Müller und Türmer bzw. Nachtwächter.[36] Der Grund der Unehrlichkeit von Badern und Bartscherern ist nicht eindeutig geklärt. Die Aufgaben eines Baders waren umfänglich, er bereitete nicht nur das Bad und schor das Haar, sondern ‚schröpfte' seine Gäste, ließ sie zur Ader, behandelte Geschwüre und renkte Glieder wieder ein. An seiner Tätigkeit ist nichts Unehrliches zu erkennen; zwar galt er als geschwätzig, leichtsinnig und trunksüchtig, aber das minderte nicht eigentlich die Ehre. Anrüchig aus Sicht der Ehrbarkeit war, daß der Bader zum einen wie andere unehrliche Handwerker keine richtige Ausbildung hatte, zum anderen, daß er Krankheiten verbreiten konnte; wir wissen, daß in Seuchenzeiten die Badstuben geschlossen wurden. Und schließlich geriet die Badstube der frühen Neuzeit in den Ruf, eine Stätte sexueller Ausschweifung zu sein; die Grenze zwischen Freudenhaus und Badstube war seit dem 15. Jahrhundert manchmal schwer zu ziehen.

52. Gerber bearbeitet seine Felle auf dem „Neuen Bau" zu Nürnberg, Kupferstich von Joh. Adam Delsenbach, um 1716.

Noch unerklärlicher ist die Unehrlichkeit der Müller.[37] Sie war allerdings nicht weit verbreitet, wenn ihm auch immer wieder, vor allem im 16. und 17. Jahrhundert, die Ehrlichkeit bestätigt werden mußte. Ihre Unehrlichkeit gründet sicherlich nicht in ihren Betrügereien, denn dann wären auch die Bäcker unehrlich gewesen, da man ihnen ebenso Betrug unterstellte. Eine gewisse Rolle spielte sicherlich die abgeschiedene, von der Dorf- oder Stadtgesellschaft wenig kontrollierte Lebensweise in den an Bächen und Flüssen einsam gelegenen Mühlen.

Ebenso schwierig ist es schließlich, die Unehrlichkeit der Türmer und Nachtwächter zu erklären; oft wurden beide Ämter von einer Person versehen. Ihre Wohnung war uneinsehbar bzw. ihr Leben in Dunkel gehüllt, aber die Verbindung mit der Nacht allein erklärt nicht den unehrlichen Ruf. Auch hier spielte die Konkurrenz zwischen ‚kleinen' Türmern und den herrschaftlichen Trompetern und stadtbürgerlichen Turmbläsern im 16. Jahrhundert eine Rolle, die sich von jenen scharf absetzen wollten. Stärker allerdings wirkte sich der nicht klar umrissene und nicht kontrollierbare Aufgabenbereich des Nachtwächters aus. Was ihn vor allem in Verruf brachte, war, daß er öfters als Totengräber einspringen mußte, der unterschiedslos ehrbare und unehrliche Leute zu begraben hatte.

Stets als unehrlich und infam galten überall Abdecker/Wasenmeister und Scharfrichter/Henker.[38] Sie wurden nicht nur von seiten des ehrbaren Handwerks, sondern vom ganzen Volk gemieden und waren sich selbst ihrer niederen Einschätzung bei den Menschen bewußt. Jeden, der mit ihnen zusammenkam, konnten sie in Verruf bringen, obwohl ihre Tätigkeit für die frühneuzeitliche Gesellschaft wichtig war, sie geradezu obrigkeitliche Ämter innehatten. Dabei war das Amt eines Strafvollstreckers und das des Henkers keineswegs von Anfang an überall entehrend. Erst die Professionalisierung des Scharfrichteramtes im Zusammenhang mit der Entwicklung des modernen Strafverfahrens, vor allem in Verbindung mit anderen Tätigkeiten wie dem Foltern und Abdecken, machte das Scharfrichteramt so unehrlich, daß der Henker als der infame Mensch schlechthin galt. Seine Haupttätigkeit konzentrierte sich auf die Hinrichtung von Delinquenten, die Durchführung der verordneten Folter und der öffentlichen Strafen, das Verscharren der Verurteilten; verbunden war damit oft die Abdeckerei und die Reinigung der Abtritte, die Ausweisung von Aussätzigen sowie die Leitung eines Frauenhauses. Die obrigkeitliche Bestallung schützte nicht vor der Unehre, die nicht nur dem Träger des Amtes anhaftete, sondern ebenso seiner Frau und seiner Nachkommenschaft. Die Ausgrenzung beschränkte sich nicht darauf, daß seine Kinder kein ehrbares Handwerk ausüben konnten, sondern jede Berührung, Hilfe und Freundschaft mit ihnen mußte vermieden werden; denn sie konnten sowohl einem Handwerker materiellen Schaden eintragen, wie auch einen Nichthandwerker in Verruf bringen. Die von einem Scharfrichter ausgehende ‚Gefahr' übertraf bei weitem die von anderen unehrlichen Leuten, die in der Regel nicht ‚ansteckend' war. So war jeder Kontakt mit dem Scharfrichter im alltäglichen Leben bereits diskriminierend, und eine Verwicklung in eine seiner Amtshandlungen brachte jeden voll und ganz in Verruf, obwohl auch hier die Obrigkeit mäßigend einzugreifen suchte. Kaum jemand, der einmal mit der Folter zu tun gehabt hatte, selbst wenn er unschuldig war oder eine Strafe richtig abgebüßt hatte, konnte seine frühere Tätigkeit wieder aufnehmen. Wer in den Verdacht eines Verbrechens gekommen war, blieb für das Handwerk anrüchig. Gerichte wurden eingeschaltet, um zu entscheiden, ob ein solcher Handwerker noch handwerksfähig sei.

Der Scharfrichter mußte ein weitgehend von der Öffentlichkeit abgeschiedenes Leben führen, zumeist wohnte er weit außerhalb. Die Trennungslinie zum Ehrbaren war hier viel stärker gezogen als beim übrigen unehrlichen Handwerk; vor allem bedrohte seine Unehrlichkeit nicht nur die Handwerker. Selbstverständlich konnte er nicht Bürger werden, ebensowenig als Zeuge auftreten oder als Pate. Er sollte möglichst jeden Kontakt meiden; d.h. wenn er ins Wirtshaus gehen wollte, dann durfte er nicht mit anderen trinken oder speisen; zwar durfte er in die Kirche gehen, aber er mußte einen eigenen Stuhl besitzen. Er sollte kein öffentliches Fest besuchen und sich besonders kleiden, „damit er abgesondert von ehrlichen Leuten erkant werden mögte".[39] Folge dieser Absonderung war ein starkes Standesbewußtsein und die Bildung fester Familientraditionen – in kaum einem Amt blieben die Söhne so treu dem Amt des Vaters, während die Töchter vornehmlich wieder Scharfrichter heirateten.

Am untersten Rand der unehrlichen Leute stand der Abdecker, auch Wasenmeister, Feldmeister oder Schinder genannt, der ebenso zwar einer für die Gesellschaft unverzichtbaren Tätigkeit nachging, die ihm auch ein gutes Einkommen brachte, aber ganz und gar in Verruf stand. Er war dafür zuständig, totes Vieh zu beseitigen und ihm die Haut abzuziehen, nicht selten mußte er die Hingerichteten und Selbstmörder verscharren. Hinzu kamen oft noch andere gemeindliche, aber nicht minder anrüchige Tätigkeiten wie etwa die Abortreinigung. Seinem Ruf entsprechend, wohnte auch der Abdecker abseits der Ansiedlungen, gemeinsames Feiern mit ihm war selbstverständlich ausgeschlossen, eine Patenschaft für ein Abdeckerkind zu übernehmen anrüchig und an seiner Beerdigung teilzunehmen verboten. Der Abdecker war im vollsten Sinne infam, er konnte weder Bürger werden noch als Zeuge auftreten, wie redlich er im modernen moralischen Sinne auch sein mochte.[40]

Die ‚Unehrlichkeit' bildete in der frühneuzeitlichen Gesellschaft kein geschlossenes, von allen getragenes System der Ausgrenzung unliebsamer, geächteter sozialer Gruppen. Einmal handelte es sich bei den ‚unehrlichen Leuten' selbst nicht um eine geschlossene Gruppe. Ihre Ausgrenzung von der ständischen Ehrbarkeit erfolgte aus unterschiedlichen Motiven und Gründen, die sich außerdem noch aufsplitterten nach den verschiedenen Interessen, die das einfache Volk, die ehrbaren Handwerker und die Obrigkeit jeweils am Verruf dieser Leute hatten. Allgemein handelte es sich um bestimmte Gruppen, die aufgrund ihrer Herkunft und ihrer Tätigkeit keine ehrenhafte Stellung in der Ständegesellschaft innehatten, von ständischer Ehre und sozialem Aufstieg ausgeschlossen wurden, so wichtig ihre Tätigkeit für das gesellschaftliche Leben auch sein mochte.

Zum anderen galt das System der Unehrlichkeit nicht überall und zu allen Zeiten gleichgewichtig. Spuren der Unehrlichkeit finden wir bei einzelnen ‚Berufen' schon früh im Mittelalter, wie überhaupt die Idee der Unehrlichkeit wohl in der Handwerkerwelt der mittelalterlichen Städte geboren wurde, aber erst mit der Ausbildung und Ausbreitung des Zunftwesens verbreiteten sie sich vor allem durch die wandernden Gesellen, so daß ein einmal ausgesprochener Verruf eine ganze Berufsgruppe oder sogar Zunft in Unehre bringen konnte. Obschon es früh obrigkeitliche Eingriffe gab, die der Ausweitung der Verrufe Grenzen setzen wollten, hier und da auch mit Erfolg, setzte eine wirksame Abschaffung bzw. Relativierung erst im letzten Drittel des 18. Jahrhunderts ein. Ein Höhepunkt der Ausgrenzung wurde im 16. und 17. Jahrhundert erreicht. Zwar wissen wir bisher wenig über die räumliche Ausbreitung des Verrufs unehrlicher Arbeiten, aber alle Indizien weisen darauf hin, daß die Ausgrenzung regional unterschiedlich gehandhabt wurde. Dies hing wesentlich ab von den Interessen und der Macht der Zünfte, aber auch vom Einfluß obrigkeitlicher Regelungen. Das Zunftsystem war nicht überall gleich rigide ausgebildet, auch hatten die Herrschaften unterschiedliche Möglichkeiten, ihren Anspruch durchzusetzen. Gab es also beim sogenannten unehrlichen Handwerk Unterschiede, so fiel das fahrende Volk fast überall der Diskriminierung anheim, und der Abdekker/Henker blieb allgemein und immer anrüchig. Das Phänomen der Unehrlichkeit hatte je nach gesellschaftlicher Gruppe und Region ein unterschiedliches Gesicht.

Außerdem erfaßt der Blick auf die ‚unehrlichen Leute' noch keineswegs das ganze Spektrum der Infamie. Ausgegrenzt waren auch diejenigen, die durch ein bestimmtes Vergehen unehrenhaft wurden und zeitlebens stigmatisiert blieben. Eine einfache Zurückführung der Unehrlichkeit auf ursprüngliche Unfreiheit reicht ebensowenig aus wie die auf „urtümliche Sakral- und Kultkomplexe, die durch den siegreichen Kirchenglauben in die Bannzone der Verfemung und Verdrängung gerieten".[41] Das schloß nicht aus, daß das Fehlverhalten einer Person oder einer Gruppe quasi ‚vererbbar' war. Es gibt sicherlich zahlreiche Gründe, warum das fahrende Volk unehrlich war, hier spielten neben der Unstetigkeit fehlende Ausbildung und unklare Herkunft eine wichtige Rolle, vor allem der Verdacht unredlicher, ja krimineller Tätigkeit. Beim unehrlichen Handwerk gab es andere Ursachen. Hier war die Herkunft gesicherter, ebenso die Ausbildung; bedeutsam für den Verruf wurde einmal die oft unsaubere, stinkende Tätigkeit, die überdies außerhalb der sozialen Kontrolle der Dorf- oder Stadtgemeinde stattfand, zum anderen eine unterstellte Nähe zu den Tätigkeiten der Scharfrichter und Abdecker.

In der Regel reichte die Nähe zu betrügerischen und dreckigen Geschäften zu dem vollen Verdacht der Unehrlichkeit nicht aus; voll traf der Verruf erst, wenn ein unmittelbarer Bezug zur Galgenstätte oder zum Amt des Scharfrichters bzw. des Abdeckers gegeben war, deren Tätigkeit als infam betrachtet wurde.

Weit mehr noch machten allerdings kriminelle Handlungen bzw. ihre Abstrafung unehrlich, womit wir auf das Problem der Ehrenstrafen zu sprechen kommen. Nur die wenigsten Männer und Frauen konnten nach einer Abstrafung wieder als ehrlich angesehen werden. Denn nicht nur die Tat, sondern auch die Strafen machten unehrlich und dies vor allem dadurch, daß sie die Täter mit dem Henker in Berührung brachten. Es gab sogar ausgesprochene Ehrenstrafen, die den Ausschluß aus der Gesellschaft bewirken sollten, aber auch die Körperstrafen hatten die gleiche Wirkung.[42] Beide Straftypen sind schwer voneinander zu trennen. Grundsätzlich waren alle

Strafen ehrenrührig, auch wenn manche die Ehre weniger verletzten als andere. So bedeutete die ‚Geige' nicht unbedingt einen Ausschluß aus der Gemeinde, wohingegen die Prangerstrafe immer unehrlich machte, weshalb sie oft mit der Stadt- oder Landesverweisung, also mit dem Ausschluß aus der Rechtsgemeinschaft, verbunden war. Im frühneuzeitlichen Strafsystem spielten die Verletzung und Zerstörung der Ehre eines Täters eine große Rolle. Dabei gab es eine differenzierte Hierarchie der Entehrung, die allerdings im einzelnen, d. h. in ihren spezifischen Graden, schwer faßbar ist. Denn fragt man nach dem Grund des Unehrbarwerdens, so muß man zunächst sehen, daß bestimmte Vergehen den Täter per se unehrenhaft machten, ob er bestraft wurde oder nicht. In diesem Fall lag der Sinn der (Ehren-)Strafe in der Offenlegung der Unehrenhaftigkeit der Tat, der Schande des Täters. Der ‚heimliche' Diebstahl war z. B. an sich schon ehrenrührig. Ferner gab es auch bestimmte Strafen, die als solche den Täter unehrlich machten. In diesem Fall schloß also nicht allein die Tat den Missetäter aus der Gemeinschaft aus bzw. zeigte ihn als schändlich, sondern auch die ehrenrührige Strafe selbst, die wie das Brandmarken gleichzeitig eine körperliche Strafe sein konnte.

Eine Steigerung erreichte das System schließlich noch dadurch, daß der Scharfrichter die Strafe ausführte, d. h. eine Person, die den Inbegriff der Unehrlichkeit darstellte und deren Berührung allein schon als ehrenrührig, ja als schändlich galt. Diesen Fall gab es nicht nur als eine einfache Strafverschärfung, sondern bestimmte Strafen wurden per se durch den Scharfrichter ausgeführt und erhielten durch seine Handhabung die unehrliche Wirkung.

Eine körperliche bzw. Verstümmelungsstrafe hatte in jedem Fall eine entehrende Wirkung. Sie bedeutete in der Regel den Ausschluß aus der Gemeinde und diente zur Kennzeichnung des Verbrechers wie seines Verbrechens. Hier ist einmal das Hand- bzw. Fingerabschlagen bei Betrügern und Urfehdbrechern anzuführen. Ihnen war die Möglichkeit genommen, noch einmal zu schwören. Weit verbreitet war das Ohrabschneiden in Fällen von kleinen Diebstählen und Sittlichkeitsdelikten sowie das Aufschlitzen der Zunge, womit nicht nur Meineidige, sondern auch Wortbrüchige sowie Lästerer gegen Gott und die Obrigkeit bestraft wurden. Schließlich kannte das alte Strafsystem das Brandmarken und den ‚Staupenschlag'. Das Brandmarken traf vor allem Diebe. Es gab dabei die Möglichkeit, ein Zeichen auf die Stirn oder auf den Rücken zu brennen – beliebt war das Symbol des Galgens –, oder beide Backen mit einem Stab zu durchbrennen. Dies sollte Schmerzen verursachen, zugleich aber den Übeltäter öffentlich und lebenslänglich kennzeichnen. Eine ‚ehrliche' Arbeit konnte ein Gebrandmarkter nicht mehr finden.

Neben den Körperstrafen war noch ein ganzes Bündel von Strafen üblich, die die Ehre des einzelnen verletzten. Oft nahmen sie den Charakter einer

53. Stäupen einer Frau, Kupferstich von 1714.

sozialen Sanktion an.[43] Zentraler Schauplatz der Ehrenstrafen war der Pranger, der entweder vor dem Rathaus, auf dem Marktplatz oder an einer Kirche stand, jedenfalls dort, wo an Werktagen zahlreiche Menschen versammelt waren.[44] Das Besondere am Pranger war, daß er nicht nur Zeichen der hohen Gerichtsbarkeit einer Stadt, sondern auch ein Strafwerkzeug war, an dem unehrliche Delikte abgestraft wurden, also der öffentliche Ort der Schande und Unehrlichkeit, der nicht berührt werden durfte.

Gewöhnlich standen die Verurteilten ein bis zwei Stunden am Pranger, manchmal wurde dies wiederholt. Zu den unehrlichen Delikten, die derart in aller Öffentlichkeit abgestraft wurden, zählten einfacher Diebstahl und Betrug jeder Art, vom Preisbetrug bis zum Falschspiel, dann Sittlichkeitsdelikte vom einfachen Ehebruch bis zu Blutschande, Gotteslästerung und Meineid. Der Pranger sollte den Verbrecher und das Verbrechen bekannt machen und bloßstellen. Er entehrte den Delinquenten in aller Öffentlichkeit; er war konstitutiv für die Körper- und Ehrenstrafen, diente zur Vergeltung wie zur Abschreckung und nicht zuletzt dazu, den Verurteilten so allgemein bekannt zu machen, daß er bei einer unerlaubten Rückkehr von allen Einwohnern einer Stadt wiedererkannt werden konnte. Das Schmähliche des Prangers war nicht nur die öffentliche Zurschaustellung, sondern die Freistellung zur allgemeinen Verspottung von seiten des umstehenden Volkes, das den Delinquenten mit Kot und Unrat bewerfen konnte. Wie der Galgen war der Pranger ein Lehrstück über die Malefizordnung der Stadt, an dem die Sträflichkeit und Unehrenhaftigkeit eines Deliktes allen demonstriert wurde. Das Prangerstehen konnte darüber hinaus beliebig durch andere Strafen verschärft werden. Oft wurde dem Delinquenten eine

Schandtafel umgehängt oder neben ihm am Pranger befestigt, auf der seine Tat in Bild und Schrift ablesbar war. Bei einem Dieb stellte man oft den gestohlenen Gegenstand dar; einer Dirne gab man einen Strohkranz in die Hand, einem Gotteslästerer eine Rute und eine Kerze als Sinnbild der Buße. Die Kombinationen waren unbegrenzt. Schließlich konnte das schandhafte Prangerstehen verbunden werden mit körperlichen Strafen, die dann zumeist der Henker selbst vollzog. Viele Verstümmelungen wurden am Pranger vollstreckt, wobei die Finger, die Hand, das Ohr am Pranger befestigt werden konnten. Noch 1785 wurde in Freiburg ein Dieb dazu verurteilt, „daß er vorderist eine urphede von sich zue geben, auf den pranger zu stellen, von dem scharpfrichter mit ruethen außzuhauen, auch ein ohr gestutzt und des landtes ewig soll verwiesen werden".[45] Dabei stand zwar nicht mehr der Pranger im Mittelpunkt, er wurde zu einer Strafe unter anderen, aber er verlieh allen Ehren- und Körperstrafen die ihm eigene öffentliche Wirksamkeit. Die Prangerstrafe bedeutete nicht in jedem Fall Ausschluß aus der Gemeinde, aber wenn sie mit anderen Strafen verbunden war, galten die durch sie Entehrten als aus der ‚ehrbaren' Gesellschaft ausgestoßen.

Der Pranger stand zwar im Mittelpunkt aller Ehren- und Körperstrafen; doch gab es noch eine Reihe von Strafformen, die weniger schändlich wirkten, den Delinquenten aber dennoch hart treffen konnten. Vor allem an Frauen wurden sie vollstreckt: wegen Diebstahls, Hehlerei, Betrugs und vor allem wegen Unsittlichkeit konnte eine Frau dazu verurteilt werden, für eine gewisse Zeit auf der Straße Lastersteine zu tragen. Oder sie mußte eine Schandmaske oder ein Schandzeichen wie „Du sollst nicht stehlen" tragen. In Fällen von Unzucht oder Ehebruch vor allem wurden den Missetäterinnen auch vor der Kirche Strohkränze aufgesetzt oder sie waren dazu verurteilt, eine Mistkarre durch die Gassen zu führen. Auch die Haare konnten zur Strafe abgeschnitten werden. Diese Strafen waren zumeist verbunden mit einem Umzug des Verurteilten durch die Hauptstraßen einer Stadt, so daß so viele Zuschauer wie möglich dem Schandspiel zuschauen, die Delinquenten beschimpfen und verspotten oder sogar mit Unrat bewerfen konnten. Als spezifische Bestrafung für Männer galt das Verbot, einen Degen zu tragen oder öffentliche Gasthäuser zu besuchen.[46] Aufschlußreich ist das sogenannte Unehrlichmachen bzw. zum Schelmen machen. Entweder zerbrach der Scharfrichter den Degen auf einem öffentlichen Platz oder er führte den Delinquenten dreimal um den Galgen und zerbrach dort den Degen.[47] Manchmal wurden Missetäter auch verkehrt herum auf einem Esel sitzend aus der Stadt vertrieben. Als eine besonders für den Bürger vorgesehene Strafe, z. B. bei Beleidigung der Obrigkeit, galt schließlich die öffentliche ‚Abbitte' vor dem Rathaus.

„Ich Hans Jakob Zwickher erkenne allhier auf meinen Knien liegend, daß ich mitjenigen ohnverantwortlich aus meinem Lästermaul wider meine gnädige Oberkeit insgemein und sonderbar auch einigen dessen Ehrengliedern ausgelassene Schand- und Schmähreden in meinem faulen verlogenen Mundt und Magen, aus dem ich sie ausgespeyt, zurück(nehme) und entschlage hiemit alle diejenigen, so mir aus Bosheit wider besseres Wüssen und Gewüssen gelästert wurden, in kräftigster Form, verspreche auch hiemit vor Gott und seinen Statthaltern, der Obrigkeit, daß ich inskünftig von solchem Lästern mich hüten und fürbashin gegen jedermann so aufführen werde, daß männiglich ein Wohlgefallen davon haben wirt, Gott gebe mir Gnad darzu." So die Abbitte eines St. Gallener Bürgers 1711.[48]

Zudem gab es eigene Kirchenstrafen.[49] Sie sollten eigentlich nicht dem Zweck der Bloßstellung eines Delinquenten dienen, sondern der Versöhnung mit Gott und der kirchlichen Gemeinde im Sinne öffentlicher Buße, wenn ein Christ eine schwerwiegende Todsünde begangen hatte. Aber es war typisch für den Ausbau des öffentlichen Ehrenstrafsystems, vor allem seit dem 17. Jahrhundert, daß zunehmend die öffentlichen Kirchenstrafen in das weltliche Strafsystem einbezogen wurden. Vor allem im Falle von Todsünden, des Abfalls von Gott bzw. der Gotteslästerung, des Ehebruchs bzw. der Unzucht und des Totschlags verlangten die Kirchen ein öffentliches Bekenntnis und öffentliche Buße. Solange hiermit eine Versöhnung angestrebt wurde und die Bußen kirchenintern blieben, hatten sie durchaus eine seelsorgerische Funktion. Mit der verstärkten Moralisierung des Alltags nach der Reformation gewannen diese kirchlichen Bußen aber den Charakter entehrender Strafsanktionen, die z. T. nicht weniger wirksam waren als die genannten Ehrenstrafen. Nicht nur dies: Darüber hinaus erhielten die weltlichen Gerichte die Befugnis, die öffentlichen Kirchenstrafen im Namen weltlicher Obrigkeit zu verkünden und aufzuerlegen. Es wurde zwar immer wieder darauf hingewiesen, daß die Kirchenbuße keine Strafe sei, aber nach dem preußischen Mandat von 1716 ging es nicht nur um die Ehre Gottes, die wiederhergestellt werden sollte, sondern um die „Ausrottung aller groben Sünden und Missetaten". Eigentlich sollte der Prediger wider den bußfertigen Sünder auch „keine Schmäh- und Lästerworte gebrauchen, oder ihn den begangenen Fehltritt schimpflich vor der Gemeinde vorrücken",[50] aber die Wirklichkeit sah anders aus, die Kirchenbußen wurden wie Ehrenstrafen angewandt und aufgefaßt.[51] Das galt sowohl im Protestantismus wie im katholischen Raum. Selbst der Aufklärer Herder hat dies System verteidigt, so selbstverständlich war seine Praxis.[52]

Auf der Bußliste standen Vergehen wie Ehebruch, Hurerei, Mißbrauch und Lästerung des Gottesnamens, Meineid, Fluchen, „ruchlose Schändung" des Sonntags, Ungehorsam gegen Eltern und Obere und „andere dergleichen ruchlose öffentliche Sünden".[53] Sie wurden höchst vielfältig abgestraft, alte und neue Praktiken verbanden sich dabei. Der einfachste und älteste Fall war die Verurteilung zu einer auswärtigen Wallfahrt, von der der Delinquent womöglich noch einen Beichtzettel mitbringen mußte. Immerhin konnte dies geheim bleiben. Schwerwiegender war es, wenn eine Frau einmal oder mehrmals barfüßig mit aufgelöstem Haar, mit Rute und Kerze oder einem übergroßen Rosenkranz in der Hand während eines Gottesdienstes vor der Kirchentür stehen mußte. Eine große Wirkung versprach sich die Obrigkeit auch von der Verurteilung dazu, eine geraume Zeit bei jedem Gottesdienst auf einem für jedermann sichtbaren Stuhl sitzen und dabei eine Predigt anhören zu müssen, die die angeprangerte Sünde zum Gegenstand hatte. Hier konnte zwar nicht öffentlich gespottet und mit Unrat geworfen werden, doch die Wirkung für den Betroffenen dürfte nicht minder stark gewesen sein als bei mancher öffentlichen Ehrenstrafe. So ist es kein Wunder, daß bei den Überlegungen zur Vermeidung des Kindsmords allenthalben als erstes ein Verbot der öffentlichen Kirchenbußen gefordert wurde.[54]

3. Von der Ständeordnung zur bürgerlichen Gesellschaft

Zweifellos blieb die ständische Gesellschaft in ihrer Grundstruktur bis ins 18. Jahrhundert hinein erhalten. Dennoch war die Ständeordnung alles andere als statisch; sie reagierte auf soziale Veränderungen und wandelte sich dabei. Diese Wandlungsprozesse, die schließlich auch zu ihrer Erosion führten, waren nicht erst im 18. Jahrhundert greifbar, sondern setzten früher ein. In sechs Bereichen sind weitreichende Änderungen feststellbar, die im einzelnen kaum einen strukturellen Wandel verursachten, aber insgesamt doch das soziale Ordnungsgefüge vom 16. zum 18. Jahrhundert wesentlich umformten.

Alle gesellschaftlichen Aufgaben waren in der frühen Neuzeit (1.) nicht mehr nach den Großgruppen Adel, Klerus, Bauern und Bürger aufgeteilt, zu den traditionellen Geburts- und Berufsständen kamen neue soziale Gruppen, der Hofadel, die Beamten und das Hofhandwerkertum bzw. die Manufakturunternehmer, die sich als soziale Stände mit einem eigenen Statusdenken verstanden. Mit diesen sozialen Welten traten neue Denk- und Praxisformen auf, die aus der herkömmlichen Ständeordnung herausfielen. Aber bis zur Mitte des 18. Jahrhunderts wird dies nicht virulent. Der mit der Ausweitung absolutistischer Herrschaft entstandene Hofadel war sich seines Familienadels bewußt, auch behielt er den adligen Habitus, aber seine soziale Identität bezog er zusehends von dem fürstlichen Hof, für den er bestimmte Funktionen erfüllte – und sei es nur, den Hofglanz zu vermehren. Karriere konnte er nur im Auftrag des Fürsten machen; nicht mehr Herkunft und Besitz sicherten seinen Status, sondern sein Können als Feldherr, als leitender Beamter einer fürstlichen Behörde oder als Diplomat. Aus diesem Hofadel, vor allem seit dem 18. Jahrhundert vermehrt durch nobilitierte Bürger, rekrutierte sich später auch die neue Funktionselite des frühmodernen Staates.[1] Noch deutlicher wurde das ständische Ordnungsprinzip

54. „Alte Teutschen – jetzige Teutschen", Radierung aus J. B. von Rohr, Einleitung zur Ceremoniel-Wissenschaft 1728.

gesprengt durch die frühneuzeitlichen Beamten, die zumeist aus der stadtbürgerlichen, sogar auch handwerklichen Umwelt kamen und sich durch ein Studium qualifiziert hatten, als ideale Diener, dann auch Träger des absolutistischen Staates. Aufgrund ihrer Bildung und Leistung konnten sie in die höchsten Staatsämter aufrücken und sogar nobilitiert werden. Sicherlich verstanden sie sich zunächst als traditionelle Amtsträger, dann aber wurden sie Vertreter allgemeiner staatlicher Interessen, die sie sogar über die politischen Ziele ihres Fürsten stellten. Seit dem 16. Jahrhundert traten sie als eine soziale Gruppe und mit ständischen Attributen auf, doch mit der zweiten Hälfte des 18. Jahrhunderts wurden sie die antiständischen Propagatoren aufklärerisch-staatlicher Ideale.[2] Nicht zuletzt paßten auch die Hofhandwerker nicht mehr ganz ins ständische Gefüge, da sie außerhalb der Zünfte arbeiteten, von Fürsten angestellt und privilegiert wurden und spezielle Aufträge durchführten und dafür neue Betriebsorganisationen aufbauten. Nur unter diesen Bedingungen konnten die großen Bauvorhaben des 18. Jahrhunderts durchgeführt werden. Die Grenzen zum Manufakturbetrieb waren fließend.[3] Jedenfalls bildeten sich neben den alten Ständen neue heraus, die mit Aufgaben betraut wurden, die nicht mehr zum klassischen Spektrum ständischer Praxis gehörten.

Die Zahl der traditionellen Stände variierte (2.) zwar stets, aber im Prozeß der frühen Neuzeit entstanden nicht nur ‚neue' Stände, sondern es vollzog sich innerhalb der Ständeordnung selbst eine ungewöhnliche Differenzierung und Abschottung gegenüber dem jeweils unter einer Gruppe stehenden Stand. Die Grenzen wurden immer schärfer gezogen, was als Prozeß der Verhärtung der Ständegesellschaft interpretiert wurde. Zweifellos gründete dies in der Bevölkerungszunahme seit dem Ende des 16. Jahrhunderts und der mit ihr verbundenen Ressourcenverknappung, aber auch in der gleichzeitigen Marktausweitung, die einerseits eine Pluralität der Lebensstile mit sich brachte, andererseits die soziale Kluft zwischen Oben und Unten vertiefte. So begannen Adel und Patriziat, sich nicht nur als geschlossene Gruppen zu verfestigen und ihre eigene Kultur auszubilden, auch innerhalb dieser Gruppen kam es zu fast endlosen Differenzierungen, wobei das Alter der Familie, die öffentlichen Ämter und Rechte, die Nähe zum fürstlichen oder kaiserlichen Hof jeweils eine Rolle spielten.[4] Hinzu kamen gezielte Privilegien. Sichtbaren Ausdruck fand dies im Titelwesen. Auch das Handwerk schottete sich einerseits als ehrbare Gruppe ab gegenüber den nichtzünftischen und unehrlichen Handwerkern, andererseits teilte es sich in die verschiedensten Berufszweige. Es entstanden nicht nur immer neue Zünfte, sondern das einzelne Handwerk zersplitterte sich in die verschiedensten Tätigkeitsbereiche. Damit reagierte es zwar auf die neuen Bedürfnisse, verminderte aber die Chancen rationeller Arbeit.[5] Schließlich schlossen sich auch die Vollbauern in der ländlichen Gesellschaft von den anderen ländlichen Gruppen ab. Die Grenze zwischen Voll- und Kleinbauer wurde ebenso wie die zwischen den wenigen Bauern und der Vielzahl von Taglöhnern unüberbrückbar. Dieser Prozeß der Ausdifferenzierung erhielt einen ersten Schub bereits zu Ende des 16. Jahrhunderts.

Die Ständebildung vollzog sich im Spätmittelalter (3.) weitgehend außerhalb des herrschaftlichen und obrigkeitlichen Einflusses. Es entstanden autonome Adelsvereinigungen, unabhängige Zünfte und sogar Zusammenschlüsse von Bauern. Alle sozialen Gruppen gaben sich selbst ihre ‚Gesetze'. Seit dem 16. Jahrhundert änderte sich mit dem frühmodernen Staat das Verhältnis von Ständegesellschaft und Landesherrschaft. Der frühmoderne Staat ließ erstmals gesellschaftlichen Interessen und sozialen Entwicklungen nicht mehr freien Lauf, manche förderte und unterstützte er, andere verbot er. Bei der Formierung der Ständegesellschaft in der frühen Neuzeit griff der frühmoderne Staat zwar nicht ein und handelte selten gegen die Interessen der führenden Stände, aber machte deren Ordnungen zu seinen eigenen Gesetzen. Schon im Spätmittelalter hatten die Städte damit begonnen, um dem ‚Wildwuchs' ständischer Gruppierungen Einhalt zu gebieten, aber auch bestimmte Gruppen zu schützen; so wurden beispielsweise die Zunftordnungen des 16. Jahrhunderts obrigkeitlich erlassen.[6] Dasselbe gilt von den entstehenden Territorialstaaten. Da der frühmoderne Staat, vor allem nach den Erfahrungen des Bauernkriegs, noch mehr als die Städte Interesse an einer klaren sozialen Ordnung und Hierarchie hatte, steuerte er die Verfestigung der Ständegesellschaft durch ein System von Verordnungen. Damit waren sie noch keine oktroyierten Satzungen, sondern entsprachen den herrschenden ständischen Interessen, aber der Staat beanspruchte – was neu ist – für sich das Monopol aller gesellschaftlichen Regelungen auch innerhalb der Stände.[7] Interne Konflikte wurden von nun an von obrigkeitlichen bzw. herrschaftlichen Institutionen geregelt. Die Obrigkeit bzw. der Herrscher waren Schützer und Schiedsrichter bis weit ins 18. Jahrhundert hinein. In dem Maße allerdings, wie diese Schutzmacht eine neue absolutistische Vernunftordnung errichtete, wurden erstmals auch ständische Interessen beschnitten. Schließlich war es dann auch der Staat, der die ständische Gesellschaft zunächst als Rechtsordnung aufhob.

Die Ständegesellschaft in ihrer veränderten Form abzusichern und dem Staat dienstbar zu machen, war aber (4.) nur ein Interesse des frühneuzeitlichen Staates. Fast parallel dazu versuchte der Staat gegen die ständischen Interessen die Heranbildung einer mehr oder weniger geschlossenen Untertanengesellschaft.[8] Dieser Prozeß wurde mit der Etablierung absolutistischer Herrschaften noch beschleunigt. Dem absoluten Herrscher sollte ein durchaus gegliederter, aber geschlossener Untertanenverband gegenüberstehen, der ihm allein die Souveränität übertragen hatte. Dem Adel wurden weitere Sonderrechte zugebilligt, nun nicht aufgrund alten Herkommens, sondern durch neu gewährte Privilegien, zu den Untertanen aber gehört auch er. Dies drückt deutlich ein Zitat von 1712 aus: „Durch Aufrichtung der Republic ist der Unterschied der Stände entsprungen, welche man insgemein in drey Haupt-Classen bringt, nemlich in den Wehr-, Lehr- und Nehr-Stand. Man kan sie aber noch generaler in den Stand der Obrigkeit und Unterthanen eintheilen. Respublica ist also nichts anders als eine grosse Gesellschaft, die aus Obrigkeit und Unterthanen bestehet."[9] Auf vier Wegen versuchte der absolute Herrscher, diese Interessen durchzusetzen. Einmal trachtete er, alle Einwohner des Landes einem Steuersystem zu unterwerfen, nicht nur die Bauern, sondern auch die Bürger und Kleriker. Dann bemühte er sich, alle Gewalten zu monopolisieren und seinen Gerichten zu übertragen. Weiterhin setzte er zu diesem Ziel die neuen Polizeiordnungen ein, die eine einheitliche Verwaltung ermöglichen sollten. Schließlich schuf er ein starkes Militär, das das Land geschlossen nach außen verteidigen sollte. Allerdings konnte und sollte die Vormacht des Adels nicht gebrochen werden ebenso die privilegierte Stellung des Klerus und des Stadtbürgertums erhalten bleiben, so daß man nur bedingt von einer Aushöhlung der Ständegesellschaft sprechen kann. Dennoch darf man neben den Tendenzen zur Absicherung der Ständegesellschaft die gegenläufigen zur Schaffung einer geschlossenen Untertanengesellschaft nicht vergessen, die im Prinzip die Ständegesellschaft schon früh in Frage stellten.

Die Ständegesellschaft wurde (5.) nicht nur durch die ‚neuen' Stände des Hofadels, der Beamten und Manufakturunternehmer herausgefordert, sondern weit mehr durch die konstant zunehmenden außerständischen Gruppen. Deren Ausgrenzung erfolgte in drei Phasen: jeweils zu Ende des 16., 17. und 18. Jahrhunderts. Im Spätmittelalter gehörten Arme, Bettler und Vaganten zum alltäglichen Erscheinungsbild dörflichen und städtischen Lebens, sie hatten zwar keine ‚Rechte', waren aber nur in geringem Maße ausgegrenzt. Dies änderte sich einerseits mit der Festschreibung der Ständegesellschaft seit dem späten 16. Jahrhundert, als die ‚gehobenen' Stände sich nach unten abschlossen, andererseits mit der Etablierung des frühmodernen Polizeistaates, der alle nicht in einem Stand und einem Haushalt eingebundenen Kräfte kriminalisierte. Wir wissen, daß immer mehr Menschen durch sehr unterschiedliche Verarmungsprozesse auf die Straße getrieben wurden und kaum mehr eine Chance besaßen, integriert zu werden. Als Bettler störten sie das frühneuzeitliche Ordnungsbild, außerdem sah man rasch Verbindungen zu Vagantengruppen und damit zu potentiellen Räubern. Zwar war die Struktur der Randgruppen je nach der Zeit verschieden, aber immer fühlten sich die gehobenen Stände durch ihr Auftauchen so bedroht, daß Dörfer, Städte und Territorien sie zu vertreiben suchten.[10] Schließlich bildete auch die zunehmende Zahl der Lohnarbeiter eine außerständische Gruppe, die ohne Bezug zu einem Haus und Stand Gelegenheitsarbeiten nachging. Zwar war die Gesellschaft auf diese Gruppe angewiesen und tolerierte sie notgedrungen, aber von den nutzlosen Bettlern und Vaganten wollte keiner etwas wissen. Diese Ausgrenzung aller nicht nützlichen, eigentumslosen und unseßhaften Gruppen korrespondiert mit der Abschließung der gehobenen Stände gegenüber den jeweils Schlechtergestellten. Allerdings waren auch diese abgedrängten Gruppen nicht ohne einen gewissen Zusammenhalt, ja sie konnten sogar ein eigenes Gruppenbewußtsein ausbilden, das sich wiederum an ständischen Formen orientierte. Wir wissen dies von den Räuberbanden, aber auch von den Bettlern und Vaganten. Hatte man bis zum frühen 18. Jahrhundert es noch nicht verstanden, sie auszugrenzen, führte die Zunahme dieser Schichten zu Ende des 18. Jahrhunderts mit zur Auflösung der Ständeordnung, die mittlerweile nur noch einen Teil der Gesellschaft repräsentierte.

Schließlich (6.) wird die ständisch strukturierte frühneuzeitliche Gesellschaft gewandelt und ausgehöhlt einerseits durch eine sich ausweitende höfische Gesellschaft, die den höfischen Lebensstil über alles stellte, und andererseits durch die Idee der staatsbürgerlichen Gesellschaft, die das neue Bürgertum des späten 18. Jahrhunderts bewußt gegen die Ständeordnung propagierte. Beide Prozesse sind nicht voneinander zu trennen, weil sie die Pluralität der ständischen Lebensweisen auflösten zugunsten einer universalen Hegemonialkultur, die soziale Sonderformen auf der Basis ständischer Ungleichheit nicht mehr zuließ. Zwar stellt die höfische Gesellschaft nur eine Sonderform der Ständegesellschaft dar, aber sie brachte durch ihren neuen Gestaltungswillen, ihren neuen Lebensstil und die Herausbildung eines ‚zivilisierten' Menschen etwas grundlegend Neues. Gerade weil der Hofmann zum Vorbild auch für andere soziale Gruppen wurde, weist die höfische Gesellschaft über die Ständegesellschaft hinaus. Es gibt kaum einen höheren Stand, der nicht vom höfischen Leben fasziniert war und Teile der höfischen Kultur übernahm.[11] Noch stärker trifft dies für die ‚bürgerliche' Gesellschaft zu, wie sie vom neuen Bürgertum propagiert wurde. Auch sie hatte sich aus der Ständegesellschaft entwickelt, und lange noch begriffen sich die bürgerlichen Beamten und selbst das neue Bürgertum als einen Stand unter anderen. In dem Maße aber, wie sie sich der Allgemeinheit verschrieb, auf Nutzen, Leistung, Vernunft und Tugend setzte und sich damit von der ständischen Lebensweise radikal absetzte, überwand sie die ständische Kultur. Gegen die Pluralität ständischer Kulturen setzte das neue Bürgertum die radikale Orientierung auf eine für alle verbindliche Vernunft als die zentrale Maxime des Lebens. Wenngleich es diese Vernunftfähigkeit nur sich selbst zuschrieb, löste doch die Idee der allgemeinen Staatsbürgerschaft mit gleichen Rechten und Pflichten die Idee der Ständegesellschaft auf. Anfänge dieser Vorstellung finden sich schon vor dem 18. Jahrhundert, aber gesellschaftlich relevant wurde sie erstmals zu Ende des 18. Jahrhunderts.[12]

V. Öffentliche Ordnung und soziale Konflikte

55. Panorama der Residenzstadt Karlsruhe, Mitte 18. Jahrhundert.

1. Ständische Autonomie und staatliche Reglementierung

Die meisten sozialen Gruppen und Korporationen organisierten ihre sozialen und kulturellen Interessen und ihr Alltagsleben bis ins 16. Jahrhundert hinein weitgehend noch selbst. Beides, die soziale Absicherung des materiellen Lebens und das soziale Ansehen inner- und außerhalb der verschiedenen Gruppen, sind dabei allerdings kaum voneinander zu trennen. Dies gilt sowohl für die Bauern auf dem Lande, die Handwerker und Kaufleute in der Stadt und die Adligen auf den Burgen und auf den Landsitzen, wie auch für die dörflichen Gemeinschaften, städtischen Kommunen und auch für die kirchlichen Organisationen. Sicherlich lebte keine Gruppe für sich. Sie waren voneinander abhängig, vor allem waren sie eingegliedert in herrschaftliche Verbände unterschiedlicher Art von der Grund- bis zur Landesherrschaft. Die Fürsten verstanden sich zwar immer als Herren, verlangten Steuern und Abgaben, sprachen Recht und sicherten den Landfrieden, aber bis ins 16. Jahrhundert hinein interessierten sie sich letztlich nicht für das Alltagsleben der Leute, ihre Moral, die Art ihres Zusammenlebens. Doch als der frühmoderne Staat sich zu bilden begann, erhob er erstmals Ansprüche auch auf eine herrschaftliche Neuorganisation des gesellschaftlichen Lebens. Dadurch wurden die Interessen von Untertanen und Ständen nachhaltig berührt.[1] Weitgehende Unterstützung erhielten die weltlichen Obrigkeiten durch die ‚reformierten' Kirchen.

Zwar gab es bereits im Spätmittelalter vereinzelte Versuche, allgemeine Regelungen zur Absicherung des sozialen Friedens und eine gerechte Sozialordnung durchzusetzen und die öffentlichen Belange von Familien und Ständen aufeinander abzustimmen; was sich aber mit den Ansprüchen der neuen Landesherren im 16. Jahrhundert artikulierte, war etwas grundlegend Neues. Es war Produkt eines staatlichen Formierungsprozesses. Als sich die alten offenen Landesherrschaften zu geschlossenen Territorialstaaten umwandelten, die personalen Herrschaftsrechte verdinglicht wurden, und sich aus dem alten patriarchalischen Herrschaftsanspruch ein neuer staatlicher Gestaltungswille entwickelt hatte, begann der Staat zur Sicherung von Ordnung und Recht alle Bereiche des sozialen Lebens staatlichen Interessen zu unterwerfen. Dieser Prozeß der obrigkeitlichen Reglementierung war höchst langwierig, er begann im 16. Jahrhundert mit einschneidenden Weichenstellungen, wurde dann im 17. Jahrhundert intensiviert und gesellschaftlich ausgeweitet, um schließlich im 18. Jahrhundert seinen vollen Anspruch auf Neuorganisation aller öffentlichen und privaten Lebensbereiche anzumelden. Spielten patriarchalische Herrschaftsinteressen anfangs eine entscheidende Rolle, so wurde später das Naturrecht zur Grundlage der absolutistischen Staatsräson.[2]

Die zunehmende staatliche Reglementierung seit dem 16. Jahrhundert kann nicht einfach als ein Akt der Unterwerfung unter eine zentrale Herrschaftsgewalt beschrieben werden. Sicherlich spielte Gewalt eine ebenso große Rolle wie die Entmündigung mancher sozialer Gruppen, aber der frühneuzeitliche Prozeß ist insofern komplexer, als man nicht einfach von Gewinnern und Verlierern sprechen kann. Es existierten vielfältige – nicht nur herrschaftliche – Gründe für einen verstärkten staatlichen Eingriff in den gesellschaftlichen Prozeß und das Alltagsleben der Menschen. Zunächst war es vor allem die zunehmende Schwierigkeit, anstehende neue soziale und politische Konflikte und Probleme noch mit traditionellen Mitteln zu lösen. Bäuerliche und auch handwerkliche Selbstregelungen betrafen beispielsweise nur die jeweils eigenen Belange. Aufgrund des Bevölkerungswachstums, der zunehmenden Marktverflechtung und der Komplexität gesellschaftlichen Verkehrs bedurfte es unparteiischer staatlicher Regelungen, die über die Einzelinteressen der verschiedenen Gruppen hinaus das Ganze, das allgemeine Wohl im Auge behielten. Auch hatten sich vom 15. zum 16. Jahrhundert die sozialen Konflikte zwischen Bauern und Grundherren, zwischen Handwerkern und Patriziern, zwischen Ständen und Landesfürsten nicht zuletzt durch die Reformation so verschärft, daß dies den Wunsch nach einer ordnenden und unparteiischen Kraft zur Etablierung frühmoderner Staatlichkeit erheblich begünstigte. Nicht zuletzt erwarteten die einzelnen Stände zur Absicherung ihrer materiellen und kulturellen Interessen unter dem Druck einer verschärften Konkurrenz und beschränkter Ressourcen obrigkeitlich-staatliche Hilfe, die ihnen sichere Einnahmen und entsprechendes soziales Prestige garantieren sollte – ein Wunsch, der die staatlichen Kräfte nur stärkte. Sicherlich wäre es schließlich nicht zu einer so starken staatlichen Reglementierung gekommen, hätten die spätmittelalterlichen und frühneuzeitlichen Herrschaften nicht das Interesse gehabt, ihre Herrschaft auszuweiten und zu zentralisieren, mit aller Rigorosität ihr Gewaltmonopol durchzusetzen und das Steuersystem zur Erhöhung staatlicher Einnahmen zu verbessern. Um dies zu erreichen, mußte jede herrschaftliche Konkurrenz ausgeschaltet und das ständische Leben unter staatlich-obrigkeitliche Doktrin gestellt werden. In die Ansprüche staatlicher Reglementierung gingen somit sowohl soziale, politische wie kulturelle Interessen ein.[3]

Ausdruck fand diese Ordnungspolitik des frühneuzeitlichen Staats in der Idee der ‚guten Polizey'.[4] Deshalb verstand sich dieser Staat auch erstmals als Polizei- und Ordnungsstaat. Ging es ihm doch insgesamt um die Errichtung einer stabilen sozialen Ordnung und Wohlfahrt in allen Lebensbereichen, zur Ehre Gottes wie zum Nutzen der Gesellschaft, wie es heißt, nicht zuletzt aber zur Verwirklichung von Recht und Frieden. Unter „Polizei" verstand der frühmoderne Staat noch nicht die Institution, die für die innere Sicherheit zuständig war, sondern den ganzen Komplex der Verwaltung, Ökonomie und Ordnung einer Herrschaft. Als „Policey-Sachen" definierte

56. *(Landrecht – ohne Angabe)*

die Magdeburger Prozeßordnung von 1696 „alle die Sachen, welche zur Erhaltung des gemeinen Wesens an ihm selbst gereichen, und darbey kein Absehen auf das interesse singulorum zunehmen stehet",[5] und in Zedlers Universallexikon heißt es 1741: „Policey oder Polizey, Ld. Politia, ist entweder so viel als das gemeine Wesen, Republick, Regiments-Forme oder auch die Gesetze, Anstalten und Verordnungen, so einer Stadt oder Lande gegeben und vorgeschrieben, daß jedermann im Handel und Wandel sich darnach achten, mithin alles ordentlich und friedlich zu gehen und die menschliche Gesellschaft erhalten werden möge".[6] Gute Polizey bedeutete also soviel wie ein gutes Regiment.

Die Sorge um das gemeine Beste war an sich konstitutiv für jede Form patriarchalischer Hausherrschaft, doch was mit dem Ordnungsanspruch des frühmodernen Staates artikuliert wurde, wie er in den Landes- und Polizeiordnungen sowie in Dekreten und Verordnungen, die seit dem 16. Jahrhundert zahlreich veröffentlicht wurden, zum Ausdruck kommt, überschreitet alle alten Ordnungsvorstellungen. Der frühmoderne Staat erhob Anspruch auf Reglementierung der sozialen, ökonomischen und sittlichen Verhältnisse, d. h. der Ehe und Familie, des Eigentums und Bodens, des Handels, Gewerbes und Verkehrs, des Kreditwesens wie der Prozeßführung, der Arbeits- und Berufswelt, nicht zuletzt auch der Festgewohnheiten, der Frömmigkeit und des Kirchgangs. Er erklärte sich damit auch für solche Bereiche zuständig, die früher anderen Institutionen, den Zünften, der Dorfgemeinde oder der Kirche vorbehalten waren. Im wesentlichen ging es um die materielle Wohlfahrt des Landes durch Förderung von Handel und Gewerbe wie um die Moral der Stände und Untertanen.[7]

Der moderne Polizeistaat ist von seiner Idee her durch zwei Merkmale gekennzeichnet: Er kennt einmal keine Trennung von privaten und öffentlichen Angelegenheiten. Die Eigentumsverhältnisse zu regeln war dem Staat ebenso wichtig wie die Zahl der bei einer Bauernhochzeit geladenen Gäste zu beschränken bzw. dem Untertanen den Kirchgang vorzuschreiben. Die Zeitgenossen empfanden dies nicht als eine Einmischung in private Belange. Zum anderen kennt der frühmoderne Staat keine klare Trennung von sittlichen und ökonomischen bzw. religiösen und sozialen Forderungen. Das Betteln wurde aus sozialen wie sittlichen Gründen bekämpft, ebenso aber erfolgte die Unterstützung des Gewerbes aus ökonomischen wie moralischen Wohlfahrtsgründen. Der frühmoderne Staat fühlte sich sowohl für die moralische, wirtschaftliche wie soziale Ordnung verantwortlich. Hinter dem Anspruch, das allgemeine Beste anzustreben, zu verteidigen und zu vermehren, standen allerdings klare soziale Interessen. Sicherlich wollten der Fürst und seine Verwaltung das Auskommen und die Rechte der Untertanen und Stände sichern, doch Zweck der Ordnungspolitik war es vorrangig, einmal die Herrschaft der Fürsten zu stabilisieren und zum anderen die Ständeordnung abzusichern. Moderne Wohlfahrts- und Rechtsvorstellungen waren dem frühmodernen Staat fremd.[8] In dem Maße, wie unter dem Druck sozialer und ökonomischer, moralischer und rechtlicher Probleme der frühmoderne Staat herausgefordert wurde, seinen Monopolanspruch zur Zufriedenheit der verschiedensten sozialen Gruppen durchzusetzen und die öffentliche Ordnung zu sichern, konnte er dem sozialen, familiaren, wirtschaftlichen und religiösen Leben der Stände und Untertanen nicht mehr freien Lauf lassen, sondern mußte es zentral lenken und staatlichen Interessen, dem Gemeinwohl, unterstellen. Der Erfolg war allerdings beschränkt. Das heißt aber nicht, daß der Staat machtlos war, nur gab es beträchtliche Differenzen zwischen der Ordnungsvorstellung und der konkreten Wirklichkeit.

Die Arbeits- und Wirtschaftsordnung auf dem Lande und in den Städten in seinen Interessen zu lenken, stellte sich der frühmoderne Staat als eine zentrale Aufgabe.[9] Zwar können wir vor dem 18. Jahrhundert kaum von einer Wirtschaftspolitik sprechen, aber bereits früh war dem ‚Staat' bewußt, daß das Land auf Gedeih und Verderb von der Wirtschaft abhing. Ihm ging es dabei nicht nur um eine Förderung von Handel und Gewerbe im Sinne des Merkantilismus,[10] die erst spät einsetzte, sondern um eine allgemeine Arbeitsregelung, welche die landwirtschaftliche und handwerkliche Produktion sicherstellten, die bislang weitgehend außerhalb staatlicher Kontrolle gestanden hatte. Galt es zunächst vor allem, die ‚eingeschlichenen' Mißstände abzustellen, also die alte Ordnung festzuschreiben, so ging es später um gezielte Eingriffe der gesetzgebenden Macht. Sosehr die Fürsten die Besitzsicherung der führenden Stände, vor allem des Adels, stets im Auge hatten, sind doch seit dem 16. Jahrhundert – nach den Erfahrungen des Bauernkriegs – Versuche unverkennbar, die einer zügellosen Ausbeutung von Unterschichten klare Grenzen setzten. Es ging dem frühmodernen Staat ja nicht nur um Gewinnmaximierung, sondern sowohl um ‚geregelte' Arbeitsverhältnisse wie um Ordnung und Frieden auf dem Lande und in den Städten; um diesem Anspruch eines gerechten Landesherrn zu entsprechen, mußten auch die arbeitenden Unterschichten vor Übergriffen der Grundherren geschützt werden.[11]

Wenngleich die ländliche Arbeitswelt von zentraler Bedeutung für jedes Territorium war, griff hier die staatliche Obrigkeit am wenigsten ein. Auch sanktionierte sie mehr die bestehenden Verhältnisse, wie sie in Dorfordnungen festgelegt waren, als sie neu zu ordnen. Zwei Belange standen dabei im Vordergrund: die Sicherstellung von Arbeitskräften für die landwirtschaftliche Produktion sowie die Unterbindung von Handel außerhalb der Wochen- und Jahrmärkte. Zwar griff der Staat nicht in die vertraglichen Arbeitsverhältnisse zwischen Grundherrn und Bauern bzw. Bauern und Knechten ein, er versuchte aber durch bestimmte Gesetze, das nötige Arbeitspotential zu erhalten sowie die Arbeitsbedingungen festzuschreiben. Das Gesinde erhielt einen gewissen Rechtsschutz, doch primär richtete sich

57. Dienstmägde, Nürnberger Kupferstich 1652.

das landesfürstliche Interesse auf die Sicherstellung von Arbeitskräften für die großen Höfe.[12] Allzuleicht konnte durch das Entlaufen der Arbeitskräfte, wie durch ein frühes Abdingen dem Grundherrn Schaden entstehen. Immer wieder wurden in Gesindeordnungen die Knechte und Mägde angehalten, sich „treu, fleißig und unverdrossen, gegen die Herrschaft ... ehrerbietig und gehorsam, ohne derselben zu widersprechen ... beweisen."[13] Statt freier Vereinbarungen zwischen Besitzenden und Lohnarbeitern gab es jetzt feste, vom Staat aufgestellte und detaillierte Regeln, die die Arbeitszeiten ebenso festlegten wie die Löhne.[14]

Genau geregelt und obrigkeitlich überwacht wurden auch der Kauf und Verkauf landwirtschaftlicher Produkte wie Getreide, Vieh, Pferde, Schmalz und anderes. Sie durften nur auf den zugelassenen und privilegierten Jahr- und Wochenmärkten verkauft werden.[15] Dadurch sollten zum Schutz der einheimischen Versorgung der Warenhandel auf dem Lande unterbunden und der städtische Verdienst gesichert werden. Nur für das, was „zu Underhaltung seines Haußhabens und besäung seiner Gründt nottürfftig ist",[16] waren Kauf und Verkauf gestattet. „Wir wöllen auch und gebieten", heißt es in der bayerischen Polizeiordnung von 1616, „daß fürohin keinem frembden Gast, noch außländischen Metzgern weder an den Ställen, noch an den Wochenmärckten, die in unsern Stätten, Märckten, oder andern orten in unsern Fürstenthumben durchs Jarauß gehalten werden, ainicher Vichkauff gestattet werde, sonder was sie von Vieh, es sey klein oder groß, faist oder mager, Ochsen, Kühe, Kälber, Lämmer, Schaf oder anders, wie das Namen hat, kauffen wöllen, das sol ihnen allein an den gewöhnlichen Jarmärckten zu kauffen, und sonst nicht zugelassen sein. Außgenommen wo grosse Schäfereyen, bey welchen die innländische Metzger die Schaf nit sambtlich hinweg kaufften, dann weil dieselbige in so grosser anzahl nit pflegen gen Marckt getriben zu werden, mag man es den außländischen Metzgern, bey den Ställen verkauffen, wann sie von den innländischen Metzgern, auff einmal hinweg zu nemmen, nit begehrt werden".[17]

Stärker als auf dem Lande versuchten die staatlichen Obrigkeiten in der Stadt in das Wirtschaftsleben einzugreifen bzw. unbeschadet der mehr oder weniger autonomen Zünfte, vor allem das Gewerbeleben aufeinander abzustimmen.[18] Allgemein suchte der frühmoderne Staat, die Preise wie die Gewichte und Maße der Waren einer schärferen Kontrolle zu unterwerfen; die Preise sollten gerecht und die Waren frisch und unverfälscht sein. Hierdurch sollten die Käufer vor Betrug geschützt und das ehrliche Handwerk zugleich in seiner Existenz gesichert werden. Insbesondere galt die staatliche Aufsicht dem Zunftwesen.[19] Zumeist begründete die Obrigkeit ihr Eingreifen mit dem Hinweis auf Mißstände und Mißbräuche, die sich eingeschlichen hätten und dem Allgemeinwohl schadeten. In der Regel ging es um die Durchsetzung allgemeiner Normen, die Sonderrechte und -entwicklungen beschnitten. Im Mittelpunkt standen Regelungen des Arbeitsverhältnisses in den einzelnen Zünften sowie die Beschreibung von Rechten und Pflichten von Handwerksmeistern und Gesellen. Während dem Hausvater alle Rechte eines strengen christlichen Herrn übertragen wurden, sollte der Geselle fleißig und untertänig sein. Genauestens geregelt wurden die Lehrlings- und Gesellenausbildung sowie die Voraussetzungen für das Meisterrecht. Gewarnt wurde schließlich das Handwerk, andere in Mißkredit zu bringen und für unredlich zu erklären. Jeder „Schmach- und Iniuriehandel" sollte vor die ‚ordentliche Obrigkeit' gebracht werden. Wie intensiv sich die Obrigkeit sogar in interne Angelegenheiten der Handwerker mischte, zeigt das Verbot des blauen Montags.[20] Dieser Müßiggang bringe nur „unbilliche versaumnuß der Arbeit, auch unnotturfftige Zehrung und ander nachthail".[21] Zum Schutz des gemeinen Nutzens und zur Sicherung des eigenen Ansehens sollte das Handwerk schärfste Warenkontrollen durchführen. Dafür zeigte sich die Obrigkeit bereit, alles unzünftige Handwerk zu verbieten und auch die jüdische Konkurrenz auszuschalten. Die Juden besaßen ohnehin nur bedingtes Niederlassungsrecht, aber auch wo sie sich ansiedeln durften, wurde ihre freie wirtschaftliche Entfaltungsmöglichkeit durch genaue Ordnungen eingeschränkt.

In der Judenordnung von Nassau-Dietz heißt es 1682 u. a.: „Der Juden Handlung soll sein mit Kleinodien, Geld und Silbergeschirr, Wein und allerhand Früchten, mit Pferd, Rind, Schaf und anderem Viehe. Woll, doch daß der Vorkauf denen in Unseren Landen eingesessenen Wollenwebern in denen Ämtern nehmen, worin sie wohnen, vor andern Christen und Juden bis auf Laurentii gelassen werde, mit allerhand rohen Häuten und Fellwerken; von Kramwaren aber, die seien trocken oder fett, soll in Unsern Landen, Städten, wo verschiedene Christliche Krämer, und absonderlich, wo selbige mit einiger Zunft privilegirt sein, den Juden mit einzlen Ehlen, Maß und Pfund etwas zu verkaufen nicht zugelassen, wohl aber ohne Haltung offener Laden mit Virtelcenten, Virtelohmen und nicht darunter, it(em) mit ganzen Stücken und anderst nicht selbige zu verlassen gestattet sein".[22]

Besondere Aufmerksamkeit schenkte die Obrigkeit dem ordnungsgemäßen Ablauf der Jahr- und Wochenmärkte, auf denen Bauern, Handwerker und Kaufleute oder ihre Frauen ihre Waren anboten und verkauften. Das Marktrecht zu besitzen, war ein obrigkeitliches Privileg. Es ging vor allem darum, den Handel auf genaue Zeiten festzulegen und in bestimmten Städten zu konzentrieren, womit das Geschäft der Hausierer eingeschränkt wurde. Durch strenge Kontrollen wollte man Betrug und Wucher unterbinden, „männiglich aufrichtige, unverfälschte Waren feilzuhaben und entweder stückweise oder nach rechtem landüblichen Gewicht oder Elle zu verkaufen gegen Entrichtung des jedes Orts üblichen Stätegeldes".[23] Zugleich sollten die Gewinne in den Städten monopolisiert werden. Ausländische Händler waren gern gesehen, aber Taschenspielern, Schaustellern und Gauklern, die von allen Jahrmärkten angezogen wurden, machte man das Leben schwer. Moralische und ökonomische Bedenken trafen hier zusammen.

Gleiche Aufmerksamkeit galt den auf dem Land wie in den Städten zahlreichen Gasthäusern.[24] Es gab vornehme Häuser und billige Schenken und Herbergen. Anlaß zum Eingreifen der Obrigkeit, die viele regelrechte „Wirt- und Gastgebenordnungen" erließ, war die immer wieder bemäkelte „schlechte Anstalt und Commodität". Ein Brandenburger Edikt von 1697 verlangte, daß den Gästen saubere Stuben zur Verfügung gestellt werden müßten, mit einem „wohl ausgeschmierten, tüchtigen Ofen und Camin, so nicht rauchen", sowie einem Tisch mit einer Decke und den nötigen Stühlen bzw. Schemeln. Was die Speisen betrifft, soll „der Wirt sich angelegen sein lassen, damit an denen Orten, wo sich Wasser findet, allemal ein gut Gerichte frische Fische und Krebse, imgleichen an geräucherten Fleische, guter frischen Butter, Käse, Heringen, Hünern, Tauben, frischen Eiern und dergleichen immerzu die Notdurft bei der Hand und vor billige, taxmäßige Zahlung zu bekommen sein mögen". Das Essen sollte „reinlich und sauber gekocht und zubereitet, die Schüsseln, Teller, Gläser, Krüge und sonderlich das weiße Tischzeug reingehalten und gewaschen" sein.[25] Damit niemand getäuscht werde, sollten alle Preise für die Reisenden auf einem eigenen Täfelchen vor dem Eingang verzeichnet sein. Diesen hohen Ansprüchen konnten freilich die kleinen Schenken nicht entsprechen. Aber auch hier

58. Die Brotkontrolle durch das Hausgrafenamt, Miniatur a. d. Hansgerichtsmanual 1713.

griff die Obrigkeit insofern disziplinierend ein, als sie die Öffnungszeiten genau festlegte. Galt es doch vor allem, nächtlichen Lärm zu verhindern; ebenso wurden die Wirte angehalten, Geldspiele und das Zutrinken zu verbieten. Die Überwachung des Gasthauswesens entsprang verschiedenen Interessen des frühmodernen Staates: moralische, soziale und wirtschaftliche Anliegen sind hier kaum zu trennen. Dasselbe gilt auch bei den neuen Ordnungen für die Mühlen und Brauereien, zwei weitere wichtige Institutionen der frühen Neuzeit. Betrugsmöglichkeiten sollten eingeschränkt, zugleich aber die Qualität von Mehl und Bier sichergestellt werden.

Von wirtschaftlichen Interessen geleitet war schließlich auch die obrigkeitliche Reglementierung der Volksfeste sowie der Erlaß von Kleiderordnungen.[26] Die Vorschriften für Feiern aller Art sollten einerseits der Verschwendung Grenzen setzen, andererseits die ständischen Unterschiede wahren helfen. „Und wöllen, daß in Stätten, Märckten, Hofmarcken und auffm Land bey dem gemainen Burgersman auch gemainen geringen Hofgesind und Bawrsvolck, füran auff einen Heuratstag, Hafftlwein, Stuehlfest, oder wie der genennt wirdt, über zwaintzig und auff einen Hochzeitstag über fünfftzig Personen nit geladen werden, darinnen dann nit allein das Breutvolck, dero baider Freundschafft, sonder auch die Priesterschafft, vom Adel und Burger, auch all ander Personen, was Alters oder Stands die sein, begriffen und niemandt dann die Spilleut außgeschlossen sein sollen".[27] Galt es bei den großen Festen Bauern und Bürger zur Sparsamkeit zu erziehen, so erstrebte die Obrigkeit mit den vielen Kleiderordnungen unter anderem auch den Absatz von einheimischen Stoffen zu fördern bzw. die Einfuhr von teuren ausländischen Waren zu sperren und damit das Geld im Lande zu binden. Bereits in der Reichspolizeiordnung von 1548 heißt es, daß die „Köstlichkeit der Kleidung unter der Ritterschaft, Adel, Bürger und Bauersmann dermassen und also überhand genommen" habe, „daß dadurch nicht allein sondere Personen, sonder auch gemeine Landschafften in Abnehmung und Ringerung ihrer Nahrung kommen seynd, als nemlich so wird durch die gülden Tücher, Sammet, Damast, Atlass, fremde Tücher, köstliche Birreten, Perlen und Untz-Gold, dero man sich jetzo zu Köstlichheit der Kleidung gebraucht, ein überschwencklich Geld aus Teutscher Nation geführt, auch Neyd, Haß und Unwillen, zu Abbruch Christlicher Liebe erweckt, und so solche Köstlichheit der Kleidung durchaus also unmässiglich gebraucht, daß unter den Fürsten und Graffen, Graffen und Edelmann, Edelmann und Burgern, Bürgern und Bauersmann kein Unterscheid erkannt werden mag...".[28]

Keine frühneuzeitliche Wirtschaftsordnung gedieh ohne ein ausgebautes Verkehrssystem.[29] Zwar lag die Erhaltung von Brücken, Straßen und Wegen in der Kompetenz der Kommunen, Anrainer und landesfürstlichen Zöllner und Mautner, aber als die Klagen immer lauter wurden, sah sich der frühmoderne Staat genötigt, auch hier einzugreifen. „Auff daß sich billicher weiß niemandt darüber zu beklagen hab, (sollen) wie dann auch die Strassen durch die Stauden, Hecken und ander enge Holtz bevorab, wo man mit Gutschen, unnd schweren Fuehren zu erfahren hat, sonderlich Winterszeit, geraumbt werden".[30] Ebenso bemühte man sich, Räuber mit harten Strafen zu belegen. Bemerkenswert ist schließlich der Versuch, Verkehrsregeln aufzustellen, denn auf den schmalen Straßen gab es stets Probleme, wenn es darum ging, wer dem entgegenkommenden Wagen auszuweichen hatte.[31]

Der Landesfürst überließ seit dem 16. Jahrhundert die Regelung der Arbeitsverhältnisse und der Wirtschaftsordnung erstmals nicht mehr allein dem

59. Postwagen, 18. Jahrhundert.

Grundherren und der Dorfgemeinde bzw. der städtischen Verwaltung und den Zünften, sondern versuchte, anknüpfend an deren Ordnung, gleiche Normen und Verbindlichkeiten zu setzen, die dem gemeinen Nutzen dienten, d. h. auch den Landesinteressen und dem Anspruch auf eine Neuordnung des gesellschaftlichen Lebens gerecht wurde. Das Recht, dem Land eine neue rationale Ordnung zu verleihen, leiteten die Fürsten von ihrem alten Herrschaftsrecht ab, als Schöpfer neuer Verhältnisse und neuer Rechte traten sie erst im 18. Jahrhundert auf. Daß damit ‚Selbstbestimmungsrechte' der Untertanen gemindert wurden, versteht sich aus der Idee des frühmodernen Staates.

Bis weit ins 16. Jahrhundert hinein hatten sich die städtischen wie die territorialen Obrigkeiten kaum um die Ehe- und Familienordnung gekümmert;[32] sie unterlag kirchlicher Kontrolle und Rechtssprechung. Dies änderte sich einerseits mit der Reformation, die die Kirche frei von weltlichen Dingen halten wollte, und andererseits mit dem neuen Anspruch des Staates, der die Kontrolle der gesamten öffentlichen Ordnung anstrebte. Er schuf dabei kein neues Recht, sondern wollte nur die kirchliche Ehe- und Familienvorstellung als verbindlich deklarieren, um dadurch die Gesetze der öffentlichen Ordnung nun selbst bestimmen zu können.

Ein zentrales Anliegen des frühmodernen Staates – wie übrigens auch der Kirchen – war der Kampf gegen die heimliche Ehe, die sogenannte Winkelehe.[33] Zwar war das Verlöbnis ohne Zeugen und Öffentlichkeit dem kirchlichen Rechtsverständnis nach gültig, aber es wurde von Staat und Kirche bekämpft, weil niemand die Rechtsgültigkeit der Eheschließung bezeugen konnte und diese Praxis angeblich Unzucht und Bigamie förderte. Da ohne eine öffentliche Bestätigung keine Klarheit darüber zu gewinnen war, ob ein Paar verheiratet war oder nicht, und damit auch, ob seine Kinder legitim waren oder nicht, drang die Obrigkeit auf die Öffentlichkeit des Eheversprechens und die kirchliche Einsegung. Außerdem wollte man verhindern, daß ein Paar ohne elterliche Zustimmung heiratete, nicht nur um Familienkonflikte zu vermeiden, sondern um auch das Gehorsamsgebot der Kinder zu betonen. „Dieweil nach Ordnung Göttlicher und Weltlicher Rechte die Kinder Ihren Eltern gebührlichen Gehorsam und Ehrerbietung schuldig sind und dann sonderlich in Ehesachen sich gebühret, daß die Jenigen, so noch Eltern haben, sich ohne derselben vorwissen und Bewilligung in keine Ehegelöbnis einlassen sollen: Also ordnen und wollen wir, daß in unsern Landen die heimliche Winckelverlöbnissen in gemein und zumal derer, die noch Eltern haben und sich unterstehen, ohne derselben Rath, vorbewust und einwilligung sich zu verloben, nicht geduldet, noch sich darinnen auffgebotten vielweniger ihnen Hochzeit zu halten verstattet werden soll".[34] Der Staat bestand auf einem öffentlichen Eheverlöbnis mit elterlicher Zustimmung, nicht nur aus sittlichen Gründen, etwa, um die voreheliche Sexualität zu unterbinden, sondern vor allem, um die rechtlichen Verhältnisse zu klären. Uneheliche Kinder waren nur bedingt erbberechtigt und auf jeden Fall vom ehrbaren Handwerk ausgeschlossen.

Alle Kinder bedurften im 16. und 17. Jahrhundert des elterlichen Konsenses, seit dem 18. Jahrhundert galt dies nur für die Kinder, die der Hausherrngewalt noch unmittelbar unterstanden. Falls die Eltern verstorben waren, sollte der Rat der Verwandten oder des Vormundes eingeholt werden. Nach der österreichischen Vormundschaftsordnung (1550) durften Mädchen überhaupt erst mit 25 Jahren heiraten, da „solche Töchter auß Weiblicher Blödigkeit leichtlich verführt und ihr ehrliche Eltern und ansehnliches Geschlecht dardurch in Verkleinerung und Verachtung kommen und mit solchem leichtfertigen Heurathen verschlagen, sondern auch sonst ehe zu Zeiten allerley mehr nachtheiliger Unrath und tödtliche, schädliche Handlungen verursacht werden."[35]

Der Staat unterstützte die kirchlichen Vorschriften über die Ehehindernisse. Außerdem setzte er – wenn auch je nach Territorium verschieden – ein bestimmtes Mindestalter fest und verbot die Heirat liederlicher junger Leute, die kein Vermögen hatten, um so der Landesarmut vorzubeugen.[36] In Speyer mußten 1765 junge Leute vor einer Heirat nachweisen, „daß soviel die junge Burschen betrift, solche lesen und schreiben, die Weibspersonen

60. Allegorie auf die glückliche Ehe, Kupferstich v. P. Troeschel, 17. Jahrhundert.

aber nähen, stricken, spinnen und dergleichen können."[37] Vor allem durften Leibeigene und Grundhörige ohne Erlaubnis des Leib- oder Grundherrn nicht ehelichen. Dasselbe galt für Soldaten, Offiziere und Hofbedienstete aller Art, sie bedurften einer schriftlichen Erlaubnis ihres Vorgesetzten. Mancherorts war schließlich die Heirat zwischen unterschiedlichen Konfessionen verboten. „Eheleute ungleicher Religion werden allhier nicht geduldet", heißt es 1738 aus Dinkelsbühl, „und soll dahero kein Burger oder Burgerin, Einwohner oder Einwohnerin Macht haben, eine dergleichen Heyrath zu treffen, welcher oder welche dagegen handeln, sollen ihres Burger-Rechts und Schutzes verlustiget seyn".[38]

Im Scheidungsrecht paßte sich der Staat den kirchlichen Gewohnheiten an, wobei die protestantische von der katholischen Praxis zu unterscheiden ist. Wenn Eheleute nicht miteinander auskamen, war keine Scheidung erlaubt, nur bei Ehebruch und „böslichem" Verlassen waren eine Scheidung und Wiederverheiratung möglich. In katholischen Ländern gab es nur die Trennung von Tisch und Bett. Die christliche Ehe war für den frühmodernen Staat das Fundament der Familienordnung.

Zentrum der Familienordnung war in der frühen Neuzeit die hausväterliche Gewalt, sie sollte gegenüber dem Gesinde, den Kindern und der Hausfrau gestärkt werden. „Die Vätterliche Gwalt ist eine Herrschaft, welche der Vatter über seine Kinder denen Rechten gemäß auszuüben hab. Sie gebührt nur dem Vater allein, nicht aber der Mutter, oder anderen, und erstrecket sich über alle Descendenten, sowol in erst- als zweyt- und weiterer Generation, so lang die von der ersten selbst noch nicht aus sothaner Gewalt getretten und sui Juris worden seynd; es wird auch dieselbe nicht nur durch die Ehe, sondern auch in gewisser Maaß durch die Legitimation oder Adoption erlangt".[39] So formulierte das Bayerische Landrecht von 1756 lakonisch.

Diese patriarchalische Hausgewalt implizierte die eindeutige Pflicht gegenüber den Kindern, sie zu guten Christen und arbeitsamen Menschen zu erziehen. Jede christliche Familie war gehalten, ihre Kinder taufen zu lassen, sie zu Gottesfurcht, Gebet und Katechismus anzuleiten, aber auch mit Kleidung und anderer Notdurft zu versorgen sowie von Mutwillen, Müßiggang, Gotteslästerung und anderen Unanständigkeiten abzuhalten.[40] Die Kinder ihrerseits waren in jeder Situation zu Gehorsam und Respekt den Eltern gegenüber verpflichtet. Die Kinder „seynd ihren Eltern nicht nur zu gebührendem Gehorsam, Ehrfurcht und Dankbarkeit, sondern auch so lang sie den Unterhalt zu ihnen geniessen, zur gewöhnlich- und anständiger Dienstleistung verbunden, ohne daß sie derwegen eine besondere Belohnung zu fordern hätten, ausgenommen, wenn ihnen für ihre Mühe, Dienst und Arbeit ausdrücklich etwas bedungen worden".[41] Im Falle groben Ungehorsams konnten sie gezüchtigt, ja auch öffentlich bestraft werden. Unter welchen Bedingungen Kinder enterbt werden konnten, darüber ergingen eigene Ordnungen.[42]

Die Gehorsamspflicht betraf mit gleicher Strenge das Gesinde. Es mußte nicht nur die ihm aufgetragene Arbeit gut erfüllen, sondern auch außerhalb des Hauses sich ordnungsgemäß verhalten. Eine starke Kontrolle sollte unsittliches Verhalten verhüten. Mit der Etablierung einer strengen Ehe- und Familienordnung, die sich inhaltlich nicht wesentlich von den kirchlichen Lebensgrundsätzen unterscheidet, hoffte der frühmoderne Staat die patriarchalische Hausherrngewalt zu stärken, wodurch die Absicherung der politischen Ordnung auf der ‚untersten' sozialen Ebene garantiert schien. Diese neue Ordnung sollte darüber hinaus der Stärkung der feudalen Hausökonomie dienen, vor allem die Sittlichkeit stabilisieren.

Ebenso bestand der frühmoderne Staat bis ins 18. Jahrhundert hinein auf strenge Sittlichkeit. Ursprünglich war allein die Kirche für die öffentliche Moral zuständig. In dem Maße, wie der Staat aber seit dem 16. Jahrhundert die Gesellschaft zu gestalten suchte, trachtete er auch die öffentliche Moral zu kontrollieren.[43] Dabei propagierte der frühmoderne Staat kein neues Menschenbild; wenn er von allen Ständen und Untertanen politische und soziale Ruhe, sittliches und ordentliches Verhalten sowie Arbeitsamkeit

61. Frauenbad, Federzeichnung von A. Dürer 1496.

verlangte, so unterschied sich seine Moral nicht von der der Kirche, aber sie sollte nun von Obrigkeits wegen gelten. Ständische Interessen kamen hier ebenso zum Tragen wie herrschaftliche. In seiner Moralpolitik orientierte sich der Staat weniger am Ideal des gehorsamen Untertanen als an dem des christlichen Biedermanns.[44]

Eine mächtige Kampagne richtete sich gegen Gotteslästerung, Schelten und Fluchen, durch das Gott und ‚öffentliche' wie private Personen verunglimpft wurden. Ein brandenburgisches Edikt von 1688 verordnete, „daß niemand von Unsern Unterthanen, Einsassen oder anderen ... den andern mit Minen, Worten, oder der That beleidigen oder angreiffen, noch denselben, es sey in Gesellschafften oder sonsten mit groben Schertze, unziemlichen Gebehrden, oder auf andere Weise schimpflich antasten oder verunglimpffen solle". Ein jeder sollte „friedlich und bescheidentlich mit seinem Nechsten überall umgehen und sich zu seinem eigenen Besten, Sicherheit und Conservation, eines geruhigen Lebens und der Einigkeit befleißigen, einer auch dem andern den Respect, so ihm wegen seines Standes oder Amtes zukommt, ohne einige Schmälerung und Abbruch geben soll; dieweil es so wohl die christliche Liebe, als die wahrhafftige maximen der Ehre erfordern, daß ein jedweder alles, was zu Beyhaltung der gemeinen tranquillität und menschlichen Societät, wie auch zu Verhütung aller querellen und daraus entspringenden Thätlichkeiten beytrage, was in seinem Vermögen ist".[45] Zur Sicherung des Friedens sollte die Ehre jedes Standes gewahrt sein, über die der Staat nun zu wachen vorhatte.

Dieser Friedensordnung diente auch der Kampf gegen das Raufen und Balgen. Der Staat verbot ausdrücklich „alle eigenthätlichen Ein- und Überfälle, Rumor und Rauff-Händel, Balgereyen und Schlägereyen, alle Ausforderung, Duella, Zuschickung der Cartelle, und insgemein allen Frevel und Gewalt, daraus nicht allein gefährliche Leibes-Verwundung und Beschädigung, sondern auch offtmals, immassen solches die tägliche Erfahrung mit sich bringet, fürsetzliche Todtschläge, mit Verlust der ewigen Seligkeit erfolgen".[46] In solchen Gewaltsamkeiten sah der frühmoderne Staat nicht nur eine Gefährdung der öffentlichen Sicherheit, sondern einen Eingriff in die staatliche Kompetenz der Konfliktlösung. Der Kampf gegen die öffentliche Gewalt war zugleich ein Kampf um das Gewaltmonopol des Staates. Streitigkeiten sollten vor Gericht und nicht in den Häusern, Straßen und Dörfern ausgetragen werden. Es wurde freilich nicht nur der kleine Raufhandel, sondern vor allem der gewaltsame Widerstand gegen dörfliche und städtische Obrigkeiten diskriminiert.

Mit gleicher Intensität versuchte der frühmoderne Staat, das sittliche Verhalten zu kontrollieren bzw. strengen christlichen Normen zu unterwerfen. Hier übernahm er Aufgaben, die bislang den Kirchen zugewiesen waren. Vor allem war es wichtig, das sexuelle Verhalten im Sinne der neuen Eheordnung zu steuern. Dabei konzentrierte sich die Obrigkeit auf das sittsame Verhalten bei öffentlichen Festen, sie suchte populäres Brauchtum zu unterbinden, insbesondere die Winkelheirat zu verbieten. Unter besonderem Schutz stand die Ehre der Jungfrauen. „Derhalben ordnen, setzen, wöllen und gebiten wir", heißt es in der Preußischen Landesordnung von 1577, „daß hinfurt sich niemand unterstehe, einer Jungfrauen ire Ehre zu benemen oder sie zu Schanden zu machen".[47] Entsprechend streng waren auch die Frauen gehalten, ihre Ehre zu hüten. Leichtfertiges Verhalten brachte sie nicht nur in Schande, sondern gegebenenfalls auch vor Gericht.[48] Vor allem wurden Wirtshäuser, Badestuben und Spinnstuben entweder verboten oder zumindest stark kontrolliert.

Ebenso mit Nachdruck versuchte der frühmoderne Staat, das „Vollsaufen" und das „unzimliche" Spiel einzudämmen, wenn nicht gar zu unterbinden. Die bayerische Polizeiordnung spricht vom Trinken als einem „sonder Laster", „dadurch einem sein Vernunfft entweicht, und daß Guets halb verarmbt, auch Todtschläg und ander ubel mehrmals darauß entstehn".[49] Im Trinken sah die Obrigkeit einen Hauptgrund für die vielfältigen Gewalttätigkeiten im Wirtshaus, auf der Straße und im Haus. Anlaß zu Streit, Verschwendung und Gotteslästerei sah man auch im Spiel.[50]

Kleidung und Feste waren bis ins 15. Jahrhundert hinein Angelegenheit der einzelnen Familien, Gemeinden und Stände. Seit dem 16. Jahrhundert versuchte der frühmoderne Staat, auch hier mit Mäßigungsgeboten einzugreifen. Diese entschiedene Mäßigungskampagne verfolgte verschiedene Interessen. Einmal sollten die ständischen Unterschiede in der Kleidung und bei den Festlichkeiten zum Ausdruck kommen, vor allem sollte der Adel besonders hervorgehoben bleiben. Dann ging es darum, einheimische Produkte und Industrien zu fördern bzw. kein Geld ins Ausland für teure Waren zu transferieren. Nicht zuletzt sollten auch Mäßigung und Sparsamkeit erzwungen werden.[51] Jede Stadt- und Landesherrschaft versuchte, jedem Bürger oder Untertan die ihm zukommende Kleidung vorzuschreiben, wobei wertvoller Schmuck und kostbare Kleidung natürlich dem Patriziat und Adel vorbehalten blieben. So durften beispielsweise Bauersleute auf dem Lande nur inländische Tücher und Stoffe tragen, „so in Teutscher Nation gemacht".[52] Noch stärker griffen die Obrigkeiten in die Festgewohnheiten des Volkes ein. Die Feiern zur Hochzeit, zur Kindstaufe und zu Begräbnissen waren Feste der Verschwendung in jeder Hinsicht. Nun versuchte der Staat, jeweils der ständischen Gruppierung entsprechend, den Rahmen solcher Feiern festzulegen; vorgeschrieben wurden die Zahl der Gäste, die Zahl der Gänge und Gerichte und nicht zuletzt sogar die Qualität der Speisen und Weine. Ebenso wurde geregelt, wieviele Spielleute geladen und wieviele Gespanne gefahren werden durften. Es soll, heißt es in der Bayerischen Polizeiordnung von 1616, „auff einem Heuratstag nit mehr dann eine, aber auff einem Hochzeittag eine oder aufs maist zwo Mahlzeit, jede mit fünf Essen gehalten, Doch wo es under dem Bawrsvolck ist, sollen weder Fisch, Krebs, noch süsser Wein als Maluasier, Muscateller, Reinfall, Rosatzer oder dergleichen köstliche Wein gegeben und aufgesetzt werden, Aber die Tyrolische, Oberlendische, Oesterreichische und Fränckische Möst und süsse Wein mag man wol geben".[53] Auf den Beerdigungen sollte nach dem Gottesdienst ebenso keine „grosse Zehrung", „kein Mahlzeit, Ladschafft oder Gasterey" mehr abgehalten werden.[54] Bei den Eingriffen in die Festkultur ging es natürlich nicht nur um das Maßhalten beim Essen und Trinken, sondern durch die strenge Reglementierung wollte man unzüchtiger Ausgelassenheit und Gewalttätigkeit vorbeugen.

Schließlich griff der frühmoderne Staat dort ein, wo ein traditioneller ‚Müßiggang' der Verwirklichung der neuen Moral- und Arbeitsordnung im Wege stand. Dies betraf weniger das Gesinde auf dem Lande und die Gesellen in den Städten, gemeint war die Vielzahl von Armen, Bettlern und Vaganten, die die Straßen bevölkerten, auf mildtätige Gabe hofften und vor

62. Bettler und Kranke vor einer Kirche, Holzschnitt vom Meister des Trostspiegels 1532.

Diebstahl und Raub nicht immer zurückschreckten. Die Vielzahl der Bettlermandate vom 16. bis zum 18. Jahrhundert offenbart, wie wichtig dem frühmodernen Staat die Lösung dieser Probleme war. Hatten sich bislang Kirche und einzelne Gemeinden um die Armenpflege gekümmert, so versuchte seit dem 16. Jahrhundert die Obrigkeit, zur Sicherung der öffentlichen Ordnung neue Umgangsformen festzuschreiben, wobei sie durchaus sehr differenziert verfuhr.

Generell wurde einerseits zwischen einheimischen und auswärtigen Bettlern, zwischen unverschuldeter und selbstverschuldeter Armut, andererseits zwischen den Bettlern und den Vaganten bzw. den unehrlichen Leuten der Straßen unterschieden, mit denen man rigide umging. Für die einheimischen Bettler und unverschuldeten Armen sollten nach wie vor die eigenen Gemeinden zuständig bleiben, wohingegen die fremden Bettler und selbstverschuldeten Armen unter Androhung von Strafen der Stadt bzw. des Landes verwiesen werden sollten.[55] Begnügte man sich im 16. Jahrhundert noch mit der Ausweisung aus den Dörfern und Städten bzw. mit allgemeinen Appellen, sich nicht der Arbeit zu entziehen und ehrlich seine Nahrung zu erwerben, so begann der Staat seit dem späten

17. Jahrhundert durch das Verbot von Almosen, den Druck auf Arme und Bettler zu verstärken.

Auch im Umgang mit Vaganten, Landfahrern und Komödianten gab es einen bedeutenden Einstellungswandel. Hatten sie im 16. Jahrhundert noch ein beschränktes Aufenthaltsrecht, so ergingen gegen Ende des 17. Jahrhunderts generelle Aufenthaltsverbote, welche auch überwacht wurden. Ein bayerisches Bettelmandat ordnete noch 1770 an, „daß in Zukunft derley liederliche Vaganten, und ausländisches Gesind, worunter nicht nur Steig- und Wohlfahrtsbettler, sondern auch alle unter dem Wohlfahrtsprätext, oder freundschafftlichen Besuch, und vorgeblicher Landespaßirung sich hereinschwerzende auswärtige Musikanten, welsche Pfaffen, Bärntreiber, Schattenspieler, zusammgeloffene Commedianten, Gauckler, Tänzer, abgedankte Soldaten, Convertiten, Studenten, Schreiber ... so leichterdingen nicht in Unsere Lande kommen, noch minder sich irgendwo zur Beschwerde der Unterthanen aufhalten können, sohin all Vorgehenden der Eintritt verstopfet werde“.[56] Die Bekämpfung von Bettel und Vagantentum erfolgte aus sicherheitspolitischen Interessen, zugleich aber setzte sie ein Zeichen dafür, daß der frühmoderne Staat nicht nur der Unsittlichkeit und Verschwendung den Kampf angesagt hatte, sondern auch dem Müßiggang. Nur durch Arbeit sollte sich der Einzelne als ein Mitglied der Ständegesellschaft bestätigen.

Im Interesse einer gesamtständischen und -staatlichen Wohlfahrt begann der frühmoderne Staat, auch im ‚öffentlichen‘ Gesundheitswesen und der Erziehung der Jugend ein Verwaltungsmonopol anzustreben.

Lag die Pflege der ‚Gesundheit‘, soweit sie überhaupt jemals öffentlich zur Diskussion stand, bis weit ins 16. Jahrhundert ausschließlich in kirchlicher Obhut, in Händen der Familien und Kommunen oder in Händen einzelner Wunderheiler, begann sich die Obrigkeit seit dem 17. Jahrhundert sukzessive für das Gesundheitswesen zu interessieren.[57] Bis zum Ende des 18. Jahrhunderts konzentrierte sie sich auf drei Schwerpunkte: auf die Verbesserung der Apotheken, die Professionalisierung der Ärzteschaft und die Institutionalisierung des Hebammenwesens. Erste Krankenhäuser gab es zu Anfang des 19. Jahrhunderts.

Die bestehenden Apotheken wurden angewiesen, nur „mit gueten newen, frischen und gerechten Materialien“ umzugehen und „wissentlich kein verbotten oder gefehrlich Stuck“ zu verkaufen.[58] Die Gefahr der Vergiftung war bekannt. Der Apotheker sollte deshalb nur eigenhändig die Medikamente herstellen bzw. verkaufen und dies nicht seiner Frau und seinen Dienern anvertrauen. Diese Verpflichtung war nötig, da Apotheker nicht selten noch anderen Beschäftigungen nachgingen. Schließlich durften sie – von Ausnahmen abgesehen – kranke Leute nur mit ärztlicher Erlaubnis kurieren. Hier spielten nicht nur die Berufsinteressen der Ärzte eine Rolle, sondern auch die öffentliche Sorge um eine halbwegs ordentliche Versorgung der Kranken.

Noch bemerkenswerter sind die Anweisungen an die ‚Ärzteschaft' bzw. an diejenigen, die für die Heilung und Gesundung zuständig waren, denn eine professionelle Ärzteschaft bildete sich erst in einem langen Prozeß seit dem 17. Jahrhundert heraus.[59] Die Adressaten des Staates waren bis dahin die „Apotheker, Chimisten, Barbiere, Oculisten, Stein- und Bruchschneider, Storger, Landfahrer, Quacksalber, Bader, Schlangenfänger, Kräuterkrämer, Zahnbrecher, Hirten, Schäfer und Scharfrichter". Seit dem 17. Jahrhundert wurde deren spezielles ‚Handwerk' verboten und ihre Tätigkeit sukzessive unter Kontrolle der Obrigkeit gestellt. Erst im 18. Jahrhundert ergingen auf Druck der akademischen Ärzte generelle Verbote für alle Heilkundigen der Jahrmärkte. Nach der Landesordnung von Württemberg 1621 durften sich Barbiere und Bader erst als Wundärzte betätigen, wenn sie von der Obrigkeit als „examiniert, erfahren und darzu taugenlich befunden" worden waren, „alles, das er erlernet hab, aller Wunden Art und Eigenschaften von der Scheitel an dem Menschen bis auf die Fersin hinab, und wiß, was für Wundtrank, Band, Pflaster und andere Notdurft zu jeder Wunden, Schäden und Beinbrüchen gehörig sein, und wisse auch underschidlich zu hailen und guten Unterschid im Hailen zu haben, in Haupt-, Hirn- und beinschrötigen Wunden, tief oder flach Wunden oder Schäden, sie seien im Fleisch, Nerven, Adern oder dergleichen gehauen, gestochen, geschossen, mit oder ohne Geschwulst, schmerzlich oder unschmerzlich. Item, wie und welcher Gestalt mit allerlei Beinbrüchen, Geschweren, Apostemen, alt und neu Schäden, Schützen, Bränden auch andern mehr Krankheiten, der Wundarznei underwerfen, zu handlen seie, und ob deren jeder die gebräuchliche, erfahrne Wundtrank, Simplicia und Composita, Salben, Pflaster, der Bänd, Atzungen und ander nottürftig Arzneien und Instrumenta, zu jeder Wunden, Schäden, Beinbrüchen und allen dergleichen Gebrächen gehörig, kennen".[60] Zu einer wissenschaftlich-akademischen Ausbildung der Ärzte kam es erst im späten 18. und 19. Jahrhundert.

Die Kontrolle aller für die Gesundheit und Heilung zuständigen ‚Künste' bzw. das Verbot an bestimmte Personengruppen, sich als Heilkundige zu betätigen, stand am Anfang der ‚staatlichen' Gesundheitspolitik. Bald kontrollierte sie auch die einzelnen ärztlichen Praktiken. Verboten wurde es, „Fieber und Krankheiten durch Kreuzmachung, auch andere in Gottes Wort verbotene Mittel (als daß sie eines und das andere zu sonderbar gewehlten Zeiten und Tagen mit sonderbaren Worten, Bezeichnungen, Segenssprechen und anderen dergleichen nichtswürdigen Umständen, sonderlich bei Kindbetterinnen fürnehmen) zu heilen".[61]

In der Ungeschicklichkeit der Hebammen schien ein Hauptgrund der großen Mutter- und Kindersterblichkeit zu liegen. Deswegen verlangte man eine besonders strenge Kontrolle. Im 16. und 17. Jahrhundert sollten in

63. Das Pestlazarett a. d. Unteren Wöhrd, Kupferstich v. J. A. Fridrich 1715.

Städten ehrbare Frauen die Aufsicht übernehmen und seit dem 18. Jahrhundert mußte sich jede Hebamme einer offiziellen Prüfung durch ein Ärztegremium unterziehen. Als Hebammen sollten nur „fromme, erbare, gottsförchtige und erfahrne Weiber" genommen werden, heißt es bereits zu Beginn des 17. Jahrhunderts, die zuvor „von den hierzu Verordneten examiniert und erforschet, ob sie in allen Sachen, einer Hebammen zu wissen notwendig, gnugsamlich Wissenschaft" haben.[62] Von einer Hebamme erwartete man aber nicht nur einen ehrbaren Ruf und gute Kenntnisse, sondern auch eine christliche Lebensführung. Ausdrücklich wird darauf hingewiesen, daß sie sich der „leichtfertigen Reden, aller abergläubischen Segen und anderer Abgötterei gänzlich enthalten", vielmehr die gebärenden Frauen christlich trösten müsse, wozu ein Unterricht bei einem Geistlichen angeraten sei. Wenngleich bei der Ausbildung von Hebammen bis zum Ende des 18. Jahrhunderts hin die wissenschaftlichen Kenntnisse immer stärker in den Vordergrund rückten – es wurden eigene Kollegien eingerichtet –, legte doch der Staat auch weiterhin ein starkes Gewicht auf ihre moralische Qualifikation. Nach einer Verordnung von 1776 mußten in Gotha Hebammen folgenden Eid leisten:

„Ihr sollet geloben und schwören, daß ihr eurer vorgesezten Obrigkeit in allem treu und gewärtig seyn, euch in eurem anbefohlenen Amt fleißig, sorgfältig, und verschwiegen erweisen, eines christlichen und ehrbaren Wandels befleißigen, alle abergläubische Händel fliehen und meiden, wenn ihr zu kreisenden Weibern erfordert werdet, alsobald ohnweigerlich und ohne Verzug bey Armen so wohl als bey Reichen, erscheinen, und ihnen nach äußersten Vermögen beyspringen, in schweren Fällen andere erfahrone Hebammen und die Medicos zu Rathe ziehen, die schwachen Kinder alsobald mit der heiligen Taufe versehen lassen, oder im Nothfall selber taufen, zu Abtreibung oder Verderbung der Frucht nicht rathen, noch behülflich seyn, und allem denjenigen was in der Medicinal-Ordnung euerthalben erwähnet worden, treulich nachkommen wollet.“[63]

Unter den gesundheitspolizeilichen Maßnahmen des frühmodernen Staats müssen schließlich auch jene genannt werden, die auf eine Verbesserung der hygienischen Verhältnisse abzielten. Schon im späten 16. und frühen 17. Jahrhundert erkannte man den Zusammenhang zwischen dem Dreck auf den Straßen und der Krankheitsanfälligkeit der Menschen vor allem bei Seuchen.[64] Aus diesem Grund drängte die Obrigkeit auf die Erhaltung „einer guten und gesunden Luft“ durch Reinigung der Straßen sowie die Verlegung der Friedhöfe an den Stadtrand. Besonders die Misthaufen vor den Häusern sollten verschwinden, Karren und Wagen so gebaut werden, daß kein Mist mehr auf die Straße fiel.[65]

Zur Verbesserung der allgemeinen Wohlfahrt wurde auch eine Anhebung der Bildung und Schule gerechnet. Zwar hatte es schon lange ein elementares Schulsystem auch für das einfache Volk gegeben;[66] Kommunen, Pfarreien und Klöster hatten sich darum gekümmert. Seit dem 16. Jahrhundert allerdings gewinnen die staatlichen Initiativen eine neue Qualität. Sie suchten, dem bestehenden System eine Ordnung zu geben, Lernziele wurden formuliert und sukzessive staatlich-öffentlichen Interessen unterstellt. Reformatorische wie gegenreformatorische Erziehungsforderungen spielten dabei eine beträchtliche Rolle. In Gotha sollten 1642 alle Knaben und Mädchen „in Katechismo und dessen Verstande, auserlesenen biblischen Sprüchen, Psalmen und Gebetlein wie auch im Lesen, Schreiben, Singen, Rechnen und, wo man mehr als einen Praeceptorem hat, in Wissenschaft etlicher nützlicher, teils natürlicher, teils weltlicher und anderer Dinge in guter Ordnung nach und nach unterrichtet und daneben zu christlicher Zucht und guten Sitten angeführt werden“.[67] Neben der religiösen Unterweisung und der Vermittlung von Grundkenntnissen in Lesen, Schreiben und Rechnen stand die Erziehung zu frommen und gehorsamen Untertanen im Vordergrund. Die

Kinder sollten den Unterschied von gut und böse kennenlernen und sich in diszipliniertem und ordentlichem Verhalten üben. Dazu mußte eine qualifizierte Lehrerschaft ausgebildet werden.[68]

Folgte der frühmoderne Staat in seiner Schul- und Bildungspolitik bis ins 17. Jahrhundert weitgehend den Zielvorstellungen der christlichen Kirchen, so setzten sich seit dem späten 17. Jahrhundert, vor allem seit der Mitte des 18. Jahrhunderts, immer stärker rein weltliche Interessen durch, die „staatliche", zumindest staatlich kontrollierte Schule wurde das Ziel der frühaufklärerischen Bemühungen.[69] Das „General-Land-Schul-Reglement von Preußen" (1763) sieht in der „vernünftigen sowohl als christlichen Unterweisung der Jugend zur wahren Gottesfurcht und andern nützlichen Dingen" eine entscheidende Voraussetzung zur Sicherung des „wahren Wohlsein" des Staates. Nicht mehr den untertänigen Christen wollte man bilden, sondern den untertänigen Bürger, der mit Frömmigkeit, Disziplin und Können in den Dienst des Staats treten konnte. Unwissenheit wurde als „höchstschädlich und dem Christentum unanständig"[70] erklärt. Die Erziehung zu Gottesfurcht und Gehorsam, das Erlernen elementaren, vor allem nützlichen Wissens, verband sich mit dem Wunsch nach Disziplinierung der Jugend: „Die Disziplin muß weislich geschehen, so daß den Kindern die Eigenliebe als die Quelle aller Sünden entdeckt und ihre Abscheulichkeit gewiesen, der Eigensinn oder Eigenwille mit Fleiß gebrochen, auch das Lügen, Schimpfen, Ungehorsam, Zorn, Zank, Schlägerei etc. ernstlich, jedoch mit Unterschied und nach vorhergegangener genugsamer Überzeugung des geschehenen Verbrechens, bestraft werden".[71] Zwar verblieben die Elementarschulen weitgehend in kommunaler oder kirchlicher Obhut, vor allem in katholischen Territorien, aber der frühmoderne Staat setzte Maßstäbe für eine Bildung, an der nicht nur die oberen, sondern alle Stände partizipieren sollten.

Aufgabe der Polizei war schließlich auch die Reglementierung und Kontrolle der Frömmigkeit und kirchlich-religiösen Praxis, die bis in die Reformationszeit ausschließlich Angelegenheit der Kirchen war.[72] Welches Bekenntnis, welche Frömmigkeitsformen und welche kirchliche Struktur nun sich in den einzelnen Ländern durchsetzten, hing wesentlich ab von den Interessen der weltlichen Obrigkeit und Landesfürsten, wobei freilich die Entwicklung in protestantischen und katholischen Ländern unterschiedlich verlief. Im Protestantismus vollzog sich das ganze Reformationswerk in einem vorgegebenen staatlichen Rahmen. Zwar mischte sich der Landesherr selbst in kirchlich-theologische Kontroversen ein und ließ abweichende Lehrmeinungen verbieten, aber sein vorrangiges Interesse richtete sich auf die religiöse Unterweisung durch die Predigt, die Teilnahme am Gottesdienst wurde zur Pflicht der einzelnen Stände und Untertanen. Dann kontrollierte er die Abschaffung papistischer Mißstände und Irrlehren; Heiligenkulte und Wallfahrten wurden durch die Obrigkeiten verboten. Nicht zuletzt setzte er sich ein für eine klare Trennung von Arbeits- und Feiertagen. Während wochentags ausschließlich gearbeitet werden sollte, galt es den Sonntag zu heiligen.

Unter Strafe und Ungnade sollten beispielsweise im Herzogtum Pfalz-Neuburg 1555 sich „vor und unter der predig und gottesdienst zu morgens, so lang der wehrt, in- und außerhalb der stedt, markt, dörfer und weiler menniglich, jung und alt, alles zerens, essens, zechens, spilens, spazierens und unnützen geschwetzs in den heusern, uf den gassen und sunst allenthalben enthalten und dieselb zeit zur eere Gottes anlegen und verschließen, darzu auch ainiger wirt, sein hausfrau oder gesind weder prent- noch ander wein, met, pier noch speis verkaufen oder ainigen gast setzen sol.“[73]

Moralpolitische waren schwer von religiösen Interessen zu trennen. Wenngleich die katholische Reform des 16. Jahrhunderts grundsätzlich andere Ziele verfolgte und in katholischen Ländern Staat und Kirche stärker getrennt blieben als in protestantischen Territorien, hielten es auch die katholischen Obrigkeiten und Landesherren für ihre Pflicht, sich um die religiösen Belange der Untertanen zu kümmern und den Prozeß der Rekatholisierung maßgebend zu fördern. Aus den rein innerkirchlichen Belangen hielten sie sich zwar weitgehend zurück, um so stärker sorgten sie sich einerseits um die Wiederbelebung katholischer Glaubenspraktiken der Heiligenverehrung und des Wallfahrtswesens insbesondere, andererseits ebenfalls um die regelmäßige Teilnahme an den Gottesdiensten und die Einhaltung der kirchlichen Gebote. Ohne einen „gültigen“ Beichtzettel sollte keiner eine Aufenthaltserlaubnis erhalten. Die Ungläubigen sollten klar von den Gläubigen getrennt werden. Während in protestantischen Ländern von Anfang an die religiöse Erziehung moralpolitisch begründet wurde, holten dies die Katholiken um so stärker im 18. Jahrhundert auf mit einer penetranten Kontrolle der religiösen Praxis im Sinne eines utilitaristischen Denkens. Auf zwei Bereiche sei besonders verwiesen. Alle Geistlichen wurden angehalten, das altbekannte Wetterläuten als Mittel gegen starke Gewitter einzustellen und das Landvolk aufzuklären, „daß das erste, beßte, und sicherste, auch Unserer geheiligten Religion angemeßneste Hilfsmittel sey lediglich auf die Gnade Gottes alles Vertrauen zu setzen, und diese Mittels des gewöhnlicheren Gebethes um Abwendung alles Schadens andächtigst anzuflehen“, wohingegen das Wetterläuten auf Aberglauben und Vorurteilen gründe.[74] Gleich konsequent setzte sich der katholische Staat für die Reduzierung der Feiertage ein.

Ein bayerisches Mandat verkündete 1772: „Die leidige Erfahrung giebt, daß die Vervielfältigung der Feyertäge mehr zum Müßiggang und Ausschweifung, mithin auch zur Beleidigung als Ehre Gottes gereiche, des übergroßen Schadens zu geschweigen, den solche unnöthige mit Schwelgerey und Ueppigkeiten meistentheils zugebrachte Feyertage mittels Versäumung der Hand- und Feldarbeit dem gemeinen Wesen zuziehen".[75] Folgerichtig wurde 1785 ausdrücklich verboten: „das Läuten des Feyerabendzeichens, das Feyerabend machen selbst, und alle öffentliche gottesdienstliche Handlungen, die an Vorabenden der noch bestehenden Sonn- und Feyertäge üblich sind; an den Tägen selbst hingegen das solenne Geläut, der feyerliche Aufputz der Kirchen und Altäre, die haltung der Hochämter, oder auch der ordinären Messen zu der an Werktägen ungewöhnlichen Zeit, Predigten, Opfergänge, Litaneyen, Rosenkränze und all andere Andachtsübungen, die nur für die Feyertäge bestimmt und herkömmlich sind."[76]

In alle sozialen Lebensbereiche, vom Warenverkauf auf dem Jahrmarkt bis zum Kleiden auf Hochzeitsfesten, von der Lohnfestlegung auf dem Lande bis zum Verhalten in den Kirchen, begann der frühmoderne Staat seit dem 16. Jahrhundert einzugreifen. Was bisher weitgehend sich selbst bzw. den einzelnen Häusern, Pfarreien, den Dörfern, Zünften und Städten überlassen war, wurde sukzessive staatlichen Normen und Ordnungsvorstellungen unterworfen. Klare Grenzen zwischen einer privaten und öffentlichen Welt gab es dabei ebenso wenig wie zwischen sozialen, wirtschaftlichen und moralischen Interessen. Alles sollte der Stärkung christlicher Moral, dem sozialen Frieden und der Produktivität dienen. Die staatliche Reglementierung untergrub damit zwar die ständische Autonomie, stabilisierte aber zugleich die Ständeordnung auf einer neuen Basis als eine „staatliche" Ordnung. Insofern bildeten ständische und staatliche Ordnungen an sich keine Gegensätze, ein Hinweis darauf, daß in der öffentlichen Staatsordnung der frühen Neuzeit viele Elemente ständischen Denkens eingingen. In dem Maße, wie der frühmoderne Staat den materiellen Bestand, das soziale Prestige und die rechtliche Stellung der Stände absichern konnte, gewann er allerdings zugleich den Freiraum für das Allgemeinwohl.

2. Verbrechen und Strafen

Ein wichtiges Instrument zur Durchsetzung der neuen ‚öffentlichen' Ordnung in der frühneuzeitlichen Gesellschaft war die von den Fürsten und Obrigkeiten monopolisierte Strafgewalt, die ‚schwere' Vergehen und Verbrechen verfolgte.[1]

Die Kriminalität der frühen Neuzeit läßt sich nur schwer ermitteln. Denn einmal kam sicherlich nur ein Bruchteil der tatsächlichen Verbrechen zur Anzeige. Zählbar sind aber nur die vor Gericht abgestraften Fälle.[2] Zum anderen wurde erst im Zuge des Ausbaus des obrigkeitlichen Gerichtswesens definiert, was ein Delikt, ein Verbrechen oder Vergehen[3] ist. Manches Vergehen wurde zu einem Verbrechen, das es früher nicht gab. Wenn schließlich in der frühen Neuzeit bestimmte Delikte zahlenmäßig in den Vordergrund rücken, so liegt das nicht nur an einer quantitativen Zunahme, sondern maßgeblich an der schärferen Kontrolle durch obrigkeitliche Institutionen und vor allem an einer Neubewertung bestimmter Delikte.[4]

Auffallend am Rechtswesen in der frühen Neuzeit ist allgemein die Abstrafung von Verbrechensformen, die mit dem bürgerlichen Rechtsstaat aufhörten. Gemeint sind einmal Ketzerei und Hexerei, also Verstöße gegen die religiös-kirchliche Ordnung der Zeit, zum anderen die Vielzahl von Unzuchtsdelikten aller Art, die gegen die Sittlichkeit und Moral der Zeit verstießen, wobei nicht selten eine ebenso harte Bestrafung erfolgte wie bei Diebstahl und Mord. Dieser Tatbestand versteht sich einerseits aus der engen Verflechtung von weltlicher und religiöser Ordnung, weltlichen und sittlich-moralischen Interessen, welche Verstöße gegen Eigentum und Moral gleicherweise ahndeten, andererseits aus dem Anspruch der nachreformatorischen religiösen Kräfte, den Menschen moralisch zu bessern. Die Kriminalisierung religiöser Abweichler und die rigorose Unterdrückung der außerehelichen Sexualität, die im 16. Jahrhundert bzw. 17. Jahrhundert einen Höhepunkt erreichten, wurden im Zuge der Säkularisierung des Strafrechts im späten 18. Jahrhundert teilweise wieder zurückgenommen.[5] Die frühneuzeitlichen Maßstäbe bei der Beurteilung von Verbrechen unterscheiden sich jedenfalls wesentlich von denen unserer Zeit.

Das häufigste Delikt in der frühen Neuzeit vom 16. bis zum Ende des 18. Jahrhunderts war mit einem Anteil von 60–70% an allen Vergehen der Diebstahl, er unterschied sich rechtlich durch seine Heimlichkeit wesentlich vom Raub, der offen und mit Gewalt verübt wurde.[8] Deswegen stand auf Diebstahl in der Regel der Strang. Allerdings hat man nicht immer die Todesstrafe vollstreckt, ebenso häufig begnügten sich die Gerichte mit einem Denkzettel: nach einer Prügelstrafe wurden Diebe des Landes verwiesen. Ein so gebrandmarkter Dieb hatte kaum eine Chance, im ‚bürgerlichen' Leben noch seinen Unterhalt zu finden, und mußte sich deshalb wohl oder übel mit Diebstahl oder gar Raub durchbringen. Ein Großteil der Räuberbanden in der frühen Neuzeit rekrutierte sich aus Gebrandmarkten.[9] Die Obrigkeit erkannte dies durchaus, konnte aber keine adäquate Lösung finden. Einerseits ging man mit entschiedener Härte gegen Diebesbanden vor, andererseits ließ man erstaunlicherweise immer wieder Diebe laufen, obwohl man überzeugt war, daß sie rückfällig und bald dem Henker überantwortet werden würden.

Zwei Fälle mögen dies näher beleuchten: 1614 wurde ein Wilddieb gefaßt. Er war in Nürnberg nicht unbekannt, denn schon einmal war er wegen Diebstahls aus der Stadt gewiesen worden. Damit er nie mehr schießen könne, wurden ihm zur Strafe die Finger beider Hände auf der Fleischbank abgeschlagen. Danach wurde er mit der Rute ausgepeitscht und für ewig aus der Stadt verwiesen. Offensichtlich aber scheint diese Strafe auf den Missetäter keinen großen Eindruck gemacht zu haben, denn die Quelle berichtet,

Ulm
1594–1636[6]

	Sch	Sch/Ra	Sch/ Verb.	St	Ra	Verb.	P/Lv	P/R/ Lv	P/R/ Lv/B	Insges.
Diebstahl	3			39				20	1	63
Diebst./Münzf./Gewalt				1						1
Diebst./Unz./Ehebr.	1			1				5		7
Diebst./Betrug	2			2				1	1	6
Diebst./Raub					2					2
Betrug	3							3		6
Betrug/Ehebr.	1									1
Münzf.								1		1
Münzf./Ehebr.	1									1
Mord/Totschl.	12									12
Mord/Ehebr.	2									2
Mord/Diebst./Ehebr.	1									1
Totschl./Betrug/Unz.								1		1
Raubmord/Diebst./Unz.		3								3
Kindsmord	10									10
Unzucht/Ehebr.	1									1
Unz./Gewalt								1		1
Unz./Hehlerei								2		2
Unz./Gottesl.								1		1
Kuppelei/Betrug								1		1
Kuppelei/Ehebr.	1									1
Blutschande								2		2
Blutsch./Diebst.								1		1
Blutsch./Ehebr.	3							2		5
Blutsch./Ehebr./Gewalt	1									1
Polygamie	2									2
Homosexualität	3									3
Sodomie			3							3
Unehel. Ki.							1			1
Vergewaltigung								1		1
Hexerei/Zauberei			1							1
Hex./Zaub./Ehebr.			1			1				2
Meineid	1							1		2
Insgesamt	48	3	5	43	2	1	1	43	2	148

daß er auf „solche geringe Strafe" wenig oder gar nichts gegeben habe und bald darauf vom Markgrafen von Ansbach erneut gefaßt und diesmal gehängt wurde.[10] – Ein geradezu berufsmäßiger Gauner war ein Dachdecker, der sein Leben als Falschspieler, Schwindler und Dieb fristete. Er arbeitete teils mit anderen, teils allein und spezialisierte sich auf Diebstähle auf öffentlichen Plätzen und bei größeren Veranstaltungen. Bezeugt sind Diebstähle auf den Marktplätzen in Kitzingen und Würzburg, reich war die Beute aus einer Fechtschule in Bamberg, die er an einen Juden weiterverkaufte. Besonders gewinnbringend betätigte er sich auf einem Reichstag in Augsburg, wo es ihm gelang, einem kaiserlichen Rat während eines Festessens 25 Goldstücke zu stehlen. Als er endlich als professioneller Dieb 1585 in Nürnberg gefaßt wurde, kam er gerade aus der Messestadt Frankfurt. Die Richter staunten über seine Raffinesse, die er ausführlich beschrieb, und verurteilten ihn zum Tod.[11]

Die Quellen unterscheiden nicht nur leichten von schwerem Diebstahl, sondern auch Diebstahl mit Raub von Diebstahl mit Einbruch; jener Diebstahl stellte einen Landfriedensbruch dar, dieser einen Hausfriedensbruch. Darüber hinaus werden Kirchendiebstahl, Viehdiebstahl, Früchtediebstahl und insbesondere Beutelschneiderei unterschieden. Da er zugleich ein Sakrileg war, wurde der Kirchendiebstahl in der Regel mit dem Tode bestraft. Allgemein gilt, daß gesichertes Gut zu stehlen weniger streng bestraft wurde als ungeschütztes Gut, d. h. der Besitz von Wehrlosen, Frauen, Pilgern etc. Der Diebstahl wurde also nicht nur am materiellen Wert gemessen. Das Alter des Delinquenten konnte beispielsweise eine Rolle spielen, Kinder erhielten oft nur einen Denkzettel, z. B. Rutenschläge. Auch Diebstahl aus Hunger wurde weit geringer geahndet als Diebstahl zur Besitzanreicherung, sowenig dies das materielle Strafrecht ahnen läßt. Ob jemand aufgrund eines Diebstahls hingerichtet wurde, hing nicht unwesentlich davon ab, ob er vorbestraft war. Wenn aber Besserungschancen gesehen wurden, konnte durchaus ein gnädiges Urteil fallen. Auch ein Dieb, der in der Lage war, das gestohlene Gut wieder zu erstatten, konnte auf größere Milde hoffen. Gleichgültig aber, ob ein strenges oder mildes Urteil erging, die Bestrafung war in jedem Fall außerordentlich hart. Grund dafür war nicht die Verletzung einer ‚abstrakten' Eigentumsordnung – in der frühen Neuzeit undenkbar –, sondern durch die exemplarischen harten Strafen hoffte man, die Zahl der Diebstähle einzuschränken, um so die kleinen Güter, die knappen Ressourcen der Gesellschaft, zu schützen, von denen das Leben vieler abhing.

Der Raub unterscheidet sich vom Diebstahl durch seine Offenheit. Der klassische Fall war der Straßenraub. Die allgemeinen Klagen darüber sind bekannt. Einzeln stehende Bauernhöfe, kleine Dörfer, selbst Städte fürchteten sich vor allem vor Räuberbanden. Bereits im Spätmittelalter kündigen die Obrigkeiten und Fürsten einen rigorosen Kampf gegen das sich ausbrei-

Danzig 1558–1731[7]	Sch	Schl Sch	Schl Sch Aufs.	St	Ra	Verb.	Sch Verb.	Z Verb.	P	P Lv	P B Lv	T	T Lv	G	G Lv	P G	P G Lv	Ka	Ka Lv	P Ka Lv	Lv	Poe	Wi
Diebstahl	12			78						233	100	1	18	21	32	5	11	12	2	14	19		
Diebst./Gewalt				7					1	13	3		1	3		1	8	1		2	1		
Diebst./Einbr.				85						63	29	2	3	2	6	4	6	1	1	12	8		
Raub	35			7	4					11	2		1	2	1								
Betrug	1			1						41	16		1	11	9	1	5	5			4		5
Münzfälschg.	11			4						10											5		
Brandstiftg.	2									1													
Gewalt	2									6	1		1	12	2						1		
Mord	39	4	7		20	4		2	4				1	1									
Totschlag	114	1	1	2	2					17	11		2	7	4	1	2				54		
Raubmord	7		3		23																		
Kindsmord	34	19	9		1									2							5		
Verwahrlosg.	3									20			3	9	2	2	1					4	
Verrat																		1					
Notzucht	1									3													
Ehebruch	54			1	1		1			44	4		8	18	10		1				78		
Bigamie	3			1						1			1										
Blutschande	4								2	2				1	1	1					2		
Unzucht	1									8	2		2	9	1						17		
Kuppelei										2	1		4								2		
Sodomie	4			1			6								1								
Gotteslästerg.													5										
Zauberei	3					6	4	1													1		
insges.: 1806	330	24	20	187	51	10	11	3	7	475	169	3	51	98	69	15	34	10	3	28	197	4	5

Strafarten:

Sch Schwert
Schl Schleifen auf Ochsenhaut
Aufs. Aufstecken des Kopfes
St Strang
Ra Rad
Verb. Verbrennen
Z Zangen
P Pranger
B Brandmarkung
T Tagelung (Züchtigung im Stock)
Lv Landesverweis
G Gefängnis (nach dem Hof zu gelegene Räume des Rathauses, Zuchthaus, Raspelhaus)
Ka Arbeit in Karre
Poe an drei Sonntagen nacheinander während der Messe vor dem Altar in einem weißen Kleid, ein weißes Tuch auf dem Kopf und eine brennende Kerze in der Hand stehen
Wi Widerruf und Abbitte

tende Räuberwesen an, aber trotz schärfster Drohungen und harter Bestrafung wurden Städte und Länder ihrer keineswegs Herr. Vor dem Dreißigjährigen Krieg wurde immer wieder geklagt, „was der gemeine arme Bauernsmann, sonderlich auf den Weilern und in den Einöden, zeithero für gewalttätige nächtliche Überfälle, Bedrängnis, Plünderung und etwa auch Gefahr Leibs und Lebens von den herrenlosen gartenden Knechten, Störzern, Bettlern und dergleichen müßig gehendem heillosem Gesindel noch immer ausstehen muß".[12] Erst gegen Ende des 17. Jahrhunderts setzte eine wirksamere, systematische Bekämpfung ein; man mobilisierte die Bevölkerung, verteilte Steckbriefe, schrieb Belohnungen für Hinweise aus und arbeitete mit verschiedenen Verwaltungsstellen zusammen, um die durch die politische Struktur des Reiches mögliche Flucht zu verhindern.

Wenn wir die scharfen Strafandrohungen als Indiz für ein Anwachsen des Räuberwesens interpretieren wollen, dann muß die Bedrohung vor allem in der zweiten Hälfte des 16. Jahrhunderts und im frühen 18. Jahrhundert stark gewesen sein. Räuber traten zum Teil einzeln auf, oft aber bildeten sie Banden, die mehr oder weniger streng organisiert waren; sie rekrutierten sich vor allem aus Gebrandmarkten und Ausgestoßenen, Armen und Bettlern, aber auch aus Juden und Zigeunern sowie gartenden Söldnern. In kleinen Banden dominierten verwandtschaftliche Beziehungen und zwischen den einzelnen Gruppen gab es vielfältige Kontakte. Die Biographien der Räuber zeigen, daß sie sich meist lange in ihren Heimatregionen aufhielten, doch keinen festen Wohnsitz hatten und in einem Milieu lebten, das den Kontakt mit der dörflichen oder städtischen Gesellschaft weitgehend aufgegeben hatte.[13] In leichteren Fällen wurden die Räuber mit der Rute aus der Stadt gestrichen, in schweren erging die Todesstrafe. Wenn man von einigen gefallenen Adligen und Bürgerssöhnen absieht, die als Räuberhauptleute bekannt wurden, stammten die meisten Mitglieder der Banden aus den unteren Schichten. Vorwiegend waren es junge Männer, aber auch alte Leute und Frauen gehörten dazu.

Ein Fall sei verdeutlicht: 1708 wurden in der kleinen Markgrafschaft Burgau im Schwäbischen 13 Mitglieder einer Gaunerbande gefaßt und vor Gericht gestellt, unter ihnen vier Frauen. Die meisten waren noch relativ jung, zwischen 19 und 30; nur die Frau des nicht gefaßten Anführers war schon 50 Jahre alt. Alle bekannten nach langwierigen Verhören die Teilnahme an vielen Diebstählen. Sie hatten Güter aller Art gestohlen, Silber, Geschirr, Leinwand, Bilder, Geld und Lebensmittel aus Häusern und von Märkten. Zwei Räubern wurde vorgeworfen, auf offener Straße Pilger ausgeplündert zu haben, zwei andere hatten mit Brand gedroht, einer sogar einen Brand gelegt. Die meisten waren vorbestraft, d.h. wegen geringer Vergehen waren sie mit Gefängnis oder Landesverweis davongekommen. Enge verwandtschaftliche Beziehungen erlaubten eine gute Zusammenarbeit. Während meistens die Männer die Raubzüge unternahmen, standen die

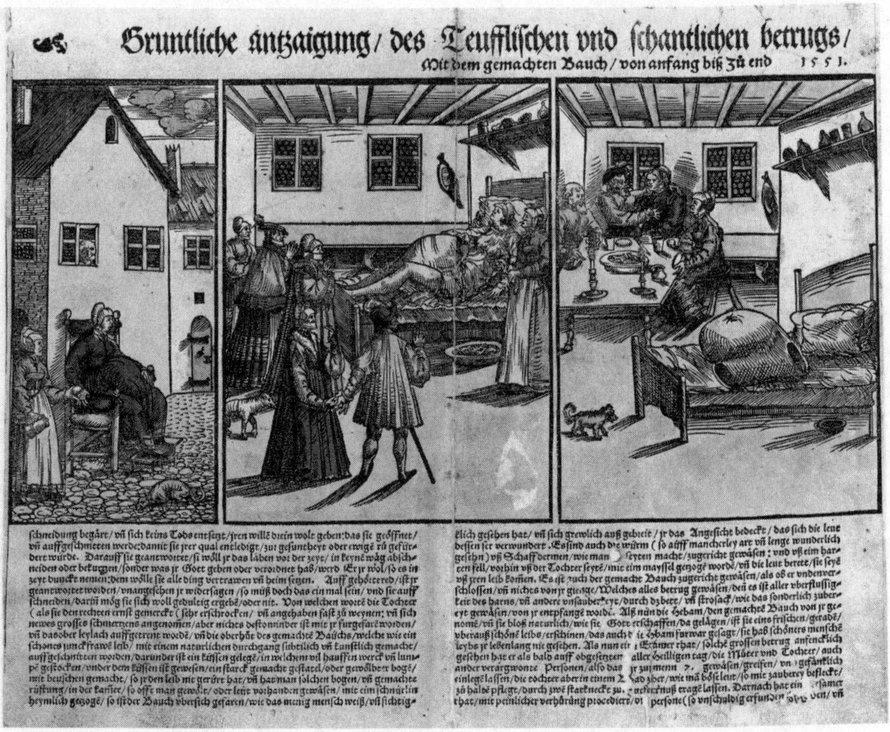

64. „Der schändliche Betrug des falschen Weibes zu Eßlingen", Flugblatt von 1551.

Frauen Wache. Fünf Männer wurden als Diebe gehängt, vier wurden enthauptet, ebenso auch alle vier Frauen. Der Körper desjenigen, der den Brand gelegt hatte, wurde nach der Enthauptung noch zusätzlich verbrannt.[14]

Nicht selten geschah es, daß Banden jahrelang eine bestimmte Gegend unsicher machten, ihre Opfer waren keineswegs nur die reichen Bauern und Bürger, im Gegenteil, meist konnten sich Bürger und Adlige besser schützen als das einfache Volk. Der Sozialbandit ist eine Ausnahmeerscheinung.[15] Die Räuberbanden verschonten weder den wandernden Handwerksgesellen noch die zum Markt reisende Frau, weder den armen Einödbauern noch die armen Leute am Stadtrand, was allerdings nicht ausschloß, daß die einfachen Leute gegen die richterliche Obrigkeit zu den Räubern hielten. Alte Untaten waren oft vergessen, auch wurde der Mut mancher Räuber bewundert, vor allem dann, wenn sie sich dem obrigkeitlichen Zugriff immer wieder entziehen konnten. Doch auch dann, wenn die Obrigkeiten bei ihrer Fahndung

vom einfachen Volk unterstützt wurden, gelang es selten, eine ganze Bande zu fassen.[16]

Auch Betrug und Fälschung standen in der frühneuzeitlichen Gesellschaft auf der Tagesordnung. Alle Indizien weisen auf eine hohe Betrugsquote, an der im Unterschied zum Diebstahl nicht nur die unteren Schichten partizipierten, sondern ebenso angesehene Bürger, selbst Adlige, die ja bekanntlich zeitweise durch Münzbetrug reich geworden waren. Nur entzog sich der Betrug weit mehr als der Diebstahl der öffentlichen Kontrolle und damit der obrigkeitlichen Strafe. So drastisch die Maßnahmen der Obrigkeiten oft waren, Arme und Reiche, Bauern und Bürger verstanden es, sich dem Druck zu entziehen bzw. immer neue Formen von Betrug zu entwickeln.

Sechs große Gruppen von Betrug und Fälschungsverbrechen lassen sich unterscheiden: einmal (1) sind die einfachen Betrugsfälle mit schlechter Ware, mit falschem Maß und Gewicht zu nennen. Obwohl Dörfer und Zünfte streng darauf achteten, daß niemand zum Schaden anderer handelte, konnten doch etwa die Geschäfte von Bäckern, Müllern oder Krämern nicht ausreichend überwacht werden.[17] Noch schwerer greifbar sind (2) die Betrügereien bei Steuer- und Geldabgaben, die Unterschlagungen der Amtleute und Beamten in den Stadt- und Landesverwaltungen, zumal hier erlaubter Gewinn und eindeutiger Betrug nur schwer zu trennen sind. Bekannt wurden nur die eklatanten Fälle.[18] Weit verbreiteter war (3) die Fälschung von Briefen und Siegeln, entsprechend der Handel mit derlei Papieren, der in den Händen von schreibkundigen Betrügern lag. Von Bedeutung waren hier weniger die vielen Bettelbrieffälschungen als jene Fälle, in denen sich Leute aufgrund von gefälschten Urkunden fremdes Eigentum oder fremde Rechte aneigneten. Eine besondere Gruppe stellten (4) die Falschspieler dar, die mit gefälschten Würfeln oder Karten Leute um ihr Geld betrogen und gelegentlich sogar in den Ruin stürzten. Im spielfreudigen 16. Jahrhundert waren die Falschspieler geradezu eine Landplage. Die Obrigkeiten reagierten mit Verboten, es durfte nicht um Geld gespielt werden und die Gasthäuser hatten früh zu schließen.[19] Eine weitere Spezies von Betrügern waren (5) die Hochstapler und Wundermänner. Es gab nicht wenige, die unter falschem, vor allem adligem Namen reisten, Privilegien ergatterten und auf Kosten anderer ein verschwenderisches Leben führten; dies war möglich, solange man es verstand, in vornehmen Kleidern aufzutreten, sich in Ton und Manieren höfisch zu geben und ausreichende Informationen über die adlige Welt zu verschaffen. So etwa konnte sich eine „abgefeimte Betrügerin und Spitzbübin" lange Jahre im fränkischen Raum als hochadlige Dame ausgeben.[20]

Mord und Totschlag gab es in der frühneuzeitlichen Gesellschaft entschieden mehr als heute. Zahlenmäßig lagen sie hinter Raub und Diebstahl weit zurück. Auch bei diesen Delikten müssen wir davon ausgehen, daß nicht jeder Fall bekannt und aufgeklärt wurde, denn obwohl Mord und Totschlag am schärfsten geahndet wurden, machten die abgestraften und bekannten Fälle sicherlich nur einen Teil der frühneuzeitlichen Gewaltkriminalität aus. Außerdem ist es schwierig, die einzelnen Fälle von Mord und Totschlag zu unterscheiden, aber die erhaltenen Quellen geben doch einen gewissen Aufschluß. Die ländlichen Verhältnisse sind allerdings weniger bekannt als die städtischen.

In Frankfurt gab es in den Jahren 1562 bis 1696, also in einem Zeitraum von 133 Jahren, rund 142 Morde und Totschläge, die zur Abstrafung kamen, berücksichtigt sind dabei auch die Kindsmorde.[21] Das ist pro Jahr rund eine Tötung bei einer Bevölkerung von rund 20–23 000 Einwohnern. Ob es sich bei den Mördern um Auswärtige handelte oder um Bürger, kann nicht entschieden werden; die meisten waren wohl Fremde. Es gab Jahre, in denen keiner wegen einer Tötung bestraft wurde, aber auch Jahre mit mehreren Fällen. Mehr Tötungen wurden in Nürnberg registriert, obgleich wir hier nur diejenigen Fälle kennen, die mit der Todesstrafe geahndet wurden. Von 1503 bis 1743, also in einem Zeitraum von 240 Jahren, werden 264 Abstrafungen wegen Mordes, Totschlags und Kindsmordes genannt. Die meisten Verbrechen fanden in den Jahren 1558, 1567, 1580 und 1588 statt, d.h. im 16. Jahrhundert. Zu dieser Zeit hatte Nürnberg rund 30000, nach dem Dreißigjährigen Krieg dann nur noch 24000 Einwohner. Augsburg hatte aufgrund der Größe der Stadt mit 40 bzw. später 30000 Einwohnern eine beträchtlich größere Gewaltkriminalität.[22] Bestraft wurden allein zwischen 1590 und 1649, d.h. in 50 Jahren, 126 Fälle, im Durchschnitt gab es pro Jahr zwei Urteile wegen Tötungsdelikten. Wegen Tötung standen in Augsburg 1594 sogar acht Personen vor Gericht, 1604 und 1609 jeweils sieben. Nicht alle Delinquenten wurden allerdings hingerichtet. Auch hier kann man davon ausgehen, daß die meisten Verbrecher Fremde waren. Nicht selten handelte es sich um regelrechte Mordbanden. Vergleichbare Zahlen kennen wir aus der 40–70000 Einwohner zählenden Stadt Danzig. Hier wurden zwischen 1558 und 1731, also in 172 Jahren, 337 Personen wegen Mordes, Totschlags und Kindsmordes verurteilt, also rund zwei Personen pro Jahr.[23] Auch hier gab es beträchtliche Schwankungen: 1608/17 wurden 45 Personen wegen Tötungsdelikten abgestraft und 1598/1607 nur 34. Wieder war der Anteil von Fremden hoch, selbst unter den vielen Kindsmörderinnen. So unterschiedlich die Verhältnisse in diesen Städten sind, zwei Gemeinsamkeiten zeichnen sich ab: Mord und Totschlag standen zumeist an der zweiten Stelle der vor dem Malefizgericht abgestraften Verbrechen, und auf rund 20000 Einwohner kam pro Jahr eine Abstrafung wegen einer Tötung. Diese Zahl gilt allerdings nur im Durchschnitt; im Unterschied zu dem ‚wilden' 16. Jahrhundert kannte das 18. Jahrhundert eine viel geringere Gewaltkriminalität.

Mord und Totschlag wurden für diese Aufstellung ungeschieden zusammengezogen. Obgleich es sich auch im Verständnis der Zeit, nicht nur der Richter, um unterschiedliche Tatbestände handelte, sind sie in der Praxis schwer zu trennen, nicht anders wie Raub und Diebstahl. Die Carolina von 1532, die bis zum Ende des Alten Reichs gültige peinliche Gerichtsordnung Karls V., schreibt:

„Item eyn jeder mörder oder todtschläger wo er deßhalb nit rechtmessig entschuldigung außfüren kan, hat das leben verwürckt. Aber nach gewonheyt etlicher gegent, werden die fürsetzlichen mörder und die todtschleger eynander gleich mit dem radt gericht, darinnen soll underscheydt gehalten werden. Und also daß der gewonheyt nach, ein fürsetzlicher mutwilliger mörder mit dem rade, unnd eynander der eyn todtschlag, oder auß gecheyt und zorn gethan, und sunst auch gemelte entschuldigung nit hat, mit dem schwert vom leben zum todt gestrafft werden sollen, Und man mag inn fürgesetztem mordt, so der an hohen trefflichen personen des thetters eygen herrn, zwischen eheleuten oder nahend gesipten freunden geschicht, durch etlich leibstraff als mit zangen reissenn oder außschleyffung vor der entlichen tödtung umb grösser forcht willen die straff meren. ... Item welcher eyn rechte notweer, zu rettung seines leibs und lebens thut, unnd den jhenen, der in also benöttigt inn solcher notweer entleibt, der ist darum niemants nit schuldig".[24]

Unter Totschlag wurde eine Tötung in einem offenen Streit verstanden, die ohne Vorsatz geschah, etwa bei einem Ehren- oder Raufhandel. Diese verdiente nach altem Verständnis eine ehrliche Strafe, also das Schwert, wenn der Streit nicht überhaupt wie in früherer Zeit unter den Familien selbst geschlichtet wurde. Die frühneuzeitliche Gesellschaft beurteilte einen Totschlag milder als den Mord; dieser verdiente als vorsätzliche Tötung, die zumeist heimlich oder hinterhältig aus Gewinnstreben oder Rache verübt wurde, nach dem Rechtsverständnis der Zeit die härteste Strafe.

Selbstverständlich war Totschlag ebenso wenig gleich Totschlag wie Mord gleich Mord. Die vorsätzliche oder nichtvorsätzliche Tötung eines Geistlichen, einer Amtsperson oder einer schwangeren Frau wurden beispielsweise strenger bestraft als die einer wehrhaften Person oder eines Landstreichers. Unterschieden wurde zwischen einem Raubmord, der ja zumeist gegen fremde Personen gerichtet war, und dem Verwandtenmord, d.h. dem Mord an Vater, Mutter, Ehegatten oder Kindern. Er galt als widernatürliche Tat und wurde dementsprechend strafrechtlich besonders hart verfolgt. 1600 wurde ein Frankfurter Bürger gerädert, weil er seinen Sohn mit Quecksilber vergiftet und seine Tochter erschlagen hatte.[25] Als die gräßlichste Mordtat galt der Mord an einer schwangeren Frau, um die Glieder des ungeborenen Kindes zu Heilzwecken oder abergläubischen Praktiken zu verwenden – ein Mordmotiv, das im 16. Jahrhundert nicht selten war. Ein Streuner aus Franken hatte nach den Zeugnissen des Scharfrichters von Nürnberg 1601 viele schwangere Frauen überfallen, „wie sie dieselben einpflogt, unzucht neben seinen gesellen getrieben, hernach aufgeschnitten, den Kindern die händlein abgeschnitten, und zum einbrechen liechtlein daraus gemacht".[26] Ähnliche Vorwürfe kennen wir aus Hexenprozessen.

Wenn man die Kindsmörderinnen ausnimmt, waren Mord und Totschlag weitgehend reine Männertaten. In Frankfurt wurden unter 110 überführten Mördern und Totschlägern nur sieben Frauen verurteilt, davon allerdings vier hingerichtet. Im Vergleich zur Zahl der abgestraften Kindsmörderinnen (26) ist dies sehr wenig. Ähnlich waren die Verhältnisse in Nürnberg. Unter 190 Verurteilten gab es nur 33 Frauen. Auch hier war die Zahl der Kindsmörderinnen viel höher (1503–1743: 67) Die meisten Tötungsfälle bei Frauen betrafen also den Kindsmord; hinzu kam gelegentlich der Vater-, Mutter- oder Gattenmord. Das Phänomen der Raubmörderin ist unbekannt, ebenso der Totschlag im Affekt. Abgesehen davon, daß Frauen im 16. Jahrhundert häufiger in den Strafregistern auftauchen als im 18. Jahrhundert, waren sie insgesamt entschieden weniger gewalttätig als die Männer. Nur als Kindsmörderinnen treten sie in der Kriminalitätsgeschichte hervor. Deren Verfolgung hatte seit dem 17. Jahrhundert zugenommen und rückte in der zweiten Hälfte des 17. Jahrhunderts sogar an die erste Stelle unter den Mordfällen. In Danzig erreichte die ansteigende Welle der Bestrafungen von Kindsmord zwischen 1628 und 1637 mit sieben Hinrichtungen einen ersten Höhepunkt, zwischen 1688 und 1717 wurden dann sogar 26 Frauen wegen Kindsmordes hingerichtet. Die Stadt sah in dieser Zeit mehr Frauen als Männer auf der Richtstätte.

Unabhängig von der Verfolgung der Kindsmörderinnen einerseits und der milderen Urteile bei Totschlag nahm insgesamt vom 16. zum 18. Jahrhundert, vor allem im 18. Jahrhundert, die Zahl der abgestraften Morde und Totschläge ab. Zwar verfügen wir über keine absoluten Zahlen, aber wenn man davon ausgeht, daß die Anstrengungen der Obrigkeiten, alle Mörder und Totschläger zu fassen, im Laufe der Zeit immer intensiver und erfolgreicher wurden, dann kann man mit der Abnahme von Hinrichtungs- und Abstrafungszahlen auch mit einer tatsächlichen Abnahme von tödlichen Gewaltdelikten rechnen. Die größere Milde der Urteile spricht ebenfalls dafür, denn bei der Zunahme von Gewaltakten verschärfen sich immer auch die Strafen. Rigoros gingen die Gerichte nur in der Bekämpfung des Räuberwesens vor. Im übrigen spricht vieles dafür, daß die Gräßlichkeit und Brutalität der Mordtaten des 16. Jahrhunderts zumindest in den Städten des 18. Jahrhunderts nicht mehr bekannt waren.[27]

Vergehen besonderer Art stellen die Verbrechen gegen die religiös-kirchliche Ordnung dar: gemeint sind einerseits Gotteslästerung und Ketzerei, andererseits Zauberei und Hexerei. Sie waren ein Erbe des Mittelalters, erhielten aber durch die Reformation und die nachfolgende Konfessionalisierung der Gesellschaft eine neue Dimension. Während die Verfolgung von Ketzern zu Ende des 16. Jahrhunderts stark zurückging, erreichte die Zahl der Hexenprozesse gerade im 17. Jahrhundert einen Höhepunkt.

Gotteslästerung und Ketzerei wurden als deutliche Verletzung des religiösen Bewußtseins verstanden und von der weltlichen Obrigkeit als der Wahrerin des christlichen Glaubens geahndet.[28] „Item so eyner Gott zumist, daß gott nit bequem ist, oder mit seinen worten gott, das im zusteht abschneidet, der almechtigkeyt gottes, sein heylige mutter die jungkfraw Maria schendet, sollen durch die amptleut oder Richter von ampts wegen angenommen, eingelegt und darumb an leib, leben oder glidern, nach gelegenheyt und gestalt der person und lesterung gestrafft werden."[29] Im Prinzip galten Gotteslästerung und Ketzerei so lange als strafbar, als die religiöse und politische Welt noch eng verbunden blieben und das alte Strafrecht Gültigkeit besaß. Während sich im Mittelalter der Kampf mehr auf die Ketzerei konzentrierte, wurde Gotteslästerung in der nachreformatorischen

Zeit zur zentralen Deliktform gegen die religiöse Ordnung. Zwar können wir aufgrund der Quellenlage kaum den Kampf gegen Gotteslästerung in einem protestantischen Land mit dem in katholischen Territorien vergleichen, aber viele Indizien weisen darauf hin, daß Gotteslästerung mehr ein Problem der evangelischen Länder war, während im Katholizismus zur Abgrenzung zumeist von Ketzerei gesprochen wurde.

Gotteslästerung verstand die frühneuzeitliche Gesellschaft als ein Crimen laesae maiestatis divinae, eine Beleidigung und Verleumdung Gottes, des Herrn und Erlösers der Menschheit, die sowohl im Fluchen, im Schwören und in blasphemischen Äußerungen zum Ausdruck kam und vielfach mit anderen Deliktformen eng verbunden war, so mit Hexerei und Zauberei. Je nach Schwere wurde sie mit einfachen Körperstrafen oder gar mit dem Tode bestraft, ein Urteil, das weitgehend davon abhing, wie ernst die Obrigkeit das gotteslästerliche Fluchen und Reden nahm. Über Gotteslästerungen wurde schon lange geklagt, aber zu einem häufig geahndeten Delikt wurden sie vor allem in der Zeit der Durchsetzung der Reformation und zunehmend strengeren Überwachung der christlichen Lebensführung. Geahndet und bestraft wurde sicherlich nur ein Bruchteil der Fälle. Gerichtliche Zeugnisse sind uns nur aus protestantischen Städten des 16. Jahrhunderts überliefert, wobei vor allem die Schweizer Städte eine besonders rigide Bekämpfung vornahmen. In Zürich gehörte die Gotteslästerung zu den Deliktformen, die vielfach die Todesstrafe, zumeist mit dem Schwert und nachfolgender Verbrennung, nach sich zogen.[30] Von 471 zwischen 1526 und 1600 hingerichteten Personen wurden immerhin 56 wegen Gotteslästerung zum Tode verurteilt. Zwar nahm die harte Bestrafung beträchtlich ab, aber im 17. Jahrhundert wurden immer noch Todesurteile gefällt. 1601–1639 wurden 16 und von 1640 bis 1745 noch sechs Personen wegen dieses religiösen Deliktes abgestraft. Begründet wurde die rigide Verfolgung mit dem Hinweis auf den Zorn Gottes, der durch die Gotteslästerung hervorgerufen werde.

Einige Beispiele verdeutlichen die Strafrechtspraxis:

1. Ein Holzhacker hatte 1529 in Nürnberg in aller Öffentlichkeit Gott geflucht und gelästert. Der Rat der Stadt statuierte ein Exempel. Auf dem Marktplatz wurde eine große Bühne errichtet, auf der dem Delinquenten zunächst die Zunge aus dem Rachen gerissen und auf einen Stock gesteckt wurde. Dann folgte die Hinrichtung mit dem Schwert. Der gräßliche Akt wurde verbunden mit einer Warnung an die Eltern, ihren Kindern das Schwören und Fluchen abzugewöhnen.[31]

2. Ein Danziger Bürger hatte sich 1647 so über eine Sonntagspredigt aufgeregt, daß er einem befreundeten Scharfrichter gegenüber äußerte, die Pfaffen wollten die Leute nur dumm machen, wenn sie predigten, daß der Leib Christi in einer Oblate und sein Blut im Wein enthalten sei. „Wenn ihr zum Nachtmahl gehet, so esset ihr Christum auff in der Hostie und nachmahls gehet ihr aufs Häuschen und ... dann müssen es Deine Knechte

wieder ausfahren". „Item wenn Du einen Dieb aufhengest, so hengstu Christum mit auf, nachdem der Dieb Christum im Nachtmahl aufgegessen hat". Außerdem leugnete der Beschuldigte, daß Christus Gottes Sohn sei, da Gott ja keine Frau gehabt habe. Die Aussagen des Delinquenten vor Gericht schienen dem Protokollanten so gotteslästerlich, daß er zögerte, alles aufzuschreiben. „Gott wolle uns nicht zurechnen, daß wir solche greuliche Wort schreiben und wiederholen müssen". Der Danziger Bürger wurde zur Strafe auf den Pranger gestellt, seine Zunge mit einem glühenden Pfriemen durchstochen und er selbst lebenslänglich ins Gefängnis gesteckt.[32]

3. Anklagen wegen Gotteslästerungen nahmen seit dem 17. Jahrhundert konstant ab, aber auf eine harte Bestrafung meinte man gegebenenfalls noch lange nicht verzichten zu können. 1690 soll ein Tuchbereiter sich gegenüber anderen geäußert haben, Gott habe ihm nichts zu gebieten, er selbst sei Gott, vor ihm müßten sich Sterne, Sonne und Mond verneigen. Er sei der Oberste in der Hölle, alle Teufel fürchteten sich vor ihm. Von der Kirche habe er noch nie etwas gehalten, sie sei nur da, um die Langeweile zu vertreiben. Weil er zudem nicht mehr zum Abendmahl ging, vor allem seinen Kindern verbot, die Bibel zu lesen, wurde er von der weltlichen Obrigkeit mit 20 Jahren Zuchthaus bestraft.[33]

Wenn allgemein das 16. Jahrhundert als ein frommes, gottesfürchtiges Jahrhundert gilt, dann haben wir dabei sicher mehr den allgemeinen Kirchgang im Auge als die religiöse Praxis und das konkrete Verhalten des gemeinen Mannes, der kirchliche Praktiken und Lehrinhalte weit mehr kritisierte, als man annimmt. Gotteslästerung ist zwar nicht identisch mit Ketzerei, doch wurde diese oft als eine besondere Form von Gotteslästerung betrachtet, wie umgekehrt gottlose Äußerungen ketzerische Gedanken sichtbar machten. Wenn wir unter Ketzerei mehr eine systematisch-begründete Abkehr von der offiziellen Kirchenlehre verstehen, dann gibt die Gotteslästerung mehr eine spontane Meinung wieder, die man einerseits zwar nicht überbewerten, aber andererseits als Protest gegen die kirchliche Bevormundung nicht unterschätzen darf. Es gab freilich Gerichte, die nicht alles, was im Streit, im Ärger und beim Trunk gesagt wurde, wörtlich nahmen, doch manche Obrigkeiten scheuten sich nicht, mit der Todesstrafe gegen Gotteslästerung vorzugehen oder zumindest mit Landesverweisen und Verstümmelung der Zunge zu ahnden.

Im Unterschied zur Gotteslästerung gab es kaum Bestrafungen von Ketzerei in der frühen Neuzeit.[34] Nur während der Reformationszeit wird die Ketzerei zu einem allgemeinen Problem. Für eine genauere Erfassung gibt es zwei Schwierigkeiten: Zum einen läßt sich die Bekämpfung der protestantischen Lehre in katholischen Ländern, wie umgekehrt die Unterdrückung katholischer Lehren in protestantischen Ländern nur schwer unter den klassischen Ketzerbegriff fassen, zumal sich ja bald auch Obrigkeiten zur neuen Lehre bekannten und die Konfessionen sich gegenseitig dulden mußten. Zum anderen gab es zwar anfangs Todesurteile gegenüber Anhängern der neuen Lehre, doch bald beschränkte sich die Praxis auf die Landesverweisung. Letztlich war man bei Ketzerei toleranter als bei Gotteslästerung. Unter die Beschuldigung der Ketzerei fielen, wenn wir uns auf den deutschen Raum beschränken, nicht die Lutheraner, sondern die Täufer.[35] Daß diese einer rigorosen Verfolgung ausgesetzt waren, gründet indes nicht nur in ihren ketzerischen Ansichten, ihren „Irrlehren", sondern in erster Linie im Verdacht des politischen Aufruhrs. Aus bestimmten täuferischen Glaubenssätzen konnte nicht nur eine Ablehnung bestimmter Lehr- bzw. Glaubensinhalte (Taufe, Abendmahl, Trinität) abgeleitet werden, sondern der täuferische Glaube implizierte für die Zeitgenossen einen Angriff auf die weltliche Ordnung: die weltlichen Eide sowie der Kriegsdienst wurden verweigert, die Obrigkeit als ‚geistliche' Instanz abgelehnt, eine Trennung von religiöser und politischer Ordnung verlangt; es gab sogar Gruppen, die die Zerstörung der weltlichen Ordnung propagierten, damit ein geistliches Reich entstehen könne. Nicht zuletzt aufgrund dieser Implikate ergingen die bekannten Reichsabschiede gegen die Täufer. Weil die Täufer mit ihrem „mutwilligen, verführigen aufrührigem Anhang nichts anderes dann zerrüttung und Untergang des gemein nutzens, aller guter policey, der natürlichen und gesetzten rechte, auch aller erbarkeit" brachten, ist es der Wille der Reichsstände, „das alle und iede widertäufer und widergetaufte mans- und weibspersonen die verständigen alters seind, die auch aus diesem mutwilligen, verführigen und aufrührigen irrsal und sect den oberkeiten nicht huldigen und schwören, oder gar kein oberheit erkennen wöllen, vom natürlichen Leben zu tod mit feuer, schwerd oder dergleichen nach gelegenheit der person ohne vorgehende der geistlichen richter inquisition gericht und gebracht werden".[36]

Die weltlichen Obrigkeiten ließen es keineswegs bei der Strafandrohung bewenden, das Täufertum, das einen großen Zulauf hatte, wurde rigoros unterdrückt, in Oberdeutschland wurden rund 800 Männer und Frauen hingerichtet, die Zahl in Niederdeutschland dürfte noch größer sein.[37] Die harte Verfolgung, die sich aus den Erfahrungen von Reformation und Bauernkrieg, auch aus der Angst, hier erneut mit einer antiobrigkeitlichen Bewegung zu tun zu haben, erklärt, steht in keinem Verhältnis zur tatsächlichen Bedrohung der weltlich-religiösen Ordnung. Nach der Jahrhundertmitte begnügte man sich auch zusehends mit der Landesverweisung. Die Verfolgung der Täufer war ein Sonderfall. Obwohl immer wieder ketzerische Meinungen geäußert wurden, kam es im Reich niemals mehr zu einer vergleichbaren Massenbewegung. Die Verbreitung der Antitrinitarier beschränkte sich auf kleine Gruppen, die auch nicht mehr mit dem Tode bedroht wurden.[38] Soweit sich ketzerische Gruppen nur auf religiöse Argumentation beschränkten, blieb es bei Landesverweisung, sobald allerdings politische Äußerungen laut wurden, wie bei den Chiliasten des 17. Jahrhunderts, reagierten Obrigkeiten heftiger.[39] Zu Todesurteilen kam es jedoch nur in Ausnahmefällen. Eines der letzten Beispiele ist aus Bern bekannt. 1750 trat hier eine schwärmerische Bewegung auf. Zwei Brüder und eine Frau gaben sich als Dreieinigkeit aus. Ihre Anhänger bezeichneten sich als sündenlos. Nicht zuletzt weil die Sekte die „gröbsten Unsittlichkeiten" beging, wurden ihre Anführer hingerichtet.[40]

Raub, Diebstahl, Totschlag und Mord mitsamt dem Kindsmord sind Delikte und Verbrechen, die noch heute unter Strafe stehen. In der frühen Neuzeit gab es darüber hinaus Verhaltensformen, die wir heute nicht mehr als Verbrechen sehen, obwohl sie seinerzeit besonders hart verfolgt und abgestraft wurden. Gemeint sind vor allem Hexerei und Ketzerei, die als Anschlag gegen die religiöse und politische Ordnung betrachtet wurden. Im Unterschied zur Anklage wegen Ketzerei handelt es sich beim Hexenprozeß aus unserer Sicht um ein Strafverfahren ohne eigentliche Straftat. Denn das Hexenwesen entsprang der religiösen und imaginären Einbildung sowohl im Volk wie in der herrschenden Elite.[41]

Hexerei und Zauberei hat es als Malefizvergehen nicht immer gegeben. Das Mittelalter hatte zwar die Hexerei als Aberglauben verurteilt und mehr oder weniger unterdrückt, aber erst im Spätmittelalter wurde sie aufgrund verschiedener Ursachen, vor allem durch den impliziten Verdacht der Ketzerei – die Hexe als Mitglied einer Teufelssekte –, zu einem Malefizverbrechen par excellence. Folge war eine mit dem 16. Jahrhundert einsetzende Hexenjagd in ganz Europa, die z. T. beträchtliche Opfer forderte; um 1580 gab es einen ersten, um 1620/30 einen zweiten Höhepunkt mit Massenhinrichtungen. Nach dem Dreißigjährigen Krieg ließ die Verfolgung nach, wenngleich es immer wieder zu Hexenprozessen kam. Erst im 18. Jahrhundert, mit dem Ende des alten Strafsystems, endete die Verfolgung von Hexen bzw. die Bestrafung der Hexerei. Im Unterschied zu den anderen Delikten gab es bei der Hexerei bestimmte Wellen von Hinrichtungen, dazwischen Jahrzehnte ganz ohne Prozesse. Auch geographisch zeigt sich kein einheitliches Bild. Wir rechnen in Deutschland insgesamt mit rund 20000 Hinrichtungen. Dabei gab es Städte und Territorien ohne nennenswerte Opfer, während andere Kommunen und Länder sehr hohe Hinrichtungszahlen aufweisen. Die Verfolgung war sehr unterschiedlich; sie ging nur selten unmittelbar von den Gerichtsherren aus, meist spielte das einfache Volk eine beträchtliche Rolle. Allgemein scheint die Hexenverfolgung ein Land- bzw. Kleinstadtproblem gewesen zu sein, in den großen Städten gab es sie kaum.

Überführte Hexen wurden meist verbrannt, im 16. Jahrhundert bei lebendigem Leib, seit dem frühen 17. Jahrhundert wurden sie oft vorher erdrosselt oder sie wurden mit dem Schwert hingerichtet und dann verbrannt. Es waren keineswegs ausschließlich Frauen, die hingerichtet wurden, sondern auch Männer, allerdings trat deren Anteil bei den Massenhinrichtungen zu Ende des 16. und Anfang des 17. Jahrhunderts sehr zurück.[42]

Relation

Oder Beschreibung so Anno 1669. den 23. Martij in der Römischen Reichs=Statt Augspurg geschehen / von einer Weibs-Person / welche ob grausamer vnd erschröcklicher Hexerey vnd Verkreffungen der Menschen / wie auch wegen anderer verübten Vbelthaten durch ein ertheiltes gnädiges Vrtheil von eim gantzen Ehrsamen Rath / zuvor mit glüenden Zangen gerissen / hernach aber mit dem Schwerdt gericht / der Leib zu Aschen verbrennt ist worden.

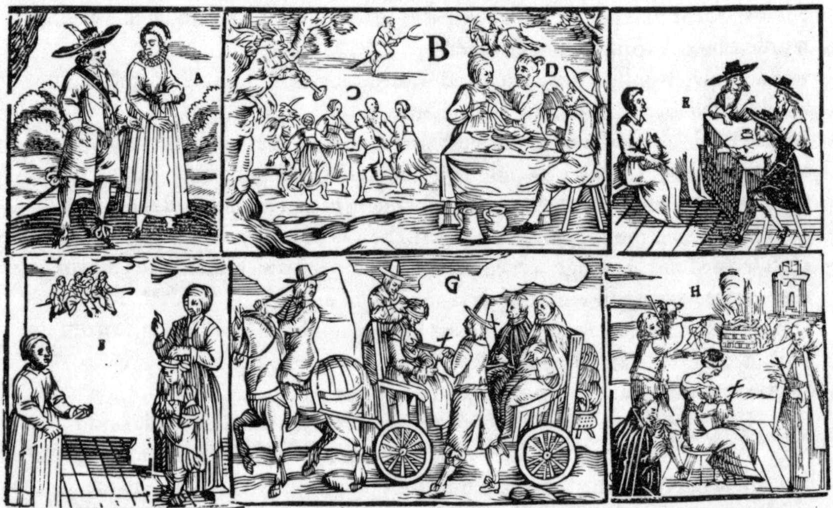

WRtlich hat Anna mit Namen Eberlehrin / geweste Kindtbeth-Kellerin von Augspurg gebürtig / gut vnd betrohlich außgesagt vnd bekändt / daß sie vor vngefähr 13. oder vierzehen Jahren / sich mit dem bösen Geist / als er damahlen bey einer Hochzeit in Manns-Gestalt zu jhr auff den Tantz / vnd hernach in jhr Hauß kommen / der gestalt in ein heimlichen Pact vnd Verbündtnuß eingelassen / das sie mit allein demselben sich gantz vnd gar ergeben / sondern auch der Allerheyligisten Dreyfaltigkeit abgesagt / dieselbe verlaugnet / vnd dise zuevor Mündtliche gethane all zuegrausame vnd höchst Gottslästerliche Absag vnd Verlaugnung / auff begehren deß bösen Feinds / nach dem er selbige selbst zu Papier gebracht / vnd jhr die Hand geführt / auch so gar mit jhrem Blut vnderschriben vnd bekräfftiget / von welcher Zeit an sie mit dem laidigen Sathan auch manches mahlen Vnzucht getriben: Deßgleichen auß antrib desselben durch eine von jhme empfangnes weisses Pulverleins wenigist 5. Personen / vnd darunder 4. vnschuldige vnmündige Kinder elendiglich hingerichtet / vnd vmbs Leben gebracht / mit weniger habe sie jhren leibeignen Bruder durch ein dergleichen jhme im Trunck beygebrachtes Pulverleins verkrümbt / vnd dardurch sowol demselben als andern Menschen mehr / die eintweders an jhren Leibern Knipffel oder sonsten grosses Kopffwehe bekommen / zu mahlen dem Vieh durch Hexerey vnd zauberische Mittel geschadet / auch darunder zwey Pferdt gar zu schanden gemacht / Ferners habe sie auch mit allein durch grausam fluchen vnd schwören mit zuthun deß bösen Feindts etliche Wetter gemacht / darunder eines zu Guntzburg eingeschlagen / vnd grossen Schaden gethan / sondern auch vermittelst Nächtlicher Außfahrens zu vnderschidenen mahlen bey den Hexen-Täntzen vnd Versamblungen sich eingefunden / vñ darbey dem bösen Geist mit Kniebiegen vnd dergleichen solche Ehr bewisen die sonsten GOtt dem Allmächtigen allein gebühre. So hat sie auch über daß noch weiters außgesagt vñ bekändt / daß sie in Zeit diser jhrer mit dem bösen Feind gehabten gemein vnd Kundtschafft einsmahls vngebeichtet das Hochwürdige heylige Sacrament deß Altars empfangen vñ genossen / auch sich vnderstanden / nit allein durch jhr vergifftes Teufflisches Pulver vñ anders / zwey Weibs-Personen vnfruchtbar zumachen / bey deme es aber ausser einer nit angangen seye / sondern auch ein Mägdtlein vnd einen jungen Knaben zu den Hexen-Täntzen mit genommen vnd verführt.

Ob welcher vnd anderer verübter vilfältiger schwerer vnd grausamerer Vnthaten / vnd Verbrechen halber ein Ehrsamer Rath mit Vrtheil zu Recht erkandt / daß jhr Eberlehrin obwolen sie denen Rechten nach lebendig verbrennt zu werden verdient hette / dannoch auß Gnaden allein mit glüenden Zangen am Außführen drey Griff gegeben / vnd sie bey der Richtstatt mit dem Schwerdt vnd blutiger Hand vom Leben zum Todt hingerichtet / auch der Cörper zu Aschen verbrandt solle werden.

A	Die Abführung ab dem Tantz / vnd in Anna Eberlehrin Behaussung Einführung von dem Teuffel.
B	Die Außfahrung Nächtlicher weil mit dem bösen Feindt.
C	Die Beywohnungen der Hexen-Täntzen.
D	Die Hexischen Zamenkunfften vnd Teuffliſche Malzeiten.
E	Verhörung vnd Aussag wegen jhrer verübten Hexereyen.
F	Verführung zweyer jungen vnschuldiger Kinder / als eines Knaben vnd Mägdlein.
G	Anna Eberlehrin Außführung zu dem Gericht / vnd wie sie mit glüenden Zangen gerissen wird.
H	Die Hinrichtung vnd Verbrennung zu Aschen jhres Leibs.

Zu Augspurg / bey Elias Wellhöffer Brieffmaler / bey vnser L. Frawen Thor.

65. Hexenprozeß in Augsburg, Flugblatt 1669.

Warum Hexerei und Zauberei so hart bestraft wurden, erklärt sich aus den zeitgenössischen Interpretationen: Beim Zaubereidelikt geht es um den Schadenszauber, durch den jemand einem anderen durch irgendwelche abergläubische Praktiken Schaden antut oder ihn gar tötet. Anders war es bei der eigentlichen Hexerei, bei der der Schadenszauber nur ein Moment darstellt. Wesentlicher waren hier der Pakt mit dem Teufel, dann eine Form von Eheschließung mit dem Teufel durch den Geschlechtsakt, sowie schließlich die Teilnahme am Hexensabbat, einer Orgie der Teufelsanbetung. Dieses neuere Hexenbild wurde ganz entscheidend für die Ausweitung der Hexenprozesse; unter der Folter konnte nicht nur die angeklagte Person der Hexerei überführt werden, sondern ihr auch zahlreiche Namen von Leuten abgepreßt werden, die angeblich auf solchem Sabbat gesehen worden und damit ebenfalls als Hexen ausgewiesen waren. Durch die Verfolgung der Hexen meinte man eine antichristliche teuflische Sekte auszurotten, die Schaden auf der Welt verursachte und den Abfall von Gott erwirkte.[43]

Wie komplex das Vergehen der Hexerei und Zauberei war, häufig in Verbindung mit anderen Verbrechen, zeigen drei typische Beispiele: einmal den Stadtverweis einer Frau wegen leichter Zauberei, dann die Verbrennung einer Frau wegen schwerer Zauberei und schließlich die Verurteilung von mehreren Hexen zum Tode.

1. 1658 wurde die Goldspinnerin Sabina Köstlin aus Nürnberg verurteilt. Sie war lange berüchtigt wegen ihres „gott- und ruchlosen Lebens". Das Gericht warf ihr Beleidigung von Gott, Obrigkeit und Geistlichkeit vor, vor allem hatte sie mit Flüchen und abergläubischem Handel ihren Mann bedroht. Zauberische Tätigkeit bildete dabei nur einen Teil der Anklage. Zur Strafe wurde sie zur Frühpredigt beordert, mußte dort barfüßig mit entblößtem Haupt und einer Rute in der Hand vor der Kirche stehen. Dann wurde sie der Stadt verwiesen und von Knechten aus den Toren geführt, wobei ihr noch lange junge Leute folgten, die sie mit Kot, Sand und Erde bewarfen und sie immer weiter trieben. Die Quellen berichten, daß sie einige Jahre später wieder zurückkehrte und nach der Bezahlung einer Geldsumme bis zu ihrem Tod (1669) in der Stadt bleiben durfte.[44]

2. Eindeutiger als Hexenprozeß erkennbar ist die Verurteilung einer „öffentlichen Zauberin" und vorsätzlichen „grausamen Teufeldienerin" 1659 in Nürnberg. Die Frau eines Stadtschützen, vormals verehelicht mit dem Gehilfen des Scharfrichters, wurde gefangen gesetzt, weil sie sich aus „leichtsinniger Verachtung" Gottes, aus Verzweifung, „großer Begierde und Gewinnsucht" dem Satan verschrieben und der Dreifaltigkeit abgeschworen haben sollte. Hier taucht erstmals die Anklage nach dem klassischen Hexenmuster auf: sie habe geschlechtlich mit dem Teufel verkehrt, während des Gottesdienstes die Hostie zweimal aus dem Mund genommen und auf Geheiß des Teufels mit streng verbotener Zauberei anderen Personen an Leib und Seele, Hab und Gut geschadet. Vom Hexensabbat ist nicht die

Rede. Man wollte sie erst lebendig verbrennen, dann wurde sie aber an einem Pfahl erwürgt und schließlich verbrannt.[45]

3. Besonderes Interesse verdient eine Reihe von Prozessen gegen sieben Frauen, die in drei Phasen zwischen 1685 und 1694 in Augsburg abliefen und in einem Zusammenhang gesehen werden müssen. Drei Frauen bekannten 1685 vor Gericht – sie waren ledig, kamen von auswärts und waren wegen Unzucht und Hurerei aufgegriffen worden – nach gütlichem und z. T. peinlichem Verhör, daß sie sich nicht nur mit Leib und Seele dem Satan ergeben, sondern zusammen am Hexentanz und Hexenmahl teilgenommen hätten. Sie hätten der Dreifaltigkeit abgesagt, Hostie und Kruzifix mit Füßen getreten und mit dem bösen Feind Sodomie getrieben. Besonders belastend war, daß sie einen Jungen unter Anstiftung des Teufels veranlaßt hatten, ein Haus anzuzünden. Die Verhöre und Protokolle sind so stereotyp und gleichlautend, daß die individuellen Schicksale undeutlich bleiben.

Differenzierter sind die Bekentnisse zweier weiterer Frauen aus dem nächsten Jahr, die offensichtlich wegen Kindsmord vor Gericht gestellt worden waren. Die erste Frau gestand, auf Geheiß des Teufels ihr uneheliches Kind umgebracht zu haben. Als der Teufel dann in Gestalt eines Gesellen wiederkam, um ihr noch mehr Künste beizubringen, verschrieb sie sich ihm mit Leib und Seele. Die zweite Frau hatte ebenfalls bekannt, ihr Kind auf Anstiftung des Teufels umgebracht zu haben. Nachdem sie sich auf ihn eingelassen hatte, nahm sie an Hexentänzen teil, schwor der Dreifaltigkeit und der Mutter Gottes ab, hielt den Teufel für einen Gott, der sich als Geißbock darstellte und dessen Hintern sie küßte. Eigens erwähnt wird, daß sie ungebeichtet kommuniziert habe, die Hostie aus dem Mund genommen und sie in Gegenwart des Teufels hingeworfen und mit Füßen getreten habe.

Schließlich bekannte 1690 eine Frau, bereits in ihrem 6. Lebensjahr von einer Hexe die Hexerei erlernt zu haben. Mit der von ihr ererbten Salbe hatte sie sowohl tags wie nachts an Hexentänzen teilgenommen. Als sie sich dann dem Teufel verschrieb, der Dreifaltigkeit abschwor und den Teufel anbetete, gab er ihr die Macht, Christen Unglück zu bringen; insgesamt wollte sie 10 Personen umgebracht haben. Am Hexenmahl nahm sie vorgeblich mit ihren Geschwistern und Anverwandten teil, mit denen sie geschlechtlich verkehrte. Die letzte 1694 in Augsburg als Hexe verurteilte Frau hatte sich nach ihrem Bekenntnis ebenfalls seit ihrer Jugend dem Teufel verschrieben.[46]

Einen eigenen Komplex stellen die Delikte und Verbrechen gegen die Sittlichkeit und Eheordnung vor.[47] Als Vergehen, die nur unter besonderen sozial-kulturellen Voraussetzungen zu Malefizverbrechen werden konnten, sind sie vergleichbar mit der Ketzerei und Hexerei, der Gotteslästerung und dem Kindsmord. Sie sind in ihrer Relevanz Produkte einer ‚puritanischen' Moral, die sich nach der Reformation bzw. Gegenreformation allenthalben durchsetzte und zu einer Kriminalisierung großer Bereiche des sittlichen

Lebens führte. Wenngleich die Bekämpfung der Unsittlichkeit und die Aufrechterhaltung der ehelichen Ordnung als Angelegenheit der weltlichen Obrigkeiten begriffen wurden, die auch beanspruchte, das sozial-sittliche Leben zu dirigieren, vollzogen sich diese Eingriffe nicht ohne Einfluß der Geistlichkeit. Nur so ist es zu verstehen, daß bald alle möglichen Formen von Unzucht geahndet wurden, und auf einer Reihe von schweren Unzuchtsfällen sogar die Todesstrafe stand. Zwar war die Praxis z. B. in Zürich härter als in Frankfurt, aber im Prinzip führten alle christlichen Obrigkeiten einen unerbittlichen Kampf gegen die Unsittlichkeit, der uns heute unbegreiflich vorkommt. Sie verhängten nicht nur die Strafe der Landesverweisung bei einfachen Vergehen, sondern sie deklarierten unzüchtiges Verhalten als Verstoß gegen die Ehre und gegen Gott und ahndeten es dementsprechend empfindlich mit Ehren- und Todesstrafen. Wenn vor allem in der Zeit zwischen 1560 und 1620 ungewöhnlich viele Fälle abgestraft wurden, dann war dies mit Sicherheit nicht Zeichen eines allgemeinen Sittenverfalls, sondern eines neuen moralischen Anspruchs.[48] Begründet wurde die neue Strenge mit dem Zorn Gottes, der allen drohte, die nicht sittenstreng und gottesfürchtig lebten. Wir haben schon an anderen Fällen (Hexerei, Kindsmord, Gotteslästerung) feststellen können, daß Straffälligkeit nicht unabhängig vom Strafrecht und Strafpraxis gesehen werden kann. Wenn man die großen Zahlen der Abstrafungen im Bereich der Sittlichkeit vor Augen hat, dann zweifelt man am Erfolg dieser Strafpraktiken; sie schränkten die Vergehen nicht ein, sondern kriminalisierten im Gegenteil immer mehr Vergehen. Erst mit der Aufklärung und einer säkularisierten Strafgewalt des Staates wurden sittliche Vergehen milder, selten noch mit dem Tode bestraft. Stattdessen erging oft die Zuchthausstrafe.[49]

Was die frühe Neuzeit unter Unsittlichkeit verstand, umfaßte eine Vielzahl von Delikten, die überhaupt erst nach und nach definiert wurden. Traditionellerweise galten als Unzucht Blutschande, Sodomie und Notzucht, Kuppelei, Entführung, Ehebruch. Hinzu kamen als strafbare Handlungen die Fornikation, der außereheliche Geschlechtsverkehr, das unerlaubte Eheversprechen und die gewerbliche Unzucht. Auch wenn im Kindsmord vornehmlich ein Tötungsdelikt und in der Hexerei ein Vergehen gegen die christliche Ordnung gesehen wurde, berührten sich beide auch mit Unzuchtsvergehen.[50] Da diese Delikte nicht unmittelbar die Rechte anderer Personen (außer bei Notzucht und Ehebruch) oder die Obrigkeit verletzten, konnte eine Verfolgung nur durch Anzeige erfolgen, so daß mit Sicherheit nur ein Bruchteil der tatsächlichen Fälle vor Gericht kam.

Unzucht im weitesten Sinne des Wortes war nach dem Diebstahl das verbreitetste Delikt. Aber während Diebstahl und auch Tötung vorwiegend von Männern begangen wurden, standen wegen Unzucht meistens Frauen vor Gericht. Verstöße gegen die sittliche Ordnung, unter die gewisserweise ja auch die Hexerei und der Kindsmord gefaßt werden können, wurden von der Gesellschaft vorrangig den Frauen angelastet. Nicht nur dies ist auffallend, sondern auch, daß Frauen strenger bzw. schneller bestraft wurden als Männer. Das wird nicht nur beim Kindsmord offenkundig, sondern auch beim Ehebruch, so sehr nach kanonischem Recht hier die Männer die gleiche Strafe verdienten. Aber die Schuld konnte leicht auf die Verführung durch die Frau geschoben werden. Diese tendenziell leichtere Zuschreibung von Sittlichkeitsdelikten an Frauen steht in Gegensatz zu der Bereitschaft, bei Diebstahl und Gewaltverbrechen den Frauen eine geringere Schuld zu bescheinigen. Zweifellos gab es unter den zahlreichen Diebesbanden auch Frauen, aber sie wurden meistens nur als Mitwisserinnen oder Helferinnen eingestuft.

Das häufigste Sittlichkeitsdelikt war die einfache Unzucht, der außereheliche Geschlechtsverkehr; wenn einer der beiden Beteiligten allerdings verheiratet war, war die Tat zudem Ehebruch.[51] Zu dieser Form von Unzucht zählte ebenfalls der Verkehr zwischen Verlobten, die sich die Ehe versprochen hatten, obwohl dieser durchaus dem Brauch der Zeit entsprach, da die eigentliche Eheschließung durch das Eheversprechen und den Geschlechtsverkehr vollzogen wurde. In der Regel erging eine Geldbuße, in besonderen Fällen erfolgte der Pranger, dann gab es auch Kirchenstrafen wie täglicher Kirchenbesuch, eine Wallfahrt oder das Stehen vor allem der Frau vor der Kirche barfüßig und mit aufgelöstem Haar sowie einer Rute und Kerze in der Hand. Wenn Frauen wegen Unzucht vor Gericht standen, betraf dies meist Prostituierte; gerade im Kampf der Gemeinden gegen die gewerbliche Unzucht wurden viele Frauen mit Ruten aus der Stadt getrieben. Zur Unzucht zählte eine ohne elterliche Erlaubnis vollzogene Eheschließung, genauso selbstverständlich wie das Konkubinat, das Zusammenleben Unverheirateter und die Kuppelei. In all diesen Fällen erfolgte zwar nicht die Todesstrafe, doch waren die verhängten Körper- bzw. Ehrenstrafen so einschneidend, daß die nachfolgende Ausweisung notwendig war. Die rigideste Bekämpfung der Unzucht fiel in die Zeit zwischen 1560 und 1630, aber auch später tolerierten die Gemeinden keine außereheliche Sexualität. Besonders betroffen davon waren die fahrenden Weiber, Jugendliche und Soldaten. 1739 wurden in Freiburg neun Kinder wegen verschiedener Unzuchtsdelikte festgenommen, sie waren zwischen 10 und 15 Jahre alt, darunter fünf Mädchen, zumeist lebten sie vom Bettel und entstammten ärmlichen Verhältnissen, d. h. ihre Eltern zählten zu den Stadtarmen oder waren selbst Bettler. Da man bald erkannte, daß die Kinder kaum gebessert werden konnten, weil „bey denen eltern selbsten wenige gottesforcht und davon kommen sollende Kinderzucht zu verspihren" war, und ihr Betteln den „frommen, ehrlichen und gottliebenden personen einen abtrag verursachen", wurden sie – was als milde Strafe begriffen wurde – im Gefängnisturm erst ausgehauen, dann mitsamt den Eltern aus der Stadt verwiesen.[52]

Nicht minder häufig, aber strenger bestraft waren Verstöße gegen die

Eheordnung, so vor allem der Ehebruch und die Bigamie. Die Bigamie war weit verbreitet, zumeist waren es Männer, die aus einer Stadt zogen und ihre Familie verließen, dann aber aufgrund einer neuen Beschäftigung in einer anderen Gemeinde ein zweites Mal heirateten.[53] Da eine Kontrolle kaum möglich war, kam dies Delikt sicher nur in wenigen Fällen zu Tage. Der Ehebruch interessierte die Gerichte ursprünglich nur als Verletzung der Rechte des Ehemannes. Das änderte sich mit der Durchsetzung des kanonischen Rechts, das Ehebruch hart verurteilte. Eine intensive Bekämpfung des Ehebruchs erfolgte seit der zweiten Hälfte des 16. Jahrhunderts, wobei oft bei Frauen Ehebruch allein genügte, um die Todesstrafe anzudrohen, während sie bei Ehebrechern nur erfolgte, wenn noch andere Verbrechen hinzukamen.[54] In schweren, d. h. wiederholten Fällen wurden die Männer enthauptet und die Frauen ertränkt. Es waren keineswegs nur die Geistlichen einer Stadt, die auf strenger Ahndung bestanden, sondern auch die Zünfte. Als im 18. Jahrhundert die Städte Ehebruch und Unzuchtsdelikte weniger streng zu beurteilen begannen, protestierten nicht selten die Zünfte, so z. B. in St. Gallen, wo die sechs löblichen Zünfte eine Eingabe machten, größere und schärfere Bußen bei Ehebruch und Hurerei zu verhängen, damit „nit etwas im widrigen Fahl Gottes Ungnade und Strafe über eine ganze Stadt und Gemeinde dürfte gezogen werden."[55] Während allgemein die Todesstrafe für Ehebruch im 18. Jahrhundert abgeschafft war, meinten Schweizer Gemeinden noch immer, nicht ganz auf sie verzichten zu können. Die letzte Ehebrecherin wurde in Zürich noch 1723 enthauptet, ihr wurden acht Ehebrüche und vier Fälle von Hurerei angelastet, außerdem soll sie andere zu Ehebrüchen und Hurerei verführt haben.[56]

Noch strafwürdiger als Ehebruch galt die Blutschande. In der nachreformatorischen Zeit kam dieses Sittlichkeitsverbrechen häufig vor Gericht. In Nürnberg wurden zwischen 1571 und 1721 17 Personen wegen Blutschande hingerichtet, darunter allein zwölf Frauen, und in Frankfurt sind zwischen 1587 und 1694 20 Fälle registriert, davon führten neun zur Hinrichtung. Daß Blutschande als Delikt in der nachreformatorischen Zeit recht häufig auftritt, hat zum einen mit dem rigiden Kampf der Stadtregimente gegen die Unsittlichkeit zu tun, zum andern aber war der Kreis der Verwandten, zwischen denen Ehen verboten waren, recht weit gefaßt. Er umfaßte nicht nur die Mitglieder der eigentlichen Blutsfamilie, sondern jede auch eheliche Verbindung von Verschwägerten. Ebenso galt es als Blutschande, wenn Mutter und Tochter denselben Liebhaber hatten. In Zürich wurde 1590 ein Paar verurteilt, deren Großmütter Schwestern waren.[57] Sicherlich erfolgte nicht immer die Todesstrafe, doch da in vielen Fällen Ehebruch oder anderes unzüchtiges Verhalten mit der Blutschande verbunden war, wurde bis ins 18. Jahrhundert nicht selten die Todesstrafe verhängt; so wurden in Nürnberg noch 1721 und in Zürich 1734 Personen wegen Blutschande zum Tode verurteilt.[58] Zumeist wurden die Betroffenen enthauptet, die Frau früher ertränkt, seit dem frühen 17. Jahrhundert aber auch nur mit dem Schwert vom Leben zum Tod gebracht. In besonders schweren Fällen wurde der Körper nach der Enthauptung verbrannt. Nähere Informationen haben wir nur aus Städten. Dabei wird Blutschande auf dem Lande stärker verbreitet gewesen sein, unterstützt durch die engen Lebensverhältnisse und die Isolierung. Nur scheint dort einerseits die Toleranzschwelle größer gewesen zu sein als in den protestantischen Städten, zum anderen dürfte es aufgrund der dörflichen Verwandtschaftsverhältnisse ohnedies schwer gewesen sein, keine Blutschande zu begehen. Viele Menschen wußten nicht einmal genau, in welchem verwandtschaftlichen Verhältnis sie zueinander standen.[59]

Als das abscheulichste Vergehen gegen die Sittlichkeit galt die Sodomie, unter der sowohl die Homosexualität wie die Bestialität, das heißt die Unzucht mit Tieren, verstanden wurde.[60] Sie galt als widernatürlich, Sodomiten wurden wie Ketzer und Feinde des Christentums behandelt, das heißt zumeist lebendig verbrannt. Bei Bestialität wurde das Tier, mit dem Unzucht getrieben wurde, ebenfalls verbrannt, um alle Schande auszulöschen. Obschon aus Nürnberg (4) und Frankfurt (4) nur wenige Fälle belegt sind, galt die Sodomie als ein weitverbreitetes Verbrechen, sie gehörte in der ländlichen Gesellschaft fast zum alltäglichen Leben. In vielen Gegenden wurde sie – vor allem bei jungen Leuten, insbesondere werden Hirten genannt – einfach hingenommen, die stärkste Bekämpfung erfolgte, soweit wir wissen, wieder in der Schweiz. Nach Mord und Diebstahl war Sodomie in Zürich das häufigste Delikt, das mit dem Tode bestraft wurde, weit mehr als Gotteslästerung oder Blutschande.[61] Von insgesamt 1424 Todesurteilen zwischen 1400 und 1798 ergingen allein 179 wegen widernatürlicher Unzucht. Dabei fällt auf, daß der Höhepunkt im 16. und 17. Jahrhundert liegt. Noch rigider wurde Sodomie in der Landvogtei Kyburg, ebenfalls in der Schweiz, geahndet. Zwischen 1641 und 1791 wurden von insgesamt 127 Todesurteilen allein 78 wegen widernatürlicher Unzucht gefällt.[62] Betroffen waren in erster Linie Jugendliche. Hier dürfte das besonders sittenstrenge Regiment ausschlaggebend gewesen sein.

Zwei Fälle zur Illustration: Kurz hintereinander wurden zwei junge Leute in Nürnberg (1654/1659) wegen Sodomie vor Gericht gestellt. Der eine, „ein ruchloser Epicureer und abscheulicher Sodomist", bekannte nach gütlichem und peinlichem Verhör „aus freiem Gewissen", am hl. Palmsonntag während eines Gottesdienstes in einem Hirtenhaus mit einer schwarzen Geiß Unzucht getrieben zu haben, der andere, ein 16jähriger Hirtenjunge, gestand, 25mal mit allerlei Vieh, mit Eseln, Geißen, Pferden, Katzen, Hunden und, wie es heißt, mit sechs jungen, noch unverständigen Mädchen verkehrt zu haben. Da er bereits früher verwarnt worden war, statuierten die Nürnberger „bei so starck einreissenden und im schwang gehenden abscheulichen Lastern" ein Exempel.[63] Während der erste Delinquent vor der Verbrennung noch stranguliert wurde, wurde der junge Hirte bei lebendigem Leib verbrannt, erlitt also einen jämmerlichen und grausamen Tod. Dies war zugleich die letzte Verbrennung in Nürnberg. Im genannten Kyburg wurde die letzte Hinrichtung eines Sodomiten, eines fast 70jährigen Mannes, noch 1762 vorgenommen.[64] Über die sozialen Hintergründe sagen die Quellen wenig aus. Das Urteil befaßte sich ausschließlich mit dem Strafmaß.

Alle genannten Vergehen waren seit langem kriminalisiert – Raub und Mord, Ketzerei wie Ehebruch –, ihre Verfolgung war aber im Mittelalter weitgehend eine Sache der Kläger, d.h. der geschädigten Familien, wobei die Obrigkeit nur eine Schiedsrichterrolle einnahm. In dem Maße wie die staatlichen Gewalten das Gewalt- und Abstrafungsmonopol im Namen des Gemeinwohls für sich beanspruchten, wurde ein obrigkeitliches und herrschaftliches Gerichts- und Strafsystem auf- und ausgebaut, das den Verbrecher nun als Störer der öffentlichen Ordnung strafrechtlich verfolgte.[65] Sicherlich diente das neue Strafrecht der Stärkung der Staatsgewalt, zugleich aber leitete die systematische Verbrechensbekämpfung eine innere Befriedigung der entstehenden Landesherrschaften ein. Die Strafe diente nun nicht mehr der Wiedergutmachung ‚privater' Schäden, war nicht mehr Ausfluß ‚privater' Rache, sondern Mittel zur Wiederherstellung der durch das Verbrechen verletzten öffentlich-rechtlichen Ordnung und der Ehre der Fürsten.[66]

Zur Durchsetzung dieser neuen Rechtsordnung entwickelte der frühmoderne Staat auf der Grundlage des alten Rechtssystems mit Unterstützung der neuen Juristenschaft ein ausgeklügeltes System von Strafen, das den Charakter von Bußen und Sanktionen gänzlich abgestreift hatte. Die für das ganze Reich erlassene Carolina von 1532 vereinheitlichte zwar das Verfahrensrecht, nicht zuletzt um Willkürmaßnahmen einzudämmen und Rechtssicherheit zu vermitteln, setzte aber regionale und territoriale Eigenentwicklungen nicht außer Kraft; im Gegenteil, die Carolina fand Gültigkeit nur im Rahmen der rechtlich-staatlichen Vielfalt des Reiches. Wenngleich der frühmoderne Staat das ausschließliche Recht über Leben und Tod für sich beanspruchte und auch zuerkannt bekam, wodurch die Gerichtspraxis der Kontrolle von Kirche und ständischen Gruppen entzogen wurde, war dies kein reiner Akt der Unterwerfung der Stände und des Volkes. Denn der Ausbau des Rechtssystems vollzog sich mit Unterstützung und Beteiligung der Kirchen und der Stände, was Spannungen und Konflikte freilich nicht ausschloß. Dadurch, daß der Bruch nur langsam vollzogen wurde, die Rechtssicherheit zunahm und alle Strafpraktiken öffentlich blieben, konnte sich das neue Rechtssystem erstaunlich reibungslos durchsetzen. Die Rechtsverbindlichkeit eines Urteils war nicht nur abhängig von der Rechtsgültigkeit des Urteilsbeschlusses, sondern auch von der rituellen, von der Öffentlichkeit kontrollierten Ausführung der Strafe. Gerade durch die öffentlichen Strafrituale erwirkte die staatliche Gewalt eine öffentliche Zustimmung zu ihrer Strafpraxis. An der Gräßlichkeit des Straftheaters hat niemand Anstoß genommen, erst die Aufklärer sahen darin einen Grund für die Verrohung der Sitten des Volkes und plädierten für den Ausschluß der Öffentlichkeit von der Strafausführung. Hinrichtungen sollten in Gefängnishöfen stattfinden.[67]

Die obrigkeitlichen Gerichte sprachen im Namen Gottes und des Gemeinwohls Recht. Wenngleich sich ständische Vorrechte nicht auslöschen ließen, vor allem der Adel auf seine Sonderrechte pochte, wollte der ‚Staat' doch alle Stände und Untertanen einem gleichen Recht unterwerfen, weswegen die ‚Objektivität' des Strafurteils durch ein ‚unparteiisches' Gerichtsverfahren garantiert werden sollte. Um dem zu entsprechen, wurden drei grundlegende Neuerungen eingeführt: Weil Richter und vor allem Schöffen sich im römischen und staatlichen Recht oft nicht ausreichend auskannten, wurden zunehmend in komplizierten Fällen gelehrte Juristen oder die juristischen Fakultäten der Landesuniversitäten als Gutachter und Berater herangezogen, womit eine ‚Verwissenschaftlichung' des Prozeßverfahrens eingeleitet wurde.[68] Nicht mehr die meist nicht in der Rechtswissenschaft ausgebildeten Richter, sondern die Juristen wurden dadurch langfristig die Träger des Gerichtswesens. Bald sollten sie auch den Grad der Folter und die Schärfe der Strafen vorschreiben und dafür sorgen, daß das Verhör protokolliert und das Urteil schriftlich abgefaßt wurde. Diesem Umstand verdanken wir seit dem 16. Jahrhundert eine Vielzahl von Gerichtsprotokollen und -urteilen. Durch die Schriftlichkeit sollte einerseits die Urteilsbildung überprüfbar gemacht und die richterliche Willkür eingeschränkt, andererseits das neue Inquisitionsverfahren abgesichert werden, durch das ja nun die Obrigkeit bzw. der Richter zum Wächter der Ordnung wurde, auch dort, wo sich kein Kläger fand. Das Verfahren diente dem Nachweis der Schuld, ohne die niemand verurteilt werden konnte. Denn letztendlich zählte nicht das Motiv, sondern die Straftat, sosehr auch die Umstände der Tat bei der Urteilsbildung bedacht wurden. Die Anwendung der Folter galt als legitimes Mittel der Wahrheitsfindung, denn ohne ein offenes Schuldbekenntnis konnte kein Angeklagter verurteilt werden.[69] Schließlich wurde die ‚Öffentlichkeit' bei Verhör und Urteilsfindung ausgeschlossen, damit keine ‚fremde Macht' auf die Entscheidung Einfluß nehmen konnte. Das Volk vernahm von einem Verbrechen offiziell erst mit der öffentlichen Urteilsverkündigung und der öffentlich vollzogenen Strafe, deren Gültigkeit jedoch von einer indirekten Zustimmung des Volkes abhängig blieb. Sosehr die Obrigkeit außer den ‚Fachleuten' niemandem mehr eine Mitsprache zubilligte, mußte sie auf das Rechtsverständnis des Volkes Rücksicht nehmen, und so auch noch dann die Strafe öffentlich vollstrecken, als Richter und Rechtsgelehrte schon für den Ausschluß der Öffentlichkeit plädierten.

Die frühneuzeitliche Strafpraxis kennt ein ausgeklügeltes System von

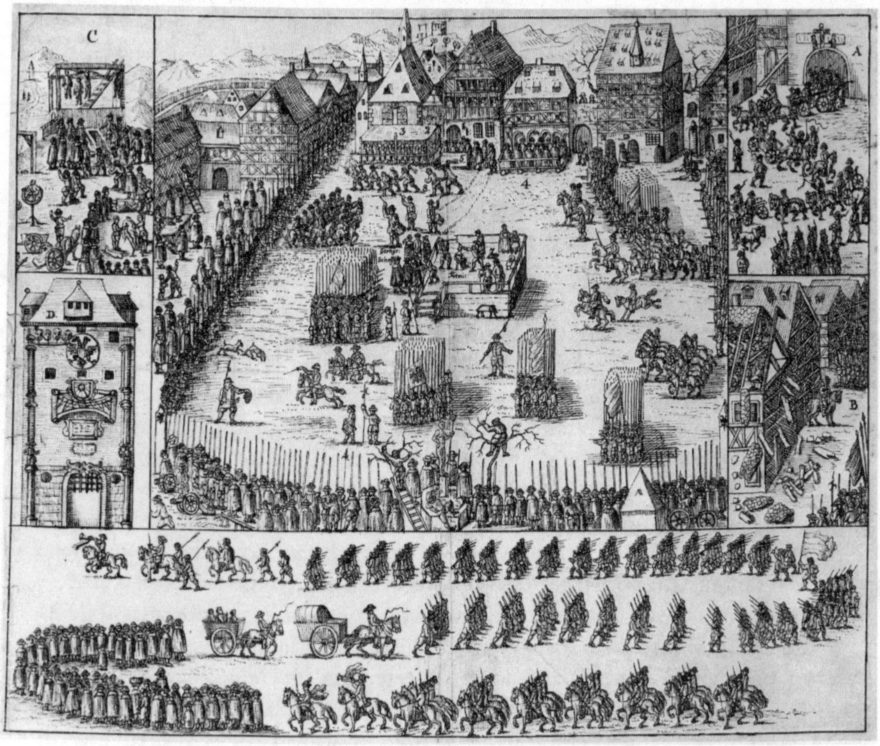

66. Die Hinrichtung des Lebküchlers Vincenz Fettmilch in Frankfurt 1616.

Strafen für nicht zum Tode verurteilte Personen, die vor das Malefizgericht kamen. Zum einen sind Ehrenstrafen und körperliche Strafen nie voneinander zu trennen, zum anderen treten die einzelnen Strafen selten allein auf, zumeist wird an einem Delinquenten ein ganzes Ensemble von Strafen vollzogen. Die dramatischste Kombination schwerer Strafen war der Pranger mit Staupenschlag und Landesverweisung, verbunden konnte die Strafe sein mit einem symbolischen Hinweis auf das Delikt und einer Prozession durch die Stadt.[70] Schließlich wurden alle diese Strafen öffentlich vollzogen, nicht nur um das ‚Einverständnis' des Volkes zu erreichen, sondern vor allem durch Offenlegung der Schändlichkeit des Verbrechens dieses zu sühnen und das Volk abzuschrecken und auf die ‚neuen' Normen zu verpflichten.

Bevor im Zeichen bürgerlicher Gleichheit aller Menschen die Guillotine eingeführt wurde, gab es bis Ende des 18. Jahrhunderts bzw. bis ins 19. Jahrhundert hinein die unterschiedlichsten Hinrichtungsarten.[71] Zwar hatte die ‚Humanisierung', die seit dem 17. Jahrhundert, vor der Aufklärung, einsetzte, die Strafen eingeebnet und den symbolischen Sinn der körperlichen Strafen verdeckt, doch bis ins 18. Jahrhundert hinein blieb das alte System rechtlich gültig. Auch hier unterscheiden wir ehrliche von unehrlichen, dominante Männer- von Frauenstrafen. Alte Strafpraktiken waren das Lebendigbegraben, das Ertränken und die Verbrennung. Sie wurden noch im 16. Jahrhundert und z. T. auch noch im 17. Jahrhundert praktiziert, verloren aber an Bedeutung. Als Reinigungsrituale der Gesellschaft wurden sie zunehmend disfunktional in einer auf Theatralik, Einschüchterung und Erziehung angelegten Hinrichtungspraxis des frühneuzeitlichen Staates.

Die Frauenstrafe des Lebendigbegrabens erfolgt bei schweren Mord- und Sittlichkeitsdelikten. Verbunden mit dem Eingraben war die Pfählung. Dadurch sollte einer Wiederkehr vorgebeugt werden. Nicht selten trat die Strafe des Ertränkens an die Stelle des alten Lebendigbegrabens. Beim Ertränken in fließendem Wasser verband sich die Tötung mit der Schuldabwaschung und der Beerdigung in dem strömenden Element. Verbreiteter war die Verbrennung wegen Hexerei, Ketzerei, Giftmischerei, Sodomie und Falschmünzerei. Sie konnte Männer wie Frauen treffen. Ihre ‚große' Zeit hatte diese Strafe im 16. Jahrhundert, im 17. Jahrhundert wurden die meisten Malefikanten vorher getötet. Mit der Verbrennung wollte man den Verbrecher, das Verbrechen und jede Erinnerung daran völlig auslöschen. Nicht minder alte Hinrichtungsrituale waren die nur an Männern verübte Vierteilung und das Rädern. Während die Vierteilung in Deutschland seit dem 16. Jahrhundert kaum noch praktiziert wurde, blieb das Rädern bis weit ins 18. Jahrhundert hinein eine relativ häufige Strafform für schweren Mord. Seit dem 17. Jahrhundert wurde der Verurteilte vorher enthauptet oder erdrosselt. Ihm wurden in der Regel durch ein Rad die Glieder entweder von unten nach oben oder umgekehrt zerschlagen. Genau festgelegt wurde im Urteil die Zahl der Stöße. Mit zum Ritual gehörte dann die Aufrichtung des am Rad festgebundenen oder eingeflochtenen Sterbenden oder Toten, der so wie am Galgen den Vögeln überlassen wurde. Zu den Strafverschärfungen zählten das Schleifen und Zwacken vor der Hinrichtung. Gelegentlich wurden die Glieder auch nicht nur gebrochen, sondern vom Körper gelöst und dann einzeln aufgehängt.

Die häufigsten Todesstrafen waren das Erhängen am Galgen und die Hinrichtung mit dem Schwert. Während die Schwertstrafe als ehrlich galt, war das Erhängen am Galgen anrüchig. Der Erhängte wurde den Vögeln zum Fraße überlassen, ihm wurde das Begräbnis verweigert. Gehängt wurden in der Regel Diebe. Die seit dem 17. Jahrhundert vorherrschende Hinrichtungsart war die Enthauptung durch das Schwert, zugleich die leichteste und ehrbarste Todesstrafe. Nicht selten trat sie als Gnadenerweis an die Stelle des Erhängens, des Räderns, aber auch der Verbrennung. Meist folgte auf sie ein ehrliches Begräbnis. Zusätzlich bestraft – was entehrend war – konnte ein zur Enthauptung Verurteilter dadurch werden, daß sein Kopf auf

67. Todesurteil des Martin und Simon Brandl, Flugblatt 1769.

einen Pfahl gespießt oder auf den Galgen gesteckt und der Körper unter dem Galgen beerdigt wurde. Die Todesstrafe fungierte als Strafe zur Sühne für ein todeswürdiges Verbrechen.

Seiner Bedeutung wegen, und um den Strafen eine optimale Wirkung zu verleihen, wurde das Straftheater, vor allem die Hinrichtung auf dem Rabenstein, in ein strenges Zeremonial eingebunden, das nicht beliebig verändert werden konnte, aber vom 16. bis zum 18. Jahrhundert einem bedeutsamen Wandel unterlag. Aus der Hinrichtung als einem Akt zur Wiederherstellung von Ordnung und Gerechtigkeit war ein Schauspiel des Todes geworden, das vor allem Schauer und Erschütterung verbreiten sollte.[72]

Öffentliche Hinrichtungen zählten zu den größten Volksspektakeln der traditionalen Gesellschaft. Es gab kaum jemanden, der nicht zumindest einmal in seinem Leben eine Hinrichtung miterlebt hatte und von ihr tief beeindruckt war. Manche Städter erlebten sie im 16. und 17. Jahrhundert sogar ein- oder zweimal im Jahr: Beigewohnt wurde nicht bloß der Liquidierung eines Verbrechers, sondern auch der Inszenierung komplexer Sinnzusammenhänge. Sieht man in der Hinrichtung allein ein Zeichen der Grausamkeit, so verfehlt man ihre Intention und Bedeutung.

Die Entwicklung des Hinrichtungszeremoniells zu einer großen Schaustellung des Sterbens seit dem 17. Jahrhundert, die in bezug zum Abbau der körperlichen Marter und der ‚grausamen' Hinrichtungsarten steht, war keineswegs nur Ausdruck der Schaulust der Zeit, sondern ein wirksames Instrument, das Volk dem Staat als Träger und Vollstrecker des Gerichtswesens zu unterwerfen. Aus dem ritualisierten Zweikampf zur Wiederherstellung der ‚alten' Ordnung, dessen Ausgang offen war, wurde ein Schauspiel der Ars moriendi, in dem der Arme Sünder seine Schuld bekannte und würdig in den Tod ging.[73]

Die Vorstellung, die Welt und damit auch den Menschen generell zu verbessern, kannte die traditionelle Gesellschaft nicht, deswegen konnte sie auf die Ideen der Sühne und Abschreckung nicht verzichten. Rigoros gegen die Folter, die Ehren- und Körperstrafen, vor allem gegen die öffentliche Hinrichtung und z. T. auch gegen die Todesstrafe, wandten sich erstmals die Aufklärer. Das peinliche Strafsystem war eine Fessel der feudalen Gesellschaft, die es zu überwinden galt. Anstelle der nutzlosen und verrohenden alten Strafen sollte die nützliche Arbeit in einem Gefängnis treten. Es ging nicht mehr um die Wiederherstellung der Ehre Gottes und der Gerechtigkeit der Gemeinde, sondern um eine Wiedergutmachung im Dienste der bürgerlichen Gesellschaft.

3. Der Prozeß der Zivilisation: Disziplin und Eigensinn

Es hat vielfältige Versuche gegeben, den soziokulturellen Wandlungsprozeß vom 16. zum 18. Jahrhundert, vom Spätmittelalter zur Neuzeit, umfassend als Zivilisations-, Disziplinierungs- und Übermächtigungsprozeß zu beschreiben und zu erklären. Geleitet waren diese Erklärungsansätze alle von der Frage nach der Entstehung der Moderne und den sie konstitutierenden Merkmalen und Bedingungen. Je nach Perspektive spielten Begriffe wie Disziplin, Selbstkontrolle und rationale Lebensweise eine entscheidende Rolle bei der Bestimmung der entstehenden Moderne und ihres bürgerlichen Geistes.[1]

Traditionelles Verhalten sprengende Phänomene und Kräfte wurden vor allem in drei Bereichen festgemacht, in denen besondere Merkmale der Moderne erkannt wurden: Speziell der Disziplinierung und Erziehung zu Fleiß und Ordnung dienten nach Michel Foucault die neuen Institutionen der Arbeits- und Zuchthäuser, der Kasernen, der Manufakturen und der Elementarschulen, die nacheinander in allen Territorien mit relativ großem Aufwand begründet wurden. In der Tat setzten die Öffentlichkeit und der

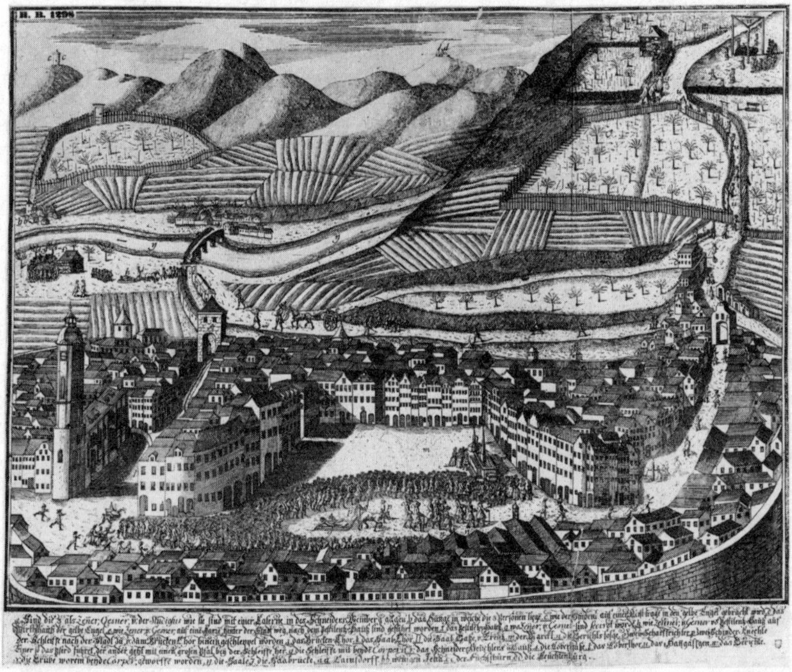

68. Hinrichtungszeremoniell in Jena, 17. Jahrhundert

frühmoderne Staat große Hoffnungen in diese neuen Institutionen, aber ihre soziale und sozialdisziplinierende Bedeutung war nach unserer heutigen Kenntnis sehr gering. Sie erfaßten nur kleine Gruppen von Menschen und waren zudem zu schlecht organisiert, um die gewünschte Disziplin zu realisieren.[2] Weiter greift die von Norbert Elias entwickelte These; er geht davon aus, daß der höfische Lebenstil, der durch eine erhöhte Kontrolle gekennzeichnet war, nicht nur die adlige Welt formte, sondern weit darüber hinaus prägend wurde. Im Adel wurde zweifellos ein neues Verhaltensmuster der Selbstkontrolle und Selbstdisziplinierung eingeübt, das für die bürgerliche Welt vorbildlich wurde, doch auch dieser Prozeß erfaßte bis ins 18. Jahrhundert nur eine kleine Elite. Von einem generellen Wandel von Fremdzwang zu Selbstzwang kann nicht gesprochen werden.[3] Max Weber wiederum betont in erster Linie die Rolle des asketischen Protestantismus. Zweifellos forderte dieser Selbstkontrolle sowie bewußte Lebens- und Weltgestaltung und propagierte einen Arbeitseifer, den es bisher nicht gab. Aber wie weit die protestantische Ethik tatsächlich die kapitalistische Gesinnung aktivierte und diese wiederum die frühe Neuzeit prägte, bleibt fraglich.[4] Alle drei Erklärungsmodelle gehen davon aus, daß sich die in bestimmten neuen

Institutionen herausgebildeten Verhaltensmuster der Moderne universell ausgebreitet und der Gesellschaft allgemein ihr Gesetz des Handelns aufgenötigt haben. Aber die entstehende Moderne, der ‚bürgerliche' Geist, war nicht einfach das Produkt einer Ausweitung des Manufakturwesens noch das Resultat der höfischen Rationalität oder ein Ergebnis des protestantischen Geistes, sowenig verkannt werden darf, welche Rolle Arbeitseifer, Selbstkontrolle und rationale Lebensgestaltung in der modernen Welt spielen sollten.

Zweifellos haben diese zivilisationsgeschichtlichen Entwürfe ihren Wert, indem sie auf Phänomene, Probleme und Entwicklungen aufmerksam gemacht haben, die lange übersehen wurden. Aber notgedrungen wurden durch diese mehr oder weniger teleologischen Sichtweisen auch wieder Phänomene und Strukturprobleme ausgeblendet, weil sie nicht ‚unmittelbar' in die Moderne wiesen und sich für diese einlinearen Betrachtungsweisen als sperrig oder gar gegenläufig erwiesen, obwohl sie den Wandlungsprozeß der frühneuzeitlichen Gesellschaft nicht minder kräftig mitgestaltet haben. Uns interessiert hier nicht primär die Grundlegung der Moderne in der frühen Neuzeit, also der Prozeß der Bündelung aller in die ‚Moderne' weisenden Entwicklungen, sosehr diese Sicht mitreflektiert werden muß. Vorrangig geht es um die Untersuchung der Komplexität des frühneuzeitlichen Lebens- und Wandlungsprozesses mit allen Ungereimtheiten, ja Widersprüchlichkeiten unter den ihm eigenen Bedingungen, die sich einer einfachen Interpretation entziehen.

Zweifellos hat sich vom 16. bis zum 18. Jahrhundert vieles im Alltagsleben und in den kulturellen Äußerungen der Menschen geändert, aber dieser Prozeß verlief weder geradlinig und gleichmäßig für alle sozialen Gruppen, noch war er ausschließlich von Disziplinierung und Selbstkontrolle geprägt, sei es im Sinne eines Sieges des zivilisierten Menschen über den europäischen ‚Wilden', oder der steigenden soziokulturellen ‚Überwältigung' des Menschen durch die neuen sozialpolitischen Kräfte des Staates und Marktes. Am Ende des 18. Jahrhunderts, dem Zeitalter der Aufklärung, stand dementsprechend auch keineswegs eine voll ausgebildete rationale und ‚zivilisierte' Welt.

Erstens stellt sich das Verhältnis von Tradition und Moderne in der historischen Realität der frühen Neuzeit nicht in der von Theoretikern gern formulierten Schärfe: hier die ‚humane' rationale Welt, dort die ‚wilde' irrationale Tradition. Die Moderne trug ebenso zur Unterdrückung bei wie die Tradition Freiheitsräume zu bewahren half. Moderne und traditionelle Elemente sind in kulturellen Phänomenen und sozialen Bewegungen schwer voneinander zu trennen. In der Realität gab es keine Eindeutigkeit. Zweitens vollzog sich tatsächlich ein gewisser Prozeß der Zivilisation und Disziplinierung, aber er verlief nicht einfach von oben nach unten, so als würde allein vom Staat und der gesellschaftlichen Elite alle Dynamik ausgehen und das gemeine Volk, die einfachen Leute, lediglich passiv auf Erneuerungen reagieren und dabei die eigenen Traditionen aufgeben. Der Staat war weder ein ausschließliches Instrument der Elite noch konnte er das Programm der Elite in der frühneuzeitlichen Gesellschaft durchsetzen. Die konkrete soziokulturelle Entwicklung ging eigene Wege. Schließlich geht es nicht nur darum, die ‚objektive' Entwicklung entlang des herrschaftlichen Disziplinierungskonzeptes der frühen Neuzeit nachzuzeichnen. Der Blick muß sich ebenso stark auf die Interessen und Bedürfnisse der Untertanen richten, auf die Lernfähigkeit und das ‚eigensinnige' Leben auch der unteren Stände und Schichten, die ihr Leben und ihre Lebenssituation anders interpretierten als die Oberschichten und von den jeweiligen Entwicklungen auch unterschiedlich profitieren. ‚Traditionelle' Gruppen lehnten weder alle ‚Neuerungen' prinzipiell ab noch reagierten sie nur passiv, und ebensowenig wollte der frühmoderne Staat alle traditionellen Kulturen seiner Untertanen abschaffen. Nur unterschied sich die Perspektive der Theoretiker, Planer und Staatsfunktionäre wesentlich von der der Bauern und Handwerker, und trotz aller nachweisbaren Unterdrückung erwiesen sich diese Gruppen als überraschend widerspenstig und oft stärker als die mit allen politischen Kompetenzen ausgestatteten Beamten. Mancher Plan des frühmodernen Staates mußte aufgegeben werden. Der frühneuzeitliche Zivilisationsprozeß erschließt sich also nicht nur aus den Ansprüchen der Elite, sondern ebenso aus den Interessen des gemeinen Volkes und seinem Umgang mit der sozialen Umwelt.

Der Zivilisationsprozeß gewinnt seine Qualität aus dem sozioökonomischen Rahmen, der bei der Rekonstruktion mitbedacht werden muß und dem Handlungsspielraum der Menschen in der früheren Neuzeit enge Grenzen setzte. Drei Faktoren sind hier besonders hervorzuheben:

Einmal hatte sich in der Produktivität der Menschen vom 16. bis zum 18. Jahrhundert im Vergleich zur Entwicklung im 19. Jahrhundert nur wenig geändert. Das lag in Deutschland nicht nur begründet im Dreißigjährigen Krieg, der manchen Fortschritt hemmte oder rückgängig machte, sondern vor allem in naturgegebenen Schranken, die mit den politischen und technischen Mitteln nicht überschritten werden konnten. Die Bewirtschaftungsflächen waren in der Landwirtschaft stark beschränkt, der Ernteertrag konnte nicht beliebig gesteigert werden, um etwa einen höheren Lebensstandard zu sichern oder mehr Menschen zu ernähren. Ebenso wenig war die Viehwirtschaft stärker zu intensivieren. Die Natur setzte einer Expansion ebenso eindeutige Grenzen wie die Herrschaftsverhältnisse. Das gleiche gilt für die Warenproduktion; die Handarbeit blieb die vorherrschende Erwerbsform, technische Verbesserungen gab es nur in beschränktem Maße. Nur im Handel existierte ein größerer Spielraum, wenngleich die Verlagerung des Fernhandels nach Nordwesteuropa die Entwicklung in Deutschland erschwerte. Zwar konnten einzelne Gruppen beträchtliche Gewinne erzielen, auch der Adel und der Staat vermochten immer wieder, große Geldmittel abzuschöpfen, aber im Durchschnitt und vor allem für die Mehrzahl der Menschen ging es in diesem ganzen Zeitabschnitt immer wieder ‚nur' um Sicherung des Nötigsten, das durch Fleiß und Mehrarbeit kaum wesentlich überschritten werden konnte. Ausreichende Nahrung zu finden und das Überleben zu organisieren, darauf konzentrierten sich die meisten Menschen. Wo aber Überschüsse erwirtschaftet wurden, verwandte man diese nicht auf die Besserung des materiellen Lebensstandards – wie der frühmoderne Staat es wünschte –, sondern auf Feiern und Feste, die keineswegs nur zur Kompensation der dürftigen Lebensverhältnisse dienten, sondern dem Leben sozialen Sinn verliehen und deswegen nur begrenzt eingeschränkt werden konnten.

Auch die kurze Lebensdauer setzte dem Zivilisationsprozeß klare Grenzen. Es gab eine hohe Kindersterblichkeit, an der sich bis ins 19. Jahrhundert hinein nichts wesentlich änderte. Auch beschränkten im Unterschied zu heute Krankheiten und plötzlicher Tod eine weitsichtige Planung des Lebens. Viele Menschen starben bereits in jungen Jahren, 50jährige galten schon als alt. Krankheiten unterschiedlicher Art, von der einfachen Grippe bis zu Seuchen, gefährdeten das soziale Zusammenleben in Familien im Dorf und in der Stadt. Die frühneuzeitliche Medizin erreichte keine wesentliche Verbesserung. Deswegen konnte das Leben nur kurz genossen werden, und zur alltäglichen Erfahrung zählten Krankheiten und Schmerzen. Es gab nur ein beschränktes Bevölkerungswachstum, was allerdings nicht nur in den materiellen Lebensverhältnissen und der mangelnden medizinischen Betreuung gründete, sondern ebenso in den Heiratsbeschränkungen. Die geringe Lebenserwartung und das System der späten Heirat begrenzten jedenfalls die Bevölkerungszahl. Die Mehrzahl der Menschen führte ein hartes und stets bedrohtes Leben. Jeder ‚Zivilisierung' außerhalb der die sozialen Gruppen sichernden alten Traditionen waren klare und enge Grenzen gesetzt.

Schließlich hatte sich trotz aller staatlichen Eingriffe in die Organisation des sozialen Lebens vom 16. bis zum 18. Jahrhundert im Prinzip wenig geändert. Die meisten Arbeiten wurden noch immer eigenverantwortlich in den einzelnen Familien und Betrieben getätigt. Die tendentiell sich abzeichnende Trennung von Familie und Betrieb war im 18. Jahrhundert noch zu keinem durchgängigen Prinzip geworden. Der Manufakturbetrieb war eine Ausnahme. Auch die politische Regelung des Alltagslebens verblieb noch trotz allem Reglementierungsanspruch weitgehend in Händen relativ autonomer Dorf- und Stadtverwaltungen, von staatlichen Eingriffen, Hilfs-, aber auch Schutzmaßnahmen erfuhr der einzelne sehr wenig. Zwar gab es schon ein vielfältiges Schulsystem, aber die Familie blieb lange weitgehend allein für die Erziehung der Kinder verantwortlich. Staat und Kirche beschränkten sich auf Appelle. Obwohl sich der frühmoderne Staat schon früh um die Armen und Alten der Gesellschaft kümmerte, lag die Fürsorge für sie noch fast ausschließlich in Händen der einzelnen Familie, der Kommunen und vor allem der Kirchen. Die öffentlichen Armen- und Arbeitshäuser, die der Staat initiierte, spielten de facto noch keine Rolle. Der frühmoderne Staat formulierte Ansprüche, aber in die einzelnen Belange des sozialen Lebens griff er nur ein, wenn grobe Verletzungen seiner Rechte bekannt wurden. In den zentralen Lebensbereichen war der einzelne Mensch noch weitgehend auf sich angewiesen. Hilfe konnte er auch mehr von den traditionell verfaßten Dorf- und Stadtverwaltungen erwarten als vom frühmodernen Staat. Trotz seiner Mandate war er weit weniger gegenwärtig als er beanspruchte; erst mit der Aufklärung änderte sich das. Diese Grundstrukturen müssen bedacht werden, wenn nach qualitativen Änderungen gefragt wird. Soziale Kontrollen und staatliche Reglementierungen wurden meist nur so weit realisiert und gestalteten das Alltagsleben nur so weit, wie die Betroffenen sie für ihr Leben und nach ihren Maßstäben produktiv umsetzen konnten, abgesehen davon, daß das einfache Volk staatliche und kirchliche Eingriffe seinen eigenen Interessen entsprechend auch formen konnte. Nur so wird verständlich, daß staatliche wie auch kirchliche Kräfte oft über die Mißstände verzweifelten, immer wieder dieselben Zustände und die begrenzte Wirkung ihrer Maßnahmen beklagten. Aus Bauern des Landes und Handwerkern der Städte wurden nie gehorsame Untertanen im Sinne landesherrlicher Politik. Das heißt nun nicht, daß sich vom 16. zum 18. Jahrhundert trotz aller Disziplinierung und Zivilisierung, die der Staat wie die Kirchen betrieben hatten, nichts geändert hätte. Aber diese Änderungen sind nicht unmittelbare Folge herrschaftlicher Vorgaben, Erfolge kirchlicher und staatlicher Reformer, sondern in sie ging auch ein gut Teil Eigensinn und Arbeit der Bauern und Handwerker ein.

Qualitative Änderungen im gesellschaftlichen Leben lassen sich in fünf zentralen Lebensbereichen der frühen Neuzeit ausmachen:

Auffallend ist zunächst der Prozeß der Integration verschiedenster sozialer Gruppen in einen mehr oder weniger geschlossenen Staatsverband, der zwar nicht die Sozialkultur der einzelnen Gruppen auflöste, aber fundamental änderte. Formiert wurde er zweifellos von den fürstlichen Herrschaftsinteressen, gleich wirksam war aber auch die Moral- und Konfessionspolitik der Kirchen sowie die Ausbildung von überregionalen Marktstrukturen, die alle die Potenz des Staates auf Kosten der ehemals ausschließlichen Orientierung der Stände auf die eigene Lebenswelt stärkten. Dabei entstand eine Gesellschaftsordnung, die keinesfalls ausreichend als Untertanengesellschaft beschrieben werden kann, in der alle Stände gleicherweise den Fürsten unterworfen waren. Der Integrationsprozeß führte zu keiner derartigen Angleichung, im Gegenteil, die Staatsgesellschaft war gerade durch das Fortbestehen feudaler ‚Sonderkulturen' und eine Verschärfung der gegenseitigen Abschottung gekennzeichnet. Besonders rigoros war die Abgrenzung gegenüber allen unliebsamen wie ‚unnützen' Schichten. Von Fremden, Armen und Bettlern wollte die Ständegesellschaft nichts wissen. Der Integrationsprozeß führte somit zu einer Ständegesellschaft, in der zwar die Stände sich dem Gewaltmonopol des Staates fügten, auch die Regelung ihrer Bedürfnisse dem Staat überließen, aber durch Ab- und Ausgrenzung eine Polarisierung verursachte, welche die Ständegesellschaft selbst langfristig auflöste. Das abgedrängte entstehende Proletariat sowie der nicht mehr integrierbare bürgerliche Mittelstand drängten zur Aufhebung der Ständestruktur zugunsten eines bürgerlichen Rechtsstaates. Der soziale Orientierungspunkt war zu Ende des 18. Jahrhunderts nicht mehr die fürstliche oder städtische Obrigkeit, sondern der Staat; seine Beamten traten verstärkt als Vermittler zwischen den Menschen und Gruppen auf.

In dem Maße, wie der frühmoderne Staat das Gewaltmonopol durchsetzte, vollzog sich in der frühen Neuzeit eine spürbare Befriedung der Gesellschaft, die zwar soziale Konflikte nicht aus der Welt schaffte, aber doch eine gewaltsame Lösung diskriminierte und auszuschalten versuchte. Dies betraf einmal die politisch-territoriale Ebene. Gewaltsame Auseinandersetzungen zwischen den Ständen und den Fürsten, wie wir sie noch aus dem 16. Jahrhundert vielfältig kennen, nahmen seit dem 17. Jahrhundert beträchtlich ab. Das 18. Jahrhundert kennt weder starke gewaltsame Bauernrevolten mehr noch gewaltsame innerterritoriale Auseinandersetzungen. Zum anderen betraf diese Befriedung die privaten und sozialen Beziehungen in Dörfern und Städten. Gemeint ist das Zurückgehen nicht nur von Mord und Totschlag, sondern auch von Gewaltausbrüchen Jugendlicher und Raufhändeln, die den Alltag des 16. Jahrhunderts maßgeblich bestimmt hatten. Auch in dieser Hinsicht kannte das 18. Jahrhundert eine deutliche Verminderung von Gewaltsamkeiten, auch wenn sie natürlich nicht verschwanden; im Vergleich zum 16. Jahrhundert war das soziale Zusammenleben im späten 18. Jahrhundert relativ friedlich. Eine Ursache für diesen Wandel lag in der allgemeinen Ächtung aller nicht staatlich sanktionierter Gewalt, wie sie in staatlichen Mandaten und kirchlichen Predigten ihren Niederschlag fand. Außerdem verdichtete sich das Netz der sozialen Kontrolle und engte den Handlungsspielraum ein. Gemeint ist hier nicht allein die staatliche Kontrolle, sondern auch das traditionelle Überwachungssystem der Dörfer und Städte, das bewußt vom Staat aktiviert wurde. Sicherlich spielten die drastischen Abstrafungen eine Rolle, obwohl ihre abschrekkende Wirkung überschätzt wird. Selbst die Gerichte bzw. Gutachten relativieren ihren Erfolg, was nicht heißt, daß das Straftheater bedeutungslos war. Vor allem aber bewirkte die Rechtshoheit über die sozialen Beziehungen eine Minderung der Gewaltaktionen sowohl auf politischer wie auf sozialer Ebene. Gewalt wurde als Mittel zur Durchsetzung von Interessen im Alltagsleben diskriminiert und der Gerichtsweg zwingend vorgeschrieben. Dieser Befriedungsprozeß war teilweise selbst ein Gewaltprozeß, aber von einer generellen Übermächtigung kann nicht die Rede sein, denn zwar brach manche traditionelle Kultur zusammen, aber es entwickelten sich auch neue Handlungsräume. Der Adlige wie der Bauer, der Handwerker wie der Patrizier, selbst die Frauen erfuhren den Prozeß der Entfaltung rechtlicher Bestimmungen jedenfalls auch als eine neue Lebenschance.

Der frühmoderne Staat setzte sich in Verbindung mit den Kirchen für eine grundlegende Sittenverbesserung seiner Untertanen ein, wobei öffentliche und private Bereiche ebensowenig getrennt wurden, wie ökonomische und sittliche Interessen. Ziel dieser Moralpolitik war der fleißige, gehorsame, sittsame und sparsame Untertan, weswegen allem Müßiggang, aller Gewalttägigkeit, Unzucht und Verschwendung der Kampf angesagt wurde. Zur Unterwerfung unter die moralischen Prinzipien setzte der frühmoderne Staat die unterschiedlichsten Mittel ein. Einmal ächtete er öffentlich jedes unmoralische Verhalten im christlichen Sinn. Die Kirchen unterstützten ihn aus eigenen Interessen in diesem Kampf. Dann verbot er durch eine Fülle von Mandaten jede Zügellosigkeit im Essen und Trinken, den Besuch von Badestuben und Freudenhäuser sowie jedes Übermaß bei öffentlichen und familiären Festen. Schließlich bestrafte er öffentlich jede Form von Unzucht und Ehebruch, aber auch Verschwendung und Bettelei. Der frühmoderne Staat gebärdete sich als moralischer Überwachungsstaat. Damit wollte er keineswegs alles traditionelle Verhalten disziplinieren, aber doch alles ausschalten, was einem christlichen Obrigkeitsstaat widersprach. Was schließlich bis zum Ende des Alten Reiches unter diesem permanenten Druck des staatlichen Anspruchs erreicht wurde, entsprach allerdings keineswegs der angestrebten Zivilisation bzw. Änderung der sittlichen Verfassung. Wohl hatte sich im Laufe der Zeit manches geändert, aber im Ganzen hatte der Staat nur wenig Erfolg. Selbst das neu Entstandene entsprach nicht seinen ursprünglichen Zielen. Manches bekämpfte Brauchtum änderte sich nur, weil die dafür nötigen materiellen Ressourcen nicht mehr ausreichten, manche Forderungen ließ die Obrigkeit auch ihrerseits fallen, weil sie sich nicht durchsetzen ließen. Und vieles behauptete sich in veränderter Form trotz aller Eingriffe der Obrigkeit. Schließlich wurden viele Vergehen wieder entkriminalisiert, zumindest die angedrohten Strafen kräftig abgemildert. Noch heute ist kein klarer Überblick über diese Situation zu gewinnen, doch immerhin läßt sich feststellen, daß sich weniger die Tatbestände selbst wesentlich änderten, als ihre Bewertung durch die Obrigkeit. In dem Maße, wie die Moral säkularisiert wurde, begann zum einen der Staat seine Interessen zu wandeln, zum anderen das neue Bürgertum eine Moral zu propagieren, die sich mit ihrem Puritanismus von der alten Kultur absetzte, unabhängig davon, daß der Stand der Zivilisation um 1800 kaum auf einen Nenner zu bringen ist. Von einer allgemeinen Disziplinierung und Zivilisierung im Sinne der Intentionen des frühmodernen Staates kann nicht gesprochen werden.

Der Prozeß der frühneuzeitlichen Zivilisation wird als ein Prozeß zunehmender sozialer Kontrolle und Überwachung beschrieben. In der Tat forcierte der frühmoderne Staat mit den verschiedensten Mitteln eine Überwachung und Beeinflussung von allen sozialen Lebensbereichen, vom religiös-sittlichen Leben über die Arbeitswelt bis zur politischen Mitsprache in den Kommunen. Wie Eheleute miteinander umgingen, welche Tänze ein Gastwirt erlaubte und wieviel Beerdigungsgäste zusammentrafen, unterlag seiner Kontrolle. Hierfür setzte er ohne Scheu die obrigkeitliche Strafgewalt ein. Aber unabhängig davon, daß diese Kontrolle unvollständig blieb, die permanente Überwachung kaum zu realisieren war, darf nicht vergessen werden, daß nicht erst der frühmoderne Staat das System sozialer Kontrolle eingeführt hatte. Kontrolliert und überwacht wurde das soziale Leben stets, das der Bauern und des Gesindes in den dörflichen Nachbarschaften, das der Handwerker durch die Zunftorganisation und das des Adels durch seine eigenen Gesellschaften, also durch Normen, die oft weit rigider waren als die ‚neue' Welt des Staates. Eine freie oder gar individuelle Entfaltungsmöglichkeit gab es in der traditionellen Welt kaum, auch in der ‚alten' Welt wurde jeder bestraft, der sich den Gruppennormen und damit den ökonomischen Bedingungen nicht fügte. Zunftordnungen und bäuerliche Weistümer sprechen hier eine deutliche Sprache. Neu war also nicht die soziale Kontrolle an sich, sondern nur die Zielsetzung und ihre Träger: alle Untertanen wurden nun denselben Normen unterworfen – wenngleich der Adel sein Vorrecht sichern konnte –, was schließlich ein Ende der vielfältigen Gruppenkulturen bringen sollte. Die Kontrolle diente nicht mehr dem Zusammenhalt einer Gruppe, an die Stelle von Gruppeninteressen trat das Staatsinteresse. Arbeitsamkeit, Sparsamkeit und Ordnung wurden zum Inhalt des Staatswohls. Nur durch sie ließe sich eine gerechte und auskömmliche Welt errichten. Hierzu dienten das Strafsystem, die Moralinstanz der Kirche, die in vielen Fällen zum Handlanger der öffentlichen Moral wurde, und nicht zuletzt die Schule. Dieser Umstrukturierungsprozeß vollzog sich über einen langen Zeitraum, wobei es zu deutlichen Überschneidungen ‚alter' und ‚neuer' Normen kam. Die neuen Kontrollen setzten nur mühsam die ‚alten' außer Kraft, nicht selten kam es zu Kompromissen. Nur das neue Bürgertum emanzipierte sich eindeutig von der ‚alten' Welt, ohne sich deswegen voll und ganz dem Kontrollsystem des Staates zu fügen. Ihre Disziplin und Sozialkontrolle wurde allerdings zur Grundlage der bürgerlichen Gesellschaft.

Drei kulturelle Formationen unterscheiden wir in der Entwicklung der frühen Neuzeit: die Volkskultur, die Adelskultur, die bürgerliche Kultur. Unter Volkskultur verstehen wir nicht nur die populäre Kultur, die Kultur der breiten Massen, sondern dezidiert die Kultur der einfachen, von gleichen Lebensbedingungen geprägten und von jeder Herrschaft ausgeschlossenen Leute, sowohl auf dem Lande wie in der Stadt. Unter Adelskultur verstehen wir die Kultur der Herrschenden, die von jeder körperlichen Arbeit befreit waren und als politische Elite der Gesellschaft auftraten. Unter bürgerlicher Kultur verstehen wir schließlich die Kultur der führenden Kräfte des Stadtbürgertums und der Verwaltung des frühmodernen Staates, die ihre soziale Position ihrer Bildung verdankten und im 18. Jahrhundert bewußt als Staats- und ,Weltbürger' auftraten. Jede dieser Kulturen besaß ihre eigenen Traditionen und Erfahrungen, doch bestanden sie keineswegs autonom und unabhängig voneinander, starke Beziehungen untereinander konstituierten die kulturelle Wirklichkeit. Dementsprechend gab es Berührungspunkte, Beeinflussungen und Überschneidungen und damit natürlich auch Spannungen und Konflikte. Eigenständigkeiten und Abhängigkeiten bildeten in der Ständegesellschaft keine Gegensätze. Weiterhin waren alle drei Kulturen in stetem Wandel, selbst in ihrem Grundbestand nicht statisch. Die jeweilige soziale Konstellation im Zusammenhang der Herausbildung des frühmodernen Staates bestimmte ihre Ausdruckskraft und ihren Inhalt. So unterscheidet sich die Volkskultur des 16. Jahrhunderts wesentlich von der des 18. Jahrhunderts, wie auch die höfische Kultur des 18. Jahrhunderts wenig gemein hat mit der Adelskultur des 16. Jahrhunderts. Ähnlich verstand sich die bürgerliche Kultur im 18. Jahrhundert nicht als Ausformung des bürgerlichen Geistes des 16. Jahrhunderts. Zwar kann man unter gewisser Rücksicht das 16. Jahrhundert als die Glanzzeit der Volkskultur bezeichnen, während sich die Adelskultur vor allem im 17. Jahrhundert entfaltete, und das 18. Jahrhundert durch das Aufkommen der bürgerlichen Kultur gekennzeichnet ist. Diese verschiedenen Kulturen reflektierten und strukturierten auf ihre Weise den Alltag; sie waren zugleich Alltagskulturen, die bestimmte Lebensstile ausprägten und die Interessen der Gruppe nach innen und außen zum Ausdruck und zur Geltung brachten. Die Lebenserwartungen äußerten sich durchaus unterschiedlich, hatten aber jeweils spezifische vorherrschende Ziele: so für das Volk die Sicherung des Lebens, für den Adel die Stärkung seiner Herrschaft und für den Bürger die Verwirklichung einer neuen rationalen Ordnung. Wenngleich diese Gruppenkulturen ihr Gesicht und ihre Gestalt aus den sozialen Auseinandersetzungen gewannen, wurden sie doch zugleich durch den Verstaatlichungsprozeß in der frühen Neuzeit geprägt, der stets bestimmte kulturelle Formen förderte und andere zu unterdrücken suchte. Der Wandel der kulturellen Formationen war dementsprechend nicht nur ein Produkt sozialer Auseinandersetzungen, sondern war auch mitgestaltet von der Moralpolitik des frühmodernen Staates. Am stärksten versuchte er, die Volkskultur umzuändern, die ,Wildheit' des Volkes sollte zugunsten effektiver Arbeit gebändigt werden. Der Adel sollte seine Eigenständigkeit aufgeben und seine Kraft dem Fürsten unterstellen. Am wenigsten griff der Staat in die bürgerliche Kultur ein, ihre Rationalität diente seiner eigenen Expansion.

Der konkrete Zivilisationsprozeß produzierte keine einheitliche Kultur im Sinne des Staates, verband auch nicht die verschiedenen sozialen Gruppen und Stände, sondern artikulierte sich in unterschiedlichsten Kulturen, die die Standesgrenzen eher verschärften als verminderten. Zweifellos haben sich das Alltagsleben und der Umgang der Menschen miteinander, mit dem Staat und mit der Umwelt vom 16. zum 18. Jahrhundert wesentlich geändert, aber von einem unilinearen, geschlossenen Zivilisationsprozeß kann ebensowenig gesprochen werden, wie von einer zunehmenden Übermächtigung, die jeden ‚Eigensinn' der verschiedensten sozialen Gruppen aufbrach oder vernichtete. Sicherlich hat die expandierende Staatlichkeit alle sozialen Lebensbereiche der Gesellschaft erfaßt, dennoch entsprach die ‚neue' Welt nicht unbedingt den Prämissen des frühmodernen Staates, sondern war ebenso ein Produkt der Widerspenstigkeit und des Behauptungswillens der traditionellen Gruppen.

Schlußbetrachtung

Die wichtigsten lebenserhaltenden Tätigkeiten vollzogen sich in der frühen Neuzeit zweifellos in den Hausgemeinschaften; aber diese existierten nicht unverbunden nebeneinander, sondern waren eingebettet in eine Nachbarschaft, in eine Dorfgemeinschaft, in ein Stadtviertel oder in eine Stadtkommune. Das soziale Leben teilte sich auf in einen häuslichen und einen öffentlichen Bereich. So klar abgrenzbar und jeweils eigenen Normen unterworfen beide Sphären waren, gab es doch zugleich vielfältige Verbindungen und Verknüpfungen. Wie keiner in seinem Haus sich abkapseln konnte, so konnte sich auch kein Haus aus der Öffentlichkeit des Dorfes oder der Stadt ausschließen, ohne Schaden zu nehmen. Ihren sozialen Wert und Status erhielten die Häuser von der Stellung in der Öffentlichkeit, wie auch umgekehrt die öffentlichen Sozialformen die Struktur der Hausgemeinschaften prägten.

Ein zentraler Lebensbereich, der beide Sphären umfaßte und von ihnen bestimmt wurde, war die Arbeit. Alle Menschen, Männer wie Frauen, Kinder wie Greise, mußten arbeiten, nur eine quantitativ kleine Schicht von Adeligen und Klerikern befreite sich von diesem Zwang. Die Arbeit war von der körperlichen Anstrengung her gesehen in der Regel hart, aber durchaus vielfältig. Sie läßt sich nicht in etwa auf Ackerbau, Handwerk oder Handel reduzieren; es gab vielmehr eine unendlich große Anzahl von landwirtschaftlichen und handwerklichen Tätigkeiten, die alle auch eine offizielle Bezeichnung hatten. Ihren Lebensunterhalt bestritten allerdings nur die wenigsten ausschließlich aus ihrem Beruf, die meisten Bauern führten handwerkliche Arbeiten für ihren Betrieb aus, während die meisten Handwerker große Gärten besaßen. Selbst bei Kaufleuten stammte das Vermögen selten allein aus dem Handelsgewinn. Die Produktivität war insgesamt nicht groß, deswegen gab es lange Arbeitszeiten, die allerdings häufig durch Feste oder Feiern unterbrochen wurden. Die Arbeit diente bei allen ausschließlich dem unmittelbaren Lebensunterhalt und dazu, Steuern und Abgaben zu zahlen. Ein systematisches Sparen gab es ebensowenig wie eine moralische Pflicht zur Arbeit, wenn alles Notwendige erreicht war. Sicherlich wurde Fleiß hochgehalten und qualifizierte Arbeit sehr geschätzt, aber einen besonderen Wert besaß die Arbeit als solche nicht. Daß Arbeit glücklich macht, ist erst eine Fiktion der Aufklärung. Die meisten Menschen in der frühen Neuzeit empfanden ihre Arbeit als Last und reduzierten sie, wo immer es möglich war. Das schloß freilich nicht aus, daß die Arbeit einen Lebenszusammenhang über die Hausgemeinschaften hinweg schuf, der für die dörfliche und städtische Öffentlichkeit konstitutiv war.

Die Arbeit bildete den einen Pol des gesellschaftlichen Lebens, den anderen bestimmten Feste und Feiern. Die Festfreudigkeit der frühen Neuzeit war kein Ausfluß privaten Feierbedürfnisses, sondern war kollektiv verankert und für jedermann zwingend, niemand konnte sich ihr entziehen. Die Festkultur ist überaus reichhaltig, je nach Stand und Region unterschiedlich gestaltet, hatte aber allenthalben die gleichen Grundzüge. Sie ist gekennzeichnet durch einen starken Hang zur Verschwendung, nicht nur in den Oberschichten wurden Vermögen verschleudert, sondern auch bei den ärmeren Leuten. Im Essen, Trinken, Tanzen und Lärmen kannte man keine Grenzen. Ein Stück Freiheit des Lebens wurde hier erfahren, ohne daß aber jemals die soziale Ordnung aufgehoben wurde: auch das Fest war fester Bestandteil der Ordnung des Lebens. Denn Feiern und Feste stabilisierten Lebenszusammenhänge in den Häusern, in ständischen Gruppen, im dörflichen und städtischen Raum. Vor allem im Fest erlebte sich jeder als Mitglied einer Gruppe, das gilt für den kleinen Lohnarbeiter wie für den reichen Handwerker. Ein Fernbleiben kam einem sektiererischen Verhalten gleich. Was durch alltägliche Konflikte gestört war, das halfen Feste heilen. Zugleich verschwanden bei vielen Festen die profanen und sakralen Grenzen, weltliche Feste wurden zwar verkirchlicht, aber kirchliche Feste gingen auch über in Feste des Volkes. Trotz aller ‚Wildheit' vollzogen sich die Feste und Feiern in bestimmten Ritualen, die festgelegt und keineswegs frei verfügbar waren. Sie stabilisierten Traditionen, ohne die die frühneuzeitliche Gesellschaft keine Sicherheit gehabt hätte. Die öffentliche Ordnung der Dörfer und Städte wurde mehr durch die alltägliche Arbeit und die Feste garantiert, als durch übergeordnete Kräfte, wie sie die Stadtobrigkeit, die adelige Grundherrschaft und der frühmoderne Staat darstellten.

Die Menschen in der frühen Neuzeit waren nicht nur in Hausgemeinschaften eingebunden, sondern bildeten gleicherweise soziale Stände. Sie traten kaum als Individuen auf, sondern als Vertreter bestimmter Stände, deren Sonderbewußtsein stärker wurde, je höher der Stand sich selbst setzte. Die Standeszugehörigkeit – Adel, Bürgertum, Bauernstand – war nicht nur abhängig von der Herkunft, gleicherweise spielten Besitz und Tätigkeit, Tradition, Selbsteinschätzung und Lebensführung eine Rolle. So war die eigene Standeszugehörigkeit alles andere als eine feste Größe: der einzelne mußte seinen Stand behaupten, sich seiner würdig erweisen. Die Ständeordnung korrespondierte zwar weitgehend mit der Berufsordnung, ging aber nicht in ihr auf. Die Zeit verstand sie als eine von Gott gegebene Ordnung, die ein Optimum an Auskömmlichkeit und friedfertigem Zusammenleben für jeden garantieren sollte. De facto aber war sie ein System sozialer Ungleichheit, in dem jeder sich nicht nur von anderen abschottete, sondern die Klassenunterschiede zwischen oben und unten ein für allemal festgeschrieben blieben. Es gab zwar eine gewisse Mobilität, aber weitgehend blieb jeder in seinem Stand. Diese Standeszugehörigkeit durfte nicht verborgen sein, sondern mußte nach außen gezeigt werden. Die Ehre jedes einzelnen bemaß sich nicht nach seinen moralischen Tugenden, sondern nach seiner öffentlichen Geltung: was einer darstellte, welchen Beruf er ausübte und welche Machtposition er inne hatte. In keiner Zeit gehörte der ‚äußere' Lebensstil so zur Signatur der Gesellschaft wie in der frühen Neuzeit. An welcher Stelle jemand in einem Aufzug oder in einer Prozession, in einer öffentlichen Versammlung oder in der Kirche plaziert war, hatte große Bedeutung. Die vielen Ehrenhändel offenbaren ein Ständespiel, in dem jeder seinen Status erkämpfen mußte. Die obrigkeitliche Festlegung half nur bedingt.

Die Dörfer und Städte hätten in der frühen Neuzeit mit ihren knappen Ressourcen nicht leben und funktionieren können ohne eine streng überwachte Ordnung, die jedem einen festen Arbeitsbereich und sozialen Platz zuwies, der nur einen geringen individuellen Spielraum gewährte. Diese Ordnung sicherte das gesellschaftliche Überleben im Rahmen der ständischen Hierarchie ab und kontrollierte den Verteilungskampf von Vermögen und Prestige. Nicht jeder profitierte von dieser Ordnung gleicherweise. Die jeweils oberen Stände sicherten ihren Anteil auf Kosten der nachfolgenden. Aber noch stärker war eine Trennungslinie gezogen zwischen den ‚Einheimischen' in Dorf und Stadt und den ‚Fremden', die kaum Rechte besaßen. Diese Lebensordnung schrieben keineswegs allein die Kirchen und der frühmoderne Staat fest, so sehr sie durchaus ihre Vorstellungen seit dem 16. Jahrhundert allenthalben verstärkt ins Spiel brachten. Schon jede Hausgemeinschaft kannte ihre strenge Ordnung. Dasselbe gilt im Großen für jede städtische und dörfliche Lebensgemeinschaft, im Kleinen für die Ordnungen unter dem Gesinde, den Gesellen, den Zünften, den Adelskreisen. Sie waren keineswegs immer miteinander kompatibel, nicht wenige Konflikte entwikkelten sich aus der Konfrontation verschiedener Ordnungsvorstellungen, woraus dann der Staat seinen Anspruch ableitete, letzte Entscheidungen zu treffen. Diese verschiedenen Ordnungsvorstellungen, alle verbunden mit einem Muster sozialer Kontrolle, waren keineswegs von außen aufgezwungen, sondern Ordnungen, die sich die Menschen selbst schufen, um mit einem Minimum an Konflikten ihr Überleben abzusichern und Frieden zu bewahren. Sie gründeten einerseits auf bestimmten Ritualen und Traditionen, andererseits auf zum Teil schriftlichen Verordnungen, Gesetzen und Mandaten, die zu verletzen Sanktionen nach sich zog. Denn auch das Strafsystem der frühen Neuzeit sollte die Ordnung stabilisieren helfen. Es repräsentierte keineswegs ausschließlich staatliches Recht, sondern enthielt in seinen allgemeinen Rechtsvorstellungen auch populäre Traditionen und Erfahrungen. Jedenfalls war nicht der frühmoderne Staat allein Garant der öffentlichen Ordnung, jedes soziale System kannte und verteidigte seine Vorstellungen, die allerdings sukzessive von der staatlichen Gewalt kontrolliert und integriert wurden.

Wie das häusliche war auch das öffentliche Leben trotz aller traditionellen Normen keineswegs so statisch wie die publizierten Ordnungen es vermuten lassen, im Gegenteil, es unterlag einem ebenso beträchtlichen Wandel, wenngleich dieser erst im 18. Jahrhundert voll wahrgenommen wurde. Einmal differenzierten sich die gesellschaftlichen Gruppierungen in einem so hohen Maße, daß, nach einer Zeit vorübergehender Festschreibung der Ständeordnung, diese in beträchtliche Erosion geriet. Die Unterschichten und außerständischen Gruppen hatten seit dem 18. Jahrhundert so zugenommen, daß sie nicht mehr integrierbar waren. Hinzu kam die Zunahme einer Beamtenschaft, die die ständischen Grenzen aufbrach. Nachdem auch noch die Kirchen an gesellschaftlicher Integrationskraft eingebüßt hatten, gab es seit dem 18. Jahrhundert bereits nichts Verbindendes mehr zwischen den privilegierten Adeligen und der wachsenden Zahl sozial Ausgegrenzter. Dies verschaffte dem entstehenden Mittelstand neue soziale Artikulationsmöglichkeiten: gegen ständische Gruppierungen propagierte er ein gleiches Recht für alle und die Staatsbürgerschaft. Zum anderen – damit zusammenhängend – ist eine konstante Zunahme des staatlichen Ordnungsanspruchs und staatlicher Gestaltungskräfte zu vermerken. Visuell sichtbar wird dies in der neuen, repräsentativen höfischen Kultur, pragmatisch umgesetzt wurde es in der Ausweitung der Bürokratie, die in die kleinsten Angelegenheiten von Land und Stadt einzugreifen begann. Zunächst versuchten die neuen Ordnungskräfte nur die traditionellen Ordnungen aufeinander abzustimmen. In dem Maße allerdings, wie die Dorf- und Stadtverfassungen in Abhängigkeit vom Staate gerieten, verloren ihr traditionelles Recht und ihre traditionelle Ordnungsvorstellung an Relevanz. Die ‚Verstaatung' der Gesellschaft erreichte unter dem Reformabsolutismus einen Höhepunkt. Er unterdrückte zweifellos alte Traditionen, schuf aber mit seinen Eingriffen auch neue Freiräume und trug damit auch zur Emanzipation bisher ausgegrenzter Gruppen und Schichten bei. Dieser Verstaatungsprozeß war weder ein reiner Zivilisations- noch ein Unterdrückungsprozeß. Schließlich bildete sich neben der traditionellen Öffentlichkeit, die vor allem durch den pragmatischen Arbeitszusammenhang und die zeremoniellen Feste konstituiert war, eine neue, überregionale ‚rationale' Öffentlichkeit, die das Einzelleben der Häuser und der Stände unter allgemein verbindliche Regeln und Normen stellte. Zwar spielte selbst im späten 18. Jahrhundert die neue bürgerliche Öffentlichkeit noch keine ausschließliche Rolle, aber der Anspruch des neuen Bürgertums nach Neugestaltung der sozialen Welt war unüberhörbar geworden.

Anmerkungen

I. Das Leben im Dorf

Einleitung

1. Sicherlich ist es gerade aus dem Erkenntnisinteresse der Darstellung heraus problematisch, die Ordnungen des Hauses wie der Stände in der frühen Neuzeit getrennt zu behandeln, weil sich Haus und Stand gegenseitig bedingen. Ebenso ist es zweifellos bedenklich, in der Analyse dieser Ordnungswelten die religiöse ‚Dimension' des Lebens auszuklammern und einem eigenen Band vorzubehalten. Aber jede andere Vorgehensweise würde noch mehr Probleme produzieren. Insofern erscheint der präsentierte Strukturierungsvorschlag als ein vertretbarer Kompromiß, zumal er dem Selbstverständnis der frühneuzeitlichen Gesellschaft entgegenkommt. – Auch dieser Band hätte nicht ohne Hilfe und Anregungen meiner Studenten und Mitarbeiter geschrieben werden können. Besonderen Dank schulde ich Andrea van Dülmen, Rebekka Habermas und auch Renate Blickle für die kritische Lektüre des Manuskriptes. Danken möchte ich auch Brigitte Gutjahr für Hilfen vor allem bei der Fahnenkorrektur und der Herstellung des Registers.

1. Das Dorf und seine Bauern

1. Zur dörflichen Gemeinde in der frühen Neuzeit vgl. allgemein: Gg. L. *Maurer*, Geschichte der Dorfverfassung in Deutschland, 2 Bde. (1865/6); K.-S. *Kramer*, Die Nachbarschaft als bäuerliche Gemeinschaft (1954); K. S. *Bader*, Studien zur Rechtsgeschichte des mittelalterlichen Dorfes, 3 Bde. (1962/4); H. *Wunder*, Das Dorf um 1600. – Der primäre Lebenszusammenhang der ländlichen Gesellschaft, in: W. Brückner u. a. (Hg.), Literatur und Volk im 17. Jahrhundert I (1985) 69–87; vor allem: *Dies.*, Die bäuerliche Gemeinde in Deutschland (1986). P. *Blickle* (Hg.), Landgemeinde und Stadtgemeinde in Mitteleuropa. Ein struktureller Vergleich (1991). „Das Dorf, als Ergebnis von ‚Verdorfung' und ‚Vergrundherrschaftung' seit dem 12. Jahrhundert, war der Typus ländlicher Siedlungen, in dem lokaler Siedlungsverband mit dem sozialen Verband (Nachbarschaft), dem wirtschaftlichen Verband (Flurgenossenschaft), dem politischen Verband (Gemeinde) und vielfach dem kultischen Verband (Pfarrei) zusammenfiel." (*Wunder*, Das Dorf um 1600, 72).
2. J. H. *Zedler*, Großes Universal-Lexikon aller Wissenschaften und Künste, Bd. 10, (1732/50) 772f.
3. Fr. A. *Köhler*, Eine Alb-Reise im Jahre 1790 zu Fuß von Tübingen nach Ulm (1978) 173.
4. Ebd. 77.
5. Ebd. 53.
6. Allgemein: K. *Blaschke*, Soziale Gliederung und Entwicklung der sächsischen Landbevölkerung im 16. bis 18. Jahrhundert, in: ZSS 4 (1956) 144ff.; D. *Saal-*

feld, Bauernwirtschaft und Gutsbetrieb in der vorindustriellen Zeit (1960); P. *Fried*, Herrschaftsgeschichte der altbayerischen Landgerichte Dachau und Kranzberg im Hoch- und Spätmittelalter sowie in der frühen Neuzeit (1962); H. *Harnisch*, Die Herrschaft Boitzenburg. Untersuchungen zur Entwicklung der sozialökonomischen Struktur ländlicher Gebiete in der Mark Brandenburg vom 14. bis zum 19. Jahrhundert (1968); G. *Hanke*, Zur Sozialstruktur der ländlichen Siedlungen Altbayerns im 17. und 18. Jahrhundert, in: FS Bosl (1969) 219ff.; Fr. W. *Henning*, Bauernwirtschaft und Bauerneinkommen im Fürstentum Paderborn im 18. Jahrhundert (1970); A. *Strobel*, Agrarverfassung im Übergang. Studien zur Agrargeschichte des badischen Breisgaus vom Beginn des 16. bis zum Ausgang des 18. Jahrhunderts (1972); E. *Schwarze*, Soziale Struktur und Besitzverhältnisse der ländlichen Bevölkerung Ostthüringens im 16. Jahrhundert (1975); W. *Kaltenstadler*, Bevölkerung und Gesellschaft Ostbayerns im Zeitraum der frühen Industrialisierung (1780–1820) (1977) 69ff.; W. *Achilles*, Die Lage der hannoverschen Landbevölkerung im späten 18. Jahrhundert (1982).

7. G. *Franz*, Geschichte des deutschen Bauernstandes vom frühen Mittelalter bis zum 19. Jahrhundert (1976²) 225.
8. Über bäuerliche Führungsschichten vgl. Fr. *Huter*, Bäuerliche Führungsschichten in Tirol vom 16.–18. Jahrhundert; Fr. *Rapp*, Die bäuerliche Aristokratie des Kochersbergs im ausgehenden Mittelalter und zu Beginn der Neuzeit; H. *Haushofer*, Bäuerliche Führungsschichten in Altbayern; G. *Wunder*, Bäuerliche Oberschichten im alten Wirttemberg; H. *Niemann*, Die Bauern in der ostfriesischen Landschaft im 16. bis 18. Jahrhundert; N. R. *Nissen*, Bäuerliche Führungsschichten zwischen Bauernkrieg und Bauernbefreiung; alle in: G. Franz (Hg.), Bauernschaft und Bauernstand 1500–1870 (1975).
9. G. *Diepolder*, R. *van Dülmen*, A. *Sandberger*, Rosenheim. Die Landgerichte Rosenheim und Auerburg und die Herrschaften Hohenaschau und Wildenwert (1978) 37.
10. W. *Achilles*, Vermögensverhältnisse braunschweigischer Bauernhöfe im 17. und 18. Jahrhundert (1965).
11. Ebd.
12. *Hanke*, Sozialstruktur der ländlichen Siedlungen Altbayerns 243f.
13. Vgl. auch R. *Beck*, Ländliche Wirtschaft und dörfliche Gesellschaft des 18. Jahrhunderts: Unterfinning 1721 (MS 1991).
14. C. P. *Clasen*, Die Wiedertäufer im Herzogtum Württemberg und in benachbarten Herrschaften (1965) 204–210; vgl. auch *Franz*, Geschichte des deutschen Bauernstandes 223f.
15. W. A. *Boelcke*, Bäuerlicher Wohlstand in Württemberg Ende des 16. Jahrhunderts, in: Jb. f. Nationalökonomie u. Statistik 176 (1964) 241–280, hier 249f.

16. *Henning*, Bauernwirtschaft und Bauerneinkommen im Fürstentum Paderborn 30ff., 76, 80, 86:

Paderborn 18. Jh.

Betriebs-größe in ha	Zahl der Höfe in %	Fläche je Gruppe in %	Personen je Hof (Neuhaus)	Pferde je Bauernhof (Neuhaus)	Kühe je Bauer (Neuhaus)	Schafe je Hof (Neuhaus)	Schweine je Hof (Neuhaus)	Arbeitskräfte je Hof (Neuhaus)
weniger als 0,5	10,5	0,5						
0,5–1	24	4,5	4,4	1	2		2,0	2,5
2–5	25	15	7,2	1,67	2,9	0,8	1,33	4,1
5–10	20	24	11,3	1,64	3,1	6,9	1,64	6,5
10–15	10	21	13,0	2,13	3,0	2,4	4,75	7,4
15–20	8	23	14,0	4,00	7,0	32,0	4,00	8,4
20–25	1	5	15,9	4,00	7,5		9,5	9,1
25–30	1	4	17,1	3,00	9,0		12,00	9,8
30–40	0,5	3						

17. *Achilles*, Vermögensverhältnisse braunschweigischer Bauernhöfe 13/19 pass.
18. Staatsarchiv München: Herrschaft Hohenaschau B 153.
19. Zit. nach: W. *Abel*, Massenarmut und Hungerkrisen im vorindustriellen Europa (1974) 96f.
20. Allgemein vgl. Th. *Ludwig*, Der badische Bauer im 18. Jahrhundert (1896); G. C. L. *Schmidt*, Der Schweizer Bauer im Zeitalter des Frühkapitalismus (1932); B. *Huppertz*, Räume und Schichten bäuerlicher Kulturformen in Deutschland. Ein Beitrag zur deutschen Bauerngeschichte (1939); W. *Bomann*, Bäuerliches Hauswesen und Tagewerk im alten Niedersachsen (1941[4]); J. *Budinger*, Der Bauer in der Kultur- und Wirtschaftsgeschichte Österreichs (1952); F. *Mager*, Geschichte des Bauerntums und der Bauernkultur im Lande Mecklenburg (1955); *Franz*, Geschichte des deutschen Bauernstandes; *Franz* (Hg.), Bauernschaft und Bauernstand; W. *Conze*, Bauer, Bauernstand, Bauerntum, in: Gesch. Grundbegriffe I (1972) 408ff.; R. *Wenskus*, H. *Jankuhn*, K. *Grinda* (Hg.), Wort und Begriff ‚Bauer' (1975); S. D. *Skazkin*, Der Bauer in Westeuropa während der Epoche des Feudalismus (1976); Das Bild vom Bauer. Vorstellungen und Wirklichkeit vom 16. Jahrhundert bis zur Gegenwart (1978); W. *Schulze*, Bäuerlicher Widerstand und feudale Herrschaft in der frühen Neuzeit (1980); E. *le Roy Ladurie*, Die Bauern des Languedoc (1985); P. *Blickle*, Bauer, in: Fischer Lexikon Geschichte (1990) 140ff.
21. A. *Bartels*, Der Bauer in der deutschen Vergangenheit (1900); Fr. *Martini*, Das Bauerntum im deutschen Schrifttum von den Anfängen bis zum 16. Jahrhundert (1944).
22. Zit. nach M. *Rumpf*, Deutsches Bauerntum (1936) 180.
23. Zit. nach: G. *Franz* (Hg.), Quellen zur Geschichte des deutschen Bauernstandes in der Neuzeit (1976) 167f.
24. Wie bei theologischen Schriftstellern vgl. *Rumpf*, Deutsches Bauerntum 169.
25. Zit nach: *Franz* (Hg.), Quellen zur Geschichte des deutschen Bauernstandes 261f.
26. Ebd. 304ff.
27. Zur Sozialgeschichte des Gesindes, vgl. E. *Lennhoff*, Das ländliche Gesindewe-

sen in der Kurmark Brandenburg vom 16. bis 19. Jahrhundert (1906); O. *Könneke*, Rechtsgeschichte des Gesindes in West- und Süddeutschland (1912); S. *Musiat*, Zur Lebensweise des landwirtschaftlichen Gesindes in der Oberlausitz (1964); W. *Hartinger*, Bayerisches Dienstbotenleben auf dem Lande vom 16. bis 18. Jahrhundert, in: Zs. f. bayr. LG 38 (1975) 598–638; S. *Göttsch*, Beiträge zum Gesindewesen in Schleswig-Holstein zwischen 1740–1840 (1978); Kl. *Tenfelde*, Ländliches Gesinde in Preußen, in: Arch. f. Sozialgesch. 19 (1979); G. *Frühsorge* u. a. (Hg.), Gesinde im 18. Jahrhundert (1991).

28. Über das Leben von Taglöhnern wissen wir so gut wie nichts.

29. Zum Dorfhandwerk vgl. E. *Hähnsen*, Die Entwicklung des ländlichen Handwerks in Schleswig-Holstein (1923); A. *Skalweit*, Das Dorfhandwerk vor Aufhebung des Städtezwangs (1942); *Ders.*, vom Werdegang des Dorfhandwerks, in: ZAA 2 (1954); H. *Schultz*, Landhandwerk und ländliche Sozialstruktur um 1800, in: Jb. f. WG (1981) 11–49; *Dies.*, Landhandwerk im Übergang vom Feudalismus zum Kapitalismus (1984); nun weiterführend: *Beck*, Ländliche Wirtschaft III 30ff.

30. Zur Heimindustrie in der frühen Neuzeit vgl.: F. *Gothein*, Wirtschaftsgeschichte des Schwarzwaldes und der angrenzenden Landschaften (1892); W. *Troeltsch*, Die Calwer Zeughandlungskompagnie und ihre Arbeiter. Studien zur Gewerbe- und Sozialgeschichte Altwürttembergs (1897); R. *Braun*, Industrialisierung und Volksleben. Veränderungen der Lebensformen unter Einwirkung der verlagsindustriellen Heimarbeit in einem ländlichen Industriegebiet vor 1800 (1979²); H. *Kellenbenz* (Hg.), Agrarisches Nebengewerbe und Formen der Reagrarisierung im Spätmittelalter und 19./20. Jahrhundert (1975); P. *Kriedte*, H. *Medick*, J. *Schlumbohm*, Industrialisierung vor der Industrialisierung. Gewerbliche Warenproduktion auf dem Lande in der Formationsperiode des Kapitalismus (1977); T. *Meier*, Handwerk, Hauswerk, Heimarbeit. Nichtagrarische Tätigkeiten und Erwerbsformen in einem traditionalen Ackerbaugebiet des 18. Jahrhunderts (1986).

2. *Arbeitswelt: Ackerbau, Viehzucht*

1. Über die Verschränkung von Arbeitswelt und Lebensweise gibt es so gut wie keine Forschungen. Neue Wege geht R. *Beck*, Naturale Ökonomie. Unterfinning: Bäuerliche Wirtschaft in einem oberbayerischen Dorf des frühen 18. Jahrhunderts (1986). Zur Welt der ländlichen Heimarbeiter vgl. *Braun*, Industrialisierung und Volksleben. Materialreich K.-S. *Kramer*, Volksleben im Fürstentum Ansbach und seinen Nachbargebieten 1500–1800 (1961); K.-S. *Kramer* – U. *Wilkens*, Volksleben in einem holsteinischen Gutsbezirk (1979).

2. *Kramer*, Die Nachbarschaft als bäuerliche Gemeinschaft.

3. Vgl. u. a. K. Frhr. v. *Leoprechting*, Bauernbrauch und Volksglaube in Oberbayern (1975); Arbeit und Volksleben (1967); P. *Assion*, Bäuerliches Tagewerk vor der Mechanisierung, in: FS f. H. Heineberger (1971) 53ff.

4. R. *Berthold*, Wachstumsprobleme der landwirtschaftlichen Nutzfläche im Spätfeudalismus (1500–1800), in: Jb. f. WG (1964) 5ff.

5. Fr. *Lütge*, Geschichte der deutschen Agrarverfassung vom frühen Mittelalter bis zum 19. Jahrhundert (1967²); F. W. *Henning*, Landwirtschaft und ländliche Gesellschaft in Deutschland I (1979).

6. Joh. Fr. *Mayer*, Beiträge und Abhandlungen zur Aufnahme der Land- und Hauswirtschaft (1769). Zit. nach: *Abel*, Geschichte der deutschen Landwirtschaft, 306f.
7. Allgemein vgl. Fr. K. *Riemann*, Ackerbau und Viehhaltung im vorindustriellen Deutschland (1953).
8. Vgl. *Abel*, Geschichte der deutschen Landwirtschaft 280ff.
9. *Riemann*, Ackerbau 19.
10. Ebd. 21.
11. Vgl. W. *Bomann*, Bäuerliches Hauswesen und Tagewerk im alten Niedersachsen (1986[6]); U. *Bentzien*, Bauernarbeit im Feudalismus. Landwirtschaftliche Arbeitsgeräte und -verfahren in Deutschland von der Mitte des ersten Jahrtausends u. Z. bis um 1800 (1990[2]); Kl. *Herrmann*, Pflügen, Säen, Ernten. Landarbeit und Landtechnik in der Geschichte (1985).
12. U. a. *Beck*, Naturale Ökonomie 105ff.
13. *Riemann*, Ackerbau 37.
14. Allgemein: vgl. *Bomann*, Bäuerliches Hauswesen 168ff.; *Riemann*, Ackerbau 46ff.; *Saalfeld*, Bauernwirtschaft 66ff.; *Abel*, Geschichte der deutschen Landwirtschaft 91ff., 233ff., 314ff.; *Henning*, Bauernwirtschaft und Bauerneinkommen im Fürstentum Paderborn 74ff.; *Beck*, Naturale Ökonomie 80ff.
15. Nach *Abel*, Geschichte der deutschen Landwirtschaft 234.
16. Zit. nach Ebd. 237.
17. Ebd.
18. Ebd. 238.
19. W. *Jacobeit*, Schafhaltung und Schäfer in Zentraleuropa bis zum Beginn des 20. Jahrhunderts (1987[2]); R. G. *Schöller*, Der gemeine Hirte. Viehhaltung, Weidewirtschaft und Hirtenwesen vornehmlich des nachmittelalterlichen Umlandes von Nürnberg (1973).
20. Zit. nach *Abel*, Geschichte der deutschen Landwirtschaft 245.
21. *Riemann*, Ackerbau 53.
22. *Abel*, Geschichte der deutschen Landwirtschaft 240.
23. Ebd. 248ff.
24. Ebd. 249.
25. Ebd.
26. Ebd.
27. *Bomann*, Bäuerliches Hauswesen.
28. *Köhler*, Eine Alb-Reise im Jahre 1790, 236.
29. Über das Werkzeug eines Bauern berichtet der barocke Schriftsteller Selhamer: „Die Werckzeug an Bauren-Höfen seynd viel und sehr unterschiedlich, groß und klein, weil sie zu unterschiedlichen Händlen gebraucht werden. Etliche braucht man in die Erden, andere zum Bäumen, zum Früchten, zum Obs; etliche zum Holtz, zum Fuhrwerck, zum Vich. Für die Erden braucht man Bicklen, Schaufflen, Hauen, Pflug, Eggen, Rechen, Mist-Gablen. Für Bäum und Früchten braucht man Axt, Hacken, Beil, Baum-Messer, Stoß-Maisel, Spalt-Maisel, Keil, Stikl, Kräl, Rifl, Sichel, Sensen, Hammer und Amboß zum Denglen, Kraut-Faß, die man ordinari wegen Schärpffe des Gieren (Gärens), mit eisernen Raifen beschlagen soll. Hobel-Banck, Ruben und Kraut einzuhoblen, Gablen, Wannen, Streich-Holtz. Zum Fuhrwerck, Vieh und Holtz, Schub-Karren, Wagen, Schlö-

gel, Hacken, Winden, Zang und Hammer, Nägel und Huefeisen, Schienen, Räder, Roßbiß, Viech-Kampel, Strigel, Ketten und Spannstecken. Wil von der Kuchel nicht viel sagen, wo auch die Weiber mit allen ihren Eisenwerk, Tryfuß, Pfannen, Löfflen, Häfen, Zunterstahl, Schaufflen und Ofengablen, Spieß und Messer, Ribeisen und Hackbrett, Leichter und Butschären, Schir-Hacken und Feuer-Zangen, Scherber und Reindel, Sib, Luck und Decken von allem Eisen-Geld befreyet waren. All diser Hauß- und Bau-Zeug wird noch heut in ersagtem Bauren-Hof erhalten." Zit. nach: *Rumpf*, Deutsches Bauernleben 261.

30. Vgl. S. 28f.
31. Vgl. S. 29f. Weiterhin: W. *Mager*, Protoindustrialisierung und agrarisch-heimgewerbliche Verflechtung in Ravensberg während der frühen Neuzeit. Studien zu einer Gesellschaftsformation im Übergang, in: Gesch. u. Gesellsch. 8 (1982) 435–74; K.-H. *Kaufhold*, Gewerbe und ländliche Nebentätigkeit im Gebiet des heutigen Niedersachsens um 1800, in: Arch. f. SG 23 (1983) 163–218; H. *Medick*, Privilegiertes Handelskapital und ‚kleine Industrie'. Produktion und Produktionsverhältnisse im Leinengewerbe des altwürttembergischen Oberamts Urach im 18. Jahrhundert, in: Arch. f. SG 23 (1983) 267–310.
32. Zit. nach: *Skalweit*, Das Dorfhandwerk 37.
33. U. *Bräker*, Lebensgeschichte und Natürliche Ebentheuer des Armen Mannes im Tockenburg (1945) 255. Einen unmittelbaren Einblick in die dürftigen bis ärmlichen Verhältnisse auf dem Lande vermittelt auch eine Haushaltserhebung von 1786 in Württemberg. Vgl. P. *Lahnstein*, Schwäbisches Leben in alter Zeit. Ein Kapitel deutscher Kulturgeschichte (1983) 374ff.

3. Selbstverwaltung in Untertänigkeit

1. Vgl. allgemein: *Kramer*, Die Nachbarschaft als bäuerliche Gemeinschaft; *Bader*, Studien zur Rechtsgeschichte.
2. *Beck*, Naturale Ökonomie.
3. Vgl. R. *van Dülmen*, Das Haus und seine Menschen.
4. Vgl. dagegen jetzt u. a. P. *Blickle* (Hg.), Aufruhr und Empörung? Studien zum bäuerlichen Widerstand im Alten Reich (1980); W. *Schulze*, Bäuerlicher Widerstand und feudale Herrschaft in der frühen Neuzeit (1980); P. *Blickle*, Deutsche Untertanen. Ein Widerspruch (1981); W. *Schulze* (Hg.), Europäische Bauernrevolten der frühen Neuzeit (1982).
5. *Wunder*, Die bäuerliche Gemeinde in Deutschland.
6. P. *Blickle*, Landschaften im Alten Reich. Die staatliche Funktion des gemeinen Mannes in Oberdeutschland (1973).
7. Dazu anregend D. W. *Sabean*, Das zweischneidige Schwert. Herrschaft und Widerspruch im Württemberg der frühen Neuzeit (1986); vgl. auch W. *Troßbach*, Soziale Bewegung und politische Erfahrung. Bäuerlicher Protest in hessischen Territorien 1648–1806 (1986); A. *Suter*, „Troublen" im Fürstbistum Basel (1726–1740). Eine Fallstudie zum bäuerlichen Widerstand im 18. Jahrhundert (1985).
8. H. H. *Hofmann*, Freibauern, Freidörfer, Schutz und Schirm im Fürstentum Ansbach, in: Zs. f. bayr. LG 23 (1960) 195–327; W. *Störmer*, Ansatzpunkte politischer Willensbildung der Bauernschaft im spätmittelalterlichen Schwaben, Franken und Bayern, in: Zs. f. AA 23 (1975) 165–180.

9. *Wunder*, Die bäuerliche Gemeinde; Fr. *Lütge*, Geschichte der deutschen Agrarverfassung (1967²); A. *Strobel*, Agrarverfassung im Übergang. Studien zur Agrargeschichte des badischen Breisgaus vom Beginn des 16. bis zum Ausgang des 18. Jahrhunderts (1972).
10. Vgl. K. H. *Querin*, Herrschaft und Gemeinde nach mitteldeutschen Quellen des 12.–18. Jahrhunderts (1952); R. *Wilhelm*, Rechtspflege und Dorfverfassung. Nach niederbayerischen Ehehaftsordnungen vom 15. bis zum 18. Jahrhundert, in: Verh. d. Hist. Vereins f. Niederbayern 80 (1954) 1–151; G. A. *Thumm*, Die bäuerlichen und dörflichen Rechtsverhältnisse des Fürstentums Hohenlohe im 17.–18. Jahrhundert (1970); W. *Scherzer*, Die Dorfverfassung der Gemeinde im Bereich des ehemaligen Hochstifts Würzburg. Ein Vergleich mit den Verhältnissen im Obermaingebiet, in: Jb. f. fränk. LG 36 (1976) 37–64.
11. G. *Franz* (Hg.), Bauernschaft und Bauernstand 1500–1970 (1975); *Blickle*, Deutsche Untertanen; *Ders.*, Untertanen der Frühneuzeit. Zur Rekonstruktion der politischen Kultur und der sozialen Wirklichkeit Deutschlands im 17. Jahrhundert, in: Viertelj. f. Wirtschafts- und Sozialgesch. 70 (1983); *Ders.*, Unruhen in der ständischen Gesellschaft 1300–1800 (1988).
12. R. *Blickle-Littwin*, Besitz und Amt, in: Zs. f. bayr. LG 40 (1977) 277–290; H. *Wunder*, Zum Stand der Erforschung frühmoderner und moderner bäuerlicher Eliten in Deutschland, Österreich und der Schweiz in: Arch. f. SG 19 (1979) 597–607; H. *Harnisch*, Rechtsqualität des Bauernlandes und Gutsherrschaft, in: Jb. f. Gesch. des Feudalismus 3 (1979) 311 ff.
13. Allgemein vgl. K. *Kollnig*, Probleme der Weistumsforschung, in: Heidelberger Jbb 1 (1957); H. *Stahleder*, Weistümer und verwandte Quelllen in Franken, Bayern und Österreich, in: ZBLG 32 (1969); P. *Blickle* (Hg.), Deutsche ländliche Rechtsquellen. Probleme und Wege der Weistumsforschung (1977). Wichtige Sammlung immer noch: J. *Grimm* (Hg.), Weistümer, 7 Bde. (ND 1957) F. v. *Künßberg*, Deutsche Bauernweistümer (1926). – Reine herrschaftliche Anordnungen gab es besonders im 18. Jahrhundert. Vgl. die „Vorschriften über die Pflicht- und Schuldigkeit eines unterthanen der herrschaft Warthausen vom Jahr 1765". Abdruck in: *Lahnstein*, Schwäbisches Leben 285–289.
14. *Wilhelm*, Rechtspflege und Dorfverfassung; *Scherzer*, Die Dorfverfassung der Gemeinde; W. *Grube*, Dorfgemeinde und Amtsversammlung in Altwürttemberg in: Zs. f. württ. LG 13 (1954) 194–219: Cl.-H. *Hauptmeyer*, Dorf und Territorialstaat im zentralen Niedersachsen, in: U. *Lange* (Hg.), Landgemeinde und Frühmoderner Staat (1988) 217–235.
15. K. S. *Bader*, Dorfgenossenschaft und Dorfgemeinde (1974²); *Blickle*, Deutsche Untertanen 30 ff. Auch: M. *Fritz*, Das frühneuzeitliche Dorf als sozial-politische Einheit (MA Saarbrücken 1990).
16. W. *Krämer*, Geschichte der Gemeinde Gauting (1949) 229.
17. A. *Mönnich*, Konflikt und Alltag in der Hofmark Amerang. Ein Beitrag zur Rekonstruktion bäuerlicher Lebensbereiche des späten 17. Jahrhunderts (MA München 1982) 27.
18. *Krämer*, Geschichte der Gemeinde Gauting.
19. W. *Boelcke*, Bauer und Gutsherr in der Oberlausitz (1957); Fr. *Lügte*, Geschichte der deutschen Landwirtschaft (1967²).
20. Vgl. den grundlegenden Aufsatz von R. *Beck*, Der Pfarrer und das Dorf. Kon-

formismus und Eigensinn im katholischen Bayern des 17./18. Jahrhunderts, in: R. van Dülmen (Hg.), Armut, Liebe, Ehre (1988) 107–143. Weiteres im Bd. III.

21. Vgl. u. a. Fr. *Lütge*, Die mitteldeutsche Grundherrschaft und ihre Auflösung (1957²); Fr.-W. *Henning*, Herrschaft und Bauernuntertänigkeit. Beiträge zur Geschichte der Herrschaftsverhältnisse in den ländlichen Bereichen Ostpreußens und des Fürstentums Paderborn von 1800 (1964); H. *Harnisch*, Die Herrschaft Boitzenburg. Untersuchungen zur Entwicklung der sozialökonomischen Struktur ländlicher Gebiete in der Mark Brandenburg vom 14. bis zum 19. Jahrhundert (1968); P. *Blickle*, Landschaften im Alten Reich; *Ders.* (Hg.), Landgemeinde und Stadtgemeinde in Mitteleuropa.
22. Vgl. u. a. M. *Sering*, Die Vererbung des ländlichen Grundbesitzes im Königreich Preußen, 3 Bde. (1908); Fr. *Lütge*, Die bayerische Grundherrschaft. Untersuchungen über die Agrarverfassung Altbayerns im 16.–18. Jahrhundert (1949).
23. Vgl. v. a. G. *Franz*, Der deutsche Bauernkrieg (1975¹⁰); P. *Blickle*, Die Revolution von 1525 (1981²); H. *Buszello* u. a. (Hg.), Der deutsche Bauernkrieg (1984).
24. Vgl. v. a. *Blickle* (Hg.), Aufruhr und Empörung; W. *Schulze*, Bäuerlicher Widerstand und feudale Herrschaft in der frühen Neuzeit (1980); W. *Schulze* (Hg.), Europäische Bauernrevolten der frühen Neuzeit (1982); v. a. R. *Blickle*, Nahrung und Eigentum als Kategorien in der ständischen Gesellschaft, in: W. Schulze (Hg.), Ständische Gesellschaft und soziale Mobilität (1988) 73–94.
25. Zit. nach *Schulze*, Bäuerlicher Widerstand 250f.
26. V. a. ebd. 121ff. Vgl. auch P. *Bierbrauer*, Freiheit und Gemeinde im Berner Oberland 1300–1700 (1991).
27. *Blickle*, Deutsche Untertanen.
28. Zit. ebd. 99.
29. Ebd.
30. Vgl. allgemein: H. *Hörger*, Kirche, Dorfreligion und bäuerliche Gesellschaft, 2 Bde. (1978) 83; *Kramer*, Volksleben im Fürstentum Ansbach und seinen Nachbargebieten 1500–1800; *Ders.*, Volksleben im Hochstift Bamberg und im Fürstentum Coburg 1500–1800 (1967).

II. Die Welt des Bürgers

1. Die Stadt und ihre Einwohner

1. Allgemein zur Geschichte der Stadt in der frühen Neuzeit vgl. W. *Rausch* (Hg.), Die Stadt an der Schwelle zur Neuzeit (1980); *Ders.* (Hg.), Das Städtewesen Mitteleuropas im 17. und 18. Jahrhundert (1981); V. *Press* (Hg.), Städtewesen und Merkantilismus in Mitteleuropa (1983); K. *Krüger* (Hg.), Europäische Städte im Zeitalter des Barock. Gestalt – Kultur – Sozialgefüge (1988); Kl. *Gerteis*, Die deutschen Städte in der frühen Neuzeit. Zur Vorgeschichte der ‚bürgerlichen Welt' (1986); P. *Blickle* (Hg.), Landgemeinde und Stadtgemeinde in Mitteleuropa (1991).
2. Vgl. v. a. W. *Franke*, Die Volkszahl deutscher Städte Ende des 18. Jahrhunderts, in: Zs. d. kgl.-preuß. Statist. Landesamtes 62 (1922) 102–121; Fr. *Koerner*, Die Bevölkerungszahl und -dichte in Mitteleuropa zum Beginn der Neuzeit, in: Forschungen und Fortschritte 33 (1959) 325–331; W. *Köllmann*, Bevölkerung

und Raum in Neuerer und Neuester Zeit (Bevölkerungs-Ploetz 3/4) (1966); C. M. *Cipolla* – K. *Borchardt* (Hg.), Bevölkerungsgeschichte Europas (1971).

3. Zum äußeren Erscheinungsbild frühneuzeitlicher Städte vgl. K. *Gruber*, Die Gestalt der deutschen Stadt (1977^3); bes. E. *Keyser*, Baugeschichte der Stadt Danzig (1972); H. *Stoob* (Hg.), Die Stadt. Gestalt und Wandel bis zum industriellen Zeitalter (1979).
4. Vgl. H. *Eichberg*, Militär und Technik. Schwedenfestungen des 17. Jahrhunderts in den Herzogtümern Bremen und Verden (1976); R. R. *Heinisch*, Die Stadt als Festung im 17. Jahrhundert, in: Rausch (Hg.), Die Städte Mitteleuropas im 17. und 18. Jahrhundert 283–310; H.-W. *Herrmann* – Fr. *Irsigler* (Hg.), Beiträge zur Geschichte der frühneuzeitlichen Festungs- und Garnisonsstadt (1983).
5. G. *Pfeifer* (Hg.), Nürnberg. Geschichte einer europäischen Stadt (1971).
6. Zum Problem der Vorstädte vgl. E. *Maschke* – J. *Sydow* (Hg.), Stadterweiterung und Vorstadt (1969); K. *Czok*, Vorstädte. Zur Entstehung, Wirtschaft und Sozialentwicklung der älteren deutschen Stadtgeschichte (1979); B. *von der Dollen*, Vorortbildung. Zur Überformung ländlicher Siedlungen durch die Stadt vor der Industrialisierung, in: Die Alte Stadt 2 (1980) 3–28.
7. Vgl. M. *Heyne*, Das deutsche Wohnungswesen von den ältesten geschichtlichen Zeiten bis zum 16. Jahrhundert (1899); *Gruber*, Die Gestalt der deutschen Städte; W. T. *Kantzow*, Sozialgeschichte der deutschen Städte und ihres Boden- und Baurechts bis 1918 (1980).
8. So nach einem Brief von E. von Türckheim an Joh. Fr. Schönemann v. 31. 8. 1794 (Die Briefe der Elise von Türckheim, hg. J. Ries [1924] 59).
9. Über den Gestank in Wien berichtet u. a. Kotzebue 1798 (J. Mathes, Kotzebues Briefe an seine Mutter, in: Jb. d. freien dt. Hochstifts [1970] 421).
10. A. Fr. *Knuppeln*, Charakteristik von Berlin (1785). Zit. nach G. *Holmsten* (Hg.), Berlin in alten und neuen Reisebeschreibungen (1989) 65. Dort heißt es weiter: „In anderen Städten werden die Straßen doch alle Wochen gereinigt, ein jeder Hauswirt muß vor seiner Tür fegen und reinigen lassen, wenn er nicht in Strafe verfallen will, aber hier geschieht die Reinigung alle Vierteljahr, und in den größten Straßen und öffentlichen Plätzen findet man aufgetürmte Berge von Kot und Mist, die so lange liegen, bis es dem Pächter gefällt, sie durch seine Karren wegführen zu lassen. Hätte Berlin die trockenen zehrenden Ostwinde nicht, so würden alle Gassen in beständiger Gärung von Kot und Unrat sich befinden, denn sobald es nur einige Tage regnet, so ist an vielen Orten gar nicht durchzukommen, und gute Stiefeln sind völlig unentbehrlich" (ebd.).
11. Beispielhaft dazu E. *François*, Koblenz im 18. Jahrhundert. Zur Sozial- und Bevölkerungsstruktur einer deutschen Residenzstadt (1982).
12. Zit. nach E. W. *Zeeden*, Deutsche Kultur in der frühen Neuzeit (1968) 88 ff.
13. Chr. v. *Schmid*, Erinnerungen aus meinem Leben (1853) Bd. III, 2 ff.
14. Vgl. S. 147 f. Über den Markplatz von Leipzig heißt es 1587: „Der grösser Marckt, da getreyde, Bawholtz und anders vorkaufft wird, ist ein schöner grosser, ebener Plaz, sauber mit Pflastersteinen ausgesezet. Zwey hundert vier schriet lang, zwey und neunzig breidt, darauff kommen die Bürger und Kauffleuth zusammen, spacieren hin und wieder und vorrichten ire kauffhendel und anders. An diesem Marckt leidt das Rathhaus" (E. *Donner* [Hg.], Leipzig in alten und neuen Reisebeschreibungen [1990] 27).

15. Vgl. u. a. A. *Grisebach*, Das deutsche Rathaus der Renaissance (1907).
16. Zit. nach *Zeeden*, Deutsche Kultur in der frühen Neuzeit 85f.
17. Vgl. Bd. III.
18. L. *Ennen*, Geschichte der Stadt Köln, Bd. III (1869); K. *Kellenbenz*, Zur Sozialstruktur der Rheinischen Bischofsstädte in der frühen Neuzeit, in: F. Petri (Hg.), Bischofs- und Kathedralstädte des Mittelalters und der frühen Neuzeit (1976) 124 f.
19. Vgl. E. *Maschke* – J. *Sydow* (Hg.), Stadt und Universität im Mittelalter und in der frühen Neuzeit (1977).
20. Vgl. S. 147f.
21. Vgl. S. 231f.
22. Zur frühneuzeitlichen Reiseliteratur allgemein: R.-R. *Wuthenow*, die erfahrene Welt. Europäische Reiseliteratur im Zeitalter der Aufklärung (1980); A. *Maczak* – H. J. *Teuteberg* (Hg.), Reiseberichte als Quellen europäischer Kulturgeschichte. Aufgaben und Möglichkeiten der historischen Reiseforschung (1982).
23. R. *Diehl*, Frankfurt am Main im Spiegel alter Reisebeschreibungen (ND 1984).
24. Ebd. 6.
25. Ebd. 12f.
26. Ebd. 36ff.
27. Ebd. 38.
28. Ebd. 41.
29. Ebd. 95.
30. Ebd. 98.
31. Ebd. 100.
32. Ebd.
33. Ebd. 103.
34. Ebd. 105.
35. Ebd. 105/6.
36. Ebd. 100/1.
37. Vgl. v. a. H. *Stoob*, Frühneuzeitliche Städtetypen, in: Ders. (Hg.), Die Stadt 195–228.
38. Vgl. O. *Brunner*, Souveränitätsproblem und Sozialstruktur in den deutschen Reichsstädten der frühen Neuzeit, in: VSWG 50 (1963) 329–360; O. *Borst*, Zur Verfassung und Staatlichkeit oberdeutscher Reichsstädte am Ende des alten Reiches, in: Esslinger Studien 10 (1964) 106–194; E. *Isenmann*, Reichsstadt und Reich an der Wende vom späten Mittelalter zur frühen Neuzeit, in: E. Engel (Hg.), Mittel und Wege früher Verfassungsgeschichte (1979) 9–223; V. *Press*, Die Reichsstadt in der altständischen Gesellschaft, in: J. Kunisch (Hg.), Neue Studien zur frühneuzeitlichen Reichsgeschichte (1987) 9–42.
39. O. *Brunner*, Städtische Selbstregierung und neuzeitlicher Verwaltungsstaat in Österreich, in: Österr. Zs. f. öffentl. Recht NF 6 (1955) 221–249; M. *Walker*, German Home Towns. Community, State and General Estate 1648–1871 (1971); Kl. *Eiler*, Stadtfreiheit und Landesherrschaft in Koblenz. Untersuchungen zur Verfassungsentwicklung im 15. und 16. Jahrhundert (1980); G. *Heinrich*, Staatsaufsicht und Stadtfreiheit in Brandenburg-Preußen unter dem Absolutismus 1660–1806, in: W. Rausch (Hg.), Die Städte Mitteleuropas im 17. und 18. Jahrhundert (1981) 155–172; W. *Leiser*, Die Stadt im süddeutschen Kleinstaat des

Ancien Régime, in: V. Press (Hg.), Städtewesen und Merkantilismus in Mitteleuropa (1983) 111–134.

40. Vgl. u.a. H. *Schrohe*, Die Stadt Mainz unter kurfürstlicher Verwaltung 1462–1792 (1920); H. *Friedmann*, Alt-Mannheim im Wandel seiner Physiognomie, Struktur und Funktion 1606–1965 (1968); O. *Borst*, Stuttgart. Die Geschichte der Stadt (1973); H. *Bahl*, Ansbach. Strukturanalyse einer Residenz vom Ende des Dreißigjährigen Krieges bis zur Mitte des 18. Jahrhunderts. Verfassung, Verwaltung, Bevölkerung und Wirtschaft (1974).
41. Vgl. *Stoob*, Frühneuzeitliche Stadttypen; *Gerteis*, Die deutschen Städte in der frühen Neuzeit 18ff.
42. *Maschke – Sydow* (Hg.), Stadt und Universität im Mittelalter und in der frühen Neuzeit; W. *Rausch* (Hg.), Städtische Kultur in der Barockzeit (1982).
43. U.a. Fr. *Mayer*, Vom Schwazer Bergmannsleben im 16. Jahrhundert (1927); Fr. M. *Ress*, Geschichte und wirtschaftliche Bedeutung der oberpfälzischen Eisenindustrie von den Anfängen bis zur Zeit des 30jährigen Krieges (1949); K. *Kratzsch*, Bergstädte des Erzgebirges (1972).
44. *Heinisch*, Die Stadt als Festung, in: W. Rausch (Hg.), Die Städte Mitteleuropas 283ff.; E. *Ennen*, Die Festungsstadt als Forschungsgegenstand – die Herausbildung der Festungs- und Garnisonsstadt als Stadttyp, in: *Herrmann – Irsigler* (Hg.), Beiträge 19–40; G. *Köhn*, Die Bevölkerung der Residenz, Festung und Exulantenstadt Glückstadt (1974); T. *Huber*, Saarlouis. Beispiel einer barocken Festungsstadt im Vergleich mit Longwy, Landau und Neubreisach (1980); M. *Zumstrull*, Die Gründung von „Hugenottenstädten" als wirtschaftspolitische Maßnahmen eines merkantilistischen Landesherren – am Beispiel Kassel und Karlshafen, in: Press (Hg.), Städtewesen und Merkantilismus 156–221.
45. F. *Walter*, Geschichte Mannheims I (1907). Staat und Utopie. Modelle idealer Gemeinschaften (1982).
46. Fr. *Kopitzsch*, Grundzüge einer Sozialgeschichte der Aufklärung in Hamburg und Altona (1982).
47. Hierzu allgemein vgl. K. *Czok*, Zur Stellung der Stadt in der deutschen Geschichte, in: Jb. f. Rg. 3 (1968) 15–33; R. *Dietrich*, Merkantilismus und Städtewesen in Kursachsen, in: Press (Hg.), Städtewesen und Merkantilismus 222–285; R. *Koch*, Grundlagen bürgerlicher Herrschaft. Verfassungs- und sozialgeschichtliche Studien zur bürgerlichen Gesellschaft in Frankfurt am Main (1983); H.-U. *Wehler*, Deutsche Gesellschaftsgeschichte I (1987) 177ff.; J. *Kocka*, Bürgertum und Bürgerlichkeit als Problem der deutschen Geschichte vom späten 18. zum frühen 20. Jahrhundert, in: Ders. (Hg.), Bürger und Bürgerlichkeit im 19. Jahrhundert (1987) 21–63.
48. Fr. *Mathis*, Zur Bevölkerungsstruktur österreichischer Städte im 17. Jahrhundert (1977) 65f.
49. E. *Lichtenberger*, Wien. Das sozialökologische Modell einer barocken Residenz um die Mitte des 18. Jahrhunderts, in: Rausch (Hg.), Städtische Kultur in der Barockzeit 235–262, hier 246.
50. W. *Störmer*, Wirtschaft und Bürgertum in den altbayerischen Städten unter dem zunehmenden absolutistischen Einfluß der Landesfürsten, in: W. Rausch (Hg.), Die Städte Mitteleuropas im 17. und 18. Jh. (1981) 237–266, hier 264f.

51. *Kopitzsch*, Grundzüge einer Sozialgeschichte der Aufklärung in Hamburg und Altona 187f.
52. *Mathis*, Zur Bevölkerungsstruktur österreichischer Städte 221.
53. W. *Laufer*, Die Sozialstrukturen der Stadt Trier in der frühen Neuzeit (1973).
54. M. *Mahr*, Bildungs- und Sozialstruktur der Reichsstadt Schweinfurt (1978) 115ff.
55. S. *Pohl*, Studien zur soziologischen, sozialen und wirtschaftlichen Struktur Bielefelds im 18. Jahrhundert, in: Jahresber. d. Hist. Vereins f. d. Grafschaft Ravensburg (1956) 1–68; Chr. R. *Friedrichs*, Urban Society in an Age of War: Nördlingen 1580–1720 (1979) 103ff. Vgl. weiterhin: Kl. *Vetter*, Die soziale Struktur brandenburgischer Kleinstädte im 18. Jahrhundert, untersucht am Beispiel der landesherrlichen Mediatstädte des ehemaligen kurmärkischen Kreises Lebus, in: Jb. f. WG II (1969) 225–263.
56. W. *Zorn*, Sozialgeschichte 1500–1645, in: Hb. d. dt. Wirtsch.- u. Sozialgeschichte I (1971) 484. – Die Steuerleistung der Augsburger Bürger betrug dagegen 1618:

Steuerleistung	Zahl	Anteil	Standard-abweichung	Variations-koeffizient
„Habnit“	4240	48,5%	0,0	0,0
1–15 kr.	1152	13,2%	3,2	0,2
16–30 kr.	614	7,0%	4,2	0,15
31–60 kr.	587	6,7%	9,1	0,2
1 fl. 1–10 kr.	1440	16,5%	145,6	0,7
10 fl. 1–100 fl.	577	6,6%	1415,3	0,6
bis 500 fl.	118	1,35%	5684,9	0,5
über 500 fl.	10	0,01%	5492,2	0,1

Nach: B. *Roeck*, Eine Stadt in Krieg und Frieden. Studien zur Geschichte der Reichsstadt Augsburg zwischen Kalenderstreit und Parität (1989) I 398f.
Versuch einer Quantifizierung der ökonomischen Schichtung der Augsburger Bevölkerung 1618:

Steuerleistung	Kategorie	Anzahl	Anteil
Keine	„Untere Unterschicht“: Fremde, Bettler, Vaganten etc.	bis 1000	ca. 10
„Habnit“ bis 1 fl.	Almosen als ganze oder teilweise Existenzgrundlage: „Mittlere Unterschicht“	bis 5000	ca. 10
„Habnit“ bis über 1 fl.	Nicht wohlhabend, in Subsistenzkrisen akut bedroht, potentielle Unterstützungsempfänger	bis 22000	bis 50

über 1 fl. bis über 10 fl.	Wohlhabend, fähig, akute Subsistenzkrisen ohne öffentliche Unterstützung zu überleben: „Mittelschicht“	ca. 16000	ca. 35
über 10 fl. bis 750 fl.	Reich, hoher Anteil am Gesamtsteuervermögen	bis 1000	ca. 2

(Ebd. 484). Vgl. auch R. *Endres,* Zur Einwohnerzahl und Bevölkerungsstruktur Nürnbergs im 15./16. Jahrhundert, in: Mitt. d. Vereins f. Gesch. d. Stadt Nürnberg 57 (1970) 242–271.

57. Vgl. *Zorn,* Sozialgeschichte 484.
58. Nach R. *Endres*, Die Stadt – der primäre Lebenszusammenhang der bürgerlichen Gesellschaft, in: W. Brückner – P. Blickle – D. Breuer (Hg.), Literatur und Volk im 17. Jahrhundert. Probleme populärer Kultur in Deutschland 9 (1985) I, 89–109, hier 94.
59. Ebd. 94f.
60. Zur Sozialgeschichte des Patriziats allgemein vgl. H. *Rössler* (Hg.), Deutsches Patriziat 1430–1730 (1968); J. *Bátori*, Das Patriziat der deutschen Stadt. Zu den Forschungsergebnissen über das Patriziat besonders der süddeutschen Städte, in: Die Alte Stadt 2 (1975) 1–30; O. *Spechter*, Die Osnabrücker Oberschicht im 17. und 18. Jahrhundert. Eine sozial- und verfassungsgeschichtliche Untersuchung (1975); H. H. *Hofmann* – G. *Franz* (Hg.), Deutsche Führungsschichten in der Neuzeit (1980); W. *Zorn*, Deutsche Führungsschichten des 17. und 18. Jahrhunderts. Forschungsergebnisse seit 1945, in: Intern. Arch. f. Sozialgesch. d. dt. Literatur 5 (1980) 176–197; W. *Ehbrecht* (Hg.), Städtische Führungsgruppen und Gemeinden in der werdenden Neuzeit (1980).
61. Allgemein zur Geschichte des Handwerks vgl. R. *Wissell*, Des alten Handwerks Recht und Gewohnheit, 3 Bde. (1971); E. *Maschke* – J. *Sydow* (Hg.), Städtische Mittelschichten (1972); M. *Stürmer* (Hg.), Herbst des Alten Handwerks. Zur Sozialgeschichte des 18. Jahrhunderts (1979); R. S. *Elkar* (Hg.), Deutsches Handwerk im Spätmittelalter und Früher Neuzeit (1983).
62. E. *Maschke* – J. *Sydow* (Hg.), Gesellschaftliche Unterschichten in den südwestdeutschen Städten (1967); H. *Rubner*, Deutsche Unterschichten im 18. Jahrhundert, in: Die Alte Stadt 1 (1974) 49–59; K. *Schulz*, Handwerksgesellen und Lohnarbeiter. Untersuchungen zur oberrheinischen und oberdeutschen Stadtgeschichte des 14. bis 17. Jahrhunderts (1985).
63. Vor allem vgl. E. *François*, Unterschichten und Armut in rheinischen Residenzstädten des 18. Jahrhunderts, in: VSWG 62 (1975) 433–464; Th. *Fischer*, Städtische Armut und Armenfürsorge im 15. und 16. Jahrhundert. Sozialgeschichtliche Untersuchungen am Beispiel der Städte Basel, Freiburg i. Br. und Straßburg (1979).
64. Vgl. A. *Haverkamp* (Hg.), Zur Geschichte der Juden im Deutschland des späten Mittelalters und der frühen Neuzeit (1981); B. *Kirchgässner* – Fr. *Reuter* (Hg.), Städtische Randgruppen und Minderheiten (1986).
65. Hierzu allgemein vgl. M. *Riedel*, Bürger, Staatsbürger, Bürgertum, in: Gesch.

Grundbegriffe I (1972) 672–725; H.-U. *Wehler*, Deutsche Gesellschaftsgeschichte I (1987) 202ff.; *Kocka*, Bürgertum und Bürgerlichkeit.

66. Vgl. S. 110ff.
67. Hierzu allgemein vgl. *Walker*, German Home Towns; *Koch*, Grundlagen bürgerlicher Herrschaft; H. *Schultz*, Soziale und politische Auseinandersetzungen in Rostock im 18. Jahrhundert (1974); T. *Zschunke*, Konfession und Alltag in Oppenheim. Beiträge zur Geschichte von Bevölkerung und Gesellschaft einer gemischt konfessionellen Kleinstadt in der frühen Neuzeit (1984).
68. *Riedel*, Bürger, Staatsbürger, Bürgertum 697ff.; vgl. auch W. *Meschke*, Das Wort Bürger. Geschichte seiner Wandlungen in Bedeutungs- und Wortgehalt (1952).
69. U. a. vgl. R. *Hildenbrandt*, Rat contra Bürgerschaft. Die Verfassungskonflikte in den Reichsstädten des 17. und 18. Jahrhunderts, in: Die Alte Stadt 1 (1974) 221–241.
70. C. R. *Friedrichs*, Capitalism, Mobility and Class Formation in the Early Modern German City, in: Ph. Abrams – E. A. Wrigley (Hg.), Towns in Societies. Essays in Economic History and Historical Sociology (1978) 187–213; W. *Küttler*, Stadt und Bürgertum im Feudalismus. Zu theoretischen Problemen der Stadtgeschichtsforschung in der DDR, in: Jb. f. Gesch. d. Feudalismus 4 (1980) 75ff.; R. *Vierhaus* (Hg.), Bürger und Bürgerlichkeit im Zeitalter der Aufklärung (1981); W. *Ruppert*, Bürgerlicher Wandel. Studien zur Herausbildung einer nationalen deutschen Kultur im 18. Jahrhundert (1981).
71. Ebd.
72. Joh. *Schultze*, Die Auseinandersetzung zwischen Adel und Bürgertum in den deutschen Zeitschriften der letzten drei Jahrzehnte des 18. Jahrhunderts (1925); H. U. *Gerth*, Bürgerliche Intelligenz um 1800. Zur Soziologie des deutschen Frühliberalismus (1976); U. *Herrmann* (Hg.), „Die Bildung des Bürgers". Die Formierung der bürgerlichen Gesellschaft und die Gebildeten im 18. Jahrhundert (1982); *Vierhaus* (Hg.), Bürger und Bürgerlichkeit im Zeitalter der Aufklärung.
73. Zit. nach: Z. *Batscha* – J. *Gärber* (Hg.), Von der ständischen zur bürgerlichen Gesellschaft. Politisch-soziale Theorien im Deutschland der zweiten Hälfte des 18. Jahrhunderts (1981) 132.
74. M. *Riedel*, Gesellschaft, bürgerliche, in: Gesch. Grundbegriffe II (1975) 719ff.
75. J. *Habermas*, Strukturwandel der Öffentlichkeit. Untersuchungen zu einer Kategorie der bürgerlichen Gesellschaft (1982^{13}); R. *Koselleck*, Kritik und Krise. Ein Beitrag zur Pathogenese der bürgerlichen Welt (1969^{2}); *Gerth*, Bürgerliche Intelligenz um 1800; *Ruppert*, Bürgerlicher Wandel; R. *van Dülmen*, Die Gesellschaft der Aufklärer. Zur bürgerlichen Emanzipation und aufklärerischen Kultur in Deutschland (1986).

2. *Handelsleben und Gewerbefleiß*

1. Vgl. allgemein E. *Finder*, Hamburgisches Bürgertum in der Vergangenheit (1930); Fr. *Herre*, Das Augsburger Bürgertum im Zeitalter der Aufklärung (1951); I. *Klersch*, Volkstum und Volksleben in Köln, 3 Bde. (1965); Fr. G. *Dreyfus*, Sociétés et mentalités à Mayence dans la seconde moitié du XVIIIe siècle (1968); G. *Wunder*, Die Bürger von Hall. Sozialgeschichte einer Reichsstadt

1216–1802 (1980); *Kopitzsch*, Grundzüge einer Sozialgeschichte der Aufklärung in Hamburg und Altona; H. *Voelcker*, Die Stadt Goethes. Frankfurt am Main im 18. Jahrhundert (ND 1982); E. *Kleinschmidt*, Stadt und Literatur in der frühen Neuzeit. Voraussetzungen und Entfaltung im süddeutschen, elsässischen und schweizerischen Städteraum (1982); D. *Ebeling*, Bürgertum und Pöbel. Wirtschaft und Gesellschaft Kölns im 18. Jahrhundert (1987).

2. Vgl. u. a. A. *Dietz*, Frankfurter Handelsgeschichte, 4 Bde. (1910/25); H. *Milz*, Das Kölner Großgewerbe von 1750–1835 (1962); W. *Zorn*, Augsburg. Geschichte einer deutschen Stadt (1972²); P. E. *Schramm*, Neun Generationen. Dreihundert Jahre deutsche Kulturgeschichte im Lichte der Schicksale einer Hamburger Bürgerfamilie (1648–1948) 2 Bde. (1963/4); V. *Press* (Hg.), Städtewesen und Merkantilismus in Mitteleuropa (1983).
3. *Zedler*, Universal-Lexikon 15, 260.
4. E. *François*, Koblenz im 18. Jahrhundert. Zur Sozial- und Bevölkerungsstruktur einer deutschen Residenzstadt (1982) 124ff.
5. Eine umfassende Geschichte der Kaufmannschaft der frühen Neuzeit fehlt. Vgl. Gg. *Steinhausen*, Kaufleute und Handelsherren in alten Zeiten (ND 1976); W. *Hausmann*, Kontor und Kaufmann in alter Zeit. Das Büro des deutschen Kaufmanns vom 12. bis 18. Jahrhundert (1962); G. von *Glinski*, Die Königsberger Kaufmannschaft des 17. und 18. Jahrhunderts (1964); M. *Reißmann*, Die hamburgische Kaufmannschaft des 17. Jahrhunderts in sozialgeschichtlicher Sicht (1975); W. *Ruppert*, Bürgerlicher Wandel. Die Geburt der modernen deutschen Gesellschaft im 18. Jahrhundert (1981) 57ff.
6. *Zedler*, Universallexikon 15, 261.
7. K. *Glamann*, Der Europäische Handel 1500–1750, in: C. M. Cipolla – K. Borchardt (Hg.) Europäische Wirtschaftsgeschichte 2 (1979) 271ff.; F. *Braudel*, Sozialgeschichte des 15.–18. Jahrhunderts. Der Handel (1986).
8. W. *Sombart*, Der moderne Kapitalismus. Historisch-systematische Darstellung des gesamteuropäischen Wirtschaftslebens von seinen Anfängen bis zur Gegenwart. Bd. II/1, 533ff.; *Braudel*, Der Handel 475ff.
9. R. *Ehrenberg*, Das Zeitalter der Fugger. Geldkapital und Kreditverkehr im 16. Jahrhundert, 2 Bde. (1896); J. *Strieder*, Zur Genese des modernen Kapitalismus. Forschungen zur Entstehung der großen bürgerlichen Kapitalvermögen am Ausgang des Mittelalters und zu Beginn der Neuzeit (1935²); J. *Wallerstein*, Das moderne Weltsystem. Die Anfänge kapitalistischer Landwirtschaft und die europäische Weltökonomie im 16. Jahrhundert (1986).
10. M. *Weber*, Wirtschaftsgeschichte. Abriß der universalen Sozial- und Wirtschafts-Geschichte (1923); *Braudel*, Der Handel 409ff.; *Ruppert*, Bürgerlicher Wandel 57ff.; L. *Gall*, Bürgertum in Deutschland (1989) 54ff.
11. Zit. nach: *Steinhausen*, Kaufleute 78.
12. C. G. *Ludovici*, Allgemeine Schatzkammer der Kaufmannschaft (1741) 1190. – Bemerkenswert sind die „Lebensregeln für einen ehrbaren Kaufmann“ eines unbekannten Verfassers von 1724:

    „Beginne nichts ohne GOtt, und nichts ohne Raht.

    In deinen Dienst-Jahren diene so, daß dir einmahl wieder gedienet werde. Verrichte mehr, als deine Verrichtungen von dir fordern. Durch Ausrichtung des Befohlenen wirst du nur Schuld-frey. Wenn du aber dich arbeitselig erweisest; so wird dir einmahl wieder gewiesen, daß du Creditor geworden, und das Capital deiner Tugend und Fleisses Zinsen getragen, nemlich Verdienst und Ehre.

Kleide dich ehrbar, und reinlich. Ein unsauberes Kleid zeiget ein träges Gemüth, und ein unziemliches ein eitles Hertz, an.

Unter deinen Bekandten mache einen Ausschuß. Entziehe dich der Ungezügelten und Ruchlosen: meide die Müßiggänger und Unmäßigen: fliehe diejenigen, so junge Leute vervortheilen. Dagegen halte dich zu denen, von welchen du Vortheil geniessen kanst, d.i. habe fleißigen Umgang mit Frommen und Geschickten.

Reise vorhero in Büchern, ehe du deine Reisen in auswärtige Länder antrittst. In der Fremde betrachte alles, was du siehest: forsche aber noch mehr nach den Vortheilen deines Beruffs, und führe dich so auff, daß der Ruhm vor dir her zu Hause reise.

Laß dir hauptsächlich empfohlen seyn, daß du dich nicht übereilest. Uebereilungen sind Unbesonnenheiten, und zeugen von einem ungewissen übeleingerichteten Verstande. Dahero erwäge, ehe du wagest; sey aber auch nicht zweiffelhafftig und unschlüßig.

Mache dir kein falsches Ansehen, weder in der Handlung, noch in der Haushaltung. Diese schrencke am Anfang jener auff das behendeste ein, und glaube: daß es mehr Ehre giebt, wenn man aus einer Hütte in ein Haus, als aus einem Haus in eine Hütte, ziehet.

In und ausser deinem Gewerbe begegne einem jeden höflich, hurtig und auffrichtig. So bringest du dir ein 3faches Lob zu wege, und wirst deine Waaren 3mahl eher unter die Leute bringen, als wenn du das Gegentheil ausübest.

Falls jemand auff Treue und Glauben mit dir handelt; so bediene ihn besser, als wenn er selbst zugegen wäre, und zusähe.

Gieb und nimm einen mäßigen Vortheil, und laß andere auch was verdienen, weil du nicht allein in der Welt bist.

Nach dem Mangel und Ueberfluß einer Waare kanst du es auff etwas höhere Preise wagen. Laß dich aber auch die Gewinnsucht nicht verstocken, damit, wenn etwa der Wind umgehet, das Sprichwort an dir nicht wahr werde: Nach Wolle gehen, und selbst geschoren werden.

Ueberkommt dir eine Miß-Rechnung; so dencke, daß der erste Schaden der kleinste, und ein kleiner Verlust gegen einen grossen ein Gewinn, sey.

Wilt du jemand Credit geben; so laß kein äusserliches Ansehen dich blenden, sondern die Gemühts-Beschaffenheit und Lebens-Art der Person dir zur Beurtheilung dienen: sintemahl das Gold der Treue nach dem innerlichen Werth zu prüfen.

Deinen eigenen Credit bewahre, als deinen Aug-Apffel. Wie diesen die geringste Unreinigkeit trübe macht; so wird jener durch die kleinste Unrichtigkeit verdunckelt.

Führe richtige Scripturen, und laß keine irrige Rechnungen vom Contoir gehen. Solche Fehler sind von Folgerungen, und werden nicht gern entschuldiget. Erhalte deine Bedienten in Furcht und Liebe: beweise, daß du ihr Herr und auch ihr Freund seyst: vertraue ihnen viel, und auch nicht zuviel: sey selber der beste Diener, und belohne Gutes mit Gutem.

Drücke nicht die Bedrückten, und entziehe den Arbeitern den billigen Lohn nicht. Denn durch dessen ungerechte Entziehung wird GOttes Straffe auff einen gezogen.

An deinem Ueberfluß laß die Nothleidenden Theil nehmen, so wirst du wieder Theil an den Göttlichen Verheissungen haben.

Wenn du demnach gegen GOtt als ein Christ, mit dem Nächsten als ein Freund, und gegen dich selber vernünfftig, handelst; so wirst du, eine gewisse zeitliche und überschwengliche ewige Glückseligkeit zu gewinnen, Hoffnung haben." (W. *Killy* [Hg.], 18. Jahrhundert. Texte und Zeugnisse [1983] 156/7).

13. Vgl. W. *Sombart*, Liebe, Luxus, Kapitalismus (1967); M. *Stürmer*, Höfische Kultur und frühmoderne Unternehmer. Zur Ökonomie des Luxus' im 18. Jahrhundert, in: HZ 229 (1979) 265–97.
14. Vgl. *Kopitzsch*, Grundzüge einer Sozialgeschichte der Aufklärung in Hamburg und Altona.
15. F. *Maurer*, Zunft und Handwerker der alten Zeit. Ein volkssoziologischer Versuch (1940) 158.
16. *Mathis*, Zur Bevölkerungsstruktur österreichischer Städte im 17. Jahrhundert 238f.
17. *François*, Koblenz im 18. Jahrhundert 58f.
18. Vgl. H. *Krüger*, Zur Geschichte der Manufakturen und Manufakturarbeiter in Preußen. Die mittleren Provinzen des 18. Jahrhunderts (1958); L. *Schneider*, Der Arbeiterhaushalt im 18. und 19. Jahrhundert. Dargestellt am Beispiel des Heim- und Fabrikarbeiters (1967); K. *Schulz*, Handwerksgesellen und Lohnarbeiter. Untersuchungen zur oberrheinischen und oberdeutschen Stadtgeschichte des 14. bis 17. Jahrhunderts (1985).
19. Vgl. die neueren Arbeiten: Kl. *Schwarz*, Die Lage der Handwerksgesellen in Bremen während des 18. Jahrhunderts (1975); W. *Abel* (Hg.), Handwerksgeschichte in neuer Sicht (1978); R. S. *Elkar* (Hg.), Deutsches Handwerk in Spätmittelalter und Früher Neuzeit. Sozialgeschichte – Volkskunde – Literaturgeschichte (1983); R. *Reith*, Arbeits- und Lebensweise im städtischen Handwerk. Zur Sozialgeschichte Augsburger Handwerksgesellen im 18. Jahrhundert (1700–1806) (1988).
20. R. *Endres*, Nürnberg in der Frühneuzeit, in: K. Krüger (Hg.), Europäische Städte im Zeitalter des Barock (1988) 141ff.; vgl. G. *Pfeiffer* (Hg.), Nürnberg. Geschichte einer europäischen Stadt (1971).
21. Ebd.
22. Ebd.
23. Ebd.
24. Ebd.
25. Zum Goldschmiedehandwerk vgl. u. a. H. *Seling*, Die Kunst der Augsburger Goldschmiede, 3 Bde. (1980).
26. Vgl. *Maurer*, Zunft und Handwerker 117.
27. *Mathis*, Zur Bevölkerungsstruktur österreichischer Städte 99f.
28. Vgl. dazu auch die Materialien in: H. *Bahl*, Ansbach. Strukturanalyse einer Residenz vom Ende des Dreißigjährigen Krieges bis zur Mitte des 18. Jahrhunderts (1974) 361ff.
29. R. *van Dülmen*, Der infame Mensch. Unehrliche Arbeit und soziale Ausgren-

zung in der Frühen Neuzeit, in: R. van Dülmen (Hg.), Arbeit, Frömmigkeit und Eigensinn. Studien zur historischen Kulturforschung II (1990) 106–140.

30. Vor allem: K. *Wesoly*, Der weibliche Bevölkerungsanteil in den spätmittelalterlichen und frühneuzeitlichen Städten und die Betätigung von Frauen im zünftischen Handwerk, in: Zs. f. Gesch. d. Oberrheins 128 (1980) 69–117; H. *Wunder*, Frauen in der Gesellschaft Mitteleuropas im späten Mittelalter und in der Frühen Neuzeit (15. bis 18. Jahrhundert), in: H. Valentinisch (Hg.), Hexen und Zauberer (1987) 123–154.
31. Dazu allgemein: R. *Wissell*, Des Alten Handwerks Recht und Gewohnheit I (1971) 145 ff.; O. D. *Potthoff*, Kulturgeschichte des deutschen Handwerks (1938) 93 ff.
32. A. *Grießinger*, Das symbolische Kapital der Ehre. Streikbewegungen und kollektives Bewußtsein deutscher Handwerksgesellen (1981); K. *Wesoly*, Lehrlinge und Handwerksgesellen am Mittelrhein. Ihre soziale Lage und ihre Organisation vom 14. bis zum 17. Jahrhundert (1985); R. *Reith*, Arbeits- und Lebensweise im städtischen Handwerk (1988); A. *Grießinger* – R. *Reith*, Obrigkeitliche Ordnungskeitskonzeptionen und handwerkliches Konfliktverhalten im 18. Jahrhundert. Nürnberg und Würzburg im Vergleich, in: Elkar (Hg.), Deutsches Handwerk 117–180.
33. M. *Stürmer* (Hg.), Herbst des Alten Handwerks 153 ff.
34. Vgl. u. a. E. *Wiest*, Die Entwicklung des Nürnberger Gewerbes zwischen 1648 und 1806 (1968); K. H. *Kaufhold*, Das Handwerk der Stadt Hildesheim im 18. Jahrhundert. Eine wirtschaftsgeschichtliche Studie (^{2}1980).
35. Vgl. S. 228.
36. Zit. nach: *Rumpf*, Deutsches Handwerkerleben 113.
37. M. *Stürmer*, Handwerk und höfische Kultur. Europäische Möbelkunst im 18. Jahrhundert (1982).
38. Allgemein zum Zunftwesen: *Wissell*, Des Alten Handwerks Recht und Gewohnheit II 59 ff.; S. *Fröhlich*, Die soziale Sicherung bei Zünften und Gesellenverbänden (1976); D. *Peitsch*, Zunftgesetzgebung und Zunftverwaltung Brandenburg-Preußens in der frühen Neuzeit (1985).
39. Vgl. u. a. B. *Schmidt* (Hg.), Frankfurter Zunfturkunden bis zum Jahre 1612, 2 Bde. (1968 ND).
40. Vgl. *Maurer*, Zunft und Handwerker 164.
41. Vgl. Kl. *Gerteis*, Repräsentation und Zunftverfassung. Handwerkerunruhen und Verfassungskonflikt in südwestdeutschen Städten vor der Französischen Revolution, in: Zs. f. d. Gesch. des Oberrh. 122 (1974) 275–287; W. *Ehbrecht* (Hg.), Städtische Führungsgruppen und Gemeinde in der werdenden Neuzeit (1980); Kl. *Gerteis*, Frühneuzeitliche Stadtrevolten im sozialen und institutionellen Bedingungsrahmen, in: Rausch (Hg.), Die Städte Mitteleuropas 43–58.
42. Zit. nach: *Potthoff*, Kulturgeschichte des deutschen Handwerks 85.
43. Vgl. u. a. R. *Bettger*, Das Handwerk in Augsburg beim Übergang der Stadt an das Königreich Bayern. Städtisches Gewerbe unter dem Einfluß politischer Veränderungen (1979); *Wiest*, Die Entwicklung des Nürnberger Gewerbes zwischen 1648 und 1806.
44. Vgl. S. 126 f.

45. Vgl. u. a. K.-S. *Kramer*, Volksleben im Hochstift Bamberg und im Fürstentum Coburg (1500–1800) (1967) 156ff.
46. H. *Möller*; Die kleinbürgerliche Familie im 18. Jahrhundert. Verhalten und Gruppenkultur (1969).
47. Ebd.
48. Vgl. u. a. I. *Kracauer*, Geschichte der Juden in Frankfurt a. M. (1150–1824), 2 Bde. (1925).
49. Vgl. auch Joh. *Schildhauer*, Soziale, politische und religiöse Auseinandersetzungen in den Hansestädten Stralsund, Rostock und Wismar im ersten Drittel des 16. Jahrhunderts (1959); J. *Walter*, Rat und Bürgerhauptleute in Braunschweig 1576–1604. Die Geschichte der Brabandtschen Wirren (1971); H. *Schilling*, Bürgerkämpfe in Aachen zu Beginn des 17. Jahrhunderts. Konflikte im Rahmen der alteuropäischen Stadtgesellschaft oder im Umkreis der frühbürgerlichen Revolution?, in: Zs. f. hist. Forsch. 1 (1974) 175–231; G. *Vogler*, Nürnberg 1524/5. Studien zur Geschichte der reformatorischen und sozialen Bewegung in der Reichsstadt (1982).
50. *Grießinger*, Das symbolische Kapital der Ehre.
51. Vgl. S. 200f.
52. L. *Ennen*, Geschichte des Postwesens in der Reichsstadt Köln (1873); O. *Grosse*, Das Postwesen in der Kurpfalz im 17. und 18. Jahrhundert (1902); H. *Haass*, Das hessische Postwesen bis zum Beginn des 18. Jahrhunderts, in: Zs. d. Vereins f. hess. Gesch. 44 (1910) 1–108; W. *Behringer*, Thurn und Taxis. Die Geschichte ihrer Post und ihrer Unternehmen (1990).
53. Vgl. H. *Eichberg*, Militär und Technik. Schwedenfestungen des 17. Jahrhunderts (1976).
54. H. *Krüger*, Zur Geschichte der Manufakturen und der Manufakturarbeiter in Preußen (1958).
55. Fr. *Bassermann-Jordan*, Geschichte des Weinbaues (1923^2); K. *Müller*, Geschichte des badischen Weinbaues (1953^2).
56. Vgl. allgemein Fr.. *Battenberg*, Das europäische Zeitalter der Juden, 2 Bde (1990); M. *Treml* u. a. (Hg.), Geschichte und Kultur der Juden in Bayern (1988).
57. Vgl. u. a. K. *Wesoly*, Der weibliche Bevölkerungsanteil in spätmittelalterlichen und frühneuzeitlichen Städten und die Betätigung von Frauen im zünftischen Handwerk insbesondere am Mittel- und Oberrhein, in: Zs. f. d. Gesch. d. Oberrh. NF 89 (1980) 69–117.
58. E. *Haberling*, Beiträge zur Geschichte des Hebammenstandes (1940); F. *Baruch*, Das Hebammenwesen im Reichsstädtischen Nürnberg (1955).

3. Politische Selbstbestimmung – Politische Kultur

1. Vgl. v. a. G. *Oestreich*, Geist und Gestalt des frühmodernen Staates (1969); D. *Gerhard* (Hg.), Ständische Vertretungen in Europa im 17. und 18. Jahrhundert (1969); *Ders.*, Gesammelte Aufsätze (1977); H. *Patze* (Hg.), Aspekte des europäischen Absolutismus (1979); P. *Blickle*, Deutsche Untertanen. Ein Widerspruch (1981); E. *Hinrichs* (Hg.), Absolutismus (1986).
2. Vgl. auch neuerdings P. *Blickle*, (Hg.), Landgemeinde und Stadtgemeinde in Mitteleuropa (1991); auch *Ders.*, Unruhen in der ständischen Gesellschaft 1300–1800 (1988).

3. W. *Grube*, Der Stuttgarter Landtag 1457–1957. Von den Landständen zum demokratischen Parlament (1957); G. *Oestreich*, Strukturprobleme der frühen Neuzeit (1980); R. *Vierhaus*, Deutschland im 18. Jahrhundert. Politische Verfassung, Soziales Gefüge, Geistige Bewegungen (1987); *Ders.*, Staaten und Stände. Vom Westfälischen bis zum Hubertusburger Frieden 1648–1763 (1984).
4. G. *Wittram*, Die Gerichtsverfassung der Stadt Göttingen vom 13. bis zum Ende des 17. Jahrhunderts (1966); E. *Maschke* – J. *Sydow* (Hg.), Verwaltung und Gesellschaft in der südwestdeutschen Stadt des 17. und 18. Jahrhunderts (1969); R. *Hildebrandt*, Rat contra Bürgerschaft. Die Verfassungskonflikte in den Reichsstädten des 17. und 18. Jahrhunderts, in: Die Alte Stadt 1 (1974) 221–241; C.-H. *Hauptmeyer*, Verfassung und Herrschaft in Isny. Untersuchungen zur reichsstädtischen Rechts-, Verfassungs- und Sozialgeschichte, vornehmlich in der Frühen Neuzeit (1976); Chr. R. *Friedrichs*, Urban Society in the Age of War. Nördlingen 1580–1720 (1979); R. *Koch*, Grundlagen der bürgerlichen Herrschaft. Verfassungs- und sozialgeschichtliche Studien zur bürgerlichen Gesellschaft in Frankfurt a. Main (1612–1866) (1983).
5. Allgemein vgl. J. *Bátori*, Die Reichsstadt Augsburg im 18. Jahrhundert. Verfassung, Finanzen und Reformversuche (1969); M. *Walker*, German Home Towns. Community, State and General Estate 1648–1871 (1971); W. *Mohnhaupt*, Die Göttinger Ratsverfassung vom 16. bis 19. Jahrhundert (1965); V. *Press*, Die Reichsstadt in der altständischen Gesellschaft, in: J. Kunisch (Hg.), Neue Studien zur frühneuzeitlichen Reichsgeschichte (1987); E. *Isenmann*, Städtische Gemeinde im oberdeutsch-schweizerischen Raum, in: Blickle (Hg.), Landgemeinde und Stadtgemeinde in Mitteleuropa 191–261.
6. G. Kl. *Schmelzeisen*, Polizeiordnungen und Privatrecht (1955); G. *Oestreich*, Strukturprobleme des europäischen Absolutismus, in: Ders., Geist und Gestalt des frühmodernen Staates 179 ff.
7. A. *Vettori*, Finanzhaushalt und Wirtschaftsverwaltung Basels (1681–1789). Wirtschafts- und Lebensverhältnisse einer Gesellschaft zwischen Tradition und Umbruch (1984); Cl. Graf von *Looz-Corswarem*, Das Finanzwesen der Stadt Köln im 18. Jahrhundert. Beitrag zur Verwaltungsgeschichte einer Reichsstadt (1978); E. *Maschke* – J. *Sydow* (Hg.), Städtisches Haushalts- und Rechnungswesen (1977).
8. Vgl. u. a. O. *Brunner*, Souveränitätsproblem und Sozialstruktur in den deutschen Reichsstädten der frühen Neuzeit, in: VSWG 50 (1963) 329–360; A. *Laufs*, Die Verfassung und Verwaltung der Stadt Rottweil 1650–1806 (1963); O. *Borst*, Zur Verfassung und Staatlichkeit oberdeutscher Reichsstädte am Ende des alten Reiches, in: Esslinger Studien 10 (1964) 106–194; *Press*, Die Reichsstadt in der altständischen Gesellschaft.
9. Vgl. u. a. E. *Maschke* – J. *Sydow* (Hg.), Gesellschaftliche Unterschichten in den südwestdeutschen Städten (1967); *Dies.*, Städtische Mittelschichten (1972); *Dies.*, Städtische Randgruppen und Minderheiten (1986).
10. Vgl. u. a. D. *Koch*, Das Göttinger Honoratiorentum vom 17. bis zur Mitte des 19. Jahrhunderts (1958); *Rössler* (Hg.), Deutsches Patriziat 1430–1740; O. *Spechter*, Die Osnabrücker Oberschicht im 17. und 18. Jahrhundert. Eine sozial- und verfassungsgeschichtliche Untersuchung (1975); W. *Ehbrecht* (Hg.), Städtische Führungsgruppen und Gemeinde in der werdenden Neuzeit (1980); A. F. *Cowan*, The Urban Patriciate. Lübeck and Venice 1580–1700 (1985).

11. Zit. nach: R. *Endres*, Die Stadt – der primäre Lebenszusammenhang der bürgerlichen Gesellschaft, in: W. Brückner – P. Blickle – D. Breuer (Hg.), Literatur und Volk im 17. Jahrhundert (1985) 98.
12. Zit. nach: P. E. *Schramm*, Neun Generationen. Dreihundert Jahre deutsche Kulturgeschichte im Lichte der Schicksale einer Hamburger Bürgerfamilie (1963/4) I, 295.
13. G. L. *Soliday*, A Community in Conflict. Frankfurt Society in the Seventeenth and Early Eighteenth Centuries (1974); M. *Meyn*, Die Reichsstadt Frankfurt vor dem Bürgeraufstand von 1612 bis 1614. Struktur und Krise (1980); *Koch*, Grundlagen bürgerlicher Herrschaft.
14. *Bahl*, Ansbach.
15. *Mohnhaupt*, Die Göttinger Ratsverfassung; vgl. auch H. J. *Querfurth*, Die Unterwerfung der Stadt Braunschweig im Jahre 1671. Das Ende der Braunschweiger Stadtfreiheit (1953); W. *Kronshage*, Die Bevölkerung Göttingens. Ein demographischer Beitrag zur Sozial- u. Wirtschaftsgeschichte vom 14. bis 17. Jh. (1960); H. *Schultz*, Soziale und politische Auseinandersetzungen in Rostock im 18. Jahrhundert (1974).
16. Kl. *Spading*, Volksbewegungen in Städten Schwedisch-Pommerns um die Wende vom 18. zum 19. Jahrhundert, in: Jb. f. Regionalgesch. 2 (1967) 88–112; *Hildebrandt*, Rat contra Bürgerschaft 221–241; G. *Birtsch*, Soziale Unruhen, ständische Gesellschaft und politische Repräsentation. Trier in der Zeit der Französischen Revolution 1781 bis 1794, in: FS R. Vierhaus (1982) 143–159.
17. Mit Ausnahmen. Beispielsweise „Raths- und Polizei-Ordnung für die Stadt Trier" von 1580, in: J. J. *Scotti* (Hg.), Sammlung der Gesetze und Verordnungen ... Churfürstenthum Trier I (1832) 509–519.
18. G. Kl. *Schmelzeisen*, Polizeiordnungen und Privatrecht (1955); W. *Kunkel* – G. Kl. *Schmelzeisen* – H. *Thieme* (Hg.), Polizei- und Landesordnungen, 2 Bde. (1969).
19. Vgl. S. 22f.
20. Vgl. u. a. Gesetz- und Statutensammlung der freien Reichsstadt Frankfurt, 16 Bde. (1817–66); E. M. *Lambert*, Ratsgesetzgebung der freien Reichsstadt Mühlhausen (1870); *Maschke – Sydow* (Hg.), Städtisches Haushalts- und Rechnungswesen.
21. Vgl. u. a. H. *Mauersberg*, Wirtschafts- und Sozialgeschichte zentraleuropäischer Städte in neuerer Zeit (1960); H. H. *Kellenbenz*, Die Wirtschaft der schwäbischen Reichsstädte zwischen 1648 und 1740, in: Jb. f. Gesch. d. oberdt. Reichsstädte 11 (1965); I. *Bog*, Wirtschaft und Gesellschaft Nürnbergs im Zeitalter des Merkantilismus, 1648–1806, in: VSWG 57 (1970) 282–322.
22. Vgl. u. a. V. *Böhmert*, Beiträge zur Geschichte des Zunftwesens (ND 1969); *Bücher – Schmidt* (Hg.), Frankfurter Amts- und Zunfturkunden; G. *Schmoller*, Die Straßburger Tucher- und Weberzunft (1879); *Wiest*, Die Entwicklung des Nürnberger Gewerbes.
23. Vgl. u. a. I. *Schwarten*, Verordnungen gegen Luxus- und Kleiderpracht in Hamburg, in: Zs. f. KG 6 (1899); E. *Kroker*, Leipziger Kleiderordnungen, in: Mitt. d. Dt. Gesellsch. z. Erforsch. vaterl. Sprache u. Altert. 10 (1912); L. C. *Eisenhart*, Kleiderordnungen der deutschen Städte zwischen 1350 und 1700 (1962).
24. Fr. G. *Dreyfus*, Société et mentalités à Mayence dans la seconde moitié du XVIIIe

siècle (1968); M. *Sothmann*, Das Armen-, Arbeits-, Zucht- und Werkhaus in Nürnberg bis 1806 (1970); Fr. *Kopitzsch*, Grundzüge einer Sozialgeschichte der Aufklärung in Hamburg und Altona (1982); H. E. *Specker*, (Hg.) Stadt und Kultur (1983); B. *Kirchgässner* – J. *Sydow* (Hg.), Stadt und Gesundheitspflege (1982).

25. B. *Moeller*, Reichsstadt und Reformation (1962); D. *Demandt* – H.-Chr. *Rublack*, Stadt und Kirche in Kitzingen (1978); J. *Bátori* (Hg.), Städtische Gesellschaft und Reformation (1980); H.-Chr. *Rublack*, Eine bürgerliche Reformation. Nördlingen (1984); Th. A. *Brady*, Ruling Class. Regime and Reformation at Strasbourg 1520–1555 (1978).

26. Eine nähere Untersuchung über die innerstädtischen Konflikte fehlt bisher.

27. B. *Roeck*, Eine Stadt in Krieg und Frieden. Studien zur Geschichte der Reichsstadt Augsburg zwischen Kalenderstreit und Parität (1989) 1073.

28. Ebd. 1073–6.

29. R. *van Dülmen*, Theater des Schreckens. Gerichtspraxis und Strafrituale in der frühen Neuzeit (1988[3]) 188.

30. K. *Czok*, Revolutionäre Volksbewegungen in mitteldeutschen Städten zur Zeit von Reformation und Bauernkrieg, in: L. Stern – M. Steinmetz (Hg.), 450 Jahre Reformation (1967) 128–145; Joh. *Schildhauer*, Soziale, politische und religiöse Auseinandersetzungen in den Hansestädten Stralsund, Rostock und Wismar im ersten Drittel des 16. Jahrhunderts (1959); W. *Wettges*, Reformation und Propaganda. Studien zur Kommunikation des Aufruhrs in süddeutschen Reichsstädten (1978).

31. G. *Franz*, Der Dreißigjährige Krieg und das deutsche Volk. Untersuchungen zur Bevölkerungs- und Agrargeschichte (1978[4]); V. *Press*, Soziale Folgen des Dreißigjährigen Krieges, in: W. Schulze (Hg.), Ständische Gesellschaft und soziale Mobilität (1988) 239–268.

32. Vgl. u. a. G. *Heinrich*, Staatsaufsicht und Stadtfreiheit in Brandenburg-Preußen unter dem Absolutismus, 1660-1806, in: W. Rausch (Hg.), Die Städte Mitteleuropas im 17. u. 18. Jahrhundert (1981) 155–172.

33. E. *Naujoks*, Obrigkeit und Zunftverfassung in südwestdeutschen Reichsstädten, in: Zs. f. Württ. LG 33 (1974) 53–93.

34. E. *Meuthen*, Der gesellschaftliche Hintergrund der Aachener Verfassungskämpfe an der Wende des Mittelalters zur Neuzeit, in: Zs. d. Aachener Gesch.vereins 74/5 (1962/3) 299–392; H. *Schilling*, Bürgerkämpfe in Aachen zu Beginn des 17. Jahrhunderts. Konflikte im Rahmen der alteuropäischen Stadtgesellschaft oder im Umkreis der frühbürgerlichen Revolution?, in: Zs. f. hist. Forsch. 1 (1974) 175–231; J. *Walter*, Rat und Bürgerhauptleute in Braunschweig 1576–1604. Die Geschichte der Brabandtschen Wirren (1971).

35. Vgl. Anm. 30.

36. Vgl. *Meyn*, Die Reichsstadt Frankfurt vor dem Bürgeraufstand.

37. Vgl. u. a. J. *Asch*, Rat und Bürgerschaft in Lübeck 1598–1669. Die verfassungsrechtlichen Auseinandersetzungen im 17. Jahrhundert und ihre sozialen Hintergründe (1961); *Soliday*, A Community in Conflict.

38. Vgl. auch *Koch*, Grundlagen bürgerlicher Herrschaft 25 f.

39. Vgl. *Grießinger – Reith*, Obrigkeitliche Ordnungskonzeptionen und handwerkliches Konfliktverhalten im 18. Jahrhundert.

40. Vgl. u.a. Chr. *Simon*, Untertanenverhalten und obrigkeitliche Moralpolitik. Studien zum Verhältnis zwischen Stadt und Land im ausgehenden 18. Jahrhundert am Beispiel Basels (1981); auch: A. *Felber*, Unzucht und Kindsmord in der Rechtsprechung der Freien Reichsstadt Nördlingen vom 15. bis 19. Jahrhundert (1961).
41. *Dreyfus*, Société et mentalités à Mayence; *Kopitzsch*, Grundzüge einer Sozialgeschichte der Aufklärung; *Specker* (Hg.), Stadt und Kultur.
42. Weiteres in Bd. III.

III. Geselligkeit und Fest

1. Brauchtum und Geselligkeit

1. Vgl. allgemein: H. *Biehn*, Feste und Feiern im alten Europa (1962); H.-J. *Simm* (Hg.), Das Fest. Ein Lesebuch vom Feiern (1981); L. *Petzoldt*, Volkstümliche Feste. Ein Führer zu Volksfesten, Märkten und Messen in Deutschland (1983); R. *Chartier*, Phantasie und Disziplin. Das Fest in Frankreich vom 15. bis 18. Jahrhundert, in: R. van Dülmen – N. Schindler (Hg.), Volkskultur (1984); W. *Haug* – R. *Warning* (Hg.), Das Fest (Poetik und Hermeneutik XIV) (1985); U. *Schultz*, (Hg.) Das Fest. Eine Kulturgeschichte von der Antike bis zur Gegenwart (1988).
2. Vgl. *Chartier*, Phantasie und Disziplin; K. *Tenfelde*, Streik als Fest. Zur frühneuzeitlichen Bergarbeiterkultur, in: van Dülmen – Schindler (Hg.), Volkskultur 177–202; G. *Korff*, ‚Heraus zum 1. Mai'. Maibrauch zwischen Volkskultur, bürgerlicher Folklore und Arbeiterbewegung, in: ebd. 246–281; A. *Grießinger*, Das symbolische Kapital der Ehre. Streikbewegungen und kollektives Bewußtsein deutscher Handwerksgesellen im 18. Jahrhundert (1981); K. *Guth*, Alltag und Fest. Aspekte und Probleme gegenwärtiger Festkulturforschung, in: Schw. Arch. f. Volksk. 81 (1985) 59–78; M. *Bachtin*, Rabelais und seine Welt. Volkskultur als Gegenkultur (1987). Zur Entstehung der modernen Freizeitkultur vgl. W. *Nahrstedt*, Die Entstehung der „Freizeit". Dargestellt am Beispiel Hamburgs. Ein Beitrag zur Strukturgeschichte und zur strukturgeschichtlichen Grundlegung der Freizeitpädagogik (1972).
3. Vgl. *Petzoldt*, Volkstümliche Feste. Vgl. auch Bd. III.
4. Vgl. G. *Hergsell*, Die Fechtkunst im 15. und 16. Jahrhundert (1896); A. *Schultz*, Das häusliche Leben der europäischen Kulturvölker (1903) 360ff; M. *Kloeren*, Sport und Rekord. Kultursoziologische Untersuchungen zum England des 16. bis 18. Jahrhunderts (1935); J. *Huizinga*, Homo ludens. Vom Ursprung der Kultur im Spiel (1956); M. *Leisner*, Feiern, Feste und Vergnügen im alten Kiel (1974); H. *Gillmeister*, Kulturgeschichte des Tennis (1990); S. *Mender*, Das Ballspiel im Leben der Völker (1956). Die Zahl der gebräuchlichen Unterhaltungsspiele war groß. Joh. Fischart nennt um 1600 600 Unterhaltungsspiele. Vgl. Joh. *Fischart*, Geschichtsklitterung (1590, 1967) 239ff.
5. Ausführlich berichtet der Tiroler H. *Guarinonius* in seinem „Grewel der Verwüstung Menschlichen Geschlechts" (1610) über die Spielleidenschaft. Zum Kartenspiel: „Kein Handwercker, keine Tagwercker, keine Schmaräcken, ja keine Schergen noch Hundtsschinder kommen ins Wirthshauß, ein Wein oder Bier zu trincken, die nicht ihr Kartenspiel bey ihnen tragen oder an Wirth begeren"

(1258). Zum Federspiel: „Dem Frauenzimmer ist die ander Kurtzweil gemein, so man Federspiel nennet und ist nichts anderst, als ein höltzernes Kegle, unten rundiert, einer Muskatel-Birn gleich, darin im obern schmalen Theil zwey, drey oder mehr Federn stecken. Solches Kegle schlägt man mit höltzern Britschen in Zimmern auff den Sälen einander zu und in die Höch, gleichsam ein Ballon. Ist eyn lustige und nutze Übung. Das Tafelschüssen ist ein anheymische Übung und bey uns hier zu Land sehr bräuchig, allda man auff den langen Vorhäusern oder Sälen zu Zeit Regenwetters auff einer langen schmalen Tafel, in der Läng 22 oder 24, in der Breite nur eines Werckschuhs, spilet, darzu gantz messingne, gegossne kleine Blatten, so man Stein nennet, rund und eines Fingers dick und eines Reichsthalers breit, gebraucht werden, deren jeder Spiler die seinig mit seinem numero gezeichnet hat, und allda von einem Tafeleck der Länge (nach) biß zu dem andern hinauß schießend einer den andern hinab sticht." (S. 1213 ff.). Vgl. auch J. *Bücking*, Kultur und Gesellschaft in Tirol um 1600. Des Hippolytus Guarinonius' ‚Grewel der Verwüstung Menschlichen Geschlechts' (1610) als kulturgeschichtliche Quelle des frühen 17. Jahrhunderts (1968) 161 ff.

6. Zahlreich sind die obrigkeitlichen Klagen über den ‚Spielteufel' bis ins 18. Jahrhundert hinein. Vgl. u. a. *Wesenigk*, Das Spielsüchtige Polysigma der Bösen Spiel-Sieben, d. i. Spielschande, Spielschertze, Spielschläge, Spielsprüche, Spielstraffen (1702). Über die Spielwut berichten ausführlich die Polizeiordnungen: In der Preuß. Landesordnung von 1577 heißt es: „Nachdem auch aus dem Doppelspiel fast viel Arges entspreußt, sol niemands, sonderlich Pauren, ire Söne, Dinstboten, Arbeitsleuten oder Losegenger, dasselbige, es sei um Bier, Geld oder Geldeswert, wider in Stedten, Dörfern hinfürder brauchen; wer solches tun oder in seinem Hause gestatten würde, sol der Wirt so wol als der Spiler mit 3 guten Marken verbußet werden, von welchem Gelde die Obrigkeit den Reten in Stedten, damit sie desto fleißiger Acht darauf haben, die Helft, den Schulteißen in Dörfern, die es auch bei Verlust ires freien Erbes anzukündigen schuldig, das virde Teil geben wil. Wo aber jemand gedachte Buße zu haben nicht vermöchte, sol mit Gefengnus am Leibe gestraft oder in Ketten gespannet, dozu das gewonnen Gut widerkeret und den Armen überreichet werden. Sondern Bretspiel, Karten und andere kurzweilige Spiel mag man den vom Adel, ehrlichen Bürgern, Gesten und andern tapfern Leuten mit zimlicher Meßigung zulassen. Wo aber auf Kleider, Kleinot, Kreiden oder Borg gespielet, sol der Verspieler zur Bezalung nicht verpflichtet sein". (W. *Kunkel* u. a. [Hg.], Polizei- und Landesordnungen [1968] 396 f.); Die Württ. Landesordnung von 1621 verbot: „Ordnen und setzen Wir, daß hinfüro keiner Unserer Undertanen einig Bock-, Kauf- oder Mumspil noch sonsten einige andere dreinschlagende, wachende oder schädliche Spil, wie die Namen haben mögen, mit Würfel, Karten noch andern weder um wenig noch vil tun sollen" (ebd. 508).

7. Vgl. W. *Streib*, Geschichte des Ballhauses, in: Leibesübungen und körperliche Erziehung 54 (1935) 373–82, 419–32, 448–64.

8. *Blasius Multibibus*, Jus Potandi oder Zechrecht (1616, ND 1984); *Schultz*, Das häusliche Leben 311 ff.; A. *Hauser*, Vom Essen und Trinken im alten Zürich (1962²). Die Polizeiordnungen sind voller Klagen über das Voll- und Zutrinken. In der Bayer. Landts- und Policey-Ordnung von 1616 heißt es: „Nachdem die Trunckenheit ein sonder Laster ist, dadurch einem sein Vernunfft entweicht, und

deß Guets halb verarmbt, auch Todtschläg und ander Übel mehr mals darauß entstehen, Darauff ordnen und wollen wir, welcher Mensch in Trunckenheit auff der Gassen mit offentlicher Unzucht betretten, oder täglich damit beladen würdet, daß der durch die Schergen oder Büteln desselben orts ... von stunden in die Keuchen gelegt und nicht außgelassen werd, biß er wol nüchtern wirdt, ob er auch in solcher Trunckenheit ainicherley freuel begierig, darumb so er weiter nach gestalt seiner verhandlung gestrafft werden" (697).

9. Zit. nach: H. *Reichmann* u. a. (Hg.), Die äußeren Formen deutschen Lebens (^{2}1922) 175 f.

10. Vgl. allgemein Fl. *Daul*, Tantzteuffel: Das ist, wider den leichtfertigen, unverschempten Welt tantz, und sonderlich wider die Gottßzucht und ehrvergessene Nachttäntze (1569, ND 1978); Fr. M. *Böhme*, Geschichte des Tanzes in Deutschland. Beitrag zur deutschen Sitten-, Litteratur- und Musikgeschichte (1886); R. *Voß*, Der Tanz und seine Geschichte. Eine kulturhistorisch-choreographische Studie (ND 1977); M. *von Boehn*, Der Tanz (1925); C. *Sachs*, Eine Weltgeschichte des Tanzes (1933); H. *Eichberg*, Leistung, Spannung, Geschwindigkeit. Sport und Tanz im gesellschaftlichen Wandel des 18./19. Jahrhunderts (1978); A. *Nitschke*, Körper in Bewegung. Gesten, Tänze und Räume im Wandel der Geschichte (1989).

11. K.-S. *Kramer*, Bauern und Bürger im nachmittelalterlichen Unterfranken (1957) 184 f.

12. Joh. *Münster*, Ein gotseliger Tractat von dem ungotseligen Tantz (1594) beschreibt die Volte als „unflätig": „In dem Tanz nimmt der Tänzer mit einem Sprung der Jungfrau wahr und greift sie an einem ungebührenden Ort, da sie etwas von Holz oder anderer Materie het machen lassen und wirft die Jungfrau selbst und sich mit ihr, etlich viel Mal sehr künstlich und hoch über die Erde herum, also auch daß der Zuschauer meinen sollte, daß der Tänzer mit der Tanzerin nicht wieder zur Erde kommen könne, sie hätten denn beide ihre Hälse und Beine gebrochen" (Zit. nach *v. Boehn,* Der Tanz 80). Vgl. auch *Daul*, Tantzteuffel 21: „Dagegen ist der wilde, unzimliche, unverschampfte, garstige unfletige Gottesehr unnd zucht vergessene, unzüchtige, leichtfertige tantz, sobald der Fidler oder Spielmann auffmacht, ein stetiges unordentliches rennen unnd lauffen, wie des unvernünfftige Viehe, durch einander laufft, das sie auch mit tollem unvernünfftigen geleufft von ferne mit den Köpffen zusammen treffen, unnd eines das ander zu boden stösset, oder von hinden, nicht allein auff die Füsse tritt, das die schuh entfallen, sondern einem der auch gar darnider rennen, manchen ein grewlichen staub, gestänck, verfelschen die Lufft, das vernünfftige fromme Leut in der Stuben nicht bleiben können ... pochen, boldern, springen hoch in die höhe, gleich als wolten sie zur decke oben hinauß fahren ... schreyen, jauchtzen, kräen wie die Galgenhünlein unnd ehe sie ein mahl den Reyen herumb gefahren, haben sie sich auff alle seyten herumb zu dreyen unnd vier malen verdrehet, verkörpert, verkwirgelt hin unnd wider geworffen, geschwungen, geruckt, unnd hoch empor gehoben, das den Dirnen die Adern im Leib platzen, unnd die Seele krachet, eins dem andern jetzt da, jetzt dort herumb, durch den armen und bögen krochen und gelauffen".

13. Zit. nach *Voß*, Der Tanz 126. Vgl. auch K.-S. *Kramer*, Volksleben im Hochstift Bamberg und im Fürstentum Coburg 1500–1800 (1967) 150.

14. Aber selbst dort, wo das Tanzen offiziell untersagt war, halfen die Verbote nicht viel: „So ist z. B. das Tanzen verboten", wie Orelli 1555 berichtet, „welches ehedem die Lieblingslustbarkeit aller Stände und fast aller Alter war; nur an Hochzeiten bleibt es noch erlaubt; aber mit Ende des Tags muß auch der Tanz geendet werden. Je seltener dieses Vergnügen war, mit desto rascherer Hitze wurde solches genossen. Die jungen, rüstigen Gesellen suchten eine Ehre darin, einer den andern im Springen zu überwerfen, wobei dann nicht selten begegnete, daß die Tänzerin in ihres Mittänzers Fall verwickelt ward und durch eine nicht immer anständige Lage Anlaß zu einem allgemeinen Gelächter gab, das ihrer Sittsamkeit wehe tat. Das Umwerfen ward verboten; aber bei der Hitze des Tanzes vergaß mancher das Mandat. Wenn einer umgeworfen wurde, so ward es ansteckend, und man suchte sich durch eine geschickte Behendigkeit zu rächen. Um diesen unartigen Manieren Einhalt zu tun, sandte die Obrigkeit Zensoren von besonderer Art auf den Tanzsaal. ... Die Musik bei dem Tanze ist für Ohren, die daran nicht gewöhnt sind, unleidlich rauh, denn so es recht vornehm hergeht, da besteht das Orchester aus einer Trommel, zwei Feldpfeifen, zwei Violinisten und einer Harfe". – (*Reichmann* u. a. (Hg.), Die äußeren Formen deutschen Lebens 186f.) Seit dem letzten Drittel des 16. Jahrhunderts ergingen in allen Territorien Verbote, ‚wild' und ohne Mantel zu tanzen. In Nürnberg verbot der Rat, „daß sich hinfüro ein Jeder, wes Standes er sei, bei allen Tänzen, in und um Nürnberg, alles unzüchtige Tanzen, dazu alles Herumschwingens und Verdrehens, desgleichen allein in Hosen und Wammes, ohne einich darüber angethan Kleider zu tanzen, sich gänzlich enthalten soll. Wer jedoch tanzen will, der soll dasselbe ohn alles Verdrehen und Herumschwingen in züchtiger und bescheidener Weise thun, auch ein ander Kleid über Hose und Wammes anlegen, und nicht also in bloßen Hosen und Wammes tanzen. Wer solches in einem oder mehreren Stücken über tritt, darum fürgebracht wird, und sich dessen mit seinem Eide nicht reinigen kann, der soll einem ehrbaren Rath zur Strafe 2 Gulden unerläßlich zu bezahlen verfallen sein" (Zit. nach *Voß*, Der Tanz 174f.). Nicht selten ging darauf die Jugend aus Trotz nicht mehr in die Christenlehre. 1586 klagte der Superindendent von Monheim: „Daß die sonntägigen Tänze aus allerhand erheblichen, hochwichtigen, rechtmäßigen Ursachen, besonders aber daß hierdurch der Sabbath (wie der Augenschein und die tägliche Erfahrung ausweist) mit allerlei Üppigkeit, Leichtfertigkeit, Zanken, Raufen, Schlagen, Verwunden, Morden, Fressen, Saufen und andern groben Lastern zum Höchsten und Schändlichsten mißbraucht und Gott zu gerechtem Zorn, Land und Leute zu strafen, erweckt wird, nicht zu gestatten, sondern gänzlich abzuschaffen und zu verbieten, ist vor zwei Jahren Ew. fürstlichen Gnaden von denselben damals Verordnet seienden ein ausführliches christliches Bedenken in Unterthänigkeit überreicht worden. Darauf jetziger Zeit in nochmalen wie voran mich will referiert und gezogen haben, wie ich denn noch die wenigste Ursache nicht habe, mein voriges Judizium zu ändern und das Kontrarium zu halten; denn obschon etliche der Pfarrer selbst Anzeigen machen (welches ich doch von keinem Kirchendiener meiner untergebenen Inspektion noch nie gehört habe), daß vom jungen Gesinde und Ehehalten, seither die Tänze eingestellt worden, nicht der dritte Teil mehr zur Kinderlehr, wie zuvor befohlen, kommen wollen, so heißt es doch und soll billig dabei bleiben, wie Sankt Paul sagt, man soll nicht

Übles thun, auf daß Gutes davon komme (Rom. 3).“ (W. *Herlein*, Das Dorfleben in seiner geschichtlichen Entwicklung [1908] 253f.).

15. Vgl. Joh. *Pasch*, Beschreibung wahrer Tanz-Kunst (1707, ND 1978); I. B. *von Rohr*, Einleitung zur Ceremoniel-Wissenschafft der Privat-Personen (1728, ND 1990) 466ff.; R. *zur Lippe*, Naturbeherrschung am Menschen, 2 Bde. (1974); *Eichberg*, Leistung, Spannung, Geschwindigkeit 168ff.
16. J. *Adler* (Hg.), Handbuch der Musikgeschichte, 3 Bde. (1961); A. *Robertson* – D. *Stevens* (Hg.), Geschichte der Musik II (1977[2]).
17. C. *Dahlhaus*, Die Musik des 18. Jahrhunderts (1985). Immer noch vortrefflich: E. *Preussner*, Die bürgerliche Musikkultur. Ein Beitrag zur deutschen Musikgeschichte des 18. Jahrhunderts (1935).
18. Fr. *Rauers*, Geschichte der Gaststätte, 2 Bde. (1941); Joh. *Kachel*, Herberge und Gastwirtschaft in Deutschland bis zum 17. Jahrhundert (1924). – Ein Verzeichnis der Nürnberger Gasthäuser i. J. 1570 bringt: A. *Kircher*, Deutsche Kaiser in Nürnberg. Eine Studie zur Geschichte des öffentlichen Lebens der Reichsstadt Nürnberg von 1500–1612 (1955) 182ff.
19. Vgl. Bairische Landesordnung 1553 (Von Maß und Ordnung des Schenkes und der Wirtschaft); Gülich-Bergische Polizei-Ordnung 1558 (Von den Wirtshäusern und Herbergen): „Den leichtfertigen, argwöhnigen Personen und denen, die unerbare Geselschaft aufhalten, sollen nicht zugelassen, sondern verboten werden, Wirtschaft zu halten, sowohl binnen als außen unsern Städten und Flecken. ... Die Wirte, so in oder außen den Städten und Dörfern ... zugelassen, sollen geloben, daß sie wissentlich keine Bosheit, unerbar Geselschaften, unehrlich Wesen, Gezank, Gotteslästerung oder verdächtige Personen aufhalten oder herbergen, sondern, da die bei ihnen ankommen, oder sie sonsten vermerken, daß in ihren Häusern durch ihre Gäste heimliche Practiken oder Anschlägen gemacht würden, ohne allen Verzug ... der Obrigkeit vermelden ... Desgleichen, daß die aufrichtige Maß und gute Speis und Trank einem jeden um seinen Pfännig reichen, und, wo einige Speis oder Trank verdürbe oder sie damit betrogen wären, daß sie die niemand fürsetzen oder verlassen, sondern den Leuten nach ihrem Vermögen gut Gerech tun wollen“ (S. 347/8). Des Herzogtums Würtemberg Gemeine Landsordnungen 1621 (Von Wirten und Gastgeben); Fürstliche Sächsische Landesordnung 1666 (Von der Städte Bier- und Weinkellern, Kretschmarn und Schenken auf den Dörfern, auch bis auf welche Stund und Zeit des Tages in den Schenkstätten ausgezäpfet werden mag) (in: *Kunkel u. a.* [Hg.], Polizei- und Landesordnungen).
20. Vgl. R. *Diehl*, Frankfurt am Main im Spiegel alter Reisebeschreibungen (1984) 100. Vgl. weiterhin: G. *Gugitz*, Das Wiener Kaffeehaus. Ein Stück Kultur- und Lokalgeschichte (1940); W. *Schivelbusch*, Paradies des Geschmacks und der Vernunft. Kulturgeschichte der Genußmittel (1980); H. E. *Bödeker*, Das Kaffeehaus als Institution aufklärerischer Geselligkeit, in: E. François (Hg.), Sociabilité et société bourgeoise (1986) 65ff.
21. Vgl. Bd. III. Allgemein vgl. *Schultz*, Das häusliche Leben 360ff.; E. *Finder*, Hamburgisches Bürgertum in der Vergangenheit (1930); N. *Henrichs*, Kult und Brauchtum im Kirchenjahr (1967); K.-S. *Kramer*, Volksleben im Hochstift Bamberg und im Fürstentum Coburg (1500–1800) (1967); J. *Dünninger* – H. *Schopf*, Bräuche und Feste im fränkischen Jahreslauf (1971); neuerdings E. *Moser-Rath*,

Dem Kirchenvolk die Leviten gelesen. Alltag im Spiegel süddeutscher Barockpredigten (1991).

22. A. *Spamer*, Weihnachten in alter und neuer Zeit (1937); I. *Weber-Kellermann*, Die deutsche Familie. Versuch einer Sozialgeschichte (1974) 233 ff.; *Dies.*, Das Weihnachtsfest. Eine Kultur- und Sozialgeschichte der Weihnachtszeit (1978).
23. U. *Mantel*, Geschichte des Weihnachtsbaums und ähnlicher weihnachtlicher Formen. Eine kultur- und waldgeschichtliche Untersuchung (1975).
24. *Dünninger-Schopf*, Bräuche und Sitten 21.
25. H. *Moser*, Volksbräuche im geschichtlichen Mantel (1985).
26. *Kramer*, Volksleben im Hochstift Bamberg 85/8; H. *Kirchhoff*, Christliches Brauchtum. Von Advent bis Ostern (1984); *Dünninger – Schopf*, Bräuche und Sitten 28 ff.
27. „Zur Zeit des neuen Jahrs", heißt es bei Sebastian Franck 1534, „schicken sie einander Gaben, alt und jung, und mit gehobener Hand wünschen sie einander ein gutes, seliges neues Jahr. Auch gehen in diesen Festzeiten die Knechte und ledigen Gesellen auf dem Land herum durch die ganze Nacht vor den Häusern, auch an etlichen Orten in den Städten, und singen die Leute an mit großer Heuchelei, loben den Hausvater und sein Gesinde von Fuß auf und sammeln mit ihrem Heucheln viel Gelds. Etliche ziehen herum durch das ganze Land mit einem Glöcklein, läuten und singen darein, an einem Gotteshause sammelnd" (*Reichmann*, Die äußeren Formen deutschen Lebens 188).
28. *Kramer*, Volksleben im Hochstift Bamberg 83 f.
29. *Dünninger – Schopf*, Bräuche und Sitten 33 f.
30. *Kramer*, Volksleben im Hochstift Bamberg 101 ff.; O. *Gabrielson*, Osterfeuer. Oberharzer Brauchtum im Wandel der Jahrhunderte (1977).
31. *Reichmann*, Die äußeren Formen deutschen Lebens 190.
32. H. *Moser*, Osterei und Ostergebäck. Brauchgeschichtliches aus bayerischen Quellen, in: Ders., Volksbräuche im geschichtlichen Wandel 168–198.
33. *Ders.*, Maibaum und Maienbrauch. Beiträge und Erörterungen zur Brauchforschung, ebd. 199–268; G. *Korff*, ‚Heraus zum 1. Mai'. Maibrauch zwischen Volkskultur, bürgerlicher Folklore und Arbeiterbewegung, in: van Dülmen – Schindler (Hg.), Volkskultur 246–281.
34. *Moser*, Maibaum und Maienbrauch 241.
35. Merkwürdigerweise gibt es keine ausführlichere Untersuchung zum Pfingstfest 234.
36. M. E. *Widmann*, Die Chronik. (Quellen zur Geschichte der Stadt Hof), in: Hohenzollerische Forschungen (1893) 234; vgl. auch *Dünninger – Schopf*, Bräuche und Feste 79 ff.
37. *Kramer*, Volksleben im Hochstift Bamberg 108. Über ‚Mißbräuche' berichtet eine Verordnung von 1696 aus Lauenburg: „Als wir auch vernehmen, daß die Bauersleute auf dem Lande von Ostern bis Pfingsten gewisse Stücke Feldes auf der gemeinen Weide mit Sträuchen bestecken und hegen, und zwar zu dem Ende, daß die Bauerknechte und Jungens das Pfingstfest über ihre Pferde können zusammenbehalten, und dem Gesöffe und andern bösen Leben desto besser obliegen, in dem sie in einer auf dem Felde aufgebaueten Laube etliche Tonnen Bier auflegen, Spielleute darzu nehmen, dabey alte und Junge mit Saufen, Tanzen, Spielen und dergleichen, vom ersten bis zum letzten Pfingsttage anhalten,

wobey nicht allein viel Böses vorgehet, sondern auch das heilige Pfingstfest entheiliget wird, und wir dergleichen böses Vornehmen gleichfalls abgestattet wissen wollen; so befehlen nomine ser. unsere gnädigsten Herren euch hiermit, die Anstalt zu verfügen, damit solches heidnisches Wesen gleicher gestalt eingestellet und die Widerspänstigen entweder mit Gefängniß oder Geldstrafe beleget werden mögen" (Zit. nach K.-S. *Kramer*, Volksleben in Holstein 1550–1800 [1987] 211f.).

38. *Böhme*, Geschichte des Tanzes in Deutschland 158ff; E. *Fehrle*, Der Johannistag (1924): H. *Freudenthal*, Das Feuer im deutschen Glauben und Brauch (1931).
39. *Dünninger-Schopf*, Bräuche und Feste 92. Aufschlußreich sind weitere Quellenbelege. „Demnach bishero die Erfahrung bezeugt, daß alter Heydnischer böser Gewohnheit nach, Jährlichen an dem Johannes Tag, auff dem Land, so wol in den Städtlein, als in den Dörffern, von jungen Leuten Geld und Holtz gesamlet, und darauf das so genannt Sonnenwendt- oder Zimmets Feur angezündet, dabey gezecht und getrunkken, umb solch Feur gedantzet, darüber gesprungen, mit anzündung gewisser Kräuter und Blumen, und steckung der Brandt aus solchem Feur in die Felder, und sonsten in vielerley Weeg, allerhand aberglaubische Werck getrieben worden, welches alles aber nicht allein Sünd vor Gott, sondern auch vor Christlichen und Ehrliebenden Leuten eine Schand, und ihr gemein sehr beschwerlich, ärgerlich und gefährlich gewesen, und dahero ferner nicht nachzusehen..." (1653, zit. ebd. 93). In Würzburg wurde das Johannisfeuer 1780 verboten: „Nach dem Ihro Hochfürstliche Gnaden ... den an ein und andern Orten annoch üblicher Mißbrauch des sogenannten Johannis-Feuers wegen manchen dabey vorgehenden Entehrungen geheiligter Worte und Dinge, thörichtem Aberglauben, unanständigen Ausschweifungen junger Leute, und oft damit verknüpfter Feuersgefahr, ein für allemal abgestellet wissen wollen: als wird ... bekannt gemacht, daß sie die Anzündung der Johannes-Feuer auf keine Weise gedulden ... sollen." (Ebd. 97).
40. Vgl. *Kramer*, Volksleben im Hochstift Bamberg 114ff.; *Dünninger-Schopf*, Bräuche und Feste 99ff.; K. *Wagner*, Kirchweih in Franken (1971); D. *Sauermann*, Hauptfeste in Westfalen, in: Rhein.-westf. Zs. f. Volksk. 22 (1976) 152–180.
41. *Kramer*, Volksleben im Hochstift Bamberg 119.
42. Ebd.
43. Vgl. Bd. I.
44. K. *Vocelka*, Habsburgische Hochzeiten 1550–1600. Kulturgeschichtliche Studie zum manieristischen Repräsentationsfest (1976); E. *Straub*, Repräsentatio Maiestatis oder churbayerische Freudenfeste. Die höfischen Feste in der Münchner Residenz vom 16. bis zum Ende des 18. Jahrhunderts (1969).
45. Vgl. Bd. I 153f.
46. Z. B. H. *Lenhardt*, Feste und Feiern des Frankfurter Handwerks (1950); K. *Köstlin*, Gilden in Schleswig-Holstein. Die Bestimmung des Standes durch ‚Kultur' (1976).
47. R. *van Dülmen*, Das Schauspiel des Todes. Hinrichtungsrituale in der frühen Neuzeit, in: Ders. – Schindler (Hg.), Volkskultur 203–245; *Ders.*, Theater des Schreckens. Gerichtspraxis und Strafrituale in der frühen Neuzeit (1985).
48. I. *Jansen*, Patriotismus und Nationalethos in den Flugschriften und Friedensspie-

len des Dreißigjährigen Krieges (1964); nähere Beschreibung des kg. schwed. Friedens-Banckets zu Nürnberg 1649, in: A. *Schöne*, (Hg.), Das Zeitalter des Barock (1986) 377ff. – A. *Kircher*, Deutsche Kaiser in Nürnberg. Eine Studie zur Geschichte des öffentlichen Lebens der Reichsstadt Nürnberg von 1500–1612 (1955); H. *Schomann*, Kaiserkrönung. Wahl und Krönung in Frankfurt nach den Bildern der Festbücher (1982).

49. W. *Krebs*, Alte Handwerksbräuche mit besonderer Berücksichtigung der Schweiz (1933) 275f.
50. U. a. A. *Edelmann*, Schützenwesen und Schützenfeste der deutschen Städte vom XIII bis zum XVIII Jahrhundert (1890); S. Graf *von Pfeil*, Schützenwesen und Schützenfeste in Niedersachsen (1975).
51. *Edelmann*, Schützenwesen 120ff.
52. Ebd. 77ff.
53. A. A. *von Lersner*, Der weit-berühmten Freyen Reichs-Wahl- und Handelsstadt Franckfurt am Mayn Chronica, oder Ordentliche Beschreibung der Stadt (1706) 163ff.; *Lenhardt*, Feste und Feiern 36ff.; *Schomann*, Kaiserkrönung; H. *Meinert*, Von Wahl und Krönung der deutschen Kaiser zu Frankfurt am Main (1956).
54. R.-R. *Wuthenow*, Die Kaiserkrönung von 1763 zu Frankfurt am Main. Goethes Jugenderinnerung und der Abschied vom Alten Reich, in: U. Schultz (Hg.), Das Fest (1988) 232–243, hier 238.
55. *Lenhardt*, Feste und Feiern 43f.
56. R. *Alewyn*, Das große Welttheater. Die Epoche der höfischen Feste (²1985); *Chartier*, Phantasie und Disziplin.
57. R. *Muchembled*, Kultur des Volks – Kultur der Eliten. Die Geschichte einer erfolgreichen Verdrängung (1982).
58. D. *Narr*, Fest und Feier im Kulturprogramm der Aufklärung, in: Ders., Studien zur Spätaufklärung im deutschen Südwesten (1979) 208ff.; B. *Heidrich*, Fest und Aufklärung. Der Diskurs über die Volksvergnügungen in bayerischen Zeitschriften (1765–1815) (1984).
59. Vielfältig sind die obrigkeitlichen Klagen über das ‚rumorische' Leben. In einem oberpfälzischen Mandat gegen Mißstände heißt es 1584: „Das langsitzen in die Nacht und rumorisch leben, unzucht und poldern auf der gassen – die weiln aus solchen tumnen und ergerlichen, gottlosen wesen mancherlei Sünde, schand und laster entspringen, da wöllen wir, (daß) ir hinfüro an allen orten die wacht stark dahin entstellet, uf daß, wo über die gebürende Zeit als des Sommer der 9. des Winters der 8 uhr zu nacht jemands in Wirtshäusern und uf der gassen rumorisch und sitzend gefunden wurde, derselb sobald neben den wirt ufgehebt, zu fängnis gelegt werde" (*Sehling* (Hg.), Evangel. Kirchenordnung Bayern III 323).
60. Bemerkenswerterweise fanden frühneuzeitliche Revolten auf dem Land und in der Stadt kaum an Festtagen statt. Einen Umschlag in eine Revolte gab es anläßlich eines Karnevalstreibens nur in Romans. Vgl. E. *Le Roy Ladurie*, Karneval in Romans. Von Lichtmeß bis Aschermittwoch 1579–1580 (1982).
61. Vgl. *Heidrich*, Fest und Aufklärung; P. *Münch*, Fêtes pour le peuple, rien par le peuple. ‚Öffentliche' Feste im Programm der Aufklärung, in: D. Düding u. a. (Hg.), Öffentliche Festkultur (1988) 25–45.
62. *Dünninger – Schopf*, Bräuche und Feste 110.

63. Ein Sonntagnachmittag im Berliner Tiergarten wird 1786 geschildert: „Es war drei Uhr, und also noch wenig von der schönen Welt zu sehen: dagegen wimmelte der Platz von den glücklichen Söhnen der Erde, die alle Sorgen der Woche am Sonntage völlig vergessen und bei einem Spaziergange und geringem Labetrunke sich und ihr Leben herzlich genießen. ... Die große, nach der Stadt führenden Allee war von Spaziergängern zu Fuße und zu Pferde bedeckt, und einige Wagen brachten wohlbeleibte Tanten und bürgerlich erzogene Nichten bis an das Tor, die nur die Reize eines angenehmen Spazierganges suchten, und nicht daran gewöhnt waren, auch wohlfrisierte Köpfe und Aufsätze nach der neuesten Mode zu achten" (*Reichmann* [Hg.], Die äußeren Formen deutschen Lebens 197). Über die privaten bürgerlichen Geselligkeitsformen im 18. Jahrhundert vgl. *Finder*, Hamburgisches Bürgertum 372ff.; W. *Mauser*, Geselligkeit. Zu Chancen und Scheitern einer sozialethischen Utopie um 1750, in: K. Eibl (Hg.), Entwicklungsschwellen im 18. Jahrhundert (1989) 5–36.

2. *Jahrmarkt und Karneval*

1. Eine Geschichte des Jahrmarkts fehlt. Vgl. allgemein P. I. *Marperger*, Beschreibung der Messen und Jahr-Märkte, Frankfurt 1968 (ND v. 1711); *Kramer*, Volksleben im Hochstift Bamberg 194ff.; *Dünninger – Schopf*, Bräuche und Feste 99ff.; *Bachtin*, Rabelais und seine Welt 187ff; R. *Koch* (Hg.), Brücke zwischen den Völkern. Zur Geschichte der Frankfurter Messe, 2 Bde. (1991).
2. Beispielhaft ist die Sächsische Ordnung von 1666: „Von Jahr- und Wochenmärkten in Städten und Flecken, auch von Maß der Kirchmesse auf den Dörfern".
   [1] Die Jahrmärkte sollen jedes Orts, ohne wenn Sterbensläufte einfallen, auf die hierzu bestimte Zeiten, und zwar auf keinen Sontag, sondern auf Werkeltage nach dem Montage gehalten, männiglich aufrichtige, unverfälschte Waren feilzuhaben und entweder stückweise oder nach rechtem, landüblichen Gewicht oder Ele zu verkaufen gegen Entrichtung des jedes Orts üblichen Stätegeldes freigelassen werden.
   [2] Es sollen sonderlich in den Jahrmärkten die Räte in Städten gute Aufsicht haben, daß die Garköche gute, tüchtige Speisen zu Kaufe geben und durch unreine und anbrüchige Ware niemand um seine Gesundheit gebracht oder angestecket werden möge.
   [3] Auch sol kein ausländischer Handelsmann, Kramer oder Hantierer außer den öffentlichen Jahrmärkten ungewöhnlicherweise in unsern Städten Ware bei deren Verlust feilhaben; doch seind hiermit diejenige, so auf den Wochenmärkten oder sonsten zu gewissen Zeiten eines oder des andern Orts ein anders herbracht, nicht gemeinet.
   [4] Es sollen auch die Obrigkeiten in den Städten und dero hierzu Verordneten darob sein, daß das Landvolk, welches die Märkte besuchet, was es an Hausrat oder zum Feldbau bedarf und einkaufen will, ohne Aufenthalt in billichem Wert und zumaln unserer Taxordnung gemäß bekommen und hingegen an Verkaufung des Seinigen durch allerhand widrige Bezeichnungen nicht gehindert werden möge, damit sie umsovielmehr Ursach haben, die Victualien, Küchenspeise und andere Notdurft in die Städte zu bringen.
   [5] Ferner sollen weder Einheimische noch Fremde, solange das jedes Orts gewöhnliche Markzeichen stecket, weder Victualien noch anders auf Vorkauf,

die Fremden auch mitlerweile nichts zum Aufschütten oder zur Abfuhre kaufen.

[6] Demnach gleichfals, wenn die Kirchmessen auf die Sonn- und Feier- oder auch Montage gehalten werden, viel und wol die meisten Leute die Predigt und den Gottesdienst versäumen oder die schuldige Sabbatsfeier doch sonsten zum wenigsten mit Schlachten, Backen und anderer Zubereitung verbrochen wird, als sollen solche in der Wochen auf den Dienstag, der doch kein Festtag oder Festabend sei, sondern so dergleichen einfället, alsdenn einen andern bequemen Tag in der Wochen geleget, auch solches Tages vor Mittage die Kirchmeßpredigt verrichtet und von einem Bauren, der Kirchmeß hält, seinen Gästen mehr nicht als vier Essen gespeiset und des andern Tages nur ein Früestück gegeben werden, bei Straf zweier oder auch wol mehrer Gülden nach Gelegenheit der Verbrechung.

[7] Bei Jahr- und Wochenmärkten und sonsten insgemein sollen Seiltänzer, Gaukler, Springer, Taschenspieler, Glückräder, Budenplätze und Stände, darbei mit Ausbietung zienern Gefäßes und anderer Ware zum Besetzen aufs Spiel Wucher gesuchet zu werden pfleget, desgleichen andere Spiele mit Würfeln und Karten, auch Fechtschulen um Geldes und Genießes willen, sonderlich aber die Glückstöpfe, darbei mit meistenteils liederlicher, verlegener und unnützer Ware ein allzu vorteilhaftiger und unverantwortlicher Übersatz geübet, sonsten allerhand Betrug begangen und der einfältige Mann zu Schaden und Verderb merklich gereizet wird, ganz nicht noch auch, daß man Gebrechen und Mißgestalten der Menschen, bevorab, wenn dadurch etwan schwangere Weiber gefährdet oder einige Leute geärgert werden möchte, zeige, gestattet, sondern die Obrigkeiten oder Schultheißen, so disfals verhängen, darum selbst ernstlich gestrafet werden.

[8] So man aber befundenen Dingen nach bei ermeldten und andern Gelegenheiten zugäbe, etwan erbauliche Comödien zu spielen oder aber fremde sonderbare Tiere zu zeigen, sol man dessenthalben zugleich einen billichmäßigen Tax des Schauens setzen und nicht nachgeben, daß die Leute disfals zur Ungebühr übersetzet werden.

[9] Es sollen auch bei Kirchmessen die gesellige Kugelplätze, so zur Kurzweil angefangen, den Gemeinden auf den Dörfern nachgelassen sein, doch daß einer darauf über einen Groschen nicht verspiele noch Fremde oder Nachbarn wider deren Willen darzu ziehe." (Zit. nach: *Kunkel* u. a. (Hg.), Polizei- und Landesordnung 623–4).

3. *Kramer*, Volksleben im Fürstentum Ansbach 261ff.
4. So vgl. u. a. R. *Diehl*, Frankfurt am Main im Spiegel alter Reisebeschreibungen vom 15. bis zum 19. Jahrhundert (ND 1984) 36f.
5. Vgl. Anm. 2 u. 11.
6. *Marperger*, Beschreibung der Messen 207f.
7. *Kramer*, Volksleben im Fürstentum Ansbach 287.
8. Ebd. 287.
9. Th. *Hampe*, Die fahrenden Leute in der deutschen Vergangenheit (1924^2) 108f.
10. Vgl. dazu die Ausführungen von *Bachtin*, Rabelais und seine Welt 187ff.
11. *Marperger*, Beschreibung der Messen 180. Ausführlich heißt es auf S. 108f.: „Was Comödianten anbelangt/seynd solche auf einem solennen Jahrmarckt/in

soweit eine Stadt oder Land/oder auch unsere benachbarte Mit-Christen/nicht unter schweren Land-Plagen/als da seynd Krieg/Hunger und Pestilentz/seufzen müssen/wegen der vielen sich auf die Meß einfindenden Fremden zwar wohl doch ea lege zu dulten/daß alle Zoten und Possen/durch welche züchtige Ohren geärgert werden/von ihrem Theatro verbannet seyn sollen/welches auch denen Seiltäntzern und Marionetten-Spielern zu injungiren stünde/die Glücks-Töpffer aber/als deren ihr Thun meistens auf Betrug abzielet/seynd ebenfalls unnütze Meß-Gäste/und denen Quacksalbern/Zahn-Ärtzten/Bruchschneidern/Therjacks-Krämern könte/weil es ein öffentlicher Jahrmarckt seyn soll/ihre Waare dem gemeinen Mann anzupreisen/und weil ja die Welt betrogen seyn will/ Mäusedreck vor Pfeffer/gestossene Tobacks-Pfeiffen vor Krebs-Augen-Pulver/ Fisch-Gallen-Brandwein vor Elixir proprietatis zu verkauffen/ (ich rede aber hier von Landstreichern/nicht von ehrlichen Chymicis, Destillatoribus, Operatoribus, Ophthalmicis und der Chirurgischen Handgriff wohlerfahrnen/oder denen/ die ihre Kunst rechtschaffen erlernet/und zu des Menschen Gesundheit heilsamtlich dienliche arcana erfunden und im Besitz haben/) den Marckt über in so weit zu treiben zugelassen werden/als sie bloß mit Verkauff ihrer Artzneyen sich bemengen/und aller Pickelherings Zoten und Possen/durch welche der Heil. Geist betrübet/die Jugend geärgert/und viel schandbares denen Augen und Hertzen der müßigen Zuschauer eingepflantzet wird/sich entschlagen/vor allem aber seynd die öffentliche Spiel-Tische/da allerhand Lumpen-Gesinde etliche wenige Groschen oder Kreutzer zu verspielen aufsetzen/bey hoher Straff zuverbieten/ und abzuschaffen/weil wohl an keinen Ort so viel Gotteslästerungen/Verfluchen und Vermaledeyen der armen und mit Christi Blut so theuer erkaufften Seelen/ als eben an dergleichen Spiel-Tischen/ vorgehen/also/daß wenn denen Vorübergehenden die Augen solten geöffnet werden/sie nicht weniger Teufel um solche miserable und Gottsvergessene Menschen herum stehen/und als von ihnen so liederlich durch offtmahliges wiederholtes Schweren eingeladen/auf ihre Seelen würden passen sehen/ als etwan dort des Elisä Diener feurige Roß und Wagen zu Beschützung seines Herrn um Dothan gesehen/wie hievon ein mehrers in dem 6. Kap. des 2. B. der Könige zu lesen ist. Am löblichsten machen es hierinnen die Holländer/als welche vielmahls/wenn in diesen oder jenen Ort ein Jahrmarckt bevorstehet/vorher der Magistrat desselbigen Orts/durch die gedruckte Avisen bekannt machen läßt/daß er keine Comödianten/Leinen-Springers/Gaucklers oder Spiel-Tische und Glücks-Töpffe frey geben werde/brächte aber iemand fremde Thiere/oder andere rare Curiositäten zur Schau/solches wird ihnen nicht verwehret."

12. Zur Geschichte des Karnevals vgl. allgemein: *Bachtin*, Rabelais und seine Welt; P. *Burke*, Helden, Schurken und Narren. Europäische Volkskultur in der frühen Neuzeit (1981) 192ff.; D.-R. *Moser*, Fastnacht – Fasching – Karneval. Das Fest der ‚Verkehrten Welt' (1986). Hierzu kritisch: N. *Schindler*, Karneval, Kirche und die verkehrte Welt. Zur Funktion der Lachkultur im 16. Jahrhundert, in: Jb. f. Volkskunde (1984) 9–57; vgl. auch *Le Roy Ladurie*, Karneval in Romans; *L. Petzoldt*, Narrenfeste. Fastnacht, Fasching, Karneval in der Bürgerkultur der frühen Neuzeit, in: Schultz (Hg.), Das Fest 140–152. P. *Weidkuhn*, Ideologiekritisches zum Streit zwischen Fastnacht und Protestantismus in Basel, in: Schw. Arch. f. Volkskunde 65/1969, 36–74.

13. Vgl. *Bachtin*, Rabelais und seine Welt 68ff.
14. *Widmann*, Quellen zur Geschichte der Stadt Hof. Die Chronik 235.
15. *Reichmann* u.a. (Hg.), Die äußeren Formen deutschen Lebens 188f.
16. Vgl. *Moser*, Fastnacht 29ff.
17. Neuerdings vgl. N. *Schindler*, ‚Heiratsmüdigkeit' und Ehezwang. Historisch-anthropologische Bemerkungen zur populären Rügesitte des Pflug- und Blochziehens (MS 1990).
18. Die Welt des Hans Sachs. Hg. v. d. Stadtgesch. Museen 1976; H. *Bastian*, Mummenschanz. Sinneslust und Gefühlsbeherrschung im Fastnachtspiel des 15. Jahrhunderts (1983).
19. H. U. *Roller*, Der Nürnberger Schembartlauf. Studien zum Fest- und Maskenwesen des späten Mittelalters (1965); *Moser*, Fastnacht – Fasching – Karneval 181ff.
20. *Dünninger – Schopf*, Bräuche und Feste 45.
21. Ebd. 46; *Moser*, Fastnacht 183f.
22. *Lenhardt*, Feste und Feiern des Frankfurter Handwerks 10f.
23. *Burke*, Helden, Schurken und Narren 199ff.
24. Vgl. *Schindler*, Karneval.
25. Beispielsweise wurden mit folgender Begründung die „ärgerlichen Fastnachts-Spiele und Mummereyen" in Würzburg 1677 verboten: „Demnach vor Jahren sich zugetragen und begeben, daß zur Fastnachtzeit man sich allerhand Fastnacht-Spiele und Mummereyen unterfangen, dabey viele scandalose und ärgerliche Excessen vorgangen und mit untergeloffen, wodurch der Zorn Gottes nur mehr erweckt, auch Jung und Alten zu bösem Exempel Ursach gegeben worden, dagegen dann und zu Abstellung solcher Ueppigkeiten heilsame Mandata im Druck ausgangen; Wir nun nicht weniger geneigt, dergleichen üppigen Excessen insonderheit bey diesen je länger je mehr hervorscheinenden gefährlichen Zeiten und Läuften zu steueren, damit bey dem allmächtigen Gott die derwegen weiter befahrende Straf verhütet und abgewendet werden möchte: als ist unser ernstlicher Befehl, daß sich männiglich in unserm Hochstift Wirzburg und Herzogthum Franken, wes Stands, Würde und Wesens der sey, bey Vermeidung unnachläßiger Straf fürterhin und besonders bey instehender nächstkünftigen Fastnachtzeit solcher Mummereyen und Fastnachtspiele gänzlich enthalten soll; würde aber hierüber gegen bessere Zuversicht einer oder mehr ungehorsam befunden, und dieses unser Geboth freventlich übertretten, der oder dieselben sollen ohne Unterschied der Personen wegen solcher Contravention dieses Mandats mit wohlverdienter Straf angesehen werden; gestaltsam Wir hiemit und in Kraft dieses unseren Ober- und Unterbeamten hierauf fleißige Obsicht zu haben, auch gegen die Uebertretter gebührende Bestrafung vorzunehmen alles Ernsts anbefehlen. Darnach sich dann männiglich zu richten, und vor Schaden zu hüten wissen wird." (Zit. nach *Dünninger – Schopf*, Bräuche und Feste 42f.)

3. Das höfische Fest

1. Allgemein zum höfischen Fest vgl. R. *Alewyn*, Das große Welttheater. Die Epoche der höfischen Feste (1985[2]); E. *Straub*, Repraesentatio Maiestatis oder churbayerische Freudenfeste. Die höfischen Feste in der Münchner Residenz vom 16. bis zum Ende des 18. Jahrhunderts (1969); W. *Plodeck*, Hofstruktur und

Hofzeremoniell in Brandenburg-Ansbach vom 16. zum 18. Jahrhundert. Zur Rolle des Herrschaftskultes im absolutistischen Gesellschafts- und Herrschaftssystem (1972); H. Ch. *Ehalt*, Ausdrucksformen absolutistischer Herrschaft. Der Wiener Hof im 17. und 18. Jahrhundert (1980); L. *Krapf* – Chr. *Wagenknecht* (Hg.), Stuttgarter Hoffeste. Texte und Materialien zur höfischen Repräsentation im frühen 17. Jahrhundert, 2 Bde. (1979); A. *Buck* u. a. (Hg.), Europäische Hofkultur im 16. und 17. Jahrhundert, 3 Bde. (1981). – Die ganze Breite der Hoffeste schilderte 1663 Joh. Rist: „Nun kömt aber das Wöhrtlein höflich vom Hofe her / woraus leicht zu ersehen / das die Hofe-Schuhle sei auch zugleich eine Tugend-Schuhle / den höfliche Leute werden billich für Tugendhafte / hingegen / die Tugendhafte / ins gemein für höflich geachtet / wer nun nicht höflich / das ist / kein rechtschaffener Hofemann ist / der wird schwehrlich können durch die Welt kommen. Es hat ja die schöne Tugend der Höfligkeit allenthalben / sonderlich bei Hofe einen herlichen Vorzug / es sei / das frembde Gesanten daselbst anlangen und Fürstlich bewihrtet werden / oder es sei / das man Beilager / Erbhuldigungen / Kindtauffen / Geburtstage / und derogleichen sonderbahre Feste hält / da schauet ei-‖ner bei Hofe seinen Wunder / wie alles mit so übertreflicher Höfligkeit wird angefangen und vollendet. Es ist ferner ein wolgeordenter Kaiserlicher / Königlicher oder Fürstlicher Hoff ein kleiner Begriff oder Zusammenfassung diser gantzen Welt / woselbst man alle die Herligkeiten kan sehen / die sonst auf dem gantzen Erdbodem sind zufinden / dahero ich dafür halte / das der grösseste Theil der Menschen nur halbe Menschen sind / diweil sie bei Hofe gahr selten / oder auch wol niemahlen gewesen. Was ist doch wol Majestätischer anzusehen / als die Turniere und Ritterspiele / welche an den Höfen der grossen Potentaten vielmahls werden gehalten. Was ist lustiger und kurzweiliger / als das Ringelrennen / Ballienrennen / Kopfrennen und andere mehr derogleichen Fürstliche Übunge? Da siehet man mit Verwunderung / wie so mancher wakker Cavallier die Reutkunst recht gründlich erlernet / wie er sein Pferd so ahrtig weis zu regiren / wie er die sieben Mittel / womit man den Pferden ‖ pfleget zu hülffe zu kommen / nemlich die Stimme / die Rede / die Spisgärte / den Zaum / die Waden / den Stegreif und die Spohren / so wol weis anzulegen. Da schauet man mit Lust an / wie bald diser / bald jenner fürnehmer Herr auf das prächtigste und zierlichste / als immer müglich / komt aufgezogen. Da finden sich allerhand gläntzende Waffen und Harnisch / mit Silber und Gold geetzet oder gezieret / über den Waffen träget man gemeinlich köstliche Reitrökke / auf das prächtigste gestükket und verbrähmet / da siehet man die schönsten Pferde / wie staatlich diselbe mit ihrem Zeuge sind ausgeputzet / da müssen die Pagen, Lakkeien und andere Aufwährter / mit ihren a la mode Kleideren / Farben und Livreen herum lauffen / da siehet man kostbahre Helm / schöne Schwehrter / mit güldenen Bänderen gezierte Lantzen oder Speere / welche im Turnieren / Ringelrennen und derogleichen Übungen werden gebrauchet. Da fehlet es nicht an grossen / vielfärbigen Plumagen oder Fe-‖derbüschen / womit so wol die Pferde / als ihre Reuter sind gezieret / und ist des Prachtes kein Ende.

Ferner werden bisweilen bei Hofe auch allerhand Luft- und Kunst-Feuerwerke angestellet / welche / ob sie wol sehr kostbahr / ja bisweilen gantze Dörffer auffressen / dennoch der grossen Ergetzligkeit halber / welche sie in den

Augen und Gemühteren der Zuschauer veruhrsachen / billich hoch sind zu rühmen. Den / da siehet man allerhand trefliche Erfindungen / als da sind schöngeschmückte Häuser oder Kasteele / welche bisweilen viel tausend Schläge von sich geben / ehe und bevor sie im Rauche aufgehen. Da werden von den Künstlern aufgestellet oder fürgezeiget Feuerspeiende Drachen / Salamandern / Höllhunde und Krokodilen / da hat man allerhand Ahrt Granaten / Wasserkugelen / Feurkugelen / brennende Buchstaben / umlauffende Räder / Säulen / Schwehrmer / Raketten von mancherlei Ahrt / auch wol einer ungläublichen Grösse / jedoch ‖ nicht so gros / das eine einzige Rakette zweihundert Zentner solte wägen / wie jener Grossprächer / nachdeme er von dem lesten HochFürstlichem Beilager zu Dresden / in Holstein widrum angelanget / daselbst sol aufgeschnitten haben: Sonsten gibt es bei den Feurwerken heute zu Tage solche trefliche Kunststücke / das man selbige oft mit Bestürzung mus ansehen und betrachten. Hie solte ich nun die Herligkeit und Fürtrefligkeit des AllerEdelsten Hofelebens noch ferner zu beweisen / auch von den so wol angestelleten und sehr lustigen Balletten, welche manchesmahl bei Hofe gehalten werden / und die oft von ungläublich schönen Inventionen sind / auch zu zeiten nur eine einzige über zehntausend Dukaten kosten / desgleichen von den Lehr- und Sinnreichen Traur- und Freudenspielen / die man sonst Comoedien und Tragoedien nennet / welches in Wahrheit eine solche lustige / auch dabenebenst hochnützliche Übung ist / das sie niemahlen gnug kan gerühmet werden / den ‖ auch von den ansehnlichen Schlittenfahrten / die zur Winterszeit werden gehalten / von den unvermuhtlichen schönen Masqueraden, und tausend anderen Vergnügungen / welche bei Hofe werden gefunden / ausführlich reden / und die Glückseligkeit des AllerEdelsten Hofelebens dadurch weitläuffiger beschreiben…" (Nach: A. *Schöne* [Hg.], Das Zeitalter des Barock. Texte und Zeugnisse [1968²] 370f.).

2. Zit. nach M. *von Boehn*, Deutschland im 18. Jahrhundert (1921) 242.
3. U. *Schultz* (Hg.), Das Fest. Eine Kulturgeschichte von der Antike bis zur Gegenwart (1988); Joh. *Huizinga*, Herbst des Mittelalters (1975¹¹); Jacques *Heers*, Vom Mummenschanz zum Machttheater. Europäische Festkultur im Mittelalter (1986); I. *Bumke*, Höfische Kultur. Literatur und Gesellschaft im hohen Mittelalter, 2 Bde. (1986).
4. *von Boehn*, Deutschland im 18. Jahrhundert 380.
5. Ebd. 415.
6. N. *Elias*, Die höfische Gesellschaft. Untersuchungen zur Soziologie des Königtums und der höfischen Aristokratie (1969); *Plodeck*, Hofstruktur und Hofzeremoniell; J. J. *Berns*, Die Festkultur der deutschen Höfe zwischen 1580 und 1730. Eine Problemskizze in typologischer Absicht, in: Germ.-Rom. Monatsschrift 34 (1984) 295–311.
7. Vgl. *Elias*, Die höfische Gesellschaft; *Plodeck*, Hofstruktur und Hofzeremoniell; J. v. *Kruedener*, Die Rolle des Hofes im Absolutismus (1973).
8. A. v. *Knigge*, Briefe (1792) 13.
9. Neunundsechzig Jahre am Preußischen Hofe. Aus den Erinnerungen der Oberhofmeisterin Sophie Marie Gräfin von Voss (1908) 58.
10. J. *Fleckenstein* (Hg.), Das ritterliche Turnier im Mittelalter (1985); L. *Kretzenbacher*, Ringreiter, Rolandspiel und Kufenstechen (1966).
11. *Plodeck*, Hofstruktur und Hofzeremoniell 210.

12. *von Boehn*, Deutschland im 18. Jahrhundert 165.
13. Ebd.
14. Ebd.
15. Ebd. 274.
16. Ebd. 308.
17. *Plodeck*, Hofstruktur und Hofzeremoniell 173.
18. Vgl. *Alewyn*, Das große Welttheater 82 ff.
19. *von Boehn*, Deutschland im 18. Jahrhundert 347.
20. J. *Gregor*, Kulturgeschichte des Balletts; seine Gestaltung und Wirksamkeit in der Geschichte und unter den Künsten (1944); R. *zur Lippe*, Naturbeherrschung am Menschen, 2 Bde. (1974).
21. Ebd.; *Elias*, Die höfische Gesellschaft; *von Kruedener*, Die Rolle des Hofes im Absolutismus.
22. G. *Taubert*, Rechtschaffener Tantzmeister oder gründliche Erklärung der Französischen Tantzkunst (1717).
23. C. *Dahlhaus*, Die Musik des 18. Jahrhunderts (1985).
24. M. *Baur-Heinhold*, Theater des Barock. Festliches Bühnenspiel im 17. und 18. Jahrhundert (1966).
25. A. *Lotz*, Das Feuerwerk. Seine Geschichte und Bibliographie. Beiträge zur Kunst- und Kulturgeschichte der Feste und des Theaterwesens in sieben Jahrhunderten (1940); E. *Fähler*, Feuerwerke des Barock. Studien zum öffentlichen Fest und seiner literarischen Deutung vom 16. bis 18. Jahrhundert (1974); G. *Kohler* (Hg.), Die schöne Kunst der Verschwendung. Fest und Feuerwerk in der europäischen Geschichte (1988); F. *Sieber*, Volk und volkstümliche Motivik im Feuerwerk des Barocks. Dargestellt an Dresdner Bildquellen (1960).
26. Zit. nach *Fähler*, Feuerwerk 3.
27. Z. B. gut belegt: *Krapf – Wagenknecht* (Hg.), Stuttgarter Hoffeste. Vgl. die Liste in: *Fähler*, Feuerwerke 198 ff.
28. Zit. nach *Fähler*, Feuerwerke 81.
29. Ebd. 127 f.
30. Vgl. K. *Czok*, August der Starke und Kursachsen (1988); G. *Kohler*, Die Rituale der fürstlichen Potestas. Dresden und die deutsche Feuerwerkstradition, in: Ders., Die schöne Kunst der Verschwendung 101–134. – Eine detaillierte Beschreibung stammt von Joh. Michael von Coen (Hof-Fest in Dresden), Abdr. in: W. *Killy* (Hg.), 18. Jahrhundert. Texte und Zeugnisse II (1983) 1091–1095.
31. Zit. nach: *von Boehn*, Deutschland im 18. Jahrhundert 334 f.

IV. Stand und Ehre

1. Soziale Rangordnung

1. Eine größere Untersuchung über die frühneuzeitliche Ständegesellschaft fehlt bis heute. Allgemein vgl. D. *Saalfeld*, Die ständische Gliederung der Gesellschaft im Zeitalter des Absolutismus. Ein Quantifizierungsversuch, in: VSWG 67 (1980) 457–483; R. *van Dülmen*, Formierung der europäischen Gesellschaft in der Frühen Neuzeit. Ein Versuch, in: Gesch. u. Gesellsch. 7 (1981) 5–41; I. *Mieck* (Hg.), Soziale Schichten und soziale Mobilität in der Gesellschaft Alteuropas

(1984); W. *Schulze*, Vom Gemeinnutz zum Eigennutz. Über den Normenwandel in der ständischen Gesellschaft der frühen Neuzeit, in: HZ 243 (1986) 591–626; *Ders.* (Hg.), Ständische Gesellschaft und soziale Mobilität (1988) (darin bes. *Ders.*, Die ständische Gesellschaft des 16./17. Jahrhunderts als Problem von Statik und Dynamik 1–18); G. *Schmidt* (Hg.), Stände und Gesellschaft im Alten Reich (1989).

2. Vgl. Art. Stand in: *Zedler,* Universallexikon 39 (1744) 1093–1108; auch O. G. *Oexle*, Art. Stand, Klasse, in: Geschichtliche Grundbegriffe VI (1990) 155 ff.; vgl. auch *Ders.*, Die funktionale Dreiteilung als Deutungsschema der sozialen Wirklichkeit in der ständischen Gesellschaft des Mittelaltrs, in: Schulze (Hg.), Ständische Gesellschaft und soziale Mobilität 19–52.
3. „Eygentlich Beschreibung Aller Stände auff Erden, Hoher und Nidriger, Geistlicher und Weltlicher, Aller Künsten, Handwercken und Händeln, etc. vom grösten biß zum kleinesten, Auch von jrem Ursprung. Erfindung und gebreuchen. Durch den weitberümpten Hans Sachsen Gantz fleissig beschrieben, und in Teutsche Reimen gefasset, Sehr nutzbarlich und lustig zu lesen, und auch mit kunstreichen Figuren, deren gleichen zuvor niemands gesehen, allen Ständen so in diesem Buch begriffen, zu ehren und wolgefallen, Allen Künstlern aber, als Malern, Goldschmiden etc. zu sonderlichem dienst in Druck verfertigt" (1568). Vgl. auch Christoff *Weigel*, Abbildung der Gemein-Nützlichen Haupt-Stände von denen Regenten und ihren So in Friedens- als Kriegs-Zeiten zugeordneten Bedienten an, biß auf aller Künstler und Handwercker nach Jedes Ambts- und Beruffs-Verrichtungen, meist nach dem Leben gezeichnet und in Kupfer gebracht (1698).
4. Vgl. allgemein R. *Wohlfeil* – T. *Wohlfeil*, Verbildlichungen ständischer Gesellschaft. Bartholomäus Bruyn d. Ä. – Petrarcameister, in: Schulze (Hg.), Ständische Gesellschaft und soziale Mobilität 269 ff.
5. Nach V. *Baur*, Kleiderordnungen in Bayern vom 14. bis zum 19. Jh. (1975) 130.
6. F. *Schubert,* Mobilität ohne Chance: Die Ausgrenzung des fahrenden Volkes, in: W. Schulze (Hg.), Ständische Gesellschaft und soziale Mobilität 113 ff.
7. J. *Amman's* Stände und Handwerker (ND 1923) Vorrede.
8. Vgl. P. *Münch*, Grundwerte der frühneuzeitlichen Ständegesellschaft? Aufriß einer vernachlässigten Thematik, in: Schulze (Hg.), Ständische Gesellschaft und soziale Mobilität 53 ff.
9. Chr. *Selhammer*, Tuba rustica, das ist: Neue Geist-Predigen (1703). Zit. nach M. *Rumpf*, Deutsches Bauernleben (1936) 169.
10. Zur Problematik vgl. *Schulze*, Vom Gemeinnutz zum Eigennutz; *Ders.*, Die ständische Gesellschaft des 16./17. Jahrhunderts als Problem von Statik und Dynamik, in: Ders., Ständische Gesellschaft und soziale Mobilität 1 ff.; vgl. auch J. *Kocka*, Stand – Klasse – Organisation. Strukturen sozialer Ungleichheit in Deutschland vom späten 18. bis zum frühen 20. Jahrhundert im Aufriß, in: H.-U. Wehler (Hg.), Klassen in der europäischen Sozialgeschichte (1979) 137–165; v. a. *Ders.*, Weder Stand noch Klasse. Unterschichten um 1800 (1990) 331 ff. Vgl. auch W. *Martens*, Die Botschaft der Tugend. Die Aufklärung im Spiegel der Moralischen Wochenschriften (1971) 285 ff. Z. *Batscha* – J. *Garber* (Hg.), Von der ständischen zur bürgerlichen Gesellschaft. Politisch-soziale Theorien im Deutschland der zweiten Hälfte des 18. Jh. (1981).

11. Hierzu allgemein: *van Dülmen*, Formierung der europäischen Gesellschaft in der frühen Neuzeit; *Ders.*, Entstehung des frühneuzeitlichen Europa 1550–1648 (1989) 102ff.
12. Zum Problem der Mobilität vgl. I. *Mieck* (Hg.), Soziale Schichten und soziale Mobilität in der Geschichte Alteuropas (1984); *Schulze* (Hg.), Ständische Gesellschaft und soziale Mobilität; vgl. v. a. E. *Schubert*, Mobilität ohne Chance. Die Ausgrenzung des fahrenden Volkes, in: ebd. 223ff.
13. Vgl. u. a. Fr. *Zunkel*, Art. Ehre, Reputation, in: Geschichtliche Grundbegriffe II (1975) 1ff. Vgl. auch P. *Bourdieu*, Entwurf einer Theorie der Praxis (1976) (v. a. Kap. „Ehre und Ehrgefühl").
14. Aufschlußreich wäre es einmal zu untersuchen, wo sich die Kriterien einer sozialen Differenzierung, die so unterschiedliche Gruppen wie der Fürst, der Stadtrat oder die ehrbaren Bauern vornehmen, treffen und wo nicht. Es gab oft verschiedene Rangordnungen nebeneinander.
15. Beispiele in: C. *Moser-Nef*, Die freie Reichsstadt und Republik St. Gallen V. Geschichte des Strafrechts (1951).
16. Über das System der sozialen Kontrolle in den frühneuzeitlichen Dörfern und Städten wissen wir noch allzu wenig.
17. Näher untersucht ist nur das Phänomen der Verkleidung von Frauen. Vgl. R. *Dekker* – L. *van de Pol*, Frauen in Männerkleidern. Weibliche Transvestiten und ihre Geschichte (1989).
18. Vgl. v. a. G. *Hampel-Kallbrunner*, Beiträge zur Geschichte der Kleiderordnung mit besonderer Berücksichtigung Österreichs (1962); L. C. *Eisenbart*, Kleiderordnungen der deutschen Städte zwischen 1350 und 1700. Ein Beitrag zur Kulturgeschichte des deutschen Bürgertums (1962); V. *Baur*, Kleiderordnungen in Bayern vom 14. bis zum 19. Jahrhundert (1975).
19. *Baur*, Kleiderordnungen in Bayern 27f.
20. Vgl. beispielsweise die Bayer. Trauerordnung von 1775 in: G. K. *Mayr* (Hg.), Sammlung der Churpfalz-Baierischen ... Landes-Verordnungen IV (1788) 634ff.
21. Vgl. u. a. *Baur*, Kleiderordnungen in Bayern 80ff.
22. K. *Bräuer* (Hg.), Studien zur Geschichte der Lebenshaltung in Frankfurt a. M. während des 17. und 18. Jahrhunderts (1915) 391.
23. Ebd. 392.
24. Ebd. 393.
25. Ebd. 228.
26. Zur Kirche als kommunikativem Zentrum vgl. Bd. III. Vgl. auch K. *Köstlin*, Gilden in Schleswig-Holstein. Die Bestimmung des Standes durch „Kultur" (1976) 182ff.; J. *Peters*, Der Platz in der Kirche. Über soziales Rangdenken im Spätfeudalismus, in: Jb. f. Volksk. u. Kulturgesch. 28 (1985) 77–106; K.-S. *Kramer*, Volksleben in Holstein 1550–1800 (1987) 268ff.
27. Vgl. *Moser-Nef*, St. Gallen VI 770ff; A. *Staehlin*, Sittenzucht und Sittengerichtsbarkeit in Basel in: Zs. f. Rechtsgesch. GA 85 (1968) 78–103. Fr. A. Köhler berichtet 1790 noch von einem Hurenstuhl in Upfingen: „Noch hat Upfingen eine Merkwürdigkeit, die für die Moralität zuträglich zu seyn scheint und wegen der ziemlich häufig sich findenden unehelichen Geburten in den umliegenden Orten nachgeahmt zu werden verdiente: In der massiven Kirche des Orts ist ein

so genannter Hurenstuhl, in den diejenige Mädchen, die eine Frucht verbottener Liebe zur Welt brachten, stehen müssen und nicht mehr unter die andern stehen dürfen, welches ein gewisses Ehrgefühl unter den Mädchen unterhält, das nicht unwirksam für ihre Aufführung ist, in dem gegenwärtig nur eine einzige Person diesen Stuhl zu brauchen genöthigt ist“ (Eine Alb-Reise im Jahre 1790 zu Fuß von Tübingen nach Ulm) [ND 1978] 129).

28. *Peters*, Der Platz in der Kirche 83.
29. *Kramer*, Volksleben in Holstein 271.
30. *Peters*, Der Platz in der Kirche 103.
31. Ebd. 91.
32. Vgl. H. *Greuner*, Rangverhältnisse im städtischen Bürgertum der Barockzeit unter besonderer Berücksichtigung der Freien Reichsstadt Frankfurt am Main (1956); V. *Sinemus*, Stilordnung, Kleiderordnung und Gesellschaftsordnung im 17. Jahrhundert, in: A. Schöne (Hg.), Stadt – Schule – Universität – Buchwesen und die deutsche Literatur im 17. Jahrhundert (1976) 22–43.
33. *K. Stieler*,Teutsche Sekretariat-Kunst I (1673) 409.
34. A. *Schultz*, Das häusliche Leben der europäischen Kulturvölker vom Mittelalter bis zur zweiten Hälfte des 18. Jahrhunderts (1903, ND 1968) 194ff.
35. Ebd. 195; J. B. *von Rohr*, Einleitung zur Ceremoniel-Wissenschaft Der Privat-Personen (1728, ND 1990). Nach K. Stieler waren für folgende Stände folgende Titel vorgeschrieben: „In gemeinem Leben haben / über obbeschriebenes / Bischöffe allezeit den Titel Hochwürdigst: Äbte und Praelaten / Hochwürdig: Fürsten Durchleuchtigst: Grafen Hochgebohrn: Freyherrn / Hochwolgebohrn: Edelleute Hochedelgebohrn: Kanzler und Rähte: Hoch- oder Woledel / Vest und Hochgelarte Doctorn und Licentiaten / Wol- oder Edel / Vest und Hochgelarte. Also Rentmeister und Sekretarien / wiewol diese nach Unterscheid / auch Edel / Ehrenveste / Großachtbare und Wolgelahrte: Amtmänner / Edel / Veste und Mannhafte / oder (Hoch) Wolbenahmte: Superintendenten / Hochehrwürdige / Großachtbare und Hochgelahrte: Andere Pfarrer / Wol- oder Ehrwürdige / Groß- oder Hochachtbare und Wolgelahrte. Bürmeister in Städten / nach dem sie seyn: Edel / Veste / Hochgelahrte und Hochweise / oder Wolehrenveste / Großachtbare und Wolweise: Vornehme Handelsleute / Wolehrenveste / Großachtbare und Wolfürnehme: Ehrliche Bürger / Wol- oder Ehrenveste / Hoch oder Vorachtbare und Fürnehme / Item Vorsichtige: Handwerksleute / Erbare / Ehrsame / und Kunstreiche: Studenten aber / nach dem sie geschickt und gelehrt / reich und vornehm / gereiset / oder erfahren seyn.“ (Zit. nach: *Schöne* (Hg.), Barock 383).
36. *Greuner*, Rangverhältnisse im städtischen Bürgertum der Barockzeit 40ff.
37. *Stieler*, Teutsche Sekretariat-Kunst I 418.
38. Fr. *Nicolai*, Beschreibung einer Reise durch Deutschland und die Schweiz im Jahre 1781, Bd. 9 (1787). Vgl. auch H. *Möller*, Aufklärung in Preußen. Der Verleger, Publizist und Geschichtsschreiber Friedrich Nicolai (1974) 273ff.

2. Macht der Ehre: Solidarität und Ausgrenzung

1. Vgl. allgemein M. *Weber*, Wirtschaft und Gesellschaft II (1976[5]) 534ff.; *Ders.*, Gesammelte Aufsätze zur Religionssoziologie I (1963[5]) 274f.; P. *Bourdieu*, Zur Soziologie der symbolischen Formen (1974) 42ff.; *Ders.*, Entwurf einer Theorie

der Praxis auf der ethnologischen Grundlage der kabylischen Gesellschaft (1976) 11ff.; vgl. auch H. *Reimer*, Die Ehre. Sichtung einer abendländischen Lebens- und Sittlichkeitsform (1956); K.-S. *Kramer*, Grundriß einer rechtlichen Volkskunde (1974) 46ff.; A. *Grießinger*, Das symbolische Kapital der Ehre. Streikbewegungen und kollektives Bewußtsein deutscher Handwerksgesellen im 18. Jahrhundert (1981); R. *van Dülmen* (Hg.), Kultur der einfachen Leute. Bayerisches Volksleben vom 16. bis zum 19. Jahrhundert (1983).

2. Fr. *Zunkel*, Art. Ehre, Reputation, in: Gesch. Grundbegriffe II (1975) 1–63; H. *Schultes*, Die Ehrauffassung im Wandel der Gesellschaft, in: GWU (1964).
3. B. *Müller-Wirthmann*, Raufhändel. Gewalt und Ehre im Dorf, in: van Dülmen (Hg.), Kultur der einfachen Leute 79–111; R. *van Dülmen*, Der infame Mensch. Unehrliche Arbeit und soziale Ausgrenzung in der Frühen Neuzeit, in: R. van Dülmen (Hg.), Arbeit, Frömmigkeit und Eigensinn. Studien zur historischen Kulturforschung II (1990) 106–140.
4. Ebd. vgl. auch M. *Dinges*, Die Ehre als Thema der Stadtgeschichte. Eine Semantik im Übergang vom Ancien Régime zur Moderne, in: Zs. f. hist. Forsch. 16 (1989) 409–440.
5 Vgl. H. *Möller*, Die kleinbürgerliche Familie im 18. Jahrhundert. Verhalten und Gruppenkultur (1969).
6. Aufschlußreich *Grießinger*, Das symbolische Kapital der Ehre 435ff.
7. *Zunkel*, Ehre 19f.
8. W. *Martens*, Die Botschaft der Tugend. Die Aufklärung im Spiegel der deutschen Moralischen Wochenschriften (1971).
9. Vgl. K.-S. *Kramer*, Würzburger Volk im sechzehnten Jahrhundert, in: Mainfr. Jb. f. Gesch. u. Kunst 7 (1955) 143–170; *Ders.*, Volksleben im Hochstift Bamberg 231ff.; *Ders.*, Grundriß einer rechtlichen Volkskunde 46ff.; *Ders.*, Hohnsprake, Wrakworte, Nachschnack und Ungebühr. Ehrenhandel in holsteinischen Quellen, in: Kieler Bl. f. Volksk. 16 (1984) 49–85; *Müller-Wirthmann*, Raufhändel; R.-E. *Mohrmann*, Volksleben in Wilster im 16. und 17. Jahrhundert (1977) 218ff.
10. Gesamttabelle aller aufgenommenen Gerichtsfälle im Zeitraum zwischen 1593 und 1809

Summe	%	1593	1594	1709	1710	1719	1720	1721	1779	1780	1809	Fallarten
786	38	183	188	45	49	61	76	40	39	15	80	Schuldsachen
284	14	15	11	34	30	42	44	37	22	49	–	Raufhändel
319	16	12	7	20	13	37	38	37	53	102	–	Ordnungsstrafen
226	11	12	10	12	19	16	13	24	57	55	8	Flursachen
138	7	26	12	15	31	22	10	11	6	5	–	Nachbarschaft
106	5	5	10	10	9	19	9	14	14	12	4	Iniurien
82	4	7	6	12	15	15	3	5	5	12	2	Leichtfertigkeit
101	5	6	32	7	7	5	19	6	3	4	12	Sonstige
2042	100	266	276	155	173	217	212	174	199	254	106	

Nach: *Müller-Wirthmann*, Raufhändel 110.

11. Vgl. *Müller-Wirthmann*, Raufhändel 79ff.
12. Vgl. die Liste in: *Kramer*, Hohnsprake 63ff.; *Ders.*, Volksleben im Fürstentum Ansbach 1500–1800 (1961) 297ff.; K.-I. *Lorenzen-Schmidt*, Beleidigungen in

Schleswig-Holsteinischen Städten im 16. Jahrhundert. Soziale Norm und soziale Kontrolle in Städtegesellschaften, in: Kieler Bl. f. Volksk. 10 (1978) 5–27.

13. *Kramer*, Grundriß einer rechtlichen Volkskunde 48f.
14. Ebd. 48.
15. Ebd.
16. *Kramer*, Hohnsprake 53.
17. Ebd. 56.
18. Ebd. 58.
19. O. *Hupp* (Hg.), Scheltbriefe und Schandbilder, ein Rechtsbehelf aus dem 15. und 16. Jahrhundert (1930).
20. *Kramer*, Hohnsprake 59.
21. Ebd.
22. *Müller-Wirthmann*, Raufhändel; vgl. allgemein: R. *His*, Das Strafrecht des deutschen Mittelalters I (1920) 533.
23. K.-S. *Kramer*, Das Herausfordern aus dem Haus, in: Bayer. Jb. f. Volksk. (1956) 121–138.
24. Ebd. 122. Hier weitere Belege.
25. Vgl. u.a. E. *Osenbrüggen*, Die Ehre im Spiegel der Zeit (1872); E. *Levi*, Zur Lehre vom Zweikampfverbrechen (1889); H. *Fehr*, Der Zweikampf (1908); nun vor allem U. *Frevert*, Ehrenmänner. Das Duell in der bürgerlichen Gesellschaft (1991).
26. E. *Fleck*, Die Verordnungen über die Ehrengerichte im Preußischen Heere und über die Bestrafung der Offiziere wegen Zweikampfs (1865) 150.
27. Vgl. allgemein: O. *Benecke*, Von unehrlichen Leuten. Kulturhistorische Studien und Geschichten aus vergangenen Tagen deutscher Gewerbe und Dienste (1889²); Ch. *Meyer*, Die unehrlichen Leute in älterer Zeit (1894); Art. „Unehrlich", in: Handwörterbuch d. dt. Aberglaubens VIII (1936/7) 1398–1404; G. *Lutz*, Sitte und Infamie. Untersuchungen zur rechtlichen Volkskunde und das Phänomen des Verrufs (Diss. masch. 1954); K.-S. *Kramer*, Ehrliche/unehrliche Gewerbe, in: Handwörterb. z. dt. Rechtsgesch. I (1971) 855–858; W. *Dankkert*, Unehrliche Leute. Die verfemten Berufe (1979²); R. *Wissell*, Des Alten Handwerks Recht und Gewohnheit I (1971²) 145ff.; van *Dülmen*, Der infame Mensch.
28. Zum Problem der Illegitimität vgl. R. *Beck*, Illegitimität und voreheliche Sexualität auf dem Land. Unterfinning 1671–1770, in: van Dülmen (Hg.), Kultur der einfachen Leute (1983) 112–150; M. *Mitterauer*, Ledige Mütter. Zur Geschichte unehelicher Geburten in Europa (1983). *D. Sabean*, Unehelichkeit: Ein Aspekt sozialer Reproduktion kleinbäuerlicher Produzenten. Zu einer Analyse dörflicher Quellen um 1800, in: *Berdahl* u.a., Klassen und Kultur. Sozialanthropologische Perspektiven in der Geschichtsschreibung (1982).
29. Vgl. u.a. H. *Arnold*, Fahrendes Volk. Randgruppen des Zigeunervolkes (1983²); R. *Glanz*, Geschichte des niederen Jüdischen Volkes in Deutschland. Eine Studie über historisches Gaunertum, Bettelwesen und Vagantentum (1968); C. *Küther*, Menschen auf der Straße. Vagierende Unterschichten in Bayern, Franken und Schwaben in der zweiten Hälfte des 18. Jahrhunderts (1983); E. *Schubert*, Mobilität ohne Chance. Die Ausgrenzung des fahrenden Volkes, in: W. Schulze (Hg.), Ständische Gesellschaft und soziale Mobilität (1988) 113–164; R. *Po-chia-*

Hsia, Die Juden im Alten Reich: Forschungsaufgaben zur Geschichte der Juden im späten Mittelalter und in der frühen Neuzeit, in: G. Schmidt (Hg.), Stände und Gesellschaft im Alten Reich (1989) 221–222.

30. Dies konnte nur durch die Obrigkeit offiziell geschehen. Beispiel in: *van Dülmen,* Das Theater des Schreckens 95f.
31. Vgl. allgemein *Benecke*, Von unehrlichen Leuten; Th. *Hampe*, Die fahrenden Leute in der deutschen Vergangenheit (1902); *Danckert*, Unehrliche Leute; auch E. *Schubert*, Arme Leute, Bettler und Gauner im Franken des 18. Jahrhunderts (1983).
32. G. *Schubart-Fikentscher*, Zur Stellung der Komödianten im 17. und 18. Jahrhundert (1963).
33. K.-S. *Kramer*, Volksleben im Fürstentum Ansbach (1961) 130.
34. Allgemein: *Beneke*, Von unehrlichen Leuten; *Danckert*, Unehrliche Leute 99ff.; *Wissell*, Des Alten Handwerks Recht I 168ff.
35. H. *Proesler*, Das gesamtdeutsche Handwerk im Spiegel der Reichsgesetzgebung von 1530 bis 1806 (1954) 9. Allgemein über die Schäfer: Th. *Hornberger*, Der Schäfer. Landes- und volkskundliche Bedeutung eines Berufsstandes in Süddeutschland (1955); W. *Jacobeit*, Schafhaltung und Schäfer in Zentraleuropa bis zum Beginn des 20. Jahrhunderts (1961); R. G. *Schöller*, Der gemeine Hirte. Viehhaltung, Weidewirtschaft und Hirtenwesen vornehmlich des nachmittelalterlichen Umlandes von Nürnberg (1973).
36. A. *Martin*, Deutsches Badewesen in vergangenen Tagen (1906).
37. Vgl. u. a. A.-M. *Dubler*, Müller und Mühlen im alten Staat Luzern (1978).
38. Allgemein: A. *Keller*, Der Scharfrichter in der deutschen Kulturgeschichte (1921); J. *Gernhuber*, Strafvollzug und Unehrlichkeit, in: Zs. f. Rechtsgesch. GA 74 (1957) 119ff.; H. *Schuhmann*, Der Scharfrichter. Seine Gestalt – seine Funktion (1964); W. *Oppelt*, Über die ‚Unehrlichkeit' des Scharfrichters (1976); G. *Wilbertz*, Standesehre und Handwerkskunst. Zur Berufsideologie des Scharfrichters, in: Arch. f. Kulturgesch. 58 (1976) 154–177; *Dies.*, Scharfrichter und Abdecker im Hochstift Osnabrück. Untersuchungen zur Sozialgeschichte zweier ‚unehrlicher' Berufe im nordwestdeutschen Raum vom 16. bis zum 19. Jahrhundert (1979).
39. *Schuhmann*, Der Scharfrichter 162f.
40. Vgl. *Wilbertz*, Scharfrichter und Abdecker; *van Dülmen*, Der infame Mensch 132ff.
41. *Danckert*, Unehrliche Leute 14.
42. Allgemein vgl. R. *Quanter*, Die Schand- und Ehrenstrafen in der deutschen Rechtspflege. Eine kriminalistische Studie (1901, ND 1970); H. *von Hentig*, Die Strafe I. Frühformen und kulturgeschichtliche Zusammenhänge (1954); Ch. *Hinckeldey* (Hg.), Strafjustiz in alter Zeit (1980); W. *Schild*, Alte Gerichtsbarkeit. Vom Gottesurteil bis zum Beginn der modernen Rechtsprechung (1980).
43. Vgl. u. a. M. *Scharfe*, ‚Soziale Kontrolle' im Dorf des vorindustriellen Zeitalters, in: Württembg. Jb. f. Volksk. (1961/2) 78–83; *Ders.*, Zum Rügebrauch, in: Hess. Bl. f. Volksk. 61 (1970) 45–68; E. *Fischer*, Die Hauszerstörung als strafrechtliche Maßnahme im deutschen Mittelalter (1957); I. R. *Dietrich*, Eselsritt und Dachabdecken, in: Hess. Bl. f. Volksk. I (1902) 87–112.

44. K. H. S. *Bader* – G. *Bader-Weiss*, Der Pranger. Ein Strafwerkzeug und Rechts-Wahrzeichen des Mittelalters (1935); G. A. *Löning*, Schandlaken, Schandmantel, Schandkleid, in: Zs. f. Rechtsgesch. GA 64 (1944); A. *Preu*, Pranger und Halseisen (1949); R. *van Dülmen*, Theater des Schreckens. Gerichtspraxis und Strafrituale in der frühen Neuzeit (1988[3]) 62ff.
45. Vgl. Gg. *Schindler,* Verbrechen und Strafen im Recht der Stadt Freiburg im Breisgau (1937) 62.
46. Beispiele in: *van Dülmen*, Theater des Schreckens 78f.
47. Beispiele in: C. *Moser-Nef*, Die freie Reichsstadt und Republik St. Gallen. VI Geschichte ihres Strafrechts (1951) 631ff.; 860ff.
48. Ebd. 875.
49. Vgl. *Schindler*, Verbrechen und Strafen 140ff.; A. *Staehelin*, Sittenzucht und Sittengerichtsbarkeit in Basel, in: Zs. f. Rechtsgesch. GA 85 (1968); Ch. *Simon*, Untertanenverhalten und obrigkeitliche Moralpolitik. Studien zum Verhältnis zwischen Stadt und Land im ausgehenden 18. Jahrhundert am Beispiel Basels (1981).
50. J. M. *Rameckers*, Der Kindsmord in der Literatur der Sturm- und Drangperiode. Ein Beitrag zur Kultur- und Literatur-Geschichte des 18. Jahrhunderts (1927) 50f.
51. R. *van Dülmen*, Frauen vor Gericht. Kindsmord in der Frühen Neuzeit (1991) 91f.
52. *Rameckers*, Der Kindsmord 42f.
53. Ebd. 51.
54. *van Dülmen*, Frauen vor Gericht 100f.

3. Von der Ständeordnung zur bürgerlichen Gesellschaft

1. Beispielhaft: H. *Reif*, Westfälischer Adel 1770–1860. Vom Herrschaftsstand zur regionalen Elite (1979); H. *Brunschwig*, Gesellschaft und Romantik in Preußen im 18. Jahrhundert (1976).
2. H. H. *Gerth*, Bürgerliche Intelligenz um 1800. Zur Soziologie des deutschen Frühliberalismus (1976); W. *Ruppert*, Bürgerlicher Wandel. Die Geburt der modernen deutschen Gesellschaft im 18. Jahrhundert (1984[2]); R. *van Dülmen*, Die Gesellschaft der Aufklärer. Zur bürgerlichen Emanzipation und aufklärerischen Kultur in Deutschland (1986).
3. Vgl. auch M. *Stürmer*, Höfische Kultur und frühmoderne Unternehmer. Zur Ökonomie des Luxus im 18. Jahrhundert, in: HZ (1979); J. *van Klaveren*, Die Manufakturen des Ancien Régime, in: VSWG 51 (1964) 145–191; H. *Krüger*, Zur Geschichte der Manufakturen und Manufakturarbeiter in Preußen (1958).
4. N. *Elias*, Die höfische Gesellschaft. Untersuchungen zur Soziologie des Königtums und der höfischen Aristokratie (1969); A. *Buck* u. a. (Hg.), Europäische Hofkultur im 16. und 17. Jahrhundert, 3 Bde. (1981).
5. M. *Stürmer* (Hg.), Herbst des Alten Handwerks. Zur Sozialgeschichte des 18. Jahrhunderts (1979).
6. Vgl. S. 98f.
7. R. *van Dülmen*, Formierung der europäischen Gesellschaft in der frühen Neuzeit, in: Gesch. u. Gesellsch. 7 (1981) 5–41; W. *Schulze* (Hg.), Ständische Gesellschaft und soziale Mobilität (1988).

8. G. *Oestreich*, Geist und Gestalt des frühmodernen Staates (1969); P. *Blickle*, Deutsche Untertanen. Ein Widerspruch (1981).
9. V. *Sinemus*, Stilordnung, Kleiderordnung und Gesellschaftsordnung im 17. Jahrhundert, in: A. Schöne (Hg.), Stadt – Schule – Universität – Buchwesen und die deutsche Literatur im 17. Jahrhundert (1976) 39.
10. E. *Schubert*, Mobilität ohne Chance: Die Ausgrenzung des fahrenden Volkes, in: Schulze (Hg.), Ständische Gesellschaft 113–164.
11. *Buck* u. a. (Hg.), Europäische Kultur.
12. Selbst Adelige bekannten sich zusehens zum bürgerlichen Lebensstil. Mit welchen Problemen dies allerdings verbunden war, zeigt die Lebensgeschichte der Adeligen Elisa von der Recke, die 1794 schrieb: „Meine Geburt setzt mich leider in den Cirkel der Adligen, der mich drückende Rang meiner Schwester als Herzogin zieht mich an Höfe und in die Kreise der vornehmsten Welt. Aber in diesen Cirkeln, in welche meine Verhältnisse mich eigentlich setzen, fühle ich mehrenteils Langeweile und finde ich nur selten Charaktere, die ich hochachten kann. Im aufgeklärten Mittelstande fand ich von jeher meine liebsten und meisten Freunde; meine Neigung heißt mich also, in dieser Klasse leben, für welche ich geboren scheine, in welche ich mich aber nicht ganz versetzen kann, weil wir in einer Welt leben, in welcher nur der Reiche und Mächtige jedem Vorurteile ungestraft trotzen kann. Es ist also natürlich, daß ich unter dem Adel Feinde und im Mittelstande nur laue Freunde habe. ... Das tätige Leben, die häusliche Glückseligkeit einer bürgerlichen Familie läßt mir es immer tief fühlen, daß mein Herz diesem Stande näher verwandt ist als dem, in welchem ich geboren wurde. Oft schon fragte ich mich, ob es bei diesem Gefühle nicht weise sei, wenn ich mich jetzt noch zu denen versetze, in deren Umgang ich das größere Wohlbehagen fühle. Aber meine Erfahrung zeigt mir, daß auch in diesem Stande Vorurteile herrschen, und daß der Bürger gegen den Adel gerade solche Vorurteile hat als der Adel gegen den Bürger. Auch muß man zu dieser praktischen Tätigkeit des Körpers erzogen, man muß ein nützlicheres Mitglied des Staates sein, als wir es nach unsrer fehlerhaften Erziehung sind, wenn man ganz zu diesem ehrwürdigen Stande passen will. Mein Geist und mein Herz paßt dahin. Aber die Gewohnheiten meines Körpers, die durch eine fehlerhafte Erziehung bei mir zur Natur geworden sind, sind ebenso schwer abzulegen, als die Fertigkeiten in einem gewissen Alter schwer zu erlangen sind, die ich in diesem mir ehrwürdigen Stande allgemein sehe. Wie abhängig macht mich schon dies, daß ich außer Stand bin, mich ohne weibliche Hilfe anzukleiden! Und in häuslichen Geschäften und bei Handarbeiten bin ich ganz unwissend. Freilich strebe ich, seit ich über unsre Bestimmung mehr nachgedacht habe, alle üblen Gewohnheiten abzulegen und alle nützliche Fertigkeiten so viel möglich zu erlangen, aber ich sehe auch, daß man in einem gewissen Alter, wenn uns nicht die Not dazu treibt, dennoch darin nicht weit kommt und seine verwöhnten Glieder nie recht gebrauchen lernt." (E. von der *Recke*, Tagebücher und Selbstzeugnisse [1984] 270, 272f.)

V. Öffentliche Ordnung und soziale Konflikte

1. Ständische Autonomie und staatliche Reglementierung

1. Vgl. allgemein: G. K. *Schmelzeisen*, Polizeiordnungen und Privatrecht (1955); H. *Maier*, Die ältere deutsche Staats- und Verwaltungslehre (1966); R. *Schulze*, Die Polizeigesetzgebung zur Wirtschafts- und Arbeitsordnung der Mark Brandenburg in der frühen Neuzeit (1978); K. *Plodeck*, Zur sozialgeschichtlichen Bedeutung der absolutistischen Polizei- und Landesordnungen, in: Zs. f. bayer. LG 39 (1976) 79–125.
2. H. H. *Hofmann* (Hg.), Die Entstehung des modernen souveränen Staates (1967); W. *Mager*, Zur Entstehung des modernen Staatsbegriffs (1968); H. *Quaritsch*, Staat und Souveränität (1970).
3. R. *van Dülmen*, Entstehung des frühneuzeitlichen Europa 1550–1648 (1989^4) 360ff.
4. Zum Begriff vgl. Fr. Ludwig *Knemeyer*, Art. Polizei, in: Gesch. Grundbegriffe 4 (1978) 875–897.
5. Ebd. 881.
6. *Zedler*, Universal-Lexikon 28 (1741) 1503.
7. Zu den Gegenständen polizeilicher Regelung zählten nach der Ordnung des Hochfürstl. Würzburgischen Polizeigerichts vom 18. Mai 1745: „... Nachdem die Einführ- und Beobachtung einer guten Polizei in einem gemeinen Wesen so hoch ersprieslich als dahero allerdings erforderlich und unumgänglich nötig ist, damit in den allgemeinen sowohl als auch eines jeden Mitbürgers sonderen Angelegenheiten eine allerseits erfreuliche Ordnung möge erhalten, der gemeinen Wohlfahrt auf dauerhafte Art vorgesehen ... nebst dem auch für eines jeden selbst eignen Wohl- und Nahrungsstand werktätig und ordentlich gesorget..., somit die gemeine sowohl herrschaftliche als der gemeinen Stadt und eines jeden Mitbürgers sondere Glückseligkeit, Nutz und Schaden bestens befördert oder bewahret sei oder werde... Als ordnen, setzen und wollen Wir hiemit gnädigst, daß fürohin die nachgeschriebenen Artikel ... sollen gehalten ... werden. Und zwar 1*mo* soll unser Oberrat ... gebieten und verbieten, setzen, ordnen, erkennen und urteilen in allen Polizeisachen und, was dahin einschlaget, nichts ausgenommen. Dem zu mehrerer Erläuterung Wir dahin anfügen, wie daß die Anordnung einer guten Polizei eigentlich und wesentlich zum Grund und zum Absehen habe, damit einem gemeinen Wesen in Gesundheitssachen wohl vorgesehen werde, an dem benötigten Unterhalt und an der Lebensbequemlichkeit nichts gebreche, alle hiezu erforderliche Feilschaften und Handwerker wohl bestellet seien, ein Inwohner dem andern in dem Nahrungsgewerb einen Abbruch nicht tue, dahingegen aber von seinen Mitbürgern einen übermäßigen Gewinn nicht suche noch sonsten im Gewicht, Maß und Ellen oder Verfälschung der Waren diesen vervorteile, sondern in durchgängiger Gleichheit Wohlfeilung und die Sicherheit des gemeinen Trau- und Glaubens verschaffet, somit in allen Kaufschaften ein billiger Preis, auch gerechtes Gewicht, Maß und Ellen gesetzet und die dawider sich äußernden Gebrechen ... abgetan, imgleichen zu Förderung des Nahrungsstands alle Erleichterung verschaffet..., dabei aber gegen alle verbotene Verfälschung der in dem Land selbst ziehenden Güter und verarbeitenden Waren zur Erhaltung des Landskredits ein scharfes Einsehen getragen, ferner der

so schädliche Müßiggang und der übermäßige Pracht und übergroße Verschwendungen, sonderheitlich bei Mahlzeiten der Zünfte, Verfertigung der Meisterstücke und Aufdingung der Jungen, dann in Hochzeiten, Kindstaufen, Patenstehen, Trauer- und Begräbnisfällen ... abgestellet, die dem gemeinen Wesen nur zum Last seienden Faulenzer und Bettler ausgeboten, den ohne ihr Verschulden ... elend und preßhaft gewordenen Mitbürgern aber mögliche Hilf und ergiebige Förderung geleistet, somit dieserthalben auf baldige Erneuerung der Bettelordnung, dann gute Verwaltung der Viertelhöfe gesehen, die zu machende Austeilung des Allmosens in billige Gleichheit gesetzet, ferner zu Abwendung aller Krankheiten, Feuer, Wasser und anderer Gefahr die zeitliche und gemessene Vorsehung gemacht, weiter die gemeine innerliche Ruhe und Sicherheit befestiget, annebst auf die Zierd der allgmeinen Stadt und derer Rein- und Sauberkeit gesehen und endlich in allem dem, was zum Aufnehmen des gemeinen Wesens und zu Förderung des Wohlstands der Inwohner gereichen mag, eine gute Anordnung und standhafte Vorsehung gemacht, ... mithin in allen oberwähnten ... Sachen ... unser Oberrat, so viel die gemeine Sorge betrifft für die Beförderung des Gottesdienstes und frommer Lebensart, auch Kinderzucht ... die Amtsvorsehung zu beobachten und zu vollziehen habe." (W. *Kunkel* u. a. [Hg.], Polizei- und Landesordnungen [1968] 10f.).

8. Vgl. allgemein: Chr. *Sachße* – Fl. *Tennstedt*, Geschichte der Armenfürsorge in Deutschland. Vom Spätmittelalter bis zum 1. Weltkrieg (1980); *Dies.* (Hg.), Soziale Sicherheit und soziale Disziplinierung. Beiträge zu einer historischen Theorie der Sozialpolitik (1986).
9. Vgl. bes. *Schulze*, Die Polizeigesetzgebung zur Wirtschafts- und Arbeitsordnung.
10. Vgl. immer noch vor allem F. F. *Heckscher*, Der Merkantilismus, 2 Bde. (1932).
11. Vgl. allgemein W. *Schulze*, Bäuerlicher Widerstand und feudale Herrschaft in der frühen Neuzeit (1980); P. *Blickle*, Deutsche Untertanen. Ein Widerspruch (1981).
12. Vgl. E. *Lehnhoff*, Das ländliche Gesindewesen in der Kurmark Brandenburg vom 16. bis 19. Jahrhundert (1906); O. *Könnecke*, Rechtsgeschichte des Gesindes in West- und Süddeutschland (1912).
13. Vgl. Kgl. Preuß. u. Kurbrand. Gesindeordnung v. 2. Jan. 1746, in: *Kunkel* u. a. (Hg.), Polizei- und Landesordnungen II 311.
14. Wie eine Brandenburgische Ordnung von 1687 zeigt: „Also setzen, ordnen und wollen Wir, daß ... das Gesinde, die Unterthanen, Tagelöhner und Haußleute auffm Lande, es sey im Sommer oder im Winter von denen Haußwirthen mehr nicht als dreymal des Tages gespeiset werden solle, als erstlich das Frühstück im Winter und Herbstzeit zu Sieben Uhr, im Sommer etwa umb Sechs Uhr, jedoch daß sie vorhero ihr Arbeit anbrechende Tage antreten, zum andern des Mittags um Eilff oder Zwölff Uhr, drittens nach verrichteter Arbeit des Abends, zu welcher Zeit es der Haußwirth am bequemsten finden wird, und muß das Gesinde und Unterthanen auch Tagelöhner mit dem Geträncke, so gut es auffzubringen, vorlieb nehmen, Gestalt dann das Aug(u)stbier zum höchsten nicht stärcker als von 1½ Scheffel Gersten die Tonne gezogen werden sol, womit alle unzeitige Speisungen und Mahlzeiten, ehe sie die Arbeit antreten, sonst halb achter genant, so bishero dem Gesinde, imgleichen auch Tagelöhnern und Hauß-

leuten zwischen der Mittags- und Abend-Mahlzeit unnöthig gereichet, bey hoher Straffe gäntzlich verboten und abgeschaffet seyn, jedoch wird bey dem Mehen und schwerer Arbeit in der Erndte bey grosser Hitze zwischen der Mittags- und Abend-Mahlzeit eine Viertel-Stunde in rasten, auch ihnen einen Trunck den Durst zu stillen erlaubet, darauff sie dann sofort wieder an ihre Arbeit zugehen schuldig seyn". (Zit. nach *Schmelzeisen*, Polizeiordnungen und Privatrecht 353).

15. Vgl.
16. Landrecht/Policey: Gerichts- Malefitz- und andere Ordnungen der Fürstenthumben Obern- und Nidern Bayrn (1616) 501.
17. Ebd. 504f.
18. Vgl. S. 98f.
19. Vgl. S. 100f.
20. Vgl. u. a. R. *Wissell*, Des Alten Handwerks Recht und Gewohnheit II (1974) 415ff.
21. (Bayr.) Landrecht (1616) 611f. (‚Daß den Handwercksgesellen der guet Montag nit mehr geben, noch zugelassen werden sol').
22. *Kunkel* u. a. (Hg.), Polizei- und Landesordnungen II 134.
23. Ebd. I 623 (Fürstl. Sächsische Landesordnung v. 1666).
24. Vgl. S. 131f.
25. *Kunkel* u. a. (Hg.), Polizei- und Landesordnungen II 173.
26. Vgl. S. 186f.
27. (Bayr.) Landrecht (1616) 562.
28. L. C. *Eisenbart*, Kleiderordnungen der deutschen Städte zwischen 1350–1700. Ein Beitrag zur Kulturgeschichte des deutschen Bürgertums (1962) 75.
29. Vgl. E. *Gassner*, Zum deutschen Straßenwesen von der ältesten Zeit bis zur Mitte des 17. Jahrhunderts (1889); allgemein vgl. E. *Rehbein*, Zu Wasser und zu Lande. Geschichte des Verkehrswesens bis zum Ende des 19. Jahrhunderts (1984).
30. (Bayr.) Landrecht (1616) 594 (‚Daß man die Landtstrassen, Brücken, Weeg und Steeg allenthalben machen und wesentlich erhalten soll').
31. „Wo zween geladen Wägen", heißt es im bayerischen Landrecht, „gegen einander fahren auff der Straß und entgegnen einander auff einem engen Weeg, da sie nit wol einander weichen mögen, welcher dann die bessere abfahrt hat, der soll dem andern weichen, ob er es thun mag. Kundte er aber allein nit weichen, so soll ihme der andere helffen, biß daß er fürkombt, daß sie baide ohn schaden bleiben; Wer das aber überführe und der ander dessen zu schaden käme, der soll dem andern seinen schaden abthuen, und es dem Gericht büssen, nach ermessigung" (Ebd. 330f.).
32. Vgl. allgemein D. *Schwab*, Art. Familie, in: Gesch. Grundbegriffe II (1975) 253–301; *ders.*; Grundlage und Gestalt der staatlichen Ehegesetzgebung in der Neuzeit (1967).
33. Vgl. Bd. I 139.
34. Anhalter Landesordnung 1666; zit. nach *Schmelzeisen*, Polizeiordnungen und Privatrecht 34.
35. Ebd. 35.
36. Ebd. 47f.

37. Ebd. 49.
38. Ebd. 56.
39. Codex Maximilianeus Bavaricus Civilis, Oder Neu Verbessert- und Ergänzt – Chur-Bayrisches Land-Recht (1756) 14.
40. *Schmelzeisen*, Polizeiordnungen und Privatrecht 72: „Es sollen auch die Eltern insonderheit ihre Kinder von solche üppigkeyt, schreyen und umblauffen auff den Gassen mit allem Ernst abhalten und zur Zucht und Erbarkeit gewöhnen oder auff den Fall verbleibens andern einsehens gewärtig seyn" (1658).
41. Codex Max. Bavaricus Civilis 14f.
42. *Schmelzeisen*, Polizeiordnungen und Privatrecht 160f.
43. Vgl. u. a. allgemein: Chr. *Simon*, Untertanenverhalten und obrigkeitliche Moralpolitik. Studien zum Verhältnis zwischen Stadt und Land im ausgehenden 18. Jahrhundert am Beispiel Basels (1981); G. *Pallaver*, Die Verdrängung der Sexualität in der frühen Neuzeit am Beispiel Tirols (1987).
44. Vgl. u. a. E. *Kleinschmidt,* Stadt und Literatur (1982) 25.
45. Corpus Constitutionum Marchicarum (Hg. v. Chr. O. Mylius) II (1737f.) 3/20f.
46. Ebd. 14.
47. *Kunkel* u. a. (Hg.), Polizei- und Landesordnungen 377. Entsprechend wurden auch die Jungfrauen zur Zurückhaltung aufgefordert: „Trüge sichs auch zu, daß eine Jungfrau oder Magd sich zu einem Manne nötigt, im nachginge, zu im legte oder sonsten Ursach zur Schwengerung gebe und das gnugsam ausfürlich gemacht oder durch gemein offenbar Geschrei eine berüchtigte Person ist, so sol der Teter weder sie zu eheligen noch zu dotiren, sondern das Kind zu ernehren helfen verpflichtet sein, die Persone auch, so also selber zu irer Schande Ursach geben, zusamt dem Teter mit Gefengnus nach Gelegenheit gestraft werden" (Ebd. 377f.).
48. Vgl. neuerdings: St. *Breit*, „Leichtfertigkeit" und ländliche Gesellschaft. Voreheliche Sexualität in der frühen Neuzeit (1991).
49. Bayr. Landrecht (1616) 696.
50. Vgl. S. 127f. Entsprechend heißt es: „Nachdem ungebürliche Spil durch Geist- und Weltliche Recht verbotten seind und dann jetzt die Bawrschafft und gemeiner Mann auffm Landt in unsern und unseren Landtleut Gerichten und Hofmarcken seßhafft nit allein an den heiligen Nächten und Feyrtägen sonder auch an den Wercktägen, Tag und Nacht dem Spil obligen, darauss dann Gotteslesterung, verderben und unnützlich verschwendung der zeit Leibs, Lebens, Ehr und Guets erfolgt, Darauff haben wir mit Rath unserer Landtschafft geordnet und wöllen, daß nun füran allenthalben ... alle Spil in den Winckeln, auch an heimlichen und ungewöhnlichen Orten, sampt allem ungewohnlichen Nachtspil, hiemit ernstlich verboten sein sollen" (Bayr. Landrecht [1616] 296).
51. Vgl. u. a. P. *Münch* (Hg.), Ordnung, Fleiß und Sparsamkeit. Texte und Dokumente der „bürgerlichen Tugenden" (1984).
52. *Eisenbart*, Kleiderordnungen 65ff.
53. Bayr. Landrecht (1616) 562.
54. Ebd. 568.
55. Vgl. allgemein E. *Schubert*, Arme Leute, Bettler und Gauner im Franken des 18. Jahrhunderts (1983); R. *Jütte*, Obrigkeitliche Armenfürsorge in deutschen

Reichsstädten der Frühen Neuzeit (1984); A. *Baumann,* „Armuth ist hier wahrhaft zu Haus". Vorindustrieller Pauperismus und Einrichtungen der Armenpflege in Bayern um 1800 (1984).

„Wir wollen auch", propagierte eindringlich bereits die Reichspolizeiordnung von 1548, „daß eine jede Obrigkeit der Bettler und anderer Müssiggänger halben, ein ernstliches Einsehen thue, damit niemands zu betteln gestatt werde, der nicht mit Schwachheit oder Gebrechen seines Leibs beladen, und des nicht bedürfftig sey. Item, daß auch der Bettler Kinder, so ihr Brod zu verdienen geschickt seyn, von ihnen genommen und zu den Handwercken, oder sonsten zu Diensten gewiesen werden, damit sie nicht für und für dem Betteln anhangen. Item, daß auch die Obrigkeit Versehung thue, das eine jede Stadt und Commun ihre Armen selbst ernehre und unterhalte, und den Frembden nicht gestatte, an einem jeglichen Ort im Reich zu betteln, und so darüber solche starcke Bettler befunden, sollen dieselbe, vermög der Recht, oder sonst gebührlich gestrafft werden, andern zum Abscheu und Exempel: Es wäre dann Sach, daß eine Stadt oder Ampt also mit vielen Armen beladen, daß sie der Ort nicht möchten ernehren werden, so soll die Obrigkeit dieselbe Armen mit einem briefflichen Schein und Urkund, in ein ander Ampt zu fördern Macht haben" (Neue und vollständigere Sammlung der Reichs-Abschiede [1747] 601).

56. W. X. A. v. *Kreittmayr,* Sammlung der neuesten und merkwürdigsten churbairischen Generalien und Landesverordnungen (1771) 422.
57. Vgl. allgemein: Fr. W. *Schwartz*, Idee und Konzeption der frühen territorialstaatlichen Gesundheitspflege in Deutschland (‚Medizinische Polizei') in der ärztlichen und staatswissenschaftlichen Fachliteratur des 16.–18. Jahrhunderts (1973); auch A. *Fischer*, Geschichte des deutschen Gesundheitswesens, 3 Bde. (1933); Joh. *Wimmer*, Gesundheit, Krankheit und Tod im Zeitalter der Aufklärung (1991).
58. Bayr. Landrecht (1616) 585 f. Zur Geschichte der Apotheken: W. *Gaude*, Die alte Apotheke. Eine tausendjährige Kulturgeschichte (1979).
59. Zur Geschichte der Ärzteschaft vgl. allgemein: H. *Peters*, Der Arzt und die Heilkunst in alten Zeiten (ND 1969); K. *Jurina*, Vom Quacksalber zum Doctor Medicinae (1985).
60. *Kunkel* u. a. (Hg.), Polizei- und Landesordnungen I 467.
61. Vgl. Medizinalordnung von Gotha 1657, in: Ebd. I, 676 ff.
62. Vgl. Württ. Landesordnung von 1621, in: *Kunkel* u. a. (Hg.), Polizei- und Landesordnungen I 469.

    Zur Geschichte des Hebammenwesens vgl. G. *Burckhard*, Die deutschen Hebammenordnungen von ihren ersten Anfängen bis auf die Neuzeit (1912); E. *Haberling*, Beiträge zur Geschichte des Hebammenstandes (1940); W. *Gubalke*, Die Hebamme im Wandel der Zeiten. Ein Beitrag zur Geschichte des Hebammenwesens (1964).
63. Chr. H. L. *Spiller von Mitterberg* (Hg.), Sammlung neuerer nachahmungswürdiger Polizeygesetze und Verordnungen, 2 Bde., Coburg 1791/3, hier I 93.
64. Zur Geschichte der Seuchen in der frühen Neuzeit: E. *Woehlkens*, Pest und Ruhr im 16. Jahrhundert. Grundlagen einer statistisch-topographischen Beschreibung der großen Seuchen, insbesondere in der Stadt Uelzen (1954).
65. Vgl. z. B. „Von der Säuberung der Gassen. Mandat v. 24. 12. 1778", in: *Meyr*,

Sammlung der Kurpfalz-Baierischen Landes-Verordnungen II (1788) 945f. wiederholtes Mandat v. 12.2.1782, in: Ebd. 995f. (‚Von Säuberung der Gassen zu Verhütung der Krankheiten').

66. Vgl. allgemein H. *Freudenthal*, Die deutsche Volksschule (1938); E. *Keller*, Geschichte des preußischen Volksschulwesens (1873); F. *Schmid*, Geschichte des Volksschulwesens in Altwürttemberg (1927).
67. Th. *Dietrich* – J. G. *Klink* (Hg.), Zur Geschichte der Volksschule I (1972) 63f.
68. Ebd. 103.
69. W. *Roessler*, Die Entstehung des modernen Erziehungswesens in Deutschland (1961).
70. *Dietrich* – *Klink* (Hg.), Zur Geschichte der Volksschule 141.
71. Ebd. 152.
72. Näheres vgl. Bd. III.
73. E. *Sehling* (Hg.), Die evangelischen Kirchenordnungen des XVI. Jahrhunderts (Bayern VII) (1909) 115.
74. Bayr. Mandat vom 8.4.1791 (*Meyr*, Sammlung der Kurpfalz-Baierischen ... Landes-Verordnungen V [1797]), 463.
75. Bayr. Mandat vom 14.12.1772 (Ebd. II [1784]) 1105.
76. Bayr. Mandat vom 14.1.1785 (Ebd. IV [1788]) 810. Weiter heißt es: „...Die wahre Andacht und Frömmigkeit keineswegs darinn bestehet, daß Feyertäge neuerdings gemacht, neue Bitt- oder Kreutzgänge, Wallfarten, oder so genannte Prozessionen, und andere dergleichen öffentliche Andachtsübungen angestellt, hierdurch aber eine der Hauptpflichten nämlich der Arbeit, wozu der Mensch von seinem Schöpfer bestimmt ist, grossentheils vernachläßiget werden..." (Ebd. 810).

2. *Verbrechen und Strafen*

1. Allgemein zur Strafgewalt in der frühen Neuzeit vgl. H. *Knapp*, Die Zenten des Hochstifts Würzburg. Ein Beitrag zur Geschichte des süddeutschen Gerichtswesens und Strafrechts, 2 Bde. (1907); R. *His*, Geschichte des deutschen Strafrechts bis zur Carolina (1928); *Ders.*, Das Strafrecht des deutschen Mittelalters, 2 Bde. (ND 1964); E. *Schmidt*, Einführung in die Geschichte der deutschen Strafrechtspflege (1965^3); W. *Leiser*, Strafgerichtsbarkeit in Süddeutschland. Formen und Entwicklungen (1971); W. *Schild*, Alte Gerichtsbarkeit. Vom Gottesurteile bis zum Beginn der modernen Rechtsprechung (1980).
2. Quantitative Auswertungen liegen aber bisher nur in beschränktem Umfang vor: vgl. G. *Schormann*, Strafrechtspflege in Braunschweig-Wolfenbüttel 1599–1633, in: Braunschw. Jb 55 (1974) 90–112; R. *van Dülmen*, Theater des Schreckens. Gerichtspraxis und Strafrituale in der frühen Neuzeit (1985) 187ff.; W. *Behringer*, Mörder, Diebe und Ehebrecher. Verbrechen und Strafen in Kurbayern vom 16. bis 18. Jahrhundert, in: R. van Dülmen (Hg.), Verbrechen, Strafen und soziale Kontrolle. Studien zur historischen Kulturforschung III (1990) 85–132.
3. Vgl. u.a. *His*, Das Strafrecht des deutschen Mittelalters; G. *Radbruch* – H. *Gwinner*, Geschichte des Verbrechens. Versuch einer historischen Kriminologie (ND 1990).
4. Vgl. S. 261f.

5. Zur ‚Entkriminalisierung' vgl. allgemein u. a. *Behringer*, Mörder, Diebe, Ehebrecher; R. *van Dülmen*, Frauen vor Gericht. Kindsmord in der Frühen Neuzeit (1990).
6. Staatsarchiv Ulm: Urgichtbuch A 6589
7. Bibliotheka Gdanska MS 373/4.
8. Neuerdings P. *Wettmann-Jungblut*, ‚Stelen inn rechter hungersnodt'. Diebstahl, Eigentumsschutz und strafrechtliche Kontrolle im vorindustriellen Baden 1600–1850, in: van Dülmen (Hg.), Verbrechen, Strafen und soziale Kontrolle 155–177.
9. Vgl. C. *Küther*, Räuber und Gauner in Deutschland. Das organisierte Bandenwesen im 18. und frühen 19. Jahrhundert (1976); H. *Reif* (Hg.), Räuber, Volk und Obrigkeit. Studien zur Geschichte der Kriminalität in Deutschland seit dem 18. Jahrhundert (1984); U. *Danker*, Räuberbanden im Alten Reich um 1700. Ein Beitrag zur Geschichte von Herrschaft und Kriminalität in der Frühen Neuzeit (1988).
10. Das Tagebuch des Meister Franz Scharfrichter zu Nürnberg (ND 1980).
11. Germ. National Museum Nürnberg HS 3837.
12. Vgl. Fr. Chr. B. *Avé-Lallemant*, Das deutsche Gaunertum in seiner sozialpolitischen, literarischen und linguistischen Ausbildung zu seinem heutigen Bestande I (1858) 68.
13. Vgl. Anm. 9.
14. Vgl. Anm. 12.
15. E. *Hobsbawm*, Die Banditen (1972); *Ders.*, Sozialrebellen. Archaische Sozialbewegungen im 19./20. Jahrhundert (1979).
16. C. *Küther*, Räuber, Volk und Obrigkeit. Zur Wirkungsweise und Funktion staatlicher Strafverfolgung im 18. Jahrhundert, in: Reif (Hg.), Räuber 17–42.
17. Davor warnten immer wieder die Polizeiordnungen.
18. W. *Fürst*, Der Prozeß gegen Nikolaus von Gülchen, Ratskonsulenten und Advokaten zu Nürnberg 1605, in: Mitt. d. Ver. f. Gesch. d. Stadt Nürnberg 19 (1911) 132–174.
19. Vgl. S.
20. Th. *Harster*. Das Strafrecht der freien Reichsstadt Speier in Theorie und Praxis (1900).
21. *van Dülmen*, Theater des Schreckens 190f.
22. B. *Roeck*, Eine Stadt in Krieg und Frieden. Studien zur Geschichte der Reichsstadt Augsburg zwischen Kalenderstreit und Parität (1989) 1073ff.
23. Bibliotheka Gdanska MS 373/4. Vgl. S. 250.
24. Die peinliche Gerichts-Ordnung Karls V. von 1532 (Carolina). Hg. v. G. Radbruch (1967) 87f.
25. Stadtarchiv Frankfurt Strafenbuch 1562–1696, fol. 63'.
26. Das Tagebuch des Meister Franz 86.
27. Vgl. *Küther*, Räuber und Gauner in Deutschland 121f.; R. J. *Evans*, Öffentlichkeit und Autorität. Zur Geschichte der Hinrichtungen in Deutschland vom Allgemeinen Landrecht bis zum Dritten Reich, in: Reif (Hg.), Räuber, Volk und Obrigkeit 185–258.
28. S. *Leutenbauer*, Das Delikt der Gotteslästerung in der bayerischen Gesetzgebung (1984).

29. Carolina 74.
30. E. *Wettstein*, Die Geschichte der Todesstrafen im Kanton Zürich (1958).
31. Vgl. Germ. Nat. Museum Nürnberg HS3837, fol. 31. Th. *Hampe*, Die Nürnberger Malefizbücher als Quellen der reichsstädtischen Sittengeschichte vom 14. bis zum 16. Jahrhundert, in: Neujahrblätter 17 (1927); vgl. auch H. *Knapp*, Das Lochgefängnis. Tortur und Richtung in Alt-Nürnberg (1907).
32. A. *Meye*, Das Strafrecht der Stadt Danzig von der Carolina bis zur Vereinigung Danzigs mit der preußischen Monarchie (1532–1793) (1935) 67ff.
33. H. Fr. von *Tscharner*, Die Todesstrafe im alten Staate Bern (1936). Wie der Vorwurf der Gotteslästerung auch ein Mittel sein konnte, sich an anderen Leuten zu rächen, zeigt ein Fall aus Aarau in der Schweiz 1665. Eine Mutter von 5 unehelichen Kindern hatte nach erneuter Schwangerschaft ihren Mann gedrängt, sie nun zu heiraten, „ob er sy dann allein für seine dirnen welle gehalten haben und sy in ein solliche noth bringen?" Der Mann aber dachte nicht daran, dem Wunsch zu entsprechen. Im Gegenteil er drohte sie wegen Unzucht in Bern anzuzeigen, wo man sie dann deswegen ertränken werde. Als er im Streit bemerkte: „Unser Herrgott sei auch ein Hurer", drohte die Frau nun ihrerseits, ihn wegen dieser gotteslästerlichen Worte anzuzeigen. Wie dieser Disput publik wurde, wissen wir nicht, bekannt ist nur, daß tatsächlich beide vor Gericht kamen. Der Mann bekannte unter der Folter, daß er diese gräßlichen Worte von seiner Frau gehört habe, sie ihm aber selbst niemals in den Sinn gekommen seien. Die Frau bestätigte ihrerseits zunächst ihre erste Aussage, mußte dann aber nach der Marter bekennen, daß sie selbst diese Worte geäußert und speziell auf ihren Mann zur Rache erdacht habe. Welche Aussage nun wahr war, bleibt unklar, hingerichtet wurde die Frau wegen Gotteslästerung mit dem Schwert, „also das ein Wagenrad zwischen dem Lyb und dem haupt möge durchgeführt werden" (63). Weil im Prozeß zuviel Grausames behandelt wurde, riet das Gericht bei der öffentlichen Urteilsverkündung wegen der ‚zarten Jugend', die anwesend war, die ‚grausamen Werke' nicht zu benennen." „Daß im 18. Jh. schließlich gotteslästerliche Äußerungen auf Atheismus zurückgeführt wurden, zeigt das letzte Beispiel: Ein Kuhhirte hatte 1725 in Speyer freisinnig und öffentlich erklärt, daß kein Pfarrer in den Himmel kommen und daher auch selbst keine Sünden vergeben könne. Denn es gäbe keinen Gott, noch viel weniger einen Teufel, denn sonst würde der letztere gewiß schon längst alle Pfaffen geholt haben. ‚Weil er sich als einen veritablen atheum theoreticum et practicum präsentiert' schlug die Geistlichkeit die Todesstrafe vor. Doch das Gericht entschloß sich, den Gotteslästerer nur aus der Stadt zu vertreiben." Th. *Harster*, Das Strafrecht der freien Reichsstadt Speier in Theorie und Praxis (1900).
34. *His*, Das Strafrecht II 18ff.
35. Vgl. bes. H. W. *Schraepler*, Die rechtliche Behandlung der Täufer in der deutschen Schweiz, Südwestdeutschland und Hessen 1526–1618 (1957); H. Th. *Stiasny*, Die strafrechtliche Verfolgung der Täufer in der freien Reichsstadt Köln 1529 bis 1618 (1962). Allgemein: Cl. P. *Clasen*, Anabaptism. A social history 1525–1618 (1972); H.-J. *Goertz*, Die Täufer. Geschichte und Deutung (1980).
36. Reichsabschied zu Augsburg von 14. 2. 1551, ed. in: G. *Bossert* (Hg.), Quellen zur Geschichte der Wiedertäufer. I. Herzogtum Württemberg (1930) 8*.

37. R. *van Dülmen*, Reformation als Revolution. Soziale Bewegung und religiöser Radikalismus in der deutschen Reformation (1987[2]).
38. S. *Wollgast*, Philosophie in Deutschland zwischen Reformation und Aufklärung 1550–1650 (1988).
39. Ebd. Vgl. auch W. *Dietze*, Quirinus Kuhlmann. Ketzer und Poet (1963).
40. H. Fr. *von Tscharner*, Die Todesstrafe im alten Staate Bern (1936).
41. Vgl. allgemein: J. *Delumeau*, Angst im Abendland. Die Geschichte kollektiver Ängste im Europa des 14. bis 18. Jahrhunderts, 2 Bde. (1985); W. *Behringer*, Hexenverfolgung in Bayern. Volksmagie, Glaubenseifer und Staatsräson in der Frühen Neuzeit (1987); R. *van Dülmen* (Hg.), Hexenwelt. Magie und Imagination vom 16.–20. Jahrhundert (1987); C. *Ginzburg*, Hexensabbat. Entzifferung einer nächtlichen Geschichte (1990).
42. Vgl. E. *Labouvie*, Männer im Hexenprozeß. Zur Sozialanthropologie eines „männlichen" Verständnisses von Magie und Hexerei, in: Gesch. u. Ges. 16 (1990) 56–78.
43. R. *van Dülmen*, Imaginationen des Teuflischen. Nächtliche Zusammenkünfte, Hexentänze, Teufelssabbate, in: Ders. (Hg.), Hexenwelten 94–130.
44. Staatsarchiv Nürnberg: Amts- und Standsbücher 226.
45. H. H. *Kunstmann*, Zauberwahn und Hexenprozeß in der Reichsstadt Nürnberg (1970) 94ff.
46. Stadtarchiv Augsburg (Verz. d. Gerichteten).
47. Allgemein: R. *Quanter*, Die Sittlichkeitsverbrechen im Laufe der Jahrhunderte und ihre strafrechtliche Beurteilung (ND 1970); A. *Felber*, Unzucht und Kindsmord in der Rechtsprechung der freien Reichsstadt Nördlingen vom 15. bis 19. Jahrhundert (1961).
48. Vgl. die Angaben in: *van Dülmen*, Theater des Schreckens 187ff.; *Behringer*, Mörder, Diebe, Ehebrecher 128ff.
49. *van Dülmen*, Frauen vor Gericht 91.
50. Ebd. vgl. auch M. *Schwarz*, Wechselnde Beurteilung von Straftaten in Kultur und Recht. I. Die Kindstötung (1935); W. *Wächtershäuser*, Das Verbrechen des Kindsmordes im Zeitalter der Aufklärung (1973); O. *Ulbricht*, Kindsmord und Aufklärung in Deutschland (1990).
51. Vgl. Bd. I., 180f.
52. Gg. *Schindler*, Verbrechen und Strafen im Recht der Stadt Freiburg im Breisgau von der Einführung des neuen Stadtrechts bis zum Übergang an Baden 1520–1806 (1937) 274.
53. Vgl. Bd. I. 145f.
54. Vgl. u. a. R. *Quanter*, Sittlichkeit und Moral im Heiligen Römischen Reich Deutscher Nation (1925).
55. C. *Moser-Nef*, Die freie Reichsstadt und Republik Sankt Gallen V (1951) 392.
56. E. *Wettstein*, Die Geschichte der Todesstrafe im Kanton Zürich (1958).
57. Ebd.
58. Ebd.
59. Vgl. Bd. I. 134f.
60. Vgl. Bd. I 192.
61. *Wettstein*, Die Geschichte der Todesstrafe im Kanton Zürich.
62. Vgl. Bd. I 290.

63. Staatsarchiv Nürnberg: Amts- und Standsbücher 226.
64. *Wettstein*, Die Geschichte der Todesstrafe im Kanton Zürich.
65. Vgl. Anm. 1.
66. H. *von Hentig*, Die Strafe I. Frühformen und kulturgeschichtliche Zusammenhänge (1954); M. *Foucault*, Überwachen und Strafen. Die Geburt des Gefängnisses (1977).
67. *van Dülmen*, Theater des Schreckens 170ff.; *Evans*, Öffentlichkeit und Autorität 226ff.; H. *Stekl*, Österreichs Zucht- und Arbeitshäuser 1671–1920. Institutionen zwischen Fürsorge und Strafvollzug (1978).
68. Neuerdings: P. M. *Hahn*, Die Gerichtspraxis der altständischen Gesellschaft im Zeitalter des Absolutismus. Die Gutachtertätigkeit der Helmstedter Juristenfakultät für die brandenburg-preußischen Territorien 1675–1710 (1989).
69. Allgemein vgl. R. *Quanter*, Die Folter in der deutschen Rechtspflege sonst und jetzt (1900); *Schild*, Alte Gerichtsbarkeit 342ff., 373ff.
70. Vgl. S. 212. Vgl. auch H. *Linderkamp*, Niedergerichtliche Strafformen und ihre Anwendung nach Quellen der Rechtspraxis. Ein Beitrag zur Rechtlichen Volkskunde in Schleswig-Holstein (1985).
71. R. *van Dülmen*, Das Schauspiel des Todes. Hinrichtungsrituale in der frühen Neuzeit, in: R. van Dülmen – N. Schindler (Hg.), Volkskultur. Zur Wiederentdeckung des vergessenen Alltags (1984) 205–245.
72. Ebd.; *van Dülmen*, Theater des Schreckens 121ff.
73. Ebd. 161.

3. Der Prozeß der Zivilisation: Disziplin und Eigensinn

1. Vgl. vor allem St. *Breuer*, Sozialdisziplinierung. Probleme und Problemverlagerungen eines Konzeptes bei Max Weber, Gerhard Oestreich und Michel Foucault, in: Chr. Sachße – Fl. Tennstedt (Hg.), Soziale Sicherheit und soziale Disziplinierung. Beiträge zu einer historischen Theorie der Sozialpolitik (1986).
2. M. *Foucault*, Überwachen und Strafen. Die Geburt des Gefängnisses (1976).
3. N. *Elias*, Über den Prozeß der Zivilisation, 2 Bde. (1969).
4. M. *Weber*, Die protestantische Ethik I (1973^3).

Literaturverzeichnis

Abel, Wilhelm, Geschichte der deutschen Landwirtschaft vom frühen Mittelalter bis zum 19. Jahrhundert, Stuttgart 1962

–, Agrarkrisen und Agrarkonjunktur. Eine Geschichte der Land- und Ernährungswirtschaft Mitteleuropas seit dem hohen Mittelalter, Hamburg–Berlin 1966

–, Massenarmut und Hungerkrisen im vorindustriellen Europa. Versuch einer Synopsis, Hamburg–Berlin 1974

Alewyn, Richard, Das große Welttheater. Die Epoche der höfischen Feste, München 1989

Arnold, Hermann, Fahrendes Volk. Randgruppen des Zigeunervolkes, Landau 1983[2]

Aubin, Gustav – Arno *Kunz,* Leinenerzeugung und Leinenabsatz im östlichen Mitteldeutschland zur Zeit der Zunftkäufe, Stuttgart 1940

Bachtin, Michail M., Rabelais und seine Welt. Volkskultur und Gegenkultur, Frankfurt 1987

Bader, Karl Siegfried, Dorfgenossenschaft und Dorfgemeinde, Weimar 1962

–, Das mittelalterliche Dorf als Friedens- und Rechtsbereich, Köln–Wien 1981[3]

Bahl, Herms, Ansbach. Strukturanalyse einer Residenz vom Ende des Dreißigjährigen Krieges bis zur Mitte des 18. Jahrhunderts, Ansbach 1974

Bartels, Adolf, Der Bauer in der deutschen Vergangenheit, Leipzig 1900

Bastian, Hagen, Mummenschanz, Sinneslust und Gefühlsbeherrschung im Fastnachtspiel des 15. Jahrhunderts, Frankfurt 1983

Bátori, Ingrid, Die Reichsstadt Augsburg im 18. Jahrhundert, Göttingen 1969

Bátori, Ingrid – Erdmann *Weyrauch,* Die bürgerliche Elite der Stadt Kitzingen. Studien zur Sozial- und Wirtschaftsgeschichte einer landesherrlichen Stadt im 16. Jahrhundert, Stuttgart 1978

Batscha, Zwi – Jörn *Garber* (Hg.), Von der ständischen zur bürgerlichen Gesellschaft. Politisch-soziale Theorien im Deutschland der zweiten Hälfte des 18. Jahrhunderts, Frankfurt 1981

Bauer, Leonhard – Herbert *Matis,* Geburt der Neuzeit. Vom Feudalsystem zur Marktgesellschaft, München 1988

Bauer, Veronika, Kleiderordnungen in Bayern vom 14. bis zum 19. Jahrhundert, München 1975

Baumann, Franz Ludwig, Geschichte des Allgäus von den ältesten Zeiten bis zum Beginn des 19. Jahrhunderts, 2 Bde., Kempten 1880–84

Beck, Rainer, Naturale Ökonomie. Unterfinning: Bäuerliche Wirtschaft in einem oberbayerischen Dorf des frühen 18. Jahrhunderts, München 1986

Behringer, Wolfgang, Thurn und Taxis. Die Geschichte ihrer Post und ihrer Unternehmen, München 1990.

Bentzien, Ulrich, Bauernarbeit im Feudalismus. Landwirtschaftliche Arbeitsgeräte und -verfahren in Deutschland von der Mitte des 1. Jahrhunderts u. Z. bis um 1800, Berlin (Ost) 1980

Berdahl, Robert u.a. (Hg.), Klassen und Kultur. Sozialanthropologische Perspektiven in der Geschichtsschreibung, Frankfurt 1982

Bertrich, Fred, Kulturgeschichte des Waschens, Düsseldorf–Wien 1966

Biehn, Heinz, Feste und Feiern im alten Europa, München 1965

Bitz, Matthias, Badewesen in Südwestdeutschland 1550–1840, Idstein 1989

Blickle, Peter, Landschaften im Alten Reich. Die staatliche Funktion des gemeinen Mannes in Oberdeutschland, München 1973

– (Hg.), Deutsche ländliche Rechtsquellen. Probleme und Wege der Weistumsforschung, Stuttgart 1977

– (Hg.), Aufruhr und Empörung? Studien zum bäuerlichen Widerstand im Alten Reich, München 1980

–, Deutsche Untertanen. Ein Widerspruch, München 1981

– (Hg.), Landgemeinde und Stadtgemeinde in Mitteleuropa. Ein struktureller Vergleich, München 1991

Blum, Jerôme (Hg.), Die bäuerliche Welt. Geschichte und Kultur in 7 Jahrhunderten, München 1982

Böck, Karl, Das Bauernleben in den Werken bayerischer Barockprediger, München 1953

Boehme, Franz M., Die Geschichte des Tanzes in Deutschland, 2 Bde., Leipzig 1886 (ND 1967)

von Boehn, Max, Der Tanz, Berlin 1925

–, Deutschland im 18. Jahrhundert. Das Heil. Röm. Reich Deutscher Nation, Berlin 1921

Boelcke, Willi A., Wandlungen in der dörflichen Struktur während Mittelalter und Neuzeit, Frankfurt 1967

Bog, Ingomar, Die bäuerliche Wirtschaft im Zeitalter des Dreißigjährigen Krieges, Coburg 1952

Bolte, Johannes, Von Wanderkomödianten und Handwerkerspielen des 17. und 18. Jahrhunderts, Mörsch bei Karlsruhe 1934

Born, Martin, Wandlung und Beharrung ländlicher Siedlung und bäuerlicher Wirtschaft. Untersuchungen zur frühneuzeitlichen Kulturlandschaftsgenese im Schwalmgebiet, Marburg 1961

Borst, Otto, Zur Verfassung und Staatlichkeit oberdeutscher Reichsstädte am Ende des alten Reiches, in: Esslinger Studien, 10 (1964) 106–194

Bothe, Friedrich, Brauch und Sitte im alten Frankfurt, Frankfurt 1941

Bourdieu, Pierre, Entwurf einer Theorie der Praxis auf der ethnologischen Grundlage der kabylischen Gesellschaft, Frankfurt 1976

–, Die feinen Unterschiede. Kritik der gesellschaftlichen Urteilskraft, Frankfurt 1982

Braudel, Fernand, Sozialgeschichte des 15.–18. Jahrhunderts. Der Alltag, München 1985

Braun, Rudolf, Industrialisierung und Volksleben. Die Veränderungen der Lebensformen unter Einwirkung der verlagsinternen Heimatarbeit in einem ländlichen Industriegebiet vor 1800, Winterthur 1960

–, Das ausgehende Ancien Régime in der Schweiz. Aufriß einer Sozial- und Wirtschaftsgeschichte des 18. Jahrhunderts, Göttingen 1984

Brückner, Wolfgang – Peter *Blickle,* Dieter *Breuer* (Hg.), Literatur und Volk im 17. Jahrhundert. Probleme populärer Kultur in Deutschland, 2 Bde., Wiesbaden 1985

Brückner, Wolfgang, Popular culture. Konstrukt, Interpretament, Realität, in: Ethnologie Europaea XIV (1984) 14–24

Bruford, Walter Horace, Die gesellschaftlichen Grundlagen der Goethezeit, Frankfurt–Berlin–Wien 1975

Brunner, Otto, Adeliges Landleben und europäischer Geist. Leben und Werk Wolf Helmhards von Hohberg 1612–1688, Salzburg 1949

–, Souveränitätsproblem und Sozialstruktur in den deutschen Reichsstädten der frühen Neuzeit, in: VSWG 50 (1963) 329–360

Buck, August u. a. (Hg.), Europäische Hofkultur im 16. und 17. Jahrhundert, 3 Bde., Hamburg 1981

Bücher, Karl – Benno *Schmidt* (Hg.), Frankfurter Amts- und Zunfturkunden bis zum Jahre 1612, 2 Bde. (1914), ND Wiesbaden 1968

Burke, Peter, Helden, Schurken und Narren. Europäische Volkskultur in der frühen Neuzeit, Stuttgart 1981

–, Städtische Kultur in Italien zwischen Hochrenaissance und Barock. Eine historische Anthropologie, Berlin 1986

Conze, Werner, Art. Bauer, in: Geschichtliche Grundbegriffe I (1972) 407–439

Corbin, Alain, Pesthauch und Blütenduft. Eine Geschichte des Geruchs, Berlin 1984

Czok, Karl, Zur Stellung der Stadt in der deutschen Geschichte, in: Jahrbuch für Regionalgeschichte 3 (1968) 15–33

Davis, Natalie Zemon, Humanismus, Narrenherrschaft und die Riten der Gewalt. Gesellschaft und Kultur im frühneuzeitlichen Frankreich, Frankfurt 1987

–, Der Kopf in der Schlinge. Gnadengesuche und ihre Erzähler, Berlin 1988

Dinges, Martin, Die Ehre als Thema der Stadtgeschichte. Eine Semantik im Übergang vom Ancien Régime zur Moderne, in: Zs. f. histor. Forschg. 16 (1989) 409–440

–, Frühneuzeitliche Armenfürsorge als Sozialdisziplinierung? in: GG 17 (1991) 5–29

Dipper, Christof, Deutsche Geschichte 1648–1789, Frankfurt 1991

van Dülmen, Richard, Entstehung des frühneuzeitlichen Europa 1550–1648, Frankfurt 1982

–, Theater des Schreckens, Gerichtspraxis und Strafrituale in der frühen Neuzeit, München 1988[3]

– (Hg.), Armut, Liebe, Ehre. Studien zur historischen Kulturforschung I, Frankfurt 1988

– (Hg.), Arbeit, Frömmigkeit und Eigensinn. Studien zur historischen Kulturforschung II, Frankfurt 1990

– (Hg.), Verbrechen, Strafen und soziale Kontrolle. Studien zur historischen Kulturforschung III, Frankfurt 1990

– Frauen vor Gericht. Kindsmord in der Frühen Neuzeit, Frankfurt 1991

–, Norbert *Schindler* (Hg.), Volkskultur. Zur Wiederentdeckung des vergessenen Alltags (16.–20. Jahrhundert), Frankfurt 1984

Dünninger, Josef – Horst *Schopf,* Bräuche und Feste im fränkischen Jahreslauf. Texte vom 16. bis zum 18. Jahrhundert, Kulmbach 1971

Ebeling, Dietrich, Bürgertum und Pöbel. Wirtschaft und Gesellschaft Kölns im 18. Jahrhundert, Köln–Wien 1987

Edelmann, August, Schützenwesen und Schützenfeste der deutschen Städte vom 13. bis zum 18. Jahrhundert, München 1890

Ehalt, Hubert Ch., Ausdrucksformen absolutistischer Herrschaft. Der Wiener Hof im 17. und 18. Jahrhundert, München 1980

Ehbrecht, Wilfried (Hg.), Städtische Führungsgruppen und Gemeinde in der werdenden Neuzeit, Köln–Wien 1980

Eichberg, Henning, Leistung, Spannung, Geschwindigkeit. Sport und Tanz im gesellschaftlichen Wandel des 18./19. Jahrhunderts, Stuttgart 1978

Eisenbart, Liselotte Constanze, Kleiderordnungen der deutschen Städte zwischen 1350 und 1700. Ein Beitrag zur Kulturgeschichte des deutschen Bürgertums, Göttingen–Berlin–Frankfurt 1962

Elias, Norbert, Die höfische Gesellschaft. Untersuchungen zur Soziologie des Königtums und der höfischen Aristokratie, Neuwied-Berlin 1969

–, Über den Prozeß der Zivilisation. Soziogenetische und psychogenetische Untersuchungen, 2 Bde., Bern 1969

Elkar, Rainer S. (Hg.), Deutsches Handwerk in Spätmittelalter und früher Neuzeit. Sozialgeschichte – Volkskunde – Literaturgeschichte, Göttingen 1983

Engelhardt, Ulrich (Hg.), Handwerker in der Industrialisierung. Lage, Kultur und Politik vom späten 18. bis ins frühe 20. Jahrhundert, Stuttgart 1984

Engelsing, Rolf, Zur Sozialgeschichte deutscher Mittel- und Unterschichten, Göttingen 1978^2

Ennen, Edith – Manfred *van Rey*, Probleme der frühneuzeitlichen Stadt, vorzüglich der Haupt- und Residenzstädte, in: Westfäl. Forschungen 25 (1973) 168–212

Fähler, Eberhard, Feuerwerke des Barock. Studien zum öffentlichen Fest und seiner literarischen Deutung vom 16. bis 18. Jahrhundert, Stuttgart 1974

Falke, Jacob, Die deutsche Trachten- und Modenwelt. Ein Beitrag zur deutschen Kulturgeschichte, Leipzig 1858

Farge, Arlette, Das brüchige Leben. Verführung und Aufruhr im Paris des 18. Jahrhunderts, Berlin 1989

Fehr, Hans, Der Zweikampf, Berlin 1908

Fehrle, Eugen, Der Johannistag, Buchen 1924

–, Deutsche Hochzeitsbräuche, Jena 1937

Finder, Ernst, Hamburgisches Bürgertum in der Vergangenheit, Hamburg 1930

Foucault, Michel, Überwachen und Strafen. Die Geburt des Gefängnisses, Frankfurt 1977

François, Etienne, Koblenz im 18. Jahrhundert. Zur Sozial- und Bevölkerungsstruktur einer deutschen Residenzstadt, Göttingen 1982

Franz, Günther, Der deutsche Bauernkrieg, Darmstadt 1965^7

–, Der Dreißigjährige Krieg und das deutsche Volk. Untersuchungen zur Bevölkerungs- und Agrargeschichte, Stuttgart 1961^3

–, Geschichte des deutschen Bauernstandes vom frühen Mittelalter bis zum 19. Jahrhundert, Stuttgart 1970

– (Hg.), Bauernschaft und Bauernstand 1500–1970, Limburg 1975

– (Hg.), Quellen zur Geschichte des deutschen Bauernstandes in der Neuzeit, Darmstadt 1976

Frensdorff, Ferdinand, Das Zunftrecht insbesondere Norddeutschlands und die Handwerkerehre, in: Hansische Geschichtsblätter XIII (1907) 1–89

Friedrichs, Christopher R., Urban Society in an age of war: Nördlingen 1580–1720, New Jersey 1979

Gebhard, Torsten, Alte bäuerliche Geräte, München–Basel–Wien 1969

Gerteis, Klaus, Die deutschen Städte in der frühen Neuzeit. Zur Vorgeschichte der „bürgerlichen Welt", Darmstadt 1986

Ginzburg, Carlo, Spurensicherungen. Über verborgene Geschichte, Kunst und soziales Gedächtnis, Berlin 1983

Glanz, Rudolf, Geschichte des niederen jüdischen Volkes in Deutschland. Eine Studie über historisches Gaunertum, Bettelwesen und Vagantentum, New York 1968

Grassl, Ida, Münchner Brauchtum und Leben im 18. Jahrhundert. Beiträge zur Volkskunde der Stadt, München 1940

Gregor, Joseph, Kulturgeschichte des Balletts. Seine Gestaltung und Wirksamkeit in der Geschichte und unter den Künsten, Wien (1946)

Grießinger, Andreas, Das symbolische Kapital der Ehre. Streikbewegungen und kollektives Bewußtsein deutscher Handwerksgesellen im 18. Jahrhundert, Frankfurt–Berlin–Wien 1981

Grüll, Georg, Der Bauer im Lande ob der Enns am Ausgang des 16. Jahrhunderts. Abgaben und Leistungen im Lichte der Beschwerden und Verträge von 1597–98, Wien–Köln–Graz 1969

Hahn, Peter Michael, Struktur und Funktion des brandenburgischen Adels im 16. Jahrhundert, Berlin 1979

Hampe, Theodor, Die fahrenden Leute in der deutschen Vergangenheit, Jena 1924

Hansmann, Winfried, Kontor und Kaufmann in alter Zeit. Das Büro des deutschen Kaufmanns vom 12. bis zum 18. Jahrhundert, Düsseldorf 1962

Harnisch, Hartmut, Bauern – Feudaladel – Stadtbürgertum. Untersuchungen über die Zusammenhänge zwischen Feudalrente, bäuerlicher und gutsherrlicher Warenproduktion und den Ware-Geld-Beziehungen in der Magdeburger Börde und dem nordöstlichen Harzvorland von der frühbürgerlichen Revolution bis zum Dreißigjährigen Krieg, Weimar 1980

Hartinger, Walter, Bayerisches Dienstbotenleben auf dem Land vom 16.–18. Jahrhundert, in: Zs. f. bayr. LG 38 (1975) 598–638

Hauser, Albert, Was für ein Leben. Schweizer Alltag vom 15. bis 18. Jahrhundert, Zürich 1987

Haverkamp, Alfred (Hg.), Haus und Familie in der spätmittelalterlichen Stadt, Köln–Wien 1984

Heidrich, Beate, Fest und Aufklärung. Der Diskurs über die Volksvergnügungen in bayerischen Zeitschriften (1765–1815), München 1984

Heilfurth, Gerhard (Hg.), Arbeit und Volksleben, Göttingen 1967

Heitz, Friedrich Carl, Das Zunftwesen in Straßburg. Geschichtliche Darstellung begleitet von Urkunden und Aktenstücken, Straßburg 1856

Henning, Friedrich Wilhelm, Bauernwirtschaft und Bauerneinkommen in Ostpreußen im 18. Jahrhundert, Würzburg 1969

–, Dienste und Abgaben der Bauern im 18. Jahrhundert, Stuttgart 1969

–, Bauernwirtschaft und Bauerneinkommen im Fürstentum Paderborn im 18. Jahrhundert, Berlin 1970

–, Landwirtschaft und ländliche Gesellschaft in Deutschland, 2 Bde., München–Wien–Zürich 1978/1979

von Hentig, Hans, Die Strafe. I. Frühformen und kulturgeschichtliche Zusammenhänge, Berlin–Göttingen–Heidelberg 1954

–, Studien zur Kriminalgeschichte, Bern 1962

Hildebrandt, Reinhard, Rat contra Bürgerschaft. Die Verfassungskonflikte in den Reichsstädten des 17. und 18. Jahrhunderts, in: die Alte Stadt 1 (1974) 221–241
Hilger, Elisabeth, Umweltprobleme als Alltagserfahrung in der frühneuzeitlichen Stadt, in: die Alte Stadt 11 (1984) 112–138
Hinrichs, Ernst – Günther *Wiegelmann* (Hg.), Sozialer und kultureller Wandel in der ländlichen Welt des 18. Jahrhunderts, Wolfenbüttel 1982
His, Rudolf, Das Strafrecht des deutschen Mittelalters, 2 Bde., ND Aachen 1964
Hoffmann-Krayer, Eduard, Feste und Bräuche des Schweizervolkes, Zürich 1940
Hugger, Paul (Hg.), Stadt und Fest. Zu Geschichte und Gegenwart europäischer Festkultur, Stuttgart 1987
Humburg, Norbert, Städtisches Fastnachtsbrauchtum in West- und Ostfalen. Seine Entwicklung vom Mittelalter bis ins 19. Jahrhundert, 1976
Imhof, Arthur E., Die Funktion des Krankenhauses in der Stadt des 18. Jahrhunderts, in: Die Alte Stadt. 4 (1977) 215–242
Irsigler, Franz – Arnold *Lassotta*, Bettler und Gaukler, Dirnen und Henker. Randgruppen und Außenseiter in Köln 1300–1600, Köln 1984
Isenberg, Heinrich, Altes Brauchtum im Handwerk, 3 Bde., Münster 1935/6
Jacobeit, Wolfgang, Schafhaltung und Schäfer in Zentraleuropa bis zum Beginn des 20. Jahrhunderts, Berlin 1961
Jacobeit, Sigrid und Wolfgang, Illustrierte Alltagsgeschichte des deutschen Volkes 1550–1810, Köln 1986
Jäger, Helmut – Franz *Petri* – Heinz *Quirin* (Hg.), Civitatum communitas. Studien zum europäischen Städtewesen. (FS Heinz Stoob zum 65. Geburtstag), 2 Bde., Köln–Wien 1984
Jaritz, Gerhard (Red.), Mensch und Objekt im Mittelalter und in der frühen Neuzeit. Leben – Alltag – Kultur, Wien 1990
Jetter, Dieter, Das europäische Hospital. Von der Spätantike bis 1800, Köln 1986
Jütte, Robert, Obrigkeitliche Armenfürsorge in deutschen Reichsstädten der frühen Neuzeit. Städtisches Armenwesen in Frankfurt am Main und Köln, Köln–Wien 1984
Kachel, Johanna, Herberge und Gastwirtschaft in Deutschland bis zum 17. Jahrhundert, Stuttgart 1924
Kähler, Wilhelm, Gesindewesen und Gesinderecht in Deutschland, Jena 1896
Kaser, Kurt, Politische und soziale Bewegungen im Deutschen Bürgertum zu Beginn des 16. Jahrhunderts mit besonderer Rücksicht auf den Speyrer Aufstand im Jahre 1512, Stuttgart 1899
Kaufhold, Karl-Heinrich, Das Handwerk der Stadt Hildesheim im 18. Jahrhundert, Göttingen 1969
Kellner, Stephan, Die Hofmarken Jettenbach und Aschau in der frühen Neuzeit. Studien zur Beziehung zwischen Herrschaft und Untertanen in Altbayern am Beispiel eines adeligen Herrschaftsbereiches, München 1986
Kern, Arthur, Deutsche Hofordnungen des 16. und 17. Jahrhunderts, Berlin 1905/07
Khevenhüller-Metsch, Johann, Theater, Feste und Feiern zur Zeit Maria Theresias, 1742–1776, Wien 1987
Kleinschmidt, Erich, Stadt und Literatur in der frühen Neuzeit. Voraussetzungen und Entfaltung im südwestdeutschen, elsässischen und schweizerischen Städteraum, Köln–Wien 1982

Kircher, Albrecht, Deutsche Kaiser in Nürnberg. Eine Studie zur Geschichte des öffentlichen Lebens der Reichsstadt Nürnberg von 1500–1612, Nürnberg 1955

Kirchgässner, Bernhard – Fritz *Reuter* (Hg.), Städtische Randgruppen und Minderheiten, Sigmaringen 1986

Kirchgässner, Bernhard – Eberhard *Naujoks* (Hg.), Stadt und wirtschaftliche Selbstverwaltung, Sigmaringen 1987

Klersch, Joseph, Volkstum und Volksleben in Köln, 3 Bde., Köln 1965

Koch, Rainer, Grundlagen bürgerlicher Herrschaft. Verfassungs- und sozialgeschichtliche Studien zur bürgerlichen Gesellschaft in Frankfurt am Main (1612–1866), Wiesbaden 1983

Kocka, Jürgen (Hg.), Bürger und Bürgerlichkeit im 19. Jahrhundert, Göttingen 1987

–, Weder Stand noch Klasse. Unterschichten um 1800, Bonn 1990

Koelner, Paul, Basler Zunftherrlichkeit. Ein Bilderbuch der Zünfte und Gesellschaften, Basel 1942

Könnecke, Otto, Rechtsgeschichte des Gesindes in West- und Süddeutschland, Marburg 1912

Köstlin, Konrad – Kai Detlev *Sievers* (Hg.), Das Recht der kleinen Leute. Beiträge zur rechtlichen Volkskunde. FS f. K. S. Kramer, Berlin 1976

Kohler, Alfred – Heinrich *Lutz* (Hg.), Alltag im 16. Jahrhundert. Studien zu Lebensformen in mitteleuropäischen Städten, Wien 1987

Kohler, Georg (Hg.), Die schöne Kunst der Verschwendung. Fest und Feuerwerk in der europäischen Geschichte, Zürich–München 1988

Kopečný, Angelika, Fahrende und Vagabunden. Ihre Geschichte, Überlebenskünste, Zeichen und Straßen, Berlin 1980

Kramer, Karl-S., Haus und Flur im bäuerlichen Recht. Ein Beitrag zur rechtlichen Volkskunde, München 1950

–, Rechtliches Gemeindeleben im Maindreieck zwischen Reformation und Aufklärung, in: Bayer. Jb. f. Volkskunde (1953) 136–148

–, Die Nachbarschaft als bäuerliche Gemeinschaft. Ein Beitrag zur rechtlichen Volkskunde mit besonderer Berücksichtigung Bayerns, München 1954

–, Das Herausfordern aus dem Haus, Lebensbild eines Rechtsbrauches, in: Bayer. Jb. f. Volkskunde (1956) 121–138

–, Bauern und Bürger im nachmittelalterlichen Unterfranken. Eine Volkskunde aufgrund archivalischer Quellen, Würzburg 1957

–, Altmünchner Handwerk. Bräuche, Lebensformen, Wanderwege, in: Bayer. Jb. f. Volkskunde (1959) 98–119

–, Volksleben im Fürstentum Ansbach und seinen Nachbargebieten. Eine Volkskunde auf Grund archivalischer Quellen, Würzburg 1961

–, Volksleben im Hochstift Bamberg und im Fürstentum Coburg 1500–1800. Eine Volkskunde auf Grund archivalischer Quellen, Würzburg 1967

–, Nachrichten zum Komplex „Haus und Hof im Volksleben“, vorwiegend aus Holstein, in: Kieler Bll. z. Vk. 2 (1970) 53–104

–, Ländliches Leben im Amt Ratzeburg (1720–1760), in: Kieler Bll. z. Vk. V (1973) 5–92

–, Grundriß einer rechtlichen Volkskunde, Göttingen 1974

–, Fehmarner Volksleben im 17. Jahrhundert, Neumünster 1982

–, Hohnsprake, Wrakworte, Nachschnack und Ungebühr. Ehrenhändel in holsteinischen Quellen, in: Kieler Bll. z. Vk. XVI (1984) 49–85

–, Volksleben in Holstein (1550–1800). Eine Volkskunde aufgrund archivalischer Quellen, Kiel 1987

–, Ulrich *Wilckens*, Volksleben in einem holsteinischen Gutsbezirk. Eine Untersuchung aufgrund archivalischer Quellen, Neumünster 1979

Krapf, Ludwig – Christian *Wagenknecht* (Hg.), Stuttgarter Hoffeste. Texte und Materialien zur höfischen Repräsentation im frühen 17. Jahrhundert, Tübingen 1979

Krebs, Werner, Alte Handwerksbräuche mit besonderer Berücksichtigung der Schweiz, Basel 1933

Kretzenbacher, Leopold, Ringreiten, Rolandspiel und Kupferstechen. Sportliches Reiterbrauchtum als Erbe aus abendländischer Kulturgeschichte, Klagenfurt 1966

von Kruedener, Jürgen, Die Rolle des Hofes im Absolutismus, Stuttgart 1973

Krüger, Karsten, Die deutsche Stadt im 16. Jahrhundert, in: Die Alte Stadt 2 (1975)

Kuczynski, Jürgen, Geschichte des Alltags des deutschen Volkes 1600 bis 1945. Studien, 5 Bde., Köln 1980–1982

Küster, Jürgen, Spectaculum Vitiorum. Studien zur Intentionalität und Geschichte des Nürnberger Schembartlaufes, Remscheid 1984

Küther, Carsten, Räuber und Gauner in Deutschland. Das organisierte Bandenwesen im 18. und frühen 19. Jahrhundert, Göttingen 1976

Ders., Menschen auf der Straße. Vagierende Unterschichten in Bayern, Franken und Schwaben in der 2. Hälfte des 18. Jahrhunderts, Göttingen 1983

Labouvie, Eva, Zauberei und Hexenwerk. Ländlicher Hexenglaube in der frühen Neuzeit, Frankfurt 1991

Le Roy Ladurie, Emmanuel, Karneval in Romans. Von Lichtmeß bis Aschermittwoch 1579–1580, Stuttgart 1982

–, Die Bauern des Languedoc, Darmstadt 1985^2

Lahnstein, Peter, Schwäbisches Leben in alter Zeit. Ein Kapitel deutscher Kulturgeschichte 1580–1800, München 1983

Lange, Ulrich (Hg.), Landgemeinde und frühmoderner Staat. Beiträge zum Problem der gemeindlichen Selbstverwaltung in Dänemark, Schleswig-Holstein und Niedersachsen in der frühen Neuzeit, Sigmaringen 1988

Lauffer, Otto, Ausstattung nach Rang und Stadt, in: FS für Alfons Dopsch, Wirtschaft und Kultur, Baden–Leipzig 1938

von Leers, Johann, Das Lebensbild des deutschen Handwerks, München 1938

Lehner, Julia, Die Mode im alten Nürnberg. Modische Entwicklung und sozialer Wandel in Nürnberg, aufgezeigt an den Nürnberger Kleiderordnungen, Nürnberg 1984

Leisner, Max, Feiern, Feste und Vergnügungen im alten Kiel, Kiel 1974

Lenhardt, Heinz, Feste und Feiern des Frankfurter Handwerks. Ein Beitrag zur Brauchtums- und Zunftgeschichte, Frankfurt 1951

Lennhoff, Ernst, Das ländliche Gesindewesen in der Kurmark Brandenburg vom 16. bis 19. Jahrhundert, Breslau 1905

Linderkamp, Heike, Niedergerichtliche Strafformen und ihre Anwendung nach Quellen der Rechtspraxis. Ein Beitrag zur rechtlichen Volkskunde in Schleswig-Holstein, Neumünster 1985

Lorenzen-Schmidt, Klaus-J., Beleidigungen in schleswig-holsteinischen Städten im 16. Jahrhundert. Soziale Norm und soziale Kontrolle in Städtegesellschaften, in: Kieler Bll. z. Volkskunde X (1978) 5–27

Lotz, Arthur, Das Feuerwerk. Seine Geschichte und Bibliographie. Beiträge zur Kunst- und Kulturgeschichte der Feste und des Theaterwesens in sieben Jahrhunderten, Leipzig 1941

Lütge, Friedrich, Die bayerische Grundherrschaft. Untersuchungen über die Agrarverfassung Altbayerns im 16.–18. Jahrhundert, Stuttgart 1949

–, Geschichte der deutschen Agrarverfassung vom frühen Mittelalter bis zum 19. Jahrhundert, Stuttgart 1967²

Lund, Troels, Das tägliche Leben in Skandinavien während des 16. Jahrhunderts. Kulturhistorische Studien über die Entwicklung und Einrichtung der Wohnungen, Kopenhagen 1892

Mägdefrau, Werner (Hg.), Europäische Stadtgeschichte in Mittelalter und früher Neuzeit, Weimar 1979

Martin, Alfred, Deutsches Badewesen in vergangenen Tagen. Nebst einem Beitrage zur Geschichte der deutschen Wasserheilkunde, Jena 1906

Maschke, Erich – Jürgen *Sydow* (Hg.), Gesellschaftliche Unterschichten in den südwestdeutschen Städten, Stuttgart 1967

– (Hg.), Verwaltung und Gesellschaft in der südwestdeutschen Stadt des 17. und 18. Jahrhunderts, Stuttgart 1969

– (Hg.), Städtische Mittelschichten, Stuttgart 1972

Maurer, Ernst, Zunft und Handwerker der alten Zeit. Ein volkssoziologischer Versuch, Nürnberg 1940

von Maurer, Georg Ludwig, Geschichte der Dorfverfassung in Deutschland, (1865–66), ND Aalen 1961

Mauersberg, Hans, Wirtschafts- und Sozialgeschichte zentraleuropäischer Städte in neuerer Zeit. Dargestellt an den Beispielen von Basel, Frankfurt a. M., Hamburg und München, Göttingen 1960

Meckseper, Cord (Hg.), Stadt im Wandel. Kunst und Kultur des Bürgertums in Norddeutschland 1150–1650, 4 Bde. Stuttgart-Bad Cannstadt 1985

Metzler, Jürgen, Die Bettelgesetzgebung des 17. und 18. Jahrhunderts im Gebiet des heutigen Landes Hessen, Marburg 1967

Mitterwieser, Alois, Geschichte der Fronleichnamsprozession in Bayern, München 1949²

Moeller, Bernd (Hg.), Stadt und Kirche im 16. Jahrhundert, Gütersloh 1978

Möller, Helmut, Die kleinbürgerliche Familie im 18. Jahrhundert. Verhalten und Gruppenkultur, Berlin 1969

Möller, Horst, Fürstenstaat oder Bürgernation. Deutschland 1763–1815, Berlin 1988

Mohrmann, Ruth E., Volksleben in Wilster im 16. und 17. Jahrhundert, Neumünster 1977

Mommsen, Hans – Winfried *Schulze* (Hg.), Vom Elend der Handarbeit. Probleme historischer Unterschichtenforschung, Stuttgart 1981

Moser, Dietz-Ruediger, Fastnacht, Fasching, Karneval: Das Fest der „verkehrten Welt“, Graz–Wien–Köln 1986

Moser, Hans, Volksbräuche im geschichtlichen Wandel. Ergebnisse aus fünfzig Jahren volkskundlicher Quellenforschung, München–Berlin 1985

Moser-Rath, Elfriede, „Lustige Gesellschaft". Schwank und Witz des 17. und 18. Jahrhunderts in kultur- und sozialgeschichtlichem Kontext, Stuttgart 1984

Muchembled, Robert, Kultur des Volkes – Kultur der Eliten. Die Geschichte einer erfolgreichen Verdrängung, Stuttgart 1982

–, Die Erfindung des modernen Menschen. Gefühlsdifferenzierung und kollektive Verhaltensweisen im Zeitalter des Absolutismus, Reinbek 1990

Münch, Paul (Hg.), Ordnung, Fleiß, Sparsamkeit. Texte und Dokumente zur Entstehung der bürgerlichen Tugenden, München 1984

Mumford, Lewis, Die Stadt. Geschichte und Ausblick, Köln–Berlin 1963

Nahrstedt, Wolfgang, Die Entstehung der „Freizeit". Dargestellt am Beispiel Hamburgs. Ein Beitrag zur Strukturgeschichte und zur strukturgeschichtlichen Grundlegung der Freizeitpädagogik, Göttingen 1972

Naumann, Hans – Günter *Müller,* Höfische Kultur, Halle 1929

Ottenjann, Helmut – Günther *Wiegelmann* (Hg.), Alte Tagebücher und Anschreibebücher. Quellen zum Alltag der ländlichen Bevölkerung in Nordwesteuropa, Münster 1982

Panzer, Marianne, Tanz und Recht, Frankfurt 1938

Peters, Jan, Der Platz in der Kirche. Über soziales Rangdenken im Spätfeudalismus, in: Jb. f. Volkskunde und Kulturgesch. 28 (1985) 77–106

Petri, Franz (Hg.), Kirche und gesellschaftlicher Wandel in deutschen und niederländischen Städten der werdenden Neuzeit, Köln–Wien 1980

– (Hg.), Bischofs- und Kathedralstädte des Mittelalters und der frühen Neuzeit, Köln–Wien 1976

Petzoldt, Leander, Bänkelsang. Vom historischen Bänkelsang zum literarischen Chanson, Stuttgart 1974

–, Volkstümliche Feste in Deutschland. Ein Führer zu Volksfesten, Märkten und Messen, München 1983

Plodek, Karin, Hofstruktur und Hofzeremoniell in Brandenburg-Ansbach vom 16. bis zum 19. Jahrhundert, 1972

Potthoff, Ossip Demetrius, Kulturgeschichte des deutschen Handwerks unter besonderer Berücksichtigung seiner Blütezeit, Hamburg 1938

Press, Volker (Hg.), Städtewesen und Merkantilismus in Mitteleuropa, Köln 1983

–, Die Reichsstadt in der altständischen Gesellschaft, in: Joh. Kunisch (Hg.), Neue Studien zur frühneuzeitlichen Reichsgeschichte (1987) 9–42

Proesler, Hans, Das gesamtdeutsche Handwerk im Spiegel der Reichsgesetzgebung von 1530–1806, Berlin 1954

Radbruch, Gustav – Heinrich *Gwinner,* Geschichte des Verbrechens. Versuch einer historischen Kriminologie (1951), Frankfurt 1990

Rausch, Wilhelm (Hg.), Die Stadt an der Schwelle zur Neuzeit, Linz 1980

– (Hg.), Die Städte Mitteleuropas im 17. und 18. Jahrhundert, Linz 1981

– (Hg.), Städtische Kultur in der Barockzeit, Linz 1982

Reiner, Hans, Die Ehre. Kritische Sichtung einer abendländischen Lebens- und Sittlichkeitsform, Darmstadt 1956

Reinicke, Helmut, Gaunerwirtschaft. Die erstaunlichen Abenteuer hebräischer Spitzbuben in Deutschland, Berlin 1983

Reith, Reinhold, Arbeits- und Lebensweise im städtischen Handwerk. Zur Sozialgeschichte Augsburger Handwerksgesellen im 18. Jahrhundert (1700–1806), Göttingen 1988

Riedel, Manfred, Art. Bürger, Staatsbürger, Bürgertum, in: Geschichtliche Grundbegriffe, Bd. 1 (1972) 672–725

Riemann, Friedrich-Karl, Ackerbau und Viehhaltung im vorindustriellen Deutschland, Kitzingen 1953

Rödel, Walter G., Mainz und seine Bevölkerung im 17. und 18. Jahrhundert. Demographische Entwicklung, Lebensverhältnisse und soziale Strukturen in einer geistlichen Residenzstadt, Stuttgart 1985

Rößler, Hellmuth (Hg.), Deutsches Patriziat 1430–1740, Limburg/Lahn 1968

von Rohr, Julius Bernhard, Einleitung zur Ceremonialwissenschaft der Privat-Personen (1728), hg. v. G. Fürsorge, (o. O. 1730) Leipzig 1990

Rumpf, Max, Deutsches Bauernleben, Stuttgart 1936

–, Deutsches Handwerkerleben und der Aufstieg der Stadt, Stuttgart 1955

Ruppert, Wolfgang, Bürgerlicher Wandel. Die Geburt der modernen deutschen Gesellschaft im 18. Jahrhundert, Frankfurt 1984

Rusche, Georg – Otto *Kirchheimer,* Sozialstruktur und Strafvollzug, Frankfurt 1981

Saalfeld, Diedrich, Bauernwirtschaft und Gutsbetrieb in der vorindustriellen Zeit, Stuttgart 1960

Sabean, David Warren, Das zweischneidige Schwert. Herrschaft und Widerspruch im Württemberg der frühen Neuzeit, Berlin 1987

Sachs, Curt, Eine Weltgeschichte des Tanzes, Berlin 1933

Sachße, Christoph – Florian *Tennstedt,* Geschichte der Armenfürsorge in Deutschland vom Spätmittelalter bis zum 1. Weltkrieg, Stuttgart–Berlin–Köln–Mainz 1980

– (Hg.), Bettler, Gauner und Proleten. Armut und Armenfürsorge in der deutschen Geschichte. Ein Bild-Lesebuch, Reinbek 1983

– (Hg.), Soziale Sicherheit und soziale Disziplinierung. Beiträge zu einer historischen Theorie der Sozialpolitik, Frankfurt 1986

Salmen, Walter, Haus- und Kammermusik. Privates Musizieren im gesellschaftlichen Wandel zwischen 1600 und 1900, Leipzig 1969

Saurbier, Bruno, Geschichte der Leibesübungen, Frankfurt 1978[10]

Schild, Wolfgang, Alte Gerichtsbarkeit. Vom Gottesurteil bis zum Beginn der modernen Rechtsprechung, München 1980

Schilling, Heinz, Bürgerkämpfe in Aachen zu Beginn des 17. Jahrhunderts. Konflikte im Rahmen der alteuropäischen Stadtgesellschaft oder im Umkreis der frühbürgerlichen Revolution?, in: Zs. f. Historische Forschung 1 (1974) 175–231

–, Aufbruch und Krise. Deutschland 1517–1648, Berlin 1988

–, Höfe und Allianzen. Deutschland 1648–1763, Berlin 1989

–, Herman *Diedericks* (Hg.), Bürgerliche Eliten in den Niederlanden und in Nordwestdeutschland. Studien zur Sozialgeschichte des europäischen Bürgertums im Mittelalter und in der Neuzeit, Köln, Wien 1985

Schindler, Norbert, Karneval, Kirche und die verkehrte Welt. Zur Funktion der Lachkultur im 16. Jahrhundert, in: Jb. f. Volkskunde (1984) 9–57

–, Jenseits des Zwangs? Zur Ökonomie des Kulturellen inner- und außerhalb der bürgerlichen Gesellschaft, in: Zs. f. Volksk. (1985) 192–218

–, Die Entstehung der Unbarmherzigkeit. Zur Kultur und Lebensweise der Salzburger Bettler am Ende des 17. Jahrhunderts, in: Bayer. Jb. f. Volksk. (1988) 61–130

–, Jugendliche Ruhestörer, Hegemonialspiele zwischen Adels- und Volkskultur im 16. Jahrhundert, in: Mensch und Objekt im Mittelalter und in der frühen Neuzeit (1990) 223–253

Schlögl, Rudolf, Bauern, Krieg und Staat. Oberbayerische Bauernwirtschaft und frühmoderner Staat im 17. Jahrhundert, Göttingen 1988

Schmelzeisen, Gustav Klemens, Die Rechtsstellung der Frau in der deutschen Stadtwirtschaft. Eine Untersuchung zur Geschichte des deutschen Rechts, Stuttgart 1935

–, Polizeiordnungen und Privatrecht, Münster, Köln 1955

Schmidt, Benno (Hg.), Frankfurter Zunfturkunden bis zum Jahre 1612, 2 Bde., Wiesbaden 1968

Schmidt, Eberhardt, Einführung in die Geschichte der deutschen Strafrechtspflege, Göttingen 1965[3]

Schmidt, Georg C. L., Der Schweizer Bauer im Zeitalter des Frühkapitalismus, 2 Bde., Bern 1932

Schmidt, Georg (Hg.), Stände und Gesellschaft im Alten Reich, Stuttgart 1989

Schmoller, Gustav, Die Straßburger Tucher- und Weberzunft. Urkunden und Darstellung nebst Regesten und Glossar. Ein Beitrag zur Geschichte der deutschen Weberei und des deutschen Gewerberechts vom XIII.–XVII. Jahrhundert, Straßburg 1897

Schnapper-Arndt, Gottlieb, Studien zur Geschichte der Lebenshaltung in Frankfurt a. M. während des 17. und 18. Jahrhunderts, hg. v. Karl Bräuer, 2 Bde., Frankfurt a. M. 1915

Schnyder, Werner (Hg.), Quellen zur Zürcher Zunftgeschichte, Bd. II, 1604–1798, Zürich 1936

Schöne, Albrecht (Hg.), Stadt, Schule, Universität, Buchwesen und die deutsche Literatur im 17. Jahrhundert, München 1976

Schramm, Percy Ernst, Neun Generationen. Dreihundert Jahre deutsche Kulturgeschichte im Lichte der Schicksale einer Hamburger Bürgerfamilie (1648–1948), 2 Bde., Göttingen 1963–64

Schraut, Elisabeth – Cord *Meckseper* (Hg.), Mentalität und Alltag im Spätmittelalter, Göttingen 1985

Schreiber, Georg, Der Bergbau in Geschichte, Ethos und Sakralkultur, Köln-Opladen 1962

Schubert, Ernst, Arme Leute, Bettler und Gauner im Franken des 18. Jahrhunderts, Neustadt a. d. A. 1983

Schulz, Knut, Handwerksgesellen und Lohnarbeiter. Untersuchungen zur oberrheinischen und oberdeutschen Stadtgeschichte des 14. bis 17. Jahrhunderts, Sigmaringen 1985

Schulze, Winfried, Bäuerlicher Widerstand und feudale Herrschaft in der frühen Neuzeit, Stuttgart 1980

–, Herrschaft und Widerstand in der Sicht des „gemeinen Mannes" im 16./17. Jahrhundert, in: H. Mommsen – W. Schulze (Hg.), Vom Elend der Handarbeit (1981) 182–198

– (Hg.), Europäische Bauernrevolten der frühen Neuzeit, Frankfurt 1982

–, Vom Gemeinnutz zum Eigennutz. Über den Normenwandel in der ständischen Gesellschaft der Frühen Neuzeit, in: HZ 243 (1986) 591–626

–, Deutsche Geschichte im 16. Jahrhundert, Frankfurt 1987
– (Hg.), Ständische Gesellschaft und soziale Mobilität, München 1988
Schultz, Uwe (Hg.), Das Fest. Eine Kulturgeschichte von der Antike bis zur Gegenwart, München 1988
Sieber, Friedrich, Volk und volkstümliche Motivik im Festwerk des Barocks, Berlin 1960
Simm, Hans-Joachim (Hg.), Das Fest. Ein Lesebuch vom Feiern, München–Wien 1981
Simmel, Georg, Soziologie. Untersuchungen über die Formen der Vergesellschaftung, Berlin [6]1983
Skalweit, August, Das Dorfhandwerk vor Aufhebung des Städtezwangs, Frankfurt o. J. (1942)
Sombart, Werner, Liebe, Luxus und Kapitalismus. Über die Entstehung der modernen Welt aus dem Geist der Verschwendung (1922), Berlin o. J.
Spechter, Olaf, Die Osnabrücker Oberschicht im 17. und 18. Jahrhundert. Eine sozial- und verfassungsgeschichtliche Untersuchung, Osnabrück 1975
Specker, Hans Eugen (Hg.), Stadt und Kultur, Sigmaringen 1983
Steinhausen, Georg, Geschichte der deutschen Kultur, Leipzig 1929[3]
Stoob, Heinz (Hg.), Forschungen zum Städtewesen in Europa, Köln–Wien 1970
– (Hg.), Altständisches Bürgertum, 2 Bde., Darmstadt 1978
– (Hg.), Die Stadt. Gestalt und Wandel bis zum industriellen Zeitalter, Köln–Wien 1979
Straub, Eberhard, Repaesentatio Maiestatis oder Churbayerische Freudenfeste. Die höfischen Feste in der Münchner Residenz vom 16. bis zum Ende des 18. Jahrhunderts, München 1969
Strobel, Hans, Bauernbrauch im Jahreslauf, Leipzig 1937[2]
Stürmer, Michael (Hg.), Der Herbst des alten Handwerks. Quellen zur Sozialgeschichte des 18. Jahrhunderts, München 1979
–, Höfische Kultur und frühmoderne Unternehmer. Zur Ökonomie des Luxus im 18. Jahrhundert, in: HZ 229 (1979) 265–297
Sydow, Jürgen (Hg.), Bürgerschaft und Kirche, Sigmaringen 1980
– (Hg.), Städtische Versorgung und Entsorgung im Wandel der Geschichte, Sigmaringen 1981
Taubert, Karl Heinz, Höfische Tänze. Ihre Geschichte und Choreographie, Mainz 1968
Tenfelde, Klaus (Hg.), Arbeit und Arbeitserfahrung in der Geschichte, Göttingen 1986
Thompson, Edward P., Plebeische Kultur und moralische Ökonmomie. Aufsätze zur englischen Sozialgeschichte des 18. und 19. Jahrhunderts, Frankfurt u. a. 1980
Veblen, Thorstein, Theorie der feinen Leute. Eine ökonomische Untersuchung der Institutionen, Köln–Berlin 1958
Vierhaus, Rudolf (Hg.), Bürger und Bürgerlichkeit im Zeitalter der Aufklärung, Heidelberg 1981
–, Staaten und Stände. Vom Westfälischen bis zum Hubertusburger Frieden 1648–1763, Berlin 1984
–, Deutschland im 18. Jahrhundert. Politische Verfassung, soziales Gefüge, geistige Bewegungen. Ausgewählte Aufsätze, Göttingen 1987

Vigarello, Georges, Wasser und Seife, Puder und Parfüm. Geschichte der Körperhygiene seit dem Mittelalter, Frankfurt 1988

Voigt, Johannes, Deutsches Hofleben zur Zeit der Reformation, Dresden o. J. (1927)

Voß, Rudolph, Der Tanz und seine Geschichte. Eine kulturhistorisch-choreographische Studie. Mit einem Lexikon der Tänze, Erfurt 1869

Walker, Mack, German Home Towns. Community, State, and General Estate 1648–1871, Ithaca 1971

Weber, Hans, Die Hauptgruppen der rheinischen Maibräuche in kulturgeschichtlicher und kulturgeographischer Betrachtung, Köln 1936

Weber, Max, Wirtschaft und Gesellschaft. Grundriss der verstehenden Soziologie, Tübingen 1976[5]

Weber-Kellermann, Ingeborg, Das Weihnachtsfest. Eine Kultur- und Sozialgeschichte der Weihnachtszeit, Luzern–Frankfurt 1978

–, Saure Wochen, Frohe Feste. Fest und Alltag in der Sprache der Bräuche, München–Luzern 1985

Wehler, Hans-Ulrich, Deutsche Gesellschaftsgeschichte I, 1700–1815, München 1987

Weidkuhn, Peter, Fastnacht – Revolte – Revolution, in: Zs. f. Religions- u. Geistesgeschichte II (1969)

–, Ideologiekritisches zum Streit zwischen Fastnacht und Protestantismus in Basel, in: Schweizer Archiv f. Volkskunde 65 (1969) 36–74

Weinholf, Rudolf (Hg.), Volksleben zwischen Zunft und Fabrik. Studien zu Kultur und Lebensweise werktätiger Klassen und Schichten während des Übergangs vom Feudalismus zum Kapitalismus, Berlin 1982

Welge, Hans-Dieter, Handwerkerrecht und Handwerkerpolitik der braunschweig-lüneburgischen Lande von 1648 bis 1731 und die Reichszunftordnung, Stadthagen 1967

Wiegelmann, Günther (Hg.), Kulturelle Stadt-Land-Beziehungen in der Neuzeit, Münster 1978

– (Hg.), Nord-Süd-Unterschiede in der städtischen und ländlichen Kultur Mitteleuropas, Münster 1985

Wilhelm, R., Rechtspflege und Dorfverfassung. Nach niederbayerischen Ehehaftordnungen vom 15. bis zum 18. Jahrhundert, in: Verhandlungen des Historischen Vereins für Niederbayern 80 (1954) 1–151

Wissell, Rudolf, Des alten Handwerks Recht und Gewohnheit, 3 Bde., Berlin-W. 1974–1981 (1. Aufl. 1929–1931)

Wunder, Gerd, Die Bürger von Hall. Sozialgeschichte einer Reichsstadt 1216–1802, Sigmaringen 1980

Wunder, Heide, Die bäuerliche Gemeinde in Deutschland, Göttingen 1986

Wuttke, Dieter (Hg.), Fastnachtsspiele des 15. und 16. Jahrhunderts, Stuttgart 1973

Wuttke, Robert, Gesindeordnungen und Gesindezwangsdienst in Sachsen bis zum Jahre 1835, Leipzig 1893

Zehnder, Leo, Volkskundliches in der älteren schweizerischen Chronistik, Basel 1976

Zimmermann, Clemens, Reformen in der bäuerlichen Gesellschaft. Studien zum aufgeklärten Absolutismus in der Markgrafschaft Baden 1750–1790, Ostfildern 1983

Zoepfl, Friedrich, Deutsche Kulturgeschichte, 2 Bde., Freiburg 1928

Zschunke, Peter, Konfession und Alltag in Oppenheim. Beiträge zur Geschichte von Bevölkerung und Gesellschaft einer gemischtkonfessionellen Kleinstadt in der frühen Neuzeit, Wiesbaden 1984

Zunkel, Friedrich, Art. Ehre, in: Geschichtliche Grundbegriffe II (1975) 1–63

Abbildungnachweis

Bayerisches Hauptstaatsarchiv München 67
Bildarchiv Foto Marburg 34
Bildarchiv Preußischer Kulturbesitz Berlin 30
Bundespostmuseum Frankfurt 59
Fürstl. Fürstenberg. Archiv Donaueschingen 2
Germanisches Nationalmuseum Nürnberg 5, 12, 18, 19, 20, 23, 24, 26, 38, 43, 47, 51, 52, 57, 60, 62, 68
Herzog August Bibliothek Wolfenbüttel 3, 8, 9, 10, 28, 32, 46
Historisches Museum Frankfurt 15, 66
Kunsthalle Bremen 61
Kunstsammlungen Veste Coburg 1, 27, 31, 33
Museen der Stadt Gotha, Kupferstichkabinett 37
Museen der Stadt Regensburg 29, 36, 49, 58, 63
Museen der Stadt Wien 42
Museum für Deutsche Volkskunde, Staatl. Museen Preußischer Kulturbesitz Berlin 45
Museum für Hamburgische Geschichte Hamburg 13
Museum für Kunst und Kulturgeschichte der Hansestadt Lübeck 21
Sächsische Landesbibliothek, Abt. Deutsche Fotothek, Dresden 41, 48
Schloß Sünching 17, 44
Staatsarchiv Nürnberg 11
Staatliche Kunstsammlungen Dresden 25, 50
Staats- und Stadtbibliothek Augsburg 22
Städtische Kunstsammlungen Augsburg 14
Stadtarchiv Augsburg 65
Stadtarchiv Karlsruhe 55
Stadtbibliothek Nürnberg 35, 40
Stadtgeschichtliches Museum Nürnberg 4
Universitätsbibliothek Kiel 39
Württembergische Landesbibliothek Stuttgart 16
Zentralbibliothek Zürich 64
Zoepfl, Deutsche Kulturgeschichte Bd. II, S. 59 6, 7

Namenregister

Amman, Jost 79, 86, 103, 167, 197
August Wilhelm, Prinz 165
August der Starke 159, 169

Barth, Joh. Anton 149
Bergius, Joh. 43
Birchner, Wolfgang 128
Bohemus, Johannes 23
Bräker, Ulrich 43
Breu d. Ä., Jörg 75, 175
Bruch, Familie 139

Campe, Joachim Heinrich 83
Casimir v. Ansbach, Mkgf. 162
Chodowiecki, Daniel 106
Cicero, Marcus T. 81

Delsenbach, Johann Adam 206
Dryander, Joh. Friedrich 139
DuMont 68f.
Dürer, Albrecht 236

Elias, Norbert 275
Engelbrecht, M. 22
Erasmus v. Rotterdam 89
Estienne, Henri 68

Fettmilch, Vincenz 112, 271
Florinus, F. Ph. 37, 40, 42
Flugge, Hans 190
Foucault, Michel 274
Franck, Sebastian 135, 152, 316
Fridrich, J. A. 242
Friedrich I. v. Preußen 159
Friedrich II. v. Preußen 166, 170
Fugger 65, 88

Galli, Elias 61
Garve, Christian 25
Gauß, Johan 190
Goethe, Johann Wolfgang 143
Grimmelshausen, Christoffel v. 129
Guarinonius, H. 311f.

Hopfer, Daniel 125

Joseph II., Kaiser 143
Joseph Friedrich v. Sachsen-Hildburghausen 163

Kant, Immanuel 83
Knigge, Adolph v. 160
Köstlin, Sabine 263

Leibniz, Gottfried W. 164
v. Loen, Johann Michael 24, 159
Ludovici, Carl Günther 90

Mair, P. H. 21
Maria Josepha, Erzhzgin. 169
Max Emanuel v. Bayern 159
Maximilian II., Kaiser 167
Merian, Matthäus 11, 66, 68, 132, 191
Mielich, Hans 114
de Montaigne, Michel 64
Moryson 128
Moser, Johann Jacob 55
Münster, Johann 313

Nicolai, Friedrich 162, 193

Opel, Peter 142
Orelli 314
Osiander, Andreas 154

Pfinzing, Paul 44
Piccolomini, Enea Silvio 67

v. d. Recke, Elisa 333
Riediger, Gottlieb 149
Rist, Johann 323
v. Rohr, Julius Bernhard 215

Sachs, Hans 154, 177
v. Schmidt, Christoph 64
v. Schönfeldt, Hans 161
Schulte, Caspar 192
Schuster, J. F. 106
Selhamer, Christoph 179, 293
Stieler, Kaspar 193, 328

Taubert, Gottfried 166
Troeschel, P. 234

Vergilius, P. 57
Vicke, Jakob 192
v. Voss 160

Weber, Max 275
Weigel, Christoph 97, 326
Welser 88
Wertinger, H. 26
Wilhelmine v. Ansbach-Bayreuth 166

Zedler, Joh. Heinrich 85, 225

Ortsnamenregister

Aachen 120, 143
Altdorf 63
Amerang 49
Ansbach 11f., 149, 162, 164, 249
Augsburg 62, 65f., 71, 74f., 77, 91, 93, 117f., 121, 175, 250, 255, 262, 264, 300

Bamberg 78, 160, 249
Barth (Mecklenb.) 190, 192
Basel 140
Bayreuth 113, 134, 138
Berlin 160, 162, 165, 297, 319
Bern 261
Betzenstein 63
Bielitz 99
Braunschweig 17, 62, 88, 113, 120
Breisach 73
Bremen 62
Breslau 62, 121

Cannstatt 19
Charlottenburg 164
Coburg 128

Dachau 18
Danzig 62, 111, 250, 255, 257ff.
Dinkelsbühl 64, 71, 234
Dresden 73, 159f., 162, 168f.
Düsseldorf 168
Durlach 72

Ellwangen 16
Erfurt 62, 91
Esslingen 253

Frankfurt 67–71, 73, 85, 88, 110, 112, 120, 132, 140, 143, 154, 162, 168, 187, 193, 249, 254, 256, 265, 267f., 271
Freiburg 212, 266
Freudenstadt 73

Gauting 49, 51
Glückstadt 73
Göttingen 113
Gotha 160, 243
Gräfenberg 63

Hamburg 61ff., 73, 76, 85, 91, 110
Heilsbronn 198
Helmstedt 73
Hersbruck 63
Hof 152

Innsbruck 75, 94

Jena 73, 275

Karlsruhe 74, 221
Kirchberg 187
Kitzingen 249
Köln 62, 66, 73f.
Königsberg 62, 155
Koblenz 92

Lauf 63
Leipzig 73, 85, 88, 297
Lindau 93
Lohmen 35
London 62
Lübeck 62, 85, 89

Mannheim 74
Memmingen 150
Merseburg 161
München 159f.

Neuhaus (b. Paderborn) 19f.
Nördlingen 77

Nürnberg 119, 134, 137, 141, 143, 153f., 167f., 206, 227, 247, 249, 254ff., 258, 263, 267ff.

Oldenburg/Holstein 190
Oldenburg 160

Paderborn 291
Paris 62, 69
Plön 199
Prag 62, 143
Prina 169

Regensburg 78, 85, 114, 191, 242
Reutlingen 72
Rheinsberg 170
Rosenheim 16
Rostock 62

Saarbrücken 160
Salzburg 76, 91
Schmatzfeld 32
Schöningen (b. Braunschweig) 19ff.
Schweinfurt 77
Söllhuben (b. Hohenaschau) 19ff.
Speyer 233
St. Gallen 213, 267
Stettin 98
Stralsund 62
Straßburg 62, 66, 133, 143

Trier 77
Tübingen 73

Ulm 62, 193f., 248

Weimar 72, 160
Wien 158, 160, 162f.
Worms 98
Würzburg 78, 129, 249, 317, 322

Zürich 258, 265ff.

Sachregister

Abdecker 29, 101, 207ff.
Ackerbau 30ff.
Ackerbürgerstadt 12, 73, 85, 104
Adel 7ff., 12, 25, 32, 52f., 55, 62, 69, 74–78, 82ff., 88, 92, 157, 165f., 176, 178, 181, 183f., 186, 192f., 195f., 200, 203, 214, 216ff.
Adelskultur 158, 282f.
Agrarwissenschaft 34
Akademiker 26, 75, 78, 84
Akrobat 148, 203
Allmende 14, 45, 51
Almenwirtschaft 36
Altermann, Alterherr 190, 193
Amulett 70
Anerbenwesen 15
Anrede 186, 193
Antitrinitarier 260
Apotheke(r) 104, 240f.
Armenhaus 13, 70, 279
Armut 16, 20f., 30, 40, 43ff., 52, 76f., 80f., 83, 190, 203, 218, 238ff.
Arzt, Ärzteschaft 84, 104, 240f.
Athlet 203
Aufklärung, Aufklärer 8, 26f., 74, 83, 90f., 119, 122f., 145f., 193, 195, 216, 219, 265, 271, 274, 279, 285
Ausbildung 58, 84, 87

Backhaus 13, 45
Bader 39, 64, 93f., 103, 205, 241
Badstube 13, 49, 205, 237, 281
Bäcker 42, 93f., 98, 206, 254
Bänkelsänger 150, 203
Bärenführer(in) 147, 203
Ballett 131, 165
Ballhaus 128
Banken (Bankwesen) 67, 73, 87, 90
Barbier 93f., 98, 241
Bartscherer 205
Bauernhochzeit 164f.
Bauernkrieg 47, 53, 55, 119, 217, 260
Baugewerbe 104, 189
Baumwolle, Baumwollproduktion 43f.
Beamte, Beamtentum 24, 27, 74ff., 78, 80, 84, 87, 91f., 104f., 113, 121, 178, 182, 214, 216
Beerdigung, Beerdigungsordnung 46, 52, 69, 100, 127, 138f., 186, 238
Beginenhaus 66
Beichtzettel 213
Bekleidungsgewerbe 93
Beleidigung 49, 197–200, 212f.
Bergbau 43, 88
Bergwerksstädte 73
Beschimpfung, Schimpfwort 198ff.
Besenbinder 94
Betrug 89, 96, 117, 203, 206, 210ff., 229, 248, 250, 253f.
Bettel, Bettler 16, 18, 58, 77, 80f., 138, 148, 178, 202f., 218f., 225, 238ff., 250, 251, 280f.
Bettelmandat, Bettlermandat 238, 240
Bibliothek 70
Bienenstöcke 36
Bier 33, 65
Bigamie 233, 250, 266f.
Bildhauer 94, 98
Blutschande 211, 248, 250, 265, 267f.
Böttcher 42
Bote 104
Brache (-jahr) 31f., 37
Brand, Brandgefahr 13, 58, 63
Brandmarken 103, 210, 250
Brandstiftung 49, 250
Brauhaus 13
Bruchschneider 148, 241
Bruderschaft 99, 140

Brunnen 13, 45, 65
Brunnenmacher 94
Buchbinder 93f., 98
Buchdrucker 93f., 99
Buchführung 87, 90
Buchhandel 69
Buchweizen 32
Bürger, Bürgertum 8f., 56, 61f., 65–68, 71, 73–76, 78, 81–84, 88, 91, 107f., 110, 112ff., 121, 131, 176, 178, 181, 186, 188, 193f., 214, 218f., 231, 252, 289
Bürgerhäuser 65
Bürgermeister 78, 108, 110, 112, 114
Bürgerrecht 76, 81f., 109, 121, 182f., 202
Bürstenbinder 94, 98
Büttel 49
Burschenschaft 28

Carolina 255, 269
Christi Himmelfahrt 136

Deckenmacher 94
Degen 212
Deichbrüche 59
Deutscher Orden 65
Diebstahl 15, 49, 117ff., 198, 203, 210ff., 239, 247ff., 250, 254f., 261, 266, 268
Dirne 103
Dorfhandwerk, ländliches Handwerk 16, 18, 27ff., 41f., 58
Dorfordnung (Weistum, Ehehaftaiding) 48–51
Dorfschullehrer 42
Dreher 98
Dreikönigsfest 133–135
Dreifelderwirtschaft 14f., 31
Dreißigjähriger Krieg 31, 62f., 74, 90, 100, 104, 110, 118, 120, 158, 251, 255, 261, 277
Dreschen 34, 41, 43
Druckereien 73, 123
Duell 196, 200
Düngen 34ff.

Egge, Eggen 20, 34, 41
Ehebrecher, Ehebruch 117ff., 190, 199, 211ff., 234, 248, 250, 265ff., 269, 281
Eheliche Geburt 95, 101
Ehe- und Familienordnung 232, 235, 264, 267
Ehrbarkeit 27f., 47, 78f., 95, 98f., 101, 103, 182, 195, 202, 216
Ehre, Ehrenamt 7f., 29, 51, 74, 81f., 88, 94, 102, 122, 143, 175ff., 180–184, 188, 190, 194ff., 202, 287
Ehrenhandel 194, 196f., 199f., 256, 287
Ehrenstrafen 51, 209, 211–214, 265, 271, 274
Eier 58
Einkaufsläden 67, 69f.
Eisen, Eisenwaren 64, 92
Elementarschulen 244, 274
Entehrung 210
Entführung 265
Erhängen 272
Ernte 15, 23, 25, 28, 30f., 33ff., 38, 43, 58, 80
Ertränken 272
Erzgießer 93
Esel 212

Fabriken, Manufakturen 31, 63, 88
Fälschung 253f.
Fahrende Leute 202, 204f., 208
Faktorei 88
Flaschmünzerei 272
Falschspieler 148, 254
Fassade 14, 64f.
Fastenzeit 156
Fastnacht 151, 155, 157, 322
Fastnachtsspiel 154, 156
Fastnachtszug 154
Fechten 200
Federspiel 127, 312
Feierabend 96
Feld, Acker 13–16, 19f., 23ff., 31f., 34–39, 49, 51f., 58
Fest, Feier 13, 28, 35, 45f., 53, 65, 88, 99, 101, 122f., 125ff., 133, 157–173, 181, 183, 188, 278, 285f.

Festkultur 126, 128, 132f., 145, 159, 171f., 238, 286
Festzüge 154
Festungs- und Exulantenstädte 73
Fettmilch-Aufstand 112
Feuerfresser 203
Feuerkünstler 149
Feuerschauer 49
Feuerstätten, Herdstätten 12, 20
Feuerwerk 143, 162, 165, 167ff.
Findelhaus 66
Fische, Fischhandel 68, 87
Fischer 104
Fischstechen 143
Flachs 33, 40
Flachshechseln 40
Fleisch 36f., 40, 58, 65
Fluchen 49, 213, 236, 258
Flurordnung 45
Folter 207, 263, 270, 274
Fornikation 265
Forstwart 49
Frauenbad 236
Frauenhaus 207
Frauenstrafen 272f.
Frauenzunft 106
Fremde 18, 65, 70, 76, 88
Freudenhaus 205, 221
Freundschaft 45f., 68
Frieden, Friedenssicherung 13, 45, 47, 49, 71, 200
Fronarbeit, Frohnen 23f., 26, 53ff.
Fronleichnam 136
Früchte, Obst 15, 23, 32, 38, 40, 58
Fuhrmann, Fuhrleute 19, 28, 80, 92, 103f., 184
Fußschellen, Stock 51

Gärten 13, 19, 28, 32, 58, 63, 65, 168
Gärtner 92, 104
Galerien 69
Galgen 209, 211f., 272f.
Gassenkehrer 103
Gastgewerbe 75
Gaukler 69, 138, 146, 148, 178, 203f., 229, 240
Geburtstagsfeier 138
Geheimmittel 70
Geige 210
Geigenbauer 93f.
Geistliche, Geistlichkeit, Kleriker, Pfarrer, Priester 14, 16, 23, 26, 46, 52, 59, 76, 78, 80, 83f., 92, 121, 123, 127, 150, 176, 179, 183f., 186, 192f., 198, 214, 218, 285
Gemeindeversammlung 30, 48
Gemüse 23, 32f., 58
Gerätehaus 13
Gerber 29, 64, 94, 103, 206
Gericht 46f., 49ff., 54, 65, 72, 78, 117, 197–200, 202, 218, 270f.
Gerichtsbarkeit 80f.
Gerichtsdiener 80, 103f., 109
Gerichtslinde 13, 23
Gerste 32, 35
Geschirr 19, 21
Geschlechtertanz 131
Geschlechtsverkehr, außerehelicher 265f.
Gesellen 42, 77, 80, 94ff., 101, 176, 178, 182, 208
Gesellenaufstände, Gesellenunruhen 95, 102, 121
Gesellenordnung 95
Gesellenstechen 154
Gesellenvereinigung 95, 102
Geselligkeit 74ff., 101, 122, 125f.
Gesellschaftshäuser (der Gilden und Zünfte) 65
Gesinde, Dienstboten, Knechte und Mägde 12, 16, 18, 20, 27f., 40, 78, 80, 92, 95, 101, 178, 182, 186f., 189, 196, 226, 235, 282
Gesindeordnungen 27, 227
Gestühl, Kirchengestühl 66, 189f.
Gesundheitswesen 116, 240
Getreide 15, 31f., 35f., 38f.
Gewerbe 62, 64, 67, 70, 74f., 78, 82, 85, 89, 91f., 94f.
Gewerbemonopol 73
Gewerberegion 15
Gewerbe- und Handelsstädte 73
Gewürze 87
Giebel 70

Giftmischerei 272
Glaubensflüchtlinge 73
Glaser 93f., 98
Gleichgewichtskünstler 203
Glockengießer 94
Goldschmied 69, 79, 92ff., 97, 202
Gottesdienst 123, 189
Gotteslästerung 119, 210–213, 235f., 250, 257–260, 265, 268
Grabmäler 93
Grundherrschaft 12f., 35, 37, 47, 52f., 56, 59, 196
Gutsherrschaft 12, 47, 53, 56
Gymnasium 66, 71

Hackbretter 203
Hafen 67
Hafenbinder, Hafner 94
Hafer 32, 35
Halbspännerhöfe 20
Hallen 67
Handel (Nah- u. Fernhandel, Handelsmonopol, Handelsverkehr) 67, 69, 73ff., 78, 82, 85–88, 91, 102, 105f., 110
Handelsgesellschaften, Aktiengesellschaften 88
Handlungsdiener 87
Handwerk, Handwerker 21, 23, 62ff., 66f., 73f., 76–80, 82, 87f., 91–112, 116f., 121f., 127, 144, 148, 176, 181–184, 190, 193, 195f., 200, 203f., 216, 222, 228f., 285
Handwerkerfeste 140
Handwerkersiedlungen 63
Hansestädte 85
Häusler 16, 41, 56, 189
Haube 188, 198
Hausfriedensbruch 250
Hausierer 85, 178, 202ff., 229
Hausmusik 131
Hebammen, Hebammenwesen 106, 240, 242f.
Hehlerei 212
Heimarbeit, Heimgewerbe, Heimindustrie, Heimarbeiter 12, 16, 21, 23, 27, 29ff., 40, 42ff., 92, 100
Heiligenfiguren 64
Heiligenverehrung 245
Henker, Scharfrichter 101, 182f., 207, 209f., 212, 247
Herrscherkult 157, 160
Heuschreckenplage 38
Hexenprozesse 256f., 262, 264
Hexerei 119, 247f., 257f., 262, 263, 265, 272
Hexenverfolgung 261
Hinrichtungen, 65, 140, 150, 155, 207, 257f., 261, 269f., 271f., 274
Hirse 32
Hirte 18, 37, 39, 49, 104, 269
Hirtenhaus 13
Hochstapler 254
Hochzeit 46, 52f., 65, 69, 131, 138f., 156, 186
Hof (Adelshof) 69, 72, 98, 104f., 152, 196, 203, 216
Hofbedienstete 75
Hoffaktor 106
Hoffeste 157ff., 323f.
Hofhandwerk 214, 216
Hofkapelle 166
Hofkultur 73, 158
Hofleben 74
Holz 13, 23, 40, 58, 64
Holzarbeiter, Holzfäller 19, 28
Homosexualität 248, 268
Honig 36
Hopfen 33
Hoppelweide 15
Hotel 132
Hütten 23f.
Hure, Hurerei 198, 213, 264, 267
Hut 198
Hutmacher 99
Hygiene 243

Infam(ierung) 202, 207f.
Innung 203
Irrenhaus 70

Jagd 160f., 169
Jahrmarkt, Wochenmarkt 65f., 73, 116, 131, 138, 144, 146ff.,

150–157, 165, 203, 226f., 229, 246, 319ff.
Johannisfest 127, 136
Johannisfeuer 137, 317
Johannistag 136
Jongleure 148
Juden 64, 69, 76, 80, 87, 102, 105, 121, 176, 183, 188, 202, 204, 228, 249, 251
Judengasse 71
Judenghetto 67, 71
Juristen 84

Kämmerer 192
Käse 36, 58
Kaffee 87
Kaffeehaus 132
Kaiser 55, 72, 110, 112, 120, 129, 143f., 168, 176
Kaiserkrönungsfest 140, 143
Kaiserwahl 67
Kameralisten 35f., 41, 43
Kammacher 98
Kammerfensterln 49
Kantor 192
Karneval 65, 140, 145–157, 161
Kartoffel(anbau) 41, 43
Kasernen 76, 274
Kathöfe 20
Kaufmann, Kaufleute, Kaufherrn 7, 29, 67, 73f., 78ff., 84f., 84f., 87–92, 97, 99, 103, 108, 117, 146, 148, 177f., 182ff., 190, 192f., 222, 229, 285, 303f.
Kaufmannshäuser 87
Kerzen 36, 212, 214
Kesselflicker 204
Kesselschmiede 29
Ketzerei 247, 257–260, 264, 269, 272
Kindersterblichkeit 241, 278
Kindsmord 214, 248, 250, 254, 257, 261, 264, 266
Kindsmörderinnen 255f.
Kirchenbuße, Kirchenstrafe 190, 213f., 266
Kirchhof, Friedhof 13, 63
Kirchweih 125, 136f., 146, 150, 203
Klee 31f., 41
Kleider, Kleidung 19, 23, 40, 58, 101, 172, 181, 183, 186ff., 190, 192, 208
Kleiderordnung 77, 116, 178, 186ff., 193, 231, 238
Kleinbauern, kleinbäuerlich 16, 18, 21, 28, 32, 41, 58
Kleinhändler 203
Kleinvieh 13f., 36, 43, 96
Klingen 92
Klopffechter 203
Knochenhauer 98
Knopfmacher 97f.
Körperstrafe(n) 209, 211f., 274
Körperverletzung 117f.
Komödiant(en) 148, 150, 203, 240
Komödie 154, 170
Konkubinat 266
Kontor 87
Kornhaus 66
Kostümfest 164
Krämer 7, 67, 69, 77f., 85, 254
Krankenhäuser 240
Krankenpflege 105
Kriegsdienst 104
Krüger 18
Küchenmeister 198
Küfertanz 140
Kühe 16, 20f., 24, 36ff., 43
Kürschner 94, 197
Kunsthandwerk 69
Kunstreiter 148, 203
Kupfer 65, 92
Kuppelei 248, 250, 265f.

Landfahrer 240f.
Landfriedensbruch 250
Lanzenstechen 153
Lastenträger 104
Lautenbauer, Lautenmacher 93f.
Lebendigbegraben 272
Lehner 16
Lehrer 66, 80, 104
Lehrling 42, 94f., 100
Leibeigenschaft 53
Leibmedici 78
Leichtfertigkeit 49, 103, 190, 205, 237

Leinen, Leinwand 19, 33, 43 f.
Leineweber 18, 29, 41 f., 44, 94, 103, 205
Leinenproduktion 42
Lohnarbeit(er) 21, 28, 73, 80, 91, 196
Luftspringer 148
Luxus 71, 92, 98
Luxusordnung 116, 172, 186, 188

Mäßigungsbruderschaft 129
Mäuseplage 38, 58
Magier 52
Magistrat 63, 108 ff., 182
1. Mai 135 f.
Maibaum 135, 138
Mailehen 136
Malefizordnung 211, 271
Maler 93, 99
Manufakturarbeiter 74, 92
Manufakturpflanzen 32 f.
Manufakturunternehmen, Manufakturwesen 104, 107, 214, 216, 218, 244, 276, 278
Maria Lichtmeß 135
Marktplatz 65 ff., 96, 151, 211
Marktschreier 203
Maskenball 161
Maskerade 152, 165
Mauern 13, 63 f.
Maurer 42, 94
Mehlhändler 98
Meineid 211, 213, 248
Meisterprüfung 95
Menuett 166
Messe 66–70, 88, 320 f.
Messer 29, 92
Messerschmied 92
Metallgewerbe 87, 93
Metzger 93 f.
Milch 36, 40, 58
Militärparade 146, 173
Mittelschicht, Mittelstand 76–80, 83 f.
Montag, blauer 228
Mord 49, 54, 117, 247 f., 250, 254, 256, 268 f., 272
Mühle 13, 42, 49, 230
Müller 18, 29, 42, 79, 98, 205 f., 254
Musik 23, 171
Musikanten 98, 104, 134, 203
Musikinstrumente 131
Musikkapellen 131
Musikkultur 131, 166
Musquetirer 54

Nachbarschaft 30, 39, 45, 50, 52, 56
Nachtwächter 49, 104, 205 f.
Nadler 98
Nägel 29, 92
Narr 178
Neujahrsfest 134
Nobilitierung 183, 214, 216
Notzucht 250, 265

Oberschicht 77 f., 80, 92, 94
Ochsen 33, 38, 51
Oculisten 241
Öl 33
Ofenmacher 94
Oper 127, 161, 165 f., 168 f., 170
Orgelbauer 94, 99
Ostern 135

Panzermacher 94
Pastetenbäcker 98
Pate 53
Patrizier, Patriziat, 9, 47, 63, 74, 77 f., 80, 85, 94, 97, 99, 108 ff., 112, 115, 120 ff., 131, 144, 146, 148, 172, 177 f., 183, 190, 194, 196, 216, 223
Patrizierhäuser 65
Perückenmacher 98
Pestlazarett 242
Pfählung 272
Pfannen 92
Pferde 16, 19 ff., 29, 33, 36, 38, 68
Pfingstfest, Pfingsten 127, 136
Pflügen 33 f., 39
Pflug 20, 33, 41
Pflug- und Blochziehen 153
Polizei, Policey, ›gute Policey‹ 50 f., 65, 109, 205, 223, 225, 244
Polizeiordnung 115, 205, 218, 227, 231, 237 f.

Possenreißer 203
Post 103f.
Postwagen 232
Pranger 210f., 212, 250, 259, 266, 271
Prostituierte 266
Prozessionsordnung 77
Prügelstrafe 247

Quacksalber 148, 178, 204, 241

Rabenstein 273
Rädern 272
Rat 78, 108ff., 112f., 120, 178, 193
Raucharbeiter 94
Räuber, Räuberbanden 46, 218f., 247, 250ff.
Rathaus 13, 65f., 111, 131, 151, 154, 158, 212
Raub 49, 119, 247, 250, 254, 261, 269
Raubüberfälle 87
Raufhändel 49f., 196f., 199f., 237, 256, 280
Reformation 87, 118, 120, 123, 133, 137, 144, 189, 232, 257, 260, 264
Reichsstadt 63, 67, 71–75, 77f., 83, 85, 108, 110, 115, 117f., 120, 193
Reichstag 67, 115
Reisebriefe 69
Reiseliteratur 67
Reisige 178
Reiterspiele 169
Residenzstadt 63f., 66, 71–77, 85, 92, 105, 110, 221
Richtfest 101
Rinder 19, 21, 36ff.
Roggen 32, 35
Rosenkranz 214
Rute 212, 214

Saat, Säen 24, 31, 34f., 39
Sackträger 203
Säckler 94
Saigerhütte 44
Sattler 94, 98
Schachspiel 127
Schadenzauber 263
Schäfer 205
Schäffler- und Schwerttänzer 140
Schafe 20f., 37f.
Schandbrief 199
Schandmaske 212
Schandzeichen 212
Scharwerksverweigerung 49
Schauspieler 69, 150f., 167
Schausteller 103, 148, 202f., 229
Scheidung 234
Schelm 198f.
Schembartlauf 153f.
Scherenschleifer 105, 204
Scheune 19, 23, 34f.
Schiefer 68
Schiff 68, 80, 87
Schiffer 28, 104
Schimpf 198f., 200, 202
Schinder 199, 208
Schlägereien 49
Schleier 19
Schlosser 42, 93f.
Schmied, Schmiede 18, 27, 19, 39, 42, 49, 92f., 103
Schmuck 186, 188, 190
Schmuckwarenhändler 69
Schneider 18, 42, 93f., 97, 187, 197
Schnittermahl 34
Schöffe 193
Schornsteinfeger 99
Schränke 21
Schreiber 104, 109
Schreiner 93f., 96
Schützenfest 127, 138, 140, 142–145
Schuhe 41
Schuhmacherwerkstatt 93, 99
Schule, Schulhaus, Volksschule 13, 66, 71, 73, 123, 243f., 278
Schulfest, Schülerfest 146, 150
Schultheiß, Schulzen 19, 23, 49, 110, 114
Schuster 18, 29, 93f., 99, 187, 202
Schutzpatron 99
Schweine 20f., 36, 38, 64
Schwertkünstler 203
Schwertstrafe 272

Seifensieder 99
Seiler 99
Seiltänzer 148, 203
Selbstkontrolle 274ff.
Seldner 16, 56
Seuchen 21, 38f:, 59
Sexualität, außereheliche 233, 247
Siebmacher 98
Sittlichkeit 101, 235, 247, 264
Sittlichkeitsdelikte 210ff., 266, 272
Sitzordnung (Kirche) 186, 189ff., 207, 214
Sodomie 248, 250, 265, 268, 272
Söldner 104, 203, 251
Soldaten, Militär 63, 73f., 76, 84, 176, 179, 201
Sonntagsschändung 213
Sonnwendfeier 136f.
Spengler 94
Spielleute 21, 103, 131, 178, 202f.
Spielzeugindustrie 43
Spinner 44
Spinnereigewerbe 93
Spitäler 66
Staatsbürger 83f.
Stadtbürger 8, 83, 90, 104, 107f., 110, 120
Stadtordnungen 116f.
Stadtpfeifer 131, 134
Stadtrecht 115
Stadtreiniger 104
Ständebaum 180
Ständeordnung 7f., 83f., 120, 168, 178f., 180, 184, 187f., 192, 214ff., 225, 246, 286
Ständesatire 187
Ständetheorie 176
Ständetreppe 177
Stäupen 210f.
Stand 99, 121f., 126, 176ff., 194ff., 202, 208, 216–219, 222, 225f., 235, 238, 279, 286
Stapelrecht 67
Staupenschlag 210, 271
Steinbau 13, 64
Steinschneider 94
Stellmacher 18, 42
Stiftungen 70f., 89
Stocknarr 176
Stoffe, Tuche 21, 87, 90
Storger 241
Strafpraxis 269f., 272, 287
Strafritual 270
Stroh 51
Strohkranz 212
Strumpfstricker 94
Syndikus 108ff., 182

Tabak 33, 49, 87, 132
Taglöhner, Tagwerker 7, 13, 16, 18f., 27ff., 56, 58, 75, 91f., 184, 189, 217
Tanzkultur 129ff., 165f., 313f.
Taschenspieler 148, 178, 203
Taufe 46, 52, 69, 138, 260
Tee 87
Teppichstricker 94
Teufel 263
Theater 73, 150, 161, 166, 169
Theriaks-Krämer 148
Tierbändiger 203
Tierhatz 162f.
Tierstimmenimitator 203
Tischler 94
Tischtücher 19
Titel 186, 192f., 216
Titularbuch 192
Todesstrafe 247, 251, 255, 260f., 265, 267f., 272ff.
Totschlag 54, 117ff., 200, 213, 254–257, 261, 280
Töpfe 29
Töpfer, Töpferhandwerk 93f.
Torwächter 63
Totengräber 206
Transport, Transportgewerbe 73, 88, 103
Transportarbeiter 80
Trauerkleidung 186
Trauerordnung 186
Trinken 237f.
Trinkkultur 127ff.
Truhen 19, 21
Trunkenheit 200

Türme 13, 63, 65, 70
Türmer 205f.
Tumult 119, 121, 200
Turniere 152f., 161f.

Übelhausen 117f.
Urfedbrecher 210
Uhrmacher 93
Umsingbräuche 134
Unehelichkeit, uneheliche Kinder 183, 202, 233
Unehrlichkeit, unehrlich 94, 98, 101ff., 176, 182, 194, 198, 200, 202ff., 205f., 210
Unehrlichmachen 212
Unsittlichkeit 212, 264–267
Unterschicht 77, 80, 94
Unzucht 117ff., 212f., 233, 247f., 264f., 266f., 281

Vaganten 178, 202f., 218f., 238ff.
Verbrennung 250, 272
Verkehr 75, 87, 91
Verkehrssystem 231
Verlagsindustrie 29, 44
Verlagssystem 43, 88
Verleger 30
Verleumdung 49
Verschwendung 231, 286
Verstümmelungsstrafe 210, 212
Verruf 202ff.
Verwünschung 199
Veterinärwissenschaft 39
Vieh, Viehzucht, Viehbestand, Viehwirtschaft 12, 15, 18, 20f., 23f., 30ff., 34–39, 49, 51, 58
Vierteilung 272
Völlerei 155
Volksfest 151
Vormundschaftsordnung 233

Waffen 23, 29, 87, 92f.
Waffenhandel 68
Wagen 14, 16, 41
Wahrsager 203
Wallfahrten 52, 127, 145, 213, 245, 266
Walpurgisnacht 135
Wäscherei 106
Wässerer 49
Wässerung 49
Waschhaus 13, 45
Wasenmeister 207f.
Weben/-er 40f., 43f., 94
Webstuhl 41
Webereigewerbe 92
Wechselstuben 67
Wehrhoheit 72
Weihnachten 133f.
Weihnachtsbaum 133
Weihnachtsspiel 133
Wein 23, 33
Weinbau, Weinberg, Weingarten 12, 32f., 104
Weinhandel 87
Weißgerber 94
Weizen 32, 35
Wenden 202
Wetterläuten 245
Wiesen, Weiden 14f., 19, 31, 35ff., 39, 43, 49
Winkelehe 233
Winzer 80, 104
Wirt 70, 94
»Wirtschaften« 164
Wirtshaus, Gasthaus, Schenke 13, 23, 49, 65, 70, 127, 129, 131f., 140, 165, 197, 207, 212, 229f. 237ff., 254, 315
Wunderdoktor 203
Wunderheiler 240
Wundermänner 254

Zäune 13, 15, 58, 93
Zahnbrecher 148, 241
Zauberei 119, 248, 250, 257f., 261, 263
Zauberer 70, 203
Ziegel 64
Zigeuner 148, 202, 204, 251
Zimmerleute 93f.
Zirkel 92
Zucht- und Arbeitshaus 70, 265, 274

Zunft, Gilde, zünftisch 41, 63, 65, 67, 79, 88, 92, 94f., 98ff., 104, 109, 113, 115, 117, 140, 200, 202f., 208f., 216f., 228, 253, 267, 282
Zunftaufstände 102, 112, 119
Zunftordnungen 28, 85, 92, 98, 217
Zunftgeist 74
Zunftorganisation 78
Zunftumzüge 65
Zutrinken 127ff., 171, 230, 312f.